LE
ROYAUME-
UNI

LA MER
DU NORD

LES
PAYS-BAS
(m. pl.)

L'ALLEMAGNE
(f.)

LA MANCHE

LA BELGIQUE

LE LUXEMBOURG

LA SUISSE

L'ITALIE (f.)

L'OCÉAN
ATLANTIQUE
(m.)

MONACO (f.)

L'ESPAGNE (f.)

L'ANDORRE (f.)

la CORSE

LA MER
MÉDITERRANÉE

la SARDAIGNE

Dunkerque
Calais
Boulogne
Lille
NORD-
PAS-DE-CALAIS
la Wallonie

Dieppe
Amiens
Charleville-
Mézières
HAUTE-
NORMANDIE
PICARDIE

Cherbourg
Le Havre
Rouen
ÎLE-DE-
FRANCE
Reims
Verdun
Metz
LORRAINE

Caen
la Seine
Versailles
Paris
CHAMPAGNE-
ARDENNE
Nancy
Strasbourg
ALSACE

St. Malo
BASSE-NORMANDIE
Chartres
Troyes
Colmar

Brest
le Mont-St. Michel
Fontainebleau
la Seine
LES
VOSGES

BRETAGNE
Rennes
Le Mans
CENTRE
Orléans
BOURGOGNE
Dijon
FRANCHE-
COMTÉ

la Loire
Angers
Tours
Blois
la Loire
Besançon

Nantes
LIMOUSIN
Bourges
LE
JURA

PAYS DE LA
LOIRE
Poitiers
AUVERGNE
la Saône

La Rochelle
RHÔNE-ALPES
le Val d'Aoste

POITOU-
CHARENTES
Limoges
Clermont-
Ferrand
Lyon
le Rhône

Grenoble

Bordeaux
Rocamadour
LE
MASSIF
CENTRAL
LES
ALPES

AQUITAINE
le Rhône

la Garonne
Moissac
Albi
Avignon
PROVENCE-
ALPES-
CÔTE D'AZUR
Nice

Biarritz
MIDI-PYRÉNÉES
Nîmes
Arles
Cannes

LE PAYS
BASQUE
Toulouse
Montpellier
Aix-en-Provence
Marseille

Lourdes
Carcassonne
LANGUEDOC-
ROUSSILLON

LES PYRÉNÉES (f.pl.)
Perpignan

LA FRANCE

Élévation en mètres

2000+
500–2000
200–500
0–200

Niveau
de mer

0   25   50   75   100 MILLES

0   50   100   150 KILOMÈTRES

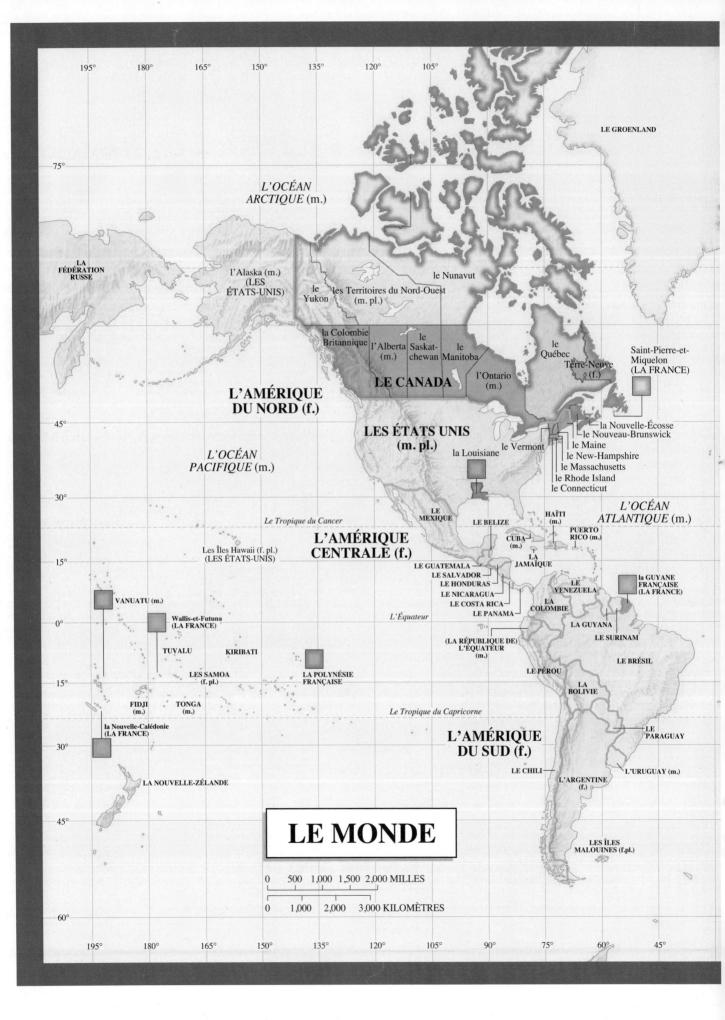

195° 180° 165° 150° 135° 120° 105°

75°

L'OCÉAN ARCTIQUE (m.)

LE GROENLAND

LA FÉDÉRATION RUSSE

l'Alaska (m.)
(LES ÉTATS-UNIS)

le Yukon · les Territoires du Nord-Ouest (m. pl.) · le Nunavut

la Colombie Britannique · l'Alberta (m.) · le Saskat-chewan · le Manitoba · l'Ontario (m.) · le Québec · Terre-Neuve (f.) · Saint-Pierre-et-Miquelon (LA FRANCE)

LE CANADA

L'AMÉRIQUE DU NORD (f.)

45°

LES ÉTATS UNIS (m. pl.)

la Nouvelle-Écosse
le Nouveau-Brunswick
le Maine
le New-Hampshire
le Massachusetts
le Rhode Island
le Connecticut

le Vermont

L'OCÉAN PACIFIQUE (m.)

la Louisiane

30°

L'OCÉAN ATLANTIQUE (m.)

LE MEXIQUE

HAÏTI (m.)

Le Tropique du Cancer

LE BELIZE

CUBA (m.)

PUERTO RICO (m.)

L'AMÉRIQUE CENTRALE (f.)

Les Îles Hawaii (f. pl.) (LES ÉTATS-UNIS)

15°

LA JAMAÏQUE

LE GUATEMALA
LE SALVADOR
LE HONDURAS
LE NICARAGUA
LE COSTA RICA
LE PANAMA

la GUYANE FRANÇAISE (LA FRANCE)

VANUATU (m.)

LE VENEZUELA

Wallis-et-Futuna (LA FRANCE)

0°

LA COLOMBIE

LA GUYANA
LE SURINAM

L'Équateur

(LA RÉPUBLIQUE DE) L'ÉQUATEUR (m.)

TUVALU   KIRIBATI

LE BRÉSIL

15°

LES SAMOA (f. pl.)

LA POLYNÉSIE FRANÇAISE

LE PÉROU

LA BOLIVIE

FIDJI (m.)   TONGA (m.)

Le Tropique du Capricorne

la Nouvelle-Calédonie (LA FRANCE)

LE PARAGUAY

L'AMÉRIQUE DU SUD (f.)

30°

LA NOUVELLE-ZÉLANDE

LE CHILI   L'ARGENTINE (f.)   L'URUGUAY (m.)

45°

LE MONDE

LES ÎLES MALOUINES (f.pl.)

0   500 1,000 1,500 2,000 MILLES

0   1,000   2,000   3,000 KILOMÈTRES

60°

195° 180° 165° 150° 135° 120° 105° 90° 75° 60° 45°

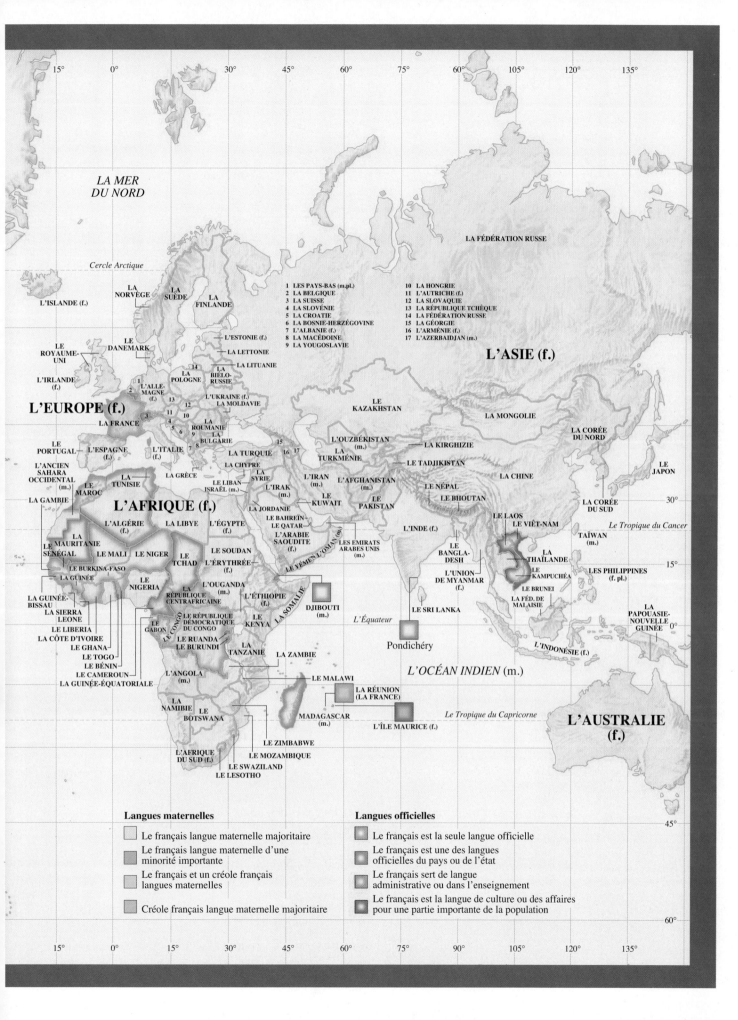

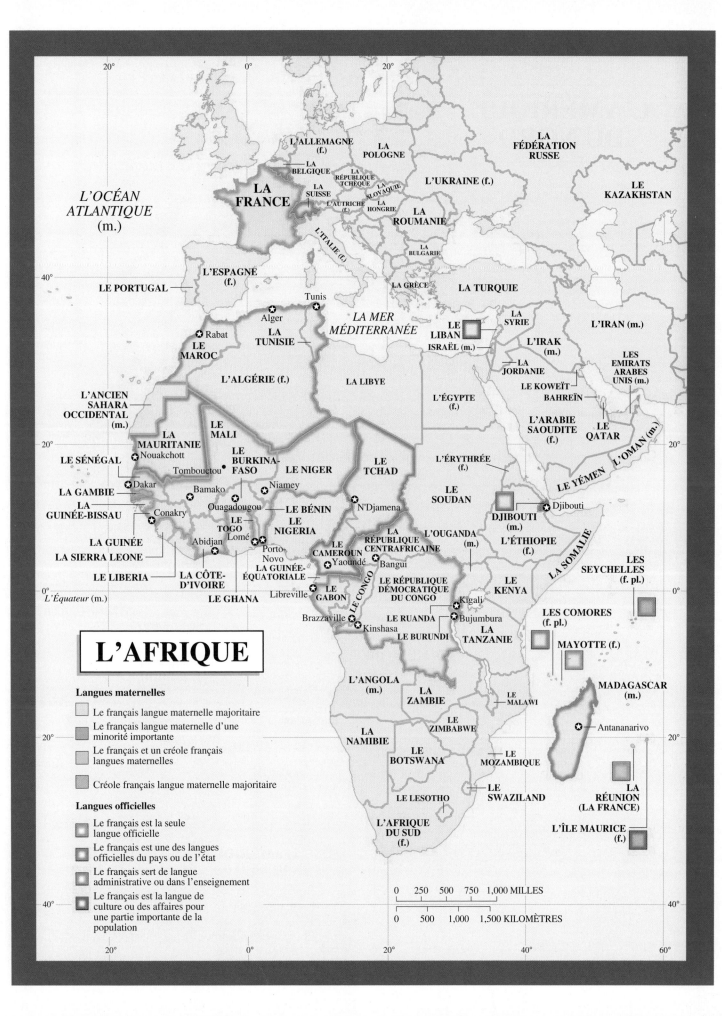

L'AFRIQUE

L'OCÉAN ATLANTIQUE (m.)

LA MER MÉDITERRANÉE

L'Équateur (m.)

L'ALLEMAGNE (f.)
LA BELGIQUE
LA SUISSE
L'AUTRICHE (f.)
LA FRANCE
L'ITALIE (f.)
LA POLOGNE
LA RÉPUBLIQUE TCHÈQUE
LA SLOVAQUIE
LA HONGRIE
LA ROUMANIE
LA BULGARIE
LA GRÈCE
L'UKRAINE (f.)
LA FÉDÉRATION RUSSE
LE KAZAKHSTAN
LA TURQUIE
LE LIBAN
LA SYRIE
ISRAËL (m.)
LA JORDANIE
L'IRAK (m.)
L'IRAN (m.)
LE KOWEÏT
BAHREÏN
LES EMIRATS ARABES UNIS (m.)
L'ARABIE SAOUDITE (f.)
LE QATAR
L'OMAN (m.)
LE YÉMEN
LE PORTUGAL
L'ESPAGNE (f.)
Tunis
Alger
Rabat
LE MAROC
LA TUNISIE
L'ALGÉRIE (f.)
LA LIBYE
L'ÉGYPTE (f.)
L'ANCIEN SAHARA OCCIDENTAL (m.)
LA MAURITANIE
LE MALI
LE SÉNÉGAL
Nouakchott
Tombouctou
LE BURKINA-FASO
LE NIGER
LE TCHAD
L'ÉRYTHRÉE (f.)
LE SOUDAN
Djibouti
DJIBOUTI (m.)
LA GAMBIE
Dakar
Bamako
Niamey
LA GUINÉE-BISSAU
Conakry
Ouagadougou
LE BÉNIN
LE NIGERIA
N'Djamena
LA RÉPUBLIQUE CENTRAFRICAINE
L'OUGANDA (m.)
L'ÉTHIOPIE (f.)
LES SEYCHELLES (f. pl.)
LA GUINÉE
LE TOGO
Lomé
LA SIERRA LEONE
Abidjan
Porto-Novo
LE CAMEROUN
Yaoundé
Bangui
LA SOMALIE
LE LIBERIA
LA CÔTE-D'IVOIRE
LA GUINÉE-ÉQUATORIALE
LE GHANA
Libreville
LE GABON
LE CONGO
LE RÉPUBLIQUE DÉMOCRATIQUE DU CONGO
LE KENYA
LES COMORES (f. pl.)
Brazzaville
Kinshasa
Kigali
LE RUANDA
Bujumbura
LE BURUNDI
LA TANZANIE
MAYOTTE (f.)
MADAGASCAR (m.)
L'ANGOLA (m.)
LA ZAMBIE
LE MALAWI
Antananarivo
LA NAMIBIE
LE ZIMBABWE
LE MOZAMBIQUE
LA RÉUNION (LA FRANCE)
LE BOTSWANA
LE LESOTHO
LE SWAZILAND
L'ÎLE MAURICE (f.)
L'AFRIQUE DU SUD (f.)

Langues maternelles

- Le français langue maternelle majoritaire
- Le français langue maternelle d'une minorité importante
- Le français et un créole français langues maternelles
- Créole français langue maternelle majoritaire

Langues officielles

- Le français est la seule langue officielle
- Le français est une des langues officielles du pays ou de l'état
- Le français sert de langue administrative ou dans l'enseignement
- Le français est la langue de culture ou des affaires pour une partie importante de la population

0 250 500 750 1,000 MILLES

0 500 1,000 1,500 KILOMÈTRES

L'AMÉRIQUE DU NORD

LE GROENLAND

L'OCÉAN ARCTIQUE (m.)

L'Alaska (m.)
(LES ÉTATS-UNIS)

le Yukon

les Territoires
du Nord-Ouest (m. pl.)

le Nunavut

la Colombie
Britannique

l'Alberta
(m.)

la Saskat-
chewan

le
Manitoba

LE CANADA

l'Ontario (m.)

le Québec

Terre-
Neuve (f.)

Saint-Pierre-
et-Miquelon
(LA FRANCE)

Québec

Montréal

Ottawa

Île du Prince-Edouard
la Nouvelle-Écosse (f.)
le Nouveau-Brunswick
le Maine
le Vermont
le New Hampshire
le Massachusetts
le Rhode Island
le Connecticut

Langues maternelles

Le français langue
maternelle majoritaire

Le français langue maternelle d'une
minorité importante

Le français et un créole français
langues maternelles

Créole français langue maternelle
majoritaire

Langues officielles

Le français est la seule
langue officielle

Le français est une des langues
officielles du pays ou de l'état

Le français sert de langue
administrative ou dans l'enseignement

**LES ÉTATS-UNIS
(m. pl.)**

la Louisiane

*L'OCÉAN
ATLANTIQUE* (m.)

*GOLFE DU
MEXIQUE*

LE
MEXIQUE

LE BELIZE

Les Îles Hawaii (f. pl.)
(LES ÉTATS-UNIS)

**L'AMÉRIQUE
CENTRALE (f.)**

CUBA
(m.)

LA
JAMAÏQUE

**LES CARAÏBES
(m. pl.)**

HAÏTI
(m.)

LA GUYANE
FRANÇAISE
(LA FRANCE)

L'OCÉAN PACIFIQUE (m.)

LE GUATEMALA
LE SALVADOR
LE HONDURAS
LE NICARAGUA
LE COSTA RICA
LE PANAMA

LE
VENEZUELA

LA
COLOMBIE

Cayenne

LES CARAÏBES (m.pl.)

CUBA
(m.)

LA RÉPUBLIQUE
DOMINICAINE

PUERTO
RICO (m.)

la Guadeloupe
(LA FRANCE)

L'Équateur (m.)

(LA RÉPUBLIQUE DE)
L'ÉQUATEUR
(m.)

LA GUYANA

LE SURINAM

HAÏTI
(m.)

**Port-au-
Prince**

LA MER DES CARAÏBES

Pointe-à-
Pitre

DOMINIQUE (f.)

la Martinique
(LA FRANCE)

Fort-
de-
France

SAINTE LUCIE (f.)

**L'AMÉRIQUE
DU SUD (f.)**

LE
PÉROU

LE BRÉSIL

LA
BOLIVIE

LE PARAGUAY

LE
CHILI

L'ARGENTINE
(f.)

L'URUGUAY (m.)

MILLES
0   300

KILOMÈTRES
0   450

75°   65°   60°

0   200 400 600 800 MILLES

À 45°
LATITUDE

0   400   800   1,200 KILOMÈTRES

160°   140°   120°   100°   80°

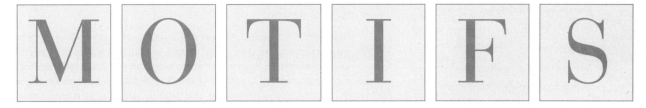

MOTIFS

An Introduction to French

ENHANCED SIXTH EDITION

Kimberly Jansma

University of California at Los Angeles

Margaret Ann Kassen

The Catholic University of America

CENGAGE
Learning·

Australia • Brazil • Mexico • Singapore • Spain • United Kingdom • United States

Motifs
Enhanced Sixth Edition
Jansma | Kassen

Product Director: Beth Kramer

Senior Product Manager: Lara Semones

Managing Developer: Katie Wade

Associate Content Developer: Gregory Madan

Product Assistant: Jacob Schott

Managing Media Developer: Patrick Brand

IP Analyst: Jessica Elias

IP Project Manager: Farah Fard

Manufacturing Planner: Betsy Donaghey

Art and Design Direction, Production Management, and Composition: Lumina Datamatics, Inc.

Cover Image: ©Medioimages/Photodisc/ Getty Images

For product information and technology assistance, contact us at
Cengage Learning Customer & Sales Support, 1-800-354-9706

For permission to use material from this text or product, submit all requests online at **www.cengage.com/permissions**
Further permissions questions can be e-mailed to
permissionrequest@cengage.com

Library of Congress Control Number: 2014945777

Student Edition:

ISBN 978-1-305-25701-6

Cengage Learning
20 Channel Center Street
Boston, MA 02210
USA

Cengage Learning is a leading provider of customized learning solutions with office locations around the globe, including Singapore, the United Kingdom, Australia, Mexico, Brazil, and Japan. Locate your local office at **international.cengage.com/region**

Cengage Learning products are represented in Canada by Nelson Education, Ltd.

For your course and learning solutions, visit **www.cengage.com.**

Purchase any of our products at your local college store or at our preferred online store **www.cengagebrain.com**

Instructors: Please visit **login.cengage.com** and log in to access instructor-specific resources.

Printed in the United States of America
Print Number: 01   Print Year: 2014

SCOPE AND SEQUENCE

Motifs invites you to explore the language and cultures of the French-speaking world. Our program is based on the premise that your primary motivation to study French is to acquire the ability to communicate in the language and to become familiar with French culture. The lively, up-to-date language, content, photos, and integrated digital learning platform are designed to engage you in contexts in which you might reasonably expect to communicate. In this course, you will learn how to discuss your studies and school life, your family and living situation, your childhood memories, future plans, and other common topics of conversation in French. In addition, you will learn how to use French in face-to-face situations: ordering in a café, buying a plane ticket, renting an apartment, giving directions, or giving advice. *Motifs* provides the appropriate tools in the form of structures, vocabulary, communication strategies, and cultural background to make this possible. Cultural themes are explored throughout the text. In the process of discovering the language and culture, you will be introduced to the French-speaking world in a way that encourages you to look at your own culture more objectively.

What to expect of your oral performance

Your progress speaking French will depend on your individual effort to experiment using the language you are learning. It is unrealistic to expect your emerging language to be perfect. To gain the most from the communicative activities in class, pay attention to what others say. Respond to their efforts with interest. It is part of human nature to be curious about others. When you engage in authentic conversation, you will find you have an eager audience.

Explanation of *Motifs'* organization

Motifs is organized to make the most of your language learning experience both in and outside of class. It makes a distinction between class time used to communicate in French and individual study of vocabulary and grammar. The white pages of the textbook for use in class are devoted to the presentation of topics, cultural themes, and related communicative activities. The green pages at the end of each **module** support your independent study at home. Here, in the **Structures utiles** section, the grammar is explained in English with examples in French, and is accompanied by exercises. For those working with the textbook, an Answer Key is provided in the Appendix so that you can immediately check the accuracy of your responses and pinpoint the material you need to review. If you are working with **iLrn**, you will get automatic feedback on your application of the grammar explanations. Your instructor will present grammar points or review them in class, only as needed. To be a good language learner, you need to actively attend to language patterns. Features such as the **Notez et analysez** shaded boxes will help you with this by drawing your attention to the targeted structures and asking you to analyze the highlighted grammatical forms.

Overview

Motifs contains fourteen **modules** plus a review **module.**

Using the white pages

The white pages in the first half of the chapter contain the material you will be working with in class. The **Thèmes** and **Pratiques de conversation** are the core of each module. They supply the thematic and conversational content you will learn to use as you engage in the communicative **Activités.** Many activities are designed for pair and group work.

The **Thèmes** focus on new vocabulary presented through illustrations and photos. The **Pratiques de conversation** present more conversational language, for routine situations such as making invitations and ordering in a café. The white pages are written almost exclusively in French and are designed to help you understand, think, and express yourself in French right from the beginning.

Before each **Thème** and **Pratique de conversation** in *Motifs*, you will find a **Structure** box. These alert you to the grammar structures you will need to use for each theme in order to take part in the related communicative activities. The structure boxes refer you to the green pages where you will find an explanation of each grammar structure and related application exercises. You are expected to read these explanations and complete the exercises independently. Answers are provided in an Answer Key and on iLrn.

Below is a list of the other components of the white pages:

- **Perspectives culturelles:** These sections feature up-to-date cultural information. The **Voix en direct** sections present native speakers responding to interview questions with authentic, and often colloquial, language. The interviews in these sections are available on the **Premium Website** and **iLrn**.
- **Écoutons ensemble!:** Available on the **Premium Website** and **iLrn**, these listening activities drawn from everyday life include short conversations, messages, and questionnaires.
- **Prononcez!:** This section in each module highlights a specific sound or sound/spelling pattern. This targeted practice will help you speak more accurately and confidently. Additional pronunciation practice is available in the Lab Manual.
- **Situations à jouer:** These sections provide you with the opportunity to integrate the language you have acquired in role-play scenarios with classmates.
- **À lire, à découvrir et à écrire:** This section includes reading, writing, and viewing activities. **Expression écrite** includes both more formal step-by-step composition topics and a blog, where you can interact informally online. In **À vos marques, prêts, bloguez!**, you can share your views with classmates by posting a few sentences on topics related to textbook themes. The **Voix en direct (suite)** sections guide you to video clips found on the **DVD** and **iLrn** that present informal interviews on chapter-related topics and accompanying viewing activities.
- **Vidéothèque:** This section includes activities to be completed before, during, and after viewing the cultural video clips available on **iLrn**.

Using the green pages

You will need to study French as a system, much as you would study the material for any academic course. **Structures utiles**, in the green pages at the end of each **module**, will help you understand how French works. These pages provide clear, concise grammar explanations in English with examples and translations. In the following **Exercices**, you can test your ability to apply these rules. The final grammar exercise called **Tout ensemble!** challenges you to integrate all the vocabulary and structures of the chapter. This is useful to review for chapter exams. If you are using iLrn, the grammar explanations are in the eBook, and the exercises are located in Textbook Activities > **Structures utiles**.

You will find that by reading and working through the **Structures utiles**, you can learn a great deal of grammar on your own. You will need to study and practice using these structures after each lesson. Your instructor may review this material in class and will provide plenty of opportunities to apply the grammar rules in communicative situations.

Other Tools to Help You Learn French

In addition to the textbook, the *Motifs* program includes a **Student Activities Manual (SAM)** with written and listening activities integral to your learning. The **Activités écrites** in the **Workbook** section give you the opportunity to apply and practice the material presented in the textbook, including the vocabulary, structures, and cultural information. The audio **Laboratory Manual,** with its **Activités de compréhension et de prononciation,** includes listening comprehension activities and instruction in pronunciation.

Depending on the learning package your instructor has selected for your course, you will have one or more of the following options for working with *Motifs*:

- The **iLrn: Heinle Learning Center,** an audio- and video-enhanced online learning environment that includes:
  - The electronic version of the **Student Activities Manual** and accompanying audio program
  - Online companion video, including **Voix en direct (suite)** and **Vidéothèque** clips from the text with activities
  - An **audio and video-enhanced ebook** with integrated activities
  - An interactive **VoiceBoard** with **Situations à jouer!** role plays
  - Interactive enrichment activities such as Heinle grammar tutorials, the Heinle playlist, audio-enhanced flashcards, etc.
  - Pre- and Post-tests to check your understanding of the chapter material
  - Access to online tutoring with a French teaching expert through **Personal Tutor**™
- The printed version of the **Student Activities Manual (SAM).**
- **The Premium Website** offers complimentary access to the Text audio program, self-correcting quizzes, and web activities. Password-protected resources include the Text and SAM audio programs, the complete *Motifs* video program, Heinle playlists, grammar tutorials, audio-enhanced flashcards, and more!

A Few Helpful Hints

Take risks

Successful language learners are willing to guess at meaning and to try expressing themselves even when they do not know every word or have perfect control of the grammar. They stretch and try to expand their repertoires, experimenting with new words and structures, and they realize that learning a language involves making mistakes.

Relax

Your classroom is your language-learning community, where you learn by interacting with other students as well as your instructor. Of course, your French will be rudimentary and direct. This very quality often allows you to open up and express yourself without being too concerned with subtleties or what others think. Take advantage of working in pairs and in small groups to experiment with the language.

Prepare

Success in class requires daily preparation and active study. Remember that language, like music, is meant to be performed. Language classes present new material every day, and catching up once you have fallen behind is difficult. Here are some suggestions to help you study.

Learning vocabulary. Learn words in sense groups: clothing, professions, leisure activities, and so on. To help you learn to recognize and pronounce the vocabulary, listen to it on the Text Audio program. For each **Thème** and **Pratique de conversation,** make sure you have mastered enough vocabulary to take part in a basic conversation on that topic. In addition to fundamental words, you should take a little extra time to acquire vocabulary that relates to your own interests. For example, everyone is expected to learn the basic words such as "doctor" that appear on the **Vocabulaire fondamental** list, but if you wish to be a computer programmer, or a member of your family is in marketing, you will want to learn these additional words from the **Vocabulaire supplémentaire** list as well.

To make vocabulary "stick," work/play with it immediately. Put new words into action. For example, when learning words for talking about a college campus, test yourself as you walk through campus; see how many buildings you can identify in French. Making flashcards is another technique for vocabulary study; be sure you quiz yourself going from both

French to English and from English to French. Don't forget to include the masculine and feminine articles.

Learning grammar. Learning grammar requires attention to detail along with a recognition of patterns and the ability to manipulate them systematically. Basic memorization of forms, including verb conjugations and tenses, is essential. It is also important that you understand the function of grammar structures in communication.

For example, when you learn about adjectives and their endings, you need to keep in mind that your communicative goal is to describe people and things. The **Structure** boxes that introduce new grammar points in the white activity pages will help you make this connection. Always ask yourself what you can actually *do* in the language with what you are learning.

Developing your listening ability. When instructors use French in class, they are likely to make a number of adjustments to help you understand. These include slowing down, showing pictures, using gestures, and checking to make sure you understand. In *Motifs*, two features will help you adjust to French outside the classroom: **Écoutons ensemble!** and **Voix en direct.** The **Écoutons ensemble!** activities are in each **Pratique de conversation.** They expose you to the practical language used to accomplish such daily routines as inviting, making a reservation, or ordering a meal. In the **Voix en direct** section of **Perspectives culturelles,** you will hear native speakers responding to questions relating to the cultural topic being introduced. These answers are unscripted so you should expect to hear hesitations, repetitions, fillers, and rephrasings that occur naturally in unplanned speech. Don't expect to understand every word; your goal should be to understand the topic being addressed, a couple of main points, some key vocabulary, and the speaker's general attitude. Remember that visual cues such as facial expressions convey a good deal of information.

In addition to the audio material in the textbook and on the Premium Website *Motifs* has an audio program designed to help you learn the fundamentals of French pronunciation and to provide you practice in listening comprehension. The activities are found in the *Motifs* **Student Activities Manual.**

 Visual icons. A number of icons appear in *Motifs.*

The audio icon indicates that the accompanying activity is available on the **Premium Website** and **iLrn**. The track number is provided. This icon accompanies

- **Expressions utiles**   • **Écoutons ensemble!**
- **Voix en direct**   • **Vocabulaire**

The pair icon and group icon indicate that the accompanying activity is designed for you to do with a partner or in a small group.

(iLrn The **iLrn** icon appears in four different sections of the book.

- **À vos marques, prêts, bloguez!:** With the help of your instructor, you can complete these communicative exercises and additional activities on the **iLrn Voiceboard** for more listening and speaking practice.
- **Voix en direct (suite):** Use the video portion of **iLrn** to watch video clips of these native speakers, as well as complete exercises to test your comprehension of the video.
- **Vidéothèque:** Access these cultural videos and accompanying activities in the **iLrn** video library. Here you will also find the **Vidéo Voyages!** clips that take you on a journey across the Francophone world.
- **Structures** pages: Use the diagnostic and enrichment sections of **iLrn** to find more practice with grammar and vocabulary.

 The **Share It!** icon indicates that the accompanying activity is available on **iLrn** and allows you to upload and discuss multimedia content with your classmates.

Acknowledgments for the Enhanced Sixth Edition

Cengage would like to recognize the following individuals for their invaluable contributions to this Enhanced sixth edition of *Motifs*: Mayanne Wright (freelance writer), Carolyn Nichols (media producer), Annick Penant (copyeditor), Cécile Hoene (native reader), and Cammy Richelli (proofreader).

Acknowledgments for the Sixth Edition

Many people have contributed their time and creativity to this sixth edition of *Motifs*. We would first like to thank the students and instructors at the University of California at Los Angeles and at the Catholic University of America for their insightful comments about the program. They have provided invaluable feedback. Special thanks to Marlène Hanssler Rodrigues for her contribution to the textbook and the **Student Activites Manual**. We thank Silvaine Lopitaux for her helpful comments on the text and assistance with cultural updates. We are especially grateful to the native speakers who agreed to be interviewed and recorded for all **Voix en direct** sections: Bienvenu Akpakla, Léa Baldovi, Rim Benromdhane, Cyrielle Bourgeois, Vanessa DeFrance, Laurence Denié-Higney, Astride Dumesnil, Pierre-Louis Fort, Paul Heng, Leatitia Huet, Romain Kachaner, Élodie Karess, Marie Julie Kerharo, Célia Keren, Nicolas Konisky, Jean-Marie Kubali, Gwenaëlle Maciel, Jacques Nack Ngué, Pierre Paquot, Gaétan Pralong, Olivia Rodes, Julien Romanet, Delphin Ruché, Guillaume Saint-Jacques, Nathalie Ségéral, Rémi Vallier, Vanessa Vudo, and Manon Worms. We also extend our appreciation to the following colleagues at other institutions who reviewed the sixth edition manuscript and whose constructive suggestions have helped shape the project.

Gwendoline Aaron	*Southern Methodist University*
Myriam Alami	*Rutgers University*
Caren Barnezet Parrish	*Chabot College*
Diane Beckman	*North Carolina State University*
Edith Benkov	*San Diego State University*
Bendi Benson Schrambach	*Whitworth University*
Dikka Berven	*Oakland University*
Géraldine Blattner	*Florida Atlantic University*
Faustine Boateng	*Montgomery College - Rockville, University of the District of Columbia*
Nadia Brouk	*Temple University*
Nicole Buffard	*California State University, Sacramento*
Nancy Burket	*Ave Maria University*
Ruth Caldwell	*Luther College*
Cary Campbell	*Duquesne University*
Anne Carlson	*Southern Illinois University Carbondale*
Diane Caron	*Vaughn College of Aeronautics and Technology*
Kim Carter-Cram	*Boise State University*
Teresa Cortey	*Glendale Community College*
Joanne Davis	*University of North Florida*
Guylène Deasy	*University of North Carolina at Greensboro*
Armelle Denis	*Oregon State University*
Aurea Diab	*Dillard University*
Eric H. du Plessis	*Radford University*
Andrzej Dziedzic	*University of Wisconsin Oshkosh*
Hilary Fisher	*University of Oregon*
Nina Furry	*University of North Carolina at Chapel Hill*
Carolyn Gascoigne	*University of Nebraska at Omaha*

Sarah Gordon	*Utah State University*
Sophie Halvin	*University of San Diego*
Margaret Harp	*University of Nevada, Las Vegas*
Nicolas Hinsinger	*Washington State University*
Sharon Larson	*University of Central Florida*
Debbie Mann	*Southern Illinois University Edwardsville*
Marylou Martin	*Hendrix College*
Maria Mikolchak	*St. Cloud State University*
Anne-Hélène Miller	*East Carolina University*
Shawn Morrison	*College of Charleston*
Stephane Muller	*Loyola Marymount University*
Stéphane Natan	*Rider University*
Aparna Nayak-Guercio	*California State University, Long Beach*
Linda Nodjimbadem	*University of Texas at El Paso*
Leslie Norman	*Whitworth University*
Anne-Marie Obajtek-Kirkwood	*Drexel University*
Errol M. O'Neill	*University of Memphis*
Jacqueline Padgett	*Trinity Washington University*
Marc Papé	*St. John Fisher College*
Marina Peters-Newell	*University of New Mexico*
Joseph E. Price	*Texas Tech University*
Maria A. Rebbert	*Hillsdale College*
Deborah S. Reisinger	*Duke University*
Peggy Rocha	*San Joaquin Delta College*
Pascal Rollet	*Carthage College*
Patricia Scarampi	*Northwestern University*
Leah Sigle	*Ferrum College*
Stephanie Silvestre	*Union College*
Bénédicte Sohier	*University of Wyoming*
Laura Spagnoli	*Temple University*
Grazia A. Spina	*University of Central Florida*
Carmen S. Swoffer-Penna	*Binghamton University*
Isabelle Therriault	*Young Harris College*
Valerie Thiers-Thiam	*Borough of Manhattan Community College*
Ellen Thorington	*Ball State University*
Sandra L. Valnes Quammen	*Duke University*
Wes Weaver	*State University of New York at Cortland*
Jennifer Wolter	*Hillsdale College*

We would also like to express our appreciation to the many people at Heinle who helped nurture the sixth edition. Special thanks go to Nicole Morinon and Tom Pauken, our Editors, for their enthusiastic guidance and encouragement throughout the project, and to Esther Marshall, our Production Manager, whose careful attention and vision assembled the pieces artfully. Additional thanks go to Beth Kramer, Ben Rivera, Courtney Wolstencroft, Daphne Allanore, Morgen Gallo, and Gregory Madan. Our thanks to all the freelancers involved with the production of this project, in particular, Sev Champeny, copyeditor and native reader, Stacy Drew, PreMedialGlobal project manager, and the PreMediaGlobal wonderful staff, in particular Melissa Sacco, Annick Penant, the proofreader, Julie Low for the photo research, and Anne Besco-Dumas for the text/realia permissions.

Finally, we want to express our appreciation to our families for their patience, confidence, and invaluable insights, which sustained us through the completion of this work. We dedicate the book to them.

LE FRANÇAIS – une langue mondiale

French language and culture are at the center of European history and identity. French is also a world language with 77 million native speakers in over 25 countries around the world. An additional 50 million people speak French as a second language. In our globalized world, where people realize the importance of bilingualism, French is one of the principal languages people seek to master.

Le français dans le monde—Testez-vous!

Test your knowledge about the French language in the world.

1. Use the maps in the front of the book to answer questions a–f.

  a) How many French-speaking countries are there in the world?
     1. about 5   2. about 15   3. about 25   4. about 40

  b) In which five European countries is French an official language?
     1. France   2. Switzerland   3. Hungary   4. Belgium   5. Luxembourg   6. Monaco

  c) In which three areas of Africa is French spoken?
     1. Northern   2. Southern   3. Western   4. Eastern   5. Central

  d) French is spoken in a number of island nations. Which two islands from the list below are not French-speaking?
     1. Haiti   2. Guadeloupe   3. Tahiti   4. Reunion   5. Jamaica
     6. Madagascar   7. Mauritius   8. Martinique   9. Mayotte
     10. the Comores   11. the Seychelles   12. the Dominican Republic

  e) Where in Canada is French the ONLY official language?

  f) Where in the U.S. are the largest communities of French speakers found?
     1. Maine   2. Louisiana   3. Texas

2. What are the two most frequently studied foreign languages worldwide?

3. French is NOT an official language of which of the following organizations?
  a) the European Union   b) NATO
  c) the United Nations   d) FIFA (the international soccer organization)
  e) the International Olympic Committee   f) UNESCO   g) the NBA

Bonjour! Je m'appelle Nkulu. Je suis de la République Démocratique du Congo (RDC). Je parle français, tshiluba et lingala. Je parle aussi swahili. On parle beaucoup de langues au Congo!

© Ferdinandreus/
dreamstime.com

© Ted Levine/Corbis

Bonjour! Je m'appelle Samuel. Je suis suisse. Ma langue maternelle est le français. Je parle aussi l'allemand, l'anglais et un peu d'italien.

© PureStock/Agefotostock

Salut! Je m'appelle Chantal. Je suis de Tahiti. Je parle français. C'est ma langue maternelle.

© Anne-Marie Weber/ Getty Images

Bonjour! Je m'appelle Maurice. Je suis de Haïti. Je parle français et créole.

© Zurijeta/Shutterstock.com

Salut! Je m'appelle Ahmed. Je suis de Tunisie. L'arabe est ma langue maternelle. Je parle aussi le français couramment (*fluently*). Je suis bilingue.

© Charles Knox Photo/Shutterstock.com

Bonjour! Je suis du Québec. Je m'appelle Lise. Je suis bilingue. Mais le français est ma langue maternelle.

Des étudiants dans un amphithéâtre à la Faculté de médecine de Lyon.

Les camarades et la salle de classe

In this chapter, you will learn fundamentals to help you communicate in your classroom surroundings: how to introduce yourself and others, greet fellow students, identify objects in the classroom, identify people and describe them, count, and spell. In the **Perspectives culturelles** sections, you will also learn about greetings in the francophone world and why French and English have so many cognates, or words in common.

Ressources
🔊 Audio ▶ Video **iLrn** ilrn.heinle.com
🌐 www.cengagebrain.com

Comment se présenter et se saluer

Structure 1.1

Addressing others *Tu et vous*

In French greetings, a distinction is made between formal and informal terms of address. See page 26 for guidelines on using the formal **vous** and the informal **tu**. In **Perspectives culturelles** you will read further on this topic.

◀))) Expressions utiles
CD1-2
Pour se présenter

Contexte non familier, respectueux

— Bonjour, madame. Je m'appelle Denis Beaufort. Et vous?
— Moi, je m'appelle Christine Chambert. Je suis de Marseille. Et vous?
— Je suis de Paris.

Contexte familier

— Salut! Je m'appelle Anne-Sophie. Et toi?
— Je m'appelle Stéphane. Je suis de Paris. Et toi?
— Moi, je suis de Montréal.

— Salut, Mélanie. Ça va?
— Oui, ça va.
— Je te présente mon ami, Nabil.
— Bonjour, Nabil.
— Bonjour.

 Activité 1 À l'Ambassade française—Comment vous appelez-vous?

Suivez le modèle avec deux camarades de classe. *(Circulate as if you were at a cocktail party. Remember to shake hands when you say* **Bonjour.** *Replace the words in bold with your personal information.)*

Modèle: — *Bonjour, monsieur / madame / mademoiselle. Je m'appelle* **Laurence.** *Et vous?*
— *Je m'appelle* **Camille.** *Je suis de* **Dallas.** *Et vous?*
— *Moi, je suis de* **Paris.**

Activité 2 Sur le campus—Comment t'appelles-tu?

Suivez le modèle avec trois camarades de classe.

Modèle:
— *Je m'appelle **Jennifer**. Et toi?*
— *Moi, je m'appelle **Jake**.*
— *Je suis de **Chicago**. Et toi?*
— *Moi aussi, je suis de **Chicago**. / Moi, je suis de **Portland**.*

Comment s'appelle-t-elle?
Elle s'appelle Marion Cotillard. C'est une actrice française célèbre. Elle est dans le film *La vie en rose*.

Comment s'appelle-t-il?
Il s'appelle Jean-Pierre Jeunet. C'est un réalisateur *(director)* français. Ses films sont *La Cité des Enfants Perdus (City of Lost Children)* (1995), *Le fabuleux destin d'Amélie Poulain* (2001) et *Un long dimanche de fiançailles* (2004). Et vous, comment vous appelez-vous?

Activité 3 Présentez vos camarades de classe.

Maintenant, présentez vos camarades de classe aux autres étudiants.

Modèle: *Il/Elle s'appelle _____. Il/Elle est de _____.*

Activité 4 Les étudiants dans votre classe—Comment s'appellent-ils?

Avec un(e) camarade, montrez du doigt *(point out)* des étudiants et demandez **Comment s'appelle-t-il/elle?**

Modèle: — *Comment s'appelle-t-elle?*
— *Elle s'appelle **Elizabeth**.*

Expressions utiles

CD1-3

Pour se saluer

Contexte non familier, respectueux

— Bonjour, madame. Comment allez-vous?
— Très bien, merci, et vous?

— Bonsoir, mademoiselle.
— Bonsoir, monsieur. À demain.

◀ᴺ Expressions utiles (suite)

CD1-4

Contexte familier

— Salut, Paul. Ça va?
— Oui, ça va. Et toi?

— Bonjour, Nicole. Ça va?
— Pas mal. Et toi?
— Moi, ça va.
— Nicole, voici mon amie Sylvie. Sylvie, Nicole.
— Bonjour, Sylvie.
— Bonjour, Nicole.

© Cengage Learning

— Comment ça va?
— Ça ne va pas du tout!

— Au revoir, Pauline. À bientôt!
— Allez, au revoir!

— Salut, Marc. À tout à l'heure!
— Ciao! À plus!

◀ᴺ
CD1-5

 Écoutons ensemble! Réponses logiques pour se saluer

Listen to the following initial statements and questions and choose the logical response. Mark each exchange as **familier** or **non familier.** Then listen to the entire exchange to check your answers.

1. familier ____ non familier ____
   a. Très bien, merci. Et vous?
   b. Je m'appelle Henri.
   c. À bientôt.

2. familier ____ non familier ____
   a. Je suis de Washington.
   b. Oui, ça va.
   c. Au revoir.

3. familier ____ non familier ____
   a. Pas mal.
   b. Au revoir.
   c. Bonjour.

4. familier ____ non familier ____
   a. Très bien, merci. Et vous?
   b. Je m'appelle Anne.
   c. Bonsoir.

5. familier ____ non familier ____
   a. Merci, madame.
   b. Pas mal. Et toi?
   c. Bonsoir, mademoiselle.

6. familier ____ non familier ____
   a. Bonjour. Comment ça va?
   b. Au revoir.
   c. Bonsoir, monsieur.

7. familier ____ non familier ____
   a. Je m'appelle Christophe.
   b. Il est de New York.
   c. Je suis de Washington.

8. familier ____ non familier ____
   a. Bonjour, monsieur.
   b. Ça va?
   c. Salut.

 **Activité 5 Jouez le dialogue.**

Saluez trois étudiants de la classe.

Modèle: — *Bonjour / Salut, Jeanne. Ça va?*
— *Oui, ça va. (Ça ne va pas. / Ça va très bien. / Ça va très mal.)*

Greetings in French

Learning how to negotiate greetings and leave-takings is important for feeling comfortable in a foreign culture. These practices vary throughout the francophone world. They differ, for example, between France, Québec, and French-speaking Africa.

© Patrick Forget /SAGAPHOTO.COM/Alamy

Bonjour!

In France, greetings are more ritualized than they are in many Anglo-Saxon countries. Getting this behavior "right" goes a long way to making a good impression.

First, whenever French people come into contact with others, whether friends or strangers (shopkeepers, waiters, or office personnel), they greet them upon their arrival and say good-bye before leaving. In "official" situations, **bonjour** or **au revoir** is accompanied by **monsieur, madame,** or **mademoiselle** without including the last name.

— Bonjour, madame.

— Au revoir, mademoiselle.

> **"Greet shopkeepers with Bonjour!"**

© Cengage Learning; Photographer: Anne Besco Dumas

Une «poignée de main» (handshake) ou «la bise»?

Greetings are generally accompanied by a gesture, either a handshake or kisses on the cheeks (**une bise** or **un bisou**). Acquaintances and business associates shake hands each time they see one another. The handshake is a brief up and down movement. Men greeting each other most often shake hands. When leaving a group of people after a social event, it's important to shake everyone's hand or **se faire un bisou.** French family members, friends, and acquaintances **se font la bise** when they greet and part. In addition, if you are introduced to the good friend of a friend or a family member, they might reach out their cheek to **faire la bise** with you. This gesture does not usually include a hug; it is light physical contact.

Un sourire?

In large cities, such as Paris, the French generally maintain a more neutral facial expression in public spaces such as the street or the **métro,** which is in part a reflection of a need for privacy. A smile and eye contact may be interpreted as flirtation. In the south of France and in smaller towns, it is more common to smile and greet strangers.

© Jann Lipka/Glow Images

Tu ou vous?

In France

One of the most complicated cultural practices in French involves deciding whether to use the formal or informal form of address. When in doubt, it is always preferable to err on the side of formality. Use **tu** with family members, friends, and among fellow students. Use **vous** with teachers, older people, and others you meet. **Vous** is always used to address more than one person. When in doubt, wait for the other person to give you permission to use the **tu** form: **On peut se tutoyer?**

> **"When in doubt, err on the side of formality"**

In Québec

French-speaking Canada, like its neighbor to the south, is often more informal than France. In France, people tend to use **vous** with people over fifty, waiters in restaurants, or their boss. Canadians are inclined to use **tu** with these interlocutors. Canadians, however, still generally use **vous** with teachers as a form of respect.

Greetings in French-speaking Africa

In **Sénégal, Côte d'Ivoire,** and other French-speaking African countries, the informal **tu** is also more commonly used than in France. Greetings often involve a more lengthy ritual than the formulaic **Comment ça va?** When seeing an acquaintance or family member after an absence, one inquires about the health and well-being of all their family members: **Comment va ton père? Il se porte bien? Et ta mère, elle va bien?** *(How is your father? He's doing well? And your mother, is she well?)*

███ Avez-vous compris?

Look at the following scenarios and identify the behavior as **bien élevé** *(polite; literally, well-behaved)* or **mal élevé** *(impolite)*. Explain your response.

1. You walk into a bakery and say: **Deux baguettes, s'il vous plaît.**
2. You say **bonjour** to greet your friend's best friend with your hands at your side.
3. Your good friend introduces you to his/her best friend and you kiss him/her lightly on both cheeks.
4. You wave good-bye to your friends at a social gathering and say: **Au revoir. À bientôt.**
5. You're in **Québec** and you use **tu** with your waiter.

███ Et vous?

1. With several students write down rules for formal and informal greetings in the United States or another country with which you're familiar. Share your rules with the class.
2. Which do you feel is more physical, a hug or a kiss on the cheek? Explain.
3. Explain why French people might be confused when someone switches between the use of **tu** and **vous** when addressing them.

Identification des choses et des personnes

Structure 1.2

Identifying people and things *Qui est-ce?, Qu'est-ce que c'est?, Est-ce que...?*

Structure 1.3

Naming people and things *Les articles indéfinis*

One of the first ways you will use French is to ask for help identifying the people and things around you. Identification questions appear on page 27. Naming people and things also requires the use of indefinite articles (see page 28).

La salle de classe

Qu'est-ce que c'est?

C'est **une** fenêtre.

Ce sont **des** chaises.

C'est **un** bureau.

— Est-ce que c'est **un** crayon?
— Non, c'est **un** stylo.

> **Notez et analysez**
>
> Look at the article that precedes each of the classroom objects. How many forms do you see? Try to explain why they vary.

une lumière

un mur
un professeur
une horloge
une fenêtre
un tableau
une porte
une craie
une brosse
un étudiant
une étudiante
un pupitre
une lampe
un stylo
un ordinateur
un bureau
une feuille de papier
un marqueur
un cahier
une table
un livre
un crayon
un dictionnaire
un classeur

Credits: © Cengage Learning

CD1-6

Prononcez! *Un ou une?*

© Cengage Learning

— Est ce que c'est **un** stylo?
— Non, c'est **une** craie.

The /y/ sound in **une** is new to English speakers. Begin by pronouncing the /i/ sound in the word *tea*. Notice that your lips are spread in a smile. Now round your lips into a kissing shape without changing the position of your tongue. The word *tea* should become the French **tu**.

Activité de discrimination. Écoutez votre professeur prononcer les mots et cochez *(check)* **un** ou **une**.

1. ___ un   ___ une   3. ___ un   ___ une   5. ___ un   ___ une
2. ___ un   ___ une   4. ___ un   ___ une

Activité de prononciation. Avec votre partenaire, prononcez les articles qui vont avec les mots suivants. *(Work with a partner to pronounce the correct article for each noun.)*

> Modèle: *cahier*
>   **S1:** *cahier*
>   **S2:** *C'est un cahier*

1. table   3. porte   5. étudiant
2. lampe   4. stylo

Activité 6 **Est-ce que c'est...?**

Suivez le modèle.

> Modèle: — Est-ce que ce sont des cahiers?
>   — *Non, c'est un livre.*

1. Est-ce que c'est une porte?

2. Est-ce que ce sont des chaises?

3. Est-ce que c'est un bureau?

4. Est-ce que ce sont des cahiers?

5. Est-ce que c'est une craie?

6. Est-ce que c'est un tableau?

Credits: © Cengage Learning

Quelques français célèbres

Many American celebrities are household names in French-speaking countries. Your typical French student may watch *Glee*, can rattle off the names of English-speaking musicians, and is plugged into Hollywood. French-speaking celebrities are less likely to be household names in the United States. Here are several you should know.

C'est Christine Lagarde, chef du FMI (*International Monetary Fund*).

C'est Tony Parker, un basketteur professionnel. Il joue pour la NBA.

C'est Romain Duris. Il est acteur.

C'est Carla Bruni-Sarkozy. Elle est chanteuse et ancienne première dame de France.

C'est Johnny Hallyday. C'est un rocker.

C'est François Hollande, le Président de la République française.

C'est Vanessa Paradis. Elle est chanteuse et actrice. Elle a des enfants avec Johnny Depp.

C'est Zinédine Zidane. Il est joueur de foot.

C'est Marion Cotillard. Elle est actrice.

C'est Jean-Paul Gaultier. Il est designer et couturier.

Activité 7 Qui est-ce?

Suivez le modèle.

© François Lenoir/Reuters / Landov

Modèle: — Hillary Clinton?
— *Non, c'est Christine Lagarde.*

© AP Images/Sipa

© Camera Press/Redux

© GYI NSEA/iStockphoto.com

1. C'est Taylor Swift?

2. C'est Zinédine Zidane?

3. C'est Harrison Ford?

© James Amherst/Everett Collection/Glow Images

© Benoit Peverelli/Corbis

© Bernard Bisson/Sygma/Corbis

© Jeff Vespa/WireImage/Getty Images

4. C'est Marion Cotillard?

5. C'est Kobe Bryant?

6. C'est Elvis Presley?

7. C'est Madonna?

© Featureflash/Shutterstock.com

L'acteur américain Bradley Cooper parle couramment *(fluently)* le français. Vous connaissez d'autres célébrités qui parlent français?

La description des personnes

Structure 1.4

Describing people *Les pronoms sujets avec* **être**

Structure 1.5

Describing *Les adjectifs (introduction)*

In the following **thème,** you'll learn how to describe people. For this you'll need to learn the verb **être** *(to be)* and some descriptive adjectives. The verb **être** is presented on page 29. See pages 30–31 for details on the formation of adjectives in French.

Activité 8 **À l'arrêt d'autobus**

Décrivez chaque personne à l'arrêt d'autobus *(bus stop)*. Utilisez les adjectifs et les noms dans l'image.

La description physique

Comment sont-ils?

M. Toussaint
grand
d'un certain âge
mince

vieille femme

chien moche

chat mignon

Jean-Claude
jeune homme
beau
taille moyenne

Mme Vincent
vieille
petite
forte
cheveux gris

Annie
petite fille
blonde

Agnès Mercereau
taille moyenne
jolie
brune

Patrick
brun
garçon

© Cengage Learning

Activité 9 **Écoutez votre professeur: Qui est sur l'image?**

Qui est-ce que votre professeur décrit?

Modèle: PROFESSEUR: C'est une vieille femme avec les cheveux gris. Elle est un peu forte et elle porte des lunettes *(wears glasses)*.
ÉTUDIANT(E): *C'est Mme Vincent.*

La description de la personnalité

Vous êtes comment?

Nicole Brunot

Je suis **sociable** et **optimiste**. Mais je ne suis pas très **patiente**.»

François Leclerc

«Moi? euh... Je suis **sociable**, assez **optimiste** et très **patient**.»

 Activité 10 Comment es-tu?

Notez et analysez

Look at the adjectives in boldface used by François Leclerc and Nicole Brunot to describe themselves. Which one has a different spelling. Why?

Posez des questions à un(e) camarade de classe à propos de sa personnalité. Ensuite, changez de rôles.

Modèle: optimiste
— *Tu es optimiste?*
— *Oui, je suis assez* (rather) *optimiste. Et toi?*
— *Moi aussi* (Me too). / *Moi non* (Not me). *Je suis assez pessimiste.*

timide
— *Tu es timide?*
— *Non, je ne suis pas très timide. Et toi?*
— *Moi non plus* (Me neither). / *Moi, je suis timide.*

1. idéaliste
2. sociable
3. timide
4. sociable
5. sérieux (sérieuse)
6. comique
7. calme
8. patient(e)
9. nerveux (nerveuse)
10. intelligent(e)

Activité 11 Test! Qui est-ce?

Lisez les descriptions et identifiez les personnes célèbres.

Gwyneth Paltrow   Will Smith   Stephen Colbert
Gérard Depardieu   Kristen Stewart   Oprah Winfrey
Céline Dion   Kobe Bryant   Nicolas Sarkozy

1. C'est un humoriste américain dans *Comedy Central*. Il a les cheveux bruns et courts et il est assez grand et mince. Il porte des lunettes. Il est intelligent et amusant. C'est un journaliste satirique.

2. C'est une belle actrice américaine. Elle est grande et blonde avec les yeux bleus. Son mari est dans le groupe Cold Play. Il s'appelle Chris Martin. Ils ont deux enfants, Apple et Moses.

3. C'est une femme noire de Chicago. Elle a une émission à la télévision qui est très populaire, surtout chez les femmes. Elle a aussi un magazine avec sa photo sur la couverture. Elle est idéaliste, généreuse et très riche.

4. C'est un politicien français d'un certain âge aux cheveux bruns. Il est assez petit. Il est intelligent, actif et dynamique. Sa femme est une belle chanteuse célèbre.

5. C'est une chanteuse québécoise avec une voix très forte. Elle parle français et anglais. Elle est grande et mince et elle travaille beaucoup à Las Vegas.

Vocabulaire en mouvement

As an English speaker, you already know more French words than you realize. Why? It all began in 1066 when William the Conqueror, a French Norman, crossed the Channel to invade England. This put a French-speaking king on the English throne and French soon became the language of the aristocracy. French words were considered more refined than their plain Anglo-Saxon counterparts. Even today *to combat* (**combattre**) sounds more stylish than *to fight; to descend* (**descendre**) is more formal than *to go down,* and *egoism* (**égoïsme**) more sophisticated than *selfishness.*

A mass migration of words crossed the Channel from England during the eighteenth century, especially in the area of sports. Since this period, the French have enjoyed talking about **le golf, le tennis,** and **le match.**

Most current borrowings are in the area of technology, business and popular culture. You may easily recognize these English borrowings in print. However, they sound foreign when they're pronounced with a French accent.

En direct
LIVE !
SUR INTERNET
dès le 1er mars
et pendant
toute la durée
du salon

© Cengage Learning

"It is pas cher!"
À partir de
55€
Aller simple
Voiture et passagers

© Cengage Learning

FASHION WEEK
Mannequins, couturiers et famous people, ça défile en live sur les podiums entre le 26 février et le 6 mars.

© Cengage Learning

 **Et vous?**

1. Think of some French words or expressions used in English. When might you use them? For what kinds of topics?
2. What groups of people in France would you expect to use the most English? Why?

Voix en direct 🔊 CD1-7
Du français ou de l'anglais?

It's not always easy to recognize English words pronounced with a French accent. Listen to the following sentences.

1. Oui, c'est cool, ça!
2. Dans mon loft mon iPad est connecté au Wifi.
3. Il porte des tennis et un jean.
4. Elle joue du rap et de la techno, un peu de reggae aussi.

Réfléchissez aux réponses

1. Could you pick out these words if you weren't looking at the text?
2. With a partner—for fun—try pronouncing the English words with a French accent.

Les vêtements et les couleurs

Les couleurs

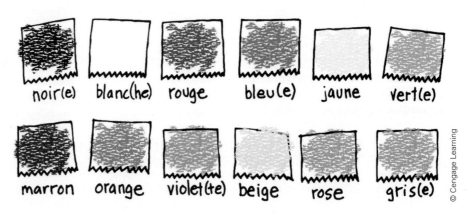

noir(e)   blanc(he)   rouge   bleu(e)   jaune   vert(e)

marron   orange   violet(te)   beige   rose   gris(e)

Les vêtements

— Qu'est-ce que vous portez?
— Moi, je porte…

un blouson

un manteau

une casquette

des chaussures (f)

un sac

un parapluie

des tennis (f) ou
des baskets (f)

un jean

des lunettes (f)
de soleil

un chapeau

un maillot de bain une robe un T-shirt un short une jupe

une cravate un chemisier un pull-over (pull, *fam*) un pantalon kaki

une chemise un sweat des sandales

Credits: © Cengage Learning

Activité 12 Écoutez votre professeur: Vrai ou faux?

Écoutez les descriptions dites par votre professeur des vêtements à la page précédente *(previous)* et ci-dessus *(above)*. Sont-elles vraies *(true)* ou fausses *(false)*?

Modèle: — Le manteau est rouge.
— *Vrai.*

Activité 13 De quelle couleur est…?

Avec un(e) camarade de classe, regardez les illustrations aux pages 18 et 19 et répondez aux questions en suivant *(following)* le modèle.

Modèle: — De quelle couleur est le blouson?
— *Il est marron.*

1. De quelle couleur sont les tennis? Elles sont…
2. De quelle couleur est la jupe? Elle est…
3. De quelle couleur est la chemise?
4. De quelle couleur est la robe?
5. De quelle couleur est le short?
6. De quelle couleur est le pull?

Comment communiquer en classe

You'll need to use and understand the following expressions for interacting in the classroom. They'll help you maintain a French-speaking environment. For example, if you need a French translation for a word you can ask: **Comment dit-on ___ en français?** Your instructor will welcome questions that begin with **J'ai une question.** When you're confused try **Je ne comprends pas.**

🔊 Expressions utiles
CD1-8

Le professeur dit:

Écoutez.   Asseyez-vous.   Allez au tableau.   Fermez la porte.   Ouvrez le livre.

Regardez le tableau. Faites les devoirs page 22, exercice 6.   Travaillez avec un(e) camarade de classe.   Rendez-moi les devoirs, s'il vous plait.   Vous avez une question? Levez la main.

L'étudiant dit:

Pardon. Je ne comprends pas.   J'ai une question.   Comment dit-on *dog* en français? Comment ça s'écrit? C-H-I-E-N.

Quelle page?

Répétez, s'il vous plaît.

Merci, monsieur.

CD1-9

Écoutons ensemble! La communication en classe

Listen to the various people communicating in a classroom and number the following situations in the order that you hear them.

_____ **a.** Mathias wants to know how to say **anthropologie** in English.

_____ **b.** The instructor wants the students to turn in their homework.

_____ **c.** Camille doesn't understand what her instructor is saying.

_____ **d.** The instructor thinks it's too noisy and asks someone to close the door.

_____ **e.** The students are supposed to work with a partner on an activity.

_____ **f.** Marie has a question.

_____ **g.** The students are supposed to open their books.

_____ **h.** The instructor wants the students to speak English.

L'alphabet

a	a	Alice	n	en	Nabil
b	bé	Bernard	o	o	Odile
c	cé	Célia	p	pé	Patrice
d	dé	David	q	ku	Quentin
e	e	Esther	r	erre	Roland
f	ef	François	s	esse	Sébastien
g	gé	Guy	t	té	Thérèse
h	hache	Hervé	u	u	Ugolin
i	i	Irène	v	vé	Véronique
j	ji	Jean	w	double vé	William
k	ka	Karim	x	iks	Xavier
l	elle	Lucien	y	i grec	Yasmina
m	em	Mathilde	z	zèd	Zacharie

Les accents

é = e accent aigu: bébé, clé, thé

è = e accent grave: mère, père, chère

ê = e accent circonflexe (â, ê, î, ô, û): forêt *(forest)*, **flûte, hôpital** *(hospital)*

The **circonflexe** on an **e** or an **o** often represents a missing **s**.

ç = c cédille: garçon, ça va. The **cédille** indicates a soft **c** pronounced like an **s**.

ë, ï = e, i tréma: Noël, Loïc. The **tréma** indicates that the vowel combination should be pronounced as two separate syllables.

Activité **14** Un test d'orthographe *(spelling test)*

Écoutez votre professeur et écrivez le mot sur une feuille de papier. *(Write the numbers 1–8 on a piece of paper and write down the words your instructor spells by each number.)*

Activité **15** Écoutez votre professeur. Devinez *(Guess)* ensemble.

Écoutez les phrases suivantes prononcées par votre professeur et trouvez l'équivalent en anglais. Suivez le modèle.

> **Modèle:** PROFESSEUR: Répétez, s'il vous plaît.
> ÉTUDIANT(E): *h (hache)*

1. Répétez, s'il vous plaît.
2. Lisez l'exercice à la page 4.
3. Écoutez.
4. Excusez-moi.
5. Faites les devoirs.
6. Posez la question à votre voisin(e).
7. En français, s'il vous plaît.
8. Travaillez avec un(e) camarade.
9. Comment dit-on *dog* en français?
10. Les devoirs sont à la page 2.

a. *Do the homework.*
b. *How do you say "dog" in French?*
c. *Excuse me.*
d. *Read the exercise on page 4.*
e. *Ask your neighbor the question.*
f. *In French, please.*
g. *Work with a partner.*
h. *Please repeat.*
i. *The homework is on page 2.*
j. *Listen.*

Les nombres de 0 à 60

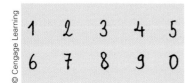

0 zéro	9 neuf	18 dix-huit	27 vingt-sept
1 un	10 dix	19 dix-neuf	28 vingt-huit
2 deux	11 onze	20 vingt	29 vingt-neuf
3 trois	12 douze	21 vingt et un	30 trente
4 quatre	13 treize	22 vingt-deux	31 trente et un
5 cinq	14 quatorze	23 vingt-trois	32 trente-deux
6 six	15 quinze	24 vingt-quatre	40 quarante
7 sept	16 seize	25 vingt-cinq	50 cinquante
8 huit	17 dix-sept	26 vingt-six	60 soixante

ᚈᚈᚈ Activité **16** Tes coordonnées *(contact information)*, s'il te plaît?

Demandez les coordonnées de deux étudiants dans votre classe. Substituez votre nom et vos coordonnées.

> **Modèle:** — *Comment t'appelles-tu?*
> — *Je m'appelle **Jeanne Rambouillet**.*
> — ***Rambouillet?** Comment ça s'écrit?*
> — *C'est **R-A-M-B-O-U-I-deux L-E-T, Rambouillet**.*
> — *Et ton numéro de téléphone?*
> — *C'est le **310-643-0975**.*
> — *Et ton adresse email?*
> — *C'est **jeanne@yahoo.com** (pronounced: **Jeanne** à [arobase] **yahoo** point **com**).*

Activité 17 **Comptez!**

Avec un(e) partenaire, comptez.

1. Comptez de 0 à 20.
2. Comptez jusqu'à 60 en multiples de 10.
3. Comptez jusqu'à 60 en multiples de 5.
4. Comptez jusqu'à 30 en multiples de 2.
5. Comptez jusqu'à 30 en multiples de 3.

Activité 18 **Écoutez votre professeur: Nombres en désordre.**

Identifiez la série de nombres prononcés.

liste A: 36, 38, 41, 43, 45, 18, 57, 12

liste B: 26, 38, 41, 52, 43, 18, 17, 12

liste C: 16, 28, 4, 52, 43, 13, 19, 2

liste D: 36, 28, 42, 62, 45, 8, 16, 22

liste E: 16, 8, 44, 50, 15, 13, 57, 2

En français on commence avec le pouce *(thumb)* pour le nombre un.

© Robert Kneschke/ SuperFusion/ SuperStock

Situations à jouer!

Qu'est-ce qu'on dit dans les situations suivantes?

1 Find out from a classmate how to say *optimistic* in French. Then ask him/her if he/she is optimistic.

2 Greet your friend's mother, Mrs. Ducasse, and introduce yourself to her. She will respond politely.

3 Find out someone's name and where he/she is from by asking another classmate.

4 You want to write someone's name and phone number in your address book. Ask him/her to spell his/her last name to make sure you write it down correctly.

5 (Whole class or large group activity) The whole class stands up to circulate at a French embassy gala attended by guests invited from all over the world. Hold an imaginary wine glass in your left hand so that you're free to shake hands with the people you greet. Greet people; ask them how they are; find out where they are from. (You can make up a famous city.) Do at least two introductions. (**Voici Élise Johansson. Elle est de New York.**) To move on to the next guest, either conclude with **Enchanté(e)!**, or explain **J'ai un message important sur mon portable...** as you leave.

Voix en direct (suite)

Go to **iLrn** to view video clips of French people introducing themselves, including Léa, an 8 year old, who will talk about themes related to this module.

Lecture

Anticipation

You are about to read the words of a simple children's song written to celebrate the diversity of the French-speaking world.

Chanson: *Francophonie*

Paroles et musique: Philippe RICHARD

"Nous sommes tous des enfants du monde"

© Corbis

was born   1 Je suis né° en Europe, en France,

Moi en Océanie,

Je suis né en Afrique et moi en Amérique,

Je suis né en Asie

we're all children of the world   5 Nous sommes tous des enfants du monde°,

countries   De pays° différents

But our words and our songs do the same round dance   Mais nos mots et nos chants jouent à la même ronde°

listen into the wind;   10 Écoutez dans le vent°!

grew up   J'ai grandi° en Europe, en France,

Moi en Océanie,

J'ai grandi en Afrique et moi en Amérique,

15 J'ai grandi en Asie

Nous sommes tous des enfants du monde,

De pays différents

Mais nos mots et nos chants jouent à la même ronde

Écoutez dans le vent!

Francophonie

Mélodie

Francophonie

C'est ma vie

Francophonie

Poésie

Francophonie

Pour la vie

© Philippe Richard

Activité de lecture

1. What continents are represented by the children in this song?
2. What Asian country has French speakers and a French influence?

Maintenant à vous!

1. Can you think of a song you learned as a child that celebrates the unity of all children?
2. This song is meant to promote unity among French speakers. Do you feel a common bond with English speakers around the world?

Expression écrite

iLrn À vos marques, prêts, bloguez!

On the class blog, greet your classmates in French. Give your name and say where you are from. Briefly describe yourself and then say goodbye. Respond to two of your classmates' greetings with a quick **bonjour**.

Petit portrait

In this writing activity you will write a description of a famous person of your choice.

■ **Première étape:** Rewrite the following description changing Pierre-Louis to Marie-Louise. You'll need to change the gender of the underlined words.

Voici Pierre-Louis. C'est <u>un</u> jeune <u>homme</u> de Marseille. <u>Il</u> est assez <u>grand</u> et <u>beau</u> avec des cheveux blonds et courts. <u>Il</u> n'est pas très <u>intelligent</u>, mais <u>il</u> est <u>patient</u> et sympathique. C'est <u>un homme intéressant</u>.

■ **Deuxième étape:** Now describe a famous person, following the model above. Attach a picture or photograph to your description.

■ **Troisième étape:** Post your picture on the board as you and your classmates read the descriptions. Identify the person described.

Explorez en ligne

Using a French search engine (google.fr, yahoo.fr or YouTube), type in **hymne à la francophonie** and watch the video produced with the song. Can you understand the words? Do you think the video is effective? (Why or why not?) Prepare to discuss your comments with the class or post them on the **Discussion board**.

Go to the **Share it!** feature of iLrn **Heinle Learning Center** to write on your class blog.

Le monde francophone

Avant de visionner

You will watch a video about the French-speaking world. Over 150 million people in more than 40 countries across the globe speak French. In this video, you will travel to four different locations to learn about some of the traditions of these French-speaking cultures.

© Cengage Learning

La Polynésie française comprend 121 îles.

Quelques mots utiles

un griot	*African storyteller*	le monde	*world*
une histoire	*story*	un pays	*country*
la langue	*language*	le vaudou	*voodoo*
le Maghreb	*region in northern Africa*	une ville	*city*

Study the list of vocabulary above, then complete each statement with one of the French words or phrases.

1. _____ est une région de l'Afrique du Nord.

2. _____ raconte *(tells)* des histoires et récite des poèmes.

3. Dans le monde francophone, _____ est une force unificatrice *(unifying)*.

4. Paris est _____ en France.

5. On pratique _____ en Haïti.

6. Il y a 40 pays francophones dans _____.

Pendant le visionnement

Où allons-nous?

Now watch the video. Which countries or regions are mentioned?

- ☐ La France
- ☐ L'Afrique du Sud
- ☐ L'Afrique du Nord
- ☐ La Polynésie française
- ☐ Le Mexique
- ☐ Le Sénégal
- ☐ La Russie
- ☐ La République démocratique du Congo
- ☐ Haïti

Identifications

Match each person or thing with the appropriate description.

1. Léopold Sédar Senghor	a. deuxième ville francophone du monde
2. Paul Gauguin	b. poète et ancien président du Sénégal
3. Kinshasa	c. instrument africain
4. la kora	d. artiste inspiré par la Polynésie
5. la teranga	e. tradition de l'hospitalité

Après le visionnement

Avez-vous compris?

Complete the sentences with the correct geographical location based on what you learned in the video.

1. Two out of three French-speaking people live outside of _____.
2. _____ has more French-speaking people than any other continent.
3. _____, a Francophone country in Africa, is known for its arts.
4. Arabic is the main language in the countries of _____, but French is still spoken in certain contexts.
5. _____ is the only country in the Americas that is primarily Francophone.

Discutons!

Discuss the following questions with your partner.

1. Where around the world do you find French-speaking populations? Why is this so?
2. Why do you think the official language of Senegal remains French when 80% of the population speaks another language, Wolof?
3. What role do you think the **griots** and **halaqi** play in African cultures? Do you know of other cultures with a strong oral tradition?
4. Why do you think French remains an important language in the world?
5. Which French-speaking country interests you the most? Why?

© Cengage Learning

Réfléchissez et considérez

The *djembe* is a traditional drum from West Africa. Look at the photo below. What is the drum made of? How is the drum played?

Voyageons dans le monde francophone!

Share It! If you could go anywhere in the French-speaking world, where would you go? Choose a city in a French-speaking part of the world. Find a hotel in a neighborhood that interests you and two places you would like to visit. Post links to that hotel and the places to **Share It!** and write at least three sentences explaining your plans.

iLrn

Vidéo Voyages! Watch a video about a music festival in Senegal.

Visit the *Motifs* website for more grammar and vocabulary practice.

Structure 1.1

Addressing others *Tu et vous*

When you are speaking to an individual in French, you need to choose between the formal (**vous**) and informal (**tu**) forms of address. When speaking with someone whom you don't know very well, who is older than you, or who is in a higher position, **vous** is in order.

The informal **tu** is used as follows:

- between students of the same age group and young people in general
- between people who are on a first-name basis
- among family members
- with children
- with animals

In some French-speaking countries, such as Canada or French-speaking Africa, the more familiar **tu** form is more common when speaking to a single individual.

Tu es nerveux, Paul?
Tu es étudiant ici?

Vous is always used in addressing more than one person. **Vous** is also generally used as follows:

- with and between people who are not on a first-name basis
- among people who are meeting for the first time
- with those who are older than you
- with a boss or superior

In cases of doubt, it is always preferable to use **vous.** You will want to add **monsieur, madame,** or **mademoiselle** for politeness.

Bonjour, mademoiselle. Comment allez-vous?
Dominique et Christine, vous comprenez le professeur?
Bonjour, monsieur. Comment allez-vous?
Vous parlez très bien français, mademoiselle.

- -

Exercice 1 Based on the context of the following situations, select the appropriate pronoun.

1. You are speaking with your friend's mother, Mme Arnaud.   **tu   vous**
2. You are speaking to your dog.   **tu   vous**
3. You are speaking to your instructor.   **tu   vous**
4. You are speaking with a school acquaintance.   **tu   vous**
5. Your grandmother is speaking to you.   **tu   vous**
6. You are speaking with a business acquaintance, Jean-Claude Cassin.   **tu   vous**
7. You are speaking to a group of friends.   **tu   vous**

Exercice 2 Create logical sentences by associating each item from the first column to the appropriate item in the second column.

1. Bonjour, monsieur.
2. Salut. Ça va?
3. Bonjour, madame. Comment allez-vous?
4. Bonjour! Je m'appelle Aïsha. Et toi?
5. Bonjour! Je suis Monique et je suis de Lyon. Et vous?

a. Très bien, merci. Et vous?
b. Je suis de Tahiti.
c. Je m'appelle René.
d. Ça va. Et toi?
e. Bonjour, mademoiselle.

Identifying people and things *Qui est-ce? Qu'est-ce que c'est?*
Est-ce que…?

To inquire about someone's identity, ask **Qui est-ce?**

—Qui est-ce?	—*Who is it?*
—C'est Paul.	—*It's Paul.*

If you want an object to be identified, ask **Qu'est-ce que c'est?**

—Qu'est-ce que c'est?	—*What is it?*
—C'est un livre.	—*It's a book.*

Any statement can be turned into a yes/no question by placing **est-ce que** in front of it and using rising intonation.

C'est Richard.	*It's Richard.*
Est-ce que c'est Richard?	*Is it Richard?*
C'est une table.	*It's a table.*
Est-ce que c'est une table?	*Is it a table?*

Que contracts to **qu'** when followed by a vowel sound.

Est-ce qu'il est étudiant?	*Is he a student?*

- -

Exercice 3 Match the questions in column A with the appropriate answers in column B.

A	B
1. Qu'est-ce que c'est?	a. Je m'appelle Patrick.
2. Qui est-ce?	b. Non, c'est la classe d'espagnol.
3. Est-ce que c'est Paul?	c. Non, c'est David.
4. Je m'appelle Fred. Et vous?	d. Non, elle s'appelle Margot.
5. Est-ce qu'elle s'appelle Marguerite?	e. Oui, c'est un dictionnaire.
6. Est-ce que c'est la classe de français?	f. C'est un livre.
7. Est-ce que c'est un dictionnaire?	g. C'est Jacqueline.

Exercice 4 Write out an appropriate question for the following answers.

1. — _____ ?

   — Non, c'est un bureau.

2. — _____ ?

   — Non, il s'appelle Jean.

3. — _____ ?

   — C'est un cahier.

4. — _____ ?

   — C'est Jean-Jacques Rousseau.

5. — _____ ?

   — Oui, c'est une chaise.

Naming people and things *Les articles indéfinis*

The French indefinite articles **un, une,** and **des** are equivalent to *a, an,* and *some.*

Gender *(Genre)*

All French nouns are categorized by gender, as masculine or feminine, even when they refer to inanimate objects. The form of the article that precedes the noun indicates its gender. As one would expect, nouns that refer to males are masculine and, conversely, nouns that refer to females are feminine. However, the gender of inanimate nouns is unpredictable. For example, **parfum** *(perfume)* is masculine, **chemise** *(shirt)* is feminine, and **chemisier** *(blouse)* is masculine. We suggest that, when learning new words, you store them in your memory with the correct article as if it were one word.

	singular	plural
masculine	**un** livre	**des** livres
feminine	**une** fenêtre	**des** fenêtres

Number *(Nombre)*

French nouns are also categorized according to number, as singular or plural. The indefinite article **des** is used in front of plural nouns, regardless of gender. The most common way to make a noun plural is by adding an **s.** If the noun ends in **-eau,** add an **x** to form the plural. Since the final **s** is not often pronounced in French, the listener must pay attention to the article to know whether a noun is plural or singular.

singular	plural
un cahier	des cahiers
un professeur	des professeurs
une fenêtre	des fenêtres
un tableau	des tableaux

Pronunciation guide

When **un** is followed by a vowel sound, the **n** is pronounced. If **des** is followed by a noun beginning with a vowel sound, the **s** is pronounced like a **z.** This linking is called **liaison.**

un‿étudiant   des‿étudiants
   n   z

Exercice 5 Make the following nouns plural.

Modèle: une fenêtre
des fenêtres

1. un professeur _____
2. un étudiant _____
3. un pupitre _____
4. une porte _____
5. un cahier _____
6. un bureau _____

Exercice 6 Fill in the blanks with the appropriate indefinite article: **un, une,** or **des.**

1. C'est _____ livre.

2. Ce sont _____ fenêtres.

3. C'est _____ jeune homme.

4. C'est _____ femme.

5. Ce sont _____ étudiants.

6. C'est _____ table.

7. C'est _____ bureau.

8. Ce sont _____ cahiers.

Structure 1.4

Describing people *Les pronoms sujets avec* **être**

Subject pronouns enable you to refer to people and things without repeating their names.

—Est-ce que Chantal est jolie?
—Oui, **elle** est très jolie.

—C'est Jean-Yves.
—**Il** est de Montréal.

—*Is Chantal pretty?*
—*Yes, she is very pretty.*

—*It's Jean-Yves.*
—*He's from Montreal.*

Subject pronouns	
singular	**plural**
je *I*	nous *we*
tu *you (informal)*	vous *you (plural or formal)*
il *he*	ils *they (masculine or mixed masculine and feminine)*
elle *she*	elles *they (feminine)*
on *one, people, we (familiar)*	

French verb endings change according to the subject. Although most of these changes follow regular patterns, a number of common verbs are irregular. **Être** *(to be)* is one of these irregular verbs.

être *(to be)*	
je suis	nous sommes
tu es	vous êtes
il/elle/on est	ils/elles sont

Note that **on** is used with the singular verb form even though its meaning may be both singular *(one)* and plural *(people* and *we).*

On est content(s).   *We're happy.*

- -

Exercice 7 Write the appropriate subject pronoun for the following situations.

1. You're talking to your best friend. _____

2. You're talking about your friend Anne. _____

3. You're discussing the students in your class. _____

4. You're talking about yourself and your family. _____

5. You're talking about the players on the women's basketball team. _____

6. You're addressing a group of people. _____

Exercice 8 Jérôme overhears a student talking to his friends. Fill in the blanks with the verb **être.**

Philippe et Pierre, vous _____ (1) dans la classe de français de Mme Arnaud, n'est-ce pas? Moi, je _____ (2) dans la classe de Mme Bertheau. Elle _____ (3) très sympathique. Nous _____ (4) vingt-huit dans cette classe. La classe _____ (5) grande et elle _____ (6) agréable aussi. Les étudiants _____ (7) sympathiques et intelligents. Pierre, est-ce que les étudiants _____ (8) sympathiques dans l'autre classe? Tu _____ (9) sûr (sure)?

Structure 1.5

Describing *Les adjectifs (introduction)*

Adjectives describe people, places, or things. In French, they agree in number and gender with the noun they modify.

	singular	plural
masculine	Il est petit.	Ils sont petits.
feminine	Elle est petite.	Elles sont petites.

Making adjectives plural

Most French adjectives form their plural by adding an **s** to the singular form as just shown. However, if the singular form ends in a final **s, x,** or **z,** the plural form does not change.

singular	plural
Le pantalon est gris.	Les pantalons sont gris.

Making adjectives feminine

Most feminine adjectives are formed by adding an **e** to the masculine singular form. If the masculine form ends in an **e,** the masculine and feminine forms are identical.

masculine	feminine
Il est fort.	Elle est forte.
Le short est jaune.	La robe est jaune.

Pronunciation guideline

You can often distinguish between feminine and masculine adjectives by listening for the final consonant. If it is pronounced, it generally means that the adjective ends in an **e** and the corresponding noun is feminine.

Il est grand.   Elle est granDe.
Le bureau est petit.   La table est petiTe.
Le cahier est vert.   La robe est verTe.

Irregular adjectives

French has a number of irregular adjectives that differ from the pattern just described. Additional irregular adjectives are presented in **Module 3.**

masculine	feminine
blanc	blanche
vieux	vieille
beau	belle
gentil	gentille

- -

Exercice 9 Marc's twin brother and sister are remarkably similar. Complete the following sentences describing them.

> **Modèle:** Jean est petit; Jeanne est *petite* aussi.

1. Jean est blond; Jeanne est _____ aussi.
2. Jean est intelligent; Jeanne est _____ aussi.
3. Jeanne porte un vieux chemisier vert; Jean porte une _____ chemise _____.
4. Jeanne est très belle et Jean est très _____ aussi.
5. Jean est gentil; Jeanne est _____ aussi.

Exercice 10 Complete the following passage using the appropriate form of the adjectives in parentheses.

Ma mère est une (beau) _____ (1) femme (intelligent) _____ (2) avec des cheveux (blond) _____ (3) et (court) _____ (4) et des yeux (brun) _____ (5). Mon père est (fort) _____ (6) et il est très sympathique. Mon frère et moi, nous sommes (content) _____ (7) de nos parents.

Tout ensemble!

Éric sees his friends Paul and Anne at the cafeteria. Complete their conversation with the words from the list.

allez-vous	de	merci	sommes	une
bleue	est	qui est-ce	et toi	une question
ça va	grande	s'appelle	un	

ÉRIC: Salut, Paul et Anne. Comment _____ (1)?

PAUL: _____ (2) bien. _____ (3)?

ÉRIC: Bien, _____ (4). J'ai _____ (5) pour vous. Regardez la _____ (6) fille blonde là-bas. _____ (7)?

PAUL: La fille qui porte _____ (8) jupe _____ (9)?

ÉRIC: Non, elle porte _____ (10) jean.

ANNE: Ah oui! Elle _____ (11) Nathalie. Elle est _____ (12) New York.

ÉRIC: Ah bon? Elle _____ (13) étudiante?

PAUL: Oui, en lettres *(humanities)*. Nous _____ (14) dans la même classe de philosophie. Viens *(Come on)*, je vais vous présenter.

Complete the diagnostic tests in **iLrn** to test your knowledge of the grammar and vocabulary in this chapter.

Structures utiles *trente et un* **31**

Vocabulaire fondamental

Noms

La salle de classe — *The classroom*

une activité	*an activity*
un bureau	*a desk*
un cahier	*a notebook*
un(e) camarade de classe	*a classmate*
une chaise	*a chair*
une chose	*a thing*
une craie	*a piece of chalk*
un crayon	*a pencil*
les devoirs (m pl)	*homework*
un dictionnaire	*a dictionary*
un(e) étudiant(e)	*a student*
une fenêtre	*a window*
une lampe	*a lamp*
un livre	*a book*
un marqueur	*a felt-tip marker*
un mur	*a wall*
un ordinateur (un portable)	*a computer (a laptop)*
une porte	*a door*
un professeur (prof, *fam*)	*a teacher*
une question	*a question*
un stylo	*a pen*
une table	*a table*
un tableau	*a (black)board*

Les personnes et leurs animaux — *People and their animals*

un(e) ami(e)	*a friend*
un chat	*a cat*
un chien	*a dog*
un(e) enfant	*a child*
une femme	*a woman*
une fille	*a girl*
un garçon	*a boy*
un homme	*a man*

Les vêtements — *Clothing*

une casquette	*a baseball cap*
un chapeau	*a hat*
des chaussures (f pl)	*shoes*
une chemise	*a shirt*
une jupe	*a skirt*
des lunettes (f pl)	*glasses*
un maillot de bain	*a bathing suit*
un manteau	*a coat*
un pantalon	*(a pair of) pants*
une robe	*a dress*
un sac (à dos)	*a purse (a backpack)*
un sweat	*a sweat shirt*

Mots apparentés: des baskets (f pl), un jean, un pullover (pull, *fam),* des sandales (f pl), un short, des tennis (f pl), un T-shirt

Verbes

Je m'appelle…	*My name is . . .*
Il s'appelle…	*His name is . . .*
être	*to be*
porter	*to wear*

Questions

Qui est-ce?	*Who is it?*
Qu'est-ce que c'est?	*What is it?*
Est-ce que c'est un stylo?	*Is it a pen?*

Adjectifs

La description physique — *Physical description*

beau (belle)	*handsome (beautiful)*
blond(e)	*blond*
brun(e)	*brown, brunette*
(les cheveux) blonds, bruns, roux, gris, courts, longs	*blond, brown, red, gray, short, long (hair)*
de taille moyenne	*of average size*
fort(e)	*heavy, stocky; strong*
grand(e)	*big; tall*
jeune	*young*
joli(e)	*pretty*
moche	*(fam) ugly*
petit(e)	*little, small; short (person)*
vieux (vieille)	*old, elderly*

La description de la personnalité — *Personal characteristics*

célèbre	*famous*
comique	*funny*
gentil(le)	*nice*
sympathique (sympa, *fam*)	*nice*

Mots apparentés: amusant(e), fatigué(e), idéaliste, intelligent(e), nerveux (nerveuse), optimiste, patient(e), riche, sérieux (sérieuse), sociable, timide

Les couleurs — *Colors*

blanc(he)	*white*
bleu(e)	*blue*
brun(e)	*brown*
gris(e)	*gray*
jaune	*yellow*
marron	*brown*
noir(e)	*black*
rose	*pink*
rouge	*red*
vert(e)	*green*
De quelle couleur est le/la…?	*What color is . . . ?*

Mots apparentés: beige, orange, violet(te)

Pronoms (Pronouns)

je	*I*
tu	*you (singular, informal)*
il	*he*
elle	*she*
on	*one, people, we (fam)*
nous	*we*
vous	*you (plural or formal)*
ils	*they (m)*
elles	*they (f)*

Mots divers

une adresse courriel	*an email address*
assez	*somewhat, kind of*
aussi	*also, too*
moi aussi	*me too*
moi non	*not me*
pas	*not*
s'il vous plaît, s'il te plaît *(fam)*	*please*
très	*very*

Les nombres

(See page 22 for numbers 0–60.)

zéro, un, deux, trois… soixante

Expressions utiles

Comment se présenter et se saluer — *How to introduce oneself and greet people*

(See pages 6–8 for additional expressions.)

À plus. *(fam)*	*See you later.*
À tout à l'heure.	*See you in a bit.*
Au revoir. À bientôt.	*Good-bye, So long. See you soon.*
Bonjour, madame.	*Hello, ma'am.*
Bonsoir, monsieur.	*Good evening, sir.*
Ça ne va pas du tout.	*I'm not feeling well at all.*
Ciao. *(fam)*	*Bye.*
Comment allez-vous?	*How are you?*
Comment ça va? *(fam)*	*How are you?*
Comment s'appelle-t-il/elle?	*What's his/her name?*
Je m'appelle Marie. Et vous?	*My name is Mary. What's yours?*
Je suis de Paris. Et vous?	*I'm from Paris. And you?*
Je te/vous présente mon ami, Jean.	*This is my friend, Jean.*
Merci.	*Thank you.*
Salut, ça va? *(fam)*	*Hi, how are you?*
Très bien.	*Very good / well.*

Comment communiquer en classe

(See pages 20–21 for additional expressions.)

Comment ça s'écrit?	*How is it spelled?*
J'ai une question.	*I have a question.*
Je ne comprends pas.	*I don't understand.*
Levez la main.	*Raise your hand.*
Ouvrez votre livre.	*Open your book.*

Vocabulaire supplémentaire

Noms

Identification des choses

une brosse	*a chalkboard eraser*
un classeur	*a binder*
une feuille de papier	*a sheet of paper*
une horloge	*a clock*
une lumière	*a light*
un pupitre	*a student desk*

Les professions — *Professions*

un acteur (une actrice)	*an actor*
un basketteur	*basketball player*
un chanteur (une chanteuse)	*a singer*
un couturier (une couturière)	*a fashion designer*
un danseur (une danseuse)	*a dancer*
un écrivain	*a writer*
un joueur (une joueuse) de foot	*a soccer player*
un metteur en scène	*a (film) director*
un rocker	*a rock musician*

Les vêtements et les couleurs — *Clothing and colors*

un blouson	*a jacket*
un chemisier	*a blouse*
une cravate	*a tie*
des lunettes *(f pl)* de soleil	*sunglasses*
un parapluie	*an umbrella*

Verbes

faire la bise	*to kiss on both cheeks*
(se) présenter	*to introduce oneself or another person*
se saluer	*to greet each other*

Mots divers

tout le monde	*everyone*

Expressions utiles

Comment communiquer en classe

des coordonnées *(f pl)*	*contact information*
un(e) voisin(e)	*a neighbor*

Un étudiant regarde ses notes dans la cour *(courtyard)* de la Sorbonne.

La vie universitaire

This chapter introduces you to French student life: students' activities and interests, the university campus and courses, and the seasonal calendar. In the **Perspectives culturelles** sections, you'll learn about the famous Latin Quarter in Paris, a center of student life, and you'll read about what some French speakers like to do on the weekend.

Ressources
🔊 Audio ▶ Video **ilrn** ilrn.heinle.com
🌐 www.cengagebrain.com

Les distractions

Structure 2.1

Saying what you like to do *Aimer et les verbes réguliers en -er*

Structure 2.2

Saying what you don't like to do *La négation ne... pas*

In the following activities, you will learn to talk about what you like to do and what you do not like to do. To accomplish this, you will need to learn to conjugate the verb **aimer** *(to like)* and to form negative sentences. You will also need a variety of verbs to state what you like to do. See pages 54–55 for the verb **aimer** and other **-er** verbs, and pages 56–57 for negation and definite articles.

Les activités

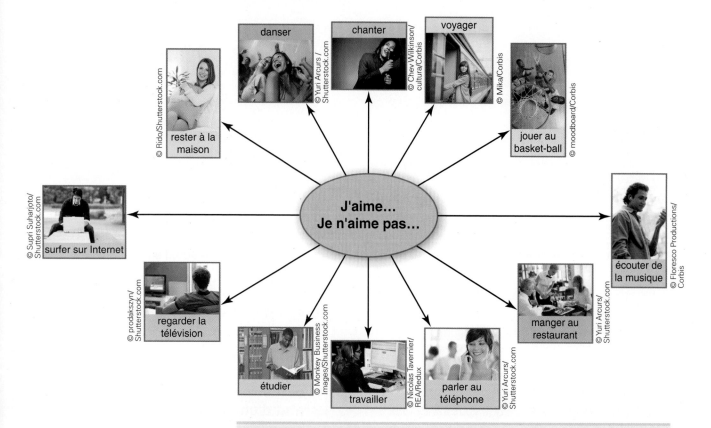

Notez et analysez

Generally, when you see a French word that looks like an English equivalent, you can count on it having a similar meaning; such words are known as cognates, or **mots apparentés**. Which of the **-er** activity verbs are cognates? Caution: **rester** is a **faux ami**, or "false friend." It means *to stay* rather than *to rest*. *To rest* is expressed as **se reposer** in French.

Activité 1 Les activités des gens célèbres

Nommez une personne célèbre qui aime…

Modèle: parler français
           Johnny Depp aime parler français.

Stephane Reix/For Picture / Corbis

1. jouer au basket
2. jouer au tennis
3. danser
4. chanter du rap
5. voyager
6. parler à la télévision
7. porter des vêtements élégants

Activité 2 Tu aimes danser?

A. Regardez la liste des activités et cochez *(check off)* ce que vous aimez faire. Puis écrivez le nom de deux camarades de classe et cochez leurs réponses.

	Moi	Nom: _____	Nom: _____
1. surfer sur Internet	☐	☐	☐
2. voyager	☐	☐	☐
3. écouter de la musique rock	☐	☐	☐
4. jouer au football	☐	☐	☐
5. rester à la maison	☐	☐	☐
6. danser	☐	☐	☐
7. regarder la télévision	☐	☐	☐
8. chanter	☐	☐	☐

B. Maintenant posez des questions à deux camarades de classe.

Modèles: — *Tu aimes danser?*
            — *Oui, j'aime danser.*
            — *Tu aimes étudier?*
            — *Non, je n'aime pas étudier.*

C. Pour finir, écrivez 2–3 phrases pour indiquer ce que vous avez en commun.

Modèle: *Nous aimons danser. Meghan et Alex n'aiment pas étudier.*

Comment exprimer ses préférences

Structure 2.3

Talking about specifics *Les articles définis*

To talk about things you like and dislike, you will need to use definite articles. For an explanation of the definite articles, see pages 56–57.

Notez et analysez

What types of music do you like? Rap? Rock? Jazz? In the mini-conversation, notice how the definite article is used with the type of music, such as **le rock**. What article is used with **musique électronique**? How would you say "I like jazz" in French?

— Tu aimes **le** rock?
— Oui, j'aime beaucoup **le** rock.
— Et tu aimes **la** musique électronique?
— Oui, assez. Par exemple, Daft Punk, j'adore!

Qui sont-ils?

Expressions utiles

CD1-10

Pour dire ce qu'on aime et ce qu'on n'aime pas

— Tu aimes voyager? ★★★★★ — Oui, j'adore! J'aime **beaucoup** voyager!
　　　　　　　　　　 ★★★ — Oui, j'aime **bien** voyager.
　　　　　　　　　　 ★★ — Oui, **un peu.** J'aime **assez** voyager.
　　　　　　　　　　 ★ — Non, **pas beaucoup.**
　　　　　　　　　　 ♡ — Non, pas **du tout!**

Pour dire ce qu'on préfère

— Est-ce que tu préfères les chats ou les chiens?
— Moi, je préfère les chiens. Ils sont plus fidèles.

CD1-11

Prononcez! Est-ce que c'est une question?

For yes/no questions, you will hear a rising intonation at the end. Listen to the following and indicate if you hear a question (rising intonation) or a statement.

	Question	Non
1.	☐	☐
2.	☐	☐
3.	☐	☐
4.	☐	☐
5.	☐	☐

Now with a partner, pronounce one sentence in each of the following pairs. Your partner will decide whether you are asking a question or not by listening for the rising intonation. Mix up your choices, and when you finish, switch roles with your partner.

Modèles: *Vous aimez étudier?*
Oui, c'est une question.
Vous aimez étudier.
Non, ce n'est pas une question.

1. Tu aimes danser?   Tu aimes danser.
2. Le film est bon?   Le film est bon.
3. Vous préférez les chiens?   Vous préférez les chiens.
4. Tu aimes aller au cinéma?   Tu aimes aller au cinéma.
5. On mange?   On mange.
6. Ils voyagent en Italie?   Ils voyagent en Italie.
7. Elle joue au football?   Elle joue au football.

Activité 3   **Réponses courtes**

Donnez une réponse courte à un(e) camarade.

Modèle: *le tennis*
— *Tu aimes le tennis?*
— *Oui, j'adore! / Oui, un peu. / Non, pas beaucoup. / Non, pas du tout!*

1. le cinéma
2. travailler
3. les maths
4. étudier
5. la télé-réalité
6. l'aventure
7. parler au téléphone
8. aller sur Facebook
9. danser
10. le football
11. écouter de la musique
12. voyager
13. jouer au golf
14. les vacances
15. les jeux vidéo

Activité 4   **Préférences**

Suivez le modèle avec un(e) camarade.

Modèle: danser le rock ou le slow
— *Tu préfères danser le rock ou le slow?*
— *Je préfère danser le rock.*
— *Moi aussi. / Moi, je préfère le slow.*

1. le tennis ou le golf
2. étudier l'anglais ou les maths
3. les films d'action ou les histoires d'amour
4. le jazz ou le hip-hop
5. la montagne *(mountains)* ou la plage *(beach)*
6. les chats ou les chiens
7. le football français ou le football américain
8. regarder la télévision ou écouter de la musique

Sondage *(Poll)*: Goûts et préférences

Philippe Dussert fait une enquête *(is doing a study)* sur les goûts *(tastes)* et les préférences des étudiants de son université. Voici le résumé de ses notes.

Portrait: Mounir Mustafa
12, rue des Gazelles
Aix-en-Provence
Tél. 04-42-60-35-10

Mat Jacob/The Image Works

Voici Mounir Mustafa. C'est un jeune étudiant algérien de 20 ans. Il étudie les sciences économiques à l'université d'Aix. C'est un étudiant sérieux, mais il aime aussi s'amuser. Mounir aime un peu la musique classique, mais il préfère le rock et il danse très bien. Il aime les films d'action et il va souvent au cinéma. Mounir n'aime pas beaucoup la télévision, mais il regarde parfois le sport à la télé, surtout des matchs de football. Pendant son temps libre, il aime aussi surfer sur Internet.

Activité 5 Testez-vous!

Consultez le résumé sur Mounir. Ensuite *(Then)*, indiquez si les phrases suivantes sont vraies ou fausses. Corrigez les phrases fausses.

1. Mounir Mustafa est français.
2. Mounir n'est pas un bon étudiant.
3. Il aime le rock, mais il préfère la musique classique.
4. Il danse bien.
5. Il va rarement au cinéma.
6. Il aime les drames psychologiques.
7. Il préfère regarder les matchs de football à la télévision.

Portrait: Jeanne Dumas
14, avenue Pasteur
Aix-en-Provence
Tél. 04-42-38-21-40

© Cengage Learning

Voici Jeanne Dumas. C'est une jeune Française de 18 ans. Elle habite un petit studio avec une copine. Jeanne étudie l'anglais à l'université d'Aix (l'anglais est facile pour elle; sa mère est américaine). Elle aime un peu le rap, mais elle préfère le rock. Elle n'aime pas du tout la techno. Jeanne aime aller au cinéma et elle regarde aussi des DVD chez elle. Elle préfère les comédies. Jeanne regarde régulièrement la série *NCIS: Los Angeles* à la télévision avec sa colocataire *(apartment mate)*.

Activité 6 Testez-vous!

Consultez le résumé sur Jeanne. Ensuite, indiquez si les phrases sont vraies ou fausses. Corrigez les phrases fausses.

1. Jeanne a 18 ans.
2. Elle habite avec sa famille.
3. Elle étudie l'anglais.
4. Elle parle bien l'anglais.
5. Elle préfère la techno.
6. Elle n'aime pas les séries américaines.

CD1-12

Écoutons ensemble! Sondage sur les goûts et les préférences

Listen to the following questionnaire given to a French student on her taste in entertainment, and fill out the form. Then interview a partner to complete the form.

Goûts et préférences			
Nom de famille: _____	Prénom: _____		
		étudiante française	camarade
Vous aimez la musique:	un peu	[ ]	[ ]
	beaucoup	[ ]	[ ]
	pas beaucoup	[ ]	[ ]
Vous préférez:	le rock	[ ]	[ ]
	le jazz	[ ]	[ ]
	la musique classique	[ ]	[ ]
	le rap	[ ]	[ ]
	la techno	[ ]	[ ]
Vous aimez le cinéma:	un peu	[ ]	[ ]
	beaucoup	[ ]	[ ]
	pas beaucoup	[ ]	[ ]
Vous préférez:	les drames psychologiques	[ ]	[ ]
	les films d'aventure	[ ]	[ ]
	les comédies	[ ]	[ ]
	les films d'horreur	[ ]	[ ]
Vous aimez la télévision:	un peu	[ ]	[ ]
	beaucoup	[ ]	[ ]
	pas beaucoup	[ ]	[ ]
Vous préférez:	les jeux télévisés	[ ]	[ ]
	les informations	[ ]	[ ]
	les séries	[ ]	[ ]
	la télé-réalité	[ ]	[ ]
	le sport	[ ]	[ ]

Les passe-temps préférés des Français

leisure activities
tendencies
to spend time

portable music player

less time / reading

Pour les Français, les activités de loisir° sont très importantes. Pour la génération des jeunes adultes entre 15 et 30 ans, il y a certaines tendances° homogènes. Le premier loisir, c'est passer du temps° avec les copains. Le sport et le cinéma sont les activités préférées. Plus de 90% des jeunes pratiquent un sport, dans un club ou non. Écouter de la musique sur un baladeur°, via un téléphone portable, sur Internet ou en allant au concert est une autre caractéristique de cette génération. Avec la popularité de l'Internet et des téléphones mobiles, les jeunes passent moins de temps° à regarder la télévision et à lire°.

Avez-vous compris?

Faites une liste des quatre activités préférées des jeunes Français selon le sondage.

Et vous?

1. Qu'est-ce que vous aimez faire qui n'est pas dans cette liste? Est-ce qu'il y a une activité dans la liste que vous n'aimez pas faire?
2. En groupes de trois à cinq, classez vos activités préférées par ordre de préférence du groupe. Puis *(Then)*, annoncez vos résultats à la classe. **(Leader: Pour nous, écouter de la musique est numéro un. Et pour vous?)**

Le jeu télévisé *Koh-Lanta* est la version française de *Survivor*.

Beaucoup de Français considèrent la musique comme une passion.

Voix en direct CD 1–13

Qu'est-ce que vous aimez faire le week-end?

Voici les commentaires de quelques jeunes Français à propos de leurs activités préférées du week-end.

Qu'est-ce que vous aimez faire le week-end?
J'aime être avec mes amis tout le temps[1]. Je n'aime pas rester tout seul[2].

Pierre Paquot
24 ans Étudiant, Paris

Justement, j'aime aller boire[3] un café sur la terrasse, regarder les gens passer[4], écrire[5], lire et écouter du rock n' roll et des blues.

Le week-end, j'aime beaucoup me promener[6]. Euh, j'aime aussi, euh, sortir[7] avec des amis, rendre visite à mes parents, souvent [si] c'est le dimanche[8], on va déjeuner chez eux[9], euhm…, aller au cinéma, un peu faire du shopping, et j'aime bien aussi ne rien faire[10].

Julien Romanet
23 ans Étudiant, Paris

Olivia Rodes
26 ans Professeur d'anglais dans un institut privé, Cholet, France

[1]*all the time* [2]*all alone* [3]*to go drink* [4]*the people go by* [5]*to write* [6]*to go for a walk* [7]*to go out* [8]*Sunday* [9]*to eat lunch with them* [10]*do nothing*

Réfléchissez aux réponses

1. À qui ressemblez-vous le plus *(do you resemble the most)*: à Julien, à Pierre ou à Olivia? Expliquez.
2. Est-ce que vous aimez être avec des amis tout le temps ou aimez-vous parfois *(sometimes)* être seul(e) *(alone)*?
3. Le dimanche, Olivia aime rendre visite à ses parents. Qu'est-ce que vous préférez faire *(to do)* le dimanche?

L'université et le campus

Structure 2.4

Listing what there is and isn't *Il y a / Il n'y a pas de*

To talk about what is and is not located on your campus, you will be using the expressions **il y a** *(there is / there are)* and **il n'y a pas de** *(there isn't / there aren't)*. See page 57.

Qu'est-ce qu'il y a sur le campus?

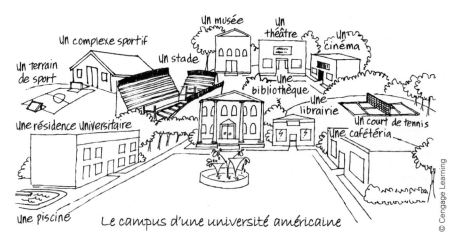

Le campus d'une université américaine

Voici une université typiquement américaine. Son campus est comme un parc. Il y a des résidences universitaires, des salles de classe, une excellente bibliothèque, des laboratoires, des salles informatiques, une librairie et des cafétérias. Pour les activités culturelles, il y a un musée d'art, un théâtre et des salles de cinéma. Il y a aussi des terrains de sport, des courts de tennis, une piscine, un stade et un nouveau complexe sportif. Le campus a un jardin botanique avec des fleurs et des arbres exotiques.

Notez et analysez

What follows **il y a**?
What follows **il n'y a pas**?

Voici une université typiquement française. En France, les universités en centre-ville n'ont pas de campus. Dans les bâtiments *(buildings)* de l'université, il y a des salles de classe, des amphithéâtres, des salles informatiques et des bureaux. Mais il n'y a pas de piscine, de terrain de sport ou de cafétéria. Beaucoup d'universités françaises sont au centre-ville où il n'y a pas beaucoup d'espace.

Note de vocabulaire

The abbreviation **la fac,** for **la faculté,** is often used to mean *university,* as in **Hélène est à la fac** *(Hélène is at school / at the university).* French universities generally have a number of **facultés,** or college divisions, such as the **faculté de médecine** *(school of medicine)* or the **faculté des lettres** *(college of humanities).* These **facultés** are often located throughout a major city rather than on a single campus.

KROD/SIPA

Pour les universités françaises qui n'ont pas d'installations sportives ou culturelles, il y a le C.R.O.U.S. (Centre régional des œuvres universitaires et scolaires). Cette organisation à proximité des universités offre, entre autres *(among other things),* des complexes sportifs, des restaurants universitaires, des résidences universitaires et un centre pour trouver *(to find)* des jobs.

Activité 7 Qu'est-ce qu'il y a sur le campus?

Consultez la page 43 et suivez les modèles avec votre camarade.

Modèles: des courts de tennis à l'université américaine
— *Est-ce qu'il y a des courts de tennis sur le campus américain?*
— *Oui, il y a des courts de tennis.*

une piscine à l'université française
— *Est-ce qu'il y a une piscine à l'université française?*
— *Non, il n'y a pas de piscine.*

1. un restaurant universitaire à l'université française
2. des courts de tennis à l'université française
3. un stade à l'université américaine
4. des cafétérias au C.R.O.U.S.
5. des amphithéâtres à l'université française
6. une salle de cinéma à l'université française
7. une librairie à l'université américaine
8. un complex sportif au C.R.O.U.S.

© Jeff Greenberg / Alamy

Le campus de l'université Laval à Québec est situé à six kilomètres du centre-ville. Ici, il y a des parcs, des terrains de sport et des complexes sportifs.

Activité 8 Et votre campus?

Est-ce que votre université a un campus avec des installations sportives et culturelles? Regardez l'image à la page 43.

Qu'est-ce qu'il y a sur votre campus? (4 choses)

Qu'est-ce qu'il n'y a pas? (3 choses)

> **Modèle:** *Sur notre campus, il y a des cafétérias, des salles de classe et des terrains de sport...*
> *Il n'y a pas de musée, de...*

Activité 9 Écoutez votre professeur: Où êtes-vous?

Qu'est-ce que votre professeur décrit? Écoutez les descriptions et dites où vous êtes sur le campus. Ensuite, lisez les descriptions et corrigez vos réponses.

> **Modèle:** —Vous portez un short blanc et des tennis. Vous jouez avec une raquette et trois balles. C'est votre service. Où êtes-vous?
> —*Je suis sur le court de tennis.*

1. Vous êtes dans une grande salle silencieuse. Il y a beaucoup de livres sur les tables. Les étudiants regardent leurs notes et étudient.

2. Vous êtes dans une grande salle de classe avec 400 étudiants. Vous écoutez un professeur qui parle dans un microphone.

3. Il y a beaucoup d'étudiants qui habitent avec vous dans ce bâtiment. Les chambres sont très petites et chaque personne habite avec un(e) camarade de chambre. Il y a aussi une cafétéria médiocre.

4. Vous êtes sur le campus dans un bâtiment où vous achetez *(buy)* des livres et des cahiers pour vos cours. Vous achetez aussi des stylos et des magazines.

5. Vous êtes assis(e) sur un banc avec beaucoup d'autres étudiants. Tout le monde regarde le match de football. Les spectateurs près de vous mangent des hot-dogs et du pop-corn.

Le Quartier latin et la Sorbonne

Le Quartier latin, où se trouve la Sorbonne (fondée en 1253), est célèbre pour ses rues° animées, ses cafés pleins d'étudiants et ses excellentes librairies°.

L'animation et le rythme du boulevard Saint-Michel attirent° des visiteurs du monde entier. D'où vient° le nom du Quartier latin? On parlait latin à la Sorbonne jusqu'à° la Révolution en 1789. Aujourd'hui, la glorieuse Sorbonne accueille° quatre universités: Paris I, Paris III, Paris IV et Paris V. Ce sont quatre des treize facultés° de l'université de Paris. À la Sorbonne, on étudie les lettres° et les sciences humaines.

streets
bookstores

attract
Where does . . . come from
until

is the site of

colleges
humanities

"On parlait latin à la Sorbonne jusqu'en 1789"

Tibor Bognar/Alamy

Sur la place *(square)* de la Sorbonne, il y a des cafés où les étudiants se retrouvent après les cours.

Avez-vous compris?

Indiquez si les phrases suivantes sont vraies ou fausses. Corrigez les phrases fausses.

1. Il y a beaucoup d'étudiants au Quartier latin.
2. Saint-Michel est une université.
3. On parle latin au Quartier latin aujourd'hui.
4. Paris III et Paris IV font partie de *(are part of)* la Sorbonne.
5. On étudie le marketing à Paris I.

Et vous?

1. Comment est le quartier où se trouve votre université? Est-ce qu'il y a des cafés et des librairies?
2. Est-ce que votre université a plusieurs facultés?
3. Quelles sont les spécialisations les plus populaires *(the most popular)* à votre université?

© Sergio Pitamitz/Corbis

Le boulevard Saint-Michel est connu pour ses nombreuses librairies.

Les matières

Les matières typiquement offertes dans une université française

LES LETTRES   LES SCIENCES   LES SCIENCES HUMAINES   LES FORMATIONS COMMERCIALES PROFESSIONNELLES

LES LETTRES	LES SCIENCES	LES SCIENCES HUMAINES	LES FORMATIONS COMMERCIALES PROFESSIONNELLES
l'art	la biologie	l'anthropologie	le commerce *(business)*
l'art dramatique	la chimie	la psychologie	la comptabilité *(accounting)*
l'histoire	le génie civil	l'économie	le droit *(law)*
le journalisme	l'informatique	les sciences politiques	le management
les langues	la médecine	la sociologie	le marketing
l'anglais	les mathématiques		la finance
le français	les sciences naturelles		
le japonais	les sciences physiques		
le latin			
l'espagnol			
l'allemand			
l'arabe			
l'italien			
la littérature			
la philosophie			

Réfléchissez et considérez

University students around the world have much in common. For example, in the French education system, there are three degrees **(diplômes): la licence, le master,** and **le doctorat.** However, there are some differences as well. American students take general courses outside their major; French students typically do not. For this reason, a French student interprets the question **Qu'est-ce que tu étudies?** to mean *What is your field of concentration?* Look at the list of expressions to find a way to communicate the American concept of a major. Though there is no exact equivalent for "freshman" and "sophomore," how are these concepts expressed?

◀)) Expressions utiles

CD1-14

Qu'est-ce que tu étudies?

Qu'est-ce que tu as comme cours ce semestre / trimestre?

J'ai français, mathématiques et sciences économiques.

Comment sont tes cours?

Mon cours de maths est / n'est pas (très)   intéressant / ennuyeux°.   *boring*
                                       facile / difficile.
                                         pratique.

En français, j'ai beaucoup   de travail.
                                de devoirs°.   *homework*
                                d'examens°.   *tests*

Tu es en quelle année°?   *year*

Je suis en première / deuxième / troisième / quatrième année.

Quelle est ta spécialisation?°   *What is your major?*

Ma spécialisation, c'est la biologie.

J'étudie la biologie.

Activité 10 Chassez l'intrus

Trouvez le mot qui ne va pas avec les autres.

1. la biologie   la médecine   l'économie   la chimie
2. l'allemand   l'histoire   l'art   le droit
3. le marketing   la littérature   la finance   la comptabilité
4. la psychologie   la sociologie   le journalisme   les sciences politiques

Activité 11 Qui a les mêmes cours que vous?

A. Sur une feuille de papier, faites une liste des cours que vous suivez ce trimestre / semestre.

> **Modèle:** *la biologie*
> *le français*

B. Circulez dans la salle et trouvez un(e) étudiant(e) qui a le même *(the same)* cours que vous.

> **Modèle:** *—Tu étudies l'anglais?*
> *—Oui.*
> *—Signe ici, s'il te plaît.*

CD1-15

■■ Écoutons ensemble! On parle des cours.

A couple of students are talking about their classes, professors, and the university in general. Listen to their conversation and decide whether each statement is positive or negative.

	Positif	Négatif
1.	☐	☐
2.	☐	☐
3.	☐	☐
4.	☐	☐
5.	☐	☐
6.	☐	☐
7.	☐	☐

Activité 12 Interaction

Posez les questions suivantes à un(e) camarade de classe.

1. Quels cours est-ce que tu as ce trimestre / semestre?
2. Tu préfères quel(s) cours? Pourquoi?
3. Et quelle est ta spécialisation?
4. Est-ce que tu as beaucoup de devoirs? Pour quels cours?
5. Tu as quels cours aujourd'hui?
6. Dans quel(s) cours est-ce que tu as beaucoup d'examens?
7. Est-ce que les examens sont faciles, en général?

Le calendrier

Les jours de la semaine

Activité 13 Quels jours...?

A. Répondez aux questions suivantes.

1. Quel est votre jour préféré?
2. Quel(s) jour(s) est-ce que vous travaillez?
3. Quel(s) jour(s) est-ce que vous regardez la télévision le soir?
4. Quel(s) jour(s) est-ce que vous avez votre cours préféré?
5. Quel(s) jour(s) est-ce que vous avez français?
6. Quel(s) jour(s) est-ce que vous restez à la maison?
7. Quel(s) jour(s) est-ce que vous n'avez pas cours?

B. Maintenant, posez les mêmes questions à un(e) camarade. *(Use **tu** in your interview.)* Comparez vos réponses.

Les mois et les saisons

L'été, c'est les vacances. On passe les mois de juin, juillet et août à la plage ou à la montagne.

    juin   **juillet**   **août**

L'automne, c'est la rentrée. En septembre, on recommence le travail et les études.

    septembre   **octobre**   **novembre**

L'hiver, c'est le froid et la neige. Pendant les vacances d'hiver, on fait du ski.

    décembre   **janvier**   **février**

Le printemps, c'est le beau temps. On fait des promenades dans le parc.

    mars   **avril**   **mai**

Credits: © Cengage Learning

🔊 Expressions utiles

CD1-16

— Quel jour sommes-nous?
— Nous sommes lundi aujourd'hui.

— Quel jour est-ce?
— C'est lundi.

— Quelle est la date aujourd'hui?
— C'est le 20 septembre.

— En quelle année sommes-nous?
— Nous sommes en 2014 (deux mille quatorze).

— Quels jours est-ce que tu as cours?
— J'ai cours le mardi et le jeudi.

— C'est quand, ton anniversaire?
— C'est le 24 juillet.

http://www.jeunes-talents.org
Le Festival Jeunes Talents est pour quel genre de musique? Qui joue dans ce festival? Est-ce que c'est un festival national? C'est en quelle saison?

Quelques fêtes de l'année

Jours fériés où l'on ne travaille pas

le jour de l'an	le 1er janvier
la fête du travail	le 1er mai
Pâques	mars / avril
l'abolition de l'esclavage (Martinique)	le 22 mai
la Saint-Jean (Québec)	le 24 juin
la fête nationale (Canada)	le 1er juillet
la fête nationale (France)	le 14 juillet
la Toussaint	le 1er novembre
Noël	le 25 décembre

Activité 14 Dates importantes

Donnez les dates suivantes.

1. la Saint-Valentin
2. le jour de l'an
3. votre anniversaire
4. la fête nationale américaine
5. la fête nationale française
6. la rentrée scolaire

Le 24 juin: Les Québécois célèbrent la Saint-Jean, la fête nationale du Québec.

👥 Activité 15 Interaction

Posez les questions suivantes à un(e) camarade.

1. Quels jours de la semaine est-ce que tu préfères?
2. Il y a un jour que tu n'aimes pas? Lequel?
3. Quel est le prochain (next) jour férié?
4. Quelle fête de l'année est-ce que tu préfères? Est-ce que tu passes cette fête en famille ou avec des amis?
5. Ton anniversaire, c'est quand?

Structure 2.5

Talking about age and things you have *Le verbe avoir*

In the following activities, you will be using the verb **avoir** *(to have)* to say how old you are—in French one "has" years. For the conjugation of the verb **avoir,** see page 58.

Activité 16 Quel âge ont-ils?

A. Travaillez en groupes de quatre et donnez l'anniversaire et l'âge de ces personnes célèbres.

> **Modèle:** Marion Cotillard (30.9.75)
> *L'anniversaire de Marion Cotillard est le trente septembre. Elle a trente-huit ans.*

1. Jon Stewart (28.11.62)
2. Audrey Tautou (8.9.78)
3. Céline Dion (30.3.68)
4. Michelle Obama (17.1.64)
5. Luc Besson (18.3.59)
6. Tony Parker (17.5.82)

B. Maintenant, demandez l'âge ou la date de l'anniversaire de quatre camarades de classe.

> **Modèles:** —*Quel âge as-tu?*
> —*J'ai dix-huit ans.*
>
> —*C'est quand, ton anniversaire?*
> —*Mon anniversaire, c'est le 22 septembre.*

Activité 17 À quel âge?

À quel âge est-ce qu'on commence à faire les activités suivantes?

> **Modèle:** On commence à parler…
> *Généralement, on commence à parler à l'âge de deux ans, mais ça dépend.*

1. On commence à voter…
2. On commence l'école primaire…
3. On commence les études universitaires…
4. On commence à travailler…
5. On commence à conduire *(to drive)*…

Marion Cotillard, actrice française
(La vie en Rose, Minuit à Paris, Inception, Dark Knight Rises).

Situations à jouer!

1 You are at a party where you want to meet people. Circulate in the room and talk to as many people as possible, through the following steps:

a. Go up to people; greet them and find out their names.
b. Ask them if they like the music.
c. Ask them what kind of music they prefer.
d. Find out where they study and what the campus is like.
e. Find out what courses they are taking and how they like them.
f. Find out where they live.
g. Say **merci** and go on to the next person.

2 Make a class calendar. Include major holidays, your classmates' birthdays, exam dates, and several special events on campus.

Lecture

Anticipation

Tony Parker, c'est français, ça? You might well be surprised to know that a pro basketball player from France plays for the San Antonio Spurs and helped lead them to two NBA championships (2003, 2005). TP, as he is known to his fans, was born in Belgium in 1982 and grew up in France, attending school in Paris at the INSEP (**l'Institut National du Sport et de l'Éducation Physique**). On his website, TP lists his likes and dislikes in a form made popular by the film *Amélie*: **j'aime, j'aime pas.** What are some of the things you might expect to find on his list?

J'aime

Tony Parker, joueur de basket

- La musique. Mes goûts musicaux sont éclectiques. J'aime bien le rap, le hip-hop mais aussi le rock ou l'opéra.
- La télévision pour le sport et les séries comme *24 heures chrono* ou *Prison Break*
- Les restaurants (surtout la cuisine française)
- Le vin français et tout particulièrement les Bordeaux. J'aime aussi beaucoup les vins californiens (Pinot Noir).
- Les boissons VitaminWater
- Les jeux vidéo et tout particulièrement *NBA Live 2010*
- Ma famille
- Michael Jordan, Tiger Woods et Roger Federer
- Le cinéma
- *follow* • Le football. Je suis° tout particulièrement mon ami Thierry Henry au FC Barcelone.
- Jouer au tennis, faire du roller ou du karting
- Voyager
- Surfer sur Internet
- Le noir, le blanc et le rouge
- *clothes (slang)* • Les fringues° Nike et de Michael Jordan

J'aime pas

- L'hypocrisie, surtout dans le milieu du basket
- *lies* • La jalousie, les mensonges° et le racisme
- *cauliflower / spinach* • Le chou-fleur°, les épinards° et les endives
- Le trafic à Paris

▌▌ Compréhension et intégration

1. What types of music does Tony Parker prefer?
2. Who do you think might have been a role model for TP?
3. TP credits his mother, a nutritionist, with helping him learn to eat healthy foods. Where on his list can you see her influence?
4. What parts of his list seem particularly "French"? What parts seem very "American"?
5. Does anything on the list surprise you?

Maintenant à vous!

1. What likes and dislikes do you have in common with TP?

2. Now create your own **j'aime / j'aime pas** list in French. When you finish, form groups of five and mix up your lists. Take turns reading the list out loud while group members try to identify who the list belongs to.

Voix en direct (suite)

Go to  to view video clips of French students from middle school to college talking about their interests and courses.

Expression écrite

⊕ À vos marques, prêts, bloguez!

What kinds of music do you like? What albums / groups do you like to listen to? And what about movies? What kinds of movies do you like to watch? What genres don't you like? What movie do you recommend to your classmates (**Je recommande...**)? Go to the class blog to discuss these questions in French. Then read the postings of your classmates and respond to two of them.

Portrait d'un(e) camarade

In this activity, you will write a descriptive portrait of a classmate.

■ **Première étape:** Interview a member of the class to find out the following information, which you will include in your portrait. Use **tu** in your interview.

1. Quel âge est-ce qu'il/elle a? C'est quand, son anniversaire?
2. D'où est-il/elle? *(Where is he/she from?)*
3. Où est-ce qu'il/elle habite maintenant?
4. En quelle année est-il/elle à l'université?
5. Où est-ce qu'il/elle passe beaucoup de temps sur le campus?
6. Qu'est-ce qu'il/elle aime faire *(to do)* le week-end?
7. Qu'est-ce qu'il/elle n'aime pas faire le week-end?

■ **Deuxième étape:** Follow the model to write your portrait.

Voici Jennifer. C'est une étudiante de dix-neuf ans aux cheveux bruns et courts. Elle est de Miami, mais, maintenant, elle étudie à Brandeis. Elle habite sur le campus dans une résidence universitaire. Jennifer est en première année à l'université. Elle étudie la biologie, la psychologie et les statistiques. Pour se reposer le week-end, elle aime aller au cinéma et écouter de la musique. Elle n'aime pas beaucoup regarder la télé. Jennifer est belle et intelligente.

NRJ is a popular radio channel in France. Go to their webpage at www.nrj.fr to see what music is playing on the radio, what songs are popular now, the latest music videos, etc. How many of the top artists and songs are French? Name two. Listen to a clip from Daft Punk or another French band / singer that interests you. Write down the name of the artist(s) and the genre and, in English, what you think of the clip. How many stars do you give it? Now go to an equivalent American music site. How many songs appear on both lists? What three things did you learn from visiting the French site?

Les loisirs

Avant de visionner

You will watch a video about what the French like to do in their free time. You will learn about their favorite weekend and social activities, their television viewing habits, and which sports they prefer.

© Cengage Learning

On trouve des terrains de pétanque partout (*everywhere*) en France.

Quelques mots utiles

un événement sportif	*sporting event*	la natation	*swimming*
le foot(ball)	*soccer*	partager des repas	*to share meals*
je fais	*I do*	passer	*to spend (time)*
la moto	*motorcycle*	sortir	*to go out*

Study the list of vocabulary above, then match each place with the appropriate vocabulary word or expression.

1. un terrain de sport
2. la piscine
3. la table
4. un stade
5. le cinéma

a. la natation
b. sortir
c. un événement sportif
d. le foot
e. partager des repas

Pendant le visionnement

Qu'est-ce qu'on fait?

Now watch the video. Which sports and activities are mentioned?

- ☐ les jeux vidéo
- ☐ la télévision
- ☐ le football
- ☐ la danse
- ☐ manger ensemble
- ☐ le rugby
- ☐ le volley-ball
- ☐ la natation
- ☐ le cinéma

Identifications

Choose the appropriate activity for each description.

1. le passe-temps le plus populaire:
   a. sortir avec des amis   **b.** regarder la télévision

2. un programme de télévision populaire:
   a. les séries   **b.** les documentaires

3. le sport le plus populaire:
   a. le football   **b.** le basket-ball

4. une institution sportive:
   a. le cyclisme   **b.** la pétanque

5. une activité de groupe très populaire:
   a. partager des repas   **b.** écouter de la musique

Après le visionnement

Avez-vous compris?

Decide whether the following statements are **vrai** (*true*) or **faux** (*false*) based on what you learned in the video.

1. On average, the French spend 4 hours a day watching TV. _____
2. Rugby and cycling are two of the most popular sports in France. _____
3. The majority of the French population is not physically active. _____
4. The French spend as much time around the table as they do watching television. _____
5. Most of the students interviewed enjoy spending their leisure time at home. _____

Discutons!

Discuss the following questions with your partner.

1. What types of activities do the students interviewed like to do? How do their interests compare with those of you and your friends?

2. Do the students interviewed seem to prefer individual or team sports? What do you think these preferences reflect about French culture?

3. How important do you think sharing meals is to the French? What does this level of importance reflect about people's values?

© Cengage Learning

Qu'est-ce que vous allez regarder ce soir?

Share It! What do you like to watch on television? Find an online television guide for France by entering the keywords **programme tv** into a search engine. Choose two or three programs you would like to watch. Post links to those programs to **Share It!** and write at least three sentences explaining why these programs interest you.

Réfléchissez et considérez

Tennis is a popular sport in France. Look at the photo below. What does the tennis court look like? What is it made of? How is it different from the tennis courts you've seen?

Vidéo Voyages! Watch a video about Algeria's passion for soccer.

Structure 2.1

Visit the *Motifs* website for more grammar and vocabulary practice.

Saying what you like to do *Aimer et les verbes réguliers en -er*

In English, the infinitive form of a verb usually includes *to,* as in *to like*. In French, it is identified by the ending of the verb. The largest group of French verbs has infinitives that end in **-er.** These regular **-er** verbs have the same conjugation pattern. To conjugate the verb **aimer,** remove the infinitive ending **-er** and add the endings shown in bold type in the chart.

aimer *(to like; to love)*	
j'aim**e**	nous aim**ons**
tu aim**es**	vous aim**ez**
il/elle/on aim**e**	ils/elles aim**ent**

The subject pronoun **je** contracts with the verb that follows if it begins with a vowel sound. Drop the **e** in **je** and add an apostrophe. This is called **élision.**

| je chante | j'aime | j'écoute | j'habite (mute **h***) |

Pronunciation note

- With the exception of the **nous** and **vous** forms, the **-er** verb endings are silent.

  ils parlent   tu danses   elles jouent

- The final **s** of **nous, vous, ils,** and **elles** links with verbs beginning with a vowel sound, producing a **z** sound. This pronunciation linking is an example of **liaison.**

  vouz͜aimez   nous͜écoutons   ils͜adorent   elles͜insistent   ils͜habitent*
  /z/   /z/   /z/   /z/   /z/

Here are some common **-er** verbs:

adorer *to adore*	habiter *to live*	regarder *to watch; to look at*
chanter *to sing*	jouer *to play*	rester *to stay*
danser *to dance*	manger *to eat*	travailler *to work*
écouter *to listen (to)*	parler *to speak*	voyager *to travel*
fumer *to smoke*	préférer *to prefer*	

Stating likes, dislikes, and preferences

Verbs of preference (**aimer, adorer, détester, préférer**) can be followed by a noun (see also **Structure 2.3**) or an infinitive.

J'aime les films étrangers.   *I like foreign films.*
Nous aimons habiter sur le campus.   *We like to live on campus.*

Note the accents on the verb **préférer.**

préférer *(to prefer)*	
je préf**è**re	nous préf**é**rons
tu préf**è**res	vous préf**é**rez
il/elle/on préf**è**re	ils/elles préf**è**rent

*French distinguishes between mute **h**, where **élision** and **liaison** occur (e.g., **l'homme, l'hôtel, habiter**), and aspirated **h**, where there is no **élision** or **liaison** (e.g., **le héros, le hockey**). Most words beginning with **h** are of the first type. Note, however, that the **h** is never pronounced in French.

Tu préfères les films d'amour.　　　*You prefer romantic films.*
Nous préférons regarder les comédies.　　*We prefer comedies.*

To express how much you like something, you can use one of the adverbs shown here. Adverbs generally follow the verb they modify.

beaucoup	*very much, a lot*
bien	*well* (**aimer bien** = *to like*)
assez (bien)	*fairly well*
un peu	*a little*
pas du tout	*not at all*

J'aime **beaucoup** la musique brésilienne.　*I like Brazilian music a lot.*
Marc aime **bien** danser.　　　　*Marc likes to dance.*
Paul danse **assez bien.**　　　　*Paul dances fairly well.*
Nous regardons **un peu** la télé.　　*We watch television a little.*
Je n'aime **pas du tout** les films policiers　*I don't like detective films at all.*

Because **aimer** means both *to like* and *to love*, **aimer bien** is used to clarify that *like* is intended.

— Tu aimes Chantal?　　　　　— *Do you like Chantal?*
— Oui, j'aime bien Chantal.　　　— *Yes, I like Chantal (just fine).*

- -

Exercice 1 You overhear parts of conversations at a party. Complete the following sentences by conjugating the verbs in parentheses.

1. Tu _____ (aimer) cette musique?
2. Tu _____ (préférer) danser ou écouter de la musique?
3. Ce groupe _____ (chanter) très bien.
4. Mes copains _____ (chercher) un bon film. Ils _____ (préférer) les drames psychologiques.
5. Vous _____ (regarder) beaucoup la télévision le week-end?
6. Nous _____ (habiter) près de l'université.

Exercice 2 Make complete sentences by conjugating the verbs and selecting logical endings from among the options given.

1. Vous (écouter) _____.
2. Je (jouer) _____.
3. Il (parler) _____.
4. Tu (manger) _____.
5. Nous (porter) _____.
6. Elles (voyager) _____.

a. des jeans le samedi
b. en Europe
c. à la cafétéria mardi
d. au tennis le dimanche
e. de la musique rock
f. français en classe

Exercice 3 Put the adverbs in parentheses in the correct place.

1. Pierre danse beaucoup. Il aime danser. (bien)
2. Je regarde les films avec Katharine Hepburn à la télé. J'aime les films classiques. (beaucoup)
3. Malina n'aime pas aller au concert avec ses copains. Elle n'aime pas la musique classique. (du tout)
4. J'aime la musique brésilienne, mais j'adore la musique africaine! (assez)
5. Marc aime le cinéma, surtout les comédies. (bien)

Exercice 4 Two of the three verb forms in each list have the same pronunciation. Which one sounds different?

1. danse　dansent　danser
2. joues　jouons　jouent
3. écoutez　écoute　écoutes
4. adore　adores　adorer

Saying what you don't like to do *La négation ne... pas*

To make a verb negative, frame it with the negative markers **ne** and **pas**.

> **ne** + verb + **pas**

Je **ne** chante **pas** dans un groupe.	*I don't sing in a group.*
Nous **ne** parlons **pas** italien.	*We don't speak Italian.*

Verbs that begin with a vowel, such as **aimer** and **étudier**, or a mute **h**, drop the e in **ne** and add an apostrophe.

Je **n'**aime **pas**...	*I don't like . . .*
Tu **n'**étudies **pas**...	*You don't study . . .*
Elle **n'**habite **pas**...	*She doesn't live . . .*

Casual Speech

In casual conversation, French speakers often drop the **ne**. You will often hear, for example, **j'aime pas...** This casual usage is illustrated in the reading for this module, where Tony Parker posts a list of his likes and dislikes on his web page titled **J'aime, J'aime pas**.

– –

Exercice 5 Contradict the following statements by making the affirmative sentences negative and the negative sentences affirmative.

1. Vous regardez la télévision.
2. Joëlle et Martine n'aiment pas le cinéma.
3. Tu habites à Boston.
4. Nous ne fermons pas la porte.
5. Marc et moi, nous écoutons la radio.
6. Tu étudies l'anglais.
7. Je n'écoute pas le professeur.

Talking about specifics *Les articles définis*

The definite article (*the* in English) has the following forms in French:

	singular	plural
masculine	**le** professeur	**les** étudiants
feminine	**la** musique	**les** femmes

Note that **l'** is used with singular nouns (masculine and feminine) beginning with a vowel or a mute **h**.

l'étudiant(e)   l'amour   l'université   l'homme

Definite articles are used to refer to specific people or things.

Regardez **le** professeur.	*Look at the teacher.*
La porte est fermée.	*The door is closed.*

French also uses definite articles for making general statements; this is why they are used with preference verbs. Notice that, in the corresponding English sentences, no article is used.

Vous aimez **le** jazz?	*Do you like jazz?*
Je préfère **les** gens sérieux.	*I prefer serious people.*
L'amour est essentiel dans la vie!	*Love is essential in life!*

The definite article remains unchanged in negative sentences.

J'aime **le** jazz, mais je n'aime pas **la** musique classique.	*I like jazz, but I don't like classical music.*

- - - - - - - - - - - - - - - - -

Exercice 6 Add the appropriate definite article.

1. ____ musique
2. ____ étudiants
3. ____ chaise
4. ____ homme
5. ____ cinéma
6. ____ année
7. ____ danse
8. ____ crayon
9. ____ fenêtres
10. ____ film
11. ____ week-end
12. ____ tableau

Exercice 7 Use the correct definite article to complete the following interview with Léo Hardy, a young Brazilian performing in Paris.

INTERVIEWER: Vous aimez danser?

LÉO HARDY: Oui, j'adore danser! Je danse ____ (1) tango (*m*), ____ (2) valse (*f*), ____ (3) samba (*f*) et ____ (4) danses folkloriques.

INTERVIEWER: Et vous êtes sportif aussi?

LÉO HARDY: Oui! J'aime ____ (5) football (*m*), ____ (6) tennis (*m*), ____ (7) golf (*m*) et ____ (8) natation (*f, swimming*), mais pas ____ (9) ski (*m*).

INTERVIEWER: Pas ____ (10) ski? Pourquoi pas?

LÉO HARDY: ____ (11) Brésiliens n'aiment pas ____ (12) froid (*m, cold*).

Structure 2.4

Listing what there is and isn't *Il y a / Il n'y a pas de*

Il y a (*There is / There are*) is used to state the existence of people and things. The negative expression **il n'y a pas** is followed by **de** or **d'**.

Il y a **un**	
Il y a **une**	Il n'y a pas **de/d'**
Il y a **des**	

Il y a **un** concert aujourd'hui?	Non, il n'y a pas **de** concert.
Is there a concert today?	*No, there isn't a concert.*
Il y a **des** devoirs ce soir?	Non, il n'y a pas **de** devoirs.
Is there homework tonight?	*No, there isn't any homework.*
Il y a **une** fête à la résidence?	Non, il n'y a pas **de** fête.
Is there a party in the dorm?	*No, there isn't a party.*

For nouns that begin with a vowel, such as **ordinateur,** or a mute **h,** drop the **e** in **de** and add an apostrophe.

Il y a **un** ordinateur sur son bureau?	Non, il n'y a pas **d'**ordinateur.
Is there a computer on his desk?	*No, there isn't a computer.*

Exercice 8 Complete this passage about an unusual classroom by adding the correct indefinite article: **un, une, des,** or **de.**

Dans la salle de classe, il y a ____ (1) tableau, mais il n'y a pas ____ (2) craie. Il y a ____ (3) bureau pour le professeur, mais il n'y a pas ____ (4) chaise. Il y a ____ (5) porte, mais il n'y a pas ____ (6) fenêtres. Il y a ____ (7) étudiants, mais il n'y a pas ____ (8) professeur.

- -

Exercice 9 Complete the following exchanges with a definite article (**le, la, les**) or an indefinite article (**un[e], des,** or **de**).

1. — Tu aimes ____ (1) week-end?
   — Oui, j'adore ____ (2) week-end, mais je n'aime pas ____ (3) lundi.

2. — Vous êtes français et vous n'aimez pas ____ (4) pain (*m, bread*)? C'est incroyable!
   — C'est vrai. Et je n'aime pas ____ (5) vin non plus (*either*).

3. — Y a-t-il une piscine à la résidence universitaire?
   — Il n'y a pas ____ (6) piscine, mais il y a ____ (7) courts de tennis.

4. — Est-ce qu'il y a un animal dans votre chambre?
   — Oui, il y a ____ (8) chat. Moi, j'adore ____ (9) chats.

5. — Vous aimez ____ (10) sciences naturelles?
   — Oui, beaucoup, mais je n'aime pas ____ (11) anglais.

6. — Est-ce qu'il y a ____ (12) bon dictionnaire sur Internet?
   — Il y a ____ (13) dictionnaires sur Internet mais je préfère utiliser ____ (14) dictionnaire Larousse à la bibliothèque.

Structure 2.5

Talking about age and things you have *Le verbe avoir*

The verb **avoir** (*to have*) is irregular.

avoir (*to have*)	
j'ai	nous avons
tu as	vous avez
il/elle/on a	ils/elles ont

Nous **avons** beaucoup de devoirs ce soir.	*We have a lot of homework tonight.*
Tu **as** un nouveau numéro de téléphone?	*Do you have a new phone number?*

In French, the verb **avoir** is used to express age.

Quel âge **as**-tu?	*How old are you?*
J'**ai** 19 ans.	*I'm 19 (years old).*

Avoir is often followed by an indefinite article (**un, une,** or **des**). In negative sentences, these articles become **de**.

Il a **des** stylos, mais il **n'a pas de** crayon.	*He has some pens, but he doesn't have a pencil.*

Exercice 10 Use the correct form of the verb **avoir** to complete the following mini-dialogues.

1. — Quel âge avez-vous?

   — Moi, j(e) _____ (1) 18 ans et ma camarade de chambre _____ (2) 20 ans.

2. — Est-ce que vous _____ (3) une télé dans votre studio?

   — Oui, nous _____ (4) une petite télé.

3. — Tu _____ (5) un groupe préféré?

   — Oui, j(e) _____ (6) quelques groupes préférés.

4. — Est-ce que vos amis _____ (7) des devoirs pour la classe de français?

   — Jean-Claude _____ (8) beaucoup de devoirs et Manuel et Hélène _____ (9) un examen.

- -

Exercice 11 Gérard is a volunteer with **Médecins sans frontières** (*Doctors without Borders*), helping out in a school that has no electricity. Form logical sentences to indicate what the following people have or do not have in this school.

1. Gérard / des livres
2. Le directeur (*school principal*) / une lampe
3. Le professeur d'anglais / un dictionnaire
4. Le professeur de maths / un ordinateur
5. Les étudiants / des lecteurs MP3
6. Les enfants / des crayons
7. Vous / une télévision
8. Les profs / des vidéos

Tout ensemble!

Complete this description of Jean-Luc and his friends by selecting the correct words to go in the blanks from the list below. Be sure to conjugate the verbs correctly.

aimer	dimanche	préférer
s'amuser	être (trois fois)	résidence
avoir	jouer	rester
cours	maths	stade
danser	parler	travailler
de	piscine	une

Jean-Luc _____ (1) 18 ans. Cette année, il commence ses études à l'université de Lyon. Jean-Luc a cinq _____ (2): sciences naturelles, biologie, chimie, physique et _____ (3). Il _____ (4) les sciences naturelles—parfois, il n'y a pas beaucoup de devoirs! Comme (*Since*) Jean-Luc n(e) _____ (5) pas de la région de Lyon, il habite dans une _____ (6) universitaire près de la faculté des sciences. L'université _____ (7) excellente, mais elle n'a pas _____ (8) campus «à l'américaine». Il n'y a pas de _____ (9) pour nager (*to swim*) par exemple ou de _____ (10) pour les matchs de foot et de basket. Jean-Luc et ses copains _____ (11) contents d'être indépendants. Ils _____ (12) la vie d'étudiant. Ils ne _____ (13) pas, mais ils étudient beaucoup. Jean-Luc adore _____ (14) avec ses copains et _____ (15) souvent à Lyon le week-end. Le samedi, ils _____ (16) avec leurs amis au café ou _____ (17) la salsa dans un club latin. C'est _____ (18) danse très populaire cette année. Le _____ (19), ils _____ (20) au basket.

Complete the diagnostic tests in **iLrn** to test your knowledge of the grammar and vocabulary in this chapter.

VOCABULAIRE

Noms

Les distractions	Entertainment
le cinéma	the movies
un copain (une copine)	a friend
la danse	dance
une fête	a party; a holiday
un jeu vidéo	a video game
un match (de football)	a (soccer) game
la montagne (f)	the mountain(s)
la musique (classique)	(classical) music
la plage	the beach
la télévision (la télé, fam)	television
les vacances (f pl)	vacations

Mots apparentés: un concert, un film, le golf, l'Internet, le jazz, la radio, le rap, le rock, le tennis, une vidéo

Le campus	The campus
une bibliothèque	a library
la fac (fam)	university
le jardin	garden
une librairie	a bookstore
un musée	a museum
une piscine	a swimming pool
une résidence universitaire	a college dorm
un restaurant universitaire (un resto-U, fam)	a university restaurant / cafeteria

Mots apparentés: une cafétéria, un complexe sportif, un laboratoire, le latin (Latin), un parc, un théâtre, une université

Les matières	Subject matters
l'art dramatique (m)	drama
la chimie	chemistry
le commerce	business
la comptabilité	accounting
un cours	a course
le droit	law
l'économie (f)	economics
un examen	a test, an exam
le génie civil	civil engineering
l'histoire (f)	history
l'informatique (f)	computer science
le journalisme	journalism, media studies
les langues (f pl)	languages
l'allemand (m)	German
l'anglais (m)	English
l'arabe (m)	Arabic
l'espagnol (m)	Spanish
le français	French
l'italien (m)	Italian
le japonais	Japanese
les sciences (f pl) politiques	political science

la spécialisation	major
le travail	work

Mots apparentés: l'anthropologie (f), l'art (m), la biologie, la finance, la littérature, le management, le marketing, les mathématiques (f pl; les maths, fam), la médecine, la philosophie, la physique, la psychologie, la science, le semestre, la sociologie, le trimestre

Le calendrier	The calendar
l'année (f)	year
aujourd'hui	today
une fête	a holiday
le jour	day
le mois	month
la semaine	week

Mots apparentés: la date, le week-end

Les jours de la semaine	Days of the week
lundi	Monday
mardi	Tuesday
mercredi	Wednesday
jeudi	Thursday
vendredi	Friday
samedi	Saturday
dimanche	Sunday

Les saisons	Seasons
l'automne (m)	autumn
l'été (m)	summer
l'hiver (m)	winter
le printemps	spring

Les mois de l'année	Months of the year
janvier	January
février	February
mars	March
avril	April
mai	May
juin	June
juillet	July
août	August
septembre	September
octobre	October
novembre	November
décembre	December

Verbes

adorer	to adore
aimer	to like; to love
chanter	to sing
danser	to dance
écouter	to listen (to)
étudier	to study
jouer	to play
manger	to eat

parler	*to speak*
regarder	*to watch*
rester	*to stay*
surfer	*to surf*
travailler	*to work*
voyager	*to travel*

Adverbes

assez (bien)	*fairly well*
beaucoup	*a lot*
bien	*well*
un peu	*a little*

Mots divers

l'âge *(m)*	*age*
l'anniversaire *(m)*	*birthday*
mais	*but*
un nom de famille	*a last name*
où	*where*
un prénom	*a first name*
voici	*here is*

Mots apparentés: une adresse, un numéro de téléphone

Adjectifs

bon(ne)	*good*
difficile	*difficult*
ennuyeux (ennuyeuse)	*boring*
excellent(e)	*excellent*
facile	*easy*
intéressant(e)	*interesting*
pratique	*practical, useful*

Expressions utiles

(See page 47 for additional expressions.)

Je suis en première (deuxième, troisième) année.	*I am a first (second, third) year student.*
Ma spécialisation, c'est la biologie.	*My major is biology.*
Qu'est-ce que tu étudies?	*What do you study?*

(See page 50 for additional expressions.)

J'ai cours le mardi.	*I have classes on Tuesday.*
J'ai trois ans.	*I'm three years old.*
Quel âge avez-vous?	*How old are you?*
Quel jour sommes-nous?	*What day is it?*

◀)) Vocabulaire supplémentaire

Noms

Comment exprimer ses préférences

le goût	*taste*
les informations *(f pl)* (les infos, *fam*)	*the news*
les jeux télévisés *(m pl)*	*TV game shows*
une préférence	*a preference*
une série	*TV series*
un stade	*a stadium*
un studio	*a studio apartment*
la télé-réalité	*reality TV show*
le temps libre	*free time*

Mots apparentés: une aventure, le football (américain), le golf, la musique électronique, le sport, la techno

L'université et le campus

un amphithéâtre	*an amphitheater, a lecture hall*
un arbre	*a tree*
un banc	*a bench*
un bâtiment	*a building*
le beau temps	*good weather*
le centre-ville	*downtown*

l'espace *(m)*	*space*
une exposition	*an exhibit*
une fleur	*a flower*
une salle informatique	*a computer room*
un terrain de sport	*a sports field*

Mots apparentés: un court de tennis, médiocre, silencieux (silencieuse), typiquement

Le calendrier

les études	*studies, schoolwork*
le froid	*the cold*
la neige	*the snow*
la rentrée	*back to school or work*
le travail	*work*

Mots divers

moins	*less*
parfois	*sometimes*
plus	*more*
quel(s), quelle(s)	*which, what*
rarement	*rarely*
régulièrement	*regularly*
souvent	*often*
surtout	*most of all*

Des étudiants parlent et révisent avant leur cours.
Que faites-vous avant vos cours?

©Yadid Levy/Anzenberger/Redux

Chez l'étudiant

This chapter expands on the topic of students' lives at home and at school. You will learn how to talk about your family and how to describe your room and your personal belongings. In the **Perspectives culturelles** sections, you will read about families in the francophone world and about the recent popularity of **colocation,** living with roommates.

Thème: La famille
Structure 3.1: Expressing relationship
   Les adjectifs possessifs
Structure 3.2: Talking about where people are from *Le verbe* ***venir***
Structure 3.3: Another way to express relationship and possession *La possession* ***de*** *+ nom*

Perspectives culturelles: La famille francophone sur trois continents

Thème: Les caractéristiques personnelles
Structure 3.4: Describing personalities
   Les adjectifs (suite)
Prononcez! Les adjectifs—masculin ou féminin?

Thème: La chambre et les affaires personnelles
Structure 3.5: Describing where things are located *Les prépositions de lieu*

Thème: Des nombres à retenir (60 à 1 000 000)

Perspectives culturelles: La vogue de la coloc
Voix en direct: La vie en colocation

Pratique de conversation: Comment louer une chambre ou un appartement

À lire, à découvrir et à écrire
Lecture: La famille Bellelli (du guide du musée d'Orsay)
iLrn Voix en direct (suite)
Expression écrite
   À vos marques, prêts, bloguez!
   Moi et ma chambre

Ressources
🔊 Audio ▶ Video iLrn ilrn.heinle.com
🌐 www.cengagebrain.com

La famille

Structure 3.1

Expressing relationship *Les adjectifs possessifs*

Structure 3.2

Talking about where people are from *Le verbe venir*

Structure 3.3

Another way to express relationship and possession *La possession de + nom*

To talk about your family, you will need to use possessive adjectives and the preposition **de** + **nom** to express relationships. You will also use the verb **venir** *(to come)* to talk about where relatives are from. For an explanation of possessive adjectives, see page 84. For the verb **venir**, see page 85. See page 85 for **de** + **nom**.

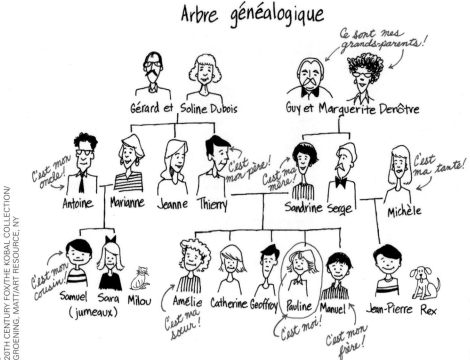

Les Simpson, une famille connue en France comme aux États-Unis

20TH CENTURY FOX/THE KOBAL COLLECTION/ GROENING, MATT/ART RESOURCE, NY

© Cengage Learning

Activité 1 La famille Simpson—Qui est-ce?

Qui, dans la famille Simpson, est-ce que votre professeur décrit?

Activité 2 **La famille Dubois**

Regardez l'arbre généalogique de Pauline et répondez aux questions suivantes.

1. Combien de (d')... a-t-elle?
   a. frères   c. oncles   e. enfants
   b. cousins   d. cousines

2. Comment s'appelle(nt)... ?
   a. la femme de son oncle Serge
   b. sa tante célibataire *(unmarried)*
   c. le mari de sa tante Marianne
   d. son cousin qui est fils unique
      (only child)
   e. ses cousins jumeaux *(twin)*
   f. ses sœurs

3. Qui a un animal domestique?

4. Qui sont...?
   a. Samuel et Sara
   b. Gérard et Soline Dubois
   c. Thierry et Sandrine
   d. Amélie et Catherine

Notez et analysez

Take another look at **Activité 2, Questions 2 a.–f.** Find all the words that mean *her.* Can you explain why the forms of this word change?

Activité 3 **Les membres de la famille**

A. Quelle définition correspond à chaque membre de la famille?

1. le grand-père   a. l'époux de la femme
2. la belle-mère   b. le frère de la mère ou du père
3. la tante   c. le fils du frère ou de la sœur
4. le mari   d. la mère de la femme ou du mari ou
5. l'oncle   la nouvelle femme du père
6. le neveu   e. la sœur de la mère ou du père
                        f. le père de la mère ou du père

Notez et analysez

A. Take another look at **Activité 3.** How would you say *the mother's sister* or *the father's brother* in French?

 B. Trouvez quelqu'un dans la classe qui a...

1. un neveu ou une nièce

2. un frère ou une sœur

3. un beau-père ou une belle-mère

4. un chat ou un chien

Activité 4 **Objets trouvés** *(Lost and found)*

1. D'abord votre professeur va ramasser quelques objets intéressants qui sont dans votre sac à dos.

2. Puis aidez votre professeur à rendre les objets aux étudiants.

Portraits de famille

Tam et ses amis sont étudiants à l'université, mais ils habitent avec leur famille. Ils ont des situations familiales différentes.

TAM: J'ai une assez grande famille. Mes parents viennent du Viêt-Nam et ils ont un petit restaurant vietnamien dans le Quartier latin. J'ai trois frères et une sœur. Nous travaillons tous ensemble dans le restaurant. Mon frère aîné est marié. Lui et sa femme habitent l'appartement d'à côté *(next door)*.

CAROLE: Mon père et ma mère sont divorcés. Moi, j'habite avec ma mère, mon beau-père et mon demi-frère, Serge. C'est le bébé de la famille. Il est gâté et difficile! Je passe souvent les vacances en Bretagne avec mon père. Il habite seul.

MOUSTAFA: Mes parents viennent d'Algérie, mais je suis de nationalité française. J'ai deux frères et une sœur. Mon frère aîné a 20 ans et mon frère cadet a 16 ans. Ma sœur, Feza, est institutrice. Elle est célibataire mais elle a un nouveau fiancé.

JEAN-CLAUDE: Je n'ai ni frère ni sœur; je suis fils unique. Ma mère est décédée *(deceased)*. J'habite avec mon père et ma belle-mère, qui est super.

Activité 5 Vrai ou faux?

Indiquez si les phrases suivantes sont vraies ou fausses. Corrigez les phrases fausses.

1. La famille de Tam vient du Viêt-Nam.
2. Tam a une belle-sœur.
3. Carole est la demi-sœur de Serge.
4. Les parents de Moustafa viennent d'Afrique du Nord.
5. La belle-mère de Jean-Claude est sympathique.
6. Jean-Claude a une grande famille.

Activité 6 La parenté de gens célèbres

Quelles sont les relations entre les personnes suivantes? Posez les questions à un(e) autre étudiant(e) comme dans le modèle.

Modèle: Chelsea Clinton (nièce) / Hillary Clinton
— *Est-ce que Chelsea Clinton est la nièce de Hillary?*
— *Non, c'est sa fille.*

1. Laura Bush (tante) / Jenna Bush Hager
2. Catherine Middleton (sœur) / Prince William
3. Bart et Maggie Simpson (enfants) / Marge et Homer Simpson
4. Malia Obama (cousine) / Sasha Obama
5. Bill Gates (frère) / Melinda Gates
6. Martin Sheen (oncle) / Charlie Sheen
7. Créez votre propre question pour la classe!

La famille francophone sur trois continents

La famille est une valeur importante dans le monde

Pour les jeunes de différentes parties du monde, la famille est une des valeurs° les plus importantes. Mais la structure de la famille change.

values

Beaucoup de couples français se marient après la naissance de leur premier enfant.

La famille française

En France, la famille nucléaire traditionnelle— homme, femme et leurs enfants— existe toujours°. Mais le divorce crée° un grand nombre de familles monoparentales°, et les remariages produisent des familles recomposées°. Beaucoup de couples choisissent de vivre ensemble sans° se marier et il y a de plus en plus d'enfants nés° de ces unions libres—plus de 50% en 2006. Le pacte civil de solidarité (PACS) offre un statut juridique° aux couples non-mariés (homme-femme ou de même sexe). Il est vrai que la famille se transforme, mais elle reste une très grande valeur. Beaucoup de jeunes habitent chez leurs parents pendant leurs études universitaires°. Et ils trouvent en général les relations avec leurs parents excellentes.

always, still
creates / single-parent families
blended families
without
born

legal status

university studies

Au Sénégal, on respecte «les vieux» et la mère

Au Sénégal, comme dans beaucoup de pays africains, les membres de la famille qui sont âgés—les «vieux»—sont très respectés. La maman aussi est sacrée. On voit° «Merci maman!» sur les minibus à Dakar. C'est la mère qui donne la vie.

"les «vieux» sont respectés. La maman aussi est sacrée."

sees

La famille élargie est importante

Quand on parle de la famille au Sénégal comme dans d'autres pays africains—souvent c'est la famille élargie°—parents, enfants, oncles, tantes, cousins et grands-parents. Un des avantages de la famille élargie est sa cohésion. Pendant une période de crise économique, la solidarité entre les membres d'une famille élargie est plus importante que la liberté individuelle. Mais la solidarité familiale crée aussi des dépendances difficiles.

extended family

La transformation de la famille au Québec

was Au Québec, avant les années 60, l'Église catholique était° une influence importante dans tous les aspects de la société. La structure de la famille traditionnelle était rigide, avec le père en position d'autorité. Une famille québécoise typique avait six enfants.

Pendant les années 60, et «La Révolution tranquille» au Québec, la société est devenue plus séculaire. Plus récemment, en 2002, on a adopté l'union civile pour les couples de même sexe ou de sexe différent. On *recognizes* reconnaît° aussi les parents homosexuels. Maintenant le Québec a le plus grand nombre de bébés nés hors mariage du Canada.

> **"le Québec a le plus grand nombre de bébés nés hors mariage du Canada"**

■ Avez-vous compris?

Indiquez si les phrases suivantes sont vraies ou fausses. Corrigez les phrases fausses.

1. Dans la famille classique française, il y a un seul *(only one)* parent.
2. La famille recomposée est souvent le résultat d'un divorce et d'un deuxième mariage.
3. En France et au Québec, il y a beaucoup de bébés nés hors mariage.
4. La famille joue un rôle central dans la vie des Français.
5. Les rapports entre les parents et les jeunes Français sont généralement mauvais.
6. Il est rare pour un jeune Français de 24 ans d'habiter chez ses parents.
7. Au Sénégal, on respecte les «vieux».

■ Et vous?

1. Est-ce que, pour vous et vos amis, il est préférable de vivre à la maison quand on fait ses études universitaires?
2. Est-ce un tabou aux États-Unis d'avoir un bébé hors mariage? Expliquez.
3. Quelle institution aux États-Unis est comparable au PACS?

Les caractéristiques personnelles

Structure 3.4

Describing personalities *Les adjectifs (suite)*

This **thème** presents additional adjectives for describing personal characteristics. See pages 86–87 for information on adjective placement and agreement rules.

© Purestock/Getty Images

© Purestock/Getty Images

optimiste, réaliste	pessimiste
sociable	timide, réservé(e)
sympathique, gentil(le), agréable	désagréable, snob, égoïste, méchant(e)
compréhensif (compréhensive) *(understanding)*	strict(e), sévère
heureux (heureuse), content(e)	mécontent(e), triste
intelligent(e)	stupide, bête *(fam)*
calme, décontracté(e) *(relaxed)*	nerveux (nerveuse), stressé(e)
enthousiaste, passionné(e)	indifférent(e)
travailleur (travailleuse)	paresseux (paresseuse)
dynamique, actif (active), sportif (sportive)	sédentaire
raisonnable	déraisonnable
individualiste, indépendant(e)	conformiste
sage, bien élevé(e) *(well-behaved)*	gâté(e) *(spoiled)*, mal élevé(e)

Notez et analysez

In a glossary or vocabulary list of French terms, which adjective form is presented first, the masculine form or the feminine form? What feminine endings do you find in this list?

Activité 7 Votre famille

Répondez aux questions sur la personnalité des membres de votre famille. Pour préciser votre description, utilisez **un peu, plutôt** *(rather)* ou **très.**

> **Modèle:** pessimiste
> Étudiant(e) 1: *Qui dans ta famille est pessimiste?*
> Étudiant(e) 2: *Ma sœur est très pessimiste. / Personne n'est*
> (No one is) *pessimiste dans ma famille.*

1. calme
2. raisonnable
3. difficile
4. sportif (sportive)
5. pessimiste
6. égoïste
7. nerveux (nerveuse)
8. désagréable
9. bien élevé(e)
10. dynamique

Prononcez! Les adjectifs—masculin ou féminin?

French final consonants are usually silent. When an **e** is added to a silent consonant to make an adjective feminine, the consonant is pronounced. So when you hear a final consonant, there's a good chance that the adjective is feminine.

petit̸   petiTe   grand̸   granDe

You can find additional pronunciation activities for this module in the **iLrn** **Activités de prononciation.**

Activité de prononciation. C'est Brad Pitt, Angelina Jolie ou les deux?

A. Écoutez le prof! Est-ce que l'adjectif que vous entendez *(hear)* décrit *(describes)* Brad Pitt, Angelina Jolie ou les deux?

Modèle: Vous entendez *(hear)*: blond
Vous dites *(say)* ou cochez *(check)*: *C'est Brad Pitt.*
Vous entendez: riche
Vous dites ou cochez: *Tous les deux*

	Brad Pitt		Angelina Jolie		Tous les deux *(Both)*	
	A	B	A	B	A	B
1.	☐	☐	☐	☐	☐	☐
2.	☐	☐	☐	☐	☐	☐
3.	☐	☐	☐	☐	☐	☐
4.	☐	☐	☐	☐	☐	☐
5.	☐	☐	☐	☐	☐	☐

B. Maintenant faites la même activité à tour de rôle avec un(e) partenaire. Il/Elle prononce un adjectif. Vous dites: **Angelina Jolie, Brad Pitt** ou **Tous les deux.**

(If your partner doesn't pick the correct person, try pronouncing the adjective again).

Activité 8 On est difficile!

Chaque fois que vous décrivez quelqu'un, votre partenaire dit *(says)* le contraire *(contrary)*. Ensuite, changez de rôles.

Modèles: — Ta mère est pessimiste.
— *Mais non, elle est optimiste!*
— Ton oncle est gentil.
— *Mais non, il est méchant!*

1. Comme tes grands-parents sont nerveux!
2. Ta cousine est moche!
3. Je trouve tes frères réservés.
4. Ton chien est méchant.
5. Ta mère est très active.
6. Ton oncle est paresseux.

Notez et analysez

Most descriptive adjectives follow the nouns they modify. Which adjectives in the caption describing Astérix and Obélix follow this pattern? Some adjectives precede the nouns they modify. A simple mnemonic device that may help you remember this group of adjectives is BAGS—Beauty, Age, Goodness, and Size. Find the categories that apply to the adjectives that precede the noun in the cartoon caption.

Astérix est un petit homme courageux. Son meilleur ami *(best friend)*, Obélix, est un gros homme fidèle.

Activité 9 **Identification**

Identifiez les personnes et les choses suivantes.

1. C'est une petite principauté francophone.
2. C'est le joli jardin de Monet.
3. C'est un grand compositeur français.
4. C'est une jeune écrivaine française.
5. C'est une bonne montre *(watch)* suisse.
6. C'est une vieille ville italienne.
7. C'est un bel acteur français.
8. C'est un petit homme important.

a. Claude Debussy
b. Napoléon
c. Monaco
d. Faïza Guène
e. Giverny
f. Romain Duris
g. Rome
h. une Swatch

Activité 10 **Ma grand-mère**

Ce portrait n'est pas très descriptif. Ajoutez des adjectifs: **beau (belle), joli(e), jeune, petit(e), grand(e), vieux (vieille), nouveau (nouvelle), sympathique, moderne, bon(ne).**

1. Ma grand-mère est une femme. (deux adjectifs)
2. Elle habite avec ses quatre chats dans une maison avec un jardin. (deux adjectifs)
3. Elle adore la musique. (un adjectif)
4. Elle a aussi beaucoup de CD de jazz. (un adjectif)

Activité 11 **Devinez!**

En groupes de deux ou trois, choisissez une personne célèbre et écrivez cinq ou six phrases qui la décrivent. Utilisez une bonne variété d'adjectifs. Ensuite, présentez votre description à la classe. Vos camarades vont deviner *(guess)* de qui vous parlez. Combien d'adjectifs utilisez-vous avant qu'on devine le nom de votre célébrité? Le groupe qui utilise le maximum d'adjectifs gagne!

Activité 12 **Interaction**

Répondez directement aux questions et développez votre réponse en ajoutant une ou deux remarques.

Modèle: — Est-ce que tu viens d'une famille nombreuse?
— *Non, je viens d'une famille moyenne. J'ai une sœur et un frère. Ma sœur a 15 ans et mon frère a 20 ans.*

1. Tu viens d'une famille nombreuse?
2. D'où viennent tes parents? Où habitent-ils maintenant? Comment sont-ils?
3. Est-ce que tu préfères les petites familles ou les grandes familles? Pourquoi?
4. Tu aimes les parents de tes amis? Comment sont-ils?
5. Est-ce que tes grands-parents sont vivants *(living)*? Quel âge ont-ils?

La chambre et les affaires personnelles

> **Structure 3.5**
>
> **Describing where things are located** *Les prépositions de lieu*
>
> In the following descriptions of two students' rooms, you will learn how to use prepositions to describe how items are arranged in space. For a list of these prepositions, see page 88.

Chez Claudine

© Cengage Learning

Regardez la chambre de Claudine. Il y a un lit **entre** la table de nuit et le bureau. **Sur** le lit, il y a un joli couvre-lit à fleurs. **Derrière** le lit, il y a une fenêtre. **Sur** la table de nuit, il y a des fleurs **dans** un vase. **Dans** son placard, il y a des vêtements. **Devant** son bureau, il y a une chaise. Son petit chat blanc est **sous** la chaise. Son ordinateur est **sur** son bureau et, **au-dessus du** bureau, il y a une affiche d'Einstein. Le chapeau préféré de Claudine se trouve **sur** le tapis **près du** lit. Il y a un dock MP3 **sur** l'étagère.

Activité 13 Vrai ou faux?

Indiquez si les phrases suivantes sont vraies ou fausses. Corrigez les phrases fausses.

1. Dans la chambre de Claudine, il y a...
   a. une chaise devant la fenêtre.
   b. un lit entre la table de nuit et le bureau.
   c. un chat sous la chaise.
   d. une affiche au-dessus du lit.
   e. un tapis entre le placard et le lit.

Chez Christian

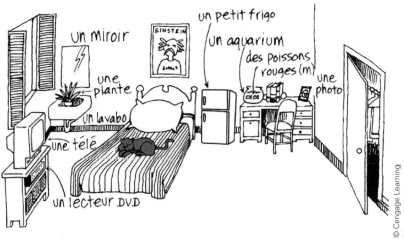

un miroir
un petit frigo
une plante
un aquarium
des poissons rouges (m)
un lavabo
une photo
une télé
un lecteur DVD

© Cengage Learning

Regardez la chambre de Christian. Son miroir est **à côté de** la fenêtre. Il y a un gros chat noir **sur** le lit. **Au-dessus du** lit, il y a une affiche d'Einstein. **En face du** lit, il y a une télévision avec un lecteur DVD. Son petit frigo est **entre** le lit et le bureau. **Devant** le bureau, il y a une chaise. **Dans** un aquarium **sur** le bureau, il y a des poissons rouges. **Près de** l'aquarium, il y a des livres et une photo. Il y a une plante **dans** le lavabo.

2. Dans la chambre de Christian, il y a...
   - **a.** un chat sur le tapis.
   - **b.** un lit entre le bureau et le petit frigo.
   - **c.** une affiche au-dessus du lit.
   - **d.** un vase de fleurs sur le bureau.
   - **e.** une plante dans le lavabo.

Activité 14 **Les affaires personnelles et la personnalité**

Donnez vos impressions de Bruno en regardant sa chambre et ses affaires personnelles. Comment est Bruno? Qu'est-ce qu'il aime faire?

© Craig Joiner/Agefotostock

Activité 15 Sondage (Poll) sur les affaires personnelles

En groupes de trois ou quatre, trouvez quatre objets que tout le monde
(everyone) possède et un objet qui n'appartient à personne (no one has).
Travaillez vite—le groupe qui finit le premier gagne!

Modèle: un sac à dos
— *Qui a un sac à dos?*
— *Moi.*
— *Moi aussi.*
— *Et un livre de Victor Hugo? Les Misérables?*
— *Personne* (No one).

un dictionnaire anglais-français
un lecteur DVD
une raquette de tennis
une montre
un sac à dos
un snowboard
un instrument de musique
une tablette
un livre de JK Rowling
des plantes
une calculatrice
un dock MP3
un ballon de foot
un CD de musique française

des posters
un appareil photo
un vélo
des CD de Beyoncé
un chapeau de cow-boy
un livre de Victor Hugo
un journal intime (diary)
une télé
une chaîne hi-fi
un (téléphone) portable
un petit frigo (fam)
un radio-réveil
une planche à roulettes
un tapis de yoga

une planche à roulettes

un vélo

une calculatrice

un ballon de foot

un radio-réveil

une tablette

un dock MP3

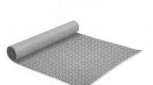
un tapis de yoga

un appareil photo

Activité 16 Et le prof a... ? Interrogez le professeur!

Vous avez huit questions pour identifier quatre choses que votre professeur ne
possède pas. Utilisez **vous** dans vos questions.

Modèle: Étudiant(e): *Vous n'avez pas de planche à roulettes, n'est-ce pas?*
Professeur: *Mais si, j'ai une planche à roulettes!*

Des nombres à retenir
(60 à 1 000 000)

Votre numéro de téléphone? — C'est le 04 60 58 85 48.

Votre adresse? — C'est 69, avenue des Lilas.

60 soixante	**70 soixante-dix**	**80 quatre-vingts**
61 soixante et un	71 soixante et onze	81 quatre-vingt-un
62 soixante-deux	72 soixante-douze	82 quatre-vingt-deux
63 soixante-trois	73 soixante-treize	83 quatre-vingt-trois
64 soixante-quatre	74 soixante-quatorze	84 quatre-vingt-quatre
65 soixante-cinq	75 soixante-quinze	85 quatre-vingt-cinq
66 soixante-six	76 soixante-seize	86 quatre-vingt-six
67 soixante-sept	77 soixante-dix-sept	87 quatre-vingt-sept
68 soixante-huit	78 soixante-dix-huit	88 quatre-vingt-huit
69 soixante-neuf	79 soixante-dix-neuf	89 quatre-vingt-neuf
90 quatre-vingt-dix	**100 cent**	**1 000 mille**
91 quatre-vingt-onze	101 cent un	1 001 mille un
92 quatre-vingt-douze	102 cent deux	1 002 mille deux
93 quatre-vingt-treize	103 cent trois	2 000 deux mille
94 quatre-vingt-quatorze	200 deux cents	2 001 deux mille un
95 quatre-vingt-quinze	201 deux cent un	2 002 deux mille deux
96 quatre-vingt-seize	202 deux cent deux	2 500 deux mille cinq cents
97 quatre-vingt-dix-sept		
98 quatre-vingt-dix-huit	1 000 000 un million	
99 quatre-vingt-dix-neuf		

Notez et analysez

For numbers from 70 to 99, keep these "formulas" in mind: $70 = 60 + 10$ (**soixante-dix**); $80 = 4 \times 20$ (**quatre-vingts**); $81 = 4 \times 20 + 1$ (**quatre-vingt-un**); $90 = 4 \times 20 + 10$ (**quatre-vingt-dix**); $95 = 4 \times 20 + 15$ (**quatre-vingt-quinze**). Try using these formulas to calculate how to say the following numbers: 78, 85, 93. Check your answers against the numbers in the list above.

Activité 17 Comptez!

Suivez les directives.

1. Comptez de 70 jusqu'à 100.
2. Donnez les multiples de 10 de 60 jusqu'à 120.
3. Donnez les multiples de 5 de 50 jusqu'à 80.
4. Donnez les nombres impairs (*odd*) de 71 jusqu'à 101.
5. Lisez: 13, 15, 19, 25, 61, 71, 81, 91, 101, 14, 1 000, 186, 1 000 000.

Activité **18** Ça coûte...

Identifiez l'objet selon *(according to)* son prix.

> **Modèle:** Ça coûte 16,75 € (16 euros 75).
> *C'est la calculatrice.*

Ça coûte...

1. 876 €	**4.** 265 €
2. 93,30 €	**5.** 279 €
3. 10 150 €	**6.** 875 €

Soldes! *(Sale!)*

une calculatrice

un portable

un vélo

une voiture

un snowboard

un smartphone

un dock MP3

La vogue de la coloc

Quitter le toit familial° pour s'installer dans une résidence universitaire avec un «roommate» est un rite de passage pour beaucoup d'étudiants américains. Ce n'est pas le cas en France. Les jeunes Français étudient plus souvent près de chez eux et ils logent chez leurs parents. Traditionnellement, les étudiants qui quittaient la province° pour étudier en ville, logeaient seuls° en résidence universitaire ou en studio. Mais récemment°, la série américaine *Friends* et le film *L'Auberge espagnole* ont popularisé l'idée de vivre en colocation, c'est-à-dire partager un appartement—non une chambre—avec d'autres jeunes. C'est un bon moyen de rencontrer du monde et de créer un groupe d'amis. De plus, c'est plus économique.

Alicia Fortin, 20 ans, étudiante à Tours, explique: «C'est sympa de partager° une expérience de vie° avec quelqu'un. En plus, le loyer° est raisonnable. Avec ma coloc Claire, nous payons 315 € chacune°. C'est moins que le loyer moyen° de l'étudiant français» (388 €).

Il y a évidemment des avantages, mais quels sont les risques? Parfois°, les colocataires ne respectent pas les règles de vie commune°. Il y a, par exemple, les copains qui transforment l'appartement en boîte de nuit° quand vous voulez être tranquille pour travailler, les colocs qui refusent de ranger l'appart ou la visite trop régulière des petits copains ou copines.

Et vous, vous êtes le colocataire idéal? Vous êtes aimable, respectueux, compréhensif, sociable? Vous vous adaptez aux autres? Vous avez, sans conteste°, le profil idéal pour vous lancer° dans cette aventure!

Où trouver un coloc? On peut consulter des sites Internet ou les petites annonces° au C.R.O.U.S. ou à la fac.

the nest

small towns; lived alone
recently

share
life / rent
each / average

Sometimes
house rules
night club

no doubt
launch

want ads

Text credit: Adapté de *L'Étudiant*

Avez-vous compris?

Indiquez si les phrases suivantes sont vraies ou fausses. Corrigez les phrases fausses.

1. La série *Friends* et le film *L'Auberge espagnole* ont contribué à la vogue de la colocation.
2. Un des avantages de la colocation est la solitude.
3. Alicia est contente de vivre avec sa colocataire.
4. Alicia et Claire paient plus que l'étudiant français moyen pour leur logement.
5. Il n'y a pas de risques dans la colocation.
6. La question de ranger ou non l'appartement pose parfois des problèmes entre colocataires.
7. Le colocataire idéal est sérieux et travailleur.

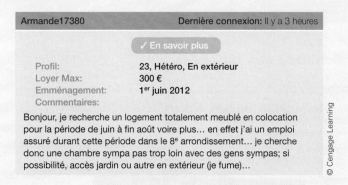

Armande17380   Dernière connexion: Il y a 3 heures

✓ En savoir plus

Profil: 23, Hétéro, En extérieur
Loyer Max: 300 €
Emménagement: 1er juin 2012
Commentaires:

Bonjour, je recherche un logement totalement meublé en colocation pour la période de juin à fin août voire plus... en effet j'ai un emploi assuré durant cette période dans le 8e arrondissement... je cherche donc une chambre sympa pas trop loin avec des gens sympas; si possibilité, accès jardin ou autre en extérieur (je fume)...

© Cengage Learning

1. Avez-vous un(e) colocataire? Est-il/elle sociable et respectueux (respectueuse)?
2. Pour vous, quel est l'avantage principal de la colocation?
3. Décrivez votre coloc idéal(e).

Voix en direct
CD1-17
La vie en colocation

Vivre en colocation. Qu'est-ce que ça veut dire[1] en France?

Vivre en colocation, en France, c'est partager[2] un appartement avec d'autres gens mais on ne partage pas les chambres en France, on partage juste l'appartement.

Manon Garcia
23 ans
Étudiante, Paris

[1] *What does it mean* [2] *to share*

Quelles sont les qualités d'un bon colocataire?

Euh, je pense qu'il..., il faut[3] être ordonné... euh qu'il, il faut nettoyer[4] nos affaires et tout ça; beaucoup plus que quand on vit seul[5]. Euh, qu'il faut respecter l'intimité[6] des autres et être assez ouvert, voilà.

[3]*it's necessary* [4]*to clean* [5]*lives alone* [6]*privacy*

Comment est-ce qu'on trouve un colocataire en France?

Euh, par Craig's list aussi. Maintenant on a Craig's list. Oui. Sinon[7], il y a... On peut mettre des petites annonces à l'université. Les gens, ils font beaucoup ça. Il y a différents sites sur Internet...

[7]*Otherwise*

Où habitent les étudiants qui n'habitent pas dans les résidences?

Beaucoup habitent chez leurs parents, comme moi, par exemple, j'habite chez mes parents parce que c'est, c'est plus pratique et c'est moins cher. Sinon, il faut trouver un studio ou être en colocation.

Hugo Pelc
24 ans
Étudiant, Paris

1. Selon Manon, qu'est-ce que les colocataires en France ne partagent pas?
2. Quelles sont les qualités d'un bon colocataire selon Manon? Vous êtes d'accord avec elle?
3. Hugo pense que c'est une bonne idée pour les étudiants de vivre chez leurs parents. Pourquoi? Êtes-vous d'accord avec lui?
4. Quelles sont les deux autres options qu'il donne?

Comment louer une chambre ou un appartement

Réfléchissez et considérez

What features would you look for in an apartment? Before looking at the expressions presented here, with a partner, come up with four questions you would ask a prospective landlord. Then look to see if a French equivalent appears below.

🔊 **Expressions utiles**

CD1-18

Est-ce que vous avez une chambre / un studio / un appartement à louer°?	*to rent*
Je cherche° un studio à louer.	*I'm looking for*
C'est combien, le loyer°?	*the rent*
Il y a des charges°?	*utility charges*
Est-ce qu'il y a une caution°?	*a deposit*
Vous avez la climatisation° (la clim, *fam*)?	*air conditioning*
Je peux° fumer?	*Can I . . .*
Je peux avoir un chat?	
Les animaux sont interdits°?	*prohibited*
Il y a un garage / un jardin / une piscine / une salle de musculation°?	*a workout room*
Je voudrais le prendre.°	*I'd like to take it.*
Je voudrais réfléchir un peu.°	*I'd like to think it over.*

Courtesy of Caf de Paris

En tant qu'étudiant, selon vos revenus et votre situation familiale, vous pouvez bénéficier d'une prise en charge de votre loyer (en tout ou partie) en faisant une demande d'aide au logement auprès de la caisse d'allocations familiales du département où vous résidez.

Activité 19 Qui parle?

Pour chaque phrase, indiquez qui parle: **a.** le propriétaire ou **b.** une personne qui cherche un appartement.

1. C'est un studio ou une chambre dans un appartement? ____
2. Il y a des charges? ____
3. Les chats et les chiens sont interdits dans cet appartement. ____
4. Le loyer est très raisonnable! Je voudrais prendre le studio! ____
5. Vous fumez? Et vous avez des animaux? ____
6. Il y a des charges pour utiliser la salle de musculation? ____

 Activité 20 L'appartement idéal

Pour vous, quelle est l'importance des caractéristiques suivantes? Dites si chaque aspect est essentiel, important ou pas important et expliquez pourquoi.

Modèle: *Pour moi, un studio meublé* (furnished) *est essentiel.*
Je n'ai pas de lit.

1er étage

rez-de-chaussée

© Cengage Learning

1. un studio meublé
2. un studio près de la fac
3. un studio près du centre-ville *(downtown)*
4. un studio avec un garage
5. un studio dans un quartier calme
6. un studio clair *(light)* et lumineux *(bright)*
7. un loyer bon marché *(inexpensive)*
8. un studio dans un immeuble *(building)* avec d'autres étudiants
9. un studio où on accepte les animaux
10. un grand studio
11. un studio dans un immeuble avec un beau jardin et une piscine
12. d'autres qualités?

CD1-19

Écoutons ensemble! Jennifer cherche une chambre à louer.

Jennifer parle à la propriétaire d'une chambre à louer. Écoutez leur conversation et complétez le tableau avec les informations appropriées.

Logement	__ appartement	__ studio	__ chambre
Description	__ calme	__ grand	__ près de la fac
Loyer par mois	__ 250 euros	__ 205 euros	__ 502 euros
Autres	__ des charges	__ une caution	__ un immeuble
Animaux acceptés	__ les chats	__ les chiens	__ les autres animaux

 Activité 21 **Je cherche un studio**

🔊 Écoutez et complétez le dialogue avec un(e) camarade de classe.
CD1-20

LOCATAIRE: Bonjour, madame. Vous ____ (1) un studio à ____ (2)?

PROPRIÉTAIRE: Oui, mademoiselle. Il y _ (3) le studio numéro 25 en face du jardin.

LOCATAIRE: Est-ce qu'il est meublé?

PROPRIÉTAIRE: Oui, il y a un ____ (4), une ____ (5), des ____ (6) et un __ (7).

LOCATAIRE: Très bien. Et vous êtes ____ (8) de la fac?

PROPRIÉTAIRE: Oui, ici nous sommes à trois kilomètres de la fac. J'ai beaucoup d'étudiants comme locataires.

LOCATAIRE: _____ (9)?

PROPRIÉTAIRE: 400 euros par mois plus les charges.

LOCATAIRE: Y _____ (10)?

PROPRIÉTAIRE: Oui, la caution est de 100 euros.

LOCATAIRE: Est-ce que _____ (11)?

PROPRIÉTAIRE: Non, les animaux sont strictement interdits.

LOCATAIRE: Je voudrais réfléchir un peu. Merci, madame.

🌐 **Explorez** en ligne

La colocation There are many French websites designed to help people find roommates and apartments to share. Go online to http://www.appartager.com, look over the thumbnail pictures that you see on the opening page, and click on several of them to read the details. Select one you like and write a short description of the house or apartment. How much is the rent? How does the person who has posted this listing describe him/herself? What is s/he looking for in a roommate?

Situations à jouer!

1 As a landlord, you've had bad experiences with renters in the past. Interview a potential renter to decide whether or not you'll accept him/her as a tenant. Find out about what s/he studies, his/her likes and dislikes, whether s/he smokes, if s/he has pets, and so on.

2 You and several of your friends decide to look for a house to share. Discuss what you will require. Go visit the house and ask the landlord your questions in order to decide whether to rent the house or not.

Lecture

Anticipation

Degas, whose painting *La famille Bellelli* is reproduced here, is just one of the famous artists whose works are found in the musée d'Orsay, the former Parisian train station that now contains one of the world's finest collections of mid- to late-nineteenth-century art.

The description of Degas's painting below is excerpted from an official museum guide. By looking for cognates and guessing at meaning based on what you would expect to find in this kind of text, try to understand the gist of the reading.

Which of the following topics do you expect the guidebook to mention?

a. subject matter   **d.** color
b. composition and/or style   **e.** identity of painter's spouse
c. price

▮▮ Activité de lecture

Scan the text to find the French equivalents of the following words.

a. was started   **e.** portraits   **i.** refined
b. a sojourn   **f.** interior   **j.** painting
c. baroness   **g.** enriched   **k.** family drama
d. monumental   **h.** sober

La famille Bellelli

during

painting

is taking place
taste

La famille Bellelli a été commencé par Degas lors° d'un séjour à Florence chez sa tante, la baronne Bellelli. Ce tableau° monumental de portraits dans un intérieur, à la composition simple mais enrichie à l'aide de perspectives ouvertes par une porte ou un miroir, aux couleurs sobres mais raffinées (jeu des blancs et des noirs), est aussi la peinture d'un drame familial qui se joue° entre Laure Bellelli et son mari, et dans lequel on reconnaît le goût° de Degas pour l'étude psychologique.

© Réunion des Musées nationaux

Musee d'Orsay, Paris, France/Erich Lessing/
Art Resource, NY

Compréhension et intégration

1. Look again at the topics proposed in the **Anticipation** section. Were your predictions accurate? Explain.

2. Answer the following questions.
   a. Where was Degas when he began this painting?
   b. With whom was he staying?
   c. Is the painting small or large?
   d. What two possible sources of light in the room are suggested?
   e. What adjectives describe the quality of the color in the painting?
   f. What two colors predominate?
   g. Is Degas interested in capturing the interaction between family members?

Maintenant à vous!

1. Qui regarde qui dans le tableau?
2. Comment est l'atmosphère? Choisissez parmi les adjectifs suivants: **animée** *(lively),* **calme, tranquille, joyeuse, décontractée, tendue** *(tense).*
3. Quelles sont les caractéristiques universelles de cette famille? Quels aspects de la famille trouvez-vous démodés *(out-of-date)?*

Voix en direct (suite)

Go to **iLrn** to view video clips of college students talking about their living situations. Clips include an 8 year old describing her daily routine and other module themes.

Expression écrite

Moi et ma chambre

What do our rooms say about us? Imagine that someone had to get to know you, relying exclusively on a photograph of your room in its "normal" state. What would they learn about you: your personality, interests, likes and dislikes? In this composition you will write about your room and how it reflects your personality. Or, if it doesn't, explain why not—perhaps you don't have the money or time to arrange it as you would like.

■ **Première étape:** Make a list of all the items in your room, their design and color. Use as much detail as possible. For example, if you have CDs, give their titles or the artists' names. Include information about your room arrangement and whether it is usually neat (**rangée**) or messy (**désordonnée**). If you live with a roommate, mention some of the things that he/she has and whether or not you have or like the same things.

■ **Deuxième étape:** Write down what you think your room says (or hides) about you. Here you will use adjectives to describe your personality and you will talk about your likes and dislikes.

■ **Troisième étape:** Now you are ready to write. Begin your essay with a general introduction about your room and your living situation; i.e., do you live in a dorm, at home, in an apartment? Follow the model below.

Voici ma chambre. Elle est petite pour deux personnes, moi et ma camarade de chambre, Martha. Nous habitons dans la résidence universitaire, Dykstra. Dans ma chambre, le côté droit *(right side)* est à Martha et le côté gauche *(left side)* est à moi. Martha est très organisée et ses affaires sont rangées. Elle aime George Clooney et elle a un grand poster de *O Brother, Where Art Thou?* sur le mur à côté de son lit. Moi, je ne range *(straighten)* pas beaucoup parce que je suis très occupée. Mon lit est à côté de la fenêtre. J'ai un couvre-lit vert. J'aime le vert. Sur mon lit, il y a des vêtements. Il y a des vêtements par terre sur le tapis aussi. Mon placard est trop *(too)* petit pour tous mes vêtements. À côté de mon lit, il y a une étagère avec beaucoup de livres. J'adore lire! J'ai des livres de Hemingway, de Faulkner et de Fitzgerald. J'étudie la littérature américaine. J'ai aussi un gros livre de chimie parce que j'ai un cours de chimie très difficile!

⊕ **À vos marques, prêts, bloguez!**
Describe your ideal roommate. Write four sentences in French on the class blog, and then respond to one other student's posting.

La famille contemporaine

Avant de visionner

© auremar

La famille est une valeur très importante en France.

You will watch a video about the modern family in France. As in other parts of the world, the size and structure of families in France is evolving. In this video, you will learn about some of the changes families have undergone and what French families are like today.

Quelques mots utiles

accoucher	*to give birth*	la moitié	*half*
une baisse	*lowering / decrease*	un siècle	*century*
demeurer	*to remain*	la taille	*size*
les droits et devoirs	*rights and duties*	le taux de natalité / nuptialité	*birthrate / marriage rate*
les modalités de vie	*living arrangements*		

Study the list of vocabulary above, then match each response with the vocabulary word or expression associated with it.

1. un bébé
2. petit, moyen, grand
3. habiter ensemble / séparément
4. le mariage
5. les lois (*laws*)

a. le taux de nuptialité
b. les droits et devoirs
c. accoucher
d. les modalités de vie
e. la taille

Pendant le visionnement

En ce qui concerne la famille

Now watch the video. Which of the following topics regarding family are discussed in the video?

- [ ] le taux de natalité
- [ ] la taille
- [ ] la structure
- [ ] les familles recomposées
- [ ] l'adoption
- [ ] la cohabitation
- [ ] les allocations (*benefits*)
- [ ] le mariage gay
- [ ] les droits des couples

Vrai ou faux?

Are the following statements **vrai** (*true*) or **faux** (*false*)?

1. Pour recevoir (*to receive*) la Médaille de la famille française, il est nécessaire d'avoir plusieurs (*several*) enfants. ____

2. La taille de la famille française demeure stable au 20ᵉ siècle. ____

3. Dans les années 1990 il y a un grand changement (*change*) dans les modalités de vie des couples. ____

4. Le PACS est un contrat entre deux personnes non mariées. ____

5. Passer du temps en famille est important pour les jeunes en France. ____

Après le visionnement

Avez-vous compris?

Complete the sentences with the correct information based on what you learned in the video.

1. After World War II, _____ families became the norm.

2. At the end of the 20th century, there was a _____ in marriage and birth rates.

3. At the beginning of the 21st century, _____ percent of all new couples began living together without getting married.

4. The _____ is a contract by which two people of the same or different genders officially register their status as a couple.

5. The students interviewed in the video regularly _____ with their families.

Discutons!

Discuss the following questions with your partner.

1. What do you think about the **Médaille de la famille française**? Do you find such an award surprising? Commendable? Why or why not?

2. What is the average size and structure (composition) of the families in your area? Has this changed over time as it has in France? Explain.

3. What is your opinion regarding the PACS? What do you see as the advantages and/or disadvantages of such a law?

Réfléchissez et considérez

There are three **Médailles de la famille française.** What image appears on all three medals? What do you think this image symbolizes? Why do you think medals are awarded rather than trophies or certificates?

© Cengage Learning

La famille dans le monde francophone

Share It! Choose a Francophone country and find out about the size and structure of a typical family as well as birth and marriage rates in that country. Report what you learn on **Share It!** (providing links to your sources) and write at least three sentences explaining if this is a place that reflects your ideals regarding family.

Structure 3.1

🌐 Visit the *Motifs* website for more grammar and vocabulary practice.

Expressing relationship *Les adjectifs possessifs*

Possessive adjectives are used to express relationship and possession. In French, they agree with the noun they modify, not with the possessor. The following chart summarizes the various possessive adjectives forms.

Subject	Possessive adjectives			
	masculine	feminine	plural	English equivalent
je	mon	ma	mes	*my*
tu	ton	ta	tes	*your*
il/elle/on	son	sa	ses	*his/her/its*
nous	notre		nos	*our*
vous	votre		vos	*your*
ils/elles	leur		leurs	*their*

Regardez M. Leclerc. Il est avec **sa** femme et **ses** enfants.
Look at Mr. Leclerc. He is with his wife and his children.

Ma tante Simone et **mon** oncle Renaud arrivent avec **leur** fille.
My aunt Simone and my uncle Renaud are arriving with their daughter.

Mes parents parlent rarement de **leurs** problèmes.
My parents rarely talk about their problems.

The masculine form (**mon, ton, son**) is used before singular feminine nouns beginning with a vowel or a mute **h**.

Mon oncle et **son** amie Susanne habitent à New York.
My uncle and his friend Susanne live in New York.

– –

Exercice 1 Chantal is discussing her family reunions with a friend. Choose the correct form of the possessive adjective.

1. Je danse avec (mon, ma, mes) cousins.

2. Charles et (son, sa, ses) sœur regardent souvent la télé.

3. (Mon, Ma, Mes) frère et moi, nous travaillons dans la cuisine *(kitchen)*.

4. (Ton, Ta, Tes) mère prend souvent des photos.

5. (Mon, Ma, Mes) tante et (mon, ma, mes) oncle arrivent avec (leur, leurs) chien.

6. Nous chantons (notre, nos) chansons *(songs)* préférées autour du piano.

Exercice 2 Monique and Guy have struck up a conversation at the cafeteria. Complete their conversation with the correct possessive adjective (**mon, ma, mes, ton, ta, tes,** etc.).

GUY:　Est-ce que tu habites à la résidence universitaire ou avec _____ (1) famille?

MONIQUE:　J'habite à la résidence universitaire, mais je rentre chez _____ (2) parents le week-end. J'aime parler avec _____ (3) mère et _____ (4) père et surtout jouer avec _____ (5) petit frère, Manuel.

GUY:　Est-ce que _____ (6) grands-parents habitent chez toi?

MONIQUE: Non. _____ (7) grands-parents habitent à la campagne.
_____ (8) maison est très vieille et charmante. Et toi, est-ce que tu habites chez _____ (9) parents?

GUY: Non, j'habite avec _____ (10) amis François et Jean-Luc.

Structure 3.2

Talking about where people are from *Le verbe venir*

Venir is an irregular verb.

venir *(to come)*	
je viens	nous venons
tu viens	vous venez
il/elle/on vient	il/elles viennent

The verb **venir** can be used when talking about one's place of origin.

Je suis canadienne. Je **viens** de Toronto.
I'm Canadian. I come from Toronto.

Est-ce que vous **venez** des États-Unis?
Do you come from the United States?

Exercice 3 Ousmane is talking about his friends who live in the international residence hall. Complete his sentences with the verb **venir.**

1. Nous _____ tous de pays *(countries)* différents.
2. Moi, par exemple, je suis sénégalais. Je _____ de Dakar.
3. Mes copains Miguel et Hector _____ de Barcelone; ils ont un léger accent espagnol.
4. Kim, tu _____ de Corée, n'est-ce pas?
5. Jean-Marc et Bernard, vous _____ de Montréal, non?
6. Et il y a Tsien. Il _____ de Chine.

Structure 3.3

Another way to express relationship and possession
La possession de + nom

The preposition **de** (or **d'**) *(of)* used with nouns expresses possession and relationship. This structure is used in place of the possessive *'s* in English.

Voici la mère **de** Charles.   *Here is Charles's mother.*
J'adore la maison **d'**Anne.   *I love Anne's house.*
Quel est le numéro de l'appartement   *What is your brother's apartment number?*
  de ton frère?

The preposition **de** contracts with the definite articles **le** and **les.**

de + le = du	C'est le chien **du** petit garçon.
de + les = des	Je n'ai pas l'adresse **des** parents de Serge.
de + l'= unchanged	Nous écoutons les CD **de** l'oncle d'Antoine.
de + la = unchanged	Les clés **de la** voiture sont dans son sac.

Exercice 4 Henriette and Claudine are talking about the people they observe in the park. Complete their conversation with **du, de la, de l', de, des,** or **d'.**

1. Les enfants ___ tante de Sophie s'amusent sur leurs scooters.
2. Regarde le gros chien ___ petits enfants. Il est adorable!
3. J'aime beaucoup le chapeau ___ jeune homme qui écoute son iPod!
4. Regarde la robe ___ femme africaine. Elle est élégante, non?
5. Et la guitare ___ homme qui joue pour ses amis... elle est magnifique!
6. La couleur ___ vélo est très jolie, hein?

Structure 3.4

Describing personalities *Les adjectifs (suite)*

As you saw in **Module 1,** most feminine adjectives are formed by adding an **e** to the masculine ending.

> Ton père est assez strict. Ta mère est-elle strict**e** aussi?

Several other common regular endings are shown in the following chart.

masculine ending	feminine ending	examples
-é	-ée	gâté (gâtée); stressé (stressée)
-if	-ive	sportif (sportive), actif (active)
-eux	-euse	nerveux (nerveuse); sérieux (sérieuse)
-eur	-euse	travailleur (travailleuse)
-on	-onne	bon (bonne); mignon (mignonne)
-os	-osse	gros (grosse)

Placement of adjectives in a sentence

As a general rule, adjectives in French follow the nouns they modify.

> Elle a les cheveux **blonds** et les yeux **bleus.**
> Est-ce que tu aimes les gens **actifs**?

However, a small number of adjectives precede the noun. The mnemonic device BAGS (beauty, age, goodness, size) may help you remember them.

B	A	G	S
beau (belle)	vieux (vieille)	bon (bonne)	petit(e)
joli(e)	jeune	mauvais(e)	grand(e)
	nouveau (nouvelle)		gros (grosse)
			long (longue)

La petite fille arrive avec son **gros** chat **noir.**

The litte girl is coming with her big, black cat.

Adjectives with three forms

The adjectives **beau, vieux,** and **nouveau** have a special form used when they precede a masculine singular noun beginning with a vowel or a mute **h.**

un **beau** garçon	un **bel** homme	une **belle** femme
un **vieux** livre	un **vieil** ami	une **vieille** maison
un **nouveau** film	un **nouvel** acteur	une **nouvelle** voiture

Exercice 5 Armand is in a bad mood. Complete his description of his family with the correct form of the adjective in parentheses.

Je m'appelle Armand et je suis _____ (1) (pessimiste). Ma mère est _____ (2) (ennuyeux) et peu _____ (3) (compréhensif). Mes parents ne sont pas assez _____ (4) (enthousiaste). J'ai deux sœurs, Nadine et Claire. Elles sont _____ (5) (paresseux), _____ (6) (gâté) et _____ (7) (méchant). Toute ma famille est _____ (8) (désagréable) sauf (*except*) nos deux chattes (*female cats*). Elles sont _____ (9) (mignon).

Exercice 6 Armand's sister tends to be more optimistic. Complete her family description with the correct form of the adjective in parentheses.

Je m'appelle Nadine et je suis _____ (1) (optimiste). Ma mère est très _____ (2) (actif) et mon père est _____ (3) (compréhensif). J'ai un frère, Armand, qui n'est pas _____ (4) (optimiste) comme moi. Ma sœur Claire est _____ (5) (travailleur) et _____ (6) (intelligent). Elle est très _____ (7) (bien élevé). Toute la famille est _____ (8) (gentil). Il y a deux petites exceptions: nos chattes. Elles sont trop _____ (9) (indépendant) et _____ (10) (indifférent).

Exercice 7 Expand on the following sentences by inserting the adjectives in parentheses. Be careful with both adjective agreement and placement.

Modèle: Annette est une fille (jeune, sérieux).
Annette est une jeune fille sérieuse.

1. C'est une chambre (lumineux, petit).
2. Je préfère la robe (blanc, joli).
3. Voilà un étudiant (jeune, individualiste).
4. J'aime les films (vieux, américain).
5. Le sénateur est un homme (vieux, ennuyeux).
6. Marc est un homme (beau, riche et charmant).
7. Le Havre est un port (vieux, important).
8. Paris est une ville (grand, magnifique).
9. J'écoute de la musique (beau, doux).

Exercice 8 Describe Jean-Claude's room using the words in parentheses.

La chambre de Jean-Claude est un désastre! Il y a une _____ (1) (photo / vieux) par terre et une _____ (2) (plante / petit) dans le lavabo. Sur une chaise, il y a des _____ (3) (tennis / sale [dirty]) et beaucoup de _____ (4) (cassettes / vieux). Près de la photo d'une _____ (5) (fille / joli, blond) sur la table de nuit, il y a une _____ (6) (chemise / bleu) et un _____ (7) (sandwich / gros). La chambre exhale une _____ (8) (odeur / mauvais). Ce n'est pas une _____ (9) (chambre / agréable).

Structure 3.5

Describing where things are located *Les prépositions de lieu*

Prepositions are used to describe the location of people and things. The following is a list of common prepositions.

dans	*in*	loin de	*far from*
devant	*in front of*	près de	*near*
sur	*on*	en face de	*facing*
sous	*under*	au-dessus de	*above*
entre	*between*	au-dessous de	*below*
derrière	*behind*	à côté de	*next to*

Prepositions that end in **de** contract with **le** and **les,** as shown in the following examples.

La table est à côté **du** mur.   *The table is next to the wall.*
La porte est près **des** fenêtres.   *The door is near the windows.*

- -

Exercice 9 Complete the description of Christian's room (refer to page 73) by selecting the correct preposition.

à côté de   au-dessus du   entre   sur   devant

1. Le chat de Christian est _____ le lit.
2. Les livres sont _____ l'aquarium.
3. La chaise est _____ le bureau.
4. Le petit frigo est _____ le lit et le bureau.
5. L'affiche d'Einstein est _____ lit.

Exercice 10 Lucas is a foreign student at an American university. Use the picture on page 43 to help him describe the campus to his friends in France. Use the appropriate prepositions plus the articles as needed.

1. La librairie est _____ bibliothèque.
2. _____ la bibliothèque, il y a une fontaine.
3. Le musée d'art est _____ bibliothèque.
4. La résidence est _____ cafétéria.
5. Les courts de tennis sont _____ terrain de sport.
6. Le théâtre est _____ le musée et le cinéma.

Exercice 11 Here is a description of a mixed-up room. Replace the preposition in italics to create a more typical room arrangement. Remember to make all necessary changes.

1. La télé est *dans* le lit.
2. Il y a un couvre-lit *au-dessous du* lit.
3. La table de nuit est *loin du* lit.
4. Il y a des livres *sous* l'étagère.
5. Le tapis est *derrière* le lit.
6. Il y a un miroir *dans* le lavabo.

Tout ensemble!

Complete the following paragraph with the words from the list.

belle	leurs	ses
bons	loue	son
de	meublé	travailleuse
de la	nouveau	vient
française	petit	viennent
grand	récents	
jeune	sa	

Jean-Marc est étudiant à l'université de Lyon. Il _____ (1) de Beaune, une ville pas loin _____ (2) Lyon. Il _____ (3) un studio près _____ (4) faculté des sciences. C'est un _____ (5) studio _____ (6) avec l'essentiel: un lit, un sofa, un bureau, une chaise. Sur le mur de _____ (7) studio, Jean-Marc a une _____ (8) affiche de son footballeur préféré, Zidane, ancien _____ (9) champion de l'équipe _____ (10). Il a aussi un _____ (11) lecteur de CD et beaucoup de _____ (12) CD _____ (13). Quand _____ (14) amis _____ (15) le voir *(to see him)*, ils aiment apporter _____ (16) CD préférés et ils écoutent de la musique ensemble. Le week-end, Jean-Marc va voir _____ (17) famille et passe aussi beaucoup de temps avec sa petite amie, Djamila, une _____ (18) fille _____ (19).

Complete the diagnostic tests in **iLrn** to test your knowledge of the grammar and vocabulary in this chapter.

VOCABULAIRE

Vocabulaire fondamental

Noms

La famille — *Family*

un bébé	*a baby*
un(e) chat(te)	*a cat*
une femme	*a wife*
un fils	*a son*
un frère	*a brother*
un mari	*a husband*
une mère	*a mother*
un oncle	*an uncle*
un père	*a father*
une sœur	*a sister*
une tante	*an aunt*

Mots apparentés: un(e) cousin(e), une grand-mère, un grand-père, des grands-parents

La chambre — *Bedroom*

un couvre-lit	*a bedspread*
une étagère	*a bookshelf*
une fleur	*a flower*
un lit	*a bed*
des meubles *(m pl)*	*furniture*
un miroir	*a mirror*
un petit frigo *(fam)*	*a small refrigerator*
un placard	*a closet*
une plante	*a plant*
une table de nuit	*a nightstand*
un tapis	*a rug*
un vase	*a vase*

Les affaires personnelles — *Personal possessions*

une affiche	*a poster*
un ballon (de foot)	*a ball (soccer); a balloon*
une bicyclette, un vélo	*a bicycle*
une calculatrice	*a calculator*
une chose	*a thing*
une montre	*a watch*
un sac à dos	*a backpack*
une voiture	*a car*

Mots apparentés: une chaîne hi-fi, un disque compact (CD), un dock MP3, un instrument de musique, un iPod, un laptop, une photo, un poster, un téléphone (mobile / portable) ou un smartphone, une tablette, une télévision (une télé, *fam*)

Le logement — *Housing*

un appartement	*an apartment unit*
une caution	*a deposit*
les charges *(f pl)*	*utility charges*
un(e) colocataire (un[e] coloc, *fam*)	*apartment / house mate*
le loyer	*rent*
une maison	*a house*
un(e) propriétaire	*a landlord / landlady*
un studio	*a studio apartment*

Verbes

You are responsible only for the infinitive form of the verbs marked with an asterisk.

chercher	*to look for*
coûter	*to cost*
louer	*to rent*
passer	*to pass (spend) time*
*payer	*to pay*
*prendre	*to take*
*réfléchir	*to think*
venir	*to come*
*voir	*to see*

Adjectifs

agréable	*likeable*
bête *(fam)*	*stupid*
bon marché	*inexpensive*
célibataire	*unmarried*
cher (chère)	*dear; expensive*
clair(e)	*bright*
désagréable	*unpleasant*
désordonné(e)	*messy*
difficile	*difficult*
gros(se)	*large*
heureux (heureuse)	*happy*
marié(e)	*married*
mauvais(e)	*bad*
nouveau (nouvelle)	*new*
ordonné(e)	*neat, tidy*
paresseux (paresseuse)	*lazy*
réaliste	*realistic*
réservé(e)	*reserved*
sportif (sportive)	*athletic*
travailleur (travailleuse)	*hardworking*
triste	*sad*

Mots apparentés: actif (active), calme, content(e), divorcé(e), important(e), indifférent(e), long(ue), pessimiste, strict(e), stupide

Adjectifs possessifs

ma, mon, mes	*my*
leur, leurs	*their*
notre, nos	*our*
sa, son, ses	*his/her*
ta, ton, tes	*your*
votre, vos	*your*

Prépositions

à côté de	*next to*
au-dessous de	*underneath, below*
au-dessus de	*above*
chez	*at the home (place) of*
dans	*in*
derrière	*behind*
devant	*in front of*

en face de	*facing*
entre	*between*
loin de	*far from*
près de	*near*
sous	*under*
sur	*on*

Expressions utiles

Comment louer une chambre ou un appartement	***How to rent a room or an apartment***

(See other expressions on page 79.)

C'est combien, le loyer?	*How much is the rent?*

Est-ce que vous avez une chambre à louer?	*Do you have a room to rent?*
Je peux avoir un chien?	*Can I have a dog?*
Je voudrais réfléchir un peu.	*I'd like to think it over.*
Non, les animaux sont interdits.	*No, animals are not allowed.*
Vous avez la climatisation (la clim, *fam*)?	*Do you have air conditioning?*

🔊 Vocabulaire supplémentaire

Noms

La famille — *Family*

un beau-frère, un beau-père, une belle-mère, une belle-sœur	*a brother/father/mother/ sister-in-law; also a step-father/mother*
le bonheur	*happiness*
un demi-frère, une demi-sœur	*a half-brother/sister*
une famille (moyenne, nombreuse, recomposée)	*an average-sized / large / blended family*
un(e) fiancé(e)	*a fiancée, someone engaged to be married*
un fils, une fille unique	*an only son / daughter*
un frère (une sœur) aîné(e)	*an older brother / sister*
un petit-fils; des petits-enfants	*a grandson; grandchildren*

La chambre — *Bedroom*

l'aménagement *(m)*	*layout, amenities of room*
en ordre / en désordre	*neat / messy*
un lavabo	*a sink*

Le logement — *Housing*

un jardin	*a garden*
une piscine	*a swimming pool*
une salle de musculation	*a workout room*

Les objets personnels — *Personal possessions*

un journal intime	*diary*
un lecteur CD / DVD	*a CD / DVD player*
un radio-réveil	*a radio alarm clock*
un répondeur	*an answering machine*
un réveil	*an alarm clock*

Mots apparentés: un aquarium, un dictionnaire (un dico, *fam*), une guitare, une raquette de tennis, des rollerblades *(m pl)* (rollers *[fam]* *[m pl]*), un scooter, des skis *(m pl)*, un snowboard

Adjectifs

aîné(e)	*older*
bien / mal élevé(e)	*well / bad-mannered*
cadet (cadette)	*younger*
compréhensif (compréhensive)	*understanding*
décontracté(e)	*relaxed*
déraisonnable	*unreasonable*
doux (douce)	*sweet; soft; slow*
jumeau (jumelle)	*twin*
lumineux (lumineuse)	*sunny, bright*
méchant(e)	*mean, naughty*
meublé(e)	*furnished*
mort(e)	*dead*
ouvert(e)	*open*
raisonnable	*reasonable*
sage	*well-behaved*
vivant(e)	*living; lively*

Mots apparentés: conformiste, courageux (courageuse), enthousiaste, essentiel(le), fidèle, indépendant(e), individualiste, sédentaire, sévère, snob, stressé(e), super *(fam)*, tranquille

La Grande Arche de la Défense

Travail et loisirs

In this chapter, you will learn to talk about your work and leisure activities and how to tell time. You will also get a glimpse of France's largest companies and how French-speaking young people view work. In the **Lecture,** you will read about Quebec's world-famous circus, **le Cirque du Soleil.**

Thème: Les métiers
Structure 4.1: Talking about jobs and nationalities *Il/Elle est ou C'est + métier / nationalité*
Prononcez: Masculin ou féminin?

Thème: Les lieux de travail
Structure 4.2: Telling where people go to work
*Le verbe **aller** et la préposition **à***

Pratique de conversation: Comment dire l'heure et parler de son emploi du temps
Structure 4.3: Talking about daily activities
Les verbes pronominaux (introduction)

Perspectives culturelles: Qui sont les grands groupes français?

Thème: Les activités variées
Structure 4.4: Talking about leisure activities
*Les verbes **faire** et **jouer** pour parler des activités*

Perspectives culturelles: Le travail moins traditionnel
Voix en direct: Que pensez-vous du travail?

Thème: Les projets
Structure 4.5: Making plans *Le futur proche*

À lire, à découvrir et à écrire

Lecture: Le Cirque du Soleil: Un spectacle mondial
ilrn Voix en direct (suite)
Expression écrite
À vos marques, prêts, bloguez!
Le métier pour moi

Ressources
◀)) Audio ▶ Video **ilrn** ilrn.heinle.com
🌐 www.cengagebrain.com

Les métiers

L'avocat defend son client devant **la juge** au tribunal.

Le médecin examine son patient. **L'infirmière** prend des notes.

Louise Armand est contente d'avoir un poste de **cadre.** Cette **directrice de marketing** parle avec sa **secrétaire.**

La voiture de cette **femme d'affaires** est en panne. Elle parle avec son **mécanicien.**

Une femme au foyer présente ses enfants à **l'institutrice.**

La vendeuse aide sa **cliente.**

Des pompiers et **des agents de police** arrivent sur la scène de l'accident.

Des ouvriers agricoles parlent avec **un agriculteur** sur son tracteur.

Un ingénieur dirige **des ouvriers** du bâtiment.

Cet homme cherche du travail. Il est **au chômage.** L'étudiant cherche **un stage.**

Credits: © Cengage Learning

Structure 4.1

Talking about jobs and nationalities *Il/Elle est ou C'est + métier / nationalité*

When talking about professions, you will need to know the masculine and feminine forms of job titles. You will also have to choose between the structures **il/elle est** and **c'est** to state someone's profession and nationality. See pages 113–114 for more information.

 Activité **Classez les métiers par catégorie.**

Avec un(e) camarade, trouvez les métiers où…

1. on a besoin d'un diplôme universitaire.
2. on emploie beaucoup de jeunes.
3. on gagne beaucoup d'argent.
4. on emploie traditionnellement beaucoup de femmes.
5. on voyage beaucoup.
6. on aide les autres.

Prononcez!

Masculin ou féminin?

When pronouncing job titles and nationalities, be sure to make a clear difference between the masculine and feminine forms.

A. Contrastez:

1. vendeur / vendeuse
2. avocat / avocate
3. chanteur / chanteuse
4. client / cliente
5. mécanicien / mécanicienne
6. infirmier / infirmière
7. anglais / anglaise
8. canadien / canadienne

B. Choisissez et prononcez:

1. Mme Lepin est (instituteur / institutrice).
2. Madonna est une (chanteur / chanteuse) populaire.
3. Le directeur est (français / française).
4. Beckham est un joueur de foot (anglais / anglaise).
5. Serena Williams est (américain / américaine).

Activité 2 Quel métier?

Avec un(e) autre étudiant(e), associez chaque activité à un métier.

Modèles: Il travaille avec ses mains.   Elle travaille avec ses mains.
            C'est un ouvrier.   *C'est une ouvrière.*

ACTIVITÉ	MÉTIER
1. Il répare les voitures.	un agent de police
2. Il tape à l'ordinateur et il s'occupe du bureau.	un ouvrier (une ouvrière) agricole
3. Il dirige *(manages)* la construction des bâtiments *(buildings)*.	un chanteur (une chanteuse)
	un(e) mécanicien(ne)
4. Elle chante dans un groupe.	un(e) artiste
5. Il cultive la terre *(earth)*.	un homme (une femme) au foyer
6. Elle défend ses clients devant le juge.	un(e) avocat(e)
7. Elle reste à la maison pour s'occuper des enfants.	un(e) instituteur (institutrice)
8. Elle arrête *(arrests)* les criminels et protège les citoyens.	un(e) secrétaire
9. Il enseigne *(teaches)* l'art aux petits de 5 ans.	un ingénieur
10. Elle adore dessiner.	

Notez et analysez

Notice that in the photo captions, some descriptions begin with **C'est/Ce sont** and others with **Il/Elle est**.

1. Which form is followed by an article and a noun?

2. Find an example of a nationality.

3. Find an example of a profession being used like an adjective.

Voici Christine Lagarde. **Elle est avocate** de formation. Après son poste de ministre de l'Économie, **elle est** maintenant **directrice générale** du Fonds monétaire international (*IMF*). Elle est la première femme à occuper cette fonction. Selon le magazine *Forbes*, Lagarde est 9ᵉ sur la liste des femmes les plus puissantes du monde (*most powerful in the world*).

Voici Hugo Lloris et Karim Benzema **Ce sont des footballeurs** français.

Marvin Victor? **C'est un écrivain d'expression française. Il est haïtien.** Victor a obtenu le Grand Prix du Roman de la Société des Gens de Lettres pour son œuvre *Corps mêlés*, premier roman sur le séisme (*earthquake*) en Haïti.

Activité 3 Faisons connaissance!

Les personnes suivantes sont célèbres dans le monde francophone. Décrivez-les en employant **Il/Elle est, C'est** ou **Ce sont**.

> **Modèle:** Rafael Nadal? un tennisman célèbre
> — *Qui est Rafael Nadal?*
> — *C'est un tennisman célèbre.*

1. Hugo Lloris et Karim Benzema? des footballers français
2. Jean Dujardin? acteur
3. Céline Dion? chanteuse
4. Jean-Michel Jarre? un compositeur de musique électronique
5. Marion Cotillard? une actrice française
6. Marvin Victor? un jeune écrivain haïtien

Activité 4 Jouons à *Jeopardy*!

Devinez les questions associées aux réponses suivantes.

> **Modèle:** un vieil acteur
> — *C'est un vieil acteur.*
> — *Qui est Clint Eastwood?*

C'est/Ce sont…

1. un juge célèbre
2. des hommes politiques conservateurs
3. des chanteuses populaires
4. un vieil acteur
5. un chef d'entreprise riche
6. une athlète célèbre
7. des femmes politiques
8. des journalistes célèbres
9. un artiste français
10. un musicien européen

Les lieux de travail

Structure 4.2

Telling where people go to work *Le verbe **aller** et la préposition **à***

In the working world, people are in constant movement. In this **thème**, you will learn the verb **aller** *(to go)* followed by the preposition **à** to talk about the active, everyday world of work. See page 115 for an explanation.

Activité 5 Où vont-ils?

Où est-ce que les personnes suivantes vont pour travailler? Regardez le plan de la ville et répondez en suivant le modèle.

> **Modèle:** le cuisinier
> *Il va au restaurant Gaulois.*

1. le médecin	**6.** le serveur
2. l'agriculteur	**7.** l'employé(e) de banque
3. le mécanicien	**8.** la vendeuse
4. l'agent de police	**9.** le pilote
5. le professeur	**10.** la pharmacienne

Activité 6 **Où...?**

Demandez à un(e) autre étudiant(e) où il/elle va d'habitude *(usually)* dans les situations indiquées.

Modèle: le samedi soir
— *Où est-ce que tu vas le samedi soir?*
— *D'habitude, je vais au cinéma.*

1. après le cours de français
2. pour travailler
3. le dimanche matin
4. pour étudier
5. pour déjeuner
6. le vendredi soir

🌐 **Explorez** en ligne

Go to http://www.lesmetiers.net to see a variety of jobs in France. Pick a "domaine" such as finance, sport, etc. and click on "Rechercher." Look at the thumbnails and short introductions to the jobs. Select one that catches your eye and read the 6 **points clés** (key points). Write down some information in French such as the job title, the essential qualities for someone doing this job, and the salary range. Listen to the video of the person profiled. Jot down 3–4 words you understand. Be prepared to share your discoveries from this site with the class.

Beaucoup de jeunes aiment faire les vendanges *(to harvest grapes)* pour gagner un peu d'argent de poche.

Comment dire l'heure et parler de son emploi du temps

Structure 4.3

Talking about daily activities *Les verbes pronominaux (introduction)*

In this **Pratique de conversation,** you will use a variety of time expressions and talk about daily activities. See page 116 for an explanation of some common daily routine verbs.

🔊 CD1-21

Expressions utiles

Pour demander l'heure

— (Excusez-moi,) quelle heure est-il, s'il vous plaît?
— Il est quelle heure?
— Tu as l'heure? *(fam)*

L'horloge du château de Versailles

Pour parler de l'heure et de l'emploi du temps

La banque ouvre / ferme dans cinq minutes°. *in five minutes*
La classe finit° à 2h00. *finishes*
Je vais arriver vers° midi. *about*
Tu es à l'heure / en retard°. *on time / late*
Il est déjà° midi? *already*
C'est l'heure (de manger).° *It's time (to eat).*
Qu'est-ce que tu fais le matin°? *in the morning*
                    l'après-midi°? *in the afternoon*
                    le soir°? *in the evening*
Je me lève tôt / tard° le matin. *I get up early / late*
Tu te couches avant / après° minuit? *You go to bed before / after*
Tu as le temps° de faire la cuisine ce soir? *Do you have time . . . ?*
Non. J'ai un emploi du temps chargé°. *busy schedule*
Je suis très occupé(e)°. *busy*

— Tu travailles à plein temps?
— Non. Je travaille à temps partiel, vingt heures par semaine.

— À quelle heure est-ce que tu te lèves?
— Je me lève à huit heures.

🔊 Expressions utiles (suite)
CD1-22

Pour dire l'heure non officielle

Il est dix heures du matin.

Il est dix heures et quart.

Il est dix heures vingt-cinq.

Il est dix heures et demie.

Réfléchissez et considérez

In French, time is often stated according to the 24-hour clock. What American institution uses this system? What are the advantages of using the 24-hour clock? Give the 24-hour equivalent of the following: **1. huit heures du matin, 2. midi, 3. trois heures de l'après-midi, 4. onze heures du soir.**

Il est trois heures de l'après-midi.

Il est quatre heures moins le quart.

Il est quatre heures moins dix.

Il est neuf heures du soir.

Il est midi / minuit.

Il est midi / minuit et demi.

Credits: © Cengage Learning

Pour dire l'heure officielle basée sur 24 heures

— À quelle heure est-ce que la banque ferme?
— La banque ferme à 18h30 (dix-huit heures trente).
— À quelle heure arrive le train?
— Le train arrive à 10h55 (dix heures cinquante-cinq).

Titanic 3D
18 h 25
Anna Karénine

— À quelle heure commence le film?
— À dix-huit heures vingt-cinq.
— Zut! Nous sommes en retard!

© Cengage Learning

🔊 Écoutons ensemble! L'heure
CD1-23

Écoutez chaque mini-dialogue et écrivez l'heure que vous entendez.

1. _____   3. _____   5. _____

2. _____   4. _____   6. _____

🔊 **Activité 7** **Réponses logiques**
CD1-24

Vous entendez chacune des questions de la colonne A. Comment y répondre? Choisissez la réponse logique dans la colonne B. Ensuite, écoutez l'enregistrement audio pour vérifier vos réponses.

A	B
_____ **1.** Tu as cours à quelle heure?	**a.** Oui, c'est l'heure de déjeuner.
_____ **2.** Il est midi et demi?	**b.** Il est deux heures dix.
_____ **3.** J'attends Michel. Où est-il?	**c.** À onze heures.
_____ **4.** À quelle heure ouvre le musée?	**d.** Il est en retard.
_____ **5.** Excusez-moi, monsieur. Quelle heure est-il?	**e.** Il est fermé aujourd'hui. C'est un jour férié.
_____ **6.** Tu as le temps d'aller au café?	**f.** Non, j'ai cours dans un quart d'heure.

Découvrez Nantes

www.nantesmetropole.fr

Nantes offre un excellent exemple de développement urbain respectueux de l'environnement.

© Frank Perry/AFP/Getty Images

L'ancienne usine de gâteaux *(cookies)* LU est un centre d'art atypique avec bars, boutiques, théâtres et galeries d'exposition.

© Jacques Loic/Photononstop/Glow

Le Château des ducs de Bretagne, avec son musée d'histoire de Nantes, est un site touristique très populaire au centre de Nantes.

© Photononstop/SuperStock

Le tramway de Nantes fonctionne 21h/24, de 4h00 à 1h00.

Château des ducs de Bretagne
Heures d'ouverture
Du 1er septembre au 30 juin:
Cour et remparts: de 10h à 19h 7j/7
Musée: de 10h à 19h (fermé le lundi)

Activité 8 **Heures d'ouverture**

Vous voulez visiter le Château des ducs de Bretagne. Utilisez les informations données pour répondre aux questions. Donnez d'abord l'heure officielle puis l'heure non officielle.

1. À quelle heure ouvre la cour du château? Est-ce qu'elle est fermée le dimanche?

2. À quelle heure ouvre le musée du château? Quel jour est-ce qu'il est fermé?

3. À quelle heure ferme le musée? Et la cour?

Une journée avec Gaspard, étudiant en écologie à Nantes.

Suivons Gaspard pendant sa journée.

8h00

Gaspard **se lève.** Il prépare un café et écoute la radio. Il n'a pas cours aujourd'hui parce qu'il fait un stage à l'association Nantes Nature.

8h30

Pour aller au bureau, il préfère le vélo, c'est rapide.

9h00

Il arrive au bureau. Le matin, il prépare un dossier pour un journaliste de *Ouest-France*.

10h30

Gaspard et le journaliste **se retrouvent** à la mairie. Gaspard présente le projet ARBRE qui a comme objectif la collecte de vieux papiers dans les écoles.

13h00

Gaspard **se dépêche,** il est en retard pour son déjeuner. Il retrouve son amie Louise dans un bar à soupes bio.

14h30

Il rencontre un groupe d'agriculteurs dans les nouveaux jardins partagés de l'Île de Nantes. Les agriculteurs vont aider les habitants à cultiver des légumes.

19h00

Gaspard rentre à son apartement et **se douche.** Puis il prépare son dîner.

21h30

Pour **se relaxer,** il va sur Facebook. Il poste un commentaire sur son mur: «Vélo, cuisine végétarienne, encore une journée durable!».

23h30

Puis, fatigué, il **se couche.**

Notez et analysez

Note the verbs in bold. These verbs are called pronominal verbs as they are accompanied by a reflexive pronoun. In the examples, what pronoun is used with **il**? Some other reflexive pronouns are **me** and **te**. What subjects do these pronouns go with?

Credits: © Cengage Learning

Activité 9 **Quelle heure est-il?**

Quelle heure est-il quand Gaspard fait les activités suivantes? Donnez d'abord l'heure officielle et ensuite l'heure non officielle.

1. Il se lève.

2. Il arrive aux jardins partagés.

3. Il se dépêche pour retrouver son amie Louise.

4. Il prépare un dossier.

5. Il va sur Facebook.

6. Il a un rendez-vous avec un journaliste.

7. Il se douche.

8. Il se couche.

Activité 10 **Comparons!**

Comparez l'horaire de Gaspard avec votre horaire.

> **Modèle:** *Gaspard se lève tôt le matin. Moi, je me lève tôt aussi.*
> ou
> *Moi, je ne me lève pas tôt le matin. Je me lève tard, vers 10h00.*

1. Gaspard se lève tôt le matin. Moi, je…

2. Il va au bureau à vélo. Moi, je…

3. Gaspard arrive à son bureau à 9h00.   Moi, j'arrive au campus…

4. Il a un emploi du temps chargé. Moi, j'ai un emploi du temps…

5. Gaspard prépare un dossier pour un journaliste. Moi, je prépare…

6. Il déjeune dans un bar à soupes bio. Moi, je déjeune…

7. L'après-midi, il rencontre des agriculteurs aux jardins partagés. Moi, l'après-midi, je…

8. Le soir, pour se relaxer, Gaspard va sur Facebook. Moi, pour me relaxer, je…

9. Il se couche vers minuit. Moi, je…

Activité 11 **Et votre journée?**

À tour de rôle, posez des questions sur la journée typique d'un(e) camarade de classe.

> **Modèle:** se lever avant ou après 8h00
> — *Est-ce que tu te lèves avant ou après 8 heures?*
> — *Je me lève après 8h00.*
> — *Moi aussi. / Moi, je me lève avant 8h00.*

1. s'habiller *avant* ou *après* le petit déjeuner *(breakfast)*

2. se dépêcher pour aller aux *cours* ou au *travail*

3. déjeuner *sur le campus* ou *en ville*

4. étudier *avant* ou *après* les cours

5. se relaxer devant *la télé* ou *l'ordi* le soir

6. se coucher *avant* ou *après* minuit

Qui sont les grands groupes français?

luxury products

business schools
career

job

do an internship

Vous ne connaissez peut-être pas le nom LVMH mais vous connaissez sans doute ses produits de luxe°: les parfums Dior et les magasins Sephora, les sacs Louis Vuitton, le champagne Moët & Chandon. LVMH et L'Oréal sont deux grandes entreprises françaises de luxe présentes partout dans le monde. LVMH et L'Oréal sont aussi des employeurs potentiels qui séduisent les étudiants français des écoles de commerce° qui se préparent à une carrière° internationale et qui apprécient le prestige de ces marques. Mais comment trouver un poste° dans un grand groupe? On peut d'abord y faire un stage°.

© Eddy Buttarelli/Glow

"Louis Vuitton est une marque prestigieuse de sacs et de bagages élégants et pratiques."

of the world / water

tires

on a global scale

Il existe aussi de grands groupes français dans d'autres secteurs. Le classement *Forbes* distingue 17 entreprises françaises parmi les 200 plus grandes entreprises du monde°. Dans le secteur de l'énergie et de l'eau°, on trouve Total et GDF Suez avec plus de 200 000 employés. Dans la finance, il y a BNP Paribas et la Société Générale. Et on trouve également de grands groupes dans les télécommunications, la construction, l'ingénierie civile et l'automobile. Avez-vous des pneus° Michelin sur votre voiture? Est-ce que vous aimez les yaourts Danone? Ces groupes internationaux opèrent à l'échelle globale°.

■ Avez-vous compris?

Dites si les phrases suivantes sont vraies ou fausses. Corrigez les phrases fausses.

1. Le groupe LVMH vend des produits comme le champagne et le parfum.
2. L'Oréal vend des sacs Louis Vuitton.
3. Les étudiants en commerce aiment faire des stages chez LVMH et chez L'Oréal.
4. Les grands groupes français sont principalement dans le secteur des produits de luxe.
5. Dans le secteur de la finance, on trouve Total et GDF Suez.
6. BNP Paribas est dans le secteur des télécommunications.

■ À vous!

1. Quels produits français est-ce que vous connaissez? Quels produits français est-ce que vous achetez?
2. Aimeriez-vous faire un stage dans une entreprise française ou américaine? Laquelle *(Which one)*?

© Patrick Aventurier/ESA/ARIANESPACE/CNES/CSG/Getty Images

Arianespace détient plus de 60% du marché mondial *(world market)* des lancements de satellites commerciaux.

© Bloomberg/Getty Images

Le géant *(giant)* de l'agro-alimentaire Danone vend ses produits dans plus de 120 pays.

Les activités variées

Structure 4.4

Talking about activities *Les verbes* **faire** *et* **jouer** *pour parler des activités*

In this **thème**, you will use the verbs **faire** and **jouer** to talk about a number of sports and leisure activities. For additional information about these expressions, see page 118.

Les activités de loisir

faire du vélo / faire une promenade à vélo

faire du jogging

jouer au football

faire du tennis / jouer au tennis

faire du roller

jouer du piano

faire du yoga

Les autres activités

faire le ménage

faire la cuisine

faire les devoirs

faire la grasse matinée

faire les courses

faire du travail bénévole

faire un voyage

faire du shopping

Qu'est-ce que vous faites après les cours ou après le travail? Et le week-end?

Activité 12 Qu'est-ce que vous faites?

Utilisez une expression avec **faire** pour répondre aux questions suivantes.

1. Vous voyagez ce week-end?
2. Vous jouez au tennis?
3. Vous préparez quelque chose à manger (*something to eat*)?
4. Vous aimez rester au lit tard le dimanche?
5. Vous jouez du piano?
6. Vous aimez les activités sportives?
7. Vous skiez?

Activité 13 Associations

Éliminez le mot qui ne va pas avec les autres et identifiez l'activité que vous associez à chaque liste.

1. la piscine   l'été   la plage   une balle   un maillot de bain
2. le printemps l'argent   un sac   une liste   le supermarché
3. un match   un footballeur un ballon   un stade   une église

Activité 14 La vie active des célébrités

Que font les personnes suivantes? Formez des phrases avec le verbe **faire**.

Modèle: le rappeur MC Solaar
Le rappeur MC Solaar fait de la musique.

1. Audrey Tautou
2. Tony Parker
3. les Cowboys de Dallas
4. Hugo Lloris
5. Rachael Ray
6. Rafael Nadal
7. le prof de français
8. mes amis et moi

Activité 15 Signez ici!

Qui, dans la classe, fait les activités suivantes? Préparez une feuille de papier avec les nombres de 1 à 8. Circulez dans la classe en posant les questions appropriées jusqu'à ce que vous ayez trouvé une réponse affirmative à chaque question. La personne qui répond «oui» doit marquer son nom sur votre papier.

Modèle: jouer du piano
— *Est-ce que tu joues du piano?*
— *Oui, je joue du piano.* (Cette personne marque son nom.)
ou — *Non, je ne joue pas de piano.* (Cette personne ne marque pas son nom.)

1. jouer de la guitare
2. faire du ski sur des pistes (*slopes*) difficiles
3. jouer dans une équipe (*team*) de sport à l'université
4. faire un stage (*internship*)
5. faire du yoga
6. faire du travail bénévole
7. faire souvent des voyages
8. faire une randonnée (*hike*) à la campagne (*in the country*)

Activité 16 Interaction

Posez les questions suivantes à un(e) camarade de classe.

1. Quel sport est-ce que tu pratiques? Est-ce que tu préfères les sports d'équipe ou les sports individuels?
2. Est-ce que tu fais du travail bénévole? Quand? Où?
3. Chez toi, qui fait le ménage? Qui fait les courses?
4. Est-ce que tu aimes faire la cuisine?
5. Jusqu'à quelle heure est-ce que tu restes au lit quand tu fais la grasse matinée?
6. Est-ce que ton emploi du temps est très chargé cette semaine? Pourquoi?

Le travail moins traditionnel

Introduction

En France, la conception du travail, surtout chez les jeunes, est en évolution. Un bon salaire° est important, mais on accorde une importance prioritaire aux relations humaines dans le travail et on recherche le développement personnel.

    Beaucoup de jeunes envisagent° le travail comme une aventure personnelle. Ils sont ouverts à toutes les nouvelles formes de travail et aux dernières technologies. Ils sont aussi généralement plus mobiles et considèrent tout changement de travail, d'entreprise ou de région comme une possibilité d'enrichissement professionnel.

salary

see

Radius Images/Jupiter Images

Profils

Voici deux portraits de jeunes qui illustrent cette tendance. Pour eux, profession et passion vont ensemble.

    À 30 ans, Alain Ginot fait partie de la nouvelle génération des producteurs de cinéma. Il a rencontré° son associé, Marc Mouger, à l'université. Les deux étudiants sont en première année de fac quand ils créent° Fidélité Productions et produisent° leur premier film. Pendant trois ans, parallèlement à leurs études, les associés produisent des courts métrages°. Aujourd'hui, Alain reçoit° près de vingt propositions par semaine.

    À 22 ans, Sara Marceau est un «trekker» de choc. Cette accompagnatrice de randonnées touristiques° passe six mois de l'année à Madère ou à Chypre et six mois dans le Sahara. Son agence de voyage° est spécialisée dans les randonnées à pied°. Chef d'expédition, elle organise le trek—d'une ou deux semaines—de A à Z. «Je guide les touristes, je les rassure°.» Une grande responsabilité mais parfaitement adaptée à Sara qui adore les voyages.

met
create
produce
short films / receives

excursion guide
travel agency
hiking excursions
reassure them

Adapté de «Ils ont fait de leur passion leur métier» dans *L'Étudiant,* juillet et août 1999

Mat Jacob/The Image Works

Avez-vous compris?

A. Indiquez si les phrases suivantes sont vraies ou fausses. Corrigez les phrases fausses.

1. Pour les jeunes, un bon salaire est une priorité.
2. Beaucoup de jeunes utilisent les nouvelles technologies dans leur travail.
3. Les jeunes n'aiment pas changer de région pour leur travail.

B. Attribuez les phrases suivantes à la personne appropriée: Alain Ginot ou Sara Marceau.

1. Cette personne préfère travailler en plein air *(outdoors)*.
2. Cette personne travaille avec des clients qui cherchent l'aventure.
3. Cette personne a commencé à travailler dans le cinéma pendant ses études universitaires.
4. Cette personne a créé sa propre *(own)* entreprise avec un ami de l'université.

Et vous?

1. Quand vous cherchez un emploi, qu'est-ce qui compte le plus *(what matters most)* pour vous: un bon salaire, le développement personnel, les relations humaines, la flexibilité des horaires ou autre chose?
2. Est-ce que vous considérez le travail comme une aventure personnelle?
3. Que comptez-vous faire après vos études, rentrer chez vous ou explorer une autre région?

Voix en direct 🔊 CD1-25
Que pensez-vous du travail?

Quel est votre travail?

Je suis biologiste. Je travaille surtout en conservation. Donc j'étudie la protection des espaces naturels et la protection des espèces[1] et puis le lien[2] qu'il y a entre les espèces, la biodiversité, et puis les activités humaines. Donc, les impacts des activités humaines sur la nature, en gros.

[1] species [2] connection

Delphin Ruché,
27 ans
Ornithologue français
en séjour à Los Angeles

Quelles sont les priorités au travail pour vous?

Les priorités, c'est euh, être dans… dans une bonne équipe[3], avoir un esprit de… d'entreprise qui est… qui est sympa, et euh…ou voilà, développer de bons rapports[4] avec les gens et travailler en équipe, c'est le plus essentiel, je pense.

[3] team [4] relationships

Vanessa de France,
25 ans
Étudiante à Paris

C'est quoi pour vous, le travail idéal?

Le travail idéal, c'est le travail qu'on aime faire tous les jours[5]. Est-ce que tous les aspects du travail nous plaisent[6]? Non, c'est pas possible. Donc c'est pas… le travail idéal n'est pas un travail idéal à cent pour cent[7]. Mais si je peux aimer mon travail le plus possible et être contente tous les jours quand je me lève, c'est ça, c'est un plaisir absolu, à mon avis[8].

[5] every day [6] make us happy [7] 100% [8] in my opinion

Laetitia Huet,
30 ans
De Nantes, actuellement
professeur de français aux
États-Unis

▮▮▮ Réfléchissez aux réponses

1. Quels sont les deux priorités que Vanessa cherche dans un travail? Êtes-vous d'accord avec elle?

2. Delphin, Vanessa et Laetitia présentent des perspectives différentes sur le travail. Qui est plutôt orienté vers le travail? vers les relations humaines? vers la satisfaction personnelle? Et vous, quelle valeur vous semble la plus importante?

Les projets

Structure 4.5

Making plans *Le futur proche*

In this **thème,** you will learn the **futur proche** to talk about your plans.
See page 120 for an explanation.

© Chad McDermott,
istockphoto.com

Luc est un musicien qui joue du saxophone dans un groupe de jazz. Ce vendredi, il va donner un concert et sa femme est en voyage d'affaires; donc *(therefore)* il va aussi s'occuper *(to take care of)* des enfants. Quel emploi du temps chargé! Qu'est-ce qu'il va faire?

vendredi 4 octobre		14h30	salle de sports
7h30	petit déjeuner	16h30	aller chercher les enfants à l'école—les déposer chez la baby-sitter
8h00	emmener les enfants à l'école	17h00	partir pour la salle de concert—vérifier l'acoustique
11h00	faire les courses		
13h00	aller voir Rémy—directeur de production	17h30	répéter *(rehearse)*
		20h00	concert!

Activité 17 Les projets de Luc

Étudiez l'agenda de Luc et indiquez si les phrases suivantes sont vraies ou fausses. Corrigez les phrases fausses.

1. À huit heures, il va emmener *(to take)* ses enfants à l'école.
2. Ses enfants vont à l'école jusqu'à *(until)* trois heures de l'après-midi.
3. Il va aller au supermarché l'après-midi.
4. Il va voir *(to see)* le directeur de production de son label à une heure.
5. Il va faire la sieste *(to take a nap)* avant le concert.
6. La baby-sitter va garder les enfants pendant qu'il donne son concert.

Activité 18 Organisez-vous!

A. Sur une feuille de papier, faites une liste de ce que vous allez faire aujourd'hui. Écrivez au moins sept phrases.

> **Modèle:** *Je vais aller au cours de maths.*

B. Ensuite, circulez dans la classe pour trouver quelqu'un qui va faire les mêmes choses.

> **Modèle:** — *Est-ce que tu vas aller au cours de maths?*
> — *Oui, je vais aller au cours de maths cet après-midi.*
> — *Signe ici, s'il te plaît.*

Situations à jouer!

1. You need to go to the school bookstore. Ask your friend what time it opens / closes.

2. Who likes the same free time activities as you? Interview classmates for 30 seconds each (speed dating style) to find whom you are most compatible with.

3. Talk to several classmates to find out what profession they would like to practice after college and why they find it interesting.

> **Modèle:** — *J'aimerais être (I would like to be)*
> _____ *parce que je voudrais (gagner beaucoup d'argent, aider les gens, voyager, avoir beaucoup de vacances / des horaires flexibles / un travail intéressant).*

Lecture

Anticipation

Complete the following activities before reading the article below, which is adapted from the **Cirque du Soleil** official website.

1. Match the words in column A with the corresponding ones in column B by using your knowledge of French-English cognates.

A	B
1. un jongleur	**a.** a vacationer
2. le début	**b.** street theater
3. un vacancier	**c.** a performance
4. une centaine	**d.** the beginning
5. le théâtre de rue	**e.** a gesture
6. un spectacle	**f.** a juggler
7. une formation	**g.** training
8. un geste	**h.** a hundred

2. Cross out the word that you do NOT associate with the **Cirque du Soleil.**

   a. la créativité
   b. l'aventure
   c. l'imagination
   d. des gymnastes
   e. des musiciens
   f. des animaux

© Cengage Learning

Baie-Saint-Paul, la petite ville québécoise où le Cirque du Soleil est né *(was born).*

Le Cirque du Soleil: le grand spectacle

It all began

Tout a commencé° à Baie-Saint-Paul, une petite municipalité située près de la ville de Québec au début des années 80. Des personnages colorés marchent sur des échasses°, jonglent, dansent, crachent le feu° et joue de la musique. C'est une troupe de théâtre de rue°, qui intrigue et impressionne les résidents de Baie-Saint-Paul et amuse les vacanciers°. En 1984, la troupe, rebaptisée Cirque du Soleil, donne des spectacles dans toute la province pendant un an°, puis elle commence un voyage autour du monde° qui ne s'est jamais arrêté°.

stilts
eat fire
street theater

vacationers

for a year
around the world
never stopped
about a hundred

Aujourd'hui, le Cirque du Soleil fait sensation dans une centaine° de villes autour du monde de Tokyo à Dubai. Les artistes représentent 50 nationalités et plus de 25 langues différentes.

www.cirquedusoleil.com

Une photo d'un numéro *(act)* de Corteo, le onzième spectacle du Cirque du Soleil.

Soixante-quinze pour cent° des membres de la troupe viennent de sports de compétition: la gymnastique artistique, le tumbling et le trampoline. Alors le défi° est de transformer ces athlètes en artistes. Ils doivent tous passer six mois de formation° dans un studio à Montréal. C'est là où ils apprennent° à danser, chanter et jouer d'un instrument de musique.

La mission du Cirque est de provoquer les sens° et l'émotion et de montrer le pouvoir° de la créativité et de l'imagination. Le résultat est un chef-d'œuvre° théâtral. Le Cirque du Soleil offre les plus beaux spectacles du monde. Mais, pour les artistes, c'est beaucoup plus que cela. «Nous travaillons et jouons ensemble, explique un membre de la troupe. Nous mangeons ensemble en parlant du spectacle. Et la nuit, nous en rêvons°. Le Cirque du Soleil est notre vie°!»

Adapté du site Web officiel du Cirque du Soleil 5/3/12 et Dans les coulisses du Cirque du Soleil par Line Abrahamian. www.cirquedusoleil.com

percent	
challenge	
training	
learn	
the senses	
power	
masterpiece	
dream about it	
life	

Compréhension et intégration

1. Où *(Where)* est-ce que le Cirque du Soleil est né *(was born)*?
2. Pourquoi la communication est-elle parfois difficile pour les membres du Cirque?
3. Quel est le défi *(challenge)* des directeurs du Cirque?
4. Où vont les athlètes du Cirque pour apprendre à être de vrais artistes?

Maintenant à vous!

1. Le Cirque du Soleil n'a pas d'animaux comme dans les cirques traditionnels. Pour vous, cette différence est-elle positive ou négative? Expliquez.
2. Vous êtes journaliste et vous interviewez Guy Laliberté, le directeur du Cirque. Écrivez quatre questions de type oui/non à lui poser.

Explorez en ligne

1. Go to the **Cirque du Soleil** website and select two interesting facts in French to share with your classmates.
2. Choose and watch a clip of the **Cirque du Soleil** on YouTube. Which show is it from? Does this clip reflect the **Cirque**'s vision? Explain in English.

Voix en direct (suite)

Go to **iLrn** to view video clips of French speakers talking about work—their ideal job and sports.

Expression écrite

Le métier pour moi

You read about how some French speakers view work. What is your ideal job? Are you looking for adventure? challenges? a good salary? What are you going to have to do to prepare yourself for this job? In this activity you are going to write about your ideal job and how you will prepare for it.

■ **Première étape:** Think about the following questions and jot down your responses in French.

1. What are you looking for in a job?
2. What is your ideal job?
3. What do you need to study or do to prepare for this job?
4. Why do you think you are well suited for this job?

Modèle: *Métier: diplomate*

1. *J'aime*
   - *l'aventure, la politique, les challenges*
   - *parler une autre langue, découvrir d'autres cultures, rencontrer des gens intéressants, faire des voyages*

2. *J'aimerais (I would like) être diplomate.*

3. *Je vais*
   - *étudier une ou deux autres langues (le français et peut-être le chinois)*
   - *prendre plus de cours de sciences politiques et d'histoire*
   - *faire un stage aux Nations Unies*
   - *beaucoup étudier et passer le «Foreign Service Exam»*

4. *C'est un bon métier pour moi parce que*
   - *je suis sérieux (sérieuse), travailleur (travailleuse) et patient(e)*
   - *j'aime beaucoup travailler en équipe*
   - *j'aime les autres cultures*
   - *j'aimerais représenter mon pays (country)*

■ **Deuxième étape:** Now write your description. Use the **futur proche** to discuss your plans.

Modèle: *J'aime l'aventure et les voyages. J'aime aussi apprendre de nouvelles langues, découvrir de nouvelles cultures et rencontrer des gens intéressants. Je suis fort(e) en sciences politiques et j'aime les challenges. J'aimerais être diplomate. Pour faire ce travail, je vais étudier une ou deux langues (le français, bien sûr, et peut-être le chinois). Je vais prendre plus de cours de sciences politiques et d'histoire. Cet été, je vais faire un stage aux Nations Unies. À la fin de mes études, je vais passer le «Foreign Service Exam». Alors je vais beaucoup étudier! Être diplomate est un bon métier pour moi parce que je suis sérieux (sérieuse), travailleur (travailleuse) et patient(e). J'aime travailler en équipe surtout avec des gens de différentes cultures. J'aimerais aussi représenter mon pays.*

Le travail

Avant de visionner

You will watch a video about working in France. You will learn about the typical work week, an average workday, how much time off people receive, and some of the legal benefits workers have.

© Cengage Learning

Le travail en équipe, très fréquent aux États-Unis, gagne de l'importance en France.

Quelques mots utiles

au cours de	*during*	libre	*free*
avoir droit	*to have the right*	les magasins (*m pl*)	*stores*
des congés (payés)	*(paid) leave, vacation*	prendre (une pause déjeuner)	*to take (a lunch break)*
être contraint(e)	*to be forced*	la retraite	*retirement*
un jour férié	*holiday*		

Étudiez la liste de vocabulaire. Ensuite, complétez chaque phrase avec un mot ou une expression de la liste.

1. En France, on a souvent le vendredi après-midi _____ ; on ne travaille pas.
2. Les personnes âgées ne travaillent pas parce qu'elles sont à _____ .
3. _____ en France sont ouverts le samedi.
4. Tous les Français ont droit à _____ payés.
5. Beaucoup de Français ont des vacances _____ l'été.

Pendant le visionnement

De quoi parle-t-on?

Regardez la vidéo. Quels sujets sont mentionnés?

☐ les métiers populaires   ☐ les horaires de travail   ☐ les congés de paternité

☐ les jours de travail   ☐ les congés de mariage   ☐ l'âge de la retraite

Le travail en chiffres (*numbers*)

Choisissez le chiffre correct pour compléter chaque phrase. Vous n'allez pas utiliser tous les chiffres.

10	40	62	5	11	35	16	6	65	8

1. En France, les gens travaillent _____ heures par semaine.
2. Certains commencent à travailler à _____ heures et finissent vers 20 ou 21 heures, mais ils ont une longue pause déjeuner.
3. On a droit à _____ semaines de congés payés en France.
4. On a _____ jours fériés en France.
5. Pour un premier enfant, une mère a droit à _____ semaines de congé maternité.
6. On peut (*can*) prendre sa retraite à l'âge de _____ ans.

Après le visionnement

Avez-vous compris?

Indiquez si les phrases suivantes sont vraies (**vrai**) ou fausses (**faux**). Corrigez les phrases fausses.

1. Personne (*nobody*) ne peut être contraint de travailler le week-end.
   _____

2. Beaucoup de petits magasins ferment le lundi pour récupérer leur samedi. _____

3. Beaucoup de Français prennent quatre semaines de congés en été. _____

4. On a droit à des congés avant et après la naissance d'un enfant. _____

Discutons!

Discutez des questions suivantes avec votre partenaire.

1. Que pensez-vous de la durée (*length*) de la semaine de travail en France? Pensez-vous qu'il y a des conséquences positives ou négatives?

2. Quelles sont les similarités et les différences entre les horaires des magasins en France et des magasins où vous habitez? Qu'est-ce qui (*what*) explique les différences?

Réfléchissez et considérez

Lunch breaks in France are generally considered personal time. However, working lunches at a restaurant or catered on-site have become more common. Look at the photo below. How can you tell this is a business lunch? Is there anything you might *not* see at an American business lunch?

© Cengage Learning

Travailler en France!

Share It! What kinds of summer jobs are available in France? Find several possibilities for summer employment in France and choose one that interests you. Post a link to that job advertisement to **Share It!** and write at least three sentences explaining your qualifications and why you want this job.

Talking about jobs and nationalities *Il/Elle est* ou *C'est* +
métier / nationalité

Masculine and feminine job and nationality forms

Most professions in French have a masculine and a feminine form. In many cases, they follow the same patterns as adjectives and adjectives of nationality.

ending		profession / nationality		
masculine	feminine	masculine	feminine	
	-e	un avocat	une avocate	*a lawyer*
		français	française	*French*
-ien	-ienne	un musicien	une musicienne	*a musician*
		italien	italienne	*Italian*
-ier	-ière	un infirmier	une infirmière	*a nurse*
-eur	-euse	un serveur	une serveuse	*a waiter/waitress*
-eur	-rice	un acteur	une actrice	*an actor/actress*

For some professions and nationalities where the masculine form ends in **e,** the article or pronoun indicates the gender.

un secrétaire/une secrétaire	*a secretary*
un architecte/une architecte	*an architect*
Il est suisse. / Elle est suisse.	*He is Swiss. / She is Swiss.*

The word **homme** or **femme** is included in some titles.

un homme d'affaires/une femme d'affaires	*a businessman/woman*

In spite of the growing range of work options available to French women, the French language does not always immediately reflect such changes in society. The following traditionally masculine professions only have a masculine form.

Il/Elle est professeur.	*He/She is a professor.*
Il/Elle est médecin.	*He/She is a doctor.*
Il/Elle est cadre.	*He/She is an executive.*

Masculine adjectives always modify the masculine form of these professions.

Mme Vonier est un bon professeur.	*Mrs. Vonier is a good professor.*
Mlle Dulac est un excellent médecin.	*Miss Dulac is an excellent doctor.*
Mme Vivier est un cadre compétent.	*Mrs. Vivier is a competent executive.*

Some nationalities you will encounter in this textbook are:

algérien(ne)	*Algerian*	espagnol(e)	*Spanish*
allemand(e)	*German*	haïtien(ne)	*Haitian*
anglais(e)	*English*	mexicain(e)	*Mexican*
belge	*Belgian*	russe	*Russian*
canadien(ne)	*Canadian*	sénégalais(e)	*Senegalese*
chinois(e)	*Chinese*	suisse	*Swiss*

Selecting *Il/Elle est* or *C'est*

There are two ways to state a person's profession or nationality in French.

1. Like adjectives, without an article: subject + **être** + job or nationality. Notice that adjectives of nationality are written in lower case.

Marc est très travailleur.	*Marc is very hardworking.*
Il est avocat.	*He is a lawyer.*
Il est canadien.	*He is Canadian.*
Mes sœurs sont intelligentes.	*My sisters are intelligent.*
Elles sont médecins.	*They are doctors.*
Elles sont canadiennes.	*They are Canadian.*

2. As nouns with **c'est** or **ce sont** and the appropriate indefinite article (**un, une, des**). Note that nouns of nationality are capitalized.

C'est un architecte.	*He is an architect.*
C'est une avocate.	*She is a lawyer.*
Ce sont des étudiants.	*They are students.*
C'est une Belge.	*She's Belgian.*

Whenever you modify the profession or nationality with an adjective or a phrase, you must use **c'est** or **ce sont.**

Il est médecin.	*He is a doctor.*
C'est un bon médecin.	*He is a good doctor.*
Ils sont suisses.	*They are Swiss.*
Ce sont des Suisses de Genève.	*They're Swiss from Geneva.*

Exercice 1 Complete each sentence with the appropriate job title and/or nationality for the female described. Choose from the list, changing the masculine form to the feminine as needed.

artiste / canadien / cuisinier / employé / homme d'affaires / instituteur / italien / musicien / serveur / vendeur

1. Francine joue du piano dans un orchestre à Lyon. Elle est _____.
2. Geneviève travaille dans une banque. C'est une _____ de banque.
3. Christine travaille dans un restaurant où elle prépare des repas et fait de bonnes sauces. Elle est _____.
4. Massa travaille dans une boutique de vêtements. Elle est _____.
5. Céline Dion est une chanteuse célèbre. Elle est _____.
6. Simone travaille au Café du Parc. C'est une _____.
7. Colette est directrice du marketing dans une grande entreprise. Elle est _____.
8. Sofia vient de Florence mais elle a son studio à Nice. C'est une _____.

Exercice 2 Mme Pham is explaining to her granddaughter where different family members and friends work, what they do, and where they're from. Complete her descriptions using **Il/Elle est** and **Ils/Elles sont** or **C'est** and **Ce sont.**

1. Ton oncle Nguyen travaille à l'université de Montréal. _____ un bon professeur.
2. Ta tante travaille dans une boutique de prêt-à-porter. _____ vendeuse.
3. M. et Mme Tranh travaillent en ville. _____ cadres.
4. Le père de ton cousin Anh est très gentil. _____ un dentiste sympathique.
5. La mère d'Anh adore dessiner des maisons modernes. _____ architecte.
6. Tes parents travaillent au restaurant Apsara. _____ de bons cuisiniers.
7. Ta cousine est mariée à Paul. _____ français.

Structure 4.2

Telling where people go to work *Le verbe **aller** et la préposition **à***

The verb **aller** *(to go)* is irregular.

aller *(to go)*	
je vais	nous allons
tu vas	vous allez
il/elle/on va	ils/elles vont

Je vais en cours.   *I'm going to class.*
Ils vont à Paris.   *They are going to Paris.*

Aller is also used to talk about how someone is feeling.

Comment allez-vous?   *How are you?*
Ça va bien.   *I'm fine.*

The preposition **à** *(to, at,* or *in)* is frequently used after verbs such as **aller** and **être**. When **à** is followed by the definite article **le** or **les,** a contraction is formed as shown in the chart.

à + le ⟶ **au**	Mon père travaille **au** commissariat de police.
à + la ⟶ **à la**	Vous allez **à la** banque?
à + l' ⟶ **à l'**	L'institutrice est **à l'**école.
à + les ⟶ **aux**	Nous travaillons **aux** champs.

Exercice 3   Élisabeth is telling her mother about her afternoon plans. Complete her description with **au, à la, à l',** or **aux.**

D'abord, j'emmène *(take)* les enfants _____ (1) école. Puis, je vais _____ (2) hôpital pour faire du travail bénévole. Avant midi, je passe _____ (3) banque pour déposer un chèque *(make a deposit)* et puis je retrouve des amis _____ (4) gym *(f)*. Après notre cours de yoga, nous allons déjeuner _____ (5) café ensemble. Jean-Claude et Pierre ne déjeunent pas avec nous parce qu'ils travaillent _____ (6) champs cet après-midi. Finalement, je vais _____ (7) supermarché et je passe chercher les enfants _____ (8) école à cinq heures.

Exercice 4   Where are the following people likely to go? Complete each sentence logically, using the appropropriate form of **aller** and the preposition **à** as in the model.

     Modèle: Vous aimez dîner en ville. Vous…
                  Vous allez au restaurant.

1. Vous aimez skier. Vous…   les cours de tennis
2. Kevin et Christine aiment le tennis. Ils…   la montagne
3. Nous aimons étudier. Nous…   le café
4. Mon père aime écouter un bon sermon. Il…   la librairie
5. Ma sœur cherche des aspirines. Elle…   le restaurant
6. Tu aimes acheter des livres. Tu…   la pharmacie
7. J'aime retrouver mes amis. Je…   la bibliothèque
                                     l'église

Talking about daily activities *Les verbes pronominaux (introduction)*

Some daily activities like getting up, getting dressed, or going to bed are expressed in French with pronominal verbs. These verbs are conjugated like others but are accompanied by a reflexive pronoun. Often the action of the verb is reflected back on the subject; in other words, the action is done *to oneself*. Although in English "self" is usually not stated, the reflexive pronouns are required in French.

Elle **se** lève.	*She gets (herself) up.*
Je **m'**habille.	*I am getting dressed (dressing myself).*
Nous **nous** dépêchons.	*We are hurrying (ourselves).*

Note that the pronouns **me, te,** and **se** become **m', t',** and **s'** before a vowel sound. As you can see in the chart below, the infinitive form includes the pronoun **se** and the reflexive pronoun varies according to the subject.

se coucher *(to go to bed [put oneself to bed])*	
je **me** couche	nous **nous** couchons
tu **te** couches	vous **vous** couchez
il/elle **se** couche	ils/elles **se** couchent

Common pronominal verbs

You have already seen an example of a pronominal verb in **Module 1, je m'appelle,** and you will learn more in later chapters (**Modules 10** and **13**). Here are a few common pronominal verbs related to daily activities:

se dépêcher	*to hurry up*
s'habiller	*to get dressed*
se lever	*to get up*
se préparer	*to prepare oneself*
se relaxer	*to relax*
se retrouver	*to meet up with*

While **se lever** has regular **-er** verb endings, an **accent grave** is added in the **je, tu, il/elle,** and **ils/elles** forms.

se lever *(to get up)*	
je me l**è**ve	nous nous levons
tu te l**è**ves	vous vous levez
il/elle se l**è**ve	ils/elles se l**è**vent

Forming the negative

When forming the negative, **ne (n')** precedes the reflexive pronoun; **pas** follows the conjugated verb.

Il **ne** se lève **pas** avant midi.   *He doesn't get up before noon.*
Nous **ne** nous couchons **pas** avant minuit.   *We do not go to bed before midnight.*

Exercice 5 It's always hectic at the Belangers' in the morning. Justin explains why. Complete his description with the appropriate reflexive pronoun.

Moi, je _____ (1) lève à sept heures et mon frère Guillaume, il _____ (2) lève à sept heures dix. Nous _____ (3) dépêchons pour arriver dans la salle de bains avant nos sœurs. Elles passent beaucoup de temps devant le miroir: elles _____ (4) habillent, elles _____ (5) regardent… Mon frère et moi, nous _____ (6) habillons vite. Nos parents _____ (7) préparent et puis ils vont dans la cuisine *(kitchen)* pour préparer le petit déjeuner *(breakfast)*. Après un bol de céréales et un café au lait, nous quittons la maison. Et toi? Est-ce que tu _____ (8) relaxes le matin ou est-ce que tu _____ (9) dépêches pour arriver à l'école à l'heure?

Exercice 6 Jean-Marc describes his schedule and that of his roommates. Use the words from the word bank to complete his description.

me dépêche	m'habille	me lève
nous relaxons	se couche	se lève

J'habite avec deux colocataires. Nos emplois du temps sont très variés. Par exemple, moi, je _____ (1) à 7h00 du matin; mon travail commence à 8h00 alors je _____ (2) et _____ (3) pour aller au bureau. Paul n'a pas cours avant 10h00 alors il reste au lit. Il _____ (4) vers 9h00. Hamadu travaille la nuit alors il rentre à 6h00 du matin et il _____ (5). Le week-end, c'est le moment où nous _____ (6) ensemble.

Exercice 7 Emma and her roommates have exactly the same schedules. Complete her description logically selecting and conjugating verbs from the list.

se coucher	se dépêcher	s'habiller
se lever	se relaxer	se retrouver

Le matin, mon coloc et moi, nous _____ (1) tôt. Je _____ (2) généralement en jean. Nous _____ (3) pour aller à nos cours qui commencent à 9h00. L'après-midi, nous étudions et puis nos amis et nous, nous _____ (4) au café. Après le dîner, j'étudie et ensuite nous _____ (5) devant la télé aussi. Je _____ (6) généralement vers 1h00 du matin.

Talking about activities *Les verbes **faire** et **jouer** pour parler des activités*

The verb *faire*

The irregular verb **faire** (*to do* or *to make*) is one of the most commonly used verbs in French.

faire *(to do, to make)*	
je fais	nous faisons
tu fais	vous faites
il/elle/on fait	ils/elles font

A number of expressions for talking about work and leisure activities use **faire**.

Je fais les courses le vendredi.	*I go shopping on Fridays.*
Mme Lu fait un voyage à Tokyo.	*Mrs. Lu is taking a trip to Tokyo.*
Nous faisons du ski à Noël.	*We go skiing at Christmas.*
Mon frère aime faire de la natation.	*My brother likes to swim.*

Note that the question **Qu'est-ce que tu fais?** can be answered with a variety of verbs.

— Qu'est-ce que tu fais cet après-midi?	*— What are you doing this afternoon?*
— J'étudie. Plus tard, je fais du vélo. Ensuite, je vais faire la sieste.	*— I'm studying. Later on, I'm going for a bike ride. Then I'm going to take a nap.*

The verb *jouer*

Another way to talk about sports activities and games you play is with the regular **-er** verb **jouer** (*to play*). Use the following structure:

> **jouer** + **à** + definite article + sport

Je joue au tennis.	*I play tennis.*
Vous jouez aux cartes.	*You play cards.*

In most cases, either a **faire** expression or **jouer à** can be used. Compare the following:

Zinédine Zidane fait du football.	
Zinédine Zidane joue au football.	*Zinédine Zidane plays soccer.*

To talk about playing a musical instrument, use either a **faire** expression or the following construction:

> **jouer** + **de** + definite article + instrument

Il fait de la guitare.	
Il joue de la guitare.	*He plays the guitar.*

Exercice 8 Everyone in your house is busy this afternoon. Complete with the appropriate form of the verb **faire.**

1. Ton père _____ la cuisine.

2. Tes sœurs _____ du shopping en ligne.

3. Toi et ton frère, vous _____ le ménage.

4. Nous _____ du yoga pour nous relaxer.

5. Je _____ une promenade dans le parc.

Exercice 9 Antoine is not paying attention as he is asking these questions about his roommates. Complete his questions by selecting the correct option among the ones he is stumbling on.

1. Hélène et Jasmina font… (le / un / du) vélo ce matin?

2. Tu fais… (de la / la / une) cuisine ce soir?

3. Hélène joue… (au / du / le) foot avec son équipe samedi?

4. Et Jacques et Mohammed, ils font… (le / au / du) ski dimanche?

5. Tu joues… (un / le / du) piano avec ton prof dimanche?

Exercice 10 What are the residents of the **cité universitaire** doing today? Use the elements provided to write sentences describing their activities. Make any necessary changes.

1. Vous / faire / grasse matinée ce matin.

2. Évelyne / faire / ménage / quand / sa camarade de chambre / être / bureau.

3. Les frères Thibaut / jouer / football.

4. Tu / jouer / basket-ball.

5. Je / faire / guitare / après mes cours.

6. Anne et toi / jouer / piano ensemble.

Exercice 11 Mme Breton wants to know what everyone in the family is doing. Using the model as a guide, write five questions she might ask with the verb **faire** and five answers using the vocabulary provided.

> **Modèle:** —*Jacques et Renée, qu'est-ce qu'ils font?*
> —*Ils font une randonnée à la campagne.*

Jacques et Renée	faire	une randonnée à la campagne
Martine	jouer	du vélo
Jean-Claude et moi		le ménage
Philippe		du piano
Tante Hélène		au football
les gosses *(kids) (fam)*		du ski
Papa		aux cartes
		leurs devoirs

Making plans *Le futur proche*

Aller + infinitif is used to express a future action. This construction is known as the **futur proche.**

Nous allons faire du ski.	*We're going to go skiing.*
Tu vas faire un stage cet été.	*You are going to do an internship this summer.*

To form the negative of the **futur proche**, put **ne... pas** around the conjugated form of **aller.**

Il **ne** va **pas** travailler.	*He is not going to work.*
Vous **n'allez pas** jouer au football.	*You are not going to play soccer.*

The following time expressions are often used with the future.

ce soir	*this evening*
la semaine prochaine	*next week*
demain	*tomorrow*
demain matin	*tomorrow morning*

Exercice 12   What are the following people going to do this weekend, given their particular circumstances? Complete the sentences with the **futur proche,** using the information in parentheses.

1. Paul et Charlotte ont rendez-vous ce week-end. Ils _____ (aller) au cinéma.
2. Nous invitons des amis à dîner. Nous _____ (faire) la cuisine.
3. Maurice a un examen lundi. Il _____ (ne pas sortir) avec ses amis.
4. Tu détestes le football. Tu _____ (ne pas aller) au match.
5. Vous allez en boîte samedi soir. Vous _____ (danser).
6. Le film commence à 22h00. Je _____ (ne pas être) en retard.

Exercice 13   Pauline describes what she is going to do on her day off from school. Use the **futur proche** of the verbs in the list to tell what is going to happen.

ne pas aller	écouter	faire (trois fois)	jouer
préparer	rester	retrouver	travailler

Demain, c'est un jour de congé *(holiday)*. Je _____ (1) à l'université. Je _____ (2) au lit jusqu'à 10 heures du matin. À 11 heures, je _____ (3) mes amis chez Michelle et nous _____ (4) du vélo. On _____ (5) des petits snacks à manger. À midi, nous _____ (6) un pique-nique et nous _____ (7) de la musique. Si nous avons le temps, nous _____ (8) au tennis dans le parc. Et vous, qu'est-ce que vous _____ (9)? Comment?! Vous _____ (10) à la bibliothèque?

Tout ensemble!

Use the words from the list to complete the following passage about Sébastien.

à l'	chercher	langues
ans	du	métier
au tennis	est	se lève
banque	faire	se relaxer
bénévole	fait un stage	sportif
c'est	informatique	va
cadre	institutrice	voyager
de la	médecin	

Voici Sébastien Sportiche. _____ (1) un étudiant en finance à l'École de commerce. Il a vingt-deux _____ (2).

En juin, il _____ (3) finir ses études et après *(after)*, il va _____ (4) du travail aux États-Unis.

Sébastien vient d'une famille bourgeoise. Son père est _____ (5). Il travaille _____ (6) hôpital Saint-Charles. Sa mère travaille comme _____ (7) chez L'Oréal.

Sébastien ne sait pas *(doesn't know)* exactement quel _____ (8) il va faire. Avec son diplôme, il peut *(can)* travailler dans une _____ (9), mais il trouve ça ennuyeux et il recherche l'aventure. Il a beaucoup de talents. Il _____ (10) musicien—il joue _____ (11) piano et _____ (12) guitare *(f)*. Il est aussi très _____ (13). Il aime _____ (14) du vélo le week-end avec ses copains et il a toujours sa raquette pour jouer _____ (15). Une fois par semaine, il _____ (16) tôt pour faire du travail _____ (17) dans une école primaire. Il aide des enfants d'immigrés à faire leurs devoirs. Pour _____ (18), il fait la cuisine. Sébastien adore les ordinateurs et il est doué *(gifted)* en _____ (19). Il parle aussi plusieurs _____ (20).

Aux États-Unis, il va _____ (21) à Yellowstone et à Yosemite avant de s'installer *(settle)* à San Francisco où il va habiter chez des amis. Sa copine, Anne, est _____ (22) dans une école bilingue français/anglais et son copain Henri _____ (23) chez Gap pour ses études de marketing.

Complete the diagnostic tests in iLrn to test your knowledge of the grammar and vocabulary in this chapter.

Vocabulaire fondamental

Noms

Les métiers / *Professions*

un(e) acteur (actrice)	*an actor (actress)*
un agent de police	*a policeman/woman*
un(e) avocat(e)	*a lawyer*
un cadre	*an executive*
un(e) chanteur (chanteuse)	*a singer*
un homme (une femme) au foyer	*a homemaker*
un homme (une femme) d'affaires	*a businessman/woman*
un(e) infirmier (infirmière)	*a nurse*
un(e) instituteur (institutrice)	*an elementary school teacher*
un(e) juge	*a judge*
un(e) mécanicien(ne)	*a mechanic*
un médecin	*a doctor*
un(e) musicien(ne)	*a musician*
un(e) ouvrier (ouvrière)	*a worker*
un(e) secrétaire	*a secretary*
un(e) serveur (serveuse)	*a waiter (waitress)*
un(e) vendeur (vendeuse)	*a salesperson*

Mots apparentés: un(e) artiste, un(e) assistant(e), un(e) client(e), un(e) employé(e), un(e) journaliste, un(e) patient(e), un(e) politicien(ne)

Nationalités / *Nationalities*

algérien(ne)	*Algerian*
allemand(e)	*German*
anglais(e)	*English*
belge	*Belgian*
espagnol(e)	*Spanish*
européen(ne)	*European*
haïtien(ne)	*Haitian*
sénégalais(e)	*Senegalese*

Mots apparentés: américain(e), canadien(ne), chinois(e), italien(ne), mexicain(e), russe, suisse

Les lieux de travail / *Workplaces*

un aéroport	*an airport*
un bureau	*an office*
un bureau de poste, une poste	*a post office*
une école	*a school*
une église	*a church*
une entreprise	*a company*
un lycée	*a high school*
une usine	*a factory*
une ville	*a city, town*

Mots apparentés: une banque, une boutique, un hôpital, une pharmacie, un restaurant

Les sports et les instruments de musique / *Sports and musical instruments*

le football (foot)	*soccer*
le football américain	*football*
la guitare	*guitar*
la natation	*swimming*
une randonnée	*a hike*

Mots apparentés: le basket-ball (basket, *fam*), le golf, le jogging, le piano, le roller, le ski, le tennis, le yoga

Verbes

aider	*to help*
aller	*to go*
aller voir	*to go see, visit a person*
commencer*	*to begin*
se coucher	*to go to bed*
se dépêcher	*to hurry*
faire	*to do; to make*
faire du français	*to study French*
faire du travail bénévole	*to do charity, volunteer work*
faire du vélo	*to go bike riding*
faire la cuisine	*to cook*
faire le ménage	*to do housework*
faire les courses	*to go (grocery) shopping*
faire les devoirs	*to do homework*
faire une promenade	*to take a walk*
faire une randonnée	*to take a hike, an excursion*
faire un stage	*to do an internship*
faire un voyage	*to take a trip*
finir*	*to finish, end*
gagner	*to earn*
s'habiller	*to get dressed*
jouer à	*to play (a sport)*
jouer au tennis / au volley	*to play tennis / volleyball*
jouer aux cartes	*to play cards*
jouer de	*to play (a musical instrument)*
jouer de la guitare / du piano	*to play the guitar / piano*
se lever	*to get up*
pratiquer un sport	*to practice (play) a sport*
se relaxer	*to relax*
réparer	*to repair*
se retrouver	*to meet up with*
skier	*to ski*

*only 3rd person form

Mots apparentés: faire du jogging, du piano, du shopping, du ski, du sport, du violon, faire du yoga

Adjectifs

chargé(e)	*busy*
fermé(e)	*closed*
occupé(e)	*busy*
ouvert(e)	*open*
prochain(e)	*next*

Mots divers

au chômage	*unemployed*
l'argent *(m)*	*money*
demain	*tomorrow*
populaire	*popular*
un salaire	*a salary*
la semaine prochaine	*next week*

Expressions utiles

Comment dire l'heure et parler de son emploi du temps
(See other expressions on pages 99–100.)

à plein temps	*full time*
après	*after*
l'après-midi *(m)*	*afternoon, in the afternoon*
À quelle heure commence…?	*What time does . . . begin?*
à temps partiel	*part-time*
avant	*before*

déjà	*already*
un emploi du temps	*a schedule*
en retard	*late*
l'heure	*time*
une heure	*an hour*
maintenant	*now*
le matin	*morning, in the morning*
une minute	*minute*
Quelle heure est-il?	*What time is it?*
Il est dix heures du matin.	*It's ten o'clock in the morning.*
Il est dix heures et quart.	*It's ten-fifteen.*
Il est dix heures et demie.	*It's ten-thirty.*
Il est onze heures moins le quart.	*It's a quarter to eleven.*
le soir	*evening, in the evening*
tard	*(too) late*
tôt	*(too) early*

◀)) Vocabulaire supplémentaire

Noms

Les métiers	Professions
un(e) agriculteur (agricultrice)	*an agriculturalist, a farmer*
un chef d'entreprise	*a company president*
un(e) cuisinier (cuisinière)	*a cook*
un(e) directeur (directrice)	*a director*
un écrivain	*a writer*
un footballeur	*a soccer player*
un(e) informaticien(ne)	*a computer specialist*
un ingénieur	*an engineer*
un maire	*a mayor*
un(e) pharmacien(ne)	*a pharmacist*
un poste	*a position (job)*
la recherche d'un emploi	*job hunting*
les secteurs *(m)*	*fields of work*
le secteur agricole	*agricultural*
— commercial	*sales*
— enseignement	*education*
— des services publics	*local services*
— juridique	*legal*

Mots apparentés: un(e) architecte, un(e) athlète, un(e) baby-sitter, un compositeur, un(e) pilote, le secteur construction / marketing / mécanique auto / médical

Les lieux de travail	Work places
un champ	*a field*
un commissariat	*a police station*
une ferme	*a farm*
une mairie	*a town hall*

Comment dire l'heure et parler de son emploi du temps

un bar à soupes bio	*an organic food café specializing in soup*
la collecte	*the collection*

le déjeuner	*lunch*
un dossier	*a file*
un jardin partagé / collectif	*a community garden*
une journée	*a day*
un musée	*a museum*
un rendez-vous	*a meeting, a date*

Verbes

cultiver	*to cultivate; to grow*
défendre	*to defend*
déjeuner	*to eat lunch*
déposer	*to leave, drop off*
dessiner	*to draw, design*
emmener	*to take (a person)*
employer	*to employ*
enseigner	*to teach*
explorer	*to explore*
faire la grasse matinée	*to sleep in*
faire la sieste	*to take a nap*
s'occuper de	*to take care of*
organiser	*to organize*
rentrer	*to return (home)*
répéter	*to rehearse*
retourner	*to return*
taper (à l'ordinateur)	*to type (on a computer)*
vérifier	*to verify, check*

Mots divers

un accident	*an accident*
une aventure	*an adventure*
conservateur (conservatrice)	*conservative*
le développement personnel	*personal development*
une équipe	*a team*
un prix	*a prize*
une voiture en panne	*a broken-down car*

les philosophes

Voici un café célèbre dans le Marais à Paris.
Comment s'appelle-t-il?

On sort?

The focus of this chapter is going out with friends: phoning, extending invitations, and ordering at a café. You will also learn to talk about the weather, ask questions, and practice some strategies for starting a conversation with someone you do not know.

Ressources
🔊 Audio ▶ Video (iLrn) ilrn.heinle.com
🌐 www.cengagebrain.com

Comment parler au téléphone

Structure 5.1

Talking about what you want to do, what you can do, and what you have to do *Les verbes* **vouloir**, **pouvoir** *et* **devoir**

You *want* to go out this weekend but you *can't* because you *have to* work. You can use the verbs **vouloir** *(to want)*, **pouvoir** *(can, to be able to)*, and **devoir** *(to have to)* to talk about your work and leisure plans. To see the present tense forms of these verbs, refer to page 146.

Réfléchissez et considérez

Look at the telephone conversation between Philippe and Marie-Josée and find the common expressions used to:

answer the phone   identify yourself
ask to speak with someone   politely ask to leave a message
find out who's calling   respond to that request

PHILIPPE:	Allô?
MARIE-JOSÉE:	Allô, bonjour. Je **peux** parler à Marc, s'il vous plaît?
PHILIPPE:	C'est de la part de qui?
MARIE-JOSÉE:	De Marie-Josée.
PHILIPPE:	Marc n'est pas là pour le moment…
MARIE-JOSÉE:	Est-ce que je **peux** laisser un message?
PHILIPPE:	Ne quittez pas. Je vais chercher un crayon.

Activité 1   Allô, je peux parler avec Jean?

Jouez la conversation au téléphone avec un(e) partenaire, puis changez de rôle. La première fois, on veut laisser un message. La deuxième fois, on va rappeler plus tard. Suivez les modèles.

Modèles:
ÉTUDIANT(E) 1: *Allô?*
ÉTUDIANT(E) 2: *Allô, je peux parler à (Henri), s'il te plaît?*
ÉTUDIANT(E) 1: *C'est de la part de qui?*
ÉTUDIANT(E) 2: *De (Lise).*
ÉTUDIANT(E) 1: *(Henri) n'est pas là pour le moment…*

VERSION A

ÉTUDIANT(E) 2: *D'accord. Est-ce que je peux laisser un message?*
ÉTUDIANT(E) 1: *Oui.*
ÉTUDIANT(E) 2: *Tu peux lui dire que (je vais arriver au cinéma un peu en retard.)*
ÉTUDIANT(E) 1: *Oui, d'accord.*

VERSION B

ÉTUDIANT(E) 2: *D'accord. Je vais rappeler plus tard (call back later). Merci, au revoir.*

CD1-26

🔊 Écoutons ensemble! Une invitation par téléphone

Listen for the following information in the telephone conversation you're about to hear between Marie-Josée and Henri.

How does Marie-Josée ask Henri if he wants to go with her to the concert?
Does he want to?
Can he go?
Why not?
How do they end the conversation?

HENRI:	Allô?
MARIE-JOSÉE:	Allô, Henri? C'est Marie-Josée.
HENRI:	Salut, Marie-Josée. Ça va?
MARIE-JOSÉE:	Oui, ça va. Dis, Henri, j'ai des billets pour un concert de jazz. Tu **veux** m'accompagner?
HENRI:	Oui, je **veux** bien. C'est quand?
MARIE-JOSÉE:	Demain à 19h00.
HENRI:	Ah, dommage. Je ne **peux** pas. Je suis occupé demain soir. Je **dois** travailler.
MARIE-JOSÉE:	C'est pas grave. Un autre jour alors.
HENRI:	D'accord. Merci quand même *(anyway)*.
MARIE-JOSÉE:	Allez, à plus.

Notez et analysez

Look at the boldfaced verbs in the conversation. What is the infinitive form of each?

© Iain Masterton / Alamy

Un téléphone portable a beaucoup d'usages!

👥 Activité 2 Qu'est-ce que tu fais avec ton portable?

Avec un(e) partenaire, indiquez tout ce que vous faites avec votre **portable**. Est-ce que vous faites quelque chose qui n'est pas dans la liste?

Moi, j'utilise mon portable pour… Et toi?

_____ téléphoner
_____ prendre et regarder des photos
_____ regarder des vidéos et des programmes de télé
_____ lire et écrire des mails
_____ regarder la météo *(weather report)*
_____ naviguer / surfer sur Internet
_____ envoyer des textos
_____ écouter de la musique
_____ jouer à des jeux
_____ aller sur Facebook

Activité 3 À la résidence universitaire, on est bien occupé!

Regardez l'image. Tous les résidents sont occupés. Avec un(e) camarade, posez des questions et répondez pour dire ce qu'ils font en suivant le modèle.

Modèle: ÉTUDIANT(E) 1: *Bernard, qu'est-ce qu'il fait?*
ÉTUDIANT(E) 2: *Bernard, il fait ses devoirs.*

1. Suzanne
2. Étienne
3. Mohammed
4. Maria
5. Didier
6. Marthe
7. Diane
8. Chang

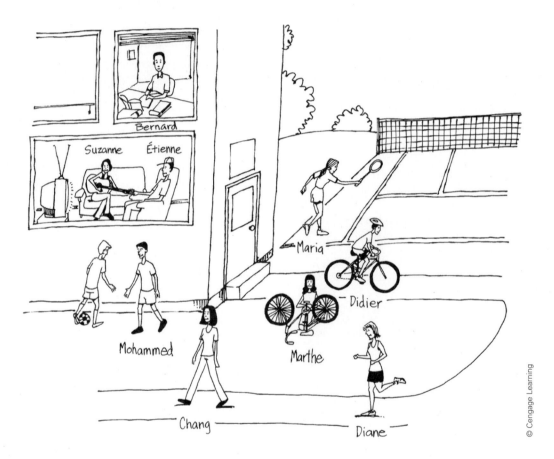

Activité 4 Est-ce que Jacques est là?

Vous appelez la résidence universitaire pour demander à vos copains s'ils peuvent sortir. Utilisez l'image pour créer quelques mini-dialogues.

Modèle: ÉTUDIANT(E) 1: *Allô… ici _____. Je peux parler à _____?*
ÉTUDIANT(E) 2: *Non, il/elle…*
ÉTUDIANT(E) 1: *Bon, alors est-ce que je peux parler à _____?*
ÉTUDIANT(E) 2: *À _____? Non, il/elle…*
ÉTUDIANT(E) 1: *Eh bien, tu es là, toi. Qu'est-ce que tu fais?*
ÉTUDIANT(E) 2: *Moi, je…*
ÉTUDIANT(E) 1: *Tu veux _____?*
ÉTUDIANT(E) 2: *…*

— *Tu **voudrais** jouer au basket?*

— *J'**aimerais** bien, mais je **dois** étudier.*

Activité 5 Projets de week-end

En groupes de trois, jouez le dialogue. Utilisez les verbes de la boîte.

jouer au basket	jouer au volley
jouer au tennis	faire du ski
jouer au foot	faire du snowboard
jouer au baseball	faire de la voile *(sailing)*
jouer au golf	faire du canoë
jouer au bridge	travailler

Modèle: JÉRÔME: *Ce week-end je vais jouer au basket. Tu voudrais / aimerais venir?*

LISE: *J(e) voudrais / aimerais bien mais je ne sais pas jouer au basket.*

JÉRÔME: *Et toi, Dylan, tu viens?*

DYLAN: *Désolé. Je ne peux pas. Je dois travailler ce week-end.*

Comment inviter

Structure 5.2

Talking about going out with friends *Les verbes comme sortir*

To talk about dating and going out with friends, you will need to use the verb **sortir** *(to go out, to leave).* You will find the verb **sortir** as well as other verbs with the same conjugation pattern on page 147.

Réfléchissez et considérez

A. To extend an invitation appropriately, what initial inquiry might you make? If you're being invited and you're not sure whether you can accept, what might you say to be polite? What reason might you give to refuse an invitation without hurting someone's feelings? How would you accept with enthusiasm?

B. Look at the mini-dialogues below and decide how to express the following in French:

1. Do you want to go out tonight?
2. Is Ryan going out with Elizabeth?
3. Let's get out of here!

C. What other verb do you see that means *to leave*?

Hahn/laif/Aurora Photos

— Tiens, tu es (t'es) libre ce soir? Tu veux **sortir**?

— Est-ce que Juliette **sort** avec quelqu'un?
— Oui, je crois qu'elle **sort** avec Julien.

— Tu vois? L'atmosphère dans ce club est mortelle *(dull, fam)*! Tu veux **partir**?
— Oui, **sortons** d'ici!

Expressions utiles

CD1-27

Pour inviter quelqu'un à faire quelque chose

Tu veux sortir ce soir?
Tu es (t'es) libre° ce week-end?   *free*
Tu aimerais faire quelque chose°?   *something*
Tu aimerais (voudrais)…
    aller en boîte°?   *to a club*
    voir le nouveau film de Luc Besson?
Tu es motivé(e) pour faire du jogging cet après-midi?
Tu veux faire quelque chose samedi?
Ça te dit d'aller prendre un café° / un verre?°   *How about going out for*
Qu'est-ce que tu vas faire ce week-end?   *coffee / drinks?*

© Kim Jansma

Pour accepter

D'accord.°   *OK.*
Oui, j'aimerais (je veux) bien.°   *Sure, I'd like to.*
Oui, à quelle heure?
Oui, cool!

Pour hésiter

Euh… j'sais pas.
Je dois réfléchir.
Peut-être°, mais je dois regarder mon agenda.   *Maybe*

Pour refuser

Non, c'est pas possible samedi *(fam)*.
Non, malheureusement°, je peux pas.   *unfortunately*
Désolé(e). J'suis occupé(e).°   *I'm sorry. I'm busy.*
Je dois…
    travailler.
    étudier.
Je vais partir° pour le week-end.   *to go away, leave*

Concert d'Éric Vincent

Salle des Fêtes - Forcé (53)

Vendredi 16 Mars 2012

Nom ....

Adresse ....
....

TARIF : 30 €

No 00176

No 00176

Contrôle

www.eric-vincent.com

CD1-28

Écoutons ensemble! Le dîner de Véro

Véronique fait un dîner chez elle samedi soir. Écoutez les messages sur son répondeur et pour chaque invité(e), indiquez s'il/si elle peut venir, ne peut pas venir ou n'est pas encore sûr(e).

L'invité(e)	Oui	Non	Pas sûr(e)
1. Jean	_____	_____	_____
2. Yvonne	_____	_____	_____
3. Henri	_____	_____	_____
4. Rachid	_____	_____	_____
5. Rose	_____	_____	_____
6. Karima	_____	_____	_____

Henri et Pauline essaient de trouver un moment libre pour aller au cinéma. Complétez leur conversation en vous référant aux expressions utiles à la page 131.

HENRI: Tiens, Pauline. Qu'est-ce que tu _____ ce week-end?
PAULINE: Oh là là, je vais travailler. Je dois beaucoup étudier.
HENRI: Est-ce que tu es / t'es _____ samedi soir?
PAULINE: Euh, j'sais pas. Je dois _____ mon agenda.
HENRI: Il y a _____ très bon film au cinéma, un film avec Marion Cotillard.
PAULINE: Ah oui? J'aime bien ses films. Voyons. _____ est le film?
HENRI: À 20h00.
PAULINE: Bon, d'accord, _____ bien y aller.

Activité 7 Invitations

Invitez un(e) autre étudiant(e) à faire les activités suivantes. Il/Elle accepte, hésite ou refuse.

1. faire du vélo cet après-midi
2. aller dans un restaurant élégant en ville ce soir
3. voir un film français demain soir
4. aller à une exposition d'art
5. aller au café ensemble à midi
6. aller écouter de la musique à _____ (votre choix)

Activité 8 Interactions

Posez les questions suivantes à un(e) autre étudiant(e).

1. Tu sors souvent avec tes amis? Où (Where) est-ce que vous allez d'habitude?
2. Quel (Which) film est-ce que tu veux voir en ce moment? À quel concert est-ce que tu aimerais aller?
3. Quand tu sors avec ton/ta petit(e) ami(e), qui paie (pays)?
4. Tu vas où d'habitude après un film ou un concert?
5. Est-ce que tu vas bientôt partir en voyage? Tu vas aller où?

La communication par téléphone se transforme

D'abord, ce sont les **portables** qui ont remplacé° les téléphones fixes. Maintenant, ce sont les smartphones—les téléphones intelligents—qui remplacent les **portables** classiques.

replaced

La France voit une explosion de l'usage de l'Internet mobile.

Comment les Français, surtout les jeunes, communiquent-ils par téléphone? Ils préfèrent envoyer des textos° pour fixer rendez-vous avec des amis plutôt que de les appeler. Pourquoi? C'est moins cher et c'est plus rapide! Des opérateurs téléphoniques° comme Bouygues et France Télécom (Orange) proposent les textos illimités°—un forfait° très motivant!

text messages

phone companies

unlimited texting / price

Les textos, ou SMS, s'écrivent de façon phonétique, avec de mauvaises conséquences sur l'orthographe°, y compris sur le travail écrit en classe—disent les professeurs.

spelling

Vous voulez envoyer des textos? Voici quelques abréviations utiles.

à plus tard = A+	j'ai = g	toujours = tjrs
au revoir = biz (bisous)	nous = ns	tout = tt
beaucoup = bcp	pourquoi = pq	trop = tp
c'est = c	salut = Slt	vous = vs

Avez-vous compris?

Parlez texto! Avec un(e) partenaire, lisez les textos suivants à haute voix, sans utiliser les abréviations.

1. Coucou Daniel. J'ai beaucoup de travail. Ns partons à 13h. Ça va? A +
2. Slt Zara. G tp faim! Pq pas aller manger? A + Bernard
3. Slt Serge, c tard. G tp de travail, mais je veux sortir. 10h? Biz Monique

Et vous?

1. Vous préférez envoyer des textos ou appeler? Pourquoi?
2. Quelles sont vos abréviations favorites?

© Supri Suharjoto/Shutterstock.com

Rendez-vous au café

Structure 5.3

Using pronouns to give emphasis *Les pronoms accentués*

Structure 5.4

Talking about eating and drinking *Prendre, boire et les verbes réguliers en -re*

You will frequently use stress pronouns, **des pronoms accentués,** when ordering food and drinks. To order, you need the verb **prendre** *(to take, to have something to eat or drink),* an irregular verb. Several **-re** verbs, such as **boire** *(to drink)* and **attendre** *(to wait),* are also useful during conversations at the café. To learn more about stress pronouns, see pages 148–149. **Prendre, boire,** and regular **-re** verbs are explained on pages 149–150.

— Moi, je prends / je vais prendre… — Et toi?

Credits: © Cengage Learning

Activité 9 Catégories

Classez les boissons ci-dessus par catégorie.

1. des boissons chaudes
2. des boissons fraîches
3. des boissons pour enfants
4. des boissons alcoolisées
5. des boissons sucrées

CD1-29

Prononcez! Adding emphasis.

Unlike English, the subject pronouns (**je, tu, il,** etc.) can't be stressed in French. You must add a stressed pronoun to convey the same effect.

Compare: **Je** prends un café. **Moi,** je prends un café.

Passez la commande! Avec votre partenaire, passez la commande au serveur. Ensuite, changez de rôle.

> Modèle: ÉTUDIANT(E) 1: Fabien veut un jus d'orange.
> ÉTUDIANT(E) 2: Commande: *Pour lui, un jus d'orange.*

1. Marie veut une eau minérale.
2. Suzanne et Mélanie prennent des Cocas light.
3. David et Jennifer veulent un café crème.
4. Toi et moi, nous voulons des sandwiches au fromage.
5. Je prends aussi une infusion.

Activité 10 **Quelque chose à boire**

Avec un(e) camarade de classe, dites ce que vous prenez dans les situations suivantes.

> Modèle: un après-midi gris de novembre
> — *Je prends un thé au lait. Et toi?*
> — *Moi, je prends une infusion.*

1. à la terrasse d'un café en juillet
2. en février au café d'une station de ski *(ski resort)*
3. à six heures du matin à la gare *(train station)*
4. au cinéma
5. après un film un samedi soir
6. chez des amis

Commandons!

© Cengage Learning

CD1-30

Expressions utiles

Pour le client

S'il vous plaît!	*Waiter . . . please. (to call the waiter)*
Moi, je vais prendre…	*I'll have . . .*
C'est tout.	*That's all.*

Pour le serveur (la serveuse)

Messieurs-dames.	*Ladies and gentlemen. (how waiter addresses group)*
Un instant, s'il vous plaît.	*Just a moment, please.*
Vous voulez autre chose?	*Would you like something else?*
Est-ce que je peux vous encaisser?	*Can I cash you out?*

Activité 11 Qu'est-ce que vous allez commander?

Vous êtes au café avec deux amis. Regardez la carte et discutez de ce que vous voulez commander. Une personne appelle le serveur (la serveuse) et passe la commande pour le groupe, comme dans le modèle.

Modèle:	Étudiant(e) 1:	*Moi, je prends un thé citron.*
	Étudiant(e) 2:	*Un café pour moi.*
	Étudiant(e) 3:	*Monsieur, s'il vous plaît…*
	Serveur:	*Oui, monsieur / mademoiselle. Un instant, s'il vous plaît…Oui, messieurs-dames. Vous désirez?*
	Étudiant(e) 3:	*Un thé citron pour elle (lui), un café pour lui (elle) et un vin chaud pour moi.*
	Serveur:	*Alors, un thé citron, un café et un vin chaud.*
	Étudiant(e) 1:	*Et un sandwich au jambon pour moi.*
	Serveur:	*C'est tout?*
	Étudiant(e) 2:	*Oui, c'est tout, merci.*

Maintenant, préparez-vous à présenter votre scène devant la classe.

Courtesy of Café de la Sorbonne, Paris

Activité 12 Les derniers potins (latest gossip)

Vous bavardez avec vos copains au café. Identifiez une personne que vous connaissez qui…

1. perd souvent ses clés
2. rend toujours ses devoirs à temps
3. ne répond pas aux mails
4. sort souvent en boîte
5. vend sa voiture ou son ordi (*fam*, ordinateur)
6. apprend le chinois

136 *cent trente-six*   **Module 5 On sort?**

Le café: une institution culturelle

Les habitués au zinc (comptoir) d'un café. Au comptoir les boissons sont moins chères.

Le café est une institution culturelle en France. Selon° Balzac, «le comptoir° d'un café est le parlement du peuple». Alors, il est troublant de voir le nombre de cafés qui ont fermé leurs portes récemment. Qu'est-ce qui explique ce changement? D'abord, les Français consomment moins d'alcool. De plus, le café n'est plus° un lieu où on peut fumer. Finalement, «le nomadisme°» devient plus populaire. On achète un sandwich à emporter et on mange au travail. En effet, les Français commencent à plus ressembler aux Anglo-saxons. Alors, est-ce que le café va disparaître°? Très douteux! Le café est toujours un lieu de rencontre. Écoutez ces jeunes Français.

According to
counter

no longer
grazing

disappear

Voix en direct CD1-31

Vous passez du temps au café?

Est-ce que vous allez souvent au café?
Oui, je dirais que j'y vais tous les jours[1] en semaine. C'est-à-dire que le week-end, j'irai pas…

Vous y allez avec des copains ou seul?
Toujours[2], oui. Toujours avec des copains. Ce qu'on essaie de faire, c'est trouver un café avec une bonne terrasse, en fait.

Est-ce que vous commandez souvent la même chose?
Ouais. Toujours la même chose. Un café, un espresso avec un jus d'orange pressé.

[1]*every day* [2]*Always, All the time*

Nicolas Konisky
25 ans
Étudiant, Paris

Vanessa, vous allez souvent au café?
Alors, euh, le plus souvent possible. C'est très parisien. Pendant les vacances[3], tous les jours si je pouvais. Quand j'étais[4] au lycée[5], quand j'avais[6] beaucoup plus de temps, on [y] allait tous les jours, même deux fois par jour.

Il vous arrive d'y aller seule[7]?
Ouais, pour étudier, seule. Et puis, bon, on n'est jamais seul dans un café, donc on regarde toujours les gens autour, on contemple, on écoute de la musique, on regarde les gens qui passent quand on est assis à une terrasse. On n'est jamais seul.

[3]*vacation* [4]*was* [5]*high school* [6]*had* [7]*alone*

Vanessa Vudo
20 ans
Étudiante, Paris

■ Réfléchissez aux réponses

1. Pourquoi est-ce qu'ils vont au café?
2. Est-ce qu'ils dépensent beaucoup d'argent?
3. Est-ce que vous allez souvent au café? Qu'est-ce que vous commandez?

La météo dans le monde francophone

Quel temps fait-il?

Le Québec a quatre saisons. L'hiver est long et froid avec beaucoup de neige. Le printemps est court et frais.

Aux Antilles et en Polynésie, il fait beau presque toute l'année!

La République Démocratique du Congo (RDC) a deux saisons. La saison des pluies et la saison sèche. Il fait plus chaud et lourd pendant la saison des pluies.

Sur la côte, en France et en Belgique, il y a du brouillard.

Il y a des éclaircies.

Il y a du soleil.

Il y a des orages.

Il pleut.

Il y a des nuages.

Credits: © Cengage Learning

Changement climatique?

Écoutez votre professeur parler de la météo dans le monde francophone. Dites si c'est normal ou pas normal.

> **Modèle:** PROFESSEUR: Il neige dans les Alpes suisses en hiver.
> ÉTUDIANTS: *C'est normal.*

Activité **14** **Quel temps fait-il?**

Demandez à un(e) camarade de classe quel temps il fait dans la ville indiquée.

> **Modèle:** Paris (cold and rainy)
> — *Quel temps fait-il à Paris?*
> — *Il fait froid et il pleut.*

1. Genève (snowing)
2. Biarritz (sunny)
3. Marseille (sunny)
4. Lille (rainy)
5. Perpignan (partly cloudy)
6. Bruxelles (cloudy)

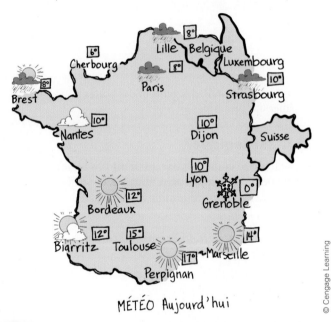

MÉTÉO Aujourd'hui

© Cengage Learning

Activité **15** **Faites votre valise!** *(Pack your suitcase!)*

Vous allez faire un voyage! Quel temps fait-il là où vous allez? Nommez trois vêtements que vous allez mettre *(put)* dans votre valise *(suitcase)*.

> **Modèle:** à Chicago en mai
> *À Chicago en mai, il fait frais et il pleut. Je vais mettre un impermeable, un parapluie et un pull dans ma valise.*

un chapeau
un short
un pull
des gants *(gloves)*
un jean
un maillot de bain *(bathing suit)*
un blouson *(jacket)*

des lunettes de soleil
un manteau
un anorak *(ski jacket)*
un tee-shirt
des bottes *(boots)*
des tongs
un parapluie

1. dans les Alpes en janvier
2. aux Antilles en mars
3. à La Nouvelle-Orléans en juin
4. à Merzouga, au Maroc, en août

Il faut un anorak, des gants et des bottes pour aller dans les Alpes en hiver.

Activité 16 C'est logique?

Écrivez une phrase logique et une phrase qui n'est pas logique pour décrire les vêtements que vous portez selon le temps. Ensuite, en groupes de quatre, lisez vos phrases. Les autres membres du groupe doivent décider si ce que vous dites est logique ou pas logique.

Modèles: — *Quand il fait froid, je porte un pantalon.*
— *C'est logique.*

— *Quand il pleut, je fais une promenade en short.*
—*Ce n'est pas logique.*

Activité 17 Vous préférez quelle saison?

Voici des réponses trouvées sur Internet. Et vous, quel temps préférez-vous?

"Moi, c'est l'été, car j'aime le soleil, la mer et la piscine!"

"Moi, je préfère le printemps et l'automne. L'été, il fait trop chaud!"

"Là où j'habite, au Sénégal, le temps est pratiquement le même toute l'année."

Comment faire connaissance

Structure 5.5

Asking questions *L'interrogatif*

How might you start a conversation with someone in French? In addition to commenting about the weather or introducing yourself, you could ask a few simple questions. To help you ask questions, interrogative expressions are presented on pages 152–153.

Réfléchissez et considérez

Before learning phrases that might be useful for making a new acquaintance, consider the advice you'd give someone for meeting other young people at a party. With a partner, come up with several suggestions.

À une fête, on peut demander: «**Comment** tu es venu(e) *(came)* ici?», «**Qu'est-ce que** tu fais dans la vie?», «**Qu'est-ce que** tu étudies?», patati patata *(blah blah blah)*. Puis, il y a la musique, le cinéma, le sport.

Yuri Arcurs, 2009/used under license from shutterstock.com

© Greg Hinsdale/Corbis

Notez et analysez

Look at each question in the conversation bubbles and identify the type of question form used: **(1)** intonation, **(2) est-ce que**, **(3) n'est-ce pas** or **hein**, **(4)** inversion.

🔊 Expressions utiles

CD1-32

Pour commencer la conversation

Pardon, est-ce que cette chaise est libre / prise°?	*free / taken*
Vous attendez (Tu attends) quelqu'un°?	*someone*
Je vous (t')en prie.°	*Go ahead and take it.*
Oui, oui, allez-y / vas-y!°	*Go ahead*
Quel beau / mauvais temps, non?°	*What good / bad weather, isn't it?*
Qu'est-ce qu'il fait froid / chaud!°	*My, it's cold / hot!*
Quelle neige!°	*What snow!*
On se connaît?°	*Do we know each other?*
Vous êtes (Tu es) dans mon cours de philo?	

Pour continuer la conversation

Vous êtes (Tu es) étudiant(e)?
Vous venez (Tu viens) d'où?
Qu'est-ce que vous étudiez (tu étudies)?
Qu'est-ce que vous faites (tu fais)?
Moi, je m'appelle… Moi, je suis…

Activité 18 Conversations au café

Voici deux couples qui font connaissance. Complétez leurs mini-dialogues en utilisant les expressions utiles que vous venez d'apprendre.

1. UN HOMME: _____, mademoiselle. Est-ce que _____ est libre?
    UNE JEUNE FEMME: Oui, oui, monsieur. Allez-_____!
    UN HOMME: _____ mauvais temps!
    UNE JEUNE FEMME: Oui, il pleut des cordes *(it's pouring)*!
    UN HOMME: Vous êtes _____?
    UNE JEUNE FEMME: Oui, j'étudie les sciences politiques…

2. ÉTUDIANT(E) 1: Pardon, tu es dans _____ d'anglais?
    ÉTUDIANT(E) 2: Euh, je pense que oui.
    ÉTUDIANT(E) 1: Tu _____ quelqu'un? Cette chaise est prise?
    ÉTUDIANT(E) 2: Non, non. Je _____ prie.
    ÉTUDIANT(E) 1: Moi, je _____ Françoise…

🔊 Écoutons ensemble! Au café

CD1-33

Vous entendez des questions dans un café. Écoutez et choisissez la réponse logique à chacune.

_____ 1.	**a.**	Oui, je t'en prie.
_____ 2.	**b.**	Ils habitent à San Francisco.
_____ 3.	**c.**	Les sciences politiques.
_____ 4.	**d.**	Un chocolat chaud pour moi.
_____ 5.	**e.**	Oui, j'adore la neige, moi.
_____ 6.	**f.**	Je suis de Philadelphie.
_____ 7.	**g.**	Oui, je suis dans ton cours de maths.

 Activité 19 **Quelle persistance! (Questions en chaîne)**

En groupes de 5, posez des questions à tour de rôle. La première personne pose une question avec l'intonation. On continue jusqu'à la cinquième personne qui invente une réponse. Puis on recommence avec la deuxième question.

Ordre des questions: (1) intonation; (2) **hein? / non? / n'est-ce pas?**
(3) **est-ce que;** (4) inversion

> **Modèle:** On va au cinéma.
> — *(1) On va au cinéma? (2) On va au cinéma, non?*
> *(3) Est-ce qu'on va au cinéma? (4) Va-t-on au cinéma?*
> — *Non, on ne va pas au cinéma. Nous avons trop de travail.*

1. On va à la gym ce soir.
2. Tu vas jouer au foot.
3. Vous voulez louer un DVD ce week-end.
4. Nous allons jouer à la Wii.
5. Manu a une nouvelle copine.

Activité 20 **Comment faire de nouvelles connaissances?**

Voici quelques suggestions pour faire connaissance avec de nouveaux étudiants.

A. Choisissez les quatre suggestions qui vous semblent les plus utiles, puis ajoutez une autre suggestion.

1. aller à la gym
2. assister à *(attend)* des matches de foot
3. aller dans un club écouter de la musique
4. aller au cinéma
5. passer son temps dans un bar
6. utiliser un espace «rencontres» sur Internet
7. Votre suggestion: _____

B. Ensuite, avec un(e) autre étudiant(e), identifiez deux suggestions que vous avez en commun et une qui est différente.

Situations à jouer!

1 You try to call a friend but he or she is not home. Leave a message with his/her roommate.

2 You and a friend want to get together to study for the next French test. One of you phones the other to set up a date and time for your study session. Check your schedule to make sure there are no conflicts.

3 You really want to go out with a particular person, but the first time you asked him/her out, the person was busy. Try again, making several suggestions until you finally arrange something.

4 You go to a café after class where you think you see someone who is in your biology lab sitting alone at a table. Go up to that person and strike up a conversation. Then, using the menu on page 136, order something.

5 You are conducting a survey of student study habits. Prepare five questions to find out when, where, how many hours, etc. students study. Then ask your questions to a classmate.

Lecture

Anticipation

Le fabuleux destin d'Amélie Poulain—known simply as *Amélie* to English speakers—has become a film classic. You may just watch the trailer online.

1. What gives the images an imaginary quality?

2. What about the music, the setting, and the characters: do they produce a traditional, idealized view of France and Paris?

Activité de lecture

Scan the text to find the French equivalents of the following words:

a. grows up

b. invent

c. pleasures

d. strategies

UGC / STUDIO CANAL+ / THE KOBAL COLLECTION AT ART RESOURCE

Ce film classique des années 2000 a fait sensation aux États-Unis comme en France.

Le fabuleux destin d'Amélie Poulain: Synopsis

Amélie n'est pas une fille comme les autres. Elle grandit seule avec des parents très protecteurs qui ne l'envoient° pas à l'école. Donc°, elle doit inventer son propre° monde imaginaire et elle trouve son bonheur° dans les petits plaisirs° de la vie.

send / So
own

happiness / pleasures

> **"Amélie doit inventer son propre monde imaginaire"**

À vingt ans, Amélie quitte sa maison pour aller travailler comme serveuse à Montmartre. Elle passe son temps à observer les gens et à laisser son imagination divaguer°. Elle a un but°: réparer la vie des autres. Mais puisqu'elle est timide, elle fait des stratagèmes° pour intervenir incognito dans leur vie. La mission d'Amélie est perturbée° quand elle rencontre Nino, un étrange prince charmant employé à temps partiel dans un sex shop et dans un train fantôme. Son hobby: collectionner les photos abandonnées autour des photomatons°. Amélie est fascinée par Nino mais elle est trop timide pour lui parler. Finalement, avec l'intervention de ses amis, Amélie et Nino se rencontrent.

wander / goal
strategies
disturbed

photo booth

■ Compréhension et intégration

1. Pourquoi Amélie est-elle timide?
2. Quel est son but *(purpose)* dans la vie?
3. Pourquoi est-ce qu'elle s'intéresse à Nino?

■ Maintenant à vous!

Amélie cultive un goût pour les petits plaisirs de la vie. Par exemple, elle aime faire ricocher les pierres *(skip rocks)* au Canal Saint-Martin. Quel est votre petit plaisir?

Voix en direct (suite)

Go to **iLrn** to view video clips of French food shops and French people talking about family meals. See for yourself how to make a good crepe!

Expression écrite

Une invitation par email

In this activity, you will write an e-mail to your friends inviting them to a party. Use 4 abbreviated expressions you saw in the presentation on "texto" language.

■ **Première étape:** Write down what you are celebrating and where you plan to have the party.

■ **Deuxième étape:** Jot down the weather that can be expected and three or four activities you would like to suggest to your guests.

■ **Troisième étape:** Write a sentence or two in which you make your invitation. Review **Comment inviter** (page 131) for suggestions.

■ **Quatrième étape:** What other details would be helpful to the person you are inviting to the party (who else you are inviting, what to wear, what to bring, etc.). Is your invitation appealing?

■ **Cinquième étape:** Now put together the information in an e-mail using lively language. Then, with three or four of your classmates, share your invitations and respond to each invitation you receive.

> **iLrn À vos marques, prêts, bloguez!**
>
> Cafés have become a part of American culture. In the class blog, in French, write about your café habits or those of a friend.

 Explorez en ligne

What films do French people choose to see at the cinema? Go to http://www.allocine.fr/, click on **Cinéma** and then on **Box-office** to see the top 5 films in France this week. Compare this list with the top films in the US (see **Box-office USA**). Click on the film titles to get more information: What genres are they? Write down (in English) two things you've learned about French movie viewing habits by looking at these pages. Write down two or three sentences you can understand.

La technologie

Avant de visionner

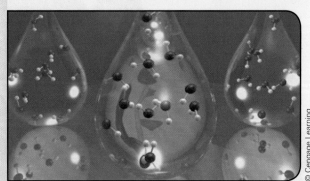

You will watch a video about technological innovation in France. Did you know that many French people would not leave home without their smartphone? In this video, you will learn about the role technology plays in French people's lives as well as some famous French inventions.

© Cengage Learning

Ce sont des Français qui ont identifié l'oxygène et l'hydrogène.

Quelques mots utiles

un(e) abonné(e)	*subscriber*	permettre	*to allow*
l'annuaire (*m*) téléphonique	*telephone directory*	prendre pour acquis	*to take for granted*
lancer	*to launch*	plus de	*more than*
un médicament	*medicine*	un tiers	*one-third*
nombreux (nombreuses)	*numerous*	la vie quotidienne	*daily life*

Étudiez la liste de vocabulaire ci-dessus. Ensuite, complétez chaque phrase avec un mot ou une expression de la liste.

1. _____ deux-tiers de la population française sont connectés à Internet.
2. La France est un des premiers pays à _____ un satellite dans l'espace.
3. On cherche des numéros de téléphone dans _____.
4. _____ d'un service de téléphonie mobile peut téléphoner et envoyer des SMS.
5. L'aspirine est _____ qu'on prend pour les maux de tête (*headaches*).

Pendant le visionnement

Identifications

Regardez la vidéo. Pour chaque catégorie, laquelle (*which*) est une invention française?

1. Les communications: le smartphone / le Minitel
2. Les mathématiques: le système métrique / le calcul trigonométrique
3. Les médicaments: les antibiotiques / l'aspirine
4. Les machines: la calculatrice / le réveil
5. La cuisine: la salade César / la mayonnaise

Des innovations françaises

Sélectionnez la réponse appropriée pour compléter chaque phrase.

1. Une technologie indispensable pour les Français est ___.
2. Une invention française est ___ moderne.
3. Ce sont des Français qui ont découvert ___.
4. La France exporte ___.
5. La France lance souvent ___.

a. le taille-crayon
b. de l'énergie nucléaire
c. le latex
d. des satellites
e. l'Internet

Après le visionnement

Avez-vous compris?

Décidez si les phrases suivantes sont vraies (**vrai**) ou fausses (**faux**).

1. Les Français pensent que les télécommunications et le fait d'être connecté sont très importants. _____
2. Le Minitel permettait aux abonnés de chercher un numéro de téléphone et de réserver des billets de train entre autres choses. _____
3. Toutes les inventions françaises sont dans les domaines des sciences, de la technologie ou de la médecine. _____
4. En médecine, les contributions françaises comprennent (*include*) des instruments, des médicaments et des méthodes de traitement. _____
5. Les opinions des étudiants dans la vidéo sur la technologie sont plus négatives que positives. _____

Discutons!

Discutez des questions suivantes avec un partenaire.

1. La technologie est-elle importante pour vous? Avez-vous les mêmes sentiments que les Français par rapport à (*with regard to*) l'Internet et les smartphones? Expliquez.
2. Qu'est-ce que le Minitel et l'Internet ont en commun? Comment est-ce qu'ils sont différents? À votre avis, qu'est-ce qui explique l'attachement des Français au Minitel?
3. Dans quels domaines est-ce que les Français semblent avoir beaucoup d'influence? Pourquoi pensez-vous que c'est le cas?
4. De toutes les inventions françaises mentionnées dans la vidéo, laquelle est la plus importante à votre avis? Pourquoi?

Réfléchissez et considérez

The **Minitel** was a precursor to the Internet. Look at the photo below. What does the **Minitel** consist of? How is the layout of the keyboard different from the ones you use?

© Cengage Learning

Les inventions

Share It! Go online to research inventions and/or innovations developed by individuals from other Francophone countries. Choose one that you find particularly interesting. Post a link to information regarding this technology to **Share It!** and write three or four sentences explaining what you find interesting about this invention / innovation and why you think it is an important contribution to the world.

Vidéo Voyages! Watch a video about the **Midi-Pyrénées** region, home to France's aviation industry.

Talking about what you want to do, what you can do, and what you have to do *Les verbes **vouloir, pouvoir** et **devoir***

The verbs **vouloir** *(to want)*, **pouvoir** *(can, to be able to)*, and **devoir** *(must, to have to)* are irregular verbs. They are presented together because they have similar, although not identical, structures and are frequently used in the same context.

vouloir *(to want)*	
je veux	nous voulons
tu veux	vous voulez
il/elle/on veut	ils/elles veulent

pouvoir *(can, to be able to)*	
je peux	nous pouvons
tu peux	vous pouvez
il/elle/on peut	ils/elles peuvent

devoir *(must, to have to)*	
je dois	nous devons
tu dois	vous devez
il/elle/on doit	ils/elles doivent

Tu veux aller au concert?	*You want to go to the concert?*
Ma sœur ne peut pas y aller.	*My sister can't go.*
Je dois travailler.	*I have to work.*

The verb **devoir** can also mean to owe.

Je dois dix euros à mon père.	*I owe my father ten euros.*

Making polite requests

Conditional forms of the verbs **vouloir** and **aimer** are frequently used to soften these verbs, making them sound more polite. This usage is known as the polite conditional, **le conditionnel de politesse.** Compare the following sentences.

Tu veux sortir ce soir?	*Do you want to go out tonight?*
Tu voudrais sortir ce soir?	*Would you like to go out tonight?*
J'aimerais sortir ce soir.	*I would like to go out tonight.*

You will study the conditional further in **Module 14.** For now, you will use the singular forms, **je, tu,** and **il,** shown below in bold. The other forms are presented here primarily for recognition.

vouloir: je voudrais, tu voudrais, il/elle/on voudrait, nous voudrions, vous voudriez, ils/elles voudraient

aimer: j'aimerais, tu aimerais, il/elle/on aimerait, nous aimerions, vous aimeriez, ils/elles aimeraient

Exercice 1 Jean-Marie wants to do something with his friends, but everyone is busy. Complete the conversation with the correct forms of the verbs given in parentheses.

JEAN-MARIE: Dis, Christine, tu (vouloir) _____ (1) aller au cinéma ce soir?

CHRISTINE: Je (vouloir) _____ (2) bien, mais je ne (pouvoir) _____ (3) pas. Je (devoir) _____ (4) travailler.

JEAN-MARIE: Marc, toi et Jean-Claude, vous (vouloir) _____ (5) y aller?

MARC: Non, nous ne (pouvoir) _____ (6) pas. Nous n'avons pas assez de fric *(money, fam)*.

JEAN-MARIE: Mais dites donc… Vous êtes impossibles! Et ta sœur Martine, qu'est-ce qu'elle (faire) _____ (7)? Peut-être qu'elle (pouvoir) _____ (8) y aller avec moi?

MARC: Impossible. Elle (devoir) _____ (9) garder la petite Pauline.

JEAN-MARIE: Mais je ne (vouloir) _____ (10) pas y aller tout seul!

Exercice 2 You hear the following remarks at the café. Write the verbs in parentheses in the polite conditional form.

1. J'(aimer) _____ passer le week-end chez vous.
2. Tu (vouloir) _____ voir un film?
3. Marc (aimer) _____ trouver un nouveau job.
4. Qu'est-ce que tu (vouloir) _____ faire ce soir?
5. Serge (aimer) _____ finir son livre.
6. Tu (vouloir) _____ aller en boîte samedi?

Structure 5.2

Talking about going out with friends *Les verbes comme sortir*

The verb **sortir** means *to leave, to exit an enclosed place,* or *to go out with friends.*

sortir *(to leave; to exit; to go out)*	
je sors	nous sortons
tu sors	vous sortez
il/elle/on sort	ils/elles sortent

Notice that the verb **sortir** has two stems, one for the singular forms (**sor-**) and one for the plural forms (**sort-**).

Tu sors avec Michel et Nicole? *You're going out with Michel and Nicole?*
Nous sortons du café à 9h00. *We leave the café at 9 o'clock.*

The following verbs are conjugated like **sortir.** Note the different singular and plural stems.

	singulier	pluriel
partir *to leave, depart*	je **par**s	nous **part**ons
servir *to serve*	je **ser**s	nous **serv**ons
dormir *to sleep*	je **dor**s	nous **dorm**ons

Le train part pour Londres. *The train is leaving for London.*
Les enfants dorment jusqu'à 10h00. *The children sleep till 10:00.*

Exercice 3 Fill in the blanks with the appropriate forms of the verbs in parentheses.

1. À quelle heure est-ce que vous _____ (partir)?
2. C'est vrai qu'elle _____ (sortir) avec Pierre ce week-end?
3. Tu viens chez nous pour le dîner ce soir? Nous _____ (servir) une fondue suisse.
4. Ne faites pas trop de bruit, les enfants _____ (dormir) toujours.
5. Je _____ (partir) en vacances la semaine prochaine.
6. Tu _____ (sortir) à sept heures ce soir, n'est-ce pas?

Exercice 4 What are the following people doing this weekend? Fill in the blanks with the correct forms of **dormir, partir, servir,** or **sortir,** according to the context.

1. Nous _____ tard ce week-end. Nous aimons faire la grasse matinée.
2. Vous _____ avec Pierre ce soir? Vous allez au cinéma?
3. Elle _____ pour son bureau à neuf heures samedi matin.
4. Mes copains _____ de la boîte à minuit parce que leur résidence ferme à 1h00.
5. Tu _____ une salade et des sandwiches à tes amis.
6. Faustine et moi, nous _____ du magasin avec beaucoup de sacs.

Structure 5.3

Using pronouns to give emphasis *Les pronoms accentués*

French has a special set of pronouns called **pronoms accentués,** or stress pronouns. The chart that follows summarizes the subject pronouns and their corresponding stress pronouns.

pronom sujet	pronom accentué	pronom sujet	pronom accentué
je	**moi**	nous	**nous**
tu	**toi**	vous	**vous**
il	**lui**	ils	**eux**
elle	**elle**	elles	**elles**

Usage

The primary function of stress pronouns is to highlight or to show emphasis. Since subject pronouns in French cannot be stressed, the stress pronoun is frequently added to the subject pronoun in conversation for emphasis. Sometimes it is added at the end of the sentence.

Moi, j'aime le jus d'orange.
J'aime le jus d'orange, moi. } *I like orange juice.*

Lui, il aime le café. *He likes coffee.*

— Qui est-ce? — *Who is it?*
— C'est moi. — *It's me.*

Stress pronouns appear in many common expressions without a verb.

J'aime le thé. Et toi? *I like tea. And you?*
Moi aussi. *Me too.*
Et lui? *And him?*

They frequently appear after prepositions.

Pour nous, deux chocolats chaud. *For us, two hot chocolates.*
Tu vas chez toi? *Are you going home?*
Elle vient avec eux? *Is she coming with them?*

They can also be used with **à** to show possession.

Ce livre est à toi? *Is this book yours?*

- -

Exercice 5 Choose the person that corresponds to the italicized stress pronoun.

1. Philippe sort avec *elle*. (Marie-Josée / Henri)

2. Je vais dîner chez *eux*. (Luc et Jean / Émilie et Hélène)

3. Nous partons en vacances avec *elles*. (Marie-Josée et Henri / Hélène et Monique)

4. Elle travaille chez *lui*. (Max / Monique et Sophie)

5. Ils vont faire un voyage avec *nous*. (Mohammed et moi / Jacques et Djamila)

Exercice 6 Max meets his friends at a café. Complete their conversation with the appropriate stress pronouns. Read each group of sentences carefully to determine which pronouns are needed.

CLAIRE: Michel, _____ (1), il aime le chocolat chaud. _____ (2), nous préférons l'eau minérale. Et _____ (3), qu'est-ce que tu préfères?

MAX: J'aime le jus de fruits, alors pour _____ (4), un jus d'orange. Et pour _____ (5), Monique et Serge? Qu'est-ce que vous voulez?

MONIQUE: _____ (6), j'aime bien le thé au lait. Et _____ (7), Serge?

SERGE: Je ne veux rien. Ah! Voilà mes frères. Je dois partir avec _____ (8). Au revoir.

MICHEL: Où sont Nicole et Sandrine? Regarde, ce sont _____ (9) à la terrasse. Mais, qui est avec _____ (10)?

MAX: Je pense que c'est Amadou. Il est très sympa. Je vais chez _____ (11) pour mes leçons de piano. Sa mère est prof de musique.

MICHEL: Et il va à l'université, _____ (12) aussi?

MAX: Oui. Et nous sommes en cours de philo ensemble, _____ (13) et _____ (14).

Structure 5.4

Talking about eating and drinking *Prendre, boire et les verbes réguliers en* -re

The verb *prendre*

The verb **prendre** (*to take*) is irregular. It is used figuratively to mean *to have something to eat or drink*.

prendre *(to take)*	
je prends	nous prenons
tu prends	vous prenez
il/elle/on prend	ils/elles prennent

Elles ne prennent pas l'autobus. *They're not taking the bus.*
Nous prenons deux chocolats chauds. *We'll have two hot chocolates.*

Two other verbs that are formed like **prendre** are **apprendre** (*to learn*) and **comprendre** (*to understand*).

Je ne comprends pas.   *I don't understand.*
Nous apprenons le français.   *We are learning French.*

The verb *boire*

The verb **boire** (*to drink*) is also irregular.

boire *(to drink)*	
je bois	nous buvons
tu bois	vous buvez
il/elle/on boit	ils/elles boivent

Après mon cours de yoga,   *After my yoga class,*
  je bois de l'eau.   *I drink water.*

Note that **boire** is often replaced by the verb **prendre,** which is used both for eating and drinking. One might ask: **Vous voulez quelque chose à boire** *(something to drink)***?** When placing an order, however, it is more common to say: **Moi, je prends un coca.**

Regular *-re* verbs

To conjugate regular **-re** verbs, drop the **-re** ending of the infinitive and add the endings shown in the chart.

attendre *(to wait for)*	
j'attends	nous attendons
tu attends	vous attendez
il/elle/on attend	ils/elles attendent

Ils attendent leurs amis au café.   *They are waiting for their friends at the café.*
Je n'attends pas le bus.   *I'm not waiting for the bus.*

Note that the verb **attendre** means *to wait for,* so it is never followed by a preposition. The preposition is included in the meaning of the verb.

Other common regular **-re** verbs are the following:

entendre	*to hear*
perdre	*to lose*
rendre	*to return (something)*
répondre	*to answer*
vendre	*to sell*

Tu vends ton vélo?   *Are you selling your bike?*
Vous répondez vite à vos courriels.   *You answer your e-mails quickly.*

- -

Exercice 7 Paul and his friends are at the café. Complete their dialogue with the appropriate forms of the verb **prendre.**

PAUL: Qu'est-ce que vous _____ (1)?

GUY: Je _____ (2) euh… je ne sais pas. Marie, qu'est-ce que tu _____ (3)?

MARIE: Un café.

GUY: Moi, je préfère quelque chose de sucré. Alors, je voudrais un Orangina.

PAUL: Alors, Marie et moi, nous _____ (4) un café. Guy _____ (5) un Orangina.

Exercice 8 It's 11 o'clock and everyone is busy. Fill in the blanks to describe what people are doing.

1. J'(attendre) _____ ma camarade de chambre au café.

2. L'instituteur (perdre) _____ patience avec les élèves.

3. Nous (boire) _____ du thé avec nos croissants.

4. Tu (répondre) _____ au téléphone.

5. Les professeurs (rendre) _____ les devoirs aux étudiants.

6. Toi et moi, nous (attendre) _____ notre bus.

7. Christine (vendre) _____ un livre à un client à la librairie universitaire.

8. Vous (apprendre) _____ le français.

Exercice 9 Françoise is just leaving the café and sees her friend Lucienne at another table. Complete their conversation by choosing the logical verb for each sentence from the list provided and writing in the appropriate form.

entendre   **comprendre**
attendre (2 fois) **prendre (2 fois)**
être

FRANÇOISE: Salut, Lucienne. Ça va?

LUCIENNE: Oui, ça va.

FRANÇOISE: Tu _____ (1) quelqu'un?

LUCIENNE: J(e) _____ (2) mon ami Denis. Et toi?

FRANÇOISE: J'étudie. Écoute… Qu'est-ce que c'est? Est-ce que tu _____ (3) de la musique?

LUCIENNE: Oui, ça doit être Denis. Il a toujours son iPod.

DENIS: Salut, vous deux. Vous _____ (4) quelque chose? Moi, je _____ (5) une bière.

FRANÇOISE: Bonjour, Denis. Je vous laisse. Je vais à la bibliothèque pour étudier ma leçon de chimie. Le cours _____ (6) très difficile et mes amis et moi, nous ne _____ (7) rien (*nothing*).

LUCIENNE: Bon courage, Françoise. Au revoir et étudie bien.

Structure 5.5

Asking questions *L'interrogatif*

Yes/no questions

You are already familiar with two basic ways to ask questions in French.

- By using rising intonation:

  Tu parles français?   *You speak French?*

- By adding **est-ce que (qu')** to a sentence:

  Est-ce que tu parles français?   *Do you speak French?*

There are two other common ways of asking yes/no questions.

- By adding the tag question **n'est-ce pas** or **non** at the end of the sentence and using rising intonation. In informal conversation, **hein** is often used.

  Tu parles français, n'est-ce pas?   *You speak French, don't you?*

  C'est pas mal, hein?   *It's not bad, huh?*

- By using inversion, in which the normal position of the subject and the verb is reversed.

  Tu parles français. → Parles-tu français?   *Do you speak French?*

Inversion is considered somewhat formal, but it is usually used in such frequently asked questions as **Quelle heure est-il?** *(What time is it?)* and **Quel temps fait-il?** *(What's the weather like?).* Follow these guidelines for forming inversion questions:

1. When you invert the subject and verb, connect them with a hyphen.

   Allez-vous au cinéma?   *Are you going to the movies?*

2. When inverting **il, elle,** or **on** with a verb that does not end in **d** or **t**, add **-t-** between the verb and the subject.

   Joue-t-elle de la guitare?   *Does she play the guitar?*
   Va-t-on au café?   *Are we going to the café?*

   BUT:

   Prend-il un café?   *Is he having coffee?*
   Est-ce votre portable?   *Is it your cell phone?*

3. When nouns are used in inversion questions, state the noun and then invert the verb with the corresponding subject pronoun.

   Ton ami fait-il le ménage?   *Does your friend do housework?*
   Véronique va-t-elle en classe?   *Is Véronique going to class?*

4. Inversion is generally not used when the subject is **je.** Use **est-ce que** instead.

   Est-ce que je vais chez Paul ou pas?   *Am I going to Paul's or not?*

Information questions

The following question words are used to request information.

combien	*how much*	C'est combien?	*How much is it?*
combien de/d' + noun	*how much / many*	Combien de croissants voulez-vous?	*How many croissants do you want?*
comment	*how*	Comment ça va?	*How are you?*
	what	Comment est ton frère? Comment?	*What is your brother like? What? Huh?*
où	*where*	Où est le Café de Flore?	*Where is the Café de Flore?*
d'où	*from where*	D'où êtes-vous?	*Where are you from?*
pourquoi	*why*	Pourquoi étudies tu l'anglais?	*Why do you study English?*
quand	*when*	Quand est-ce que tu rentres chez toi?	*When are you going home?*
que (qu')	*what*	Qu'est-ce que tu prends?	*What are you having to drink?*
quel(le)(s)	*which, what*	Quel film voulez-vous voir?	*What film do you want to see?*
qui	*who*	Qui est-ce?	*Who is it?*

Note:

1. The question **pourquoi** is usually answered with **parce que.**

   — Pourquoi étudies-tu l'anglais?   — *Why are you studying English?*
   — Parce que j'aime Shakespeare.   — *Because I like Shakespeare.*

2. **Quel** (*which* or *what*) is an adjective that must agree with the noun it modifies. Its four forms are **quel, quelle, quels, quelles.**

   Quel jus préfères-tu?   *What / Which juice do you prefer?*
   Quelle heure est-il?   *What time is it?*
   Quels films veux-tu voir?   *What movies do you want to see?*
   Quelles places sont libres?   *Which seats are free?*

Quel and its forms are also used to make exclamations.

   Quel beau temps!   *What beautiful weather!*
   Quelle belle robe!   *What a beautiful dress!*

Usage

You can make information questions by using one of the following question patterns:

- intonation, common in casual speech

   Où tu habites?   *Where do you live?*
   Tu habites où?   *You live where?*

- **est-ce que,** used in formal or informal speech and writing

   Qui est-ce que tu attends?   *Who are you waiting for?*
   Qu'est-ce que tu prends?   *What'll you have?*

- inversion, generally used in formal speech and in writing

   Pourquoi vas-tu au café?   *Why are you going to the café?*
   Où va-t-elle?   *Where is she going?*

Exercice 10 The following questions are included in a survey about finding a perfect partner. Reformulate the questions in a more informal way that you could use when talking with your friends.

1. Aimes-tu danser? (n'est-ce pas)
2. Es-tu nerveux (nerveuse) quand tu es avec mes parents? (est-ce que)
3. Tes parents sont-ils compréhensifs? (intonation)
4. Aimes-tu lire, passer du temps sur ton ordinateur ou regarder la télévision le soir? (est-ce que)
5. Joue-t-il bien? (hein)
6. Est-il important d'être romantique et affectueux (affectueuse)? (n'est-ce pas)

Exercice 11 You work for the school paper and plan to interview a new professor from France. As you prepare your notes for this formal interview, reformulate your questions with inversion.

1. Vous êtes d'où?
2. Vous enseignez les sciences politiques?
3. C'est votre première visite aux États-Unis?
4. Votre famille est ici avec vous?
5. Vous avez des enfants?
6. Votre mari est professeur aussi?
7. Il parle anglais?
8. Vous pensez rester aux États-Unis?

Exercice 12 The following exchanges might be heard in a café as people chat. Based on the information provided in the answers, complete the questions with the appropriate question word(s).

1. — _____ sont tes parents?
   — Mes parents sont attentifs et relax.

2. — _____ habite ta sœur?
   — Elle habite à Atlanta.

3. — _____ est-ce?
   — C'est ma tante.

4. — _____ tu prends un café?
   — Parce que j'ai un examen dans une heure.

5. — _____ tu étudies?
   — J'étudie la biologie.

6. — Ton copain, _____ s'appelle-t-il?
   — Il s'appelle Marc.

7. — _____ es-tu?
   — Je suis de Minneapolis.

8. — _____ chiens as-tu?
   — J'ai deux chiens.

9. — _____ cours as-tu aujourd'hui?
   — J'ai un cours d'histoire et un cours de maths.

10. — _____ bel homme! Il est marié?
    — Oui, hélas, il est marié.

Tout ensemble!

Two friends, Kathy and Isabelle, meet at the café. Complete their conversation by selecting the appropriate words from the list.

à quelle	pourquoi	sortent
dois	prenez	toi
est-ce que	qu'est-ce que	voudrais
moi	quelle	voulez
où	devons	
pour	sors	

LE GARÇON: Mesdames, qu'est-ce que vous _____ (1)?

ISABELLE: Je _____ (2) un verre de vin rouge, s'il vous plaît.

KATHY: Et _____ (3) moi, un crème. Tiens, voilà ta sœur et son petit ami. Eux, ils _____ (4) ensemble très souvent, n'est-ce pas? _____ (5) vont-ils ce soir?

ISABELLE: Au cinéma. Ils vont voir le nouveau film d'Emmanuelle Béart. C'est mon actrice préférée. Quelle actrice _____ (6) tu préfères?

KATHY: J'aime Audrey Tautou, _____ (7).

ISABELLE: Ah oui? _____ (8)?

KATHY: Mmm, parce qu'elle est belle et puis, elle a du talent.

LE GARÇON: Voilà, mesdames. Un verre de vin rouge et un crème. Vous _____ (9) autre chose?

ISABELLE: Non, c'est tout, merci. Kathy, il est déjà neuf heures. _____ (10) heure est-ce que tu dois partir?

KATHY: Je _____ (11) rentrer chez moi vers dix heures. _____ (12) tu fais ce week-end?

ISABELLE: Ce week-end? Dimanche, nous _____ (13) aller voir ma grand-mère. Et _____ (14)?

KATHY: Je travaille. Mais je _____ (15) samedi soir avec des amis. Tu veux venir avec nous?

ISABELLE: Cool! _____ (16) bonne idée!

Complete the diagnostic tests in **iLrn** to test your knowledge of the grammar and vocabulary in this chapter.

VOCABULAIRE

Noms

Les boissons (f) — Drinks

une bière	a beer
un café / un expresso	a coffee, an espresso
un (café) crème	a coffee with steamed milk
un chocolat chaud	a hot chocolate
un Coca (light)	a (diet) Coke
un demi	a glass of draft beer
une eau minérale	a mineral water
un jus d'orange	an orange juice
un thé au lait	a hot tea with milk
un thé citron	a hot tea with lemon
un thé nature	a hot tea (plain)
un (verre de vin) rouge	a (glass of) red wine

La météo — The weather

Il fait 30° (trente degrés).	It's thirty degrees.
Il fait beau.	It's nice weather.
Il fait chaud.	It's hot.
Il fait froid.	It's cold.
Il fait mauvais.	It's bad weather.
Il neige.	It's snowing.
Il pleut.	It's raining.
Il y a des nuages.	It's cloudy.
Il y a du soleil.	It's sunny.
Il y a du vent.	It's windy.
la neige	snow
le soleil	sun
le vent	wind

Adjectifs

chaud(e)	hot
frais (fraîche)	cool
froid(e)	cold
impossible	impossible
pris(e)	taken, not available
seul(e)	alone

Verbes

aller en boîte	to go to a club
aller voir	to go see
apprendre	to learn
attendre	to wait for
boire	to drink
commander	to order (at a café, restaurant)
comprendre	to understand
désirer	to want
devoir	must, to have to; to owe
discuter (de)	to discuss
dormir	to sleep
entendre	to hear
faire la connaissance (de)	to meet, to make someone's acquaintance

inviter	to invite
laisser un message	to leave a message
partir (en vacances)	to leave, to depart (on vacation)
perdre	to lose
pouvoir	can, to be able to
prendre	to take; to have food
rappeler	to call back
rendre	to return (something)
répondre	to answer
servir	to serve
sortir	to leave, to exit; to go out
vendre	to sell
vouloir	to want

Mots interrogatifs

combien (de)	how much (how many)
comment	how (what, huh)
(d')où	(from) where
pourquoi	why
quand	when
que	what
quel(le)	which, what

Pronoms accentués

moi	me
toi	you
elle(s)	her (them)
lui	him
nous	us
vous	you
eux	them

Mots divers

avec	with
une boîte (de nuit)	a club
un café	a coffee shop
une carte	a menu
d'habitude	usually
ensemble	together
une idée	an idea
parce que	because
une place	a seat
pour	for
quelque chose (à boire)	something (to drink)
quelqu'un	someone
un rendez-vous	an appointment; a date
un sandwich jambon beurre	a ham sandwich with butter
toujours	all the time, always

Mots apparentés: un croissant, un instant, un message, un moment, un portable, un sandwich

Expressions utiles

(See pages 126–127 for additional expressions.)

allô	*hello (when answering the phone)*
C'est de la part de qui?	*Who is calling?*
(C'est) Dommage.	*(That's) Too bad.*
D'accord.	*Okay.*
Je peux laisser un message?	*May I leave a message?*
Je peux parler à ____, s'il te (vous) plaît?	*May I speak with ____, please?*
Je vais rappeler plus tard.	*I will call back later.*

(See page 131 for additional expressions.)

Désolé(e). Je suis occupé(e).	*Sorry. I'm busy.*
Malheureusement, je ne peux pas.	*Unfortunately, I can't.*
Oui, je veux bien.	*Sure, I'd like to. Yes, please.*

peut-être	*maybe*
Qu'est ce que tu vas faire ce week-end?	*What are you going to do this weekend?*
Tu aimerais faire quelque chose?	*Would you like to do something?*
Tu veux sortir ce soir?	*Do you want to go out tonight?*

(See page 142 for additional expressions.)

D'où êtes-vous?	*Where are you from?*
Je vous (te) connais?	*Do I know you?*
Pardon, est-ce que cette place est libre?	*Excuse me, is this seat free?*
Quel beau temps, n'est-ce pas?	*What nice weather, isn't it?*
Vous attendez (Tu attends) quelqu'un?	*Are you waiting for someone?*

◀)) Vocabulaire supplémentaire

Noms

Rendez-vous au café

un citron pressé	*a fresh-squeezed lemonade*
une infusion	*an herbal tea*
un jus de pomme	*an apple juice*
une limonade	*a lemon-lime soda*
un Orangina	*an orange soda (brand name)*
une terrasse	*an outdoor seating area of a café*

Adjectifs

alcoolisé(e)	*containing alcohol*
sucré(e)	*sweetened*

Verbes

appeler	*to call*
continuer	*to continue*
rappeler	*to call back*

Expressions utiles

La météo

la saison des pluies	*the rainy season*
la saison sèche	*the dry season*

Il fait doux.	*It's mild.*
Il fait lourd.	*It's humid.*
Il fait frais.	*It's cool.*
Il y a des éclaircies.	*It's partly cloudy.*
Il y a des orages.	*It's stormy.*
Il y a du brouillard.	*It's foggy.*

Le café

Ça te dit d'aller prendre un café?	*How about going for a coffee?*
Je t'invite.	*It's my treat.*
prendre une pause	*take a break*

Mots divers

un billet	*a ticket*
C'est pas grave. *(fam)*	*It's not important.*
Ne quittez pas.	*Please hold (on phone).*
quand même	*anyway*
une soirée	*an evening (party)*

Un kiosque à Nice, sur la Côte d'Azur. Quel journal lisez-vous?

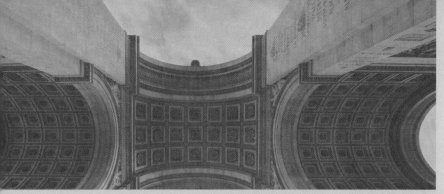

Module 6

Qu'est-ce qui s'est passé?

In this chapter, you will learn how to talk about past events: what you did over the weekend, where you went on your last vacation. You will also learn how to recount a brief anecdote and be an active listener. **Perspectives culturelles** will help you understand why the French are well known for their vacations and how to follow the French press. You will also learn how to talk about the lives of several historical figures in the French-speaking world.

Thème: Hier

Structure 6.1: Talking about what happened *Le passé composé avec* **avoir**

Prononcez! Présent ou passé?

Pratique de conversation: Comment raconter et écouter une histoire (introduction)

Thème: Parlons de nos vacances

Structure 6.2: Narrating in the past *Le passé composé avec* **être**

Perspectives culturelles: Les congés payés

Thème: Personnages historiques francophones

Structure 6.3: Using verbs like *venir* and telling what just happened *Les verbes comme* **venir** *et* **venir de** + *infinitif*

Thème: Les informations et les grands événements

Structure 6.4: Using verbs like *choisir Les verbes comme* **choisir**

Structure 6.5: Avoiding repetition *Les pronoms d'objet direct* **le, la, les**

Perspectives culturelles: Les infos se transforment

Voix en direct: Comment est-ce que vous vous informez?

À lire, à découvrir et à écrire

Lecture: Jacques Brel: *Chanteur en rébellion*

i lrn Voix en direct (suite)

Expression écrite
À vos marques, prêts, bloguez!
Mon personnage historique préféré

Ressources
🔊 Audio ▶ Video **i lrn** ilrn.heinle.com
🌐 www.cengagebrain.com

cent cinquante-neuf **159**

Hier

Structure 6.1

Talking about what happened *Le passé composé avec **avoir***

The **thème Hier** focuses on what you did yesterday and highlights the **passé composé**, a verb tense used to tell what happened and to recount past events. See pages 183–184 for a discussion of this tense. Time expressions that explain when an event took place appear on page 184.

Qu'est-ce que vous avez fait hier?

Angèle a étudié pour un examen.

M. et Mme Montaud ont joué aux cartes.

Serge a regardé une série à la télévision.

Mme Ladoucette a fait une promenade dans le parc avec son chien.

Véronique a pris des photos du coucher de soleil.

Stéphane a attendu le bus sous la pluie.

Credits: © Cengage Learning

Notez et analysez

In the picture captions, you can see that the **passé composé** form has two parts, first the auxiliary, or helping verb, and then a form of the base verb called the past participle. Identify the auxiliary verb. What forms of that verb do you see? Locate the past participles and give their infinitives.

© Kim Jansma

Hier après-midi, Jérôme a joué avec un petit bateau dans le bassin du jardin du Luxembourg. Et vous, qu'est-ce que vous avez fait hier?

Activité 1 Les activités d'hier

Indiquez si vous avez fait les activités suivantes hier.

	Oui	Non
1. J'ai fait du sport.	_____	_____
2. J'ai regardé les infos *(news)* en ligne.	_____	_____
3. J'ai pris des photos.	_____	_____
4. J'ai regardé mes emails.	_____	_____
5. J'ai surfé sur Internet.	_____	_____
6. J'ai perdu mon téléphone portable.	_____	_____
7. J'ai mangé à la cafétéria.	_____	_____
8. J'ai travaillé.	_____	_____

🔊 CD2-2

Prononcez! Présent ou passé? When you talk about the past it's important to make the distinction between **je** and **j'ai. Je** is simply the subject pronoun; **j'ai** is used for the **passé composé.**

A. Écoutez les phrases suivantes et marquez **présent** ou **passé.**

	présent	passé composé		présent	passé composé
1.	❑	❑	**5.**	❑	❑
2.	❑	❑	**6.**	❑	❑
3.	❑	❑	**7.**	❑	❑
4.	❑	❑	**8.**	❑	❑

B. Avec un(e) partenaire, prononcez un verbe de chaque paire. Encerclez **présent** ou **passé.** Puis changez de rôles.

> **Modèle:** Vous dites: j'ai parlé
> Votre partenaire dit: *le passé*

1. je fais – j'ai fait   **4.** je mange – j'ai mangé

2. je chante – j'ai chanté   **5.** je choisis – j'ai choisi

3. je prends – j'ai pris   **6.** je vends – j'ai vendu

Activité 2 Hier soir

Qu'est-ce que les étudiants de la classe ont fait *hier soir*? Posez les questions suivantes à un(e) camarade.

1. Tu as regardé la télé? Qu'est-ce que tu as regardé?
2. Tu as envoyé un texto? À qui?
3. Est-ce que tu as travaillé? Quand? Où?
4. Est-ce que tu as dîné au restaurant? Où? Avec qui?
5. Tu as consulté ta page Facebook? Pendant combien de temps?
6. Est-ce que tu as étudié? Pour quel cours?

🔊 Expressions utiles

CD2-3

Quelques expressions de temps

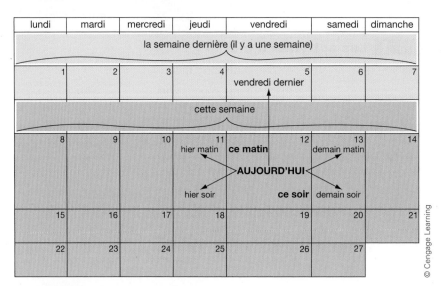

Notez et analysez

Find the expressions on the time line for *last week* and *last Friday*. How would you say *last year*? **l'année… last month**? **le mois… Il y a une semaine** means *a week ago*. How would you say *two days ago*?

Activité 3 La dernière fois…

Avec un(e) partenaire, dites quand vous avez fait les activités suivantes pour la dernière fois *(last time)*. Utilisez une expression de temps au passé dans votre réponse.

Modèle: parler anglais en classe
Quelle est la dernière fois que tu as parlé anglais en classe?
J'ai parlé anglais en classe ce matin. Et toi?

Quelle est la dernière fois que tu as…

1. téléphoné à tes parents
2. fait un voyage
3. été en retard pour un rendez-vous
4. cherché un(e) ami(e) sur Facebook
5. perdu tes clés *(keys)*
6. dormi en classe
7. lu un bon livre

Activité 4 Vous êtes curieux (curieuse)!

A. Qu'est-ce que votre professeur a fait hier? Vous avez un maximum de six questions pour trouver trois de ses activités. Il/Elle va répondre **oui** ou **non.**

Modèle: *Est-ce que vous avez regardé la télévision?*

B. Faites la même activité avec un(e) camarade de classe. Utilisez **tu** avec votre camarade.

Modèle: *Est-ce que tu as regardé la télévision?*

Comment raconter et écouter une histoire (introduction)

© Tetra Images/glowimages.com

Réfléchissez et considérez

When we speak with others, especially when telling a story, we like to know people are listening. Active listeners give feedback.

1. First, how do you ask someone to tell you what happened? When you're listening to the answer, how do you express surprise? How do you indicate your interest and encourage the speaker to continue?
2. When you're telling a story, what words do you use to order the events?
3. Look at the list of **Expressions utiles** and find the French equivalents for the English expressions you've identified.

🔊 Expressions utiles

CD2-4

Si vous écoutez une histoire...

Pour commencer

Qu'est-ce qui s'est passé?	
Qu'est-ce qui est arrivé? }	*What happened?*

Pour réagir

Ah oui?	*Really?*
Et alors?	*And then (what)?*
Ah bon?	*Yes? (Go on . . .)*
Vraiment?	*Really?*
Pas possible!	*Unbelieveable!*
Dis donc!	*Wow!*
Oh là là!	*Oh, my goodness! / Unbelievable!*
Formidable! Super!	*Great!*
Zut alors! / Mince!	*Oh no!*

Si vous racontez une histoire...

Voilà ce qui s'est passé...	*This is what happened . . .*
Alors...	*So . . .*

Pour continuer

D'abord...	*First . . .*
Et puis...	*And then . . .*
Alors... / Ensuite...	*Then . . .*
Euh...	*Uh, um . . .*
Après...	*Then . . .*
Enfin...	*Finally . . .*

Écoutons ensemble! Au restau-U

Vous êtes dans le restaurant universitaire où vous entendez des conversations.

A. Lisez d'abord les commentaires dans la colonne de gauche. Puis, trouvez la réponse appropriée à chacun dans la colonne de droite. Ensuite, écoutez les conversations et vérifiez vos réponses.

1. Tu sais, Marc a eu un accident de moto sur l'autoroute!

2. Dis, Claire, je pense que je vais avoir une promotion!

3. J'ai vu la cousine de Mohammed. Elle dit qu'il est parti pour Paris.

4. Hervé m'a invitée à aller en vacances avec sa famille!

5. Sylvie, tu es toute rouge! Pourquoi?

6. Cet après-midi, nous allons nous balader à vélo.

7. J'ai perdu mon livre de français.

a. Vraiment? Félicitations!

b. Ah oui? Qu'est-ce qu'il va faire à Paris?

c. Eh ben, voilà ce qui s'est passé. Je t'explique…

d. Zut alors. Qu'est-ce que tu vas faire?

e. Ah oui? Qu'est-ce que vous allez faire après?

f. Dis donc! Tu vas y aller?

g. Oh là là! C'est grave? Il est à l'hôpital?

B. Maintenant, lisez les mini-dialogues avec un(e) partenaire. Puis, inventez votre propre dialogue et jouez-le pour vos camarades.

 Activité 5 Une conversation entre amis

Faites des mini-échanges avec votre partenaire en suivant le modèle. Ensuite, changez de rôles.

Modèle: — *J'ai perdu mon agenda.*
— *Vraiment? Qu'est-ce que tu vas faire?*

1. J'ai deux examens demain!
2. Mon coloc a pris mes lunettes de soleil.
3. J'ai oublié de rendre mon devoir de chimie.
4. Mon ex-copain m'a envoyé *(sent me)* un message sur Facebook.
5. Mes parents arrivent demain.
6. J'ai perdu mon portable.

 Activité 6 Un voyage récent

Quelle ville avez-vous visitée récemment? Suivez le modèle pour décrire brièvement votre visite. Votre partenaire réagit en utilisant les expressions de la liste à la page 163.

Modèle: — *J'ai voyagé à Madrid.*
— *Ah oui?*
— *J'ai vu la Puerta del Sol et j'ai visité le Prado.*
— *Vraiment? / Dis donc!*

Activité 7 **Routines logiques?**

Remettez les activités dans l'ordre chronologique et ajoutez **d'abord, puis, ensuite, alors** et **enfin.** La première activité est déjà mise *(put back)* dans l'ordre pour vous.

> **Modèle:** **Une soirée entre amis.** Le week-end dernier, j'ai invité des amis chez moi pour une soirée. D'abord, j'ai…

- **a.** préparé le dîner.
- **b.** fait les présentations.
- **c.** téléphoné à mes amis pour les inviter.
- **d.** fait les courses.

Dans l'ordre chronologique: D'abord, (c) j'ai téléphoné à mes amis pour les inviter. Puis, (d) j'ai fait les courses. Ensuite, (a) j'ai préparé le dîner. Enfin, (b) j'ai fait les présentations.

1. **Un examen.** Vendredi dernier, Manuel avait un examen d'histoire. D'abord, il a…

   - **a.** retrouvé un groupe d'amis pour étudier ensemble.
   - **b.** passé l'examen pendant deux heures.
   - **c.** révisé les notes de classe.
   - **d.** beaucoup dormi après l'examen.

2. **Un match de tennis.** Samedi dernier, tu as joué au tennis. D'abord, tu as…

   - **a.** réservé un court au stade municipal.
   - **b.** pris une douche *(shower)* avant de rentrer.
   - **c.** joué deux sets de tennis.
   - **d.** retrouvé ton partenaire au stade.

3. **Une soirée au cinéma.** Le week-end dernier, nous avons vu un film avec des amis. D'abord, nous avons…

   - **a.** vu le film.
   - **b.** pris le métro pour aller au cinéma Rex.
   - **c.** dîné dans un restaurant qui reste ouvert jusqu'à minuit.
   - **d.** cherché un bon film dans *Pariscope.*

4. **Pour louer un appartement.** D'abord, Marianne a…

   - a. surfé sur Internet pour trouver un studio pas cher.
   - **b.** décidé de le louer.
   - **c.** téléphoné à la propriétaire pour prendre rendez-vous.
   - **d.** vu le studio.

5. **La fin de la journée.** D'abord, j'ai…

   - **a.** fait mes devoirs.
   - **b.** décidé d'aller au lit.
   - **c.** commencé à regarder un mauvais film.
   - **d.** regardé les infos à la télé.

Parlons de nos vacances

Structure 6.2

Narrating in the past *Le passé composé avec être*

You have just learned to form the **passé composé** with the auxiliary verb **avoir.** French also has a small number of verbs conjugated with **être** in the **passé composé.** Many of them involve movement. You will use these verbs to talk about your travels: where you went, when you arrived, when you returned, and so forth. For a complete discussion of the **passé composé** with **être,** see page 185.

Notez et analysez

The **Auberge Vandertramps** is a mnemonic device to help you remember key verbs that are conjugated with **être** in the **passé composé.** Try looking for the verbs that correspond to each letter in the name VANDERTRAMPS. What verb begins with a "V?" The "A" is for what verbs? Which two verbs do NOT involve movement?

© Cengage Learning

Activité 8 **Notre premier jour à l'auberge**

Lisez la description en regardant l'image à la page 166 et indiquez si c'est vrai ou faux.

	Vrai	Faux
1. Le taxi est arrivé devant l'auberge.	_____	_____
2. L'homme d'affaires est monté dans le taxi.	_____	_____
3. Une jeune fille est entrée dans l'auberge.	_____	_____
4. Un petit chat est tombé de l'arbre.	_____	_____
5. Un petit oiseau est mort.	_____	_____
6. Une vieille femme est allée chercher un taxi.	_____	_____
7. Une femme est retournée à l'auberge à vélo.	_____	_____
8. Une femme est sortie de l'auberge avec un sac à dos.	_____	_____

CD2-6

Écoutons ensemble! Des vacances ratées ou réussies?

Vous entendez les personnes suivantes parler de leurs vacances. Indiquez si elles ont passé de bonnes vacances (**vacances réussies**) ou de mauvaises vacances (**vacances ratées**).

	vacances réussies	vacances ratées
1.	❏	❏
2.	❏	❏
3.	❏	❏
4.	❏	❏
5.	❏	❏
6.	❏	❏

Activité 9 **Jalousie!**

Le week-end dernier, vous êtes parti(e) sans rien dire (*without saying anything*) à votre copain / copine. À votre retour, votre copain / copine, très jaloux(-se) (*jealous*), vous pose beaucoup de questions. Reconstituez la conversation en faisant correspondre les questions à gauche avec les réponses à droite.

1. _____ Où est-ce que tu es parti(e)?

2. _____ Je t'ai appelé(e) 20 fois! Tu n'as pas pris ton portable?

3. _____ Tu es allé(e) faire du camping avec qui?

4. _____ Qu'est-ce que vous avez fait?

5. _____ Vous êtes restés au camping tout le temps?

6. _____ Quand est-ce que tu es rentré(e) chez toi?

a. Oui, on n'est pas sortis du camping.

b. Je suis parti(e) faire du camping près de la plage.

c. J'ai oublié mon chargeur chez moi…

d. Dimanche soir. Dis, tu n'es pas un peu jaloux(-se), toi?

e. Avec des copains.

f. Eh bien, des promenades, des barbecues, du camping, quoi!

Activité 10 **Mauvais départ**

Regardez les images et écoutez l'histoire. Ensuite, recomposez l'histoire vous-même.

Expressions utiles: aller chercher l'équipement de camping, amener le chat, fermer les volets, ranger les bagages dans le coffre, accrocher la caravane, sortir de la maison, chercher les clés, trouver, partir, rester derrière

Nom des personnages: M. Montaud, Mme Montaud, Céline

1.

2.

3.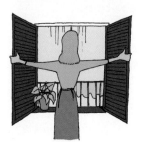

4.

5.

6.

7.

8.

9.

10.

Credits: © Cengage Learning

Activité **11** Votre dernier voyage

Avec votre partenaire, parlez de votre dernier voyage. Après, racontez à la classe ce que votre partenaire a fait.

- Où est-ce que vous êtes allé(e)? Avec qui?
- Quand est-ce que vous êtes parti(e)?
- Pendant combien de temps est-ce que vous êtes resté(e) là-bas?
- Qu'est-ce que vous avez fait?
- Qu'est-ce que vous avez vu / mangé d'intéressant?
- Quand est-ce que vous êtes rentré(e) chez vous?
- Dans l'ensemble, est-ce que vous avez passé de bonnes vacances?

Modèle: ÉTUDIANT(E) 1: *Je suis allé(e) dans le Colorado avec des copains. Je suis parti(e) le 15 juillet et je suis resté(e) là-bas pendant 2 semaines. J'ai fait des randonnées et du camping à la montagne. J'ai fait des barbecues et j'ai mangé des choses typiques: brochettes (skewers), pommes de terre, guimauve (marshmallows). Je suis rentré(e) chez moi le 30 juillet. Dans l'ensemble, j'ai passé de très bonnes vacances!*

ÉTUDIANT(E) 2: *Mon/Ma partenaire est allé(e) dans le Colorado avec des copains. Il/Elle est parti(e) le 15 juillet et il/elle est resté(e) là-bas pendant 2 semaines. Il/Elle a fait des randonnées et du camping à la montagne. Il/Elle a fait des barbecues et il/elle a mangé des choses typiques: brochettes, pommes de terre, guimauve. Il/Elle est rentré(e) chez lui/elle le 30 juillet. Dans l'ensemble, il/elle a passé de très bonnes vacances.*

© Alexey Kamenskiy/Shutterstock.com

Les congés payés

paid vacation

Les Français aujourd'hui sont les champions du monde du congé payé° avec 39 jours de congés annuels. Ce chiffre les place avant les Allemands avec 27 jours et les Britanniques avec 24 jours. Les non-Européens arrivent bien derrière. Les Canadiens ont 19 jours et aux États-Unis, où 14 jours de vacances est typique, les congés payés ne sont pas garantis par la loi°.

law

right

Les travailleurs français ont gagné le droit° aux congés payés pour la première fois en 1936 et, depuis°, «les vacances pour tous» est devenue° une valeur sociale importante. Avant cette victoire pour les travailleurs, le tourisme était réservé aux gens aisés°.

since then
has become

well-off

summer vacation

Les Français prennent d'habitude la plupart de leurs vacances—trois semaines— pendant les grandes vacances°, surtout au mois d'août. Les jours des «grands départs», les autoroutes sont bondées°: des voitures roulent en direction de la plage laissant° la capitale presque déserte. Dans ce pays, on prend les vacances au sérieux. C'est une période d'évasion des soucis° du travail. Seul 18 pour cent des Français consultent leurs messageries électroniques° pendant leurs congés.

crowded

leaving

worries

e-mail

"On prend les vacances au sérieux"

© RICLAFE/SIPA

(Étude internationale Expedia-Harris 2006

www.tourmag.com/Les-Francais-champions-du-monde-des-jours-de-conges_a13442.html - 61k)

Dates importantes dans l'histoire des congés payés en France

1936 deux semaines
1956 trois semaines
1969 quatre semaines
1982 cinq semaines

▮▮ Avez-vous compris?

Dites si les phrases suivantes sont vraies ou fausses. Corrigez les phrases fausses.

	Vrai	Faux
1. Les Américains ont droit à deux semaines de vacances par an.	_____	_____
2. Les vacances des Français sont plus longues que les vacances des Québécois.	_____	_____
3. Juin est le mois des grands départs pour les vacances en France.	_____	_____
4. La mer est une destination favorite des vacanciers français.	_____	_____
5. En Grande-Bretagne comme en Allemagne, les congés payés sont un droit.	_____	_____
6. Le concept de «working vacation» est populaire chez les Français.	_____	_____

Personnages historiques francophones

Structure 6.3

Using verbs like *venir* and telling what just happened *Les verbes comme **venir** et **venir de** + infinitif*

This **thème** presents a set of irregular -ir verbs conjugated like **venir**. You will also be working with **venir de** followed by the infinitive to talk about what has just taken place. See pages 186–187 for further information.

Notez et analysez

All of the boldfaced verbs in the biography of Jacques Cartier below are conjugated like **venir**. Identify the infinitives of these verbs.

Jacques Cartier découvre le Canada

Né un an avant que Christophe Colomb découvre l'Amérique en 1492, l'explorateur Jacques Cartier **vient** de Saint-Malo, une ville de Bretagne sur l'Atlantique. Il **devient** navigateur, et en 1532, le roi de France, François 1ᵉʳ, le choisit pour partir en expédition au Canada: il a pour mission de trouver un passage pour l'Asie et ses richesses.

Parti de France le 20 avril 1534, Jacques Cartier arrive à Terre-Neuve après seulement 20 jours de voyage. Là-bas, il rencontre des Iroquois qui **viennent** souvent pêcher° près du Saint-Laurent. Quand Cartier **revient** en France en septembre, il a avec lui deux Amérindiens°.

to fish

American Indians

Pour son deuxième voyage en 1535, Jacques Cartier **obtient** trois navires° du roi de France, avec à bord des vivres° pour 15 mois et les deux Amérindiens qui parlent

ships

food supplies

maintenant français. Pendant son séjour, il nomme Mont Royal, la ville qu'on connaît maintenant sous le nom de Montréal. Il **maintient°** de bonnes relations avec les divers groupes amérindiens qui sauvent° même les marins° français du scorbut°, grâce à une infusion d'écorce de pin°.

maintains

saves

sailors / scurvy

pinetree bark tea

Mais François 1ᵉʳ **tient à°** trouver de l'or° et d'autres richesses au Canada et cette quête **devient** alors la préoccupation majeure de Cartier pendant son troisième voyage en 1541. Malheureusement, «l'or et les diamants» qu'il accumule sont en réalité de la pyrite et du quartz. Retiré dans son manoir près de Saint-Malo, Jacques Cartier meurt de la peste° en 1557.

wants, seeks

gold

plague

© Bettmann/CORBIS

Activité 12 Un test sur Jacques Cartier

Répondez aux questions suivantes.

1. D'où vient Jacques Cartier?
2. Son voyage à Terre-Neuve dure combien de jours?
3. Avec qui revient-il en France après son premier voyage?
4. Qu'est-ce qu'il obtient du roi François 1ᵉʳ pour son deuxième voyage?
5. Comment sont ses relations avec les groupes amérindiens?
6. Qu'est-ce que François 1ᵉʳ tient à trouver au Canada?

Jacques Cartier retourne à Saint-Malo avec les richesses du Canada. Voici une conversation imaginaire entre lui et le roi François 1er. Complétez les phrases en conjugant **venir de** au présent.

SERVITEUR: Votre Majesté, Jacques Cartier et ses hommes _____ débarquer à Saint-Malo.

FRANÇOIS 1ER: Très bien! Je veux voir les richesses qu'ils ont avec eux! *Quelques heures plus tard…*

J. CARTIER: Votre Majesté, je _____ avoir les résultats de l'expertise… Les diamants sont faux *(fake)*!

FRANÇOIS 1ER: Qu'est-ce que vous dites??

J. CARTIER: Oui, votre Majesté, votre expert royal _____ me dire que c'est du quartz.

FRANÇOIS 1ER: Cartier, vous _____ terminer votre carrière d'explorateur!

Activité **14** **Mini portraits des Francophones aux Amériques**

Vous allez faire un bref portrait d'un des personnages historiques suivants. Indiquez où il/elle est né(e) et en quelle année, où il/elle a grandi, sa profession, sa contribution historique et l'année de sa mort.

Modèle: *Jacques Cartier est né en 1491. Il vient de Bretagne. Il a grandi en France. Il est devenu navigateur. Il a exploré le Canada pour le roi François 1er et a nommé la ville de Montréal.*

Nom: Samuel de Champlain
Date et lieu de naissance: 1576, Brouage, à 35 km de La Rochelle, France
Jeunesse: Brouage
Profession: navigateur, cartographe, soldat et explorateur
Contribution: fonder la ville de Québec le 3 juillet 1608
Mort: 1635 à Québec

Nom: Toussaint Louverture
Date et lieu de naissance: 1743, Haïti
Jeunesse: Haïti
Profession: esclave, puis général de l'armée française et gouverneur de Haïti
Contribution: être l'un des premiers dirigeants noirs à vaincre les forces armées d'un empire colonial européen, devenir chef de la révolution haïtienne, libérer tous les esclaves de Haïti
Mort: 1803, en France

Nom: Aimé Césaire
Date et lieu de naissance: 1913, Martinique
Jeunesse: Martinique
Profession: enseignant, écrivain, poète, politicien
Contribution: fonder la revue littéraire *L'Étudiant Noir* en 1935, écrire son célèbre poème *Cahier d'un retour au pays natal*, devenir maire de Fort-de-France en 1945, créer le parti progressiste martiniquais (PPM) en 1958
Mort: 2008

Activité **15** **Histoire personnelle**

Répondez aux questions suivantes et ensuite, utilisez les mêmes *(same)* questions pour interviewer votre camarade.

1. D'où viennent tes ancêtres? Pourquoi est-ce qu'ils sont venus aux États-Unis?
2. Où est-ce que tes grands-parents sont nés?
3. Ils ont eu combien d'enfants?
4. Où est-ce que tes parents ont grandi?
5. Est-ce que quelqu'un dans ta famille est devenu célèbre? Pourquoi?

Les informations et les grands événements *(events)*

Structure 6.4

Using verbs like *choisir* *Les verbes comme choisir*

Structure 6.5

Avoiding repetition *Les pronoms d'objet direct le, la, les*

In this **thème**, in addition to learning how to read the French press, you will use regular **-ir** verbs like **choisir** *(to choose)* and pronouns that help you avoid repetition. See pages 187–188 for **-ir** verbs and pages 188–189 for direct object pronouns.

Sondage: Les jeunes et les infos: qu'est-ce qu'ils préfèrent?

Pour son cours de sociologie, Émilie Ducan a interviewé quelques Français sur leur façon de rester informés sur l'actualité *(current events)*. Voici leurs réponses:

DAMIEN: Je suis étudiant en journalisme, alors je dois être au courant *(know)* de l'actualité. Mes sources varient mais en général, je **choisis** des journaux sérieux, comme *Le Monde* et *Libération*. Je **les** consulte en ligne.

ALEX: Moi, l'actualité me passionne! Quand je trouve un article intéressant, je **l'**envoie à mes copains ou je **l'**affiche sur Facebook. Je regarde beaucoup les vidéos de YouTube aussi!

ESMERALDA: Le journal télévisé? Chez moi, nous **le** regardons pendant le dîner, en famille. Ensuite, ma sœur et moi, nous **finissons** nos devoirs dans notre chambre. La télé en général, je **la** regarde assez peu.

Notez et analysez

Look over this poll where young people expressed their ways of keeping up with the news. The participants use pronouns to avoid repeating items they've already mentioned.

1. What word replaces **des journaux** in Damien's comment?
2. When Alex uses the pronoun **l' (le)**, what is he referring to?
3. Look at Esmeralda's response and figure out how you would say: *The radio? I don't listen to it a lot.*

Activité 16 **Les sources d'infos des jeunes**

Voici d'autres questions posées aux jeunes dans le sondage. Donnez une réponse en remplaçant les mots soulignés par un pronom.

1. Est-ce que tu lis <u>le journal</u> tous les jours?
2. Tu regardes <u>les actualités</u> en ligne?
3. Est-ce que tu envoies *(send)* <u>les articles qui t'intéressent</u> à tes copains?
4. Tu écoutes <u>les infos</u> à la radio?
5. Tu aimes <u>les blogs</u>?

 Activité 17 **Une oreille indiscrète**

Élodie écoute sa mère qui parle au téléphone avec sa tante. De quoi parle sa tante?

A. D'abord, avec votre partenaire, identifiez l'élément dont les deux femmes parlent.
   1. Oui, je les aime bien. (les actualités sur TV5 / la série *Game of Thrones*)
   2. Non, nous ne la regardons pas beaucoup. (les actualités sur TV5 / la série *Revenge*)
   3. Oui, tu peux l'emprunter *(borrow)* demain. (ma collection de DVD de *Two and a Half Men* / tes clés)
   4. Oui, je l'ai déjà regardé. (*Lost* / les actualités)
   5. Je vais les voir ce week-end. (notre mère / nos parents)

B. Jouez le dialogue en posant les questions que sa tante a probablement posées à sa mère.

Activité 18 **Le sommaire de *L'Express***

Parcourez *(Scan)* le sommaire à la page 175 avec un(e) partenaire pour répondre aux questions suivantes.

1. Regardez les photos en haut du sommaire. Quel thème de l'actualité illustrent-elles?
   a. de grandes découvertes dans le domaine des sciences
   b. la politique internationale
   c. les troubles au Moyen-Orient
2. Trouvez l'article que chaque photo ou image sur la droite illustre.
3. Regardez les titres des articles dans la rubrique *(section)* «France». Que se passe-t-il d'important dans l'actualité française en ce moment?
4. Regardez la rubrique «Monde». Quelle est l'une des préoccupations actuelles en ce qui concerne l'Union européenne?
5. Dans quelles rubriques trouve-t-on des articles sur les sujets suivants?
   a. des artistes de renommée internationale
   b. les dernières sorties en librairie
   c. les stratégies employées par les candidats à l'élection présidentielle américaine
6. Regardez la couverture de *L'Express* et le texte qui l'accompagne, en bas à droite. Expliquez la situation actuelle en Haute-Marne.
7. À votre avis, quel genre d'articles trouve-t-on dans la rubrique «Expressément»? Qui lit probablement cette rubrique?

SOMMAIRE

« Dire la vérité
telle que nous la voyons »
JEAN-JACQUES SERVAN-SCHREIBER

HAUTE-MARNE
A l'heure de la compétition des territoires, comment vit un territoire isolé, sans grandes villes et sans entreprises de pointe ? Difficilement, à constater le déclin démographique du département, qui a accepté, faute de mieux, de servir à la France de centre d'enfouissement des déchets nucléaires. Et qui place des espoirs dans le tourisme vert.

Activité 19 **Les années 2008–2012**

Lisez les informations et ensuite, posez des questions à vos camarades de classe sur les événements récents.

Modèle: — *Qu'est-ce qui s'est passé en 2009 dans le monde financier?*
— *Il y a eu le déclenchement de la crise des subprimes.*

© AP Photo

2008 L'Europe a salué l'élection de Barack Obama au poste de président des États-Unis. Lors des jeux Olympiques de Pékin, Michael Phelps a remporté huit médailles d'or, dépassant le record du monde établi par Mark Spitz en 1972 (7 titres).

2009 La crise des subprimes a provoqué un krach financier.

2010 Un violent séisme a dévasté Port-au-Prince, la capitale de Haïti.

2011 Le printemps arabe a commencé en Égypte. Un tsunami au nord du Japon a dévasté la ville de Fukushima et a détruit une partie de la centrale nucléaire. Oussama ben Laden a été tué au Pakistan par les forces militaires américaines.

© Toshiaki Shimizu/EPA/Landov

2012 François Hollande, candidat socialiste, est devenu président de la France. Londres a accueilli les jeux Olympiques d'été.

© Antonio Scattolon/A3/Contrast/Redux

Avez-vous une bonne mémoire? Répondez aux questions suivantes.

Modèle: — *Quand est-ce que Obama est devenu président des États-Unis?*
— *Obama est devenu président des États-Unis en janvier 2008.*

1. En quelle année est-ce que la crise des subprimes a déclenché *(triggered)* le krach financier?
2. Quel pays a été l'hôte des jeux Olympiques en 2008? En 2012 ?
3. Qui est mort au Pakistan en 2011?
4. Le printemps arabe a commencé en quelle année?
5. Qui est devenu président de la France en 2012?
6. Quand est-ce qu'un séisme a dévasté Haïti?

Activité **21** À **chacun son article**

Consultez de nouveau le sommaire de *L'Express* et décidez quels articles vont intéresser les personnes suivantes. Justifiez votre choix *(choice)*.

Modèle: une jeune actrice
— *Je pense que l'article «Revoir* La Grande Illusion, *de Jean Renoir» à la page 108 va intéresser une jeune actrice.*
— *Pourquoi?*
— *Parce que l'article parle de cinéma. / Parce que l'article parle d'un grand classique du cinéma français.*

a. un professeur d'art
b. un étudiant en sciences politiques
c. une femme au foyer
d. une personne qui cherche du travail
e. un professeur de littérature francophone
f. une personne qui s'intéresse à la protection de l'environnement

---

🌐 **Explorez** en ligne

Work in groups of three or four to find out about the francophone press. Choose one of the following newspapers: **Le Monde, Le Figaro, Libération, France-Soir, Le Devoir, Cyberpresse.ca.** Using French and Canadian search engines (yahoo.fr or google.fr; google.ca), access a newspaper, look at the top stories, and, in English, write down a brief summary of two of the stories. In addition, write down three French words or expressions you learned. Go to the *New York Times* online for the same day and write down any stories that appear both in the American and the francophone press. Are the major French and Canadian newspapers putting the same stories on their front page **(à la Une)** as the major American newspapers? Could you understand the stories in the francophone newspapers? Did you learn anything new?

Les infos se transforment

Vous voulez suivre les actualités publiées par la presse française et francophone? Avec un moteur de recherche français tel que google ou yahoo, les quotidiens traditionnels publiés en France et dans le monde francophone sont immédiatement à votre disposition°. La version en ligne des journaux publiés chaque jour, tels que *Le Monde, Le Figaro* ou *Libération,* est enrichie par des photos, vidéoclips, éditoriaux, blogs et forums de discussion. Si vous préférez le journal télévisé, allez sur TV5, parmi d'autres chaînes de télévision. Ou bien, vous pouvez écouter les infos à la radio. Aujourd'hui, en France comme aux États-Unis, l'Internet est la première source d'informations pour les 15–25 ans.

available

© Pascal Sittler/REA/Redux

> **"Avec un moteur de recherche français tel que google ou yahoo, les quotidiens traditionnels publiés en France et dans le monde francophone sont immédiatement à votre disposition"**

leaf through
do-it-yourself projects

general news
Despite
admit

Pour les gens qui préfèrent feuilleter° un journal ou un magazine, on peut trouver des revues de loisirs (sport, automobile, bricolage°, télévision, cinéma), des magazines féminins, tels que *Marie-Claire* et *Elle,* et des publications d'actualité générale° comme *Le Point* et *L'Express,* comparables à *Time* ou *Newsweek.* Et puis il faut mentionner la presse «people» qui suit la vie privée des stars. Malgré° son succès grandissant, peu de gens admettent° lire ces magazines.

■ Avez-vous compris?

Répondez aux questions suivantes.

1. Un journal ou un magazine publié tous les mois est un *mensuel.* Comment appelle-t-on un journal publié tous les jours?
2. Comment dit-on *TV news* en français?
3. Quel groupe de Français regarde les nouvelles principalement en ligne?
4. Quels magazines français sont comparables à *Time* ou *Newsweek*?

■ Et vous?

1. Quels sont les journaux les plus lus aux États-Unis? Quel journal est-ce que vous aimez lire?
2. Quelle est votre source principale d'informations: le journal, les infos à la télé ou les infos en ligne? Si vous consultez les infos en ligne, donnez le nom d'un ou deux sites.
3. Est-ce que vous lisez parfois des magazines «people»? Sous quel format?

Voix en direct

CD2-8

Comment est-ce que vous vous informez?

Mademoiselle, les jeunes comme vous, comment est-ce que vous vous informez?

Beaucoup de jeunes lisent *Le Monde, Libération*… Chaque journal est engagé[1] plus à droite[2], plus à gauche[3]. […] Parfois les gens vont lire plus le journal que les parents achètent, hein. Mais, euh, bon, certains… ils préfèrent lire *Le Métro* ou les *20 minutes*. Ce sont les magazines gratuits[4] qu'on… distribue dans le métro, donc c'est pas très engagé, on va dire…

[1]*represents a political position* [2]*on the right* [3]*on the left* [4]*free*

Vanessa Vudo
20 ans
Étudiante, Paris

Monsieur, qu'est-ce que vous faites pour rester au courant[5]?

J'ai, ben, plusieurs[6] sources d'information. J'écoute la radio… Toutes les dix minutes, il y a un nouveau bulletin. J'aime bien lire le journal aussi, le matin. Quand je prends le métro ou le bus pour aller travailler, j'aime bien lire le journal. Donc, à ce moment-là, j'achète soit[7] *Libération* soit *Le Monde*. Mais si je suis en train de travailler chez moi[8], sur mon ordinateur, je regarde sur, euh, ben, par exemple, «Google actualités[9]» ou la page d'accueil[10] de mon fournisseur d'accès Internet[11] et j'aime bien aussi regarder les informations à la télévision, pour avoir des images[12]…

[5]*up-to-date* [6]*several* [7]*either . . . or* [8]*if I'm working at home* [9]*news* [10]*homepage* [11]*Internet provider* [12]*pictures*

Pierre-Louis Fort
35 ans
Professeur à l'université de Créteil, France

■ Réfléchissez aux réponses

1. Est-ce que vous vous intéressez aux informations? Quels journaux ou magazines est-ce que vous aimez lire?

2. Est-ce que vous aimez lire le même journal que vos parents? les mêmes magazines? Pourquoi ou pourquoi pas?

3. Quels journaux Vanessa et Pierre-Louis mentionnent-ils? Est-ce que le journal que vous lisez est «engagé», c'est-à-dire, est-ce qu'il présente une perspective politique de droite ou de gauche?

4. Quand est-ce que vous écoutez les infos à la radio? Quand est-ce que vous regardez les infos sur Internet? Est-ce que vous aimez regarder les infos à la télé? Pourquoi ou pourquoi pas?

ᛏᛏᛏ ■ Situations à jouer!

1. **«20 questions».** Form two teams and choose two to three names of famous people to assign to members of the opposing team. A name is pinned on someone of the opposing team who must go to the front of the class and can ask up to twenty questions to figure out his/her identity.

   Modèle: — *Est-ce que je suis mort(e)?*
   — *Non.*

2. **L'année passée.** Make a list of five events that have taken place over the last year on your campus or in your town / state. Write what happened on one side of the card and put the date on the other side. Mix up the cards and see if your partner can put the events in the proper order without looking at the dates. Check by turning the cards over.

Lecture

Anticipation

1. En France comme aux États-Unis, les années 60 ont été une période de rébellion des jeunes contre l'autorité. À Paris, les étudiants ont manifesté *(protested)* contre le Gouvernement. Quelle université américaine est-ce que vous associez aux manifestations américaines des années 60?

2. D'après le titre de la lecture, est-ce que Jacques Brel est considéré comme un chanteur conformiste ou anticonformiste?

3. La bourgeoisie est une classe sociale de gens relativement aisés *(well-off)* qui ne font pas de travail manuel. Certaines valeurs sociales *(social values)* sont traditionnellement associées à la bourgeoisie. Quels adjectifs est-ce que vous associez à la bourgeoisie: riche, pauvre, conservatrice, traditionnelle, ouverte, fermée, conformiste, anticonformiste, capitaliste, socialiste, hypocrite, scandaleuse?

4. On dit qu'avec sa chanson *(song)* «Les bourgeois», Jacques Brel est devenu le porte-parole *(spokesperson)* de sa génération. Quel chanteur a été le porte-parole des années 60 aux États-Unis? Quel chanteur est le porte-parole de votre génération?

Jacques Brel: *Chanteur en rébellion*

Jacques Brel, auteur et compositeur, est né en 1929 en Belgique.

factory — Il a quitté l'usine° familiale pour aller chanter avec sa guitare dans les cabarets de Paris. Ses chansons les plus célèbres, souvent composées sur le rythme d'une valse, sont «Quand on n'a que l'amour», «Ne me quitte pas», reprise par Nina Simone, «Le port d'Amsterdam» et «Les amants».

© CAMERA PRESS/Redux

> **«Il est devenu le porte-parole de la rébellion de beaucoup de jeunes»**

stupidity — Il parle de la solitude, de la vie quotidienne, de l'amour, de la mort et de la bêtise° des gens. Mais il a surtout décrit et critiqué la classe bourgeoise française et ce qu'elle a représenté *fear* — dans les années 60: la peur° du changement et de tout risque, *narrowness* — l'étroitesse° d'esprit, le conformisme et le désir de maintenir le *power* — pouvoir° par l'argent.

Il a fait beaucoup de portraits satiriques. Avec sa chanson «Les bourgeois», qui dit que la liberté est le contraire de la sécurité, il est devenu le porte-parole de la rébellion de beaucoup de jeunes contre l'autorité et les contraintes de toutes sortes. Contre la *war* — guerre°, il a chanté la force et la violence de l'amour, de la jeunesse, de l'espoir.

touring — En 1966, fatigué de son succès, il a arrêté de faire des concerts° pour vivre ses passions: Il a appris à piloter et il a navigué autour du monde. En 1972, l'Amérique *to celebrate* — l'a invité à fêter° sa carrière. Il a écrit ses dernières chansons sur le thème de la mort et a fini sa vie à Tahiti en 1978, atteint d'un cancer, à l'âge de 49 ans.

© Cengage Learning

Activités de lecture

1. La chronologie des événements est souvent importante dans une biographie. Parcourez *(Scan)* le texte pour repérer *(find)* toutes les dates et leur importance.
2. Parcourez le texte pour trouver les chansons les plus célèbres de Jacques Brel.

Expansion de vocabulaire

1. Utilisez le contexte et les mots apparentés pour trouver l'équivalent anglais des mots en italique.
   a. Ses chansons célèbres, souvent composées sur le rythme d'une *valse*, sont…
   b. La classe bourgeoise a représenté la peur du changement et de tout *risque*…
   c. Il a critiqué le désir de la classe bourgeoise de *maintenir* le pouvoir par l'argent.
   d. «Les bourgeois» disaient que la liberté était le *contraire* de la sécurité.
   e. Une rébellion contre l'autorité et les *contraintes* de toutes sortes…
2. Dans ce texte, il y a beaucoup de mots, comme **autorité,** qui se terminent en **-ité** ou **-été.** Ces mots représentent souvent une idée abstraite.
   a. Trouvez tous les mots qui se terminent en **-té** et notez leur genre.
   b. Traduisez les mots suivants en français: *society, fraternity, quality, maturity, identity, complexity.*

Compréhension et intégration

1. Où est-ce que Jacques Brel est né?
2. Quelle était sa nationalité?
3. Quel a été son premier acte de rébellion?
4. De quoi parlait-il dans ses chansons?
5. Quel groupe est-ce qu'il a critiqué et pourquoi?
6. Qu'est-ce qu'il a fait en 1966?
7. Comment et où est-ce qu'il est mort?

Maintenant à vous!

1. Écoutez une chanson de Jacques Brel. Quel aspect de la société est-ce qu'il critique dans cette chanson?
2. Choisissez un(e) étudiant(e) pour jouer le rôle d'un(e) musicien(ne) célèbre. La classe va l'interviewer pour savoir: où il/elle est né(e), où il/elle a grandi, où il/elle est allé(e) au lycée, quand il/elle a commencé à faire de la musique ou à chanter, ce qu'il/elle pense de l'amour, de la vie, de la société, de la musique, etc.
3. D'après ce texte, quel(le) chanteur (chanteuse) contemporain(e) ressemble le plus à Jacques Brel? Faites une liste de chanteurs qui ressemblent à Brel et une autre liste de chanteurs qui ne lui ressemblent pas. Trouvez des adjectifs pour décrire chaque chanteur. Ensuite, en groupes de trois ou quatre, échangez vos idées et présentez vos listes à la classe.

OUI	ADJECTIFS	NON	ADJECTIFS
Bob Dylan	anticonformiste	Britney Spears	superficielle

À lire, à découvrir et à écrire *cent quatre-vingt-un* **181**

Voix en direct (suite)

Go to **iLrn** to view video clips of young French speakers talking about what they like to do when they are on vacation.

Expression écrite

Mon personnage historique préféré

Throughout our education and our readings, we all have encountered at least one historical figure that has influenced our way of thinking or challenged our ideas. Whether it is a writer, a politician, a philosopher, a scientist or an artist, we admire and respect other people for what they have accomplished and contributed to the world. In this essay, you are going to write the biography of your favorite historical figure.

■ **Première étape:** Think about a historical figure you read or heard about in your teens. What was his or her profession? His or her nationality? His or her public and private life? What did he or she help change in the world? What do you admire most about him or her?

■ **Deuxième étape:** Use the following questions to guide your writing. They are phrased to help you use the **passé composé,** and avoid needing to use another past tense that you will learn in **Module 8 (l'imparfait).** For vocabulary suggestions, see **Activité 14** (page 172).

- When and where was he or she born?
- Where did he or she grow up?
- What did he or she study?
- At what age did he or she start being known?
- How did other people react?
- What happened after he or she became known?
- When and where did he or she die?
- Why do you admire him/her? Focus on his/her moral attributes, personality traits, and/or social accomplishments.
- Why do you think it is important that other students know about him/her?

■ **Troisième étape:** Now, write your biography. Be sure to use linking words such as **d'abord, ensuite, puis, finalement.** Include an introduction and a conclusion: Use your introduction to present the person in a general way, saving the biographical data for the body of the paper. In the conclusion, explain why you admire the person you selected.

■ **Quatrième étape:** Before preparing the final draft for your instructor, exchange papers with a classmate for peer editing. Use this guide to help you give feedback.

A. Checklist
  ❏ Historic information is accurate
  ❏ Includes requested information
  ❏ Uses linking words effectively
  ❏ Uses **passé composé** correctly

B. Feedback
  • Underline your favorite sentence.
  • Add one suggestion for improvement.

iLrn À vos marques, prêts, bloguez!

Sélectionnez un des événements des années 2008 à nos jours (consultez la liste de la page 176 si nécessaire). Dans votre billet, expliquez en français ce qui s'est passé et pourquoi vous avez choisi cet événement. Lisez et répondez à au moins deux billets de vos camarades de classe.

Suggestion: Here are a few suggestions of francophone historical figures that you may want to choose from:
Jacques Cousteau
Marie Curie
Napoléon Bonaparte
Jean-Paul Sartre
Léopold Sédar Senghor
Coco Chanel
René Descartes
Jeanne d'Arc

Les vacances

Avant de visionner

You will watch a video about vacationing habits in France. Taking time off to rest, travel, or enjoy time with one's family is highly valued in French society. In this video, you will learn where the French like to go when they travel and why so many people vacation in France.

© Cengage Learning

Chaque année environ 7 millions de touristes visitent la Tour Eiffel.

Quelques mots utiles

à l'étranger	*abroad*	le patrimoine	*heritage*
attirer	*to attract*	la plupart	*most*
la campagne	*country(side)*	un spectacle	*show / performance*
également	*also*	tandis que	*while / whereas*
le lieu	*place*	tant de	*so many / so much*

Étudiez la liste de vocabulaire ci-dessus. Ensuite, sélectionnez le synonyme ou la définition pour chaque mot ou expression.

1. également
2. la plupart
3. la campagne
4. à l'étranger
5. attirer

a. la majorité
b. zone rurale
c. faire venir
d. aussi
e. dans un autre pays

Pendant le visionnement

Les destinations

Regardez la vidéo. Quelles sont les destinations préférées des Français?

- [ ] les États-Unis
- [ ] la France
- [ ] l'Italie
- [ ] le Portugal
- [ ] le Sénégal
- [ ] l'Afrique du Sud
- [ ] la campagne
- [ ] la montagne
- [ ] les villes

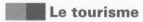 **Le tourisme**

Sélectionnez la réponse qui complète chaque phrase.

1. (Notre Dame de Paris / Disneyland Paris) attire 11 millions de touristes chaque année.
2. (Peu / Beaucoup) de Français restent en France pendant les vacances.
3. Les Français préfèrent voyager dans les pays (anglophones / francophones).
4. Une des activités préférées des Français pendant les vacances est de/d' (aller aux spectacles / faire du sport).
5. Les Français prennent (une partie de / toutes) leurs vacances en été.

Après le visionnement

Avez-vous compris?

Complétez les phrases selon la vidéo.

1. La France a plus de _____ musées et 40 000 monuments historiques.
2. Environ 90% des Français passent leurs vacances en/au/aux _____.
3. Le lieu préféré des Français pendant les vacances est _____.
4. La destination préférée de la plupart des étudiants interviewés, c'est le/la/l'/les _____.
5. Les Français ont _____ semaines de congés payés.

Discutons!

Discutez des questions suivantes avec un(e) partenaire.

1. Pourquoi croyez-vous que la France est une destination si (*so*) populaire dans le monde?
2. Où avez-vous passé vos dernières vacances? Êtes-vous resté(e) dans votre pays / région ou avez-vous voyagé à l'étranger / dans une autre région? Pourquoi avez-vous choisi cette destination?
3. Qu'est-ce que vous aimez faire pendant les vacances? Aimez-vous les mêmes activités que les Français? Pourquoi ou pourquoi pas?
4. Combien de semaines de vacances ont les personnes que vous connaissez? Est-ce que vous croyez que c'est assez? trop? Pourquoi ou pourquoi pas?

Réfléchissez et considérez

With 3,140 km (1,951 miles) of coastline in mainland France and overseas departments in the tropics, the beach is a favorite vacation destination among the French. Look at the photo below. Where do you think this beach is? What clues indicate its location?

© Cengage Learning

Vacances en France

Share It! Imagine you are going on vacation in France. What monument, museum, or location do you most want to see? Choose a place and research it on the internet. Post information and a photo to **Share It!** Then write a comment in French on what a classmate posted. Imagine that you have visited this place and say what you liked or didn't like about it.

Vidéo Voyages! Watch a video about **La Côte d'Azur**.

Talking about what happened *Le passé composé avec avoir*

The **passé composé** *(compound past)* is used to talk about past events. Its English equivalent will depend on the context.

J'ai vu un bon film.
$$\left\{ \begin{array}{l} \textit{I saw a good movie.} \\ \textit{I have seen a good movie.} \\ \textit{I did see a good movie.} \end{array} \right.$$

Formation

The **passé composé** has two parts: a helping or auxiliary verb, **l'auxiliaire,** and a past participle, **le participe passé.** The verb **avoir** is the most common auxiliary. Here is the verb **voyager** conjugated in the **passé composé.**

j'ai voyagé	nous avons voyagé
tu as voyagé	vous avez voyagé
il/elle/on a voyagé	ils/elles ont voyagé

The past participle is formed by adding an ending to the verb stem. Regular verbs take the following endings:

regular past participles			
-er verbs take **-é:**	parler	→	parlé
-ir verbs take **-i:**	finir	→	fini
	choisir	→	choisi
-re verbs take **-u:**	perdre	→	perdu
	répondre	→	répondu

Many verbs have irregular past participles that you'll need to memorize.

irregular past participles			
infinitive	past participle	infinitive	past participle
avoir	eu	lire	lu
boire	bu	pleuvoir	plu
devoir	dû	prendre	pris
être	été	recevoir	reçu
faire	fait	voir	vu

Usage

- For negative sentences, place the **ne… pas** around the auxiliary verb; then add the past participle.

  Je **n'**ai **pas** trouvé la clé.

- To form a question, use intonation, **est-ce que,** or inversion. In the case of inversion questions, invert the pronoun and the auxiliary.

Tu as trouvé la clé?
Est-ce que tu as trouvé la clé? } *Did you find the key?*
As-tu trouvé la clé?

Common expressions used with the *passé composé*

The following expressions of past time generally appear at the beginning or end of a sentence.

hier matin / après-midi / soir	*yesterday morning / afternoon / evening*
ce matin / cet après-midi / ce soir	*this morning / this afternoon / this evening*
le week-end dernier / le mois dernier	*last weekend / last month*
la semaine dernière	*last week*
il y a *+ time expressions*	
il y a un an	*a year ago*
il y a deux jours	*two days ago*
il y a longtemps	*a long time ago*
pendant deux heures	*for two hours*

La semaine dernière, j'ai vu un vieil ami.   *Last week I saw an old friend.*
J'ai commencé mes études à la fac il y a un an.   *I started my university studies a year ago.*
J'ai attendu le train pendant une heure.   *I waited for the train for an hour.*

Exercice 1 Écrivez le participe passé des verbes suivants.

1. parler
2. voyager
3. faire
4. voir
5. jouer
6. avoir
7. prendre
8. dormir
9. recevoir
10. choisir
11. finir
12. être

Exercice 2 Complétez les phrases suivantes avec le participe passé du verbe approprié: **prendre, perdre, finir, téléphoner, trouver, parler, recevoir, voir, faire, répondre.**

1. Tu as _____ le dernier film de Johnny Depp?
2. J'ai _____ mes clés; tu as _____ des clés?
3. Est-ce que vous avez _____ vos devoirs?
4. Hélène a _____ la lettre, mais elle n'y a pas encore _____.
5. J'ai _____ à ma famille et nous avons _____ pendant une heure.

Exercice 3 Racontez le voyage en Amérique d'Arnaud et de son copain Renaud en mettant les verbes en italique au passé composé.

1. Arnaud et Renaud *saluent* leurs copains à l'aéroport.
2. Ils *voyagent* pendant huit heures.
3. Dans l'avion, Renaud *regarde* deux films, mais Arnaud *écoute* de la musique, puis il *dort*.
4. Arnaud *appelle* un taxi pour aller à l'hôtel.
5. Renaud *prend* beaucoup de mauvaises photos en route pour l'hôtel.
6. Après un peu de repos, ils *boivent* une bière au restaurant de l'hôtel et *regardent* les gens.

Exercice 4 Lola parle avec une nouvelle copine. Choisissez l'expression appropriée pour compléter sa conversation: **ce matin, ce soir, hier soir, il y a, l'été dernier.**

Je suis étudiante en anglais. J'ai commencé à étudier cette langue _____ cinq ans. _____, j'ai fait un séjour linguistique en Angleterre. Maintenant, j'ai pas mal de travail en cours de littérature. Heureusement, j'ai lu deux chapitres de *Great Expectations* _____ parce que _____ nous avons eu un quiz sur ce roman. _____, je n'ai pas de devoirs. Nous pouvons peut-être sortir.

Structure 6.2

Narrating in the past *Le passé composé avec **être***

A small group of verbs is conjugated in the **passé composé** with the auxiliary **être** instead of **avoir**. Here is a list of the most common verbs conjugated with **être**. (Most of these verbs are included in the mnemonic device you saw on page 166: VANDERTRAMPS.) Irregular past participles are indicated in parentheses.

feminine singular: add **-e**   masculine plural: add **-s**   feminine plural: add **-es**

aller *to go*	passer *to pass (by)*
arriver *to arrive*	rentrer *to go back; to go home*
descendre *to go down; to get off*	rester *to stay*
devenir (*p.p.* devenu) *to become*	retourner *to return (somewhere)*
entrer *to enter*	revenir (*p.p.* revenu) *to come back*
monter *to go up; to get in / on (a vehicle)*	sortir *to go out; to leave*
mourir (*p.p.* mort) *to die*	tomber *to fall*
naître (*p.p.* né) *to be born*	tomber en panne *to break down*
partir *to leave*	venir (*p.p.* venu) *to come*

The past participle of verbs conjugated with **être** agrees in gender and number with the subject.

Mon père est resté à la maison.	*My father stayed home.*
La voiture est tombée en panne.	*The car broke down.*
Éric et Claudine sont sortis ensemble.	*Éric and Claudine went out together.*
Ma sœur et sa copine sont parties à l'heure.	*My sister and her friend left on time.*

When **on** has the plural meaning *we*, the past participle often ends in **-s**.

On est arrivés en taxi.	*We arrived by taxi.*

- - - - - - - - - - - - - - - - - -

Exercice 5 Nicolas écrit une composition sur la visite d'un château avec des copains le week-end dernier. Mettez les verbes entre parenthèses au passé composé avec **être**. Attention à l'accord du participe passé.

Dimanche, on (aller) _____ (1) visiter un château. D'abord, nous (arriver) _____ (2) dans un parc magnifique. Puis, nous (entrer) _____ (3) dans le hall du château. Des guides (venir) _____ (4) nous chercher pour la visite. On (monter) _____ (5) dans la tour *(tower)* par un escalier étroit *(a narrow staircase)*. Céline (rester) _____ (6) au premier étage à admirer les tapisseries. Son frère, Jean-Guillaume, (tomber) _____ (7) dans l'escalier. Ensuite, Céline (descendre) _____ (8) aux oubliettes *(dungeon)*. Beaucoup de prisonniers y (mourir) _____ (9)! Céline avait peur *(was afraid)* et elle (remonter) _____ (10) très vite! Nous (ressortir, *to go back out*) _____ (11) par une grande porte. À la fin de la visite, nous (remonter) _____ (12) dans l'autocar et je (repartir) _____ (13) chez moi.

Exercice 6 Complétez cette description d'une randonnée en montagne au passé composé.

Rappel! Choissez l'auxiliaire approprié *(être ou avoir)*.

La semaine dernière, nous (aller) _____ (1) en montagne. On (prendre) _____ (2) les sacs à dos et on (emprunter *[to borrow]*) _____ (3) la tente aux voisins. Nous (quitter) _____ (4) la ville très tôt le matin. En route, nous (passer) _____ (5) devant un magasin. Jean (sortir) _____ (6) de la voiture pour acheter des boissons. Nous (rouler *[to drive]*) _____ (7) toute la journée. Enfin, quand nous (arriver) _____ (8) au camping, Jean et moi, nous (installer) _____ (9) la tente tout de suite et on (dormir) _____ (10). Nous (partir) _____ (11) en randonnée le matin.

Structure 6.3

Using verbs like *venir* and telling what just happened
*Les verbes comme **venir** et **venir de** + infinitif*

You learned the verb **venir** in **Module 3.** Here are some other useful verbs conjugated like **venir.** Derivations of **venir** are conjugated with **être** in the **passé composé.** Derivations of **tenir** are conjugated with **avoir.**

venir *(to come)*	
je viens	nous venons
tu viens	vous venez
il/elle/on vient	ils/elles viennent

passé composé: je suis **venu(e)**

être *auxiliary*	avoir *auxiliary*	
devenir *(to become)*	tenir *(to hold; to keep)*	maintenir *(to maintain)*
revenir *(to come back)*	tenir à *(to want to)*	obtenir *(to obtain)*

Après huit ans d'études universitaires,
    Paul **est devenu** professeur de chimie.
Elle **est revenue** en train?
Les enfants **tiennent** la main de leur mère.

After eight years of university studies,
    Paul became a chemistry professor.
Did she come back by train?
The children are holding their mother's hand.

Tiens and **tenez** can be used idiomatically in conversation to attract the listener's attention.

— **Tiens,** Jacques est à l'heure!
— Tu n'as pas de nouvelles de Claude?
Tiens, je te donne son adresse e-mail.

— *Well (Hey), Jacques is on time!*
— *You don't have any news from Claude? Here, I'll give you his e-mail address.*

Expressing what just happened with *venir de + infinitif*

In French, the **passé récent,** which indicates that an action has just happened, is formed by using the present tense of **venir** followed by **de** and the infinitive.

— Avez-vous faim? — *Are you hungry?*
— Non, je **viens de** manger. — *No, I just ate.*
Nous sommes fatigués. Nous **venons** *We're tired. We just ran*
de courir cinq kilomètres. *five kilometers.*

- -

Exercice 7 Regardez les images à la page 160. Dites ce que les gens suivants viennent de faire.

Modèle: Angèle
Angèle vient d'étudier pour un examen.

1. M. et Mme Montaud **3.** Mme Ladoucette **5.** Stéphane
2. Serge **4.** Véronique

Exercice 8 Complétez ce profil de Marjan. Choisissez les verbes appropriés et mettez-les au **présent** ou au **passé composé** selon le contexte.

devenir **obtenir** **revenir** **tenir** **venir**

Marjan _____ (1) de finir ses études universitaires à Aix-en-Provence. Il y a un mois, elle _____ (2) son diplôme universitaire. Maintenant, elle cherche un bon poste au Gouvernement. Elle n'a rien trouvé à Aix, donc Marjan _____ (3) habiter chez ses parents. Elle _____ (4) à trouver du travail rapidement. Elle _____ (5) anxieuse à l'idée de ne pas pouvoir être indépendante.

Structure 6.4

Using verbs like *choisir* *Les verbes comme* **choisir**

You have already learned a type of irregular **-ir** verb (**dormir, sortir…**). **Choisir** (*to choose*) follows a slightly different pattern.

choisir *(to choose)*	
je choisis	nous choisissons
tu choisis	vous choisissez
il/elle/on choisit	ils/elles choisissent

passé composé: j'ai **choisi**

Nous choisissons de partir tout de suite. *We choose to leave right away.*

Other regular **-ir** verbs of this type include **finir** *(to finish),* **réfléchir** *(to think),* **obéir** *(to obey),* **agir** *(to act),* **réagir** *(to react),* and **réussir** *(to succeed; to pass [a class, test]).*

Mon chien ne m'obéit pas. *My dog doesn't obey me.*
Nous réussissons à tous nos cours. *We are successful in all our classes.*
Tu finis tes devoirs à temps. *You finish your homework on time.*

A number of regular **-ir** verbs conjugated like **choisir** are derived from adjectives, as in the examples shown here.

ADJECTIVE	VERB	MEANING
grand(e)	grandir	to grow (up)
rouge	rougir	to redden; to blush
maigre	maigrir	to lose weight
gros(se)	grossir	to gain weight

Tu ne manges pas assez; *You aren't eating enough; you're*
  tu maigris!   *losing weight!*
Est-ce que vous rougissez de gêne? *Do you blush from embarrassment?*

- -

Exercice 9 Complétez les phrases suivantes avec la forme correcte des verbes entre parenthèses.

1. Est-ce que vous (maigrir) _____ ou bien est-ce que vous (grossir) _____ quand vous êtes stressé(e)?

2. Je suis impulsive. Je ne (réfléchir) _____ pas assez avant d'agir.

3. Vous (choisir) _____ de rester ici, n'est-ce pas?

4. Nous (finir) _____ nos devoirs et puis nous sortons.

5. Les enfants (grandir) _____ trop vite!

6. Nous, les roux, nous (rougir) _____ au soleil.

7. Est-ce que tu (obéir) _____ toujours à tes parents?

8. Ma sœur (réussir) _____ toujours à ses examens.

Exercice 10 Monique, à table chez elle, se plaint de *(is complaining about)* M. Éluard, son professeur d'anglais. Complétez le passage avec les verbes de la liste.

agir	réussir	choisir
rougir	finir	obéir

Je ne comprends pas pourquoi M. Éluard _____ (1) (passé composé) d'être professeur. Il n(e) _____ (2) pas à maintenir l'ordre en classe parce qu'il n(e) _____ (3) pas avec autorité. Ses étudiants n(e) _____ (4) pas à ses ordres. Ils n(e) _____ (5) jamais *(never)* leurs devoirs et ils n(e) _____ (6) pas à leurs examens. Le pauvre professeur est timide et il _____ (7) quand il parle à la classe.

Structure 6.5

Avoiding repetition *Les pronoms d'objet direct le, la, les*

Direct objects follow the verb without an intervening preposition. They can be replaced with pronouns to avoid repeating the noun.

Je regarde la télévision. → Je **la** regarde.
  sujet   verbe   objet direct

The third person forms of these pronouns are: **le, la, l', les.**

Some common verbs that take direct objects are: **aimer, connaître, chercher, écouter, faire, lire, prendre, regarder,** and **voir.**

Placement of direct object pronouns

The pronoun precedes the conjugated verb.

Les informations? Je **les** regarde à la télévision.
Ce film? Je **l'**ai vu la semaine dernière.

When there is a conjugated verb followed by an infinitive such as in the **futur proche,** the pronoun is placed immediately before the infinitive.

Les courses? Je vais **les** faire demain.
Tu veux écouter ce CD? Oui, je veux **l'**écouter.

- -

Exercice 11 Parlez de vos habitudes quotidiennes *(daily)*. Répondez aux questions suivantes en remplaçant l'élément souligné par un pronom.

1. Tu aimes <u>les films</u> étrangers?
2. Tu regardes <u>la télé</u> avec tes amis?
3. Tu écoutes <u>la musique</u> à la radio ou avec ton iPod?
4. Tu vas voir <u>ta mère</u> ce week-end?
5. Tu as acheté <u>tes livres</u> en ligne?
6. Tu cherches <u>ta clé?</u>

Tout ensemble!

Marie-Josée parle de son premier jour à son poste de juge. Complétez son histoire avec les mots de la liste et mettez les verbes au passé composé.

apprendre	devenir	partir
arriver	entrer	rentrer
avoir	être	tomber
commencer	il y a	rentrer
dernière	ne pas pouvoir	venir de (d') (présent)

J(e) _____ (1) être nommée *(named)* à mon poste de juge _____ (2) un mois. J'ai commencé ce nouveau travail la semaine _____ (3)—et ma première journée a été inoubliable *(unforgettable)* pour beaucoup de raisons. D'abord, mon radio-réveil n'a pas sonné et je _____ (4) de chez moi vingt minutes en retard. En sortant de mon appartement, j(e) _____ (5) dans l'escalier! Ensuite, en route, je pensais à mes nouvelles responsabilités sans faire trop attention à ma vitesse *(speed)*—et voilà, un agent de police m'a arrêtée *(stopped me)*! Il _____ (6) gentil avec moi et j(e) _____ (7) de la chance: pas de contravention *(ticket)*. Puis, quand je _____ (8) à mon bureau, j(e) _____ (9) trouver la clé.

   Finalement, à dix heures, je _____ (10) dans la salle du tribunal *(courtroom)*. Tout le monde *(Everyone)* _____ (11) silencieux. J'ai donné l'impression d'être calme, mais à l'intérieur, j'étais très nerveuse. Une fois que le procès *(trial)* _____ (12), j'ai oublié *(forgot)* mes difficultés. Après ça, tout s'est bien passé. J(e) _____ (13) une bonne leçon: ce qui commence mal peut bien finir. Quand je _____ (14) chez moi le soir, j'étais fatiguée mais contente.

Complete the diagnostic tests in **iLrn** to test your knowledge of the grammar and vocabulary in this chapter.

🔊 Vocabulaire fondamental

Noms

l'actualité (f)	current affairs
les actualités (les actus, fam) (f pl)	the news
un arbre	a tree
une auberge	an inn
les congés payés (m pl)	paid vacation
une couverture	a cover
le droit	the right
un événement	an event
un forum de discussion	a discussion forum
une histoire	a story
les informations (les infos, fam) (f pl) (en ligne)	the (online) news
le journal (télévisé)	the newspaper (TV news)
un oiseau	a bird
une photo (en couleurs)	a (color) photo
la presse (écrite / en ligne)	the (print / online [media]) press
une rubrique	a (news) category; column
un taxi	a taxi
les vacances (f pl)	vacation
une valise	a suitcase

Mots apparentés: un article, un blog, un éditorial, un kiosque, un magazine, un site Internet, un clip

Verbes

choisir	to choose
contribuer	to contribute
envoyer	to send
grandir	to grow; to grow up
grossir	to gain weight
s'informer	to be informed
maigrir	to lose weight
obéir (à)	obey
raconter	to tell
réagir (à)	to react (to)
réfléchir (à)	to think about
réussir (à)	to succeed
vivre (p.p. vécu)	to live

Verbes conjugués avec l'auxiliaire être

devenir (p.p. devenu)	to become
entrer (dans)	to enter
monter	to go up
mourir (p.p. mort[e])	to die
naître (p.p. né[e])	to be born
passer	to pass (by)
rentrer	to return (home)
réserver	to reserve
retourner	to return
revenir (p.p. revenu)	to come back
tomber	to fall

Pronoms

le, la, les	him/it; her/it; them

Expressions utiles

hier	yesterday
là-bas	there
ce matin / soir	this morning / evening
hier (soir / après-midi / matin)	yesterday (evening / afternoon / morning)
il y a (deux semaines / un mois / longtemps)	(two weeks / a year / a long time) ago
la (première / deuxième / dernière) fois	the (first / second / last) time

Comment raconter et écouter une histoire	How to tell and listen to a story

(See additional expressions on page 163.)

alors / ensuite	so / then
après	then
d'abord	first
Dis donc!	Wow!
enfin	finally
euh	uh, um
Formidable! Super!	Great!
puis	then
Qu'est-ce qui est arrivé?	What happened?
Qu'est-ce qui se passe?	What's happening? / What's going on?
Vraiment?	Really?
Zut alors! / Mince!	Oh no!

Mots divers

élu(e)	elected
mal	badly
même	same
peu	little

Vocabulaire supplémentaire

Noms

un ancêtre	*ancestor*
une autoroute	*highway*
un avion	*airplane*
un bruit	*sound*
une caravane	*trailer, caravan*
un(e) cartographe	*cartographer*
un château	*castle*
un coffre	*car trunk*
le coucher de soleil	*sunset*
la crise	*(economic) crisis*
un(e) dirigeant(e)	*leader*
une élection	*election*
un(e) enseignant(e)	*teacher*
l'équipement de camping *(m)*	*camping equipment*
un(e) esclave	*slave*
un explorateur	*explorer*
un gouverneur	*governor*
une guerre	*war*
les jeux Olympiques *(m pl)*	*Olympic games*
une médaille d'or (d'argent)	*gold (silver) medal*
un navigateur	*navigator*
un(e) poète	*poet*
un quotidien	*daily (publication)*
un rendez-vous	*appointment; a date*
un soldat	*soldier*
un(e) voisin(e)	*neighbor*

Verbes

accrocher	*to hook; to hitch on*
agir	*to act*
amener	*to bring*
conduire	*to drive*
courir *(p.p.* couru)	*to run*
créer	*to create*
découvrir *(p.p.* découvert)	*to discover*
fonder	*to found*
s'informer	*to keep up with the news*
libérer	*to liberate*
lire *(p.p.* lu)	*to read*
obtenir *(p.p.* obtenu)	*to obtain*
ranger	*to put; to arrange*
recevoir *(p.p.* reçu)	*to receive*
réviser	*to review*
tenir *(p.p.* tenu)	*to hold*
tenir à	*to want*
tomber en panne	*to break down*
vaincre	*to vanquish, beat*

Regardez ces beaux produits au marché Mouffetard! Quels légumes aimeriez-vous acheter?

On mange bien

Food plays an important role in French culture. In this chapter you will learn about French meals, specialty food shops, purchasing food, and how to order in a restaurant. You will also learn about popular dishes associated with various countries in the francophone world.

Thème: Manger pour vivre
Structure 7.1: Writing verbs with minor spelling changes *Les verbes avec changements orthographiques*
Structure 7.2: Talking about indefinite quantities *(some) Le partitif*

Perspectives culturelles: Les Français à table
Voix en direct: Est-ce que vous mangez avec votre famille?

Perspectives culturelles: Où faire les courses?

Thème: Les courses: un éloge aux petits commerçants
Structure 7.3: Talking about food measured in specific quantities and avoiding repetition *Les expressions de quantité et le pronom en*
Prononcez! Tu veux du sucre et un peu de lait?

Thème: Les plats des pays francophones
Structure 7.4: Referring to people and things that have already been mentioned and talking about placement *Les pronoms d'objet direct me, te, nous et vous et le verbe mettre*

Thème: L'art de la table
Structure 7.5: Giving commands *L'impératif*

Pratique de conversation: Comment se débrouiller au restaurant

À lire, à découvrir et à écrire
Lecture: *Déjeuner du matin* par Jacques Prévert
iLrn Voix en direct (suite)
Expression écrite
  À vos marques, prêts, bloguez!
  Un scénario: une scène au restaurant

Ressources
🔊 Audio ▶ Video iLrn ilrn.heinle.com
🌐 www.cengagebrain.com

Manger pour vivre

Structure 7.1

Writing verbs with minor spelling changes *Les verbes avec changements orthographiques*

Structure 7.2

Talking about indefinite quantities (some) *Le partitif*

To express your eating habits and food preferences in French, you'll need to use **-er** verbs such as **manger** and **acheter,** which have a slight spelling change in their conjugations. You will also need to use the partitive article to discuss what you eat and drink. Verbs that require spelling changes are presented on page 215. See page 217 for an explanation of partitive articles.

Les groupes alimentaires

Les fruits et les légumes

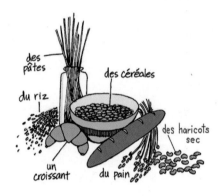

Les céréales et les légumes secs

Les produits laitiers

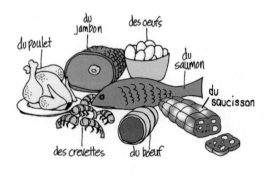

La viande, le poisson et les œufs

Credits: © Cengage Learning

On parle des repas

JEAN-PIERRE: Moi, au petit déjeuner, je mange souvent **du** pain avec **du** beurre et **de la** confiture—une tartine—et avec ça, je prends un café crème.

ANNE: Moi, je mange **des** céréales le matin. Puis, pour le déjeuner, je vais au resto U. On commence par une salade et puis on prend **de la** viande avec **du** riz ou **des** pommes de terre comme plat principal. Parfois, ils nous servent **du** yaourt ou **de la** glace comme dessert.

JEAN-PIERRE: Moi, je ne mange pas **de** viande. Qu'est-ce qu'il y a pour les végétariens au resto U?

ANNE: Alors là! Pas grand-chose *(Not much)!*

Activité 1 Goûts personnels

A. Pour chaque catégorie, indiquez les aliments que:
   a) vous aimez beaucoup
   b) vous aimez assez bien
   c) vous n'aimez pas du tout

   Modèle: les fruits et les légumes
   J'aime beaucoup les pommes mais je n'aime pas du tout les bananes. J'aime assez les fraises.

   1. les fruits et les légumes
   2. les céréales et les légumes secs
   3. les produits laitiers
   4. la viande, le poisson et les œufs

B. Maintenant, pour chaque catégorie, dites:
   a) ce que vous mangez souvent,
   b) ce que vous mangez rarement et
   c) ce que vous ne mangez pas.

   Modèle: les fruits et les légumes
   Je mange souvent des oranges mais je mange rarement des ananas. Je ne mange pas de bananes.

   1. les fruits et les légumes
   2. les céréales et les légumes secs
   3. les produits laitiers
   4. la viande, le poisson et les œufs

Activité 2 Liste d'achats

Qu'est-ce qu'on achète pour préparer les choses suivantes?

Modèle: un sandwich
Pour préparer un sandwich, on achète du pain, du fromage, de la salade et de la moutarde.

un sandwich

une salade mixte

une soupe

une omelette

une salade de fruits

une tarte aux fraises

Credits: © Cengage Learning

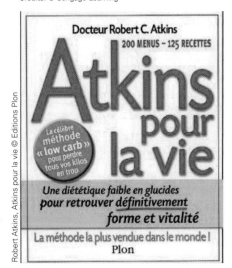

Atkins est un régime riche en protéines. Vous connaissez d'autres régimes?

Activité 3 Les régimes *(Diets)*

Pour chaque personne, décrivez une chose qu'elle peut manger ou boire et une autre chose qu'elle ne peut pas manger ou boire.

Modèle: une personne qui est allergique au lait
Elle ne peut pas manger de glace ou boire de milkshake.
Elle peut boire du lait de soja.

1. un(e) végétarien(ne)
2. une personne au régime
3. une personne qui ne mange pas certaines choses pour des raisons religieuses
4. une personne qui est allergique aux fruits de mer *(shellfish)*
5. un(e) végétalien(ne) *(vegan)*
6. une personne qui fait le régime Atkins

Les Français à table

© Kim Jarsma

La cuisine est une passion chez les Français et les repas organisent le rythme de la vie. Pendant la semaine, ils sont assez simples. Le matin, on prend le **petit déjeuner**, un repas léger° *light* composé de pain, de confiture et de café au lait. Les enfants aiment de plus en plus manger des céréales. Entre midi et deux heures, c'est l'heure du **déjeuner**. On prend souvent une entrée, un plat principal (bifteck ou poulet-frites) avec un petit dessert ou du fromage et un café. On prend le déjeuner à la maison, au restaurant ou à la cafétéria du lieu de travail. Les enfants déjeunent souvent à la cantine de l'école.

© McPHOTO/age fotostock

> **"Le dîner, pris vers huit heures du soir, est l'occasion de se retrouver en famille."**

En France, le dîner, pris vers huit heures du soir, est l'occasion de se retrouver en famille. On mange à table et non sur un plateau devant la télévision. Les repas de fêtes familiales ou amicales sont plus élaborés! Le dimanche, quand presque° tous les magasins sont fermés, il n'est pas rare pour toute la famille (oncles, tantes, cousins) de se retrouver chez les grands-parents. On passe la journée à préparer quelque chose de plus copieux. Bien sûr, il faut arroser° les plats variés avec du vin. On profite de° ce moment agréable de détente° pour discuter de la bonne cuisine, du bon vin, des événements de l'actualité° et des nouvelles° de la famille. Contrairement° aux Américains, les Français ne mangent pas typiquement entre les repas. On grignote° très peu. Mais on peut prendre le thé (du thé, un café ou un chocolat chaud) ou pour les enfants, le goûter, vers quatre heures de l'après midi.

almost

wash down
takes advantage of /
relaxation / news
events / news / Unlike

snacks

▮▮ Avez-vous compris?

Indiquez si les phrases suivantes sont vraies ou fausses. Corrigez les phrases fausses.

1. Les Français mangent des œufs le matin.
2. Si on travaille ou si on va à l'école, on ne prend pas le déjeuner à la maison.
3. Un déjeuner typiquement français est composé d'un sandwich, d'une salade et d'un fruit.
4. En général, tous les membres de la famille prennent le dîner ensemble.
5. Pour beaucoup de familles, le repas du dimanche est une tradition importante.

© Dougal Waters Photography Ltd/Getty Images

1. Pensez à votre famille ou aux familles de vos amis. Est-ce que tous les membres de votre famille se retrouvent pour dîner ensemble? Qu'est-ce qui peut perturber *(interfere with)* un dîner: un match de sport, un coup de téléphone, les devoirs, du travail, les amis, une émission de télé?
2. Le week-end, vous mangez souvent avec toute votre famille: grands-parents, cousins, oncles et tantes?
3. Combien de temps passez-vous à table généralement?
4. Est-ce que vous mangez souvent devant la télévision?
5. Est-ce que vous grignotez entre les repas?

Voix en direct CD2-9

Est-ce que vous mangez avec votre famille?

Quand vous habitiez[1] chez vos parents, Pierre, est-ce qu'il y avait[2] un moment pendant la journée où toute la famille se rassemblait[3]?
Chez moi, c'est simple; c'était[4] le repas du soir, le dîner, euh, qui était le seul moment de la journée où je voyais[5] mes parents. On passait[6] une heure et demie tous ensemble à table, sans[7] la télé, sans musique, sans perturbation extérieure et on discutait tous ensemble de 9 heures à 10 heures et demie. Oui, c'était comme ça tous les soirs. C'était le moment familial le plus important, euh, enfin… [Sans ça,… il n'y a pas] de cohésion familiale.

Pierre Paquot
Étudiant, 24 ans
Paris, France

[1] *lived* [2] *was* [3] *got together* [4] *was* [5] *saw* [6] *spent* [7] *without*

Et pour vous, Julien?
Pour moi, c'était essentiellement le soir, pour le dîner. Je passais toute la journée en cours. On dînait ensemble entre 8 heures et 9 heures, tous les soirs.

Est-ce que vous regardiez la télé?
Non, non. Parfois, ça arrivait[8]. S'il y avait un événement très important à la télé. C'est rare, quand même, c'est rare.

Julien Romanet
Étudiant, 24 ans
Paris, France

Est-ce que le repas du soir est un moment agréable?
Ouais, c'est un moment super agréable. C'est le plaisir d'être avec les gens qu'on aime et on discute de la journée, de ce qui va bien, de ce qui ne va pas bien, des projets, de ce qu'on va faire. C'est une heure de break.

[8] *happened*

Chez vous, est-ce que toute votre famille se rassemblait pour manger ensemble?
Euh, moi, c'était plutôt le matin, parce que mes parents rentraient[9] tard du travail le soir. Donc, je devais[10] dormir. Et c'était plutôt le matin… où, je passais du temps au petit déj[11] avec mon père et ma mère pour discuter, quoi, un peu, avant de partir à l'école.

Nicolas Konisky
Étudiant, 26 ans
Paris, d'origine libanaise

[9] *got home* [10] *had to* [11] *petit déjeuner (fam.)*

Vanessa, est-ce que vous preniez le repas du soir avec votre famille?

Euh, eh bien, non, parce que c'est très spécial chez moi. Personne n'avait les mêmes horaires. Donc, euh, non. C'est très, très rare qu'on se voie[12] tous en même temps, à part[13] le dimanche, peut-être. Souvent dans les familles françaises, c'est à 19 heures ou à 20 heures, on mange. C'est l'heure de dîner. Tout le monde va être là. Mais moi, chez moi, c'était pas comme ça, et donc, chacun dînait un peu… je suis fille unique, hein. Donc chacun dînait à l'heure qu'il voulait, qu'il pouvait, et donc voilà. On ne se voyait pas tous en même temps.

© Cengage Learning

Vanessa Vudo
Étudiante, 20 ans
Paris, d'origine
vietnamienne

[12]*see each other* [13]*except*

Réfléchissez aux réponses

1. Selon Pierre et Julien, pourquoi est-ce que le dîner est un moment important dans le rythme de la journée?

2. Pourquoi Vanessa et Nicolas ne prennent pas le dîner avec leur famille? Est-ce qu'ils essaient *(try)* d'expliquer pourquoi? Est-ce que cela *(this)* indique qu'ils trouvent leur situation différente de la norme?

3. Comparez les repas dans votre famille avec les repas chez Julien, Pierre, Vanessa et Nicolas.

Activité 4 Interaction

Posez les questions suivantes à un(e) camarade de classe.

1. Le matin, est-ce que tu prends le petit déjeuner? Tu préfères quel jus de fruit: le jus d'orange, le jus de pomme, le jus d'ananas…?

2. Où est-ce que tu déjeunes d'habitude? Qu'est-ce que tu manges au déjeuner?

3. À quelle heure est-ce que tu dînes?

4. Tu aimes grignoter *(to snack)*? Qu'est-ce que tu manges quand tu as faim entre les repas?

5. Où est-ce que tu as dîné hier soir? À quelle heure? Qu'est-ce que tu as mangé?

Activité 5 Sondage sur les goûts alimentaires de vos camarades de classe. Faites signer!

Trouvez quelqu'un qui…

1. déteste le broccoli.
2. ne mange pas de chocolat.
3. a horreur de *(can't stand)* la mayonnaise.
4. aime le sushi.
5. ne boit pas de café.
6. mange des légumes frais tous les jours.
7. aime les escargots.
8. sait préparer les crêpes.
9. n'a pas faim.

Où faire les courses?

super stores
periphery
best prices

Comme aux États-Unis, les Français font souvent leurs courses au supermarché et dans les grandes surfaces° qui se trouvent à la périphérie° des villes. Ces magasins offrent les meilleurs prix° et ils ont une variété de produits et de marchandises. En effet, les grandes surfaces menacent les petits commerces, mais les Français restent attachés aux magasins de quartier: la boulangerie-pâtisserie pour une bonne baguette ou une tarte aux pommes et la boucherie-charcuterie pour des saucissons ou un filet de bœuf. Voici le paysage des commerces gastronomiques en images. Où aimeriez-vous faire les courses?

Carrefour: une grande surface

On fait les courses au marché en plein air où on trouve des produits arrivés de la campagne *(countryside)*. L'ambiance est animée.

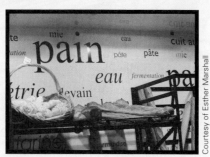

Quand on entre dans un petit commerce on dit «Bonjour monsieur/madame.» Quand on part on dit «Merci, monsieur/madame, au revoir.»

À l'épicerie de quartier, on achète des produits de première nécessité et des légumes frais. Certains de ces magasins sont ouverts très tard, sept jours sur sept, même le dimanche quand les autres magasins sont fermés.

Avez-vous compris?

Quelle(s) option(s) pour faire les courses associez-vous aux descriptions suivantes? Complétez les phrases en choisissant entre **à la boulangerie, à la boucherie, à l'épicerie, à la charcuterie, au marché** et **au supermarché.**

1. On trouve des produits régionaux…
2. On peut faire les courses tous les jours…
3. On fait les courses à l'extérieur…
4. On trouve du pain frais trois à quatre fois par jour…
5. Le service est impersonnel, mais les prix sont bons…
6. On trouve des saucissons…

Et vous?

1. Vous préférez acheter vos provisions *(food)* dans un supermarché ou dans des petits commerces? Pourquoi?
2. Est-ce qu'il y a un marché où l'on vend des produits gourmets et internationaux près de chez vous?
3. Qu'est-ce qui détermine votre choix de commerce: la qualité des produits, la variété des produits, les prix?

Au Québec, la petite épicerie de quartier ou la supérette s'appelle le «dépanneur».

Les courses: un éloge aux petits commerçants

Structure 7.3

Talking about food measured in specific quantities and avoiding repetition
Les expressions de quantité et le pronom en

Food is bought, sold, and prepared in measured amounts or specific containers: a liter, a can, a teaspoonful, and so on. In this **thème,** you will learn these expressions. In addition you will learn how to use the pronoun **en.**

J'en voudrais un kilo.   *I would like a kilo of them.*

For further explanation, see pages 218–219.

Expressions utiles

CD2-10

cinq cents grammes / une livre	*a pound*	une boîte	*a can / a carton*
une bouteille		un verre	*a glass / a cup*
une douzaine		un morceau	*a piece*
un kilo		un pot	*a jar / a container*
un litre		une tranche	*a slice*

Activité 6   Les petits commerçants

Où est-ce qu'on va pour acheter ces produits?

> **Modèle:**   *On achète du fromage à l'épicerie ou à la fromagerie.*

du fromage

Petits commerces:

le marché
l'épicerie
la boulangerie / la pâtisserie

la boucherie / la charcuterie
la poissonnerie
la crémerie / la fromagerie

1. une baguette

2. une douzaines de moules (*f*)

3. une tranche de pâté de campagne

4. une livre d'asperges (*f*)

5. un pot de confiture

6. des tartelettes (*f*) au citron

7. des côtelettes (*f*) de porc

8. un pot de glace

9. une barquette de fraises

Credits: © Cengage Learning

Activité 7 Au supermarché

Qu'est-ce que vous allez mettre dans votre caddie *(shopping cart)*?

Modèle: *Je vais acheter une tranche de jambon.*

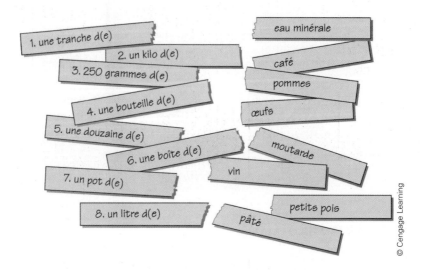

1. une tranche d(e)
2. un kilo d(e)
3. 250 grammes d(e)
4. une bouteille d(e)
5. une douzaine d(e)
6. une boîte d(e)
7. un pot d(e)
8. un litre d(e)

eau minérale
café
pommes
œufs
moutarde
vin
petits pois
pâté

© Cengage Learning

Notez et analysez

Look at the drawings to accompany **Activité 8**. What produce do you think the pronoun **en** replaces in the third and fourth bubbles?

▮▮ Prononcez! Tu veux du sucre et un peu de lait?

Quantity expressions include the element **de**—never **des**—even when they are followed by a plural noun: **beaucoup de pommes**, **un kilo d'oranges**. It's important to pronounce the vowel in **de** correctly. It rhymes with **le** NOT **les**.

Activité de prononciation

Votre partenaire veut vous servir. Indiquez la quantité que vous désirez. Suivez le modèle. Si votre partenaire prononce **des**, dites **Tu es sûr(e)?**

Expressions de quantité: beaucoup de, une tranche de, un peu de, un verre de, un demi kilo de, une tasse de

Modèle: du lait
ÉTUDIANT 1: *Tu veux du lait?*
ÉTUDIANT 2: *Oui, un verre de lait, s'il te plaît.*

1. du café
2. du pain
3. des bananes
4. du sucre
5. de l'eau
6. des pommes
7. du beurre

Credits: © Cengage Learning

A. Vous êtes à l'épicerie et vous entendez la conversation suivante. Écoutez la conversation et remplissez les blancs.

Image 1: Bonjour, madame. Vous _____?

Image 2: Je voudrais des _____.

Image 3: Combien _____ voulez-vous?

Image 4: J'en voudrais _____ cents grammes.

Image 5: Voilà. Ça _____ 1,50€. Et avec _____?

Image 6: C'est _____, merci.

B. Maintenant, c'est votre tour! Avec un(e) camarade de classe, jouez la scène entre l'épicier et le/la client(e) qui veut acheter les produits indiqués.

> **Modèle:** pommes, cinq cents grammes (1,50€)
> — *Bonjour, mademoiselle. Vous désirez?*
> — *Je voudrais des pommes, s'il vous plaît.*
> — *Combien en voulez-vous?*
> — *J'en voudrais cinq cents grammes.*
> — *Voilà. Ça fait un euro cinquante.*

1. spaghettis, un paquet (0,70€)

2. confiture de fraises, un pot (1,50€)

3. Orangina, une bouteille (1,40€)

4. camembert, 250 g (2,20€)

5. tomates, une livre (2,50€)

6. beurre, 250 g (1,60€)

 Activité 9 Vos habitudes alimentaires

Quelles sont vos habitudes alimentaires? Posez des questions à un(e) camarade de classe en utilisant les éléments suivants. Faites une liste des habitudes alimentaires que vous avez en commun.

Modèle: verres de lait par jour
— *Combien de verres de lait est-ce que tu bois par jour?*
— *J'en bois deux. / Je n'en bois pas.*

1. tasses de café le matin
2. pizzas / hamburgers / tacos par semaine
3. verres d'eau par jour
4. boules *(scoops)* de glace chaque semaine
5. tranches de pain par jour
6. bols *(bowls)* de céréales par semaine

Le parfait dessert d'été

Activité 10 Testez-vous!

Savez-vous manger pour vivre? Répondez aux questions suivantes.

1. On doit consommer au moins _____ portions de fruits et de légumes par jour.
   a. deux   **c.** cinq
   b. trois   **d.** sept

2. Les légumes à feuilles vert foncé _____ le risque de certains cancers.
   a. diminuent   **c.** n'affectent pas
   b. augmentent   **d.** éliminent

3. Une alimentation équilibrée doit être _____ en matières grasses et en calories mais _____ en fibres.
   a. pauvre, pauvre   **c.** riche, pauvre
   b. pauvre, riche   **d.** riche, riche

4. N'oubliez pas de boire _____ chaque jour.
   a. un litre d'eau   **c.** deux verres de vin
   b. un litre de lait   **d.** deux tasses de café

5. Un adulte a besoin de _____ calories par jour.
   a. 1 000 à 1 500   **c.** 2 000 à 2 500
   b. 1 500 à 2 000   **d.** 2 500 à 3 000

🌐 **Explorez** en ligne

Using a French search engine, visit cuisine.TV.fr or Topchef.fr for cooking tips. Find a recipe you like and list the dish along with its ingredients. Who is this site's intended audience? What kinds of information does it include? Write down three new expressions you learned related to cooking. Share your recipe and/or observations with the class.

La cuisine est le loisir culturel préféré des Français.

Que contient une galette complète (160 g) ?

353 kcal

• 23,1 g de protéines
• 21,1 g de lipides
• 16,9 g de glucides

Les plats des pays francophones

Structure 7.4

Referring to people and things that have already been mentioned and talking about placement *Les pronoms d'objet direct* **me, te, nous** *et* **vous** *et le verbe* **mettre**

In **Module 6** you learned how to use the third person direct object pronouns: **le, la, les.** Here you will review these pronouns and add **me, te, nous,** and **vous.** You will also learn how to use **mettre** in the context of setting a table and talking about seating arrangements. For more information about direct object pronouns and the verb **mettre** see pages 221–222.

En Suisse, la fondue est un plat traditionnel. On **la** prépare avec de l'emmental ou du gruyère, du vin blanc et un peu de kirsch *(cherry liqueur).*

En Algérie, en Tunisie et au Maroc, le couscous est un plat typique. On doit **le** servir dans un grand plat au centre de la table.

Voici des accras de morue *(codfish fritters),* une sorte de beignets antillais. On **les** trouve dans les restaurants martiniquais.

Notez et analysez

First, read the photo captions to learn about these traditional dishes from the francophone world. Then study them again, paying attention to the pronouns in bold. For each pronoun, find its antecedent—the noun that it replaces.

 Activité 11 Où est-ce que vous trouvez la fondue?

Répondez aux questions avec un pronom: **le, la, les.**

Modèle: — *Où est-ce qu'on trouve **la fondue**?*
— *On **la** trouve en Suisse.*

Plats	**Pays, villes et régions**
1. la fondue suisse	à Nice
2. la choucroute alsacienne *(sauerkraut)*	en Algérie
3. le jambalaya acadien *(cajun)*	à la Martinique
4. le couscous algérien	en Suisse
5. les accras de morue	en Alsace
6. la tarte canadienne au sirop d'érable *(maple syrup)*	au Canada
7. la salade niçoise	en Louisiane

Cyril parle à Lilianne avec son portable en allant au restaurant pour la rejoindre. Elle a déjà trouvé une table. Complétez le dialogue avec **me, te, nous** ou **vous.**

CYRIL: Je suis dans le parking, mais j'arrive. Tu *me* vois?

LILIANNE: Oui, je _____ vois. Tu as un pull bleu, non?

CYRIL: Non, c'est pas moi. Je porte un pull noir. Tu _____ vois maintenant?

LILIANNE: Oui, je _____ vois. Mais tu es avec qui?

CYRIL: C'est Grégoire, mon cousin, ça va s'il nous rejoint *(joins)*?

LILIANNE: Oui, bien sûr! Je _____ attends tous les deux. Vous _____ voyez?

CYRIL: Oui, tu es à la table près de la porte. Tu as une robe verte. À tout de suite!

Évelyne, je **te** mets là; à côté de Marc.

Et **nous**? Tu **nous** mets à côté de Marc?

Où est-ce que tu **me** mets?

Euh... voyons voir... Nous **vous** mettons à côté de Daniel. Il va **vous** amuser avec ses histoires.

© Cengage Learning

CD2-12

Écoutons ensemble! Où placer ses amis à table?

Claudine prépare un dîner marocain entre amis. Ses invités veulent savoir où ils doivent se placer à table. Écoutez le dialogue et choisissez le pronom approprié pour remplir *(fill in)* les blancs.

MAURICE: Où est-ce que tu _____ (le / te / me) mets?

HÔTESSE: Maurice, je _____ (me / te / le) mets à côté d'Érika. Tu _____ (le / la / les) connais bien. Érika, tu sais que Maurice est très drôle. Tu vas aimer _____ (le / l' / les) écouter.

RENÉE: Et moi?

HÔTESSE: Toi, Renée, tu peux _____ (m' / t' / l') aider un peu dans la cuisine. Alors, j'aimerais _____ (me / vous / te) mettre à côté de moi tout près de la cuisine.

RENÉE: Bon, ça va. Et Charles, tu _____ (le / la / les) mets où?

HÔTESSE: Charles et Momo, je _____ (le / les / la) mets en face de Maurice.

IAN ET CHANTAL: Et nous?

HÔTESSE: Je _____ (te / vous / les) mets à côté de mon mari. Vous pouvez _____ (m'/ l' / les) aider à passer les plats.

L'art de la table

Giving commands *L'impératif*

When giving directions, commands or making suggestions, the imperative can be used. The formation of the imperative (**l'impératif**) is explained on pages 223–224.

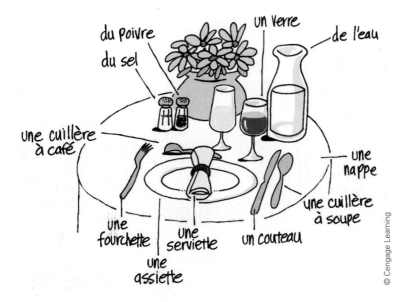

du poivre
du sel
un verre
de l'eau
une cuillère à café
une nappe
une cuillère à soupe
une fourchette
une serviette
un couteau
une assiette

© Cengage Learning

Activité 13 **Comment mettre la table à la française**

Votre ami américain explique comment mettre la table mais il fait des erreurs. Corrigez ses instructions.

Nouveau vocabulaire:

à gauche (de)   *to the left (of)*
à droite (de)   *to the right (of)*

1. D'abord, couvrez la table avec la serviette.
2. Ensuite, placez une assiette par personne sur la table.
3. Placez les fourchettes au-dessus de l'assiette.
4. Mettez le couteau à côté de la petite cuillère.
5. Mettez la cuillère à soupe à droite du couteau.
6. N'oubliez pas les verres; ils vont à gauche, au-dessus de la fourchette.
7. Placez la serviette au milieu de l'assiette.
8. Finalement, mettez de l'eau dans l'assiette.

Activité 14 Le voilà!

L'hôtesse a mis Tante Hélène à côté de vous à table car elle sait que vous êtes très patient(e) et que Tante Hélène est difficile. Suivez le modèle.

> Modèle: TANTE HÉLÈNE: Je ne trouve pas mes lunettes.
> VOUS: *Les voilà.*

1. Où est ma fourchette?
2. Je ne vois pas le vin.
3. Où est-ce qu'on a mis les pommes de terre?
4. Tu peux me passer le beurre?
5. J'ai besoin de sel.
6. Quand vont-ils servir le dessert?

Activité 15 Les bonnes manières

Lesquelles de ces bonnes manières sont françaises, lesquelles sont américaines et lesquelles sont partagées par les deux cultures? Classez-les.

BONNES MANIÈRES	FRANÇAISES	AMÉRICAINES	TOUTES LES DEUX
1. Quand on vous invite à la maison, apportez un petit cadeau (fleurs, bonbons…) pour l'hôtesse.			
2. Ne posez pas les coudes *(elbows)* sur la table.			
3. Tenez la fourchette dans la main gauche.			
4. Ne demandez pas de ketchup.			
5. Ne parlez pas la bouche pleine *(full)*.			
6. Ne buvez pas de Coca avec le repas.			
7. Posez les mains sur la table, pas sur les genoux *(lap)*.			
8. Ne commencez pas à manger avant l'hôtesse.			
9. Tenez-vous droit. *(Sit up straight.)*			

Activité 16 Un nouveau régime

Votre petit(e) ami(e) veut commencer un nouveau régime. Regardez les suggestions suivantes et utilisez l'impératif pour lui expliquer ce qu'il/elle doit et ne doit pas faire.

1. faire les courses dans un magasin bio
2. être sédentaire
3. boire huit verres d'eau par jour
4. manger dans les fast-foods
5. boire de la bière
6. manger beaucoup de légumes frais
7. grignoter entre les repas
8. avoir de la patience. Ça va marcher!

Bien manger, alimentation élaborée, c'est Bio!

© Cengage Learning; photo Shutterstock

Comment se débrouiller au restaurant

Réfléchissez et considérez

Think about the typical "script" that accompanies going out to a restaurant. What is the first exchange between the waiter or host and guests as they enter the restaurant? What kinds of questions might one ask the waiter? What kinds of comments might be made about the food? Before looking at the expressions presented here, with a partner come up with three typical exchanges between a waiter and guests. Then look to see if they appear below. Be prepared to discuss any differences you notice with the class.

◄)) Expressions utiles

CD2-13

Pour réserver ou demander une table

(au téléphone) Je voudrais réserver une table pour six à 20h00 ce soir.
(au restaurant) Une table pour six, s'il vous plaît.

Pour appeler le serveur ou la serveuse

S'il vous plaît…

Pour prendre la commande, le serveur dit…

Que désirez (voulez)-vous comme…	*What would you like for a (an)/the . . .*
hors-d'œuvre?	*appetizer?*
entrée?	*small first course?*
plat principal?	*main course?*
dessert?	
boisson?	*drink?*
Vous êtes prêt(e) à commander?	*Are you ready to order?*
Votre steak, vous le voulez à quelle cuisson, saignant, à point ou bien cuit?	*How do you want your steak cooked, rare, medium, or well-done?*

Pour commander

Qu'est-ce que vous nous conseillez?	*What do you recommend?*
Moi, je vais prendre le menu à 15 euros.	
Pour commencer, je vais prendre…	
Ensuite, je voudrais…	
C'est tout.	*That's all.*

Pour parler de son appétit

J'ai (très) faim.	*I'm (very) hungry.*
J'ai soif.	*I'm thirsty.*
J'ai bien mangé. Je n'ai plus faim.	*That was good. I'm full.*

Ces brasseries offrent aux clients un choix de menus. Expliquez ces choix.

Pour parler de la cuisine

C'est…
chaud / froid.
délicieux / sans goût.   *delicious / bland.*
parfait.
piquant / salé / sucré.   *spicy / salty / sweet.*
tendre / dur.   *tender / tough.*

Pour régler l'addition

L'addition, s'il vous plaît.   *The check, please.*
Le service est compris?   *Is the tip included?*
Vous acceptez les cartes bancaires?
On laisse un petit pourboire?   *Should we leave a tip?*

 CD2-14   **Écoutons ensemble! Rendez-vous au restaurant**

Marie-Claire et son copain Charles ont rendez-vous au restaurant. D'abord, écoutez la scène jouée en regardant les images. Puis mettez-vous en groupes de trois (deux clients et un serveur) et inventez votre propre dialogue.

Ce restaurant au toit rose est dans la maison la plus ancienne du Québec.

Note de vocabulaire

In France, restaurants frequently offer **un menu à prix fixe** that consists of a limited set of options among three or four courses. The typical menu includes **une entrée** or **un hors-d'œuvre, un plat principal,** and **un dessert.** This is considerably less expensive than ordering **à la carte.** Menus are differentiated by price: **le menu à 18 euros, à 25 euros,** and so on.

Activité 17 Aux Anciens Canadiens

Regardez le menu de ce restaurant canadien et identifiez les plats offerts. Quels plats ou ingrédients vous semblent typiquement canadiens? Quels plats sont typiquement français?

Notre table d'hôte - Menu Complet

Entrée
Potage
Plat principal
Dessert
Café ou thé

Nos Entrées

	Table d'hôte	À la carte
Salade verte, crème fraîche et ciboulette	suppl. 0.50	6.75
Marmite de fèves au lard[4]	Inclus	6.25
Escargots à l'ail façon « Jean Michel »	suppl. 3.50	9.75
Fromage de chèvre grillé en salade parfumé au basilic	suppl. 5.75	12.00

Nos Plats Principaux

Volailles

	Table d'hôte	À la carte
Suprême de poulet en feuilleté	41.50	28.50
Médaillons de dindon[1], grillés, sauce au parfum de noisettes[2]	40.50	27.50

Spécialités Québécoises et Gibiers

	Table d'hôte	À la carte
Tourtière[3] du Lac St-Jean et son mijoté de bison	42.50	29.50
Caribou à la crème et au vin de bleuets	57.50	44.50

Viandes et poissons

	Table d'hôte	À la carte
Filet d'agneau grillé, sauce à la menthe et au sherry	46.50	33.50
Mignon de boeuf, sauce bordelaise	49.50	36.50
Assiette de fruits de mer et sa fricassée de légumes	62.50	49.50
Filet de saumon frais, sauce bisque de crevettes	41.50	28.50

Plat végétarien

	Table d'hôte	À la carte
Jardinière de légumes frais	38.50	25.50

Nos Potages

	Table d'hôte	À la carte
Potage du chef en soupière	Inclus	5.75
Soupe aux pois Grand-mère	suppl. 1.00	6.75
Soupe à l'oignon gratinée	suppl. 4.00	9.75

Nos Desserts

	Table d'hôte	À la carte
Tarte au sirop d'érable[5] et crème fraîche	Inclus	8.75
Tarte au fudge, coulis[6] de framboises	Inclus	8.75
Gâteau au chocolat et noisettes, coulis de fraises	Inclus	8.75
Glace maison à la vanille et coulis de fruits frais	Inclus	8.75
Assiette de fromages	suppl. 4.00	12.75

[1]*turkey*
[2]*hazelnuts*
[3]*meat pie*
[4]*pot of baked beans*
[5]*maple syrup*
[6]*purée*

Activité 18 Commandons!

A. Les personnes suivantes sont au restaurant Aux Anciens Canadiens. Étudiez la carte à la page 211, puis choisissez des plats appropriés pour chaque personne.

1. une femme qui est végétarienne
2. un homme qui a très faim
3. une touriste qui aime goûter les spécialités régionales
4. un enfant qui aime les plats sucrés
5. un homme / une femme qui ne veut pas grossir
6. vous-même

B. Maintenant, avec un(e) camarade de classe, jouez le rôle de ces personnes au restaurant.

Situations à jouer!

 1 **Une soirée entre amis.** It is time to seat guests around the dining room table. In groups of 5 or 6, using a table in the classroom, one student will play the role of host/hostess and let his/her guests know where to sit. Once everyone is seated, have a short conversation.

> Modèle: HÔTE/HÔTESSE: *Evan, je te mets là, à côté de Kate.*
> IAN: *Où est-ce que tu me mets?*
> HÔTE/HÔTESSE: *Je te mets au bout de la table. Tu peux m'aider à servir les plats.*

 2 **Au restaurant.** Block out a dialogue and discuss vocabulary you will need with your group before you try acting it out. Be prepared to perform for the class.

Step 1: You're on a diet (**au régime**) and your dinner companion tries to tempt you with suggestions from the menu that are fattening.

Step 2: You can't make up your mind about what to order. Ask the waiter for a suggestion and then order.

Step 3: The waiter mixes up the orders. Once you have tasted your meal, comment on the food to your dinner companion.

Step 4: The bill arrives. Find out if you can pay with a credit card and if the service was included or if you need to leave a tip.

Lecture

Anticipation

The following poem was written by Jacques Prévert, a famous French surrealist poet and screenwriter. Here, Prévert reveals his genius for treating universal subjects in simple, everyday language. Before you read this poem, imagine how the final breakup of a relationship might be revealed over a morning cup of coffee, without a word being spoken. Then, as you listen to the poem, visualize each gesture as if you were to stage it.

🔊 *Déjeuner du matin*

CD2-15

par Jacques Prévert

1	Il a mis le café	
	Dans la tasse	
	Il a mis le lait	
	Dans la tasse de café	
5	Il a mis le sucre	
	Dans le café au lait	
	Avec la petite cuiller	
	Il a tourné	
	Il a bu le café au lait	
10	Et il a reposé° la tasse	*set down*
	Sans me parler	
	Il a allumé	
	Une cigarette	
	Il a fait des ronds°	*smoke rings*
15	Avec la fumée	
	Il a mis les cendres°	*ashes*
	Dans le cendrier°	*ashtray*
	Sans me parler	
	Sans me regarder	
20	Il s'est levé°	*stood up*
	Il a mis	
	Son chapeau sur sa tête	
	Il a mis	
	Son manteau de pluie	
25	Parce qu'il pleuvait°	*was raining*
	Et il est parti	
	Sous la pluie	
	Sans une parole	
	Sans me regarder	
30	Et moi j'ai pris	
	Ma tête dans ma main	
	Et j'ai pleuré°.	*cried*

Jacques Prévert, "Déjeuner du matin" in *Paroles* © Éditions GALLIMARD
© Fatras / succession Jacques Prévert pour les droits électroniques

Activité de lecture

Deux étudiants (un homme et une femme) jouent les deux rôles du poème pendant que le professeur (ou la classe) le lit à haute voix.

Compréhension et intégration

1. Qui sont les deux personnages du poème?
2. Qui quitte qui? Comment le savez-vous?
3. Pourquoi la voix *(voice)* de la narratrice est-elle si triste?
4. Quelle est la première indication que l'homme va partir?
5. Expliquez le rapport entre le temps et le ton *(tone)* du poème.

Maintenant à vous!

1. Lisez le poème plusieurs fois.
2. Avec un(e) partenaire, imaginez la raison de la rupture *(breakup)*. Partagez votre explication avec vos camarades de classe.

Voix en direct (suite)

Go to **iLrn** to view video clips of French people talking about family meals and their eating habits.

Expression écrite

iLrn À vos marques, prêts, bloguez!

Allez sur notre blog et écrivez, en français, un billet sur votre restaurant favori. Il sert quelle sorte de cuisine (mexicaine, chinoise, italienne, américaine)? Qu'est-ce que vous aimez commander dans ce restaurant? Êtes-vous végétarien(ne)? Est-ce qu'il y a un plat que vous n'aimez pas? Après, lisez les billets de deux autres camarades de classe et répondez à ces billets.

Un scénario: une scène au restaurant

You are going to write a script for a restaurant scene with three characters: two dining companions and a waiter.

■ **Première étape:** Look over the four steps of the restaurant scene in the **Situation à jouer!** on page 212. This is your basic outline. Supplement Step 3 with a conversation about a topic of interest to you. Make a list of expressions you might need.

■ **Deuxième étape:** Write out the dialogue. Make sure to include several object pronouns (**le, la, les…**) and **en.**

La cuisine

Avant de visionner

You will watch a video about French cuisine, perhaps one of the most influential culinary traditions in the world. In this video, you will learn about the signature dishes of France and the Francophone world as well as what French students eat on a daily basis.

© Joe Gough

Le bœuf bourguignon est une spécialité régionale qui est devenue un plat traditionnel français.

Quelques mots utiles

bénéficier de	*to benefit from*	un mélange	*mixture*
le boudin	*type of sausage*	les moules (*f pl*)	*mussels*
la choucroute	*sauerkraut (with pork)*	les profiteroles	*cream puffs filled with ice cream / cream*
le confit de canard	*slow-cooked duck leg*	une tendance	*trend*
disponible	*available*	la terre	*land*

Étudiez la liste de vocabulaire. Ensuite, complétez chaque phrase avec un mot ou une expression de la liste.

1. Le climat et _____ influencent les produits d'une région.
2. La cuisine dans les Caraïbes françaises est _____ de différentes traditions.
3. _____ sont un dessert.
4. _____ sont des fruits de mer.
5. Manger moins sucré est _____ depuis (*since*) l'augmentation de l'obésité.

Pendant le visionnement

Catégories

Regardez la vidéo. Ensuite, écrivez les aliments mentionnés dans la vidéo dans la catégorie qui convient.

1. ingrédients du Nord-Ouest: _____

2. ingrédients du Sud: _____

3. plats / desserts français: _____

   _____

4. plats préférés des étudiants: _____

   _____

 **Identifications**

Sélectionnez l'endroit associé à chaque plat.

1. la choucroute   **a.** le Québec
2. les moules frites   **b.** la Louisiane
3. le boudin   **c.** l'Alsace
4. la poutine   **d.** l'Afrique du Nord
5. le couscous   **e.** la Belgique

Après le visionnement

Avez-vous compris?

Dites si les phrases suivantes sont vraies (**vrai**) ou fausses (**faux**).

1. On ne mange pas beaucoup de fruits de mer en France.
2. La cuisine des Caraïbes françaises est basée sur des traditions françaises et créoles, et des influences asiatiques.
3. La poutine est un plat à base de pommes de terre et de fromage.
4. Manger japonais est une tendance en France.
5. Tous les étudiants interviewés préfèrent manger des plats traditionnels français.

Discutons!

Discutez des questions suivantes avec un(e) partenaire.

1. Qu'est-ce qui influence la cuisine d'une région? Citez des exemples d'une cuisine régionale mentionnée dans la vidéo et les influences sur cette cuisine.
2. Connaissez-vous les plats mentionnés dans la vidéo? Si oui, quels plats? Est-ce que vous les aimez? Sinon, quels plats aimeriez-vous goûter?
3. Pourquoi pensez-vous que la cuisine française est célèbre partout (*everywhere*) dans le monde?
4. Pensez-vous que les gens de votre pays accordent la même importance à la cuisine que les Français? Expliquez votre opinion en citant des exemples de votre vie.
5. Qu'est-ce que vous et vos amis préférez manger? Est-ce que vos préférences sont similaires ou différentes des préférences des étudiants dans la vidéo? Expliquez.

Réfléchissez et considérez

La flammekueche, or **la tarte flambée,** is an Alsatian specialty. Look at the photo below. What does **la flammekueche** look like? What are its ingredients? How do these ingredients reflect the French-German culture of Alsace?

© Bildagentur Zoonar GmbH

La cuisine française

Share It! Faites une liste de plats traditionnels et de produits français que vous connaissez tels que le bœuf bourguignon et les croissants. Combien pouvez-vous en identifier? Postez votre liste sur **Share It!** et comparez-la avec celle d'un(e) camarade de classe. Ensuite, découvrez chaque plat ou produit que votre camarade a mentionné et que vous ne connaissiez pas en faisant des recherches sur Internet.

Vidéo Voyages! Watch a video about Louisiana, its rich natural heritage, and its cuisine.

Writing verbs with minor spelling changes *Les verbes avec changements orthographiques*

Some -**er** verbs in French have regular endings but require slight spelling changes in the present tense to reflect their pronunciation.

The verbs **préférer** *(to prefer)*, **espérer** *(to hope for)*, and **répéter** *(to repeat)* follow this pattern:

è → é when followed by a pronounced ending		
je préfère"	BUT	nous préférons
ils préfèrent	BUT	vous préferez

Verbs such as **acheter** have a slightly different change:

è → mute e when followed by a pronounced ending		
ils achètent	BUT	nous achetons
tu achètes	BUT	vous achetez

For the verb **appeler** and most verbs ending in **e** + consonant + **er**, the final consonant doubles when preceded by a pronounced **e**.

nous appelons	BUT	j'appelle
vous appelez	BUT	tu appelles

Verbs ending in -**ger**, such as **manger** and **nager,** have the following change:

g → ge before -ons to maintain the soft g sound		
je mange	BUT	nous mangeons

Verbs ending in -**cer,** such as **commencer,** have the following change:

c → ç before -ons to maintain the soft c sound		
je commence	BUT	nous commençons

Note: The **nous** and **vous** forms of these verbs always have the same stem as the infinitive.

The **passé composé** of these verbs with spelling changes is formed regularly:

appeler → j'ai appelé	acheter → j'ai acheté
espérer → j'ai espéré	manger → j'ai mangé
répéter → j'ai répété	commencer → j'ai commencé

Exercice 1 On fait une enquête *(poll)* sur les habitudes des consommateurs au supermarché. Complétez les questions et les réponses avec la forme du verbe indiqué qui convient.

1. préférer

ENQUÊTEUR: Madame, qu'est-ce que vous _____ comme légume?

CLIENTE: Moi, je _____ la salade; mon mari _____ les haricots verts et nos enfants _____ les pommes de terre.

2. acheter

ENQUÊTEUR: Et vous _____ des aliments surgelés *(frozen)*?

CLIENTE: Pas très souvent. Nos voisins _____ souvent des produits surgelés mais nous, nous _____ surtout des légumes frais. Euh, parfois quand je n'ai pas le temps de cuisiner, j(e) _____ un paquet d'épinards surgelés ou un sac de pommes frites surgelées.

3. manger

ENQUÊTEUR: Qu'est-ce que vous _____ quand vous êtes pressés *(in a hurry)*?

CLIENTE: Oh, je ne sais pas. Nous _____ un peu de tout. Les enfants aiment _____ des tartines. Mon mari, lui, il _____ un sandwich au fromage. Et moi, euh, je _____ des fruits.

4. commencer, espérer

ENQUÊTEUR: Et pour _____ votre dîner typique, que prenez-vous?

CLIENTE: Nous _____ avec une soupe ou un peu de charcuterie.

ENQUÊTEUR: Eh bien, j(e) _____ que vous allez trouver tout ce qu'il vous faut ici au supermarché Champion. Merci, madame, de votre collaboration.

CLIENTE: Je vous en prie.

Exercice 2 Fabienne parle de ses projets pour un repas de fête. Complétez ses remarques avec la forme du verbe entre parenthèses qui convient. Choisissez entre le présent et le passé composé.

Aujourd'hui, c'est l'anniversaire de mon ami et il _____ (1) (préférer) dîner à la maison qu'aller au restaurant. Alors, je prépare un repas de fête délicieux.

Hier, j(e) _____ (2) (commencer) les préparatifs. J(e) _____ (3) (appeler) des copains pour les inviter. Il va donc y avoir six personnes. J(e) _____ (4) (espérer) que tout le monde aime le bœuf parce que j(e) _____ (5) (acheter) un bon filet à la boucherie ce matin.

La dernière fois que nous _____ (6) (manger) ensemble, nous avons apporté le vin, alors cette fois-ci, Richard et Jules _____ (7) (acheter) deux bouteilles de vin rouge. Et quoi d'autre? Ah oui, le dessert! Nicole _____ (8) (acheter) un beau gâteau d'anniversaire. On va bien manger!

Structure 7.2

Talking about indefinite quantities (some) *Le partitif*

By their nature, some nouns cannot be counted. For example, we can count grains of rice but we can't count rice. We can count a glass of water, but we can't count water. In French, the partitive article is used to refer to *some* or a *part* of such noncount nouns.

de la viande	*some meat*
de l'eau	*some water*
du temps	*some time*
des légumes	*some vegetables*

The partitive is also used with abstract nouns.

Il a du courage.	*He is brave (has some courage).*

Although the English equivalent for the partitive (*some or any*) can be omitted, the partitive article is necessary in French. Here are the forms of the partitive article.

de + le ⟶ **du**	Vous prenez du vin.	*You're having some wine.*
de + la ⟶ **de la**	Il y a de la soupe à l'oignon.	*There is (some) onion soup.*
de + l' ⟶ **de l'**	Je bois de l'eau minérale.	*I drink mineral water.*
de + les ⟶ **des**	Je mange des céréales.	*I eat cereal.*

In negative sentences, the partitive article becomes **de** (or **d'** before a vowel sound).

Il n'y a pas de tarte.	*There isn't any pie.*
Elle ne mange pas d'ail.	*She doesn't eat garlic.*

Choosing between the *article défini, indéfini,* and *partitif*

The following guidelines will help you choose the appropriate article.

1. Verbs that frequently require the partitive article are **prendre, manger, boire, avoir,** and **acheter.**

Vous prenez **du** café?	*Are you having coffee?*
Mon père ne boit pas **de** café.	*My father doesn't drink (any) coffee.*
Est-ce qu'il y a **de la** confiture?	*Is there any jam?*

2. When they precede some nouns, the indefinite article or the partitive change their meaning slightly.

Je voudrais **une** salade.	*I'd like a salad.*
Je voudrais **de la** salade.	*I'd like some salad.*
Je voudrais **un** café.	*I'd like a (cup of) coffee.*
Je voudrais **du** café.	*I'd like coffee.*

3. Preference verbs such as **aimer, préférer, adorer,** and **détester** take the definite article **(le, la, les).**

J'adore **la** viande mais je n'aime pas **le** poisson.	*I love meat but I don't like fish.*

4. Use the definite article when referring to a specific item visible by all at the table, previously mentioned in the conversation, or when ordering a particular dish on a menu.

Passez-moi **le** sel, s'il vous plaît.	*Pass me the salt, please.*
Je voudrais **le** saumon.	*I'd like the salmon.*

Exercice 3 Anaïs explique ses habitudes culinaires. Complétez les phrases avec l'article partitif ou indéfini approprié.

1. Je suis toujours pressée *(in a hurry)* le matin, donc je mange peu au petit déjeuner. Je prends _____ pain grillé avec _____ beurre et _____ confiture. Avec ça, je prends _____ chocolat chaud ou _____ café au lait; je ne bois pas _____ jus de fruits.

2. Normalement, à midi, je retrouve mes amis au resto-U et nous déjeunons ensemble. Parfois, je mange _____ soupe avec _____ poulet et _____ haricots verts. Généralement, je prends _____ eau minérale avec mes repas.

3. Le soir, je n'ai pas très faim et je n'ai pas _____ talent pour la cuisine. J'aime préparer _____ salade. Ma salade préférée est la salade composée. On utilise _____ salade, _____ tomates, _____ olives, _____ champignons, _____ jambon et _____ fromage. Et pour moi, pas _____ «French dressing» à l'américaine. Je prends _____ vinaigrette *(f)*.

Exercice 4 Émilie décrit sa routine du matin. Complétez le paragraphe avec la forme de l'article défini, indéfini ou partitif qui convient.

Alors, voici ma routine du matin pendant la semaine. D'abord, à 8h00, si j'ai _____ (1) énergie, je fais du jogging. Vers 8h30, je fais ma toilette et je prépare le petit déjeuner. D'abord, je prends _____ (2) jus de fruit; je préfère _____ (3) jus d'orange. Ensuite, je me prépare _____ (4) café. Je ne prends pas _____ (5) sucre dans mon café, mais j'aime ajouter _____ (6) lait. Puis je mange _____ (7) tartines de pain—je n'aime pas _____ (8) baguettes—avec _____ (9) beurre et _____ (10) confiture d'abricots. S'il n'est pas trop tard, je prépare _____ (11) salade pour midi. À 9h00, je pars pour mon bureau en métro, car je n'ai pas _____ (12) voiture. C'est une matinée bien remplie!

Structure 7.3

Talking about food measured in specific quantities and avoiding repetition *Les expressions de quantité et le pronom en*

Quantity expressions have the following structure:

Quantité + *de* + nom			
Elle achète…	beaucoup	de	beurre.
	une bouteille	d'	eau minérale.
	un morceau	de	chocolat.

Note that **d(e)** is used alone rather than with an article.

Il y a trop **d'**huile dans la salade.   *There is too much oil in the salad.*
Elle a peu **de** patience.   *She has little patience.*

In the metric system, liquids are usually measured in **litres** (*liters*) and solids in **grammes** (*grams*) or **kilos** (*kilograms*). If you want to talk about one pound of an item, you use **500 grammes** or **une livre.** Sometimes the packaging determines the quantity. In France milk comes in bottles (**bouteilles**) or cartons (**boîtes, packs**), and jam and mustard come in jars (**pots**).

un demi-litre d'huile	*a half liter of oil*
un kilo de pommes de terre	*a kilo of potatoes*

Exercice 5   Anne veut préparer un gâteau. Elle examine ce qu'elle a dans sa cuisine. Complétez ses pensées en choisissant la réponse parmi les options données entre parenthèses.

Bon, dans le réfrigérateur il y a _____ (1) (un kilo de, assez de, un sac de) lait. Mais je n'ai pas _____ (2) (d', des, les) œufs. Que faire alors? Peut-être que je peux emprunter *(to borrow)* _____ (3) (d', des, un) œufs à la voisine. Et, dans le placard… il y a _____ (4) (de, de la, un litre de) farine *(flour)* et _____ (5) (des, un litre de, du) sucre. Il y a encore _____ (6) (la, de la, de) vanille *(f)* dans la bouteille. Selon la recette, il faut aussi _____ (7) (de, le, 100 g de) chocolat. Où est mon chocolat? Zut! Pas de chocolat! Je dois donc aller au supermarché. Je vais acheter _____ (8) (une douzaine d', une boîte d', un pot d') œufs et _____ (9) (de, du, un) chocolat. Je vais me dépêcher *(to hurry)*. Je n'ai pas beaucoup _____ (10) (du, des, de) temps!

Exercice 6   C'est mercredi, le jour du marché. Composez des phrases avec les éléments donnés pour indiquer ce que chaque personne achète. Ensuite, devinez le plat qu'on va préparer avec ces ingrédients.

1. M. Laurent: paquet / beurre; douzaine / œufs; et 200 g / fromage
2. Paulette: litre / huile d'olive; bouteille / vinaigre; 500 g / tomates; et salade
3. Jacques: trois tranches / pâté; un morceau / fromage; baguette; et bouteille / vin
4. Mme Pelletier: un peu / ail; 250 g / beurre; et douzaine / escargots
5. Nathalie: 1 melon; 1 ananas; 3 bananes; et barquette / fraises

The pronoun *en*

In French, the pronoun **en** is used to replace noncount nouns, i.e., nouns preceded by the partitive (**du, de la, de l', des**) or an indefinite article (**un, une, des**).

— Y a-t-il **des fraises**?	— *Are there any strawberries?*
— Oui, il y **en** a.	— *Yes, there are (some).*
— Tu veux **un Coca**?	— *Do you want a Coke?*
— Non, je n'**en** veux pas.	— *No, I don't want one (any).*

Notice that in the following sentences **en** replaces the noun but the quantity still needs to be stated.

— Combien de baguettes voulez-vous?	— *How many baguettes do you want?*
— J'**en** veux **deux.**	— *I want two (of them).*
— Achètes-tu beaucoup de bananes?	— *Do you buy a lot of bananas?*
— Non, je n'**en** achète pas **beaucoup.**	— *No, I don't buy a lot (of them).*

The order of *en* in a sentence

En precedes the conjugated verb and the expressions **voilà** and **voici**. This means that **en** precedes the auxiliary **avoir** or **être** in the **passé composé**.

Il y **en** a cinq.	*There are five (of them).*
J'**en** ai beaucoup mangé.	*I ate a lot (of it).* (**passé composé**)
En voilà une!	*There's one!*

In sentences with a conjugated verb followed by an infinitive, **en** precedes the infinitive. This means that **en** precedes the infinitive in the **futur proche**.

Je vais **en** prendre.	*I'll have some.* (**futur proche**)
Nous voulons **en** acheter.	*We want to buy some.*

Exercice 7 Trouvez la question illogique pour les réponses suivantes.

1. J'en veux un kilo.
   a. Tu veux du beurre?
   b. Tu veux du jambon?
   c. Tu veux des carottes?
   d. Tu veux un Coca?

2. Nous en avons deux.
   a. Vous avez combien de voitures?
   b. Vous avez des enfants?
   c. Vous avez combien de riz?
   d. Vous avez une maison?

3. J'en ai acheté une boîte.
   a. Tu as trouvé du thon *(tuna)*?
   b. Tu as acheté des raviolis?
   c. Tu as acheté du vin?
   d. Tu as pris de la sauce tomate?

4. J'en ai trois.
   a. Tu as combien de cours maintenant?
   b. Tu as une camarade de chambre?
   c. Tu as beaucoup de cours ce trimestre?
   d. Tu as du lait?

5. Oui, elle en a beaucoup.
   a. Marthe a beaucoup de travail?
   b. Marthe a des amis?
   c. Marthe a un mari?
   d. Marthe a des problèmes?

Exercice 8 Voici des morceaux d'une conversation à table. Répondez selon les indications. Employez le pronom **en** pour éviter la répétition.

1. Voulez-vous des pommes de terre gratinées? (oui)
2. Vous allez prendre du pâté? (non)
3. Prennent-ils du vin? (oui)
4. Vous prenez de la salade verte? (non)
5. Moi, je prends des escargots. Et toi? (oui)
6. Mangez-vous souvent du pain? (oui)

Referring to people and things that have already been mentioned and talking about placement *Les pronoms d'objet direct* **me, te, nous** *et* **vous** *et le verbe* **mettre**

You have learned to use the direct object pronouns **le, la,** and **les** to avoid repeating an object. The table below shows you the complete list of these pronouns:

singular	plural
me, m' (before vowel)	nous
te, t' (before vowel)	vous
le, la, l' (before vowel)	les

Les haricots verts? Elle **les** aime frais.	*Green beans? She likes them fresh.*
Je **t'**invite à prendre un verre.	*I'm inviting you to have a drink.*

Placement of direct object pronouns

The pronoun precedes the conjugated verb.

Ces pommes? Je **les** mets dans mon sac.	*These apples? I'm putting them in my bag.*
Khalid et Léa, je **vous** ai vus hier.	*Khalid and Lea, I saw you yesterday.*

When a conjugated verb is followed by an infinitive, such as in the **futur proche,** the pronoun is placed immediately before the infinitive:

Le pourboire? Je vais **le** laisser sur la table.	*The tip? I'm going to leave it on the table.*
Elle veut **nous** voir ce soir?	*Does she want to see us this evening?*

Le voilà. To indicate where something is or to hand an object to someone the direct object pronoun **le, la,** or **les** is followed by **voilà.**

Où sont mes clés? **Les voilà.**	*Where are my keys? Here they are.*

Choosing between the direct object pronoun and *en*

If you want to use a pronoun to replace a noun, choose **en** if the noun is preceded by **un, une, du, de la, de l',** or **des.**

— Y a-t-il **des** oranges dans le frigo?	*— Are there any oranges in the fridge?*
— Oui, il y **en** a.	*— Yes, there are (some).*

Use **le, la, les** if the noun is preceded by a definite article.

— Tu aimes **la** glace au chocolat?	*— Do you like chocolate ice cream?*
— Oui, je **l'**aime beaucoup.	*— Yes, I like it a lot.*

Mettre

The verb **mettre** is followed by a direct object.

mettre *(to put, place,* or *put on)*	
je mets	nous mettons
tu mets	vous mettez
il/elle/on met	ils/elles mettent

passé composé: j'ai **mis**

The verbs **remettre** *(to put on again),* **permettre** *(to permit)* have similar conjugations.

STRUCTURES UTILES

Usage

The following sentences illustrate the various uses of **mettre**.

— Qui met la table?	— *Who is setting the table?*
— Moi, je la mets.	— *I'm setting it.*
Qu'est-ce que tu vas mettre aujourd'hui?	*What are you putting on (wearing) today?*
Vous me mettez à côté de Jean-Pierre?	*You're putting me next to Jean-Pierre?*
Vous permettez? (expression idiomatique)	*May I?*

- -

Exercice 9 On a invité de la famille à dîner. Complétez la conversation avec la forme appropriée de **mettre** ou **permettre**.

1. Vous _____ la table? On va manger dans une heure!

2. Je _____ la table maintenant. Où est-ce qu'on _____ Mémé et Pépé?

3. Nous les _____ à côté de Tante Irène.

4. Ton père et moi, nous ne te _____ pas de manger de la glace avant le dîner.

Exercice 10 Dans les phrases suivantes, les pronoms en italique peuvent représenter un ou plusieurs noms. Trouvez l'élément (ou les éléments) que le pronom **peut** représenter.

1. Je *les* aime beaucoup.

   a. les bonbons   **c.** la confiture

   b. du sucre   **d.** mes cousins

2. Ma mère va *la* préparer ce soir.

   a. le bœuf bourguignon   **c.** la salade niçoise

   b. la fondue suisse   **d.** le steak au poivre

3. On ne *l'*a pas vu depuis une semaine.

   a. mon oncle   **c.** le livre de recettes

   b. mon oncle et ma tante   **d.** le CD de Ricky Martin

4. Stéphanie *m'*a invité au cinéma.

   a. toi et moi   **c.** moi et mes amis

   b. moi   **d.** nous

5. Cédric *en* boit beaucoup.

   a. le vin   **c.** l'autobus

   b. de la bière   **d.** du lait

6. Tu vas *le* mettre sur la table.

   a. la pomme   **c.** le plat

   b. le verre   **d.** les tartelettes

7. J'*en* ai acheté.

   a. des crevettes   **c.** la viande

   b. du pain   **d.** de la glace

8. Vous *nous* avez invités au restaurant.

   a. moi   **c.** elle et moi

   b. toi et ton copain   **d.** Marc et moi

Exercice 11 François aide sa mère à préparer le dîner. Complétez ce que sa mère lui dit avec le pronom d'objet direct qui convient.

1. Voici les tomates. Pourrais-tu _____ ajouter à la salade?

2. Je viens d'acheter cette baguette. Maintenant nous devons _____ couper en tranches.

3. N'oublie pas la charcuterie. Tu devrais _____ apporter à table.

4. Voici les fourchettes. On _____ met à gauche des assiettes.

5. Et le sel? Où est-ce que je _____ ai laissé?

6. Ah, le téléphone sonne. Qui _____ appelle?

7. Va te reposer un peu. Je _____ appelle quand les autres arrivent.

Exercice 12 Julie et Daniel sont jeunes mariés (*newlyweds*). Julie pose beaucoup de questions à Daniel. Répondez à ses questions en employant un pronom d'objet direct ou **en** pour éviter la répétition des mots en italique.

1. Je trouve tes parents très gentils. Comment est-ce qu'ils *me* trouvent?

2. Est-ce que je peux voir *les photos de toi petit garçon*?

3. Tu voudrais *une tasse de café*?

4. Est-ce que nous allons inviter *tes parents* à dîner bientôt?

5. J'utilise les recettes de ma mère quand je fais la cuisine. Aimes-tu *ses recettes*?

6. Nous mangeons toujours *de la dinde* à Noël. Et ta famille?

Structure 7.5

Giving commands *L'impératif*

The imperative verb form is used to give commands and directions and to make suggestions. The three forms of the imperative, **tu, nous,** and **vous,** are similar to the present tense, but the subject pronoun is omitted.

Présent	Impératif	
tu achètes	Achète du pain.	*Buy some bread.*
nous achetons	Achetons du fromage.	*Let's buy some cheese.*
vous achetez	Achetez des crevettes.	*Buy some shrimp.*

For the **tu** command form of **-er** verbs, including **aller,** drop the **s** from the **tu** form of the present tense verb.

| Mange tes légumes. | *Eat your vegetables.* |
| Va à la boulangerie. | *Go to the bakery.* |

With **-ir** and **-re** verbs, the **s** remains.

| Finis ton dîner. | *Finish your dinner.* |
| Prends du sucre. | *Have some sugar.* |

Avoir and **être** have irregular imperative forms.

avoir	aie, ayons, ayez	
	Ayez de la patience.	*Have patience.*
être	sois, soyons, soyez	
	Sois sage.	*Be good.*

In negative commands, the **ne** precedes the verb and the **pas** follows it.

Ne bois pas de café après 16h00.	*Don't drink coffee after 4 o'clock.*
N'allons pas au restaurant.	*Let's not go to the restaurant.*

The imperative form can sound harsh. A common way to avoid the imperative is by using **on** + verb.

On prend un café?	*Shall we get a cup of coffee?*

- -

Exercice 13 La famille Gilbert est à table et Mme Gilbert donne des ordres à tout le monde. Complétez ce qu'elle dit avec la forme du verbe qui convient.

aider	passer	être
aller	prendre	ne pas manger
attendre	boire	

1. _____ votre père. Il arrive dans un instant.

2. _____-moi le sel, s'il te plaît.

3. Jeannot, _____ avec les doigts.

4. Chéri, _____ encore des haricots.

5. _____ chercher du pain dans la cuisine, Alexia.

6. _____ patiente avec ton petit frère.

7. Les enfants, _____-moi avec les assiettes.

8. _____ ton eau minérale.

Exercice 14 C'est l'anniversaire de votre amie Carole. Faites des projets avec vos amis en acceptant ou en refusant leurs suggestions selon l'indication entre parenthèses.

> **Modèle:** On fête l'anniversaire de Carole? (oui)
> *Oui, fêtons l'anniversaire de Carole.*

1. On invite Jérôme? (oui)

2. On fait un pique-nique? (non)

3. On va dîner dans un restaurant? (oui)

4. On rentre chez nous après? (oui)

5. On achète un gros gâteau au chocolat? (oui)

6. On achète aussi de la glace? (non)

7. On prend du champagne? (oui)

Tout ensemble!

Thomas et sa femme, Janine, font les courses ensemble à Casino. Complétez leur conversation en conjuguant les verbes entre parenthèses ou en utilisant les mots de la liste.

belles	la	des
côtelettes	pain	en
de	boucherie	te
de la	d'	
du	de l'	

THOMAS: Tu as la liste d'achats que nous avons préparée?

JANINE: _____ (1) voilà. _____ (2) (commencer) par les légumes et les fruits.

THOMAS: Voici de _____ (3) salades. Tu _____ (4) veux?

JANINE: Absolument! Si nous allons suivre notre régime (diet), nous devons manger beaucoup _____ (5) salades. Nous allons en acheter deux.

THOMAS: Avec ça, prenons _____ (6) tomates.

JANINE: Thomas, _____ (7) (choisir) trois belles tomates bien rouges.

THOMAS: Qu'est-ce qu'on va manger demain pour le déjeuner?

JANINE: Euh… peut-être des _____ (8) de porc avec _____ (9) riz.

THOMAS: Pas de pommes de terre?

JANINE: Si, si tu _____ (10) (préférer)… Et achète 500 grammes _____ (11) asperges et _____ (12) eau en bouteille.

THOMAS: Et comme dessert?

JANINE: Thomas, n'oublie pas que nous sommes au régime. _____ (13) (prendre) des fruits. Ces pommes ont l'air délicieuses.

THOMAS: Nous _____ (14) (manger) trop de pommes. _____ (15) (acheter) plutôt des poires.

JANINE: D'accord. Tu les _____ (16) (mettre) dans le caddie (shopping cart)?

THOMAS: Est-ce que nous avons fini?

JANINE: Non, il nous faut (we need) aussi _____ (17) viande, du lait et du _____ (18). _____ (19) (aller) chercher le pain et le lait pendant que je vais à la _____ (20).

THOMAS: _____ (21) (ne pas acheter) de bœuf—c'est trop gras.

JANINE: Bien. J(e) _____ (22) (espérer) trouver des côtelettes bien maigres…

THOMAS: Je _____ (23) retrouve à la boucherie alors.

Complete the diagnostic tests in iLrn to test your knowledge of the grammar and vocabulary in this chapter.

Structures utiles *deux cent vingt-cinq* **225**

Vocabulaire fondamental

Noms

La nourriture	Food
une baguette	a loaf of French bread
le beurre	butter
le bœuf	beef
des céréales (f pl)	cereals; grains
la charcuterie	deli; cold cuts
la confiture	jam
des fraises (f pl)	strawberries
le fromage	cheese
la glace	ice cream
des haricots (verts) (secs) (m pl)	(green) (dry) beans
le jambon	ham
le lait	milk
un légume	a vegetable
la moutarde	mustard
un œuf	an egg
le pain	bread
le pâté (de campagne)	(country style) meat spread
les pâtes (f pl)	pasta
le poisson	fish
le poivre	pepper
une pomme	an apple
une pomme de terre	a potato
des pommes frites (f pl) (des frites, fam)	French fries
le porc	pork
le poulet	chicken
le riz	rice
la salade	salad; lettuce
le sel	salt
une tarte(lette)	a tart(let), a pie
la viande	meat
le yaourt	yogurt

Mots apparentés: une banane, une carotte, le dessert, le fast-food, un fruit, la mayonnaise, une orange, une soupe, une tomate

Les repas	Meals
la cuisine	food; cooking
une entrée	hot or cold dish served before the main course
les hors-d'œuvre (m pl)	appetizers
le menu (à prix fixe)	menu (fixed price)
le petit déjeuner	breakfast
un plat (principal)	a (main) course, a dish
un pourboire	a tip
le service	service
le service (non) compris	tip (not) included
un(e) végétarien(ne)	a vegetarian

Les commerces	Shops
une boucherie	a butcher shop
une boulangerie-pâtisserie	a bread and pastry shop
une charcuterie	a delicatessen
une épicerie	a neighborhood grocery store
une grande surface	super store
un marché (en plein air)	a(n) (open-air) market
une pâtisserie	a pastry shop
un supermarché	a supermarket

Les ustensiles de cuisine	Kitchen utensils
une assiette	a plate
un bol	a bowl
un couteau	a knife
une cuillère (à soupe)	a (soup) spoon
une fourchette	a fork
une serviette	a napkin
une tasse	a cup
un verre	a glass

Les quantités	Quantities
assez (de)	enough (of)
beaucoup (de)	a lot (of)
une boîte (de)	a box, can (of)
une bouteille (de)	a bottle (of)
cinq cents grammes	500 grams, ½ kilo, approx. 1 lb.
une douzaine (de)	a dozen (of)
un kilo (de)	a kilogram (of)
un (demi-)litre (de)	a (half) liter (of)
un morceau (de)	a piece (of)
un paquet (de)	a packet (of)
(un) peu (de)	(a) little (of)
un pot (de)	a jar (of)
un sac (de)	a sack, bag (of)
une tranche (de)	a slice (of)
trop (de)	too many, too much
un verre (de)	(of) a glass, cup (of)

Verbes

acheter	to buy
appeler	to call
s'appeler	to be named
avoir faim	to be hungry
avoir soif	to be thirsty
commander	to order
espérer	to hope (for)
être au régime	to be on a diet
mettre (la table)	to put; to set (the table)
oublier	to forget
réserver	to reserve

Adjectifs

à point	*medium*
bien cuit(e)	*well-done*
biologique (bio, *fam*)	*organic*
délicieux (délicieuse)	*delicious*
frais (fraîche)	*fresh*
saignant(e)	*rare*
sucré(e)	*sweetened*

Mots divers

une carte bancaire	*a credit card*
un ingrédient	*an ingredient*
par jour / semaine	*per day / week*
un pays francophone	*a country where French is spoken*
une recette	*a recipe*
un régime	*a diet*

Expressions utiles

Comment se débrouiller au restaurant	*How to get along at a restaurant*

(See pages 209–210 for additional expressions.)

C'est délicieux / tendre.	*It's delicious / tender.*
J'ai faim / soif.	*I'm hungry / thirsty.*
Le service est compris?	*Is the tip included?*
Pour commencer, je vais prendre…	*To start with, I'll have . . .*
Que désirez-vous comme plat principal?	*What do you want for your main course?*
Une table pour six, s'il vous plaît.	*A table for six, please.*
Votre steak, vous le voulez à quelle cuisson, saignant, à point ou bien cuit?	*How do you want your steak cooked, rare, medium, or well-done?*

Vocabulaire supplémentaire

Noms

La nourriture — Food

l'ail *(m)*	*garlic*
des asperges *(f)*	*asparagus*
l'alimentation *(f)*	*food*
un ananas	*a pineapple*
une barquette de fraises	*a basket of strawberries*
une cerise	*a cherry*
un champignon	*a mushroom*
une côtelette	*a meat cutlet*
une crémerie	*a shop selling dairy products*
une crêpe	*a crepe (thin pancake)*
les crevettes *(f pl)*	*shrimp*
les fruits de mer *(m pl)*	*seafood*
un gâteau	*a cake*
un goût	*a taste*
un goûter	*an afternoon snack*
l'huile *(f)* (d'olive)	*(olive) oil*
une nappe	*a tablecloth*
un oignon	*an onion*
le pâté	*pâté*
les petits pois *(m pl)*	*peas*
une poissonnerie	*a fish shop*
un produit laitier	*a dairy product*
du raisin	*grapes*
le saumon	*salmon*
une tartine	*bread with butter*
le thon	*tuna*
la vinaigrette	*salad dressing made with oil and vinegar*

Verbes

ajouter	*to add*
conseiller	*to recommend, to advise*
couper	*to cut*
se débrouiller	*to manage, to make do*
éviter	*to avoid*
goûter	*to taste*
grignoter	*to snack*
mélanger	*to mix*
promettre	*to promise*

Adjectifs

allergique	*allergic*
culinaire	*culinary*
dur(e)	*tough*
fondu(e)	*melted*
garni(e)	*garnished*
gratiné(e)	*with melted cheese*
grillé(e)	*grilled*
léger (légère)	*light*
tendre	*tender*
végétalien(ne)	*vegan*

Des petites filles sur un carrousel classique à Dijon. Est-ce que les carrousels vous rappellent votre enfance?

Souvenirs

In this chapter, you will read and talk about childhood memories and recall important events from the past. You will make the acquaintance of several characters familiar to French young people: cartoon characters Tintin and Astérix, and Alceste, from the classic stories of *Le Petit Nicolas*.

Ressources
🔊 Audio ▶ Video (iLrn) ilrn.heinle.com
🌐 www.cengagebrain.com

Souvenirs d'enfance

Structure 8 1

Talking about how things used to be *L'imparfait*

The **thème "Souvenirs d'enfance"** highlights the imperfect, **l'imparfait.**
This past tense verb form is suited for talking about memories because
it describes how things were. Whereas the **passé composé** tells what
happened, the **imparfait** is descriptive. For further information on the
imparfait, see pages 249–250.

🔊 Quand j'étais petit(e)...

CD2-16

Voici Marie Leclerc. Comment
était sa vie quand elle était petite?

Ma mère **restait** à la maison
avec nous les enfants.

Nous **habitions** une petite
maison à la campagne.

Je **dormais** dans une chambre
avec ma sœur.

Mes parents n'**avaient** pas
de télévision. Ils **écoutaient**
la radio.

Nous **avions** une vieille
Renault.

Les hommes **jouaient** aux
boules sur la place.

Credits: © Cengage Learning

Après l'école, je **jouais** à la poupée ou je **chassais** les papillons avec mon frère.

L'été, nous **allions** à la mer.

© Cengage Learning

Notez et analysez

The boldfaced verbs in the picture captions on page 230 and above are in the imperfect tense. Look at the endings for the following forms: **je, il/elle, ils/elles.** Circle them. Now listen to the recorded description and focus on the pronunciation of these endings. What conclusion do you draw? Is the ending of the **nous** form in the imperfect tense the same as its present tense ending?

Activité 1 La première année au lycée...

A. Cochez toutes les options qui décrivent votre vie pendant votre première année au lycée *(9th grade).*

_____ J'avais un chien / chat.

_____ Je jouais dans une équipe de sport.

_____ J'allais voir les matches de football américain.

_____ Je rendais souvent visite à mes grands-parents.

_____ Je mangeais souvent de la pizza.

_____ J'avais des leçons de gymnastique.

_____ J'étais très studieux (studieuse).

_____ J'allais au centre commercial avec mes amis le week-end.

_____ En été, j'allais à la mer avec mes parents.

_____ J'avais mon propre smartphone.

_____ Je jouais à la Wii.

_____ Je regardais *Glee* à la télé.

_____ J'achetais de la musique en ligne pour mon iPod.

B. Maintenant, avec un(e) autre camarade de classe, comparez vos listes et dites ce que vous avez en commun.

    Modèle: *Nous deux, nous avions un chien.*

        ou: *Moi, j'avais un chien et Patrick avait un chat.*

Prononcez! Comment est-ce qu'on prononce -ais, -ait, -aient?

Be sure to pronounce **-ais, -ait,** and **-aient** the same way. And remember that the verb ending **-ent** is silent.

Avec un(e) partenaire, prononcez les verbes dans la liste à tour de rôle. Si votre partenaire hésite ou prononce mal, vous pouvez l'aider.

1. je dansais   il faisait   ils chantent   ils buvaient
2. ils dînaient   tu buvais   elle regardait   elles jouent
3. je prenais   ils prennent   ils jouaient   elle allait

Si le verbe commence avec une voyelle, la terminaison reste la même mais vous prononcez la liaison [z] du pluriel.

1. j'allais   elle allait   elles‿allaient
2. tu étudiais   il étudiait   ils‿étudiaient
3. j'avais   elle avait   ils‿avaient

Activité 2 **Interaction. Quand tu étais petit(e)...**

Posez les questions suivantes à un(e) camarade de classe.

1. Où est-ce que tu habitais?
2. Est-ce que tu avais une tablette ou un laptop? À quels jeux est-ce que tu jouais?
3. Qu'est-ce que tu faisais après l'école? Avec qui?
4. Est-ce que tu allais en vacances avec ta famille? Où?
5. Qu'est-ce que tu n'aimais pas manger?
6. Est-ce que tu avais beaucoup de copains dans ton quartier *(neighborhood)*?

Activité 3 **Fêtes traditionnelles**

Demandez à un(e) camarade de classe comment on célébrait les fêtes suivantes dans sa famille quand il/elle était petit(e). Suivez le modèle. Utilisez la liste d'expressions utiles pour développer vos réponses.

Expressions utiles

acheter un cadeau *(gift)*   préparer un grand repas de fête
aller à la mer / chez mes grands-parents   inviter des amis
aller voir les feux d'artifice *(fireworks)*   manger du gâteau / des bonbons...
allumer une bougie *(to light a candle)*   porter des déguisements *(costumes)*
décorer la maison   faire un voyage / un pique-nique
donner une carte de vœux *(card)*   rester à la maison

Fêtes

la fête des mères   Hanoukka   le 4 juillet
un anniversaire   le Ramadan   Halloween
Noël

Modèle: ÉTUDIANT(E) 1:   *Dans ta famille, est-ce qu'on célébrait la fête des mères?*
              ÉTUDIANT(E) 2:   *Oui, on célébrait la fête des mères.*
              ÉTUDIANT(E) 1:   *Comment?*
              ÉTUDIANT(E) 2:   *On invitait ma mère au restaurant. On lui donnait une carte de vœux et un cadeau.*

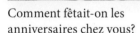

Comment fêtait-on les anniversaires chez vous?

© Philippe Lissac/Godong/Corbis

Les enfants et l'école

L'information scolaire, photographie de
Robert Doisneau, 1956

L'école républicaine° est un idéal en
France. Pour promouvoir° l'égalité
des chances°, l'enseignement français
est très centralisé. Les programmes
d'études sont les mêmes° pour tous.
Tous les élèves de lycée passent
un examen national à 18 ans: le
baccalauréat.

    L'école maternelle accueille° la
quasi-totalité° des enfants de 3 à 6 ans.
C'est à la maternelle qu'on apprend à
vivre en communauté et à respecter
les règles°. À l'école primaire (de 6
à 10 ans), l'enseignement est plus
diversifié et les enfants commencent à
apprendre une langue étrangère, le plus souvent° l'anglais.

    L'éducation est la deuxième préoccupation° des Français et ils sont plus
inquiets° qu'avant à son sujet. D'après une enquête° récente (PISA 2009), l'école
française est plus inégalitaire qu'il y a 10 ans°. Les enfants des milieux défavorisés
ont moins de chances° de réussir°. Le gouvernement soutient° les écoles des
quartiers difficiles avec l'éducation prioritaire, mais les résultats ne sont pas
toujours satisfaisants.

    Les Français restent nostalgiques des années où ils étaient à l'école. Le site web
français *Les Copains d'avant* permet de retrouver ses anciens° camarades de classes.
Avec 12 millions d'abonnés°, ce site est le deuxième réseau social° français après
Facebook.

values of the République
française
to promote
equal opportunity

same

includes
almost all

rules

most often
concern
more worried / study
than 10 years ago
fewer opportunities /
to succeed / supports

former
subscribers / social network

◼ Avez-vous compris?

Dites si les phrases suivantes sont vraies ou fausses.

1. Selon les principes de la République française,
   l'école doit offrir les mêmes chances à tous les
   jeunes en France.

2. Le bac est un certificat qu'on reçoit à la fin du lycée.

3. Presque cinquante pour cent (50%) des enfants vont
   à l'école maternelle.

4. À l'école maternelle, on apprend à suivre les règles
   pour vivre en harmonie avec les autres.

5. Les enfants de 6 à 12 ans vont à l'école primaire.

6. On étudie une langue étrangère à l'école primaire.

7. Le gouvernement fait des efforts pour aider les écoles
   dans les quartiers riches.

8. Facebook est le seul réseau social populaire en France.

Retrouvez vos anciens copains du lycée!

Voix en direct 🔊 CD2-17

Vous vous souvenez de votre école primaire?

Pourriez-vous nous décrire votre école primaire?

Quand j'**étais** jeune, il y **avait** une école pour les filles et une autre
école pour les garçons. Il n'y **avait** pas d'école mixte.

Mon école **était** dans un vieux bâtiment[1] autour d'une cour[2]; il n'y
avait pas de pelouse[3], pas de terrain de sport. À l'intérieur, il y **avait**
des pupitres en rang[4]. Sur le mur, il y **avait** une carte de la France. La
première leçon du matin **était** l'instruction civique, ce qu'on **appelait**
«la leçon de morale». L'instituteur **écrivait** un proverbe au tableau
que nous **copiions** dans nos cahiers. En France, les élèves **copiaient**
beaucoup dans leurs cahiers.

Régine Montaut
56 ans
Institutrice à
Montpellier

Et comment était la discipline?

La discipline **était** sévère. Il **fallait** lever le doigt[5] pour parler. Et
comme punition, il y **avait** le châtiment corporel[6]. La maîtresse **tirait**
les oreilles[7], elle **tapait** sur les doigts avec une règle[8], on **allait** au
coin[9]; et souvent elle **envoyait** les élèves chez la directrice.

Gwenaelle, vous avez une perspective plus récente. Est-ce que l'école primaire d'aujourd'hui est différente d'il y a vingt ans?

Oui, je pense. C'était assez différent dans le relationnel[10] avec les enfants.
Je pense qu'aujourd'hui le comportement[11] des enfants est plus spontané
et… l'ambiance[12] moins rigide qu'elle ne l'était à l'époque où moi j'étais
enfant en primaire. Et peut-être le contenu[13] de l'enseignement est plus ludique[14], moins
rigoureux[15]; mais en dehors de ça, non, je ne constate pas[16] d'énormes différences.

Gwenaëlle Maciel
30 ans
Professeur
d'anglais dans
un collège de la
région de Paris

[1]building [2]courtyard [3]grass [4]in a row [5]raise your finger [6]corporal punishment [7]pulled our ears [8]snapped our fingers with
a ruler [9]we had to stand in the corner [10]interaction [11]behavior [12]atmosphere [13]content [14]playful [15]rigorous [16]do not note

■■ Avez-vous compris?

Selon les souvenirs de Régine (R) et de Gwenaëlle (G), indiquez si les phrases
suivantes sont vraies ou fausses. Corrigez les phrases fausses.

R:
1. Quand Régine était jeune, elle étudiait dans une école mixte.
2. Pendant la récréation, les enfants jouaient sur le terrain de sport.
3. Les instituteurs étaient très gentils avec les élèves.
4. L'humiliation était une forme de punition.

G:
5. Aujourd'hui, les instituteurs sont plus autoritaires qu'avant.
6. Les leçons sont plus difficiles aujourd'hui.
7. L'enseignement est moins strict aujourd'hui.

■■ Réfléchissez aux réponses

1. Comment était votre première école? Décrivez la salle de classe. Il y avait un
terrain de sport? Est-ce que les filles et les garçons jouaient ensemble?

2. Comment étaient les rapports entre les instituteurs et les élèves—plutôt positifs
ou plutôt négatifs? Les instituteurs étaient stricts ou relaxes?

3. Est-ce que la discipline était sévère? Est-ce que vous vous souvenez d'une
punition que quelqu'un a eue?

Photos sur Facebook

Structure 8.2

Linking ideas *Les pronoms relatifs* **qui, que** *et* **où**

The following activities introduce relative pronouns, **les pronoms relatifs,** which are used for joining clauses to form complex sentences. To read more about relative pronouns, see page 251.

C'est moi avec mon ballon de foot **qui** était presque mon meilleur ami.

Et voilà notre vieille 2CV («deux chevaux») Citroën **que** nous avons achetée d'occasion *(used)*.

C'est l'endroit **où** mes grands-parents aimaient danser.

Notez et analysez

Look at the caption for each photo. What words are the relative pronouns **qui, que,** and **où** replacing? The words they replace are called their antecedents, **antécédents.**

Activité 4 Le hit-parade de votre enfance

Posez des questions à un(e) camarade en suivant le modèle. Ensuite, mettez-vous en groupes de six pour trouver les souvenirs que vous avez en commun. Présentez-les à la classe.

> **Modèle:** un chanteur que tu écoutais?
> — *Est-ce qu'il y avait un chanteur que tu écoutais?*
> — *Oui, Justin Timberlake.*

1. un lieu où tu aimais aller?
2. un film qui était populaire?
3. une chanson qui passait toujours à la radio?
4. une émission de télévision que tu regardais?
5. une activité que tu n'aimais pas faire?
6. une marque *(brand)* de vêtements que tout le monde portait?

Activité 5 Photos sur Facebook

Marc montre des photos qu'il a postées sur Facebook à un ami qui lui pose des questions. Complétez les phrases avec **qui, que** ou **où.**

UN AMI: Qui est ce petit garçon en short?

MARC: C'est Serge, le voisin _____ chassait les papillons *(butterflies)* avec moi.

UN AMI: Et le jeune homme à côté de lui?

MARC: C'est un garçon _____ sortait avec ma sœur. L'homme _____ tu vois à côté de lui, c'est mon grand-père.

UN AMI: Où est-ce qu'on a pris cette photo?

MARC: Sur la place du village _____ les hommes âgés jouaient aux boules et les vieilles femmes bavardaient.

UN AMI: Et le vieux bâtiment? Qu'est-ce que c'est?

MARC: C'est la mairie _____ il y avait une salle de cinéma. J'adorais voir les films _____ étaient animés *(animated).*

© Owen Franken/CORBIS

— Est-ce que **tu te souviens** de ton premier jour à l'école?

— Oui, **je me souviens** très bien de ce jour-là. J'avais quatre ans…

Notez et analysez

Notice the reflexive pronoun after the subject and before the verb. In the **tu** form, the pronoun is **te.** What is the pronoun used with the **je** form? What is the infinitive form of this verb? You were introduced to pronominal verbs in **Module 4** (**se lever,** for example) and you will learn more about them in **Module 10.**

CD2-18 **Activité 6** **Est-ce que tu te souviens de... ?**
(Do you remember . . . ?)

A. D'abord, utilisez les éléments suivants pour former six à huit questions que vous voulez poser à vos camarades de classe. Ensuite, écoutez et vérifiez la forme de vos questions.

> **Modèle:** *Est-ce que tu te souviens d'une activité qui était interdite?*

une activité		était interdite *(forbidden)*
un président		tu admirais
un pays		tu voulais aller
un(e) musicien(ne)	qui	tes parents écoutaient
un film	que	tout le monde critiquait / adorait
un lieu	où	tu ne pouvais pas aller
un(e) acteur (actrice)		a influencé ta vie
une chose		tes parents répétaient
une personne		était toujours très gentille envers *(towards)* toi

 B. Maintenant mettez-vous en groupes de quatre et posez vos questions aux autres membres du groupe. Qu'est-ce que vous avez en commun? Expliquez à la classe deux des réponses les plus fréquentes.

> **Modèle:** *— Est-ce que tu te souviens d'une activité qui était interdite?*
> *— Oui, je ne pouvais pas sortir pendant la semaine.*

Activité 7 **Vos souvenirs**

Travaillez en petits groupes pour apprendre autant de détails que possible sur les souvenirs de vos camarades.

> **Modèle:** *Parle-moi un peu de tes copains.*
> *Est-ce que tu te souviens de ton premier meilleur copain?*
> *Comment s'appelait-il? Est-ce qu'il habitait près de chez toi?*
> *Comment est-ce qu'il était? Qu'est-ce que vous faisiez ensemble?*

1. copains
2. anniversaires
3. vacances
4. animaux domestiques
5. passe-temps

Des enfants avec leurs animaux domestiques

Communiquer en famille

Structure 8.3

Reading, speaking, and writing to others *Les verbes* **lire**, **dire** *et* **écrire** *avec les pronoms d'objet indirect*

Because they involve transferring information from one source to another, communication verbs are commonly used with an indirect object. Here, you will learn to use some common verbs associated with communication, **lire**, **dire**, and **écrire**, and indirect object pronouns (**me, te, lui, nous, vous,** and **leur**). For the verbs, see page 252. For a full explanation of the use of indirect object pronouns, see page 253.

Notez et analysez

In the picture captions, the boldfaced words are pronouns. What words do these pronouns replace? Look at the pronouns **me** and **m'** in the last caption. Which one represents an indirect object? a direct object? The pronouns **me, te, nous,** and **vous** replace both direct and indirect objects.

Jules écrit à ses parents. Il **leur** écrit pour **leur** demander de l'argent.

Jacquot est déçu *(disappointed)* car son père **lui** a dit de ne pas sortir.

Mon père **nous** lisait des BD (bandes dessinées) d'Astérix et de Tintin.

Est-ce que ta grand-mère **t'**a donné ce joli vélo tout neuf *(brand new)*?

Credits: © Cengage Learning

Est-ce que Charles va **me** téléphoner? Il **m'**a dit qu'il allait **m'**appeler.

👥 Activité 8 Associations rapides

Avec un(e) partenaire, répondez aussi vite que possible.

Modèle: envoyer des messages sur Facebook
— *Qui t'envoie des messages sur Facebook?*
— *Mes copains m'envoient des messages sur Facebook.*

1. parler de ses problèmes
2. inviter à sortir
3. écouter
4. téléphoner souvent
5. écrire des textos
6. donner de l'argent

Activité 9 **Le frère/La sœur aîné(e) idéal(e)**

Est-ce que vous êtes le frère ou la sœur aîné(e) idéal(e)? Dans chaque réponse, choisissez **lui** ou **leur** pour compléter les phrases.

> **Modèle:** Mon frère a faim. Je (<u>lui</u> / leur) prépare un sandwich.

1. Nos parents veulent savoir à quelle heure nous rentrons de l'école. Je (lui / leur) écris un texto quand nous arrivons à la maison.
2. Ma petite sœur veut manger des bonbons. Je (lui / leur) dis qu'elle doit manger des fruits.
3. Ma sœur et mon frère veulent regarder la télé. Je (lui / leur) dis de finir leurs devoirs d'abord.
4. Mon frère et ma sœur ont des difficultés avec leurs devoirs. Je (lui / leur) donne des conseils.
5. Mon frère a l'air triste. Je (lui / leur) parle de son problème.

Activité 10 **À qui est-ce que vous écrivez?**

Quand est-ce que vous écrivez aux personnes suivantes? Et quand est-ce qu'elles vous écrivent? En groupes de deux, posez les questions et répondez en employant le pronom d'objet indirect approprié comme dans le modèle.

Mots utiles: une carte de vœux à Noël, un e-mail, un texto, une carte postale, une carte d'anniversaire, une lettre, etc.

> **Modèle:** ta tante et ton oncle
> — *Quand est-ce que tu écris **à ta tante et à ton oncle**?*
> — *Je leur écris une carte de vœux à Noël.*
> — *Quand est-ce qu'ils **t'**écrivent?*
> — *Ils **m'**écrivent pour mon anniversaire.*

1. ta grand-mère
2. ton (ta) meilleur(e) ami(e)
3. ta mère
4. ton père
5. tes frères ou tes sœurs
6. ta tante ou ton oncle

© Cengage Learning

Activité 11 **Interview avec Jean-Luc Moncourtois, metteur en scène**

Avec un(e) camarade, associez les questions et les réponses pour reconstruire l'interview.

1. Vous aimiez beaucoup regarder des films quand vous étiez jeune?
2. Et vous alliez souvent au cinéma?
3. Vos parents comprenaient votre passion pour le cinéma?
4. Donc, vous ne leur parliez pas de votre fascination?
5. Est-ce que vous aviez une idole?
6. Êtes-vous content de votre nouveau film?
7. Qu'est-ce que vous dites aux jeunes qui veulent faire du cinéma?
8. Pourquoi avez-vous choisi de quitter Hollywood et de revenir en France?
9. Merci, M. Moncourtois, de nous avoir accordé cette interview.

a. Je leur dis de ne jamais abandonner.
b. Non, ils ne me comprenaient pas. Ils étaient trop occupés par leurs propres affaires.
c. Oui, c'était Belmondo. Je l'adorais.
d. J'y allais tous les samedis.
e. Oui, j'adorais ça! J'étais un vrai fan!
f. Comment répondre? C'est mon meilleur travail jusqu'ici, mais je ne suis jamais satisfait. Je suis perfectionniste.
g. Non, je ne pouvais pas leur en parler. De toute façon, on se parlait peu chez moi.
h. Je vous en prie. C'était un plaisir.
i. Ce retour, j'y ai réfléchi pendant des années. Après tout, je suis un metteur en scène français!

Comment comparer (introduction)

Structure 8.4

Making comparisons *Le comparatif (introduction)*

When we think about the past, we frequently compare our present situation with "the good old days" or **le bon vieux temps.** We make lots of other comparisons as well—age, abilities, qualities, and so on. For a full explanation of the comparative, see pages 254–255.

🔊 **Expressions utiles**

CD2-19

Pour comparer

Réfléchissez et considérez

For better or for worse, people often compare family members and friends. When you were younger, who was more studious, you or your brother (sister, best friend, etc.)? Who was more athletic? Look at the **Expressions utiles** to see how similar comparisons are made in French.

© Cengage Learning

Quand j'étais jeune, j'étais **moins grand que** mon frère Frédéric, mais j'étais **plus sportif que** lui.

Nous étions **moins riches que** nos voisins, les Lefèvre. Ils avaient une **meilleure voiture que** notre vieille Citroën.

The grades on this report card are based on 20 possible points.

Septembre–Octobre 2008	DEVOIRS			LEÇONS			OBSERVATIONS DU PROFESSEUR	Nom: Jean-Pierre
Philosophie								
Français (grammaire et orthographe)	4	7		8	2	4	Ne travaille pas régulièrement à la maison. M. Tremblay	
Français (composition et dissertation)							Faible participation M. Tremblay	
Récitation							Mauvais travail–Doit améliorer la participation en classe Mlle Blanchard	
Cinéma								
Anglais (littérature)	8	9		7	9	6		
Thème Anglais								
Version Anglaise								
Histoire								
Algèbre	8	5					Un travail plus intensif doit pouvoir améliorer les résultats M. Legrand	
Géométrie	5	7		6	5	7		
Économie			6	6			Doit travailler plus M. Sequin	

© Cengage Learning

Voici un de mes anciens bulletins scolaires *(report cards)*. Hélas, mes notes étaient souvent **pires que** les notes de mon frère. En fait, elles étaient lamentables!

Pour demander une comparaison

Est-ce que tu es très différent(e) de ta sœur?
Est-ce que tu ressembles plutôt à ta mère ou à ton père?
Est-ce que tu es comme ton (ta) meilleur(e) ami(e)?
Est-ce que ta mère est plus compréhensive que ton père?
Est-ce que tu es aussi sérieux (sérieuse) que ton frère?

CD2-20

Écoutons ensemble! Alceste se compare à Jérôme

Écoutez Alceste qui se compare à son cousin Jérôme. Pour chaque chose indiquée, cochez *(check)* la colonne appropriée, d'après la description d'Alceste.

	+ PLUS	− MOINS	= AUSSI
1. maison (près de l'école)	_____	_____	_____
2a. voiture (vieille)	_____	_____	_____
2b. voiture (grande)	_____	_____	_____
3a. maths (fort)	_____	_____	_____
3b. langues (fort)	_____	_____	_____
4. parents (ouverts)	_____	_____	_____

Activité 12 Comparaisons

Quand vous étiez petit(e), comment s'appelait votre meilleur(e) ami(e)? Comparez-vous avec lui ou elle en utilisant **plus, moins, aussi, meilleur(e)** et **pire**.

1. âge: jeune / âgé(e)
2. côté personnalité: sociable / timide, sympathique / désagréable, idéaliste / réaliste / pessimiste
3. côté physique: grand(e) / petit(e), mince / gros(se)
4. à l'école: studieux (studieuse), sérieux (sérieuse), meilleur(e), fort(e) en maths (langues, sciences…)
5. autres: sportif (sportive), actif (active), passionné(e) par la politique (le shopping, le cinéma, les jeux vidéo…)

Activité 13 Comparez les époques.

Que pensez-vous des phrases suivantes? Selon vous, sont-elles vraies ou fausses? Corrigez celles qui sont fausses.

1. La France des années 50 était plus homogène ethniquement que la France d'aujourd'hui.
2. L'environnement est en plus grand danger maintenant que pendant les années 90.
3. On trouve de meilleurs ordinateurs aujourd'hui qu'il y a dix ans.
4. Les jeunes filles de notre époque sont généralement aussi indépendantes que leurs mères.
5. La génération de nos parents était moins conservatrice que notre génération.
6. La violence dans les écoles américaines est pire qu'avant.
7. Un Français avec son béret et sa baguette est une image plus stéréotypée que correcte.
8. Aujourd'hui, les films animés sont moins bons qu'il y a dix ans.

Ces petits garçons jouent au bord d'un lac. Qu'est-ce que vous aimiez faire avec votre meilleur(e) ami(e) d'enfance?

Les BD

Tintin

cartoons / French-Belgian
known
Smurfs / translated
more than hundred /
cartoonist

Les grands classiques de la bande dessinée° franco-belge° sont connus° partout dans le monde. Les albums de Tintin, d'Astérix, de Lucky Luke et des Schtroumpfs° sont traduits° dans plus d'une centaine° de langues. Tintin, créé par le dessinateur° belge Hergé (1907–1983), est un jeune reporter qui voyage partout dans le monde avec son chien Milou. Vous avez peut-être vu le film en anglais de Steven Spielberg (2011).

Astérix

thanks to

work

Astérix, un Gaulois de petite taille avec une moustache et un gros nez, protège son village des invasions romaines grâce à° une potion magique. Avec l'aide de son grand ami Obélix, ils triomphent de leurs adversaires. Cette œuvre° de René Goscinny et Albert Uderzo est surtout connue pour son humour et la qualité des dessins.

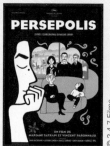

adventure tales
ten years
has appeared / graphic novel
intimate

masterpieces / illness

Du côté de la bande dessinée pour adultes, l'humour et les récits d'aventure° sont toujours populaires. Mais depuis une dizaine° d'années, un nouveau genre de bandes dessinées est apparu°: le roman graphique°. On est passé de l'aventure avec un grand A à l'aventure personnelle, intime°. *L'Ascension du Haut-mal* est considéré comme un des plus grands chefs-d'œuvre° du genre: David B raconte la maladie° de son frère, l'épilepsie. Marjane Satrapi raconte son enfance en Iran et son adolescence en Europe dans la série *Persépolis*. Son adaptation au cinéma a aussi connu un succès international (nommé pour l'Oscar du Meilleur film d'animation en 2008).

> **"Un nouveau genre de bandes dessinées est apparu: le roman graphique."**

🌐 **Explorez en ligne**

Get acquainted with a francophone cartoon classic. Choose Tintin (http://www.tintin.com), Astérix (http://www.asterix.com), or Lucky Luke (http://www.lucky-luke.com/). Find the French version of the website and click on **Les Personnages** to meet the various characters in the series. Choose one character and describe him/her in French. Look around the site and find another interesting fact to share with your classmates.

Avez-vous compris?

Répondez aux questions suivantes.

1. Associez ces descriptions à Tintin (T) ou à Astérix (A).
   _____ a. un garçon et son chien
   _____ b. un guerrier *(warrior)* gaulois
   _____ c. des aventures dans des pays différents
   _____ d. Hergé
   _____ e. une histoire qui se passe pendant l'Empire romain

2. Quelles sont les caractéristiques traditionnelles des bandes dessinées pour adultes?

3. Quel nouveau genre de bandes dessinées est devenu populaire récemment?

Et vous?

1. Quelles bandes dessinées lisiez-vous quand vous étiez plus jeune? Laquelle est-ce que vous préfériez? Pourquoi?

2. Quelle BD est-ce que vous préférez maintenant? Pourquoi l'aimez-vous?

3. Est-ce que les romans graphiques sont populaires chez vous? Donnez un exemple de roman graphique.

Souvenirs d'une époque

Narrating in the past *Le passé composé et l'imparfait (introduction)*

In the following activities, you will begin to use the **imparfait** and the **passé composé** together. Remember to use the **imparfait** for description and background information and the **passé composé** to talk about specific events. For further comparison of these two tenses, see pages 255–256.

Activité 14 À chaque génération ses goûts!

Comparez ce qui était à la mode quand vos parents étaient jeunes avec vos préférences à vous.

LA MUSIQUE

1. Quand mes parents étaient au lycée, ils écoutaient _____.
   a. Santana
   b. U2
   c. Bruce Springsteen
   d. Stevie Wonder
   e. Bob Dylan

2. Moi, au lycée, j'écoutais _____.

LA MODE

3. Quand ma mère était au lycée, les _____ étaient très à la mode pour les filles.
   a. mini-jupes
   b. vêtements hippies
   c. pantalons à patte d'éléphant *(bell-bottoms)*
   d. polos
   e. tennis Air Jordan

4. Quand mon père avait dix-huit ans, les _____ étaient à la mode pour les garçons.
   a. barbes
   b. moustaches
   c. cheveux longs
   d. cheveux courts
   e. boucles d'oreille *(earrings)*

5. Moi, quand j'étais au lycée, les _____ étaient très à la mode.

LA TÉLÉ

6. Quand mes parents étaient à l'école primaire, ils regardaient _____ à la télévision.
   a. *Happy Days*
   b. *Sesame Street*
   c. *Leave It to Beaver*
   d. *Saved by the Bell*

7. Quand j'étais à l'école primaire, je regardais _____ à la télévision.

LES CÉLÉBRITÉS

8. Quand ma mère avait dix-huit ans, _____ était le mythe *(legend)* le plus connu.
   a. Marilyn Monroe
   b. Madonna
   c. Jane Fonda
   d. Tina Turner
   e. Angelina Jolie

9. Quand j'avais 18 ans, _____ était le mythe le plus connu.

Un couple des années 70

Quand j'étais au collège, mes meilleurs amis **avaient** un smartphone mais moi, non. Quelle bonne surprise quand mes parents **m'ont offert** un smartphone pour mon douzième anniversaire!

Notez et analysez

Which verbs in the photo caption above describe what was going on? Which verb tells what happened?

Activité 15 Quel âge avais-tu quand... ?

Posez la question à un(e) autre étudiant(e). Vous pouvez répondre en donnant votre âge ou en disant que vous étiez à l'école primaire, au collège (*middle school*) ou au lycée. Suivez le modèle.

> **Modèle:** — *Quel âge est-ce que tu avais quand Michael Jackson est mort?*
> — *J'avais seize ans. / J'étais au lycée.*

1. des terroristes ont attaqué le World Trade Center à New York
2. tu as conduit pour la première fois
3. Barack Obama est devenu président des États-Unis
4. tu as commencé tes études universitaires
5. le dernier film de Harry Potter est sorti
6. Steve Jobs, fondateur d'Apple, est mort

Activité 16 L'arrivée à la fac

Lisez le passage suivant et faites une liste des verbes qui décrivent (*describe*) et de ceux qui racontent (*say what happened*).

— Vous souvenez-vous de votre premier jour à la fac ici aux États-Unis?
— Oui, **c'était** le mois de septembre et il **faisait** très chaud. Je **portais** une robe d'été. J'**avais** peur (*I was afraid*) parce que mon anglais n'**était** pas très bon et je **me sentais** très seule. Quand je **suis arrivée** dans ma chambre, j'**ai vu** une blonde assise sur le lit qui **remplissait** (*was filling in*) une fiche (*a form*). Elle m'**a dit** «bonjour» avec un bel accent texan. Nous **sommes parties** ensemble à la cafétéria où j'**ai rencontré** ses amis.

Décrire (liste)	Raconter ce qui s'est passé (liste)
C'était	

Activité 17 Une anecdote

Créez une anecdote en répondant aux questions. Vous pouvez ainsi collaborer à une composition avec la classe.

VOTRE DERNIÈRE SORTIE AU CINÉMA

1. C'était quel jour de la semaine?
2. Quel temps faisait-il?
3. Est-ce que vous étiez seul(e)?
4. Où était le cinéma?
5. Comment est-ce que vous y êtes allé(e)(s)?
6. Vous êtes arrivé(e)(s) à l'heure, en avance ou en retard?
7. Combien est-ce que vous avez payé votre billet?
8. Vous avez acheté du pop-corn ou une boisson?
9. Comment était le film?
10. Qu'est-ce que vous avez fait après le film?

Activité **18** Une photo sur Twitter

Voici la dernière photo que Katie a affichée *(posted)* sur Twitter. Décrivez la photo en répondant aux questions suivantes.

1. Est-ce qu'il faisait jour ou nuit?
2. Quel temps faisait-il ce jour-là?
3. Où est-ce qu'elle était quand la photo a été prise?
4. Qu'est-ce qu'elle portait?
5. Est-ce qu'elle était heureuse? Imaginez pourquoi ou pourquoi pas.
6. Imaginez ce qu'elle a fait après…

Oui, je sais toujours faire la roue *(cartwheels)*.

Situations à jouer!

1 Bring an old photograph to class and describe an earlier period of your life. Who / What is in the picture? What year was it? How old were you? Where were you living? What were you wearing? What were you (or the people in the picture) like? Compare the people in the picture to each other or to yourself. If it is a picture of you, compare yourself at the time the picture was taken to how you are today.

 2 **Le hit-parade de vos souvenirs.** Pick one of these topics and ask your partner about his/her best memories. Say at least three things about the topic.

    a. Best birthday ever
    b. Best concert ever attended
    c. Best day at school

3 Write down three childhood memories, two true and one imagined, on a sheet of paper. Try to be as creative as you can so your classmates will not know which statements are true and which is false. After you read your sentences out loud, the class will vote on each statement. Keep a tally to determine how many students mistakenly believe the false statement. The student who tricks the most students wins.

    Modèle: *J'avais une collection de papillons.*
                      J'ai dansé le rôle de Clara dans le ballet Casse-Noisette
                         (The Nutcracker).
                      J'avais neuf chiens et trois chats.

Lecture

Anticipation

1. Un élève qui se comporte *(behaves)* mal à l'école est parfois renvoyé *(suspended)* de l'école pendant quelques jours. Imaginez les raisons possibles pour renvoyer un élève de l'école.

2. Dans ce texte, les enfants appellent le surveillant, la personne responsable de la discipline, «le Bouillon». Quand vous étiez jeune, aviez-vous un nom spécial pour les adultes que vous n'aimiez pas? Expliquez.

Alceste a été renvoyé

Jean-Jacques Sempé et René Goscinny

1   Il est arrivé une chose terrible à l'école: Alceste a été renvoyé!

recess   Ça s'est passé pendant la deuxième récré° du matin. Nous étions tous là à jouer à la balle au chasseur, vous savez comment on y joue: celui qui a la balle, c'est le

tries to hit / cries chasseur; alors, avec la balle il essaie de taper° sur un copain et puis le copain pleure°

cool 5 et devient chasseur à son tour. C'est très chouette°. Les seuls qui ne jouaient pas, c'étaient Geoffroy, qui est absent; Agnan, qui repasse toujours ses leçons pendant la récré; et Alceste, qui mangeait sa dernière tartine à la confiture° du matin. Alceste

bread with jam garde toujours sa plus grande tartine pour la deuxième récré, qui est un peu plus longue que les autres. Le chasseur, c'était Eudes, et ça n'arrive pas souvent: comme

10 il est très fort, on essaie toujours de ne pas l'attraper avec la balle, parce que quand

it really hurts / c'est lui qui chasse, il fait drôlement mal°. Et là, Eudes a visé° Clotaire, qui s'est jeté°
aimed at / threw himself par terre avec les mains sur la tête; la balle est passée au-dessus de lui, et bing! elle

let go of est venue taper dans le dos d'Alceste qui a lâché° sa tartine, qui est tombée du côté

he didn't like it de la confiture. Alceste, ça ne lui a pas plu°; il est devenu tout rouge et il s'est mis à

15 pousser des cris; alors, le Bouillon—c'est notre surveillant—il est venu en courant pour voir ce qui s'est passé, ce qu'il n'a pas vu, c'est la tartine, et il a marché dessus,

almost / surprised il a glissé et il y est presque° tombé. Il a été étonné°, le Bouillon, il avait tout plein de confiture sur sa chaussure. Alceste, ça a été terrible, il a agité les bras et il a crié:

— Nom d'un chien, zut! Pouvez pas faire attention où vous mettez les pieds?
no kidding 20   C'est vrai, quoi, sans blague°!

Il était drôlement en colère°, Alceste; il faut dire qu'il ne faut jamais faire
le guignol° avec sa nourriture, surtout quand c'est la tartine de la deuxième
récré. Le Bouillon, il n'était pas content non plus.

25   — Regardez-moi bien dans les yeux, il a dit à Alceste: qu'est-ce que
vous avez dit?

    — J'ai dit que nom d'un chien, zut, vous n'avez pas le droit de marcher
sur mes tartines! a crié Alceste.

Alors, le Bouillon a pris Alceste par le bras° et il l'a emmené avec lui.
Ça faisait chouic°, chouic, quand il marchait, le Bouillon, à cause de la
30 confiture qu'il avait au pied….

    Et puis le directeur a dit à Alceste de prendre ses affaires. Alceste y est
allé en pleurant°, et puis il est parti, avec le directeur et le Bouillon.

    Nous, on a tous été très tristes. La maîtresse aussi.

angry
to play around

arm
squish

crying

R. Goscinny et J-J. Sempé, extrait de "Alceste a été renvoyé", *Le Petit Nicolas*, IMAV éditions, Paris 2012.

Expansion de vocabulaire

1. **La balle au chasseur** ressemble au jeu de…
   a. *hide and seek.*
   b. *freeze tag.*
   c. *dodge ball.*
   d. *keep away.*

2. En anglais, le mot **chasseur** se dit…
   a. *it.*
   b. *out.*
   c. *referee.*
   d. *hunter.*

3. L'occupation favorite d'Alceste, c'est…
   a. manger.
   b. jouer avec ses copains.
   c. repasser ses devoirs.
   d. aller à l'école.

4. Quelle action ne se fait pas avec une balle?
   a. jouer
   b. pleurer
   c. attraper
   d. lâcher

5. On ne vise pas avec…
   a. un révolver.
   b. une balle.
   c. un ballon.
   d. une télévision.

6. Agnan doit toujours **repasser** ses leçons pendant la récré parce qu(e)…
   a. il ne prépare pas
   b. il n'aime pas jouer avec ses amis.
   c. il est trop sérieux.
   d. son instituteur ne l'aime pas.

7. Alceste était **drôlement** en colère. Un synonyme de **drôlement** est…
   a. un peu.
   b. souvent.
   c. très.
   d. jamais.

8. Ce que le Bouillon n'a pas vu, c'est la tartine. Il a marché dessus, il a
   glissé et il y est presque tombé. On peut **glisser** sur…
   a. une banane.
   b. une balle.
   c. une voiture.
   d. du chewing gum.

▮▮ Compréhension et intégration

1. Geoffroy, Agnan et Alceste ne jouaient pas pendant la récréation. Que faisaient-ils?
2. Pourquoi est-ce qu'on a peur quand Eudes est chasseur?
3. Pour quelle raison est-ce qu'Alceste a laissé tomber sa tartine?
4. Qui a marché sur la tartine d'Alceste?
5. Qu'a dit Alceste au surveillant?
6. Quelles sont les indications qui montrent que c'est un enfant qui raconte l'histoire? Parlez du langage, du point de vue, etc.

▮▮ Maintenant à vous!

Racontez une anecdote au sujet d'un enfant qui a eu des ennuis *(got into trouble)* à l'école. Inspirez-vous de votre propre expérience.

Voix en direct (suite)

Go to **iLrn** to view video clips of two French speakers recounting a childhood memory.

Expression écrite

▮▮ L'arrivée au campus

In this assignment, you will write about your arrival as a new student on campus.

■ **Première étape:** Using the **imparfait,** answer the following questions, elaborating whenever possible.

1. What time of year was it?
2. What was the weather like?
3. Whom were you with?
4. What were you wearing?
5. What were your first impressions of the campus?
6. Were you nervous, calm, excited (**enthousiaste**), or worried (**inquiet/inquiète**)?

■ **Deuxième étape:** Answer the following questions in detail using the **passé composé.**

1. What is the first thing you did upon your arrival? Whom did you meet?
2. What happened after your arrival? (What did you see? Where did you go? What did you do?)
3. How did you feel at the end of the day (**à la fin de la journée**)?

■ **Troisième étape:** Now using the material above, develop your composition. You may want to share your work in groups of three by reading it out loud and asking for feedback.

---

iLrn **À vos marques, prêts, bloguez!**

Lorsque vous étiez en «fourth» ou «fifth grade», qu'est-ce que vous faisiez après l'école tous les jours? Décrivez, en français, un après-midi de semaine typique pour vous. Utilisez l'imparfait. Répondez à un(e) autre étudiant(e) et dites si vous faisiez la même chose.

Les fêtes

Avant de visionner

You will watch a video about holidays in France. The French calendar includes both religious and secular holidays. In this video, you will learn about the traditions associated with some of them as well as about important celebrations in Louisiana and Quebec.

© Crobard

Illumination des Champs Élysées pour Noël et les fêtes de fin d'année.

Quelques mots utiles

le Carême	*Lent*	retourner	*to flip*
un défilé	*parade*	un roi (une reine)	*king (queen)*
un feu d'artifice	*fireworks*	la Saint-Sylvestre	*New Year's Eve*
une fève	*bean (statue in King's cake)*	le sapin (de Noël)	*Christmas tree*
		un syndicat	*trade union*
laïc (laïque)	*secular*		

Étudiez la liste de vocabulaire. Ensuite, complétez chaque phrase avec un mot ou une expression de la liste.

1. Il faut _____ une crêpe pour bien la cuire (*cook*).
2. _____ est la période de 40 jours avant Pâques (*Easter*).
3. _____ représente les travailleurs.
4. On célèbre le 4 juillet par des défilés et _____.
5. En Belgique il y a _____ et une reine.

Pendant le visionnement

Les fêtes

Regardez la vidéo. Quelles sont les fêtes mentionnées?

- [ ] le Jour de l'an
- [ ] Noël
- [ ] la fête des Rois
- [ ] la Toussaint
- [ ] l'Armistice du 11 novembre
- [ ] le 4 juillet
- [ ] la Saint-Valentin
- [ ] la fête des Pères
- [ ] le carnaval d'hiver

Quelle date?

Sélectionnez la date qui correspond à chaque fête.

1. L'Épiphanie / La fête des Rois: le 6 janvier / le 12 janvier.
2. La Chandeleur: le 2 février / le 14 février.
3. La fête du Travail: le 1er mai / le 6 septembre.
4. La fête nationale française: le 4 juillet / le 14 juillet.
5. Le Mardi gras: le jour avant le Carême / le premier jour du Carême.

Après le visionnement

Avez-vous compris?

Dites si les phrases suivantes sont vraies (**vrai**) ou fausses (**faux**).

1. Aujourd'hui la plupart de la population française est catholique.
2. Pour la fête des Rois, on mange des crêpes.
3. Pour avoir une année prospère, il faut trouver la fève cachée (*hidden*) dans une galette.
4. La fête du Travail est le seul jour férié officiellement payé en France.
5. Le carnaval du Québec est le troisième plus grand carnaval du monde.

Discutons!

Discutez des questions suivantes avec un(e) partenaire.

1. Quelles sont les fêtes principales de votre pays? Sont-elles plutôt religieuses ou plutôt laïques? Pourquoi ces fêtes sont-elles importantes dans votre culture?
2. Quelles fêtes françaises sont similaires aux fêtes de votre pays? Quelles fêtes sont très différentes?
3. Quelles sont les différences et les similarités entre les traditions de Noël en France et celles dans votre pays?
4. Avez-vous déjà célébré la fête des Rois ou la Chandeleur? Si oui, qu'est-ce que vous avez fait pour la fêter? Sinon, pourquoi pensez-vous que ces fêtes sont plus célébrées dans certaines régions que dans d'autres?
5. Quelle était votre fête préférée quand vous étiez enfant? Pourquoi? Quelles étaient les traditions de votre famille pour cette fête? Est-ce que ces traditions ont changé avec le temps?

© Cengage Learning

Réfléchissez et considérez

Mardi gras, New Orleans' carnival, is celebrated with parades throughout the city. Look at the photo below. The official **Mardi gras** colors are featured on the float. What are they? The people in the photo are also engaging in a **Mardi gras** tradition. What is it?

Carnaval!

Share It! Faites des recherches en ligne sur les traditions et les activités associées au Mardi gras de la Nouvelle Orléans ou au Carnaval d'hiver de Québec. Ensuite, écrivez un paragraphe dans lequel vous racontez vos expériences pendant cette célébration comme si vous y étiez. Postez votre «blog» avec une photo sur **Share It!** et commentez celui d'un(e) camarade de classe.

Vidéo Voyages! Watch a video about the **Jou à Tradysion** festival in Guadeloupe.

Talking about how things used to be *L'imparfait*

In **Module** 6 you studied the **passé composé,** a verb tense used for discussing what happened in the past. The **imparfait** is another past tense, but it serves a different function.

Using the *imparfait*

The **imparfait** is used in the following situations:

- to describe how things were in the past:

  J'habitais en ville avec ma mère et mon père. Mes parents **étaient** très indulgents envers moi, leur fille unique.

  I lived in town with my mother and father. My parents were very indulgent toward me, their only daughter.

- to describe what people used to do:

  Quand je **rentrais** de l'école, je **prenais** mon goûter devant la télé et puis je **faisais** mes devoirs.

  When I returned from school, I would have my snack in front of the TV and then I would do my homework.

- to describe feelings and attitudes:

  J'étais triste parce que je **savais** que ma meilleure amie **allait** déménager.

  I felt sad because I knew that my best friend was going to move.

Forming the *imparfait*

To form the **imparfait,** remove the **-ons** ending from the **nous** form of the present tense and add the following endings to this stem:

-ais	-ions
-ais	-iez
-ait	-aient

parler (parl<del>ons</del>)	
je parlais	nous parlions
tu parlais	vous parliez
il/elle/on parlait	ils/elles parlaient

finir (finiss<del>ons</del>)	
je finissais	nous finissions
tu finissais	vous finissiez
il/elle/on finissait	ils/elles finissaient

vendre (vend<del>ons</del>)	
je vendais	nous vendions
tu vendais	vous vendiez
il/elle/on vendait	ils/elles vendaient

The verb **être** has an irregular stem in the imperfect.

être	
j'étais	nous étions
tu étais	vous étiez
il/elle/on était	ils/elles étaient

Quand j'avais quinze ans, je voulais conduire, mais j'étais trop jeune.

When I was fifteen, I wanted to drive, but I was too young.

To form the **imparfait** of verbs whose infinitives end in **-cer,** you must add a cedilla (**cédille**) to the **c** before an **a.**

commencer	
je commençais	nous commencions
tu commençais	vous commenciez
il/elle/on commençait	ils/elles commençaient

For infinitives ending in **-ger,** you add an **e** before an **a.**

manger	
je mangeais	nous mangions
tu mangeais	vous mangiez
il/elle/on mangeait	ils/elles mangeaient

The verb **devoir** (*must, to have to*) changes its meaning slightly in the **imparfait.** It means *was supposed to.*

Il **devait** arriver avant minuit.
Est-ce que nous **devions** lui téléphoner?

He was supposed to arrive before midnight.
Were we supposed to phone her/him?

The expression **il faut** becomes **il fallait** in the imperfect.

Il fallait marcher jusqu'à l'école.

It was necessary to walk to school.

Note de prononciation

Except for the **nous** and **vous** forms, all the imperfect endings sound alike.

- -

Exercice 1 Aurélie raconte les souvenirs qu'elle a de sa grand-mère. Mettez les verbes entre parenthèses à l'imparfait.

Quand j'étais jeune, je passais les week-ends chez ma grand-mère qui (habiter) _____ (1) une petite maison entourée de fleurs. La maison (être) _____ (2) blanche avec des volets bleus. Mamie (avoir) _____ (3) une passion pour son jardin. Quand elle y (travailler) _____ (4), elle (porter) _____ (5) toujours un grand chapeau de paille (*straw*). Je (rester) _____ (6) toujours à côté d'elle et j'(enlever [*to pull*]) _____ (7) les mauvaises herbes (*weeds*).

Mes parents (arriver) _____ (8) le dimanche. Ils l'(aider) _____ (9) à préparer le repas du dimanche pendant que nous, les enfants, nous (jouer) _____ (10) dehors. Et puis on (manger) _____ (11) tous ensemble autour d'une grande table. Nous (devoir) _____ (12) partir de bonne heure (*early*) pour nous préparer pour l'école.

Structure 8.2

Linking ideas *Les pronoms relatifs* **qui, que** *et* **où**

Relative pronouns enable you to create complex sentences and avoid repetition by combining two sentences, or clauses. The noun referred to by a relative pronoun is called its antecedent (**antécédent**).

Qui

Qui is used to replace the subject of a sentence—a person, thing, or idea. The English equivalent of **qui** is *who, which,* or *that.* Note that **qui** is immediately followed by a verb.

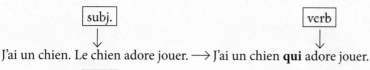

J'ai un chien. Le chien adore jouer. ⟶ J'ai un chien **qui** adore jouer.

J'ai une voiture. Elle roule très vite. ⟶ J'ai une voiture **qui** roule très vite.

Que (Qu')

Que (Qu') refers to the direct object of a sentence—a person, thing, or idea. The English equivalent of **que** is *who, whom, which,* or *that.* Note that **que** is immediately followed by a subject and a verb.

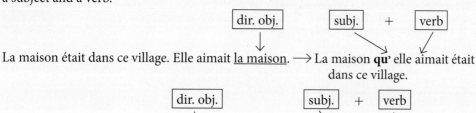

La maison était dans ce village. Elle aimait la maison. ⟶ La maison **qu'** elle aimait était dans ce village.

L'étudiant est ici. Tu connais cet étudiant. ⟶ L'étudiant **que** tu connais est ici.

Où

Où refers to places or expressions of time. Its English equivalent is *where, that,* or *when.* Although it can sometimes be omitted in English, it is obligatory in French.

Voilà le café **où** j'ai rencontré Serge.   *There's the café where I met Serge.*
C'était l'année **où** il a commencé l'école.   *It was the year (that) he started school.*

Exercice 2   Complétez ces phrases concernant la France avec **qui, que** ou **où**.

1. 2008 est l'année _____ Le Clézio a reçu le Prix Nobel de littérature.

2. Édith Piaf était une chanteuse française _____ a séduit le monde entier.

3. Le cinématographe est un appareil _____ a été inventé en France.

4. La 4CV était la voiture _____ on préférait pendant les années 60.

5. Le café Les Deux Magots est un lieu _____ les jeunes intellectuels se rencontraient.

6. La tour Eiffel est un monument _____ on vend beaucoup de souvenirs touristiques.

7. St. Tropez était l'endroit _____ Brigitte Bardot passait ses vacances.

8. La dernière fois _____ le Canada a reçu les jeux Olympiques d'hiver, c'était en 2010.

Structure 8.3

Reading, speaking, and writing to others *Les verbes **lire**, **dire** et **écrire** avec les pronoms d'objet indirect*

The verbs *lire*, *dire*, and *écrire*

These verbs have similar conjugations.

lire *(to read)*	
je lis	nous lisons
tu lis	vous lisez
il/elle/on lit	ils/elles lisent

passé composé: j'**ai lu**   imparfait: je **lisais**

dire *(to say; to tell)*	
je dis	nous disons
tu dis	vous **dites**
il/elle/on dit	ils/elles disent

passé composé: j'**ai dit**   imparfait: je **disais**

écrire *(to write)*	
j'écris	nous écrivons
tu écris	vous écrivez
il/elle/on écrit	ils/elles écrivent

passé composé: j'**ai écrit**   imparfait: j'**écrivais**

Vous **lisez** le journal le matin.	*You read the paper in the morning.*
Qu'est-ce que vous **avez dit**?	*What did you say?*
Elle **écrivait** régulièrement à son petit ami.	*She used to write to her boyfriend regularly.*

The verb **décrire** *(to describe)* is conjugated like its base verb **écrire.**

- -

Exercice 3   Grâce à la technologie, Marc est toujours en contact avec les membres de sa famille. Complétez les phrases en utilisant le présent des verbes **dire, lire** ou **écrire.**

1. Ma cousine Fatima _____ qu'elle va venir nous voir à Paris.

2. Nous _____ une lettre à notre grand-père une fois par mois. Il faut l'envoyer par la poste. Grand-père n'utilise pas d'ordinateur.

3. Tante Marie-Anne explique qu'elle vient d(e) _____ le nouveau roman de Le Clézio.

4. Et Oncle Patrice, qu'est-ce qu'il _____? Un autre livre d'histoire!

5. Pour son anniversaire, j(e) _____ un poème pour Sophie.

6. Nous _____ immédiatement tous les e-mails que nous recevons.

7. Mes parents m(e) _____ au moins une fois par semaine.

8. _____-vous des textos à vos parents?

Indirect object pronouns

In **Module 7,** you learned how to use direct object pronouns.

— Tu aimes **cette musique**? — *You like this music?*
— Oui, je **l'**aime beaucoup! — *Yes, I like it a lot!*

Communication verbs like **dire** and **écrire** generally include the notion of transferring information from one source to another. They are, therefore, commonly used with an indirect object, or an object preceded by a preposition.

Nous écrivons **au professeur**. *We're writing to the professor.*

Indirect objects can be replaced by indirect object pronouns to avoid repeating the noun.

— Tu vas parler **à ton prof de sciences po**? — *Are you going to talk to your poli-sci professor?*
— Oui, je vais **lui** parler demain après-midi. — *Yes, I'm going to talk to him (her) tomorrow afternoon.*
— Je veux savoir si ton train arrive à l'heure. — *I want to know if your train is arriving on time.*
— Je **te** téléphone tout de suite. — *I'll call you right away.*

Indirect object pronouns are presented in the following chart along with direct object pronouns for comparison. Note that only the third person pronouns (in boldface) are different.

direct object pronouns		indirect object pronouns	
singular	plural	singular	plural
me (m')	nous	me (m')	nous
te (t')	vous	te (t')	vous
le, la (l')	**les**	**lui**	**leur**

Verbs involving any kind of transfer from one person to another take indirect objects.

Verbs involving communication		Verbs involving other kinds of transfer	
parler à	*to talk to*	donner à	*to give to*
dire à	*to say to*	emprunter à	*to borrow from*
écrire à	*to write to*	envoyer à	*to send to*
expliquer à	*to explain to*	montrer à	*to show to*
poser (une question) à	*to ask (a question)*	offrir à	*to offer to*
téléphoner à	*to phone*	payer à	*to pay*
demander à	*to ask*	prêter à	*to lend to*
		rendre (quelque chose) à	*to return (something) to*

Word order with pronouns

Direct and indirect object pronouns precede the main verb of a sentence.

Elle **vous** donne son opinion. *She's giving you her opinion.*

In the **passé composé,** they precede the auxiliary verb **avoir** or **être.**

Le journaliste **t'**a posé des questions? *Did the journalist ask you questions?*
Il **nous** a parlé de ses ambitions. *He spoke to us about his ambitions.*

In the **futur proche** or any other two-verb sentence, the pronoun precedes the infinitive.

Je vais **te** téléphoner ce soir. *I'm going to phone you this evening.*
J'aimerais **lui** raconter l'histoire. *I'd like to tell him the story.*

Exercice 4 Indiquez si les pronoms en caractères gras *(in bold)* représentent des pronoms d'objet direct ou indirect en écrivant **D** ou **I**.

1. Vous **m'**irritez avec vos histoires! _____
2. Tu **nous** as déjà posé cette question. _____
3. Elle **m'**a répondu tout de suite. _____
4. Est-ce que tu **me** comprends? _____
5. Quand je **te** dis non, c'est non! _____
6. J'arrive. Je ne **t'**ai pas oublié. _____
7. Je devais **lui** dire la vérité. _____
8. Peux-tu **nous** prêter vingt euros? _____

Exercice 5 Camille quitte la Martinique pour aller en France. Ses meilleures amies lui parlent à l'aéroport. Associez les questions et les réponses.

_____ 1. Est-ce que tu vas nous écrire?
_____ 2. Tu vas nous donner ton adresse e-mail?
_____ 3. Quand est-ce qu'on peut te téléphoner?
_____ 4. Est-ce que nous t'ennuyons avec toutes ces questions?
_____ 5. Nous pouvons te rendre visite à Noël?

   a. J'aimerais vous voir à Noël, mais je serai chez des amis en Espagne.
   b. Non, avec vous, c'est toujours l'interrogatoire. J'ai l'habitude.
   c. Je vous l'ai déjà donnée.
   d. Oui, je vous écrirai toutes les semaines. C'est promis.
   e. Vous pouvez me téléphoner chez ma tante ce week-end.

Exercice 6 Bénédicte essaie d'avoir de très bonnes relations avec les différents membres de sa famille. Répondez logiquement aux questions en employant le pronom d'objet indirect **lui** ou **leur**.

1. Elle offre un cadeau d'anniversaire *à son père*?
2. Elle prête ses vêtements *à ses sœurs*?
3. Elle téléphone régulièrement *à sa grand-mère*?
4. Elle dit *à sa mère* de nettoyer *(to clean)* sa chambre?
5. Elle a emprunté de l'argent *à son cousin*?
6. Elle va envoyer une carte de Noël *à sa tante et à son oncle*?
7. Elle va demander des conseils *(advice)* *à son frère*?
8. Elle a expliqué *à ses parents* pourquoi elle a eu une mauvaise note en chimie?

Structure 8.4

Making comparisons *Le comparatif (introduction)*

The following structures are used in descriptions that compare people and things.

+	plus (adjectif) que
–	moins (adjectif) que
=	aussi (adjectif) que

Ma classe de sciences économiques est **plus grande que** ma classe d'italien.	*My economics class is bigger than my Italian class.*
J'étais toujours **moins prudent que** mon frère.	*I was always less careful than my brother.*
Est-ce que ta mère était **aussi stricte que** ton père?	*Was your mother as strict as your father?*

The irregular adjective **bon** has three comparative forms:

+	meilleur(e)(s) que	*better than*
–	moins bon(ne)(s) que / pire que	*worse than*
=	aussi bon(ne)(s) que	*as good as*

Je suis **meilleur(e)** en lettres **qu'**en sciences.
I'm better in the humanities than in science.

Ce film n'était pas **aussi bon que** le dernier.
That film wasn't as good as the last one.

Est-ce que tu es **pire que** Pierre en anglais?
Are you worse than Peter in English?

Exercice 7 Comparez les éléments suivants en utilisant les adjectifs entre parenthèses. Attention à la forme de l'adjectif.

1. Mon frère aîné / mon frère cadet (+ fort)
2. Brad Pitt / en France / aux États-Unis (= populaire)
3. le rap français / le rap américain (– violent)
4. les robes des couturiers comme Christian Lacroix / les robes de prêt-à-porter (+ cher)
5. le casino de Monte Carlo / les casinos de Las Vegas (+ classique)
6. une Porsche / une Ferrari (= rapide)

Exercice 8 Comparez les éléments suivants en utilisant la forme appropriée de **bon** ou de **mauvais**.

1. le pain au supermarché / le pain à la boulangerie (– bon)
2. la bière allemande / la bière américaine (+ bon)
3. l'hiver à Paris / l'hiver à Nice (– bon)
4. les pâtisseries françaises / les beignets *(donuts)* au supermarché (+ bon)
5. le vin anglais / le vin français (– bon)
6. la circulation *(traffic)* à Paris / la circulation hors de la ville (– bon)
7. le chocolat belge / le chocolat suisse (= bon)

Structure 8.5

Narrating in the past *Le passé composé et l'imparfait (introduction)*

As you have seen, the **passé composé** and the **imparfait** are both used for talking about the past, but they serve different functions. The **imparfait** sets the scene by describing what things and people were like, as in a stage setting before the action has begun. The **passé composé** moves the story forward; it recounts events. The guidelines here will help you decide which tense to use.

Passé composé

In general, you will use the **passé composé** to

- tell what happened:

  Hier, j'**ai eu** un accident de voiture.
  Les États-Unis **ont déclaré** leur indépendance en 1776.

- narrate a sequence of events:

  Ce matin, j'**ai préparé** le petit déjeuner pour la famille. Nous **avons mangé** ensemble, puis nous **sommes partis** pour l'école.

Imparfait

In general, you will use the **imparfait** to describe

- feelings and thoughts:

  J'**étais** triste parce que mon meilleur copain n'était pas à l'école. Paul **avait** froid *(was cold)* parce qu'il ne portait pas de chapeau.

- what was going on or what used to happen:

  Les jeunes filles ne **portaient** pas de pantalons à l'école.

- age:

  Jean-Luc **avait** seize ans quand il a appris à conduire.

- weather:

  Il **faisait** beau quand nous sommes sortis pour faire une promenade.

- time:

  Il **était** déjà six heures quand le train est arrivé.

- -

Exercice 9 Read the following passage, paying careful attention to the verb tenses used. Then retell the story in English in response to the prompts provided. Identify the French verb tense associated with each prompt.

C'était une nuit d'hiver à Grenoble; il faisait très froid et la neige tombait à gros flocons *(flakes)*. Dans la maison, j'écoutais du Beethoven et j'écrivais une lettre à Maurice, mon copain qui étudiait à Cambridge. Soudain, j'ai entendu du bruit. C'était comme si quelque chose tapait contre le mur de la maison. J'ai ouvert la porte mais il n'y avait rien. J'ai recommencé ma lettre. Quelques minutes plus tard, boum! Une boule de neige a explosé contre la fenêtre. J'ai regardé à travers les rideaux *(curtains)* et là, dans le jardin, j'ai aperçu un homme. J'allais téléphoner à la police mais, quand il s'est tourné vers moi, j'ai reconnu le visage de Maurice! Il était de retour.

1. What kind of night was it?
2. What was going on inside the house?
3. What happened to break up the activity that was taking place?
4. How did the narrator respond?
5. What happened next?
6. What did the narrator do? What did she see?
7. What was she thinking of doing when she saw the man?
8. Then what happened?

Exercice 10

A. Read the following sentences in English, and identify which tense you would use to write these same sentences in French. Use **PC** for **passé composé,** and **I** for **imparfait**.

1. It was September first. _____
2. The weather was warm and sunny. _____
3. I was walking to the library to work on some homework. _____
4. I was thinking about what I needed to do at the library. _____
5. Suddenly, I heard someone. _____
6. I turned to see who it was. _____
7. It was my friend Michel. _____
8. Michel invited me to go have some pizza with him. _____
9. I thought about the work I needed to do, and I knew I couldn't go out. _____
10. I told Michel that I would go to the library now, and maybe we could get pizza later. _____

B. Now, write the sentences above in French.

2. _____

5. _____

7. _____

8. _____

Tout ensemble!

Mathieu a trouvé un vieil album dans son grenier *(attic)* avec des photos d'un été qu'il a passé dans une colonie de vacances *(summer camp)* dans le sud de la France. Il écrit à son copain Jeff pour lui raconter ses souvenirs. Conjuguez les verbes entre parenthèses à l'imparfait ou au passé composé et utilisez les éléments suivants:

qui	plus	me
que (deux fois)	moins (deux fois)	te
où	aussi	

Cher Jeff,

Hier, je regardais un ancien album de photos _____ (1) j'ai trouvé chez mes parents. Il y avait une photo de toi au lac à Menton _____ (2) nous _____ (3) (aller) à pied avec toute la colonie. Tu _____ (4) (être) si fier, car tu _____ (5) (pouvoir) faire de la planche à voile *(to windsurf)* sans tomber dans l'eau. Moi, je _____ (6) (vouloir) être _____ (7) fort que toi, mais j'_____ (8) (être) tout maigre et maladroit *(clumsy)*!

　Tu te souviens de Georges? C' (9) (être) le garçon _____ (10) _____ (11) (manger) toujours des bonbons _____ (12) sa mère lui _____ (13) (envoyer). Il a un bon poste chez Danone maintenant, et heureusement, il est _____ (14) gros!

　J(e) _____ (15) (trouver) une photo de Marie-Laure aussi, notre idole, tu t'en souviens? Nous l'_____ (16) (espionner, *to spy on*) dans sa cabane. Maintenant, elle est étudiante à la fac de Bordeaux, et elle _____ (17) téléphone de temps en temps.

　Elle est _____ (18) belle qu'avant, mais elle est _____ (19) gentille!

　Et toi, tu vas bien? Est-ce que Pierre _____ (20) _____ (21) (écrire [*présent*])? Donne-moi de tes nouvelles!

Amitiés,
Mathieu

Complete the diagnostic tests in **iLrn** to test your knowledge of the grammar and vocabulary in this chapter.

VOCABULAIRE

Noms

Le monde de l'école — *School*

un album (de photos)	*a (photo) album*
un ballon (de foot)	*a (soccer) ball*
un bâtiment	*a building*
une carte	*a map*
un(e) directeur (directrice)	*a principal*
la discipline	*discipline*
une école maternelle	*a kindergarten*
une école primaire	*an elementary school*
un(e) élève *(m, f)*	*a pupil (pre-university)*
l'enfance *(f)*	*childhood*
un lycée	*a high school*
la récréation (la récré, *fam*)	*recess*
un souvenir	*a memory*

Verbes

chasser	*to chase*
comparer	*to compare*
copier	*to copy*
critiquer	*to criticize*
dire	*to say; to tell*
donner	*to give*
écrire	*to write*
emprunter	*to borrow*
être à la mode	*to be in fashion*
expliquer	*to explain*
irriter	*to irritate*
lire	*to read*
partager	*to share*
poser (une question)	*to ask (a question)*
prêter	*to loan; to lend*
raconter	*to tell a story*
ressembler	*to resemble*
se souvenir de	*to remember (conjugated like* **venir***)*

Expressions utiles

Comment comparer — *How to make comparisons*

(See page 240 for additional expressions.)

aussi… que	*as . . . as*
comme	*like, as*
meilleur(e) (que)	*better (than)*
moins… que	*less . . . than*
pire (que)	*worse (than)*
plus… que	*more . . . than*
plutôt	*rather*
Quelles sont les différences entre… ?	*What are the differences between . . . ?*

Adjectifs

différent(e)	*different*
élégant(e)	*elegant*
privé(e)	*private*

Mots divers

une adresse (e-mail)	*an (e-mail) address*
à l'époque	*at that time*
une bande dessinée (une BD, *fam*)	*a cartoon*
une chanson	*a song*
envers	*toward*
une époque	*an era*
un film animé	*an animated movie*
un lieu	*a place*
un quartier	*a neighborhood*
vite	*fast*

Vocabulaire supplémentaire

Noms

une aventure	*an adventure*
un bulletin scolaire	*a report card*
le châtiment corporel	*corporal punishment*
le collège	*middle school*
une cour	*a courtyard*
un mythe	*a legend*
un papillon	*a butterfly*
une pelouse	*a lawn*
une punition	*a punishment*
un quartier	*a neighborhood*
une règle	*a ruler; a rule*
un roman graphique	*a graphic novel*
un(e) surveillant(e)	*a person in charge of discipline*

Adjectifs

inquiet (inquiète)	*worried*
satisfait(e)	*satisfied*
seul(e)	*alone*
suivant(e)	*following*

Mots apparentés: homogène, lamentable, perfectionniste, turbulent(e)

Verbes

avoir peur	*to be afraid*
se comporter	*to behave*
conduire (*p.p.* conduit)	*to drive*
décrire	*to describe*
ennuyer	*to bother*
envoyer	*to send*
influencer	*to influence*
jouer à la poupée	*to play with dolls*

Des bateaux typiques s'alignent sur la plage près de Dakar.

À la découverte du monde francophone

In this module you will explore the rich geographic and cultural diversity of the French-speaking world. You will learn how to talk about geography, to explore travel destinations, and to make travel plans. You will also be introduced to French world music and its variety of voices.

Thème: La géographie du monde francophone

Structure 9.1: Using prepositions with geographical names *Les prépositions et la géographie*

Structure 9.2: Avoiding the repetition of place names *Le pronom y*

Prononcez! Ouagadougou est la capitale du Burkino Faso—Comment prononcer les noms des pays et villes francophones

Perspectives culturelles: La Francophonie: Une source des musiques du monde

Voix en direct: Écoutez parler quelques artistes du monde francophone

Pratique de conversation: Comment comparer (suite)

Structure 9.3: Comparing quantities and performance and singling out exceptional features *Le comparatif (suite) et le superlatif*

Thème: Les moyens de transport

Structure 9.4: Making recommendations *Il faut, il vaut mieux* + *infinitif*

Perspectives culturelles: Le créole, un mélange de langues africaines et de français

Thème: Activités de vacances

Structure 9.5: Talking about what you know or what you know how to do as opposed to your familiarity with places and people *Savoir et connaître*

Pratique de conversation: Comment organiser un voyage

À lire, à découvrir et à écrire

Lecture: *Le pays va mal,* chanson de Tiken Jah Fakoly

ilrn Voix en direct (suite)

Expression écrite

À vos marques, prêts, bloguez!

Une présentation pour la classe d'un pays francophone

Ressources

🔊 Audio ▶ Video **ilrn** ilrn.heinle.com

🌐 www.cengagebrain.com

La géographie du monde francophone

Structure 9.1

Using prepositions with geographical names *Les prépositions et la géographie*

In this **thème,** you will be talking about cities, countries, and continents. You will need to learn how to use articles and prepositions with these geographical names. Explanations and examples are found on pages 280–281.

Structure 9.2

Avoiding the repetition of place names *Le pronom y*

As you refer to locations in this **thème,** you will use the pronoun **y** to avoid repeating place names. For a more detailed explanation of this pronoun and its uses, see pages 282–283.

Le Vieux-Québec, la nuit. **Le** Canada est un pays bilingue. Mais **au** Québec, la région francophone **du** Canada, le français est la seule langue officielle.

La Guadeloupe est un département d'outre-mer *(overseas department)* de **la** France. En Guadeloupe, on parle français et créole.

Le Sénégal est un pays francophone. Mais **à** Dakar, sa capitale, comme partout **au** Sénégal, on entend aussi parler wolof, la langue africaine du pays.

La Belgique a deux langues nationales: le français et le flamand, une langue germanique.

CD2-21

Prononcez! Ouagadougou est la capitale du Burkino Faso—Comment prononcer les noms des pays et villes francophones

Ce n'est pas toujours facile de prononcer les noms géographiques. Répétez le nom de la capitale et puis toute la phrase. Suivez cette leçon de géographie en regardant la carte du monde au début de votre livre de texte.

1. Ouagadougou est la capitale du Burkino Faso.

2. Kinshasa est la capitale de la République Démocratique du Congo, la RDC.

3. Dakar est la capitale du Sénégal.

4. Tunis est la capitale de la Tunisie.

5. Yamoussoukro est la capitale de la Côte d'Ivoire.

6. Berne est la capitale de la Suisse.

7. Bruxelles est la capitale de la Belgique.

8. Yaoundé est la capitale du Cameroun.

9. Rabat est la capitale du Maroc.

Activité 1 Jeu des capitales

Modèle: —Comment s'appelle la capitale de la Tunisie?
—*Tunis.*

1. Comment s'appelle la capitale de la Suisse?

2. Comment s'appelle la capitale de la Belgique?

3. Comment s'appelle la capitale du Burkino Faso?

4. Comment s'appelle la capitale du Sénégal?

5. Comment s'appelle la capitale de la Guadeloupe? (question piège = *trick question*)

6. Comment s'appelle la capitale du Maroc?

7. Comment s'appelle la capitale du Canada?

8. Comment s'appelle la capitale de la Côte d'Ivoire?

Activité 2 Devinez!

Identifiez les pays suivants. Consultez les cartes au début du livre.

1. C'est un petit pays francophone au nord de la France.
2. C'est un pays au nord-ouest de l'Algérie.
3. C'est une région francophone au nord du Vermont.
4. C'est un grand pays francophone au sud de la République centrafricaine.
5. C'est une petite île dans l'océan Indien à l'est de Madagascar.

Activité 3 Villes et pays

Dans quels pays se trouvent les villes suivantes?

Pays: la Belgique, le Canada, le Luxembourg, le Sénégal, le Burkina Faso, le Maroc, la Suisse, les États-Unis

Modèle: Alger
Alger se trouve en Algérie.

1. Dakar
2. Montréal
3. Luxembourg
4. Casablanca

5. Bruxelles
6. La Nouvelle-Orléans
7. Ouagadougou
8. Genève

nord

ouest — est

sud

© Cengage Learning

Bonjour. Je m'appelle Féza. Je **viens du Maroc, de Rabat**, la capitale. Ma copine Mouna **vient d'Algérie**. Demain nous **allons à Montréal au Canada** pour faire un stage.

Activité 4 Projets de voyage

Après un stage à Montréal, les étudiants rentrent chez eux. Vous êtes l'agent de voyages chargé des réservations. Avec un(e) camarade de classe, trouvez la destination de chaque étudiant.

Villes: Alger, Montréal, Rome, Abidjan, Dakar, Conakry, Madrid
Pays: le Canada, l'Algérie, la Côte d'Ivoire, l'Italie, la Guinée, le Sénégal, l'Espagne

Modèle: Ousmane est sénégalais.
Il vient du Sénégal? Alors, il va à Dakar au Sénégal.

1. Fatima est algérienne.
2. Franco et Silvia sont italiens.
3. Lupinde est ivoirien.
4. Tierno est guinéen.
5. Jean-Paul et Claire sont québécois.
6. Guadalupe est espagnole.

Notez et analysez

Look over Féza's comments. Pay attention to the prepositions in bold that follow **venir** and **aller.** Locate the prepositions or contractions that precede the countries and the preposition used before the city. What pattern do you find?

Carte de la République Démocratique du Congo (la RDC)

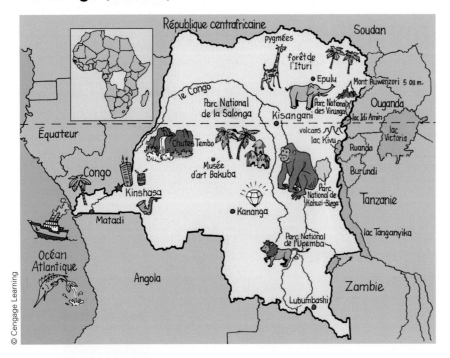

Le Congo-Kinshasa est le deuxième plus vaste pays d'Afrique. On **y** trouve des forêts tropicales, de grands lacs, des volcans, des savanes et le fleuve Congo, le deuxième plus grand fleuve de l'Afrique. On **y** parle français parce que c'était une colonie belge—l'ancien Congo Belge. On **y** parle aussi plusieurs langues africaines.

Notez et analysez

Look at the caption to the right of the map of **la RDC** and find the pronoun **y** in bold. What words does this pronoun replace? Where does **y** occur in relation to the verb?

Activité 5 Est-ce qu'il y a...?

Dites ce qu'il y a et ce qu'il n'y a pas en RDC en vous basant sur la carte.

> Modèles: — *Est-ce qu'il y a de grandes autoroutes?*
> — *Non, il n'y en a pas.*
> — *Est-ce qu'il y a des fleuves?*
> — *Oui, il y en a.*

1. des éléphants
2. des kangourous
3. des lions
4. des gorilles
5. de grandes plages touristiques
6. des diamants
7. des forêts
8. des déserts

Activité 6 On y trouve...

Dites ce qu'on trouve dans les lieux suivants en vous référant à la carte de la RDC. Utilisez le pronom **y**.

> Modèles: Quelle ville est-ce qu'on trouve dans le sud-est de ce pays?
> *On y trouve la ville de Lubumbashi.*

Mots utiles: Lubumbashi, le lac Kivu, des animaux en liberté, les chutes Tembo, Matadi, des pygmées, des gorilles, des bâtiments modernes et de la musique afro-pop, des diamants, le Mont Ruwenzori

1. Qu'est-ce qu'on trouve dans le Parc National de l'Upemba?
2. Qu'est-ce qu'on trouve à Kananga?
3. Quel peuple est-ce qu'on trouve dans la forêt de l'Ituri?
4. Quelles chutes est-ce qu'on trouve sur le fleuve qui s'appelle le Congo?
5. Quelle sorte d'animal est-ce qu'on trouve dans le Parc National de Kahuzi-Biega?

La Francophonie: une source des musiques du monde

Les musiques du monde *(world music)* représentent la diversité artistique qui dépasse° les frontières nationales°. C'est le résultat° des échanges entre des musiciens de toutes les cultures. Dans les musiques du monde francophone, on entend souvent un mélange° de paroles françaises avec des paroles en langues régionales. Dans la musique raï, des mots arabes se mélangent avec le français. L'inspiration rythmique, mélodique et instrumentale de ces chanteurs vient de tous les coins° du monde. Laissons quelques artistes parler pour eux-mêmes.

transcends / national borders / result

mix

corners

CD2-22

Voix en direct
Écoutez parler quelques artistes du monde francophone

Artiste: Tiken* Jah Fakoly
Chanson: «Le pays va mal»
Pays: Côte d'Ivoire
Genre: Reggae

«Le reggae, c'est comme le battement de cœur[1]. On le sent[2] avant de l'entendre... Mon message est plutôt international, j'informe les gens, j'éveille[3] les consciences, j'éduque; j'explique ici pourquoi l'Afrique va mal.»

[1]*heartbeat* [2]*feels* [3]*awaken*

Tiken Jah Fakoly

*«Tiken» est une déformation d'un mot malinké qui signifie «petit garçon» et «Jah», c'est le mot reggae pour «Dieu». Tiken se prononce «chicken».

Artiste: Jean-François Pauzé (paroles, guitare) du groupe Les Cowboys fringuants
Chanson / Album: Les Cowboys fringuants
Pays: Québec, Canada
Genre: Rock alternatif québécois

«Le social, la politique et l'histoire sont des sujets importants auxquels les gens devraient s'intéresser davantage[4]. C'est la raison pour laquelle nos chansons tournent toujours autour de ces thèmes.»

[4]*more*

Jean-François Pauzé

Artiste: Faudel Belloua
Chanson / Album: Bled Memory
Pays: France (d'origine algérienne)
Genre: Raï métissé[5] avec d'autres influences: funk, reggae, hip-hop. Le mot «raï» signifie point de vue, façon de voir.
Interview après la sortie de Bled[6] Memory, une reprise de musique raï.

«J'ai fait cet album de reprises[7] parce que j'avais envie de transmettre[8] cette culture. J'avais besoin de revenir aux sources. [...] J'ai voulu voir d'autres horizons, vivre d'autres choses. On s'est baladés[9] dans tout le Moyen-Orient[10]. J'ai retrouvé le sourire[11].»

Faudel Belloua

[5]*mixed* [6]*Village* [7]*remakes* [8]*wanted to pass on* [9]*traveled* [10]*Middle East* [11]*smile*

Groupe: Kassav'
Album: Magestik Zouk
Pays: France, Guadeloupe
Genre: Zouk
Artiste: Jocelyne Béroard
«Ah… le zouk est une musique antillaise, caribéenne. Étant donné que[12] *the world is a village*, chacun peut se l'approprier[13].»

Artiste: Jacob Desvarieux
«Les jeunes d'aujourd'hui revendiquent[14] musicalement leurs origines. Ils cherchent des références qui sont autres que la musique américaine.»

Jocelyne Béroard
and
Jacob Desvarieux

AP Photo/Joel Jean-Pierre

[12]*Given that* [13]*make it their own* [14]*are claiming*

Artiste: Manu Chao, né José-Manuel Thomas Arthur Chao
Album: Je ne t'aime plus
Pays: France (d'origine espagnole et basque)
Genres: punk, rock, variété française, salsa, reggae et raï
Langues: français, espagnol, arabe, anglais, portuguais et wolof
«J'ai la chance d'avoir un passeport en règle[15], de pouvoir voyager partout. J'aime ça. C'est comme une drogue. [...] Avant j'avais l'habitude de dire que j'étais un citoyen du monde. Aujourd'hui, je me sens plutôt un citoyen du présent.» *Le Monde*, 2007

Manu Chao

© Ivan Garcia/AFP/ Getty Images

[15]*in order*

🌐 Explorez en ligne

Using a French search engine such as google. fr or yahoo.fr, type in the name of one of the singers or musical groups presented here and report, in English, three interesting discoveries to the class. Then go to YouTube or DailyMotion and find a song by one of these singers. What group did you find? What was the name of the song you heard? Compare this music to a genre or group you're familiar with.

Réfléchissez aux réponses

1. Est-ce que vous écoutez des musiques du monde *(world music)*? Pouvez-vous citer quelques artistes de ce genre? Est-ce que les paroles sont toujours en anglais?

2. Pourquoi Faudel a-t-il fait son album Bled Memory?

3. Est-ce que Tiken Jah parle seulement de l'amour et des sentiments dans ses chansons?

4. Pourquoi les jeunes aiment-ils les musiques du monde?

5. À votre avis, quel chanteur chante pour la protection de l'environnement?

Comment comparer (suite)

Structure 9.3

Comparing quantities and performance and singling out exceptional features
Le comparatif (suite) et le superlatif

In **Module 8,** you learned how to compare the qualities of people, places, and things. Here you will learn how to compare quantities and performance and to use the superlative for singling out the best, the biggest, the least populated, and so forth. See pages 284–285 for further discussion of the superlative.

CD2-23 **Expressions utiles**

Notez et analysez

Look over the **Expressions utiles** and comments about music. Then, with a partner decide how you would say:

1. Coldplay has as many hits as Madonna.
2. You can't compare the music of Britney Spears and Bjork. It's not at all alike!
3. Faudel sings the best!
4. Adele sells fewer albums than Lady Gaga.

«À la radio française, on ne passe pas **autant de** chansons en français que de chansons en anglais.»

On ne peut pas comparer la musique populaire américaine avec les musiques du monde. **Ça n'a rien à voir!** *(It's a completely different thing!)*

Céline Dion? C'est peut-être la chanteuse francophone **la plus connue** du monde! Elle aime chanter en français, mais ses albums en français rapportent **moins d'**argent que ses albums en anglais.

Quel chanteur tu aimes **le mieux**? Quel est **le meilleur** groupe, à ton avis?

L'Amérique produit **le plus grand** nombre de tubes *(hits)* du monde.

 CD2-24 ▌▌ **Écoutons ensemble! Testez-vous!**

Devinez le genre de ces extraits musicaux.

1. _____   a. raï
2. _____   b. rock québécois alternatif
3. _____   c. reggae
4. _____   d. zouk
5. _____   e. variété française (traditionnelle)

Activité 7 **Est-ce que la pop est semblable au rock alternatif?**

Des fanas de rock alternatif se rencontrent à un concert international au Québec. Créez leur conversation en associant les questions avec les réponses appropriées.

1. Tu sais, je trouve Britney Spears et Jessica Simpson très similaires, on dirait «Made in the USA».

2. Est-ce que Céline Dion vend beaucoup d'albums en France?

3. Est-ce que le rock alternatif québécois est populaire au Canada?

4. Est-ce que Tiken Jah Fakoly a autant de fans que Faudel en France?

5. La chanson raï «Aïsha» chantée par Khaled est très connue, non?

6. Est-ce que la pop est semblable au rock alternatif?

a. Oui, c'est la chanson raï la plus connue en France.

b. Non, il est moins connu que Faudel en France.

c. Oui, tu as raison. Elles sont très semblables.

d. Oui, beaucoup. Mais pas autant qu'aux États-Unis.

e. Oui, mais on n'en passe pas beaucoup à la radio.

f. Non, pas du tout. Ça n'a rien à voir.

Activité 8 **Pratiques culturelles**

Parlez des pratiques culturelles en choisissant l'élément de comparaison approprié.

1. J'écoute _____ souvent des artistes américains que des artistes étrangers. (moins / plus / autant)

2. Les artistes américains vendent _____ CD que les artistes du monde francophone. (plus de / moins de / autant de)

3. Dans la musique française, les paroles *(words)* sont souvent l'élément _____ important. (le plus / le moins / le pire)

4. Céline Dion chante _____ en français qu'en anglais. (aussi bien / moins bien / mieux)

5. En général, les Africains parlent _____ langues que les Européens. (plus de / moins de / autant de)

6. Le français est la langue européenne _____ importante en Afrique de l'Ouest. (la plus / la moins / aussi)

Activité 9 **La Chambre de Commerce**

Vous et votre partenaire travaillez pour la Chambre de Commerce de deux villes rivales. Vous voulez encourager une compagnie à s'installer dans votre ville. Parlez de toutes les qualités de votre ville. Votre partenaire va parler des avantages de sa ville.

Expressions: autant de, plus de, moins de, le/la plus, le/la moins, le mieux, le pire

Éléments à comparer: les restaurants, les cafés, les écoles, les musées, les équipes de sport, les concerts, les universités, les parcs, la beauté naturelle, le travail, les commerces, les hopitaux, le temps, les transports en commun *(public transportation)*, la circulation

Modèle: — *La ville d'Austin est magnifique! Elle a plus de parcs que Dallas.*
— *Mais Dallas a les Cowboys, la meilleure équipe de foot du Texas.*

Les moyens de transport

Making recommendations *Il faut, il vaut mieux + infinitif*

The structure **il faut** + *infinitif* is used to say what one must do. **Il vaut mieux** + *infinitif* is used for giving advice about what one should do or what is preferable. For more information on these impersonal expressions, see page 287.

Notez et analysez

Read the description about modes of transportation and find:

1. the most frequent preposition used with various modes of transportation
2. the preposition used with going *on foot* and *by bicycle*

Beryl Goldberg

Pour aller de Paris à Marseille, **il vaut mieux** voyager en TGV (train à grande vitesse). Vous y arriverez en moins de trois heures. En Europe, les transports en commun *(public transportation)* sont excellents.

 La Suisse est réputée pour la ponctualité de ses trains. **Il faut arriver** à la gare à l'heure si vous ne voulez pas manquer votre train.

 Le bateau est beaucoup moins rapide que l'avion, mais la vie en mer est agréable. Si vous avez de l'argent et du temps, faites une croisière **en bateau** sur la Méditerranée.

 L'été, à Paris, les cyclistes ont la priorité dans certaines rues le dimanche. Alors, on peut y faire un tour **à vélo** ou **à pied.**

© Cengage Learning

Beaucoup d'Européens qui visitent les États Unis font un tour du pays **en autocar** Greyhound. Mais dans certaines villes, comme à Los Angeles, il **faut avoir** une voiture. Les autres moyens de transport ne sont pas très pratiques.

Complétez les phrases suivantes en utilisant les termes pour les moyens de transport appropriés et **il (ne) faut (pas)** ou **il vaut mieux** + *infinitif* en fonction de la situation.

> **Modèle:** Quand on voyage *en train, il vaut mieux* réserver son billet à l'avance pour avoir une place.

1. Si on veut se déplacer _____, _____ d'abord attendre son arrivée à l'arrêt d'autobus.

2. Quand on est dans une grande ville comme Paris ou New York, _____ voyager _____: c'est plus rapide et plus pratique.

3. Si vous n'êtes pas pressé(e) et si vous n'avez pas le mal de mer *(seasickness)*, _____ voyager _____ pour aller de Douvres, en Angleterre, à Calais, en France: c'est plus agréable et plus relaxant.

4. Si vous voyagez _____, _____ ne pas utiliser son téléphone portable parce que le portable peut interférer avec la tour de contrôle *(tower)*.

5. Quand on habite près de l'université, _____ ne pas prendre sa voiture parce que le parking coûte en général très cher. À la place, _____ se déplacer *(to get around)* _____ ou _____.

6. Si on prend le Greyhound, on voyage _____. Les Américains prennent souvent le Greyhound parce qu'il n'y a pas beaucoup de _____ aux États-Unis.

 Activité **11** **Les moyens de transport et vous**

D'abord, trouvez une réponse logique, puis discutez de votre réponse avec un(e) partenaire.

1. Quel moyen de transport est le plus pratique pour…
   a. une famille nombreuse en France?
   b. un(e) touriste qui visite Venise?
   c. un représentant régional des ventes *(regional sales representative)*?
   d. un(e) étudiant(e) avec peu d'argent?
   e. un(e) sportif (sportive) qui aime être en plein air?

2. Dans la ville où vous étudiez,…
   a. est-ce que la plupart *(the majority)* des étudiants ont une voiture?
   b. est-ce qu'il y a de bons transports en commun?
   c. est-ce que faire du vélo est dangereux ou pas?
   d. est-ce qu'il est facile d'aller faire ses courses à pied?
   e. est-ce que l'accès aux transports comme le train et l'avion est facile?

Des piétons,
des autos,
des bus,
des taxis,
des motos,
des vélos,
des rollers,
des camions,

des RER,
des métros,
des trains,
des poussettes...
et vous
et vous...
et vous !

© Cengage Learning

Le créole, un mélange de langues africaines et de français

Le créole est la langue dominante dans tout l'archipel des Antilles: Haïti, Martinique et Guadeloupe. On le parle aussi en Louisiane. Le **créole** est né de la nécessité des Amérindiens, des Africains et des Européens de pouvoir communiquer pendant la *slavery* période de l'esclavage°. Son vocabulaire est largement basé sur le français avec des *meaning* modifications de sens° et de prononciation. Mais sa grammaire est plus proche des langues africaines. Dix millions d'Haïtiens parlent créole et environ 2 millions de personnes parlent aussi cette langue aux États-Unis. Depuis 1987, le créole haïtien, en plus du français, est reconnu comme une langue officielle du pays. Aux Antilles françaises, on parle créole, mais ce n'est pas une langue officielle. La langue créole est un moyen d'affirmer la créolité, une identité unique.

REUTERS/Carole Devillers

 CD2-25 **Expressions en créole haïtien**

Français	Créole
Bonjour.	Bonjou.
Bonsoir.	Bonswa.
Au revoir.	orevwa
Merci.	di ou mèsi
Je vais à Fort-de-France.	Mwen Kay Fod'Fwans.
Comment ça va?	Sa ou fé?
Ça va.	Sa Ka maché.
Qu'est ce que c'est?	Ka sa yé?
Je t'aime.	Mwen aimé.

■ Avez-vous compris?

1. Le créole est né *(born)* de quelle nécessité?

2. Le vocabulaire créole aux Antilles est basé sur quelle(s) langue(s)?

3. Est-ce que la grammaire du créole est proche de la grammaire française? (Expliquez.)

4. Quelles îles des Antilles font partie de la République française?

5. Dans quel pays le créole est-il une langue officielle?

■ Et vous?

1. Pourquoi les Haïtiens sont-ils contents d'avoir le créole comme langue officielle?

2. Dans quelle mesure *(To what extent)* une langue en commun unifie les gens?

3. Donnez un exemple d'un pays où les habitants sont divisés parce qu'ils ne partagent *(share)* pas la même langue.

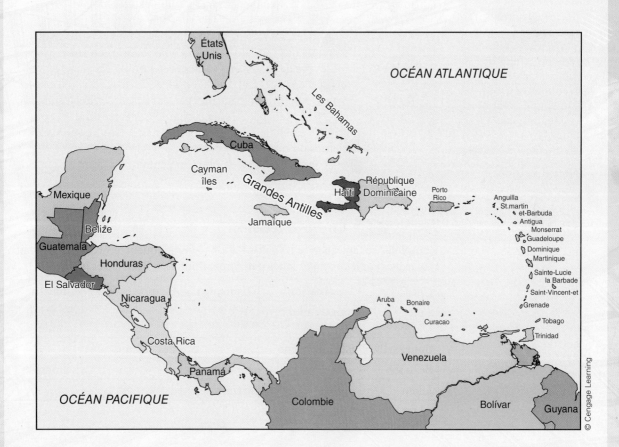

© Cengage Learning

Activités de vacances

Structure 9.5

Talking about what you know or what you know how to do as opposed to your familiarity with places and people *Savoir et connaître*

In French you need to distinguish between the verb **savoir**—to know information and to know how to do something—and the verb **connaître**—to know or to be acquainted with places or people. These two verbs are presented on pages 287–288.

Notez et analysez

In the remarks about travel, find an example of the verb **savoir** to express (a) knowing how to do something or (b) knowing a fact. Find the verb **connaître** used for (a) knowing a person and (b) being familiar with a place.

ANNE: Les vacances de mes rêves? C'est simple—faire le tour du monde. En bateau, peut-être, ou en avion... Je veux me dépayser *(have a change of scenery)*. **Je sais** que ce n'est pas très pratique mais c'est un rêve, non?

BOURAMA: Les vacances de luxe, ce n'est pas mon style. Moi, je préfère l'aventure. J'aimerais aller à la montagne faire des randonnées, du rafting et du canoë avec mes copains. **Nous ne savons pas** faire du ski, alors nous y allons en été.

BÉATRICE: Moi, je rêve de passer mes vacances en famille à la plage. **Je connais** l'endroit idéal: Èze. C'est un petit village où on n'a pas besoin de voiture; on peut aller partout à pied, à vélo ou en moto.

JULIEN: Euh... **Je ne sais pas.** L'été prochain, je vais prendre le train jusqu'à Barcelone avec mon meilleur ami. **Nous connaissons** un étudiant qui y habite et nous pouvons loger chez lui. Ce n'est pas cher et puis, en plus, on peut faire la connaissance de jeunes Espagnols.

Activité 12 Compréhension

Complétez ce tableau avec les informations qui manquent, en vous référant aux remarques sur les voyages faites par Anne, Bourama, Béatrice et Julien.

Nom	Destination	Transport	Compagnon(s)	Objectif
Anne	tour du monde			découvrir le monde
Bourama	à la montagne		des copains	
Béatrice		à pied		s'amuser
Julien		le train		

††† Activité **13** **Une introduction au monde francophone**

Posez ces questions à un(e) camarade de classe en utilisant **tu sais** ou **tu connais**.

Modèle: ... Ouagadougou?
—*Tu connais Ouagadougou?*
—*Non, je ne connais pas.*

1. ... quelle est la capitale du Canada?
2. ... un bon restaurant marocain?
3. ... La Nouvelle-Orléans?
4. ... s'il y a un métro à Montréal?

5. ... si Kinshasa est la capitale de la RDC?
6. ... qui est le président de la République française?

© Anton Gvozdikov/Shutterstock.com

††† Activité **14** **Interaction**

Posez les questions suivantes à votre partenaire. Quand il/elle répond, posez au moins une autre question pour obtenir plus de détails.

1. D'habitude, tu passes tes vacances en famille ou avec des amis?
2. Est-ce que tu préfères les vacances d'été ou les vacances d'hiver? Pourquoi?
3. Qu'est-ce que tu aimes faire quand tu es en vacances?
4. Est-ce que tu connais un endroit idéal pour passer des vacances? Où?
5. Quelles sont les vacances de tes rêves?

© Andresr/Shutterstock.com

Thème *deux cent soixante-quinze* **275**

Comment organiser un voyage

CD2-26
Expressions utiles
Pour le voyageur

Je voudrais   aller à Grenoble.

flight

faire des réservations pour Dakar.
réserver une place sur un vol°
   pour Tahiti.
acheter un billet Québec–Paris.
partir le 10 décembre et revenir
   le 30.
voyager en classe économique / affaires.

Est-ce qu'il y a un autre vol (train) plus tard (tôt)?
Je peux enregistrer combien de bagages?
Il y a quelque chose de moins cher?

Pour l'agent de voyages

help you

Est-ce que je peux vous renseigner°?
Quand voulez-vous partir?

round-trip ticket
one-way ticket

Voulez-vous   un (billet) aller-retour°?
            un (billet) aller simple°?
Voulez-vous faire une réservation?

www.nouvelles-frontieres.fr

crédit Ph. Gloaguen

CD2-27
Écoutons ensemble! À l'agence de voyages

Vous travaillez comme agent de voyages. Prenez des notes sur ce que vos clients demandent.

Client(e)	Destination	Moyen de transport	Jour / date	Heure	Autres details
#1					
#2					

Activité 15 Chez l'agent de voyages

Complétez le dialogue en utilisant les expressions de la liste.

un aller-retour   bonjour   quelle   s'il vous plaît
un aller simple   partir   réserver   le vol
renseigner   plus tard   revenir

AGENT: _____ (1), monsieur. Est-ce que je peux vous _____ (2)?

CLIENT: Euh, oui, madame. Je voudrais _____ (3) une place sur _____ (4) Paris–Dakar.

AGENT: Quand désirez-vous _____ (5)?

CLIENT: Le 15 novembre.

AGENT: Il y a un vol direct Air France Paris–Dakar qui part d'Orly-Sud à 13h30.

CLIENT: Il y a un autre vol _____ (6)?

AGENT: Non, monsieur. Désirez-vous _____ (7) ou un aller-retour?

CLIENT: _____ (8). Je voudrais _____ (9) le 29 novembre.

AGENT: À _____ (10) heure voulez-vous revenir?

CLIENT: Le matin, _____ (11).

AGENT: Le vol de 10h10? Bien. Et voilà, la réservation est faite.

Activité 16 Je vous propose d'aller à...

Vous travaillez pour une agence de voyages. Vous voulez proposer un voyage sur mesure *(custom fit)* à votre client(e). Posez-lui des questions, puis faites vos recommandations: **Je vous propose de...**

Agent de voyages:	**Client(e):**
Vous recherchez la détente—la relaxation—ou des vacances actives?	Moi, j'ai envie de (je veux)...
Vous préférez les centres urbains ou la nature?	Moi, je préfère...
Quel(s) pays aimeriez-vous visiter?	J'aimerais visiter / connaître...
Quels sports ou activités vous intéressent?	J'aimerais apprendre à...
Vous voulez loger dans des hôtels de luxe ou voyager pour moins cher?	Cette destination a l'air intéressante parce que...

> **Les sports de plein air:** l'équitation, le tir à l'arc *(archery),* le tennis, le golf, le vélo, l'escalade
>
> **Les sports nautiques:** la plongée sous-marine, la plongée libre *(snorkeling),* la planche à voile, le surf, la voile, le ski nautique, la natation
>
> **La détente et la relaxation:** le yoga, l'aérobic, les massages, la thalasso *(spa treatments),* les balades *(walks)* en ville ou sur la plage
>
> **Les activités humanitaires:** préserver l'environnement (la forêt, la jungle, les fermes écologiques), s'occuper des animaux (de tortues marines *[sea turtles],* de singes *[monkeys],* d'oiseaux *[birds]*), donner des cours à des enfants, participer à la construction de bâtiments

Situations à jouer!

1 Jeu des capitales. Divide into teams and quiz each other on capitals of francophone countries.

ÉQUIPE A: Quelle est la capitale du Maroc?

ÉQUIPE B: La capitale du Maroc, c'est Rabat.

D'autres pays et régions francophones: la Belgique, la Côte d'Ivoire, la Martinique, la Suisse, le Canada

2 With a partner, act out the following scenes.
a. You and a friend have decided to plan a vacation together. Discuss what you would like to do on vacation and settle on a destination. Decide how and when you will travel.
b. You need reservations for a flight to the destination of your choice. The travel agent finds a seat available for the day and time you requested, but the ticket costs too much. Adjust your plans to get a less expensive ticket.

Lecture

Anticipation

In the following song, written by the popular singer / songwriter from the Ivory Coast Tiken Jah Fakoly, Tiken Jah speaks about the problems facing his country. Before reading the song's lyrics, think about the kinds of social problems that are most likely to be mentioned and check them off.

- poverty _____
- materialism _____
- religious intolerance _____
- fear of outsiders _____
- polygamy _____
- corruption _____
- AIDS **(le SIDA)** _____
- social division _____
- violence and war _____

Activité de lecture

As you read the lyrics, look for the themes you predicted. Find the equivalent French expressions.

Le pays va mal

1 [Refrain]
Le pays va mal
Mon pays va mal
Mon pays va mal
From bad to bad 5 De mal en mal°
Mon pays va mal

Avant on ne parlait pas de
    nordistes ni de sudistes
ruined Mais aujourd'hui tout est gâté°
10 L'armée est divisée
Les étudiants sont divisés
La société est divisée
Même nos mères au marché sont
    divisées
15 [Refrain]

Avant on ne parlait pas de
    chrétiens ni de musulmans
Mais aujourd'hui ils ont tout gâté
L'armée est divisée
20 Les étudiants sont divisés
La société est divisée
Même nos mères au marché sont
    divisées
We lack / solutions Nous manquons° de remèdes°
Ivory Coast identity, recently used to exclude others 25 Contre l'injustice, le tribalisme, la
    xénophobie
Après l'ivoirité°
Ils ont créé les ou les é o les é

[Refrain]
30 Djamana gnagamou'na[1]
Obafé kan'gnan djamana
    gnagamou he
Djamana gnagami'na lou ho
Obafé kan'gnan djamana gnagamou
35 Magô mi ba'fé kagnan djamana
    gnagamou
Allah ma'ho kili tchi'la
Djamana gnagamou'la lou ho
Djamana gnagamou'la
40 [Refrain]

[1]Le pays est dans la
    confusion

Ils veulent foutre le
    bordel° chez nous *cause chaos*

Que tous ceux° qui *those*
    veulent la perte
    de notre patrie

Soient châtiés par
    Dieu° *Be punished by God*

La confusion règne° *reigns*

C'est le sauve-qui-
    peut° général *every man for himself*

Compréhension et intégration

1. Tiken Jah parle principalement de quel problème social?
2. Quels deux groupes religieux ne peuvent pas vivre ensemble?
3. Est-ce qu'il pense trouver une solution?
4. Quels mots indiquent que les conditions dans son pays se dégradent?
5. Xénophobie veut dire *xenophobia*. Cela veut dire qu'on a peur de qui?
6. Pourquoi les dernières paroles de la chanson sont-elles dans la langue maternelle du chanteur?

Maintenant à vous!

1. Pensez à un autre chanteur «engagé» qui parle des problèmes dans son pays ou dans le monde. Qui est-ce? Qu'est-ce qu'il dit?
2. Est-ce que vous pensez que c'est le rôle des artistes d'exposer l'injustice et de dire la vérité?

Voix en direct (suite)

Go to **iLrn** to view a person from West Africa speaking about his linguistic and cultural identity.

Expression écrite

Présentation pour la classe d'un pays francophone

In groups of two or three, prepare an oral presentation on a francophone country of your choice. Research your topic using search engines such as google.fr and yahoo.fr and create a written product such as a poster or a travel brochure to accompany your presentation.

■ **Première étape:** Write down three facts about the country that you did not know before reading about it.

■ **Deuxième étape:** Write out three reasons why you would like to visit this country.

■ **Troisième étape:** What activities would you like to take part in? Write down three that sound interesting to you. Find out what is culturally interesting about the country and include this information.

■ **Quatrième étape:** Describe what the weather is like during various touristic seasons.

■ **Cinquième étape:** You now need to promote your choice to the class. Using your preparatory research, produce a brochure, a poster, or a PowerPoint presentation recommending this country to your classmates.

iLrn À vos marques, prêts, bloguez!

À la page 274, vous avez lu les commentaires d'Anne, de Bourama, de Béatrice et de Julien sur les vacances de leurs rêves. Relisez leurs remarques pour trouver des idées, puis écrivez un résumé, en français, sur vos vacances idéales. Où aimeriez-vous aller? En quelle saison? Qu'est-ce que vous aimeriez voir et faire?

La musique francophone

Avant de visionner

You will watch a video about Francophone music. The Francophone world has a rich musical tradition that has been exported to countries all over the world. In this video, you will learn about some of these different genres of music.

© criben

Khaled est un chanteur et compositeur de raï, une musique d'origine algérienne.

Quelques mots utiles

la banlieue	*suburb*	pas mal de	*quite a few*
la cornemuse	*bagpipes*	un(e) pauvre	*poor person*
grâce à	*thanks to*	produire	*to produce*
mettre l'accent sur	*to emphasize*	le sort	*lot; fate*
la musique folklorique	*folk music*	tzigane	*gypsy*

Étudiez la liste de vocabulaire. Ensuite, sélectionnez le mot qui correspond à chaque définition.

1. créer quelque chose
2. placer une importance particulière
3. personne qui a peu d'argent
4. zone urbaine à l'extérieur d'une ville
5. instrument celtique

a. mettre l'accent sur
b. la cornemuse
c. la banlieue
d. produire
e. un(e) pauvre

Pendant le visionnement

Quels genres?

Regardez la vidéo. Quels genres de musique sont mentionnés?

☐ la musique classique   ☐ le rap   ☐ le rock 'n roll
☐ le country   ☐ le zouk   ☐ la chanson
☐ le jazz   ☐ le blues   ☐ le mbalax

Associations

Écrivez le genre de musique qui correspond aux informations qui vous sont données ci-dessous.

1. Berlioz et Debussy
2. Django Reinhardt et Stéphane Grappelli
3. l'accordéon, la cornemuse
4. musique qui parle de la vie en banlieue
5. Jacques Brel et Édith Piaf

Après le visionnement

Avez-vous compris?

Répondez aux questions selon la vidéo.

1. Quel grand compositeur étranger a trouvé son inspiration en France?
2. Quelle est l'inspiration musicale de Django Reinhardt?
3. Quel genre de musique est devenu le rap français?
4. Quel genre de musique est typiquement français?
5. Quels sont trois genres de musique que les étudiants interviewés aiment?

Discutons!

Discutez des questions suivantes avec un(e) partenaire.

1. Quels genres de musique aimez-vous le plus? le moins? Quels genres de musique francophone vous intéressent le plus? Aimez-vous la musique francophone plus / moins / autant que la musique anglophone? Pourquoi?
2. Connaissez-vous le zouk et le raï? Qu'est-ce que vous savez de ces deux genres de musique? Pourquoi pensez-vous qu'ils sont si appréciés en France?
3. Quel pourrait être l'équivalent de la chanson française dans votre pays? Quels en sont les chanteurs les plus connus? Est-ce que vous aimez cette musique? Pourquoi ou pourquoi pas?
4. Quels sont les genres de musique américaine les plus populaires dans l'histoire? Lesquels ont eu le plus d'influence dans le monde? Comment voit-on cette influence en France?

© santamaradona

Réfléchissez et considérez

Concerts take place in various types of venues in France. Look at the image below. Where is this DJ working? How is the venue similar to or different from those you've seen or experienced?

La musique francophone

Share It! En vous basant sur ce que vous avez appris dans les *Perspectives culturelles,* quelles sont vos impressions de la musique francophone jusqu'à présent? Connaissez-vous d'autres genres de musique francophone? Si oui, quels sont-ils? Postez sur **Share It!** deux liens de vidéos musicales que vous avez trouvées en ligne. Ensuite, commentez les vidéos postées par vos camarades de classe.

Watch a video about **le gwoka,** a traditional music from Guadeloupe.

Use the **iLrn** platform for more grammar and vocabulary practice.

Using prepositions with geographical names
Les prépositions et la géographie

Talking about cities

The names of most cities are considered proper nouns and do not require definite articles.

J'adore Genève.	*I love Geneva.*
Où se trouve Bruxelles?	*Where is Brussels?*

A few cities have the definite article as a part of their name. Note that the articles are capitalized.

La Nouvelle-Orléans, Le Havre

If you wish to describe a city, it is preferable to use **la ville de...** with feminine adjectives.

La ville de Genève est très belle.   *Geneva is very pretty.*

Determining the gender of states, countries, and continents

Names of states, countries, and continents are, with a few exceptions, feminine if they end in **-e** and masculine if they end otherwise. Use the article **le (l')** with masculine names, **la (l')** with feminine names, and **les** for plural.

masculin	féminin	pluriel
le Canada	la Californie	les Antilles *(f)*
le Sénégal	la France	les États-Unis *(m)*
l'Irak	l'Europe	les Pays-Bas *(m)*

La France est le centre du monde francophone.	*France is the center of the French-speaking world.*
Le Canada et les États-Unis sont en Amérique du Nord.	*Canada and the United States are in North America.*

Note the following exceptions: **le Mexique, le Maine.**

Expressing movement *to* or *from* cities, countries, and states

When you wish to express movement *to*, *at*, or *in a place*, or *from a place*, the choice of the preposition varies as shown in the following chart.

	Cities	Countries, States, and Regions		
		Feminine or masculine beginning with a vowel	**Masculine beginning with a consonant**	**Plural**
to / at / in	à Paris	**en** Californie	**au** Sénégal	**aux** États-Unis
	à Londres	**en** Oregon	**au** Canada	
	à Bruxelles	**en** France		
		en Israël		
		en Amérique du Sud		
		en Provence		

from	de Los Angeles	de Californie	du Portugal	des Pays-Bas
	de Madrid	d'Oregon	du Chili	
	de Montréal	de France	du Kansas	
		d'Israël		
		d'Amérique du Sud		
		de Provence		

- **to, at, in**

Nous arrivons à Montréal.	*We're arriving in (at) Montreal.*
Nous allons en Allemagne à Noël.	*We are going to Germany at Christmas (time).*
Marc voyage aux Pays-Bas.	*Marc is traveling to the Netherlands.*

- **from**

Il arrive d'Athènes.	*He is arriving from Athens.*
Nous partons du Canada.	*We are leaving from Canada.*
Ses parents sont des Antilles.	*Her/His parents are from the Antilles.*

The pattern for states is less fixed. Feminine names follow the preceding pattern (**en, de**). However, for masculine names, **dans le** is generally preferred in place of **au**.

Il travaille **dans le** Maryland.	*He works in Maryland.*
Nous habitons **en** Californie.	*We live in California.*

Using cardinal directions: north, south, east, and west

In locating places on a map, it is often useful to refer to the compass directions.

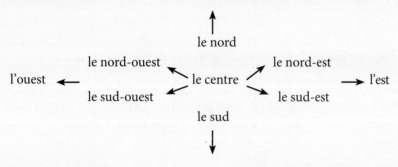

Il habite dans le nord.	*He lives in the North.*
Le sud de la France a un climat doux.	*Southern France has a mild climate.*
Lubumbashi est au sud-est **de** Kinshasa.	*Lubumbashi is southeast of Kinshasa.*
Andorre est au sud **de la** France.	*Andorra is south of France.*
Le Laos est à l'ouest **du** Viêt Nam.	*Laos is west of Vietnam.*
Le Canada est au nord **des** États-Unis.	*Canada is north of the United States.*

Exercice 1 Vous donnez une petite leçon de géographie à votre classe de français. Complétez les phrases avec les informations appropriées.

1. _____ est la capitale du Canada.

2. _____ se trouvent au sud du Canada.

3. La province francophone qui se trouve dans l'est du Canada s'appelle _____.

4. _____ est une île à l'est du Canada qui appartient à la France.

5. _____ est la province qui se trouve entre le Saskatchewan et l'Ontario.

6. L'Alaska se trouve _____ Canada.

7. _____ est un état américain près du Nouveau-Brunswick, à l'est.

Exercice 2 Vous travaillez comme réceptionniste dans une agence internationale qui donne des renseignements aux jeunes qui désirent étudier à l'étranger. Expliquez d'où les étudiants viennent et où ils voudraient faire leurs études. Complétez les phrases suivantes avec les prépositions et les articles qui conviennent.

1. Maïmouna vient _____ Côte d'Ivoire. Elle veut faire ses études _____ France.

2. Heinrich vient _____ Allemagne. Il veut faire ses études _____ Genève.

3. José vient _____ Brésil. Il veut faire ses études _____ Mexique.

4. Mishiku vient _____ Japon. Elle veut faire ses études _____ États-Unis.

5. Ilke vient _____ Amsterdam. Elle veut faire ses études _____ Bruxelles.

6. Paolo vient _____ Italie. Il veut faire ses études _____ Canada.

Exercice 3 Vous êtes avec un groupe d'étudiants internationaux qui parlent de leurs situations. Complétez les phrases avec les prépositions et les articles qui conviennent.

1. Je m'appelle Tran. Je suis vietnamien. J'habite _____ Chicago avec mes parents depuis dix ans. Mes grands-parents sont toujours _____ Viêt Nam. Ils habitent dans un petit village au nord _____ Hô Chi Minh-Ville. Nous, nous aimons beaucoup _____ États-Unis mais je voudrais aller voir mes grands-parents.

2. Je suis Abadou et je viens _____ Sénégal. Je fais mes études ici _____ Caroline du Nord mais je compte retourner _____ Dakar pour travailler. Avant de partir, j'aimerais aller _____ Canada parce que là, comme _____ Sénégal, le français est une langue officielle.

3. Je m'appelle Sophie et je suis _____ Luxembourg, la capitale _____ Luxembourg, un petit pays juste au nord-est _____ France, entre _____ France et _____ Belgique. _____ Luxembourg, on parle français.

Structure 9.2

Avoiding the repetition of place names *Le pronom y*

Pronouns are used to avoid repeating nouns. The pronoun **y** is used to replace phrases that begin with a variety of prepositions such as **à, chez, dans, sur,** and **en** (but *not* **de**). When the prepositional phrase names a location, **y** is roughly the equivalent of the English *there.*

— Mousassa est **en Afrique?**	— *Is Mousassa in Africa?*
— Oui, il **y** est.	— *Yes, he is **there**.*
— Ton ami arrive **à l'aéroport Orly-Ouest?**	— *Is your friend arriving at Orly-West?*
— Oui, il **y** arrive.	— *Yes, he is arriving **there**.*
— Tu vas **chez tes parents** pour Noël?	— *Are you going to your parents' house for Christmas?*
— Non, je n'**y** vais pas.	— *No, I'm not going **(there)**.*

Y can also replace prepositional phrases if these do not include a person.

— Est-ce que Pascal pense **à son voyage?**	— *Is Pascal thinking about his trip?*
— Oui, il **y** pense.	— *Yes, he is thinking about **it**.*
— L'agent de voyages répond **à la** question?	— *Is the travel agent answering the question?*
— Oui, il **y** répond.	— *Yes, he's answering **it**.*

BUT

— Est-ce que tu penses **à ta mère**? — *Are you thinking about your mother?*
— Oui, je pense **à elle**. — *Yes, I'm thinking about her (a person).*

Placing *y* in sentences

Place the pronoun **y** in sentences according to these guidelines:

1. In *simple tenses*, **y** goes before the conjugated verb.

J'**y** vais. *I'm going (there).*
Tu n'**y** vas pas. *You are not going there.*

2. In the **futur proche** and two-verb sentences, **y** goes between the conjugated verb and the infinitive.

Nous allons **y** aller. *We are going to go there.*
Je voudrais **y** aller. *I would like to go there.*

3. In the **passé composé**, **y** goes before the auxiliary.

Nous **y** sommes allés. *We went there.*
Elle **y** a répondu. *She answered it.*

4. One of the most frequent uses of **y** is in the combination: **il y en a,** where **y** precedes the pronoun **en.**

— Est-ce qu'**il y a** des touristes ici? — *Are there tourists here?*
—Oui, **il y en a.** — *Yes there are.*

- -

Exercice 4 Choisissez, pour chaque phrase, un antécédent logique du pronom **y.** Il y a plusieurs réponses possibles.

Modèle: J'y vais. Réponses possibles: *y = a, b, d*

Phrases: **Antécédents possibles:**
1. Elle y est. **a.** dans le train
2. Vous n'y habitez pas. **b.** en Louisiane
3. Tu vas y réfléchir. **c.** à la situation économique
4. Nous y allons à pied. **d.** chez Nambé
  e. à la possibilité de voyager en train

Exercice 5 Répondez logiquement aux questions.

Modèle: Y a-t-il des déserts au Maroc?
Oui, il y en a.

1. Est-ce qu'il y a des plages à Tahiti?
2. Y a-t-il des montagnes en France?
3. Il y a des ports au Sénégal?
4. Est-ce qu'il y a quatre saisons au Canada?
5. Y a-t-il quatre saisons en RDC?
6. Est-ce qu'il y a des forêts tropicales au Luxembourg?

Exercice 6 Cette conversation n'est pas très naturelle parce qu'il y a beaucoup de répétitions. Récrivez les phrases numérotées en utilisant le pronom **y** pour éviter la répétition des mots en italique.

HAKIM: Je vais au parc. (1) Tu veux aller *au parc* avec moi?

SERGE: (2) Euh, je ne peux pas aller *au parc* parce que je dois aller à l'université.

HAKIM: À l'université? (3) Pourquoi est-ce que tu vas *à l'université* aujourd'hui? C'est samedi après-midi.

SERGE: (4) Eh bien, normalement je ne vais pas *à l'université* le samedi après-midi, mais j'ai un examen important lundi. Je préfère étudier à la bibliothèque.

HAKIM: (5) À quelle heure est-ce que tu vas *à la bibliothèque*?

SERGE: Vers deux heures.

HAKIM: Oh là là, tu penses trop à tes notes.

SERGE: (6) Non, je ne pense pas trop *à mes notes*. (7) Il faut que je pense *à mes notes* si je veux devenir médecin.

HAKIM: D'accord. Étudie bien alors!

SERGE: Merci. Et toi, amuse-toi bien *(have fun)* au parc!

Structure 9.3

Comparing quantities and performance and singling out exceptional features *Le comparatif (suite) et le superlatif*

Comparing performance

When you compare how well, slowly, or quietly two actions take place, you are comparing adverbs. Adverb comparisons are patterned after those you learned for adjectives.

	plus			
verbe	moins	+	adverbe	+ que
	aussi			

Les gorilles du Congo disparaissent **plus rapidement qu'**avant à cause des braconniers.

Ma sœur parle **moins vite** que moi.

Céline Dion chante **aussi fort que** Barbra Streisand.

The gorillas of the Congo are disappearing more rapidly now because of poachers.

My sister speaks less quickly than I do.

Céline Dion sings as loudly as Barbra Streisand.

Making comparisons with irregular adverbs

The adverb **bien** has the following irregular comparative forms.

+ bien → mieux
= bien → aussi bien
– bien → moins bien (pire)

Michel joue **moins bien que** les autres.

Il ne sait pas lire **aussi bien** que sa sœur.

Ce groupe chante **mieux** que l'autre.

Michel plays less well than the others.

He can't read as well as his sister.

This group sings better than the other one.

Comparing quantities

To compare quantities, use the following pattern:

$$\left.\begin{array}{l} \text{plus} \\ \text{moins} \\ \text{autant} \end{array}\right\} \quad \text{de + nom + que}$$

Le Canada a **moins d'habitants que** les États-Unis.	*Canada has fewer inhabitants than the United States.*
Le Sénégal n'a pas **autant de flore et de faune que** dans le passé.	*Senegal doesn't have as much flora and fauna as in the past.*

Speaking in superlatives: the biggest, the most, the least . . .

The superlative is used for expressing extremes and for singling out an item in a group. Superlatives are formed using the following pattern:

$$\left.\begin{array}{l} \text{le} \\ \text{la} \\ \text{les} \end{array}\right\} + \left.\begin{array}{l} \text{plus} \\ \text{moins} \end{array}\right\} + \text{adjectif} + \text{(de)}$$

Le Congo est **le plus grand** fleuve **d'**Afrique.	*The Congo is the biggest river in Africa.*

Note that **de** after a superlative in French may be translated as *in* or *of* in English.

Using irregular superlatives

Bon and **mauvais** have irregular superlative forms similar to their forms in the comparative.

C'est une bonne idée. En fait, c'est **la meilleure** idée.	*It's a good idea. Actually, it's the best idea.*
Tu as choisi **le pire** moment pour me dire cela.	*You picked the worst moment to tell me that.*
C'est **son meilleur** album.	*It's his best album.*

Placing superlatives in sentences

Remember that a small group of adjectives precede the noun (**bon, mauvais, petit, grand...**) and all others follow. Adjectives in superlative sentences follow the same placement patterns.

- Adjectives that normally precede the noun require only one article in the superlative.

C'est **la plus longue route** pour aller à la capitale.	*It's the longest route to the capital.*
Le Kilimandjaro est **la plus grande montagne d'**Afrique.	*Kilimanjaro is the tallest mountain in Africa.*

- Adjectives that normally follow the noun maintain this position in the superlative. In this case, the definite article is repeated in the superlative construction.

C'est la décision **la plus importante** de ma vie.	*It's the most important decision of my life.*
Elle a choisi **la solution la moins difficile.**	*She chose the least difficult solution.*

- Before adverbs, the definite article **le** is invariable.

Parmi les membres de son groupe, Amina chante **le moins bien** mais elle joue **le mieux.**	*Among the members of her group, Amina sings the worst, but she plays the best.*

Exercice 7 Des étudiants étrangers à l'université de Montréal ont le mal du pays *(are homesick)*. Ils disent que tout est mieux chez eux. Complétez leurs phrases selon le modèle.

> **Modèle:** Chez moi, il y *a moins de* stress qu'ici.

1. Chez moi, au Maroc, il y a _____ jours froids qu'ici.
2. Chez nous en RDC, on a _____ bons musiciens.
3. En Guadeloupe, nous avons _____ temps pour nos amis.
4. Il n'y a pas _____ (=) bons clubs ici que chez nous.
5. Chez nous, on joue _____ au foot!
6. Les gens dansent _____ ici au Canada que chez nous au Sénégal.

Exercice 8

A. Ces étudiants étrangers au Canada se vantent *(brag)* au sujet de leurs pays d'origine. Reliez les éléments des deux colonnes pour former des phrases logiques au superlatif.

1. Chez nous en France, on a _____.
2. Chez nous en RDC, on a _____.
3. Chez nous en Algérie, on a _____.
4. Chez nous au Brésil, on a _____.
5. Chez nous en Guadeloupe, on a _____.
6. Chez nous au Texas, on a _____.

a. les plages les plus agréables du monde!
b. les gens les plus sympathiques du monde!
c. les chanteurs de samba les plus talentueux de l'univers!
d. la plus grande quantité de diamants commerciaux du monde.
e. les meilleurs chanteurs de raï du monde.
f. la meilleure cuisine du monde.

B. Sébastien, un étudiant canadien, veut défendre le Canada, son propre pays. Créez ses phrases au superlatif à l'aide des éléments donnés.

1. Chez nous au Canada, on a _____. (joueurs de hockey / bon)
2. Ici au Québec, on a Céline Dion. C'est _____. (chanteuse francophone / connue)
3. Et nous avons _____. (le sirop d'érable *[maple syrup]* / délicieux) J'adore ça.

Exercice 9 Testez votre connaissance des pays francophones en complétant les phrases suivantes. Utilisez le comparatif et le superlatif.

1. Les Belges mangent _____ pommes de terre que les Algériens, mais les Français en mangent _____ que les Belges.
2. Un Marocain typique parle _____ bien le français que l'arabe.
3. Dans beaucoup de pays africains, la famille étendue *(extended)* est très importante. En effet, c'est la valeur _____ importante de toutes. Dans les pays industrialisés, il y a _____ familles nucléaires et de familles recomposées.
4. Le Mont Kenya, à 5 200 mètres, est moins élevé que le Kilimandjaro, qui est la montagne _____ élevée d'Afrique.
5. Un Québécois typique aime _____ parler le français que l'anglais.
6. Il y a _____ musulmans que de catholiques au Sénégal.
7. Les Québécois aiment les cafés _____ que les Français.

Making recommendations *Il faut, il vaut mieux* + *infinitif*

The impersonal expression **il faut** followed by the infinitive expresses necessity or obligation, and is generally interchangeable with the expression **il est nécessaire de**. **Il vaut mieux,** which expresses what one should do, is frequently used for giving advice.

Il faut acheter les billets d'avion à l'avance pour avoir un bon prix.	*You have to buy airplane tickets in advance to get a good price.*
Il vaut mieux réserver une chambre d'hôtel.	*It's better (a good idea) to reserve a hotel room.*

To express what one shouldn't or mustn't do, use **il ne faut pas.**

Il ne faut pas fumer dans l'avion.	*You mustn't smoke on the plane.*

Exercice 10 Complétez les phrases avec **il faut, il ne faut pas** ou **il vaut mieux** et un des verbes de la liste. Attention, quelques phrases sont négatives.

aller	apporter	faire	parler	porter	prendre

1. Pour aller de Paris à Marseille en train, _____ le TGV (train à grande vitesse).
2. Si vous voulez trouver les meilleurs prix pour les billets d'avion ou de train, _____ votre réservation en ligne.
3. Si vous n'aimez pas les foules *(crowds)*, _____ en France en août.
4. Pour bien connaître un pays et ses habitants, _____ leur langue.
5. Si vous allez au Canada, _____ votre passeport.
6. _____ un casque *(helmet)* quand on roule en motocyclette.

Talking about what you know or what you know how to do as opposed to your familiarity with places and people *Savoir et connaître*

In French, *to know* is expressed by either the verb **savoir** or the verb **connaître,** depending on the context.

Using *savoir* and *connaître*

The verb **savoir** is used for knowing information, facts, or how to do something.

savoir *(to know facts, to know how to)*	
je **sais**	nous **savons**
tu **sais**	vous **savez**
il/elle/on **sait**	ils/elles **savent**

passé composé: **j'ai su**

connaître *(to know/be familiar with)*	
je **connais**	nous **connaissons**
tu **connais**	vous **connaissez**
il/elle/on **connaît**	ils/elles **connaissent**

passé composé: **j'ai connu**

Nous savons que le Sénégal est un pays francophone.	*We know that Senegal is a francophone country.*
Il sait faire du ski.	*He knows how to ski.*
Elle savait la réponse.	*She knew the answer.*

The **tu** and **vous** forms of **savoir** can be used as conversational fillers similar to *you (ya) know* in English.

Il aime voyager, vous savez.	*He likes to travel, you know.*
Mais, tu sais, il déteste prendre l'avion.	*But, you know, he hates to take planes.*

Connaître means *to know,* in the sense of being acquainted or familiar with something or someone.

Nous connaissons Montréal.	*We're familiar with Montreal.*
Vous connaissez les Dubois.	*You're acquainted with the Dubois family.*
Je ne connaissais pas ce parc.	*I wasn't familiar with that park.*

J'ai connu means *I met* or *I made the acquaintance of.*

Il a connu sa femme en 1999.	*He met his wife in 1999.*

Structural hint for determining whether to use *connaître* or *savoir*

Savoir can be followed by a clause introduced by **si, que, quel(le), comment,** and so forth. **Connaître** cannot. It can only be followed by a noun or a pronoun.

Je sais que tu m'attends.	*I know that you're waiting for me.*
Tu connais cette chanson?	*Do you know (Are you familiar with) this song?*

Exercice 11 Écrivez trois phrases logiques pour chaque situation en combinant les éléments donnés.

> **Modèle:** Le Club Med a un village superbe à la Martinique!
>
> | Tu sais | s'il fait beau à la Martinique en hiver? |
> |---|---|
> | Tu connais | où ça se trouve, non? |
> | | la Martinique? |
>
> *Tu sais où ça se trouve, non?*
> *Tu connais la Martinique?*
> *Tu sais s'il fait beau à la Martinique en hiver?*

1. Je viens de recevoir une carte postale de mon cousin Paul.

Tu sais	Paul, n'est-ce pas?
Tu connais	que Paul est en Égypte, n'est-ce pas?
	quand il pense revenir?

2. L'agent de voyages va téléphoner.

Elle sait	que nous préférons un billet moins cher.
Elle connaît	bien la Suisse.
	trouver les meilleurs prix.

3. Les vacances arrivent bientôt.

Vous savez	que moi, je suis très impatiente.
Vous connaissez	les meilleurs centres de vacances.
	la date de mon départ?

4. Nous cherchons un bon hôtel pas cher.

Nous savons	le numéro de téléphone de l'Hôtel d'Or.
Nous connaissons	où se trouve l'Hôtel Roc.
	tous les hôtels de la région.

5. Rome. Quelle ville magnifique!

Sais-tu	les catacombes?
Connais-tu	parler italien?
	une bonne pizzeria?

Exercice 12 Tout le monde aime parler des vacances. Complétez ces bribes de conversation avec les formes appropriées de **savoir** ou de **connaître**.

1. Je _____ bien ma tante. Elle ne va pas passer ses vacances à la plage parce qu'elle (ne... pas) _____ nager.

2. — _____-vous le Louvre?

   — Oui, c'est un musée d'art.

   — _____-vous exactement comment y aller?

   — Pas exactement, mais je _____ que vous pouvez vous renseigner en consultant un guide.

3. Pendant les vacances, nous allons en Suisse. _____-tu Neuchâtel?

   C'est une petite ville adorable sur un lac magnifique. Tu _____, nous préférons les petites villes... Nos amis y _____ un hôtel qui est extraordinaire. Et c'est là que nous allons passer deux semaines.

4. Tu _____ Brian? Je l'_____ quand j'étais au lycée.

   À cette époque-là, il ne _____ pas jouer de la guitare. Maintenant il est dans un groupe de rock que tout le monde (*everyone*) _____ .

Tout ensemble!

Complétez le passage suivant sur les projets de voyage de Rémi. Choisissez des mots de la liste. Conjuguez les verbes si nécessaire.

à	climat	francophone	projets
agence de voyages	connaître	frontières	savoir
au	de	il faut	sèche
aussi	désert	océan	tour
classe touriste	en	plus	vol

Cet hiver, il fait très froid _____ (1) Montréal et Rémi rêve de soleil. En effet, il fait des _____ (2) pour un voyage d'été, un _____ (3) du monde! Ce week-end, il va à l'_____ (4) appelée «À l'aventure» pour se renseigner (*to get information*). D'abord, il veut réserver un _____ (5) Montréal–Paris. Il préfère voyager en _____ (6), car il n'a pas beaucoup d'argent. _____ (7) Paris, il va aller en Land Rover _____ (8) Maroc où il veut visiter Fès et Marrakech. Rémi a déjà visité l'Europe plusieurs fois, mais il ne _____ (9) pas l'Afrique et il ne _____ (10) pas parler arabe. Mais il peut toujours utiliser son français parce que c'est un pays _____ (11). Il doit acheter beaucoup de provisions car il va traverser le Sahara. C'est le _____ (12) grand _____ (13) du monde!

Le _____ (14) du Sahara est si chaud qu'il faut prendre beaucoup de précautions. Ce n'est pas _____ (15) facile d'aller d'un pays à un autre en Afrique qu(e) _____ (16) Europe. _____ (17) avoir des visas pour traverser les _____ (18). Rémi espère arriver en Afrique équatoriale avant la fin de la saison _____ (19) car les routes deviennent impraticables sous la pluie. D'Afrique du Sud, Rémi va traverser l'_____ (20) en bateau pour aller au Brésil. Quel voyage!

Complete the diagnostic tests in **iLrn** to test your knowledge of the grammar and vocabulary in this chapter.

Vocabulaire fondamental

Noms

La géographie / *Geography*

une côte	*a coast*
un désert	*a desert*
un endroit	*a place*
l'est *(m)*	*east*
un état	*a state*
un fleuve	*a river (major)*
une forêt (vierge)	*a (virgin) forest*
une frontière	*a border*
une île	*an island*
un lac	*a lake*
une mer	*a sea*
le nord	*north*
un océan	*an ocean*
un oiseau (des oiseaux)	*a bird*
l'ouest *(m)*	*west*
un pays	*a country*
une plage	*a beach*
le sud	*south*

Mots apparentés: une capitale, un centre, un continent, un port, une région, un village

Les moyens de transport / *Modes of transportation*

un autobus, un autocar	*a bus*
un avion	*an airplane*
un bateau	*a boat*
une gare	*a train station*
un métro	*a subway*
une motocyclette (une moto, *fam*)	*a motorcycle*
un TGV (train à grande vitesse)	*a high-speed train*
les transports en commun *(m pl)*	*public transportation*

Mots apparentés: un taxi, un train

Le tourisme / *Tourism*

une agence de voyages	*a travel agency*
un agent de voyages	*a travel agent*
un bagage	*a suitcase*
un billet	*a ticket*
un (billet) aller-retour	*a round-trip ticket*
un (billet) aller simple	*a one-way ticket*
une carte postale	*a postcard*
les (grandes) vacances *(f pl)*	*(summer) vacation*
des renseignements *(m pl)*	*information*
une réservation	*a reservation*
un vol	*a flight*

Verbes

connaître	*to know, to be acquainted (familiar) with*
continuer	*to continue*
faire des projets	*to make plans*
faire le tour du monde	*to travel around the world*
faire ses bagages	*to pack one's suitcases*
penser à	*to think about*
renseigner	*to give information to*
savoir	*to know (information); to know how*
se trouver	*to be located*
visiter	*to visit (a place)*

Adjectifs

ancien(ne)	*former, old*
autre	*other*

Mots apparentés: exceptionnel(le), extraordinaire, idéal(e), magnifique, rapide, tropical(e)

Mots divers

autant	*as many*
il faut	*it is necessary, one must*
il vaut mieux	*it is better to, you should*
mieux	*better*
les musiques du monde *(f pl)*	*world music*
pire	*worse*

Expressions utiles

Comment comparer / *How to compare*
(See page 268 for additional expressions.)

Ça n'a rien à voir. *(expression idiomatique)*	*It's a completely different thing.*
Est-ce que Paris a autant de diversité ethnique que New York?	*Does Paris have as much ethnic diversity as New York?*
Le Canada a plus d'écoles bilingues que la Belgique.	*Canada has more bilingual schools than Belgium.*
Quel chanteur tu aimes le mieux?	*What singer do you like the best?*

Comment organiser un voyage / *How to organize a trip*
(See page 276 for additional expressions.)

Je voudrais réserver une place sur un vol pour Grenoble.	*I would like to reserve a seat on a flight to Grenoble.*
Préférez-vous voyager en classe touriste (classe affaires, première classe)?	*Do you prefer to travel in coach (business class, first class)?*
Voulez-vous un billet aller-retour ou un aller simple?	*Do you want a round-trip ticket or a one-way ticket?*

Noms

La géographie	*Geography*
une chute d'eau	*a waterfall*
un départment (d'outre mer)	*a(n) (overseas) political unit within the French Republic*
un(e) habitant(e)	*an inhabitant*
un(e) Maghrébin(e)	*North African or individual of North African heritage*
la savane	*the savannah*

Mots apparentés: une colonie, une destination, la diversité, l'équateur *(m),* une province, un volcan

Les activités de vacances	*Vacation activities*
une balade	*a stroll, casual walk*
la détente	*relaxation*
l'équitation *(f)*	*horseback riding*
la plongée libre	*snorkeling*
la plongée sous-marine	*scuba diving*
le ski nautique	*water skiing*
le tir à l'arc	*archery*
la voile	*sailing*

Mots apparentés: l'aérobic *(f),* le canoë, le golf, le rafting, le surf

Verbes

faire un tour	*to go on a ride*
se dépayser	*to have a change of scenery*

Mots divers

une croisière	*a cruise*
le dépaysement	*change of scenery*
le goût	*taste*
un rêve	*a dream*
si	*if*
un singe	*a monkey*
une tortue	*a tortoise*
y	*there, about it*

Mots apparentés: une brochure, un casino, un éléphant, une girafe, un gorille, un lion, la population, la religion

Les musiques du monde et la Francophonie	*World music and the francophone world*
un(e) fan *(fam)*	*a fan*
le raï	*raï music (popular musical genre from North Africa)*
un tube *(fam)*	*a hit (popular song)*
le zouk	*zouk (popular musical genre from the French West Indies)*

Adjectifs

élevé(e)	*high*
francophone	*French-speaking*

Mots apparentés: authentique, commercial(e), compatible, officiel(le), vaste

Ce couple aime préparer la cuisine ensemble. Bon appétit!

La maison et la routine quotidienne

In this chapter, you will focus on everyday life within the context of the home: your house, daily routine, and household chores. You will see how concerns about the environment are affecting people's daily lives and how some families share household chores. You will also learn some common expressions for congratulating, wishing people well, making requests of others, and complaining.

Ressources
🔊) Audio ▶ Video (iLrn ilrn.heinle.com
🌐 www.cengagebrain.com

La vie de tous les jours

Structure 10.1

Describing your daily routine *Les verbes pronominaux (suite)*

As a follow-up to the brief introduction to reflexive verbs in **Module 4,** this **thème** allows you to describe your daily routine in greater detail. See page 313 for more information on **verbes pronominaux.**

Structure 10.2

Describing what you did yesterday *Les verbes pronominaux au passé composé*

To talk about what you did yesterday, you will use the **passé composé** of pronominal verbs. See page 314 for an explanation.

À Paris, l'expression «métro, boulot (travail, *fam*), dodo (sleep, *fam*)» décrit la nature parfois monotone de la routine de tous les jours. Est-ce que cette expression décrit la réalité de nombreuses personnes là où vous habitez? Et votre vie quotidienne? Connaissez-vous une expression similaire en anglais?

Activité 1 Une journée typique

Votre professeur va décrire la journée typique de Chantal. Suivez la description en regardant les images de la présentation à la page 295. Ensuite, indiquez si la phrase est vraie ou fausse. Corrigez les phrases fausses.

1. Chantal se réveille à six heures du matin.
2. Elle prend une douche le matin.
3. Elle s'habille avant de prendre une douche.
4. Après les cours, elle étudie à la bibliothèque.
5. Elle rentre chez elle vers 18h30.
6. Elle dîne au restaurant universitaire.
7. Avant de se coucher, elle se lave les cheveux.
8. Elle s'endort vers 1h.

Notez et analysez

The boldfaced forms on page 295 are examples of pronominal verbs, similar to those you saw in **Module 4.** What is the French equivalents for *I wash my hair* and *I wash my face*? What takes the place of *my* in French?

La routine quotidienne en images: une journée typique de Chantal

Eh ben, d'habitude le matin, **je me reveille** à huit heures et j'écoute la radio pendant quelques minutes.

Ensuite, je **me lève** et je me fais du café.

Je me douche—je me lave toujours **les cheveux**—...

et **je m'habille.**

Après le petit déjeuner, **je me brosse les dents** et **je me maquille.**

Je pars pour le fac.

J'ai cours et j'étudie toute la journée.

L'après-midi, je retrouve souvent mes amis au café et nous bavardons en général jusqu'à six heures.

Je rentre chez moi vers six heures et demie.

Le soir, je prépare quelque chose à manger et je regarde les informations à la télé. Après je vais sur le Net ou je lis un magazine.

Avant de **me coucher, je me lave la figure.**

Je **m'endors** vers minuit. Quelle vie tranquille, n'est-ce pas?

Activité 2 La routine de Chantal (suite)

Répondez aux questions suivantes posées par votre professeur en regardant la page 295.

1. À quelle heure est-ce que Chantal se réveille?
2. Est-ce qu'elle se lève immédiatement?
3. Qu'est-ce qu'elle fait avant de prendre le petit déjeuner?
4. Qu'est-ce qu'elle fait avant de partir?
5. Où va-t-elle l'après-midi?
6. Comment est-ce qu'elle passe ses soirées?

Activité 3 Les moments de la vie

Dites si vous faites les activités suivantes le matin, l'après-midi ou le soir.

> **Modèle:** préparer quelque chose à manger
> *Je prépare quelque chose à manger le soir.*

1. préparer du café
2. se maquiller ou se raser
3. se doucher
4. s'endormir
5. se brosser les dents
6. faire du jogging ou du sport
7. se laver les cheveux
8. aller à la gym

Une journée pas comme les autres pour Chantal

Dimanche dernier, je suis allée chez des amis et **nous nous sommes** bien **amusés.**

Je suis rentrée chez moi à trois heures du matin.

Alors, **je me suis couchée** très tard et j'ai fait la grasse matinée jusqu'à une heure de l'après-midi!

Quand je **me suis** finalement **levée,** je n'ai pas eu le temps de **me doucher.** J'ai dû **me dépêcher** car j'avais rendez-vous chez le dentiste.

J'y suis arrivée une demi-heure en retard et, malheureusement, c'était trop tard pour mon rendez-vous.

Très énervée, j'ai pris le métro pour rentrer chez moi.

En route, **je me suis endormie** et j'ai manqué ma station.

Quelle journée difficile!

Notez et analysez

Locate all the verbs in the **passé composé** and note the auxiliary verb. Which auxiliary is used with the boldfaced pronominal verbs, **avoir** or **être**? In these examples, what does the past participle agree with?

Activité 4 Une journée pas comme les autres

A. Votre professeur va décrire la journée difficile que Chantal a eue lundi dernier. Suivez la description en regardant les images de la présentation à la page 296. Ensuite, indiquez si chaque phrase est vraie ou fausse. Corrigez les phrases fausses.

1. Chantal a travaillé jusqu'à deux heures du matin.
2. Elle s'est réveillée tôt le matin.
3. Elle a pris sa douche.
4. Elle s'est dépêchée pour aller chez le dentiste.
5. Elle a manqué son rendez-vous.
6. Elle s'est endormie chez le dentiste.

B. Répondez aux questions suivantes.

1. Avec qui est-ce que Chantal s'est amusée dimanche dernier?
2. À quelle heure est-elle rentrée chez elle?
3. Est-ce qu'elle s'est réveillée de bonne heure?
4. Qu'est-ce qu'elle n'a pas eu le temps de faire?
5. Elle s'est dépêchée pour aller où?
6. Pourquoi a-t-elle manqué sa station de métro?

Activité 5 Ma journée d'hier

Parlez de vos activités d'hier.

1. Je me suis réveillé(e) à…
2. Je me suis levé(e) à…
3. Avant de partir de chez moi, j'ai / je me suis…
4. Hier après-midi, j(e)…
5. Hier soir, j(e)…
6. Je me suis couché(e) à…

Activité 6 Comparez vos routines!

Mettez-vous avec deux ou trois autres étudiant(e)s et posez-vous des questions pour identifier la personne qui…

a. se réveille le plus tôt.
b. passe le plus de temps à faire sa toilette: se raser, se maquiller, se coiffer, etc.
c. se couche le plus tard.
d. va à la gym.
e. travaille le plus.
f. s'endort parfois en classe.

> **Modèle:** *À quelle heure est-ce que tu te réveilles? Tu te sèches les cheveux? Combien de temps est-ce que tu passes à te sécher les cheveux?*

Activité 7 Les objets de tous les jours

Se servir de *(to use)* est une expression utile. On se sert de ces choses pour faire quelles activités? Dites si vous vous êtes servi(e) de ces objets aujourd'hui.

> **Modèle:** un sèche-cheveux
> *On se sert d'un sèche-cheveux pour se sécher les cheveux.*
> *Moi, je me suis servi(e) d'un sèche-cheveux ce matin.*

1. une brosse à dents
2. un rasoir électrique
3. du rouge à lèvres
4. du shampooing
5. un réveil
6. une serviette *(towel)*
7. des vêtements
8. une brosse

© Cengage Learning

La maison, les pièces et les meubles

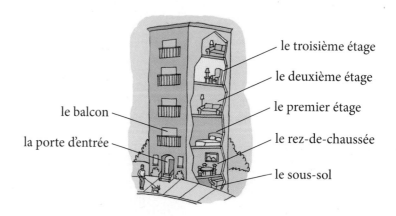

le troisième étage

le deuxième étage

le premier étage

le rez-de-chaussée

le sous-sol

le balcon

la porte d'entrée

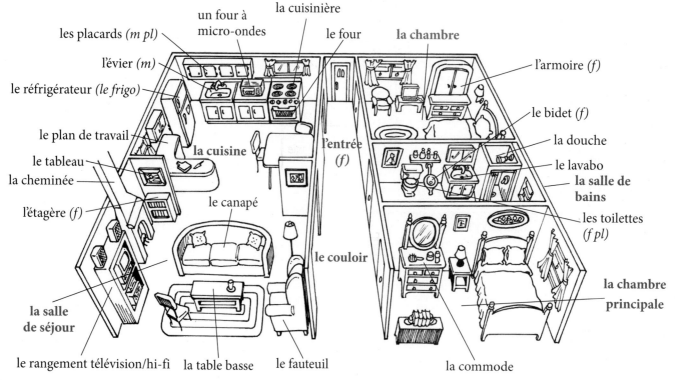

un four à micro-ondes

la cuisinière

le four

la chambre

les placards *(m pl)*

l'évier *(m)*

le réfrigérateur *(le frigo)*

le plan de travail

le tableau

la cheminée

l'étagère *(f)*

la cuisine

l'entrée *(f)*

le canapé

le couloir

la salle de séjour

le rangement télévision/hi-fi

la table basse

le fauteuil

la commode

l'armoire *(f)*

le bidet *(f)*

la douche

le lavabo

la salle de bains

les toilettes *(f pl)*

la chambre principale

Credits: © Cengage Learning

Réfléchissez et considérez

In France, the first floor of a building is called **le rez-de-chaussée** while the second floor is **le premier étage**. Following that system of numbering floors, what would be the equivalent of the 5th floor?

    Apartments and houses are often referred to by the number of rooms they have. The kitchen and bath are normally not counted. Would the apartment floor plan pictured here be **un deux-pièces (T-2)** or **un trois-pièces (T-3)**? Other typical living arrangements include **un studio / une studette** (one room) or **un loft**. How would you describe your living space in French?

Dans quelle pièce?

Où est-ce que…

1. vous faites vos devoirs?
2. vous faites la cuisine?
3. vous regardez la télé?
4. vous dormez?
5. vous écoutez votre iPod?

6. vous allez sur Facebook?
7. vous vous lavez les cheveux?
8. vous dînez?
9. vous vous brossez les dents?
10. vous vous reposez?

Où…

11. se trouve l'évier?
12. se trouve la cheminée?

13. se trouve le four à micro-ondes?
14. se trouve le lavabo?

Activité **9** **«Aux Lilas» ou «Les Colombiers»?**

Les Français aiment parfois donner des noms à leurs maisons. Votre professeur va décrire une des maisons dessinées ici. Indiquez quelle maison est décrite: «Aux Lilas» ou «Les Colombiers».

Aux Lilas

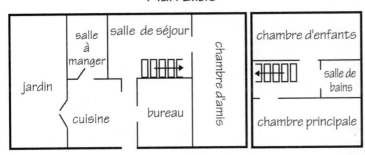

Les Colombiers

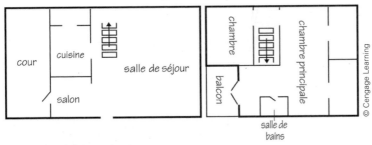

© Cengage Learning

 Activité **10** **Où mettre… ?**

Les déménageurs *(movers)* ne savent pas où ils doivent mettre vos meubles. Avec un(e) autre étudiant(e), répondez aux questions des déménageurs en suivant le modèle. Utilisez le pronom **le, la,** ou **les** pour ne pas répéter chaque mot.

Modèle: la lampe
— *Où est-ce qu'on met la lampe?*
— *On la met dans la chambre, sur la table de nuit.*

1. le canapé
2. la table basse
3. les fauteuils
4. la commode
5. la table de nuit
6. le four à micro-ondes

7. le téléviseur
8. le lecteur DVD
9. l'armoire
10. les serviettes de bain
11. le grand lit
12. le vélo

Activité 11 Un appartement à louer

Vous consultez le web pour trouver un appartement à Nantes où vous allez passer un semestre. Avec un(e) partenaire, utilisez le tableau pour comparer les qualités des trois appartements que vous avez trouvés. Ensuite, choisissez l'appartement que vous préférez et dites pourquoi.

	Le 2-pièces à 540€	Le 2-pièces à 620€	Le studio à 360€
1. a un balcon	❏	❏	❏
2. est meublé	❏	❏	❏
3. a une toute petite cuisine	❏	❏	❏
4. est le plus grand	❏	❏	❏
5. a le loyer le moins cher	❏	❏	❏
6. est le plus petit	❏	❏	❏
7. est le plus pratique pour quelqu'un qui a une voiture	❏	❏	❏
8. semble le plus confortable	❏	❏	❏
9. est problablement le plus lumineux	❏	❏	❏
10. va être disponible *(available)* le 10 septembre, la date de mon arrivée	❏	❏	❏

2 pièces, 49m² 540€ cc
Place Graslin, le charme de l'ancien en plein cœur[1] de ville. Au rez-de-chaussée, entrée avec placard, séjour avec armoire, chambre avec lit et armoire, cuisine aménagée et équipée[2], salle de bains et WC. Très bon état, chauffage au gaz.

Loyer: 540€ cc[3].
Disponible le: 15/9/2013
Contact: Alain Paquet
Téléphone: 02.12.39.74.55

[1]heart [2]equipped [3]utilities included

2 pièces, 43m² 620€
Place Paridis. Agréable T2 au 2ème étage. Entrée avec placard, salon donnant sur balcon, cheminée (non-fonctionnelle), cuisine américaine aménagée équipée, 1 chambre, salle de bains avec WC. Cave[4] et garage. À proximité des commerces et écoles.

Loyer: 620€. Charges: 40€.
Disponible le: 30/8/2013
Contact: Dominique Blanchet
Téléphone: 02.27.82.43.15

[4]cellar storage

Studio, 18m² 360€ cc
Place Royale. Proche du tramway et des facultés. Au 1er étage, donnant sur cour calme, studio de 18m² comprenant une pièce de vie[5] avec coin cuisine[6] équipée (cuisinière + réfrigérateur), petite salle d'eau[7] avec WC. Rénové récemment.

Loyer: 360€ cc[8].
Disponible le: 1/9/2013
Contact: Jacques Houbin
Téléphone: 02.40.93.25.08

[5]family room [6]kitchen area [7]shower room
[8]utilities included

© Cengage Learning

🌐 **Explorez** en ligne

For over 50 years, **Gîtes de France** has helped travelers find unique accommodations for vacations at reasonable prices. Rent a house in the countryside (**un gîte**), stay in a bed and breakfast (**une chambre d'hôtes**), or opt for an apartment in town (**city break**). On the website **gites-de-france.com,** type in your destination (city or area in France), fill in your travel dates, and click **Rechercher** to see what options you might like to try out. Click on **Détails de l'offre** to read more about the property. How many people can it accommodate? What is the cost? Choose a house you like and write a 4–5 sentence description of it in French.

Parlez-vous écolo?

L'écolabel euroopéen identifie les produits et les services durables.

Réchauffement climatique°… énergie renouvelable°… développement durable°… recyclage… écotourisme : on voit ces mots un peu partout dans les médias aujourd'hui. Le mouvement écologique a débuté° dans les années 70 en France comme aux États-Unis et au Canada. En Europe, des partis verts° se sont organisés pour défendre l'écologie au niveau° national et au niveau de la communauté européenne. Avec la crise économique, 88% des Français sont prêts° à changer leur mode de vie°, selon un sondage publié en 2012 pendant la semaine du développement durable. Et depuis l'accident de Fukushima, deux tiers° des Français se méfient° du nucléaire et souhaitent être consultés sur ce sujet.

Global warming
renewable energy / sustainable growth

began

green parties
level

ready
lifestyle

two-thirds / are wary of

L'écologie, c'est se soucier des° risques nucléaires et de la couche d'ozone°, mais c'est aussi faire des gestes écolos dans la vie de tous les jours. Que faites-vous pour la Terre? demande-t-on sur le site d'une fondation française pour l'écologie (www.fondation-nicolas-hulot.org). Est-ce que vous économisez l'eau et l'énergie? Vous triez° les déchets°? Vous achetez des produits frais sur les marchés locaux? On peut changer aussi ses réflexes de consommation: louer° plutôt qu'acheter, réparer plutôt que jeter°. Des sites se sont créés pour développer des réseaux d'échanges° d'objets (donnons.org). Pratiquer le covoiturage°, donner une seconde vie à un objet, construire une écomaison: l'écologie peut aussi rimer° avec convivialité, créativité et pourquoi pas, art de vivre.

to be concerned about / ozone layer

separate / waste, garbage
to rent
to throw away / networks
to exchange / car sharing
go with

donnons!.org
rien ne se perd… rien ne se crée
…tout se recycle !

www.donnons.org

«Je bois l'eau du robinet°; cela évite° le transport de l'eau minérale et les déchets plastiques. Naturellement je recycle le verre°, les papiers-cartons, le métal et le plastique.»

tap water
avoids

glass

© Yun Yulia/Shutterstock.com

«Je marche à pied° au lieu de° prendre la voiture.»

walk, go on foot
rather than

turn off «J'éteins° la lumière quand je sors d'une pièce.»

produce shop «J'achète les fruits et légumes de saison, de préférence chez le primeur° (pas au supermarché).»

instead of «Je prends des douches plutôt que° des bains car cela consomme 5 fois moins d'eau!»

© Stefano Lunardi/Olive/Alamy

Avez-vous compris?

1. Le mouvement écologiste date des années _____.
   - **a.** 2000
   - **b.** 1950
   - **c.** 1970

2. Les partis _____ sont connus pour leurs agendas politiques écologistes.
   - **a.** socialistes
   - **b.** verts
   - **c.** conservateurs

3. Après l'accident de Fukushima, les Français ont commencé à changer leurs attitudes envers _____.
   - **a.** l'énergie solaire
   - **b.** l'énergie nucléaire
   - **c.** l'économie

4. _____ n'est pas un exemple de geste écolo quotidien.
   - **a.** Recycler le papier
   - **b.** Acheter des produits locaux
   - **c.** Prendre sa voiture si c'est possible

5. Donnons.org est un site Internet pour _____.
   - **a.** acheter des choses
   - **b.** échanger des choses
   - **c.** louer des choses

Et vous?

1. Qu'est-ce que vous faites systématiquement pour protéger l'environnement? Quel a été votre dernier geste écolo?

2. Quand vous ne voulez plus quelque chose, est-ce que vous le jetez? Vous utilisez freecycle.org ou un autre site Internet pour lui donner une seconde vie?

Les tâches domestiques et les gestes écolos

Structure 10.3

Making requests *L'impératif (suite)*

In the activities that follow, you will learn several ways to direct people's activities, including the imperative (direct command) form of pronominal verbs. Note that the verb **vouloir** is frequently used to soften commands. See pages 316–317.

Credits: © Cengage Learning

Notez et analysez

In a household, there is always a lot of work to be done. In the situations above, find an example of (1) a direct command, (2) the equivalent of *Let's*, (3) a negative command, (4) an indirect, "coaxing" way of asking someone to do something.

A. Classez les tâches domestiques et les gestes écolos dans les catégories suivantes.

Tâches ménagères	Ce que je fais souvent	Ce que je fais rarement	Ce que je déteste faire
mettre la table	❏	❏	❏
laver la vaisselle	❏	❏	❏
passer l'aspirateur	❏	❏	❏
passer la tondeuse	❏	❏	❏
ranger la chambre	❏	❏	❏
faire le lit	❏	❏	❏
vider la poubelle	❏	❏	❏
faire la lessive	❏	❏	❏
Gestes écolos			
trier les déchets	❏	❏	❏
boire l'eau du robinet	❏	❏	❏
éteindre la lumière quand on sort d'une pièce	❏	❏	❏
recycler	❏	❏	❏
marcher ou faire du vélo au lieu de prendre la voiture	❏	❏	❏
faire les courses avec un sac réutilisable	❏	❏	❏

B. Maintenant, en groupes de 4, comparez vos réponses et faites un résumé des réponses du groupe. Quelles sont les tâches ménagères et les gestes écolos que vous et les membres de votre groupe faites souvent / rarement? Qu'est-ce que vous détestez faire?

Activité **13** Un matin fou en famille

Ce matin, rien ne va (*nothing is going right*) chez vous et c'est à vous de prendre la situation en main. On ne vous écoute pas; donc il faut répéter vos demandes de plusieurs façons. Élaborez!

Modèle: Les enfants dorment encore.
Réveillez-vous, les enfants! Vous êtes en retard pour l'école!
Voulez-vous bien vous réveiller? L'école va commencer!
Il faut vous réveiller!

1. Il est tard mais votre mari/femme veut rester au lit.
2. Vous ne réussissez pas à ouvrir le pot de confiture.
3. Votre fille met trop de temps à s'habiller.
4. Votre mari/femme annonce qu'il faut vider la poubelle.
5. Les enfants ont oublié de se brosser les dents.
6. Votre mari/femme laisse la chambre en désordre.
7. Votre fils se met à table avec les mains sales (*dirty*).
8. Vous avez besoin (*need*) d'une serviette.

Le travail de la maison

En France, comme ailleurs, on est loin de l'égalité des sexes en ce qui concerne les tâches ménagères. Selon un sondage récent (BVA 2011), dans 60% des couples, c'est la femme qui fait le ménage et la cuisine et s'occupe des enfants. Il y a plus de parité pour les courses; 40% des couples indiquent qu'ils partagent cette tâche équitablement. Et les enfants, qu'est-ce qu'ils font à la maison pour aider leurs parents? On a demandé à plusieurs francophones de nous raconter leurs souvenirs en décrivant leur rôle dans la famille. Voici ce qu'ils en disent.

Voix en direct CD2-28
À la maison, quelles étaient vos tâches ménagères?

Et vous, monsieur, quand vous étiez enfant, est-ce que vous deviez aider vos parents dans la maison?

Alors, oui, quand j'étais enfant, il fallait qu'on mette la table[1] et qu'on la débarrasse[2]. On allait également chercher le pain, puisqu'en France, on a beaucoup de pain. Donc, tous les jours, on allait au pain. Qu'est ce qu'on faisait d'autre? Moi, quand j'étais petit, on habitait dans une ferme[3], donc il y avait des grilles[4] à ouvrir pour sortir la voiture.

Pierre-Louis Fort
35 ans
Professeur à l'université de Créteil

Et Rim, quelles étaient vos tâches ménagères quand vous étiez jeune?

Quand j'étais petite, j'aidais beaucoup mon père à faire du bricolage[5] ou du jardinage[6], en lui apportant les outils[7] dont il avait besoin[8]. Pour ma mère, elle s'occupait[9] toujours de la propreté[10] de la maison, de la cuisine, et tout, alors pour l'aider, je faisais toujours de petites tâches du genre j'aidais toujours à sécher la vaisselle[11] avec un chiffon[12], oui, le linge[13] aussi. Parce qu'elle devait toujours accrocher[14] le linge au sèche-linge[15] sur le toit[16]. Bon, c'est un peu différent parce qu'en Tunisie on ne donne pas beaucoup de confiance à la machine qui sèche le linge. Alors on préfère le laver avec la machine à laver puis l'accrocher sur le toit sur le sèche-linge pour qu'il sèche avec le vent plutôt qu'avec la machine.

Rim Benromdhane
22 ans
Étudiante, Tunis

Et les jeunes d'aujourd'hui, comment est-ce qu'on divise les tâches de la maison?

La mentalité a un peu changé mais elle reste toujours la même. C'est toujours la femme qui s'occupe de la cuisine, c'est toujours le mari qui s'occupe de tout ce qui est bricolage, fixation d'un petit problème dans la plomberie[17], le jardinage. Mais en ce qui concerne la cuisine, généralement, c'est la femme qui en prend soin[18].

[1]set the table [2]clear the table [3]farm [4]gates [5]do-it-yourself projects [6]gardening [7]tools [8]he needed [9]took care of [10]cleaning [11]dry the dishes [12]dish towel [13]laundry [14]hang [15]clothesline [16]rooftop [17]plumbing [18]takes care of it

■ Réfléchissez aux réponses

1. Quelles tâches ménagères est-ce que ces personnes faisaient quand elles étaient petites? Est-ce que vous faisiez les mêmes?

2. Quelles autres tâches est-ce que vous faisiez?

3. Est-ce que le père de Rim participait aux tâches domestiques? Et votre père?

4. Comment est-ce qu'on divisait les tâches domestiques chez vous?

Comment trouver le mot juste

🔊 Expressions utiles
CD2-29
Pour féliciter

Félicitations!
Bravo!
Chapeau!
Super!

© Cengage Learning

Pour souhaiter quelque chose

à quelqu'un qui fête son anniversaire	Bon anniversaire!
à quelqu'un avant de manger	Bon appétit!
à quelqu'un qui a une tâche difficile à faire	Bon courage! Bonne chance!
à quelqu'un qui sort	Amuse-toi bien!
à quelqu'un qui va au travail ou à l'école	Travaille bien.
à quelqu'un qui est fatigué	Repose-toi bien.
à quelqu'un qui part en vacances	Bonnes vacances! Bon voyage!
à quelqu'un qui va dormir	Bonne nuit! Fais de beaux rêves.
à quelqu'un qui est malade	Remets-toi vite.
à quelqu'un avec qui on veut rester en contact	Écris-moi un e-mail. Téléphone-moi.
à quelqu'un qu'on n'a pas vu depuis longtemps	Tu m'as manqué. Tu me manques.
pour dire au revoir	Bonne journée. Bon week-end.

Réfléchissez et considérez

Does someone you know have a birthday today? a hard test in a class? a job interview? What if someone is tired or sick? What are some of the everyday expressions you use in these situations? Which of the French expressions above fit the contexts or expressions mentioned? Do you typically say something before eating? What is said in French?

CD2-30

▦ Écoutons ensemble! Qu'est-ce qu'on dit?

A. Écoutez les mini-conversations suivantes et choisissez l'expression appropriée pour les compléter.

1. a. Remets-toi vite.   b. Fais de beaux rêves.   c. Travaille bien.
2. a. Bonne chance!   b. Tu me manques.   c. Chapeau!
3. a. Écris-moi.   b. Amuse-toi bien!   c. Félicitations!
4. a. Tu vas me manquer   b. Repose-toi bien.   c. Bonne nuit.

B. Maintenant écoutez de nouveau pour vérifier vos réponses.

Activité 14 L'anniversaire de Sophie

La voisine des Martin parle à Mme Martin et à sa fille Sophie. Complétez la conversation avec l'expression de la liste qui convient.

amusez-vous bien   bon anniversaire   dépêche-toi
téléphone-moi   travaille bien

MME MARTIN: C'est l'anniversaire de Sophie aujourd'hui.

LA VOISINE: _____ (1), Sophie. Quel âge as-tu maintenant?

SOPHIE: J'ai neuf ans. Nous allons au cinéma pour fêter mon anniversaire. Il faut partir, maman.

MME MARTIN: Oui, c'est vrai. Pierre, _____ (2)! On part.

LA VOISINE: Eh bien, _____ (3) au cinéma. Moi, je dois aller travailler. À plus tard. _____ (4) demain, d'accord?

MME MARTIN: D'accord. Et _____ (5).

Activité 15 Que dit-on... ?

Qu'est-ce que vous dites dans les situations suivantes? Travaillez avec un(e) partenaire pour trouver les expressions appropriées.

1. Vos parents partent pour deux semaines en Europe.
2. Votre colocataire a un exposé à faire en cours de français.
3. Vous n'avez pas reçu de message de votre correspondant depuis longtemps.
4. Vous n'avez pas vu votre petite sœur depuis le début du semestre.
5. Vous avez préparé un grand dîner pour la famille. On se met à table.
6. Un copain est malade. Il va au centre médical pour consulter un médecin.
7. Votre meilleure amie annonce qu'elle vient d'obtenir un nouveau travail.

Pour son rôle dans le film *The Artist* (2011), Jean Dujardin a obtenu l'Oscar du meilleur acteur. Bravo, Jean!

Comment se plaindre

Structure 10.4

Using negative expressions *Les expressions négatives*

Complaining well can be elevated to an art! In this **Pratique de conversation**, you will learn several negative expressions that are particularly useful when complaining. **Les expressions négatives** are fully explained on page 318.

 Expressions utiles
CD2-32
Pour se plaindre

Réfléchissez et considérez

Even if you never complain, you are bound to know someone who does! What sorts of complaints do you hear? What gets on your nerves? When someone complains to you, how do you react? Look at the French expressions below to see how they correspond to your responses.

Ça m'énerve. Ça m'ennuie. Ça m'embête. }	*That gets on my nerves.*
C'est **toujours** moi qui fais la vaisselle.	*It's always me who does the dishes.*
Mon copain **ne** passe **jamais** l'aspirateur.	*My boyfriend never does the vacuuming.*
Ma copine **ne** m'aime **plus.**	*My girlfriend doesn't love me anymore.*
Personne ne me comprend.	*Nobody understands me.*
Mon ami(e) **ne** fait **que** regarder la télé.	*My friend does nothing but watch TV.*
Rien ne va.	*Nothing's going right.*
Je suis débordé(e) de travail.	*I'm totally overwhelmed.*
Ça suffit! J'en ai assez.	*That's it! I've had enough.*
C'est assez! J'en ai marre!	*That's enough! I'm fed up!*
Je **n'**en peux **plus.**	*I can't take it any longer.*
Je **n'**ai **ni** le temps **ni** l'argent.	*I have neither the time nor the money.*

Pour réagir

Mon/Ma pauvre! Oh là là!	Mon Dieu! Tu n'as vraiment pas de chance.

Pour rassurer

Tout va s'arranger.	*Everything will work out.*
Ça arrive à tout le monde.	*That happens to everyone.*
Allez, du courage!	*Come on, hang in there.*
Ne t'inquiète pas. Ne t'en fais pas. }	*Don't worry.*
Ce n'est pas grave.	*It's not so bad. / It's nothing.*

Prononcez!   Comment prononcer ces expressions?
CD2-33

Practice pronouncing these expressions with lots of emotion! Say each one three times, each time increasing the amount of frustration and annoyance. Listen to the model then you try it!

1. Ça m'énerve.
2. Ça m'embête.
3. Ça suffit!

4. Rien ne va.
5. J'en ai marre!
6. Je n'en peux plus.

Now, try expressing sympathy and understanding. Listen and follow the model.

1. Ah, ma pauvre!
2. Oh là là! Tu n'as vraiment pas de chance.
3. Ça arrive à tout le monde.
4. Allez, du courage!
5. Ne t'inquiète pas.
6. Tout va s'arranger.

In groups, try pronouncing these same expressions with emotion. Who in your group is the most expressive?

CD2-34

Écoutons ensemble! Opinions opposées

Vous n'êtes jamais d'accord avec votre colocataire. Écoutez ce qu'il dit et choisissez l'opinion opposée.

1. **a.** Mais non, personne ne me téléphone.
   b. Non, c'est Jacques qui me téléphone.

2. **a.** Non. Du courage!
   b. Non, c'est pas grave.

3. **a.** Non, je ne sors plus avec lui.
   b. Non, je ne sors jamais.

4. **a.** Mais si, j'y vais souvent.
   b. Non, je n'y suis pas encore allé(e).

5. **a.** Non, il n'y a rien en désordre.
   b. Non, tout va s'arranger.

6. **a.** Moi, j'en ai marre.
   b. Voyons, tout va s'arranger.

Activité 16 Pauvre Marc!

Rien ne va pour Marc à l'université. Son meilleur ami Julien lui parle. Avec un(e) partenaire, ajoutez les expressions négatives qui manquent au dialogue.

JULIEN: Est-ce que tu as beaucoup d'amis?
MARC: Non, je ne connais _____ (1).
JULIEN: Tu vois *(see)* souvent nos amis du lycée?
MARC: Non, je ne les vois _____ (2).
JULIEN: Tu es toujours dans l'équipe de foot?
MARC: Non, je ne fais _____ (3) partie de l'équipe depuis une semaine.
JULIEN: Mais pourquoi?
MARC: Mes cours sont difficiles et je ne fais _____ (4) travailler.
JULIEN: Ah, mon pauvre vieux! Tu ne t'amuses même pas le week-end?
MARC: Tu sais, le week-end, je ne fais _____ (5). Je suis débordé de travail. Je n'en peux _____ (6).
JULIEN: Et est-ce que tu as déjà acheté ton billet pour rentrer chez tes parents?
MARC: Non, je n'ai _____ (7) acheté de billet.
JULIEN: Allez, courage! Tu vas voir, tout va s'arranger.

Situations à jouer!

1. You want to exchange your apartment or your house during the summer with someone who lives in a French-speaking country. Write an ad like those pictured on page 300 that you could post on the Internet. Include a picture if you have one.

2. You and your housemate are organizing the household chores. Discuss how you think they should be shared and how often they should be done.

3. After your math exam, you see a classmate who is terribly upset and looks awful. Your classmate complains about the exam, his/her teachers, his/her social life, and so on. React to what is said and give some advice.

Lecture

Anticipation

1. Quelles sortes de contes est-ce que les parents racontent à leurs enfants? Pourquoi est-ce qu'on raconte des histoires aux enfants?

2. Quand les parents sont occupés, qu'est-ce qu'ils disent aux enfants de faire?

Activités de lecture

Lisez le titre et la première phrase du texte et répondez aux questions suivantes.

1. Quand est-ce que l'histoire a lieu?
3. Qui est Josette?
2. Où se passe l'histoire?
4. Quel âge a-t-elle?

Premier conte pour enfants de moins de trois ans

Eugène Ionesco

knocks   Ce matin, comme d'habitude, Josette frappe° à la porte de la chambre à coucher de ses parents. Papa n'a pas très bien dormi. Maman est partie à la campagne pour quelques jours. Alors papa a profité de cette absence pour manger beaucoup de

pork   saucisson, pour boire de la bière, pour manger du pâté de cochon°, et beaucoup

won't allow   5   d'autres choses que maman l'empêche° de manger parce que c'est pas bon pour la

health / has indigestion   santé°. Alors, voilà, papa a mal au foie°, il a mal à l'estomac, il a mal à la tête, et ne voudrait pas se réveiller. Mais Josette frappe toujours à la porte. Alors papa lui dit d'entrer. Elle entre, elle va chez son papa. Il n'y a pas maman.

Josette demande: —Où elle est maman?

10   Papa répond: Ta maman est allée se reposer à la campagne chez sa maman à elle.

Grandma   Josette répond: Chez Mémée°?

Papa répond: Oui, chez Mémée.

—Écris à maman, dit Josette. Téléphone à maman, dit Josette.

Papa dit: Faut pas téléphoner. Et puis papa dit pour lui-même: parce qu'elle est

somewhere else   15   peut-être autre part°…

Josette dit: Raconte une histoire avec maman et toi, et moi.

—Non, dit papa, je vais aller au travail. Je me lève, je vais m'habiller.

child's pronunciation of pantoufles (slippers)   Et papa se lève. Il met sa robe de chambre rouge, par-dessus son pyjama, il met les pieds dans ses « poutoufles° ». Il va dans la salle de bains. Il ferme la porte de la salle

fists   20   de bains. Josette est à la porte de la salle de bains. Elle frappe avec ses petits poings°,

cries   elle pleure°.

Josette dit: Ouvre-moi la porte.

nude   Papa répond: Je ne peux pas. Je suis tout nu°, je me lave, après je me rase.

—Tu rases ta barbe avec du savon, dit Josette. Je veux entrer. Je veux voir.

25   Papa dit: Tu ne peux pas me voir, parce que je ne suis plus dans la salle de bains.

Josette dit (derrière la porte): Alors, où tu es?

Papa répond: Je ne sais pas, va voir. Je suis peut-être dans la salle à manger, va me chercher.

runs   Josette court° dans la salle à manger, et papa commence sa toilette. Josette court

30   avec ses petites jambes, elle va dans la salle à manger. Papa est tranquille, mais pas

again   longtemps. Josette arrive de nouveau° devant la porte de la salle de bains, elle crie à travers la porte:

Josette: Je t'ai cherché. Tu n'es pas dans la salle à manger.

Papa dit: Tu n'as pas bien cherché. Regarde sous la table.

35 Josette retourne dans la salle à manger. Elle revient.

Elle dit: Tu n'es pas sous la table.

Papa dit: Alors va voir dans le salon. Regarde bien si je suis sur le fauteuil, sur le canapé, derrière les livres, à la fenêtre.

Josette s'en va. Papa est tranquille, mais pas pour longtemps.

40 Josette revient.

Elle dit: Non, tu n'es pas dans le fauteuil, tu n'es pas à la fenêtre, tu n'es pas sur le canapé, tu n'es pas derrière les livres, tu n'es pas dans la télévision, tu n'es pas dans le salon.

Papa dit: Alors, va voir si je suis dans la cuisine.

45 Josette court à la cuisine. Papa est tranquille, mais pas pour longtemps.

Josette revient.

Elle dit: Tu n'es pas dans la cuisine.

Papa dit: Regarde bien, sous la table de la cuisine, regarde bien si je suis dans le buffet, regarde bien si je suis dans les casseroles, regarde bien si je

50 suis dans le four avec le poulet.

Josette va et vient. Papa n'est pas dans le four, papa n'est pas dans les casseroles, papa n'est pas dans le buffet, papa n'est pas sous le paillasson°, papa n'est pas dans la poche° de son pantalon, dans la poche du pantalon, il y a seulement le mouchoir°.

55 Josette revient devant la porte de la salle de bains.

Josette dit: J'ai cherché partout. Je ne t'ai pas trouvé. Où tu es?

Papa dit: Je suis là. Et papa, qui a eu le temps de faire sa toilette, qui s'est rasé, qui s'est habillé, ouvre la porte.

Il dit: Je suis là. Il prend Josette dans ses bras°, et voilà aussi la porte de

60 la maison qui s'ouvre, au fond du couloir, et c'est maman qui arrive. Josette saute des° bras de son papa, elle se jette° dans les bras de sa maman, elle l'embrasse, elle dit:

—Maman, j'ai cherché papa sous la table, dans l'armoire, sous le tapis, derrière la glace, dans la cuisine, dans la poubelle, il n'était pas là.

65 Papa dit à maman: Je suis content que tu sois revenue. Il faisait beau à la campagne? Comment va ta mère?

Josette dit: Et Mémée, elle va bien? On va chez elle?

doormat
pocket
handkerchief

arms

leaps from / throws herself

Eugène Ionesco, "Conte no1", in *Contes pour enfants de moins de trois ans* © Éditions Gallimard; www.gallimard.fr

Expansion de vocabulaire

1. Faites une liste des mots associés à la maison.
2. Faites une liste des ordres (a) que le père donne à Josette et (b) que Josette donne à son père.

Compréhension et intégration

1. Que fait la petite Josette tous les matins?
2. Où est sa mère?
3. Pourquoi est-ce que papa a mal?
4. Pourquoi est-ce que papa ne veut pas téléphoner à maman?
5. Où est-ce que papa va pour faire sa toilette?
6. Comment Josette s'occupe-t-elle pendant que son père fait sa toilette?
7. Pourquoi est-ce que papa est content que maman soit revenue?
8. Ionesco écrit cette histoire dans un style d'enfant, avec des répétitions et des expressions enfantines. Trouvez-en quelques exemples.

▮ Maintenant à vous!

1. Écrivez un résumé de la routine quotidienne de papa.
2. Avec un(e) camarade, écrivez un résumé de cette histoire.
3. Maintenant que maman est revenue, imaginez la suite de l'histoire. Qu'est-ce qui va se passer?

Voix en direct (suite)

Go to **iLrn** to view video clips of a little girl and a college student talking about their daily routines.

⊕ Expression écrite

> **iLrn À vos marques, prêts, bloguez!**
>
> Parlez de vos efforts pour protéger l'environnement. Quels sont vos gestes écolos quotidiens? Qu'est-ce que vous pensez faire pour être plus «vert(e)» à l'avenir? Écrivez 4 à 5 phrases en français dans notre blog et répondez à 2 autres camarades de classe.

▮ Candidats pour une émission de télé-réalité

Loft story was the first popular reality TV show in France. As in MTV's *The Real World*, several strangers were put together in the same house and were filmed as they interacted with each other. The TV audience watched the resulting human drama and candidates were voted off the show until two finalists were chosen. In this writing assignment, you are going to audition to be a candidate for a reality TV show to live in one of France's **gîtes.**

▪ **Première étape:** In groups of 5, decide where you will live. Select from among the options you chose when doing **Explorez en ligne** (page 300) or go to www.gites-de-france.com.

▪ **Deuxième étape:** Work as a team to write a brief opener for the show, describing the house where the candidates who are selected are going to live.

▪ **Troisième étape:** Write a self-introduction in which you describe yourself and make the case for why you should be selected for the show. Explain why you want to live in the house that your group chose. Tell why you would be the ideal candidate. Reveal your "true" self, including a couple of weaknesses. Do you sometimes forget to make your bed? Do you hate to do the dishes? Refer to the **Expressions utiles** on page 308 for ideas.

▪ **Quatrième étape:** Assemble your script: introduction followed by all the candidates' self-introductions.

▪ **Cinquième étape:** Present your audition to the class. The class will discuss who should stay in the house and why. Take a vote to determine the finalists.

Le logement

Avant de visionner

You will watch a video about housing in France. In this video, you will learn some basic information about housing, the differences between living in rural and urban areas of France, and where university students tend to live.

© CSLD

Les maisons à colombages sont des logements traditionnels qu'on trouve dans plusieurs régions de France.

Quelques mots utiles

aisé(e)	*well-to-do*	les logements sociaux (HLM)	*low-income housing*
un aperçu	*a glance*		
la campagne	*countryside*	se rendre à	*to go to*
la colocation	*house-sharing / apartment-sharing*	semblable	*similar*
		un sentiment d'appartenance	*sense of belonging*
un homologue	*counterpart*		
un(e) immigré(e)	*immigrant*		

Étudiez la liste de vocabulaire. Ensuite, complétez chaque phrase avec un mot ou une expression de la liste.

1. Je suis en _____ avec trois personnes dans une grande maison.

2. _____ attire les personnes qui n'aiment pas la ville.

3. Hakim est _____ récent en France. Il vient du Maroc.

4. En général, les personnes les moins riches habitent dans _____.

5. On a souvent _____ au quartier où on habite.

Pendant le visionnement

Américain ou Français?

Regardez la vidéo. D'après la vidéo, chaque affirmation ci-dessous est-elle vraie pour les Américains (**A**), vraie pour les Français (**F**) ou vraie pour les deux (**A/F**)?

_____ plus de propriétaires de maisons

_____ les plus grandes maisons

_____ 75% des habitants en zone urbaine

_____ des banlieues aisées

_____ des banlieues pauvres

_____ la plupart des jeunes toujours chez leurs parents

Les endroits où on habite

Sélectionnez la meilleure réponse pour compléter chaque phrase.

1. C'est très cher d'habiter...
2. La plupart des Français habitent...
3. Beaucoup d'immigrés habitent...
4. Beaucoup de gens travaillent en ville mais habitent...
5. 55% des Français habitent...

a. dans des HLM
b. dans une maison
c. en banlieue
d. à la campagne
e. au centre-ville

Après le visionnement

Avez-vous compris?

Après avoir visionné la vidéo, dites si chaque phrase est vraie (**vrai**) ou fausse (**faux**).

1. La taille moyenne des maisons en France est d'environ la moitié (50%) de la taille des maisons américaines.
2. La France est un pays de grandes villes.
3. La vie à la campagne est très traditionnelle et n'a pas changé avec le temps.
4. La campagne française est connue pour son rythme lent, son sentiment d'appartenance et ses fêtes et traditions locales.
5. La plupart des étudiants vont à une université près de chez eux.

Discutons!

Discutez des questions suivantes avec un(e) partenaire.

1. Quelles sont les plus grandes différences entre les logements aux États-Unis et en France?
2. En général, où habitent les immigrés et les plus pauvres dans votre pays? Comment peut-on comparer cette situation à celle de la France?
3. Quels sont les avantages et les inconvénients d'habiter en ville? en banlieue? à la campagne? Où préférez-vous habiter? Pourquoi?
4. Où habitez-vous (logement universitaire, appartement, en colocation, chez un parent)? Et vos amis? Pourquoi avez-vous choisi ce logement?

Réfléchissez et considérez

Apartment buildings in the urban areas of France vary in age and style. Look at the image below. How many different architectural styles do you see? What features do the buildings have and what materials are they made from? Judging by their styles, features, and materials, how old do you think each of the buildings is?

© voe

Une propriété en France

Share It! Imaginez que vous allez louer ou acheter une propriété en France. Où aimeriez-vous la louer ou l'acheter? Préféreriez-vous un studio? Un appartement? Une maison? Lisez les annonces en ligne pour des propriétés situées dans la région où vous souhaitez habiter et choisissez-en une qui vous plaît. Postez le lien pour l'annonce sur **Share It!** et écrivez un paragraphe qui explique pourquoi vous voulez louer ou acheter cette propriété.

Vidéo Voyages! Watch a video about a historic house on a vanilla plantation in **La Réunion**.

Describing your daily routine *Les verbes pronominaux (suite)*

As you learned in **Module 4,** verbs that are accompanied by a reflexive pronoun are called pronominal verbs, **verbes pronominaux.**

Tu **te** lèves.	*You get (yourself) up.*
Ils **s'**habillent.	*They are getting dressed (dressing themselves).*

The pronominal verbs you learned in **Module 4** are **se coucher, se dépêcher, s'habiller, se lever, se préparer, se relaxer,** and **se retrouver.** Here are some more pronominal verbs that are useful when talking about your daily routine. Additional pronominal verbs will be presented in **Module 14.**

s'amuser	*to have fun; to enjoy oneself*
se brosser (les dents, les cheveux)	*to brush (one's teeth, hair)*
se disputer (avec)	*to argue, quarrel (with)*
se doucher	*to shower*
s'endormir	*to fall asleep*
se laver (les mains, la figure)	*to wash up (to wash your hands, face)*
se maquiller	*to put on makeup*
se promener	*to go for a walk*
se raser	*to shave*
se réveiller	*to wake up*
se sécher (les cheveux)	*to dry (one's hair)*
se servir de	*to use*

Specifying a part of the body

Note that when parts of the body are mentioned with pronominal verbs, the definite article is used instead of the possessive adjective.

Il se lave **les** mains.	*He washes his hands.*

Using the infinitive

When using the infinitive form of reflexives, the reflexive pronoun must agree with the subject.

J'aime **me** lever tard.	*I like to get up late.*
Nous n'allons pas **nous** promener.	*We are not going to go for a walk.*

Comparing reflexive and non-reflexive verbs

Many pronominal verbs can be used without the reflexive pronouns when the action is directed to someone or something else. Compare the following reflexive and non-reflexive pairs.

Je me réveille à 8h00. Ensuite je réveille mon colocataire.	*I wake up at 8 o'clock. Then I wake up my roommate.*
Daniel lave la voiture. Ensuite il se lave.	*Daniel washes the car. Then he washes up.*

Forming questions

For questions, use intonation or the **est-ce que** form.

Est-ce qu'il se réveille avant 7h? *Does he wake up before 7 o'clock?*

- -

Exercice 1 Complétez ce paragraphe sur la vie d'étudiant en utilisant la forme appropriée du verbe donné entre parenthèses.

Tous les matins, le réveil sonne à 6h45 mais je _____ (1) (ne pas se lever) avant 7h. Puis Paul, mon colocataire, _____ (2) (se lever) et _____ (3) (se doucher). Je _____ (4) (se raser) et je _____ (5) (se brosser) les dents. À 7h30, nous _____ (6) (s'habiller) vite parce que nos amis nous attendent pour aller manger à 8h. La journée est très longue à l'université, mais le soir nous _____ (7) (s'amuser) beaucoup au centre de sport. À 22h, je fais mes devoirs et une heure après, fatigué, je vais _____ (8) (se coucher). Oh là là, heureusement, dans deux mois, c'est les vacances.

Exercice 2 Est-ce que vous avez vu le film *Amélie* (2001)? Complétez l'histoire d'Amélie Poulain, le personnage principal *(main character)*, en choisissant la réponse correcte parmi les options données entre parenthèses.

Amélie (se, te, le) _____ (1) lève tous les jours assez tôt pour aller travailler. D'abord, elle (regarde, se regarde) _____ (2) dans le miroir et elle se brosse (ses, les, des) _____ (3) cheveux. Ensuite, elle va au café des Deux Moulins où elle travaille comme serveuse. Un jour, Amélie (regarde, se regarde) _____ (4) la télé. Elle (lève, se lève) _____ (5) pour aller à la salle de bains. Elle est devant le lavabo lorsqu'elle entend un bulletin d'informations *(news flash)* sur la mort de la princesse Diana. Elle fait tomber *(drops)* la bouteille de parfum qu'elle a dans les mains et, quand elle ramasse *(picks up)* les morceaux, elle découvre une petite boîte cachée. Elle (lave, se lave) _____ (6) la boîte et elle décide de retrouver son propriétaire. Amélie décide de changer la vie des autres. Elle ne peut plus (t', m', s') _____ (7) endormir sans penser à tout le bonheur *(happiness)* qu'elle va apporter autour d'elle. Est-ce que vous (vous, se, nous) _____ (8) levez souvent en pensant à rendre les gens heureux?

Structure 10.2

Describing what you did yesterday *Les verbes pronominaux au passé composé*

In the **passé composé,** pronominal verbs require the auxiliary verb **être.** In most cases, the past participle agrees with the subject. However when the past participle is followed by a direct object, such as a part of the body, there is no agreement.

Marie-Thérèse s'est lav**ée**. ⟵ with agreement
Marie-Thérèse s'est lavé la figure. ⟵ no agreement due to direct object **la figure**

Les enfants se sont séché**s**. ⟵ with agreement
Les enfants se sont séché ⟵ no agreement due to direct object **les**
les cheveux. **cheveux**

- -

Exercice 3 Soline parle de ce qu'elle a fait samedi dernier. Mettez les mots dans l'ordre logique.

1. Je... levée / neuf heures / suis / à / me

2. Je... me / douchée / suis

3. Je... ne / pas / suis / les cheveux / me / lavé

4. Ensuite je... [ai / du café / bu] et [je / chez ma copine Anaïs / suis / me / d'aller / dépêchée]

5. Nous... au parc / nous / promenées / jusqu'à midi / sommes

6. Et toi... est-ce que / samedi matin / es / tu / t(e) / amusé(e)?

Exercice 4 Voici ce que Rachid a fait avant d'aller en classe ce matin. Sa coloc, Carole, ne fait jamais ce que fait Rachid. Complétez les phrases pour dire ce que Carole, elle, n'a pas fait.

1. Rachid s'est réveillé tôt pour faire du jogging. Carole, elle, _____ tôt pour faire du jogging.

2. Il s'est lavé les cheveux. Carole, elle, _____ les cheveux.

3. Rachid s'est rasé. Carole, elle, _____.

4. Rachid s'est brossé les dents. Carole, elle, _____ les dents.

5. Rachid s'est promené au parc. Carole, elle, _____ au parc.

Exercice 5 Votre frère passe deux semaines dans un camp d'ados *(teen camp)*. Voici la lettre qu'il vous écrit. Complétez-la en utilisant le passé composé des verbes de la liste.

avoir	déjeuner	écouter
jouer	prendre	se reposer
se coucher	se dépêcher	
se lever	se promener	

Cher David,

Un grand bonjour de Passy. Ici, tout va bien et il fait un temps magnifique. Je vais te raconter ce qu'on a fait hier puisque tu m'avais demandé de te l'expliquer.

Hier matin, on _____ (1) vers 7h et on _____ (2) le petit déjeuner. Ensuite, nous _____ (3) un cours d'informatique et après nous _____ (4) d'aller au lac pour faire de la natation. À midi, on _____ (5): du poulet et du riz avec une salade et du yaourt, et comme d'habitude, toujours aussi mauvais! Ensuite, nous _____ (6) dans nos tentes pendant une demi-heure. L'après-midi, nous _____ (7) en ville (4 km). Le soir, après le dîner, nous _____ (8) de la musique et moi, j(e) _____ (9) au ping-pong avec mes copains. Vers 22h, tous fatigués, nous _____ (10)!

Et voilà comment je passe mon temps!

Grosses bises,

Gérard

Making requests *L'impératif (suite)*

In **Module 7,** you learned how to form the **impératif,** or the command form.

Achète du pain.	*Buy some bread.*
Prenez le bus.	*Take the bus.*

When pronouns are used with commands, follow these guidelines.

Affirmative commands with pronouns

In affirmative commands, the pronoun follows the verb and is connected to it in writing by a hyphen.

Passe-moi le journal, s'il te plaît.	*Pass me the newspaper, please.*
Ton père veut te parler.	*Your father wants to talk to you.*
Téléphone-lui ce soir.	*Call him tonight.*
Prêtez-nous vos sacs réutilisables pour faire les courses.	*Lend us your disposable bags to do the shopping.*
Donne-moi ton adresse de courriel.	*Give me your e-mail address.*

When the pronoun is **y** or **en,** the affirmative **tu** command form always ends in an **s** and is pronounced with a liaison. Compare the following pairs of commands.

Va en cours.	*Go to class.*
Vas - y	*Go ahead.*

Prends des fruits.	*Have some fruit.*
Prends - en	*Eat some.*

In commands with pronominal verbs, the pronouns follow the same word order. Note that **me** and **te** become **moi** and **toi** after verbs in affirmative commands.

Brossez-vous les dents avant de vous coucher, les enfants.	*Children, brush your teeth before going to bed.*
Dépêche-toi! Tu es en retard.	*Hurry-up! You're late.*
Amusez-vous bien!	*Have fun!*

Negative commands with pronouns

In negative commands, place the pronoun before the verb.

Ne me téléphonez pas avant sept heures.	*Don't call me before seven o'clock.*
Ne vous endormez pas en classe.	*Don't fall asleep in class.*

— Je peux avoir des biscuits?	*— Can I have some cookies?*
— **Non, n'en mange pas** avant le dîner.	*— No, don't eat any before dinner.*

Ne nous disputons pas!	*Let's not argue!*

Softening commands by making requests

Because a direct command has strong connotations, it is often more appropriate to soften your request. You have already learned how to communicate a need with **il faut** + *infinitif* and to make a suggestion using **on.**

Il faut arriver à l'heure.	*You have to arrive on time.*
On part maintenant?	*Shall we leave now?*

Here are two more strategies to "soften" requests.

- Use the **nous** form of the imperative to say *Let's*.

Allons-y! Nous sommes en retard.	*Let's go! We're late.*
Recyclons ces bouteilles en plastique.	*Let's recycle these plastic bottles.*
Faisons le lit.	*Let's make the bed.*

- Use the verb **vouloir** to make the request indirectly.

Tu veux bien m'aider à vider les poubelles?	*Do you want to help me empty the wastebaskets?*
Vous voulez faire la vaisselle aujourd'hui?	*Would you do the dishes today?*

Exercice 6 Vous et vos colocataires allez faire les courses. Reformulez les phrases en ordres en utilisant l'impératif.

1. Veux-tu te dépêcher? On t'attend.

2. Il faut fermer la porte à clé.

3. On prend le bus.

4. On achète les provisions à l'épicerie Dupont.

5. Tu veux aller chercher le jus d'orange? Moi, je m'occupe du pain.

6. Il ne faut pas acheter d'eau dans de petites bouteilles en plastique.

7. Il ne faut pas se disputer. Cette marque *(brand)* est aussi bonne que l'autre.

8. Il faut payer avec ton argent. J'ai payé la dernière fois.

9. On n'utilise pas de sacs en plastique!

Exercice 7 Vos copains vous parlent de leurs problèmes personnels.

A. Donnez-leur des instructions logiques et directes en utilisant l'impératif des verbes pronominaux entre parenthèses.

   Modèle: Nous sommes très fatigués après cette longue promenade. (se reposer)
   Reposez-vous.

1. Nous arrivons toujours en retard à notre cours de 9h. (se lever)

2. Ma copine me trouve beau avec cette barbe. (se raser)

3. J'ai réparé ma voiture et j'ai les mains très sales. (se laver les mains)

4. Je suis toujours très fatigué le matin. (se coucher)

5. Il pleut et nous sommes tout mouillés *(wet)*. (se sécher)

6. Nous avons rendez-vous chez le dentiste dans une heure. (se brosser les dents)

B. Maintenant, dites la même chose à vos amis mais cette fois-ci, utilisez des stratégies pour atténuer *(lessen)* l'intensité de vos ordres.

   Modèle: Nous sommes très fatigués après cette longue promenade. (se reposer)
   Il faut vous reposer un peu.
   ou   *Reposons-nous!*
   ou   *Vous voulez vous reposer?*

Using negative expressions *Les expressions négatives*

In addition to **ne... pas,** French has several negative expressions. The following chart shows these negatives paired with the corresponding affirmative terms.

affirmatives		négatives	
toujours	*always*	**ne... jamais**	*never*
toujours, encore	*still*	**ne... plus**	*no longer, no more*
déjà	*already*	**ne... pas encore**	*not yet*
quelque chose	*something*	**ne... rien**	*nothing*
quelqu'un	*someone*	**ne... personne**	*no one*
... et / ou...	*. . . and / or . . .*	**ni... ni**	*neither . . . nor*

Elle est **toujours** à l'heure mais son mari **n**'est **jamais** à l'heure.
*She is **always** on time but her husband is **never** on time.*

Il habite **toujours** à Montréal mais ses parents **n**'y habitent **plus.**
*He **still** lives in Montreal but his parents do not live there **any longer.***

Tu as **encore** de l'argent mais tu **n**'as **plus** de chèques de voyage.
*You still have some money but you don't have **any more** traveler's checks.*

— As-tu **déjà** vu ce film?
*— Have you **already** seen this movie?*
— Non, je **ne** l'ai **pas encore** vu.
*— No, I haven**'t** seen it **yet.***

Je voulais dire **quelque chose,** mais je **n**'ai **rien** dit.
*I wanted to say something, but I did**n**'t say **anything.***

— Vous connaissez **quelqu'un** ici?
*— Do you know **anyone** here?*
— Non, je **ne** connais **personne.**
*— No, I don't know **anybody.***

Je **n**'ai **ni** crayon **ni** stylo.
*I don't have **a** pencil **or a** pen.*

Note that the placement of these elements in the **passé composé** is similar to **ne... pas. Personne,** however, follows the complete verb.

Il **n**'a **rien** acheté.
He didn't buy anything.
Il **n**'a vu **personne.**
He didn't see anybody.

Rien and **personne** can also be used as the subject of a verb.

Rien ne va.
Nothing is going right.
Personne n'est à la maison.
Nobody is home.

The expression **ne... que** expresses a limitation rather than negating the verb; the English equivalent is *only* or *nothing but.* Notice that the **que** precedes whatever *only* refers to.

Il **n**'a **qu**'une sœur.
He has only one sister.
Elle **ne** fait **que** se plaindre.
She does nothing but complain.

The negative form of the common expression **moi aussi** is **moi non plus.**

— J'aime me promener.
— I like to go for walks.
— **Moi aussi.**
— Me too.

— Je n'aime pas me dépêcher.
— I don't like to hurry.
— **Moi non plus.**
— Me neither.

To contradict a negative statement or question, use **si.**

— Tu n'aimes pas faire la cuisine?   — *You don't like to cook?*
— **Si,** j'aime ça!   — *Yes, I do.*

Exercice 8 Emmanuelle et sa sœur Émilie ne se ressemblent pas du tout. Complétez les phrases suivantes en remplaçant l'expression en italique par l'expression négative correspondante, ou bien utilisez **non plus** ou **mais si.**

1. Emmanuelle est très ordonnée et sa chambre est *toujours* bien rangée. La chambre d'Émilie par contre...

2. *Tout le monde* téléphone à Émilie pour l'inviter à sortir. Mais,...

3. Émilie habite *toujours* chez ses parents, mais Emmanuelle...

4. Emmanuelle travaille pour une entreprise internationale et gagne *beaucoup d'argent.* Émilie ne travaille pas et clle...

5. Émilie a *déjà* un rendez-vous pour le week-end. Sa sœur...

6. Je ne peux pas imaginer deux sœurs plus différentes. Et toi?

7. Les deux sœurs ne s'entendent pas *(do not get along)* bien? ... elles s'entendent bien!

Exercice 9 Remplacez l'adverbe **seulement** par l'expression **ne... que.**

1. J'ai seulement une sœur.

2. Vous êtes seulement arrivé hier?

3. Tu veux seulement te reposer en regardant la télé?

4. Il y a seulement toi que j'aime.

5. Ils vont seulement au supermarché.

Tout ensemble!

Claudine Dubois est une mère divorcée avec deux enfants. Elle travaille comme agent immobilier à Lyon. Voici une journée typique de Claudine. Complétez le passage avec les éléments suivants.

chambre	qu(e)	se lever
cuisine	réveiller	se maquiller
four à micro-ondes	salle de bains	se réveiller
frigo	se dépêcher	se sécher
jamais	se doucher	
leur	s'habiller	

Claudine _____ (1) à 6h30 du matin et elle écoute la radio pendant quelques minutes allongée dans son lit. Puis, elle _____ (2) et elle va à la _____ (3) où elle _____ (4). (Elle aime l'eau très chaude.) Après ça, elle _____ (5) les cheveux. Elle passe beaucoup de temps à faire sa toilette, pour avoir l'air chic et professionnel pour ses clients. Elle _____ (6) devant le miroir: du rouge à lèvres et un peu d'eye-liner. Elle _____ (7), généralement en tailleur, et ensuite elle va dans la _____ (8) où dorment ses enfants et elle les _____ (9). Une fois les enfants debout *(up),* elle va dans la _____ (10) pour préparer le petit déjeuner. Il y a toujours du jus d'orange et du lait dans le _____ (11). Parfois, elle réchauffe *(reheats)* du café dans le _____ (12) car ça ne prend _____ (13) une minute. Les enfants n'ont _____ (14) assez de temps pour se préparer avant de partir pour l'école. Tout le monde est pressé. Claudine _____ (15) dit de _____ (16) car le bus est à 7h30. Enfin, Claudine part pour son bureau.

Complete the diagnostic tests in **iLrn** to test your knowledge of the grammar and vocabulary in this chapter.

Vocabulaire fondamental

Noms

La maison — *The house*

un balcon	*a balcony*
un couloir	*a hallway*
une cour	*a courtyard, patio*
une cuisine	*a kitchen*
une entrée	*an entryway*
un escalier	*a staircase*
un garage	*a garage*
une pièce	*a room*
le premier étage	*the first floor (American second floor)*
le rez-de-chaussée	*the ground floor (American first floor)*
une salle à manger	*a dining room*
une salle de bains	*a bathroom*
une salle de séjour	*a living room*
une terrasse	*a patio*
des toilettes *(f pl)*	*toilet, lavatory*
les W.-C. *(m pl)*	*a half-bath*

Les meubles et les appareils ménagers — *Furniture and appliances*

une armoire	*a freestanding closet*
un buffet	*a buffet*
un canapé	*a couch, sofa*
une commode	*a chest of drawers*
un fauteuil	*an armchair*
un four (à micro-ondes)	*a(n) (microwave) oven*
un lavabo	*a (bathroom) sink*
une poubelle	*a garbage can*
un réfrigérateur (un frigo, *fam*)	*a refrigerator*
une table basse	*a coffee table*

Les parties du corps — *Parts of the body*

les dents *(f pl)*	*teeth*
la figure	*face*
la main	*hand*

Verbes

La routine quotidienne — *Daily routine*

s'amuser	*to have fun; to enjoy oneself*
se brosser (les dents)	*to brush (one's teeth)*
se disputer (avec)	*to argue, quarrel (with)*
se doucher	*to shower*
s'endormir	*to fall asleep*
se laver	*to wash up*
se maquiller	*to put on makeup*
promener (le chien)	*to walk (the dog)*
se promener	*to go for a walk*
se raser	*to shave*
se reposer	*to rest*
se réveiller	*to wake up*
se servir de	*to use*

Les tâches ménagères — *Household chores*

faire la lessive	*to do the laundry*
faire la vaisselle	*to do the dishes*
faire le lit	*to make the bed*
ranger	*to straighten up; to organize*

Les gestes écolos — *Things to do for the environment*

boire l'eau du robinet	*to drink tap water*
éteindre la lumière	*to turn out the light*
fermer le robinet	*to turn off the water*
marcher	*to walk*
recycler	*to recycle*
trier les déchets	*to separate the trash*

Verbes divers

déménager	*to move (out) (change living quarters)*
manquer	*to miss*

Adjectifs

chaque	*each*
sale	*dirty*

Mots divers

le matin, l'après-midi, le soir	*in the morning / afternoon / evening*
même	*even*
une fois	*one time, once*
une journée	*a day*

Mots apparentés: une lettre, un ordre, un problème

Les expressions affirmatives — *Affirmative expressions*

encore	*still*
toujours	*always; still*

Les expressions avec *ne* — *Expressions with **ne***

ne... jamais	*never*
ne... ni... ni	*neither . . . nor*
ne... pas encore	*not yet*
ne... personne	*no one*
ne... plus	*not any longer*
ne... que	*only*
ne... rien	*nothing*

Expressions utiles

Comment trouver le mot juste — *How to say the right thing*

(See additional expressions on page 306.)

Bonne chance! — *Good luck!*
Félicitations! — *Congratulations!*
Repose-toi. — *Rest up.*

Comment se plaindre — *How to complain*

(See additional expressions on page 308.)

Ça m'énerve. — *That gets on my nerves.*
Il ne fait jamais son travail. — *He never does his work.*
Je n'en peux plus. — *I can't take it any longer.*
Personne ne me comprend. — *Nobody understands me.*
Rien ne va. — *Nothing is going right.*

Vocabulaire supplémentaire

Noms

une barbe — *a beard*
un bidet — *a bidet*
une brosse (à dents) — *a (tooth) brush*
une cheminée — *a fireplace*
une cuisinière — *a stove*
un évier — *a (kitchen) sink*
des qualités (f pl) — *advantages; qualities*
un rasoir (électrique) — *a(n) (electric) razor*
un réveil — *an alarm clock*
le rouge à lèvres — *lipstick*
un sèche-cheveux — *a hairdryer*
une serviette de bain — *a towel*
le shampooing — *shampoo*
le sous-sol — *the basement*
une station (de métro) — *a (metro) stop*

Verbes

s'arranger — *to work out*
arriver — *to happen*
débarrasser la table — *to clear the table*
faire sa toilette — *to wash up*
s'installer — *to settle down; to move in*
passer l'aspirateur — *to vacuum*
passer la tondeuse — *to mow the grass*
se remettre — *to get well*
se sécher (les cheveux) — *to dry (one's hair)*

Adjectifs

disponible — *available*
prêt(e) — *ready*
quotidien(ne) — *daily*
rangé(e) — *organized*
tout confort — *luxury*

Mot divers

en désordre — *untidy, disorderly*

Là tout n'est qu'ordre et beauté
Luxe calme et volupté
Charles Baudelaire, *Invitation au voyage*

Voyager en France

This chapter will provide you with an insider's view of France, its distinctive regions and its world-renowned capital, Paris. You will learn tips for travel on a student budget, and expressions for asking for directions and for reserving a room in a hotel. You will also explore the question of national identity.

Thème: Paris, j'aime!
Structure 11.1: Talking about the future *Le futur*

Pratique de conversation: Comment se repérer en ville

Thème: Voyager pas cher
Structure 11.2: Finding out what you need and asking for information *Avoir besoin de et les mots interrogatifs (suite)*

Pratique de conversation: Comment réserver une chambre d'hôtel

Perspectives culturelles: La France et ses régions
Voix en direct: Quelle région de la France vous tient le plus à cœur?

Thème: Explorons la France
Structure 11.3: Making past participles agree with the helping verb **avoir** *L'accord du participe passé avec l'auxiliaire* **avoir**

Thème: Les symboles de la France et l'identité nationale
Structure 11.4: Talking about what you see and what you believe *Les verbes* **voir** *et* **croire**

Perspectives culturelles: Les Québécois et l'identité francophone
Prononcez! Les accents du français

À lire, à découvrir et à écrire
Lecture: *Le Message* de Jacques Prévert
ilrn Voix en direct (suite)
Expression écrite
À vos marques, prêts, bloguez!
Composez votre propre poème!

Ressources
🔊 Audio ▶ Video **ilrn** ilrn.heinle.com
🌐 www.cengagebrain.com

Paris, j'aime!

Depuis des siècles, la France et Paris, sa capitale prestigieuse, exercent une attraction mythique dans le monde entier. Grâce à une longue tradition de centralisation, la capitale domine tous les aspects de la vie française: culturel, économique et politique. Pour le touriste qui y arrive pour la première fois, Paris est une ville-musée, pleine de monuments et de bâtiments anciens, une ville imaginée à travers les livres, les publicités *(ads)* et les cartes postales. Mais c'est aussi une ville tournée vers l'avenir. Sa perspective moderne est évidente dans son architecture contemporaine qui apparaît à côté de vieux bâtiments *(buildings)* dans ses quartiers historiques. Paris, c'est le parfait équilibre entre la tradition et le modernisme.

Quelles sont vos impressions de Paris? Êtes-vous d'accord avec la phrase «Paris, c'est le parfait équilibre entre la tradition et le modernisme»? Pourquoi ou pourquoi pas?

Structure 11.1

Talking about the future *Le futur*

You have already learned to use the **futur proche.** This **thème** introduces the **futur,** another future tense. See pages 346–347 for further information on this tense and its forms.

Notez et analysez

First study the captions beneath the photos of Paris on the next two pages for suggestions about places to visit. Then read them over again, focusing on the verbs in boldface. What is the base form of the future tense of the verbs **voir, observer, trouver, avoir, pouvoir,** and **amuser?** Which verbs have irregular base forms? Jot them down.

Quand vous serez à Paris...

Le musée d'Orsay possède des œuvres de la seconde moitié du 19e siècle, de 1848 à 1914. Vous y **verrez** la plus grande collection d'art impressionniste du monde.

N'oubliez pas de visiter le musée du Louvre, l'ancien palais des rois, où vous **trouverez** la Joconde *(Mona Lisa)*. Il y **aura**, sans doute, une foule de gens *(crowd of people)* assemblée devant ce petit tableau.

Passez un moment agréable sur la place devant le centre culturel Pompidou, qu'on appelle familièrement Beaubourg. Vous y **verrez** des mimes, des musiciens, des acrobates et des cracheurs de feu *(fire swallowers)* qui vous **amuseront.**

Le Quartier latin, avec ses cafés, ses librairies et ses universités, est le centre des étudiants de Paris. Assis(e) *(Seated)* à la terrasse d'un café, vous **observerez** toutes sortes de gens intéressants qui passent dans la rue.

Si vous avez envie de visiter un quartier riche en diversité ethnique qui vous **offrira** un beau panorama de Paris, montez au Sacré-Cœur.

À La Villette vous **écouterez**—souvent gratuitement—des genres de musique différents joués par des musiciens venant de tous les coins du monde.

Faites une balade sur l'avenue des Champs-Élysées. Au bout de cette grande avenue avec ses cafés, ses salles de cinéma et ses magasins célèbres, tels que Louis Vuitton et Sephora, vous **aurez** une vue de l'Arc de Triomphe jusqu'à la pyramide du Louvre.

Flânez le long du quai Saint-Martin. Ici, vous **pourrez** voir Paris dans toute sa diversité.

Pour un moment de détente *(relaxation)*, nous vous proposons une visite du Jardin du Luxembourg. Vous pourrez vous reposer au calme.

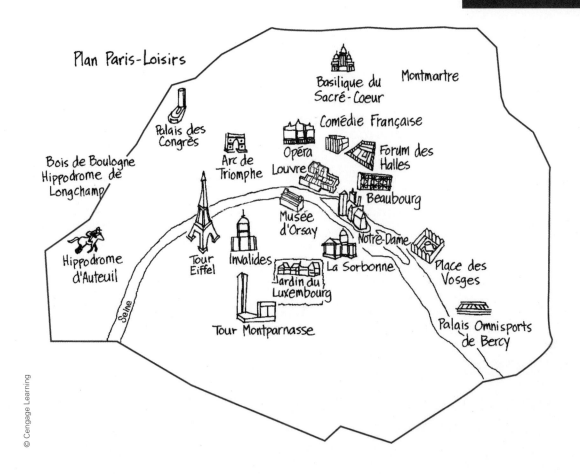

Plan Paris-Loisirs

Basilique du Sacré-Coeur — Montmartre

Palais des Congrès

Comédie Française

Opéra

Forum des Halles

Bois de Boulogne Hippodrome de Longchamp

Arc de Triomphe

Louvre

Beaubourg

Hippodrome d'Auteuil

Tour Eiffel

Invalides

Musée d'Orsay

Notre-Dame

Place des Vosges

La Sorbonne

Jardin du Luxembourg

Tour Montparnasse

Palais Omnisports de Bercy

Seine

Activité 1 **Itinéraire touristique**

En vous servant des photos des monuments de Paris aux pages 325–326 et du plan Paris-Loisirs ci-dessus, indiquez où iront les touristes suivants en employant le futur des verbes donnés.

> **Modèle:** M. Tognozzi aime les courses de chevaux *(horse racing)*. Il (aller)…
> *Il ira à l'Hippodrome d'Auteuil.*

1. M. et Mme Schmitz veulent visiter la tour qui est devenue le symbole de Paris. Ils (monter)…

2. Mme Tanaka adore les peintres impressionnistes. Elle (visiter)…

3. Ses enfants, Yuki et Noriko, préfèrent jouer au parc. Ils (aller)…

4. Vous voulez prendre un goûter dans un café élégant, tout en regardant *(while looking at)* l'Arc de Triomphe. Vous (prendre) un café…

5. Je n'aime pas tellement les musées ni les monuments. Je préfère me détendre dans le quartier des étudiants. Je (passer) la journée…

6. Geraldo aime le théâtre de rue. Il (regarder) les mimes et les musiciens…

7. Ma mère veut se promener et voir Paris dans toute sa diversité. Elle (passer) la journée…

8. Nous ne voulons pas quitter Paris sans voir la Joconde. Cet après-midi, nous (visiter)…

Comment se repérer en ville

 CD3-2 **Expressions utiles**

La première chose à dire avant de demander un renseignement

Pardon / Excusez-moi, monsieur/ madame/mademoiselle…

Est-ce que je peux vous déranger?

Pour demander son chemin

Vous pouvez me dire où se trouve le Louvre?

S'il vous plaît, où se trouve le Louvre?

Pardon, monsieur, le Louvre, s'il vous plaît?

Dans quelle direction est le Louvre?

C'est loin / près d'ici?

Pour indiquer le chemin

Vous quittez la gare et vous allez vers le centre-ville.

Prenez le boulevard…

Continuez tout droit *(straight ahead)*.

Tournez à gauche sur le boulevard… à droite dans la rue…

Vous allez jusqu'au bout *(end)* de la rue… jusqu'à la rue…

Vous allez traverser la place et l'opéra Bastille est en face de vous.

> **Réfléchissez et considérez**
>
> How do you approach someone for directions? In French, **Est-ce que je peux vous déranger?** is effective for approaching a stranger for help.

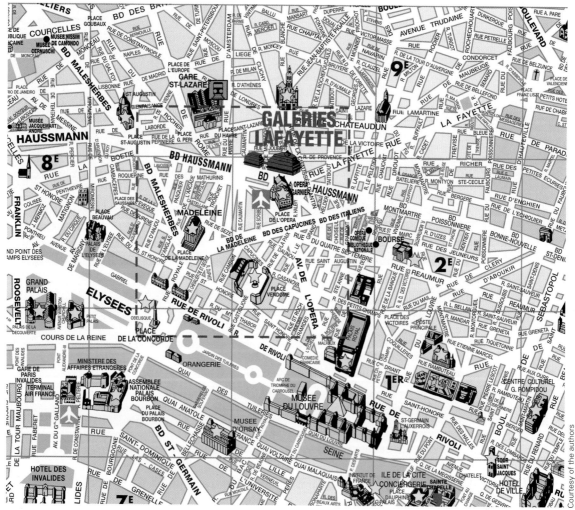

Plan de Paris, Galeries Lafayette

CD3-3

Écoutons ensemble! Pardon monsieur, je cherche...

Un touriste vient de faire ses achats aux Galeries Lafayette. Maintenant, on lui explique comment aller à sa prochaine destination. Où veut-il aller? (Regardez la carte à la page 328.) Écoutez les explications et choisissez parmi les destinations suivantes:

la gare Saint-Lazare	l'Hôtel de Ville	le Palais de l'Élysée
le musée du Louvre	le musée d'Orsay	l'opéra Bastille

Activité 2 Quelle destination?

Vous êtes aux Galeries Lafayette (voir page 328). Suivez les instructions et donnez la destination finale.

1. Mais il est tout près! Vous sortez du magasin et vous traversez le boulevard Haussmann. Il est juste en face. L'entrée du bâtiment se trouve sur la place de l'Opéra.

2. Vous quittez le magasin et vous traversez le boulevard Haussmann. Continuez jusqu'à la place de l'Opéra. Vous traversez le boulevard des Capucines et vous suivez l'avenue de l'Opéra jusqu'à la rue de Rivoli. Il sera devant vous.

3. Ce n'est pas loin. Vous sortez du magasin et vous prenez le boulevard Haussmann à droite. À la rue de Rome, vous tournez à droite à nouveau *(again)*. Vous la verrez devant vous.

Activité 3 Jouez la scène!

Demandez à l'agent de police devant le musée d'Orsay comment aller aux endroits indiqués. Suivez le modèle avec un(e) partenaire.

> Modèle: le Jardin des Tuileries
> —*Vous pouvez me dire où se trouve le Jardin des Tuileries?*
> —*Bien sûr, mademoiselle. Vous prenez le quai Anatole France jusqu'au pont Solferino. Tournez à droite et traversez le pont. Continuez tout droit et le jardin sera juste devant vous.*

1. l'Hôtel de Ville
2. le Grand Palais
3. le Centre Pompidou
4. le Louvre
5. la place Vendôme

Activité 4 Soyez prêt(e) à tout!

Complétez les phrases suivantes en disant ce que vous ferez pendant votre voyage dans les situations données.

> Modèle: Si tous les musées sont fermés le mardi...
> *Si tous les musées sont fermés le mardi, je passerai la journée dans les cafés du Quartier latin.*

1. S'il pleut...
2. Si les restaurants sont trop chers...
3. Si je suis invité(e) chez une famille française...
4. S'il fait très chaud...
5. S'il y a beaucoup de touristes...
6. Si je perds ma carte bancaire...
7. Si nous ne pouvons pas trouver d'hôtel...

© Kim Jansma

La maison de Monet à Giverny

Avec un(e) camarade, choisissez votre itinéraire dans la région parisienne. Où irez-vous chaque jour de votre visite?

Suggestions: acheter, admirer, assister à, faire, regarder, rester, visiter

Modèle: — *Où est-ce que tu iras le premier (deuxième, troisième) jour?*
Qu'est-ce que tu y feras?
— *Je visiterai la maison de Monet. J'admirerai les beaux jardins.*

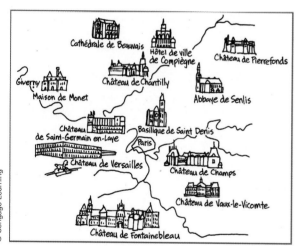

© Cengage Learning

Paris	le musée du Louvre	la Joconde
	le Quartier latin	une promenade
	le musée d'Orsay	l'art impressionniste
	Roland-Garros	un match de tennis
	le Marais	un pique-nique sur la place des Vosges
Giverny	la maison de Monet	ses beaux jardins
Versailles	le château	la galerie des Glaces

Sites touristiques dans la région parisienne

 Activité 6 **Votre prochain voyage**

Interviewez votre camarade sur son prochain voyage.

1. Où est-ce que tu iras?
2. Avec qui voyageras-tu? Comment?
3. Tu voyageras pendant quelle saison? Pourquoi?
4. Qu'est-ce que tu y feras?
5. Pendant combien de temps y resteras-tu?
6. Est-ce que tu logeras à l'hôtel? dans une auberge de jeunesse? Tu feras du camping?

Voyager pas cher

Structure 11.2

Finding out what you need and asking for information *Avoir besoin de et les mots interrogatifs (suite)*

The expression **avoir besoin de** is introduced here in the context of travel needs. See pages 348–349 for an explanation of this structure and a presentation of interrogative pronouns.

Notez et analysez

Look over the mini-dialogue. What follows **avoir besoin de** before nouns you can count, before nouns you can't count, and before an infinitive? Find the other French expression that is roughly equivalent to **avoir besoin de**.

— **On a besoin de quoi** pour voyager en France?
— On **a besoin d'**un passeport, et, bien sûr, on **a** toujours **besoin d'**argent. Si vous logez dans un hôtel à Paris en été, vous **aurez besoin d'**une réservation.
— Est-ce qu'il est nécessaire de savoir parler français?
— On n'**a** pas **besoin de** parler français, mais c'est un gros avantage.

Les transports

Le métro

Avec la formule **Paris Visite,** vous pouvez voyager un, deux, trois ou cinq jours en métro et en bus. Si vous comptez rester une semaine ou un mois à Paris, achetez un passe Navigo Découverte. Cette carte vous permet d'utiliser tous les transports en commun sans limites sur le nombre des voyages.

Le train

Profitez de votre jeunesse! Achetez un **Eurail Pass étudiant** à votre agence de voyages aux États-Unis pour obtenir des tarifs réduits dans les trains. Il y a aussi **la carte Jeune** et **la carte Inter-Rail,** mais elles sont réservées aux Européens.

Le vélo

Le vélo est un excellent moyen de transport pour le touriste sportif qui ne veut pas consommer d'essence. À Paris, il y a maintenant **Vélib'.** On loue un vélo dans une station et on le dépose dans une autre. Et c'est gratuit pour la première demi-heure!

Source: Navigo

Franck Guiziou/Photolibrary

L'hébergement

Les auberges de jeunesse

La carte de la Fédération unie des auberges de jeunesse vous donne accès aux auberges dans plus de cinquante pays! Rencontrez d'autres voyageurs venant du monde entier. Vous trouverez souvent un accès Wi-Fi, une cuisine équipée et des activités sportives et culturelles.
Le prix? 2,00€ à 22,50€ par nuit.
Réservez en ligne!

Le camping

La France vous offre un grand nombre de terrains de camping aménagés *(full-service campgrounds)*. Ils se trouvent près des centres urbains aussi bien qu'à la campagne. Venez en caravane ou apportez votre tente et votre sac de couchage *(sleeping bag)*.

Les repas

Les boulangeries-pâtisseries

Pour un sandwich, c'est pratique d'aller dans une boulangerie-pâtisserie. Certaines d'entre elles préparent de bons sandwiches à emporter *(take out)*.

Les guides en ligne

En ligne, vous trouverez des guides qui suggèrent des restaurants et des bistrots à petit prix et des bons plans pour des visites gratuites et pas chères. Tapez **manger pas cher.**

Les activités

Les musées

Une carte d'étudiant internationale vous donne droit à des réductions dans beaucoup de musées.

Le cinéma

Le tarif est réduit pour les étudiants tous les jours sauf le vendredi, le samedi et les jours fériés.

Les boîtes de nuit

Hélas pour les clubs, pas de réduction, et les prix sont élevés dans les clubs branchés *(trendy)*. Dansez toute la nuit au son de la musique techno, salsa, groove, hip hop ou house. Tenue chic de rigueur *(fashionable attire required)*!

Paris-Plage

Aux mois de juillet et d'août, c'est Paris-Plage. Oui! Les bords de la Seine se transforment miraculeusement en plage. Palmiers, pétanque *(a game similar to bocce ball)*, pistes de danse *(dance floors)*: tout est gratuit!

Activité **7** **Pour voyager pas cher, on a besoin de...**

Complétez les phrases suivantes avec les informations nécessaires.

1. Pour voyager en train à tarif réduit, on a besoin d'un _____.

2. Pour voyager en métro pendant un mois, on a besoin d'un _____.

3. Pour rouler en toute tranquillité dans la nature et en ville, les touristes peuvent voyager _____.

4. Pour faire du camping en France, on a besoin d'une _____ ou d'une caravane.

5. Pour loger dans une auberge de jeunesse, on a besoin d(e) _____.

6. On peut regarder _____ pour trouver des restaurants à _____ prix.

7. Hélas! Pour aller dans les clubs, on a besoin de _____ des vêtements assez chics.

© Philip Lange/Shutterstock.com

Activité **8** **À discuter**

Répondez aux questions suivantes.

1. Quels sont les avantages du vélo?

2. Quelles sont les options pour le voyageur qui ne veut pas payer cher pour une chambre d'hôtel?

3. Loger dans une auberge de jeunesse offre quels avantages?

4. Quels sont les tarifs spéciaux offerts aux étudiants ou aux jeunes?

5. Où est-ce qu'on peut acheter un sandwich à emporter *(take out)*?

Comment réserver une chambre d'hôtel

 Expressions utiles
CD3-4

Pour le touriste

double bed

Je voudrais une chambre (pas trop chère)
  (pour deux personnes) avec   un grand lit°.
                          salle de bains.
                          douche.

C'est combien, la nuit?

facing the courtyard

Avez-vous   une chambre qui coûte moins cher?
               une chambre qui donne sur la cour°?
               quelque chose d'autre?

Est-ce que vous avez une connexion Wi-Fi *(pronounced **weefee**)* pour Internet?
Est-ce que le petit déjeuner est compris?
Bon (Cela me convient très bien). Je la prends.
Y a-t-il un autre hôtel près d'ici?

Pour le/la réceptionniste

Vous êtes combien?
Je vous propose une chambre au deuxième étage avec salle de bains et câble.

full

Je suis désolé(e). L'hôtel est complet°.
Le petit déjeuner est compris.

extra charge

Il y a un supplément° de huit euros pour le petit déjeuner.

Take the elevator

Prenez l'ascenseur° jusqu'au troisième étage.

 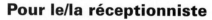 **Écoutons ensemble! À l'hôtel**
CD3-5

Écoutez le dialogue et choisissez les mots qui manquent pour le compléter.

RÉCEPTIONNISTE: Bonjour, monsieur. Je peux vous _____?
a. renseigner
b. écouter
c. renvoyer

TOURISTE: Oui, madame. Je cherche une chambre _____.
a. avec salle de bains
b. pour une personne avec salle de bains
c. pour une personne avec douche

RÉCEPTIONNISTE: Voyons… Nous avons une chambre _____.
a. au quatrième avec télévision
b. au quatrième avec câble
c. au quatrième qui donne sur la rue

TOURISTE: Elle fait combien?

RÉCEPTIONNISTE: C'est _____.
a. cent vingt-cinq euros la nuit
b. cent trente euros la nuit
c. quatre-vingts euros la nuit

TOURISTE: Est-ce que _____?
a. vous avez quelque chose de moins cher
b. le petit déjeuner est compris
c. vous avez quelque chose qui donne sur la cour

RÉCEPTIONNISTE: Oui.

TOURISTE: Alors, je la prends.

 CD3-6　**Activité 9** **Au Vieux Manoir**

A.　Une touriste arrive à l'hôtel du Vieux Manoir. Écoutez et complétez la conversation.

RÉCEPTIONNISTE:　Bonjour, monsieur. Est-ce que je peux vous aider?

TOURISTE:　_____

RÉCEPTIONNISTE　Il reste la chambre 23 qui donne sur la rue. Combien de nuits comptez-vous rester?

TOURISTE:　_____

RÉCEPTIONNISTE:　65 euros la nuit.

TOURISTE:　_____

RÉCEPTIONNISTE:　Oui, le petit déjeuner est compris.

TOURISTE:　_____

RÉCEPTIONNISTE:　Voici la clé. Prenez l'ascenseur jusqu'au deuxième étage.

TOURISTE:　_____

B.　Maintenant, jouez le dialogue devant la classe avec un(e) partenaire.

🌐 **Explorez** en ligne

Use a French search engine to go to **la Féderation unie des auberges de jeunesse** (fuaj.org). First, use the pull down screen to choose a region you'd like to visit. Then look at several hostels listed there. Check out the services, sites to visit in the region and suggested activities. Finally, select the hostel of your choice, list its amenities, and explain why you'd like to stay there. Write down 4 words or useful expressions you learned from visiting the site.

 Activité 10 **À l'auberge de jeunesse**

Créez un dialogue entre le voyageur (la voyageuse) et le/la réceptionniste à l'auberge de jeunesse en utilisant les éléments de la brochure à droite.

Si vous êtes le voyageur (la voyageuse), vous voulez savoir…

- s'il y a encore de la place
- le tarif pour une nuit
- l'heure où on ferme les portes de la réception
- si l'auberge est près du centre-ville
- quels sont les lieux touristiques intéressants sur le Mont Saint-Michel

Si vous êtes le/la réceptionniste, vous voulez savoir…

- le nombre de personnes qui veulent loger à l'auberge
- si les voyageurs veulent prendre le petit déjeuner
- s'ils sont membres de la Fédération unie des auberges de jeunesse
- l'heure de leur arrivée
- s'ils ont d'autres questions

Auberge de Jeunesse

L'Auberge de Jeunesse est installée dans un ancien moulin à eau, niché dans une petite vallée boisée, à 2 km du centre ville et 600 m du port de plaisance. Dinan est une charmante cité médiévale, qui vous reposera après la visite de hauts lieux touristiques (Saint-Malo, Mont-Saint-Michel).

Hébergement
70 lits, répartis en chambre de 4,5,6 et 8 lits (majoritairement). Une chambre de 3 lits avec sanitaires.

Accueil
Individuels, familles adhérentes, groupes.

Ouverture
Du 01/02 au 31/12
Accueil de 9h00 à 12h00 et de 17h00 à 20h00 en semaine, horaires variables le week-end.

Réservations et informations
Tel : 02 96 39 10 83 - Fax : 02 96 39 10 62 - France Fax, Internet.

La France et ses régions

scenery

La France est connue pour la richesse de ses paysages° et la diversité de ses régions, chacune d'elles avec son identité unique. La topographie, l'architecture, le climat, la gastronomie et même les dialectes se transforment d'une région à une autre. Alors, quittons la ville de Paris et visitons la France profonde!

Maisons sur la côte en Bretagne

"Quittons la ville de Paris et visitons la France profonde!"

Voix en direct
CD3-7

Quelle région de la France vous tient le plus à cœur[1]?

En France, on parle souvent de Paris et des provinces—tout ce qui n'est pas Paris. Parlez-nous de cette distinction.

Delphin Ruché
27 ans, ornithologue français en séjour à Los Angeles

Je trouve que c'est très, très, très important de…, si on veut aller en France et découvrir la France—je pense que c'est très important de voir quelque chose d'autre que Paris. Parce que Paris est très particulier, mais je pense que ça—ce n'est pas représentatif de la France. Et on peut se déplacer sur de[s] très courtes distances[2] et voir des choses très, très, très différentes. Ah, souvent les Parisiens—les gens qui habitent à Paris—pensent qu'il y a deux… deux catégories en France—il y a Paris et la province, et là, pour eux, la province, c'est tout ce qui (n')est pas Paris—tout ce qui est autour de Paris, en France. Mais quand on connaît un peu la France, on s'aperçoit[3] que la province, c'est beaucoup, beaucoup de, de régions qui sont très, très différentes l'une de l'autre.

Parlez-nous d'une région qui vous tient à cœur.

[Pourtant,] je suis quelqu'un qui aime beaucoup la nature sauvage[4], donc les endroits sauvages. Et euh… j'ai eu beaucoup de plaisir à voyager dans les montagnes, et les Pyrénées en fait. Et j'aime beaucoup, beaucoup… parce qu'il y a beaucoup de contrastes. Les Pyrénées forment la frontière entre la France et l'Espagne. Parce que le versant[5] français est très vert, très…, [avec] beaucoup de forêts, beaucoup de…, beaucoup d'eau et le versant espagnol est très sec; le versant espagnol est presque désertique.

[1]*is special to you* [2]*travel short distances* [3]*notices* [4]*wilderness* [5]*côté*

D'où est-ce que vous venez?

Je viens du sud de la Bretagne, une petite région qui s'appelle la Presqu'île Guérandaise, c'est à côté de la ville de Nantes. Elle est assez grande, mais pas trop grande, comme Paris, et il y a beaucoup d'activités culturelles. Il y a une grande université.

Est-ce que c'est la région de la France qui vous tient le plus à cœur?

Oui, j'adore cette région. J'adore cette région. C'est—euh, comment dirais-je—c'est très beau, très différent, c'est une petite ville très ancienne, c'est une ville médiévale au bord de la mer, et euh, il y a le meilleur sel au monde. Le sel de Guérande.

Laurence Denié-Higney

34 ans, professeur de français en Californie

Réfléchissez aux réponses

1. Selon Delphin, quelle est l'attitude des Parisiens envers *(towards)* les régions de la France?

2. Est-ce qu'il faut voyager loin pour voir des paysages *(sceneries)* différents?

3. Delphin aime les Pyrénées. Pourquoi?

4. Laurence vient d'une région connue pour un produit qu'on utilise tous les jours. Qu'est-ce que c'est?

5. Quelle région des États-Unis vous tient le plus à cœur? Pourquoi?

Explorons la France

Structure 11.3

Making past participles agree with the helping verb *avoir* *L'accord du participe passé avec l'auxiliaire* **avoir**

You have already learned how to make the past participle agree with the subject when you're using the **passé composé** with the auxiliary **être.** Here you will learn agreement rules for past participles of verbs conjugated with **avoir.** For additional practice, see page 350.

Notez et analysez

First look at the dialogue between the host and his visitors. Then read over the dialogue again, paying attention to the words and letters in boldface. Write down the noun that each direct object pronoun is replacing. What effect do these pronouns have on the following past participle?

Des touristes blasés

HÔTE: Il faut visiter les grottes *(caves)* du Périgord.
TOURISTES: Nous **les** avons déjà visit**ées**.
HÔTE: Je recommande les châteaux de la Loire.
TOURISTES: Nous **les** avons déjà vu**s**.
HÔTE: Et le Mont-Saint-Michel?
TOURISTE: Je **l'**ai visité pendant mon dernier voyage.
HÔTE: Et l'Alsace… à la frontière avec l'Allemagne?
TOURISTE: Nous **l'**avons explor**ée** l'année dernière.
HÔTE: Et les plages **que** vous avez vu**es** sur la Côte d'Azur. Elles sont belles, n'est-ce pas?
TOURISTES: Oui, mais pas plus belles que les plages de Californie.

LA NORMANDIE
le Mont-St. Michel

LA VALLÉE
DE LA LOIRE

L'ALSACE

LE PÉRIGORD

LA CÔTE
D'AZUR

© Kim Jansma

© Kim Jansma

Tom Pepeira/Iconotec/Photolibrary

David Ball/Index Stock Imagery/Photolibrary

Rick Strange/Index Stock Imagery/Photolibrary

© Cengage Learning

Activité 11 **Testez votre esprit d'analyse**

Lisez le dialogue «Des touristes blasés» avec un(e) partenaire. Puis complétez ensemble l'analyse grammaticale suivante.

1. Nous **les** avons déjà visit**ées**.
   Le pronom **les** remplace le mot _____. Il faut ajouter les lettres _____ au participe passé **visité** parce que l'antécédent *(preceding)* du pronom est _____. (Donnez le genre et le nombre.)

2. Nous **les** avons déjà vu**s**.
   Le pronom **les** remplace le mot _____. Il faut ajouter la lettre _____ au participe passé **vu** parce que l'antécédent du pronom est _____.

3. Je **l'**ai visité pendant mon dernier voyage.
   Le pronom **l'** remplace le mot _____. Il n'est pas nécessaire de changer le participe passé parce que l'antécédent du pronom est _____.

4. Nous **l'**avons explor**ée**…
   Le pronom **l'** remplace le mot _____. Il faut ajouter la lettre au participe passé **exploré** parce que l'antécédent du pronom est _____.

5. Et les plages **que** vous avez vu**es**…
   Le pronom relatif **que** remplace le mot _____. Il faut ajouter les lettres _____ au participe passé parce que l'antécédent du pronom est _____.

Activité 12 **Un(e) touriste difficile**

Un agent de voyages aide un(e) client(e) difficile à préparer son itinéraire pour un voyage en France. Trouvez la réponse qu'il/elle donne à chaque suggestion.

L'agent de voyages

1. Il faut visiter les grottes *(caves)* dans le Périgord.

2. Alors, je vous recommande de visiter les châteaux de Chenonceau et de Chambord dans la vallée de la Loire. Ils sont magnifiques!

3. Eh bien, vous avez vu les beaux villages alsaciens à la frontière de l'Allemagne?

4. Vous adorez la mer, n'est-ce pas? Alors, visitez la Bretagne près de l'océan Atlantique et de la Manche.

5. Alors, sur la Côte d'Azur, il faut aller à Nice et à Saint-Tropez!

Le/La client(e)

a. Nice et Saint-Tropez? Je les ai déjà visit**ées**. J'aimerais voir quelque chose de différent.

b. Les châteaux? Je ne les ai pas visit**és**. Mais je n'ai pas envie d'y aller. Il y a trop de touristes.

c. Les grottes préhistoriques? Je les ai déjà vu**es**. Une visite, c'est assez.

d. La Bretagne, je ne l'ai pas visit**ée**. Mais je préfère les plages de la Méditerranée.

e. Les villages d'Alsace? C'est vrai, je ne les ai pas vu**s**. C'est peut-être une bonne idée d'y aller.

Des randonneurs veulent vérifier qu'ils ont bien toutes leurs affaires *(supplies)*. Chacun porte quelque chose pour l'excursion dans son sac à dos. Lemuel, un peu nerveux, veut être sûr qu'on n'a rien oublié de la liste. Suivez le modèle.

> **Modèle:** la boussole *(compass)*
> — *Qui a pris la boussole?*
> — *Lila l'a prise.*

a. Harmut / cartes topographiques

b. Renate / sandwiches

c. Dagmar / crème solaire *(f)*

d. Kristen / lampes électriques

e. Stéphane / allumettes *(f pl)*

f. Jean / couteau suisse

g. Rainer / jumelles *(f pl)* *(binoculars)*

h. Sheila / eau *(f)*

Liste

1. la boussole
2. la crème solaire
3. l'eau
4. les sandwiches
5. les lampes électriques
6. les cartes topographiques
7. les allumettes
8. le couteau suisse
9. les jumelles

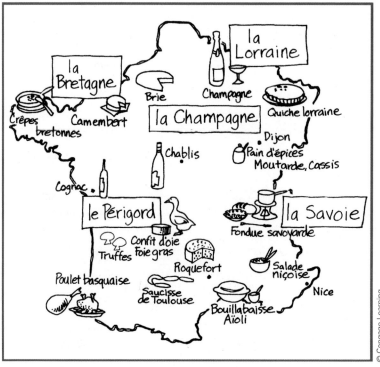

La France produit une variété extraordinaire de fromages, de vins et d'autres produits agricoles de renommée *(renown)* mondiale. Chaque produit est identifié à la région ou à la ville d'où il vient. Les Français sont très fiers de ces produits «du terroir» *(regional)*. Le vrai champagne, par exemple, est fabriqué en Champagne. Ce qu'on appelle le champagne aux États-Unis est souvent du vin mousseux *(sparkling wine)*.

Activité **14** La France gastronomique

Utilisez la carte gastronomique et créez des phrases avec les produits suivants. Utilisez les verbes **manger**, **acheter** et **boire** et les adjectifs **délicieux**, **authentique**, **bon** et **excellent**.

> **Modèle:** les crêpes
> *Les crêpes qu'on a mangées en Bretagne étaient délicieuses.*

1. le champagne

2. la quiche

3. le foie gras

4. la salade niçoise

5. les truffes *(f pl)* *(truffles)*

6. le Roquefort

Notez et analysez

Find one example of the verb **voir** used metaphorically. How would you say *I don't think so* and *You think so?* in French?

Les symboles de la France et l'identité nationale

Le drapeau français, le tricolore

Structure 11.4

Talking about what you see and what you believe *Les verbes **voir** et **croire***

The irregular verbs **voir** and **croire** are introduced here in the context of cultural beliefs. See pages 351–352 for their forms.

— Tu **vois?** Le drapeau français a les mêmes couleurs que le drapeau américain.
— Les paroles de l'hymne national français sont trop violentes et agressives.
— **Tu crois? Moi, je ne crois pas.** J'aime bien la Marseillaise.
— Marianne est le symbole de la France républicaine. **Tu vois?** La devise de la République française c'est «Liberté, égalité, fraternité». **Je crois** que ce sont des valeurs importantes à défendre.
— Est-ce que la fleur de lys est le symbole du gouvernement français aujourd'hui?
— Je **crois que non.** C'est le symbole de la France royale.

La Marseillaise, l'hymne national français

 Activité 15 Attitudes—Qu'est-ce que tu crois?

Avec un(e) partenaire, posez-vous des questions et répondez-y à tour de rôle. Utilisez les expressions du modèle.

> **Modèle:** Est-ce que les jeunes Français admirent le patriotisme traditionnel?
> *Je crois que oui. / Je crois que non. / Je ne sais pas.*

1. Le drapeau français s'appelle-t-il le tricolore?
2. Est-ce qu'on a écrit l'hymne national américain pendant la Révolution américaine?
3. Est-ce que la fleur de lys est un symbole de la France républicaine?
4. Est-ce que «Liberté, égalité, fraternité» est la devise *(motto)* de la France?

Liberté • Égalité • Fraternité
RÉPUBLIQUE FRANÇAISE

La devise *(motto)* de la République française avec l'image de Marianne, symbole de la France républicaine.

Activité 16 Testez-vous!

1. Quelle est la devise des États-Unis?
2. L'hymne national américain, comment s'appelle-t-il?
3. Quelle femme symbolise les États-Unis?

Activité 17 Interaction

Interviewez votre camarade sur ses croyances. Demandez-lui d'élaborer sur quelques réponses.

> **Modèle:** OVNI (objets volants non identifiés) *(UFOs)*
> — *Crois-tu aux OVNI?*
> — *Oui, j'y crois. / Non, je n'y crois pas. / Je ne sais pas.*

1. le destin *(fate)*
2. l'astrologie
3. le grand amour
4. le paradis
5. le karma
6. l'amitié *(friendship)*
7. les miracles
8. les voyants *(fortune tellers)*
9. les extra-terrestres
10. le pouvoir transformateur de l'art

Les Québécois et l'identité francophone

gave up

Quand la France a cédé° la Nouvelle-France (le Canada) aux Anglais au XVIIIᵉ siècle, le français est devenu une langue fragile en Amérique. Les Québécois—la minorité francophone au Canada—ont dû lutter° pour leur survie° culturelle.

have had to fight
survival

Le drapeau québécois, avec ses fleurs de lys, représente l'identification québécoise à la francophonie.

> **"Pour les jeunes Québécois d'aujourd'hui, la langue française symbolise toujours leur identité."**

Peaceful revolution

Traditionnellement, les symboles de l'identité québécoise ont été la langue française, le catholicisme—la religion des premiers colons français au Canada—et la famille. Après la Révolution tranquille° des années soixante, les écoles publiques ont largement remplacé l'école catholique dans l'éducation au Québec et l'église est devenue moins dominante dans l'éducation et dans la culture.

Mon pays ce n'est pas un pays, c'est l'hiver. Paroles célèbres de la chanson *Mon pays* de Gilles Vigneault

En 1977, on a voté la loi 101, ou Charte de la langue française. Avec cette loi, le français devient la seule langue de la région et les immigrés qui parlent une langue autre que le français sont scolarisés° en français. Pour les jeunes Québécois d'aujourd'hui, la langue française symbolise toujours leur identité. Mais ils voient aussi que c'est utile d'être bilingues, de parler français, anglais et même d'autres langues. Ils veulent être citoyens du Québec, du Canada et du monde.

taught

■ Avez-vous compris?

1. Quand est-ce que le français devient une langue fragile au Québec?
2. Les anglophones au Canada étaient protestants. Et les francophones?
3. Comment est-ce que la Charte de la langue française protège *(protects)* le français au Québec?
4. Est-ce que les jeunes Québécois croient que le français est un symbole important de leur identité culturelle?

CD3-8

■■■ **Prononcez! Les accents du français.**

Vous savez reconnaître *(recognize)* un Britannique ou un New Yorkais à son accent. Le monde francophone a aussi des accents reconnaissables. Écoutez la question suivante prononcée par quatre personnes différentes. Essayez d'identifier l'accent.

Hint: L'Alsace est près de l'Allemagne. Le français méridional est parlé près de l'Italie.

Je cherche une chambre à deux lits avec télé et Wi-Fi qui donne sur la cour. Non? Tu n'as rien?

1. ☐ alsacien ☐ parisien ☐ québécois ☐ méridional
2. ☐ alsacien ☐ parisien ☐ québécois ☐ méridional
3. ☐ alsacien ☐ parisien ☐ québécois ☐ méridional
4. ☐ alsacien ☐ parisien ☐ québécois ☐ méridional

■■■ **Situation à jouer!**

Vous voulez passer quelques jours dans les Alpes. Téléphonez à l'hôtel Le Grand Cœur à Méribel pour vous renseigner et faire des réservations. Le/La réceptionniste répondra à vos questions. Travaillez avec un(e) partenaire. Utilisez la brochure pour guider votre conversation.

Le Grand Cœur

72 *Relais de montagne*
Altitude 1650 m

36 chambres
H.S. 120/160 s.c.
1/2 pension/pers.

12 appartements
à partir 180 s.c.
1/2 pension/pers.

10 s.c.

oui avec supplément

oui

Chambéry 110 km
Genève-Lyon 150 km

Privée

500 m

3 km

P

*Déjeuner en terrasse, Ski, Vidéo, Sauna, Gym-room
Lunch on terrace, Skiing, Video, Sauna, Jacuzzi*

Menu 20/42 s.c.
Carte 40/60 s.c.

*Chalet de montagne raffiné et élégant situé au cœur de Méribel et des 3 Vallées.
Plein sud, au calme et en bordure des pistes*

Elegant, refined mountain chalet situated in the heart of Meribel and 3 Valleys alongside ski-slopes. South-facing.

73550 **MÉRIBEL**
(Savoie)
Tél. **79.08.60.03**
Télex 309 623
Fax. 79.08.58.38
Prop. Evelyne et Jean Buchert
F.H. non
F.A. 23-04/17-12

CC AE VISA DC E

www.relaischateaux.com, Le Grand cœur & SPA.

Lecture

Anticipation

Dans l'histoire *Boucle d'or (Goldilocks and the Three Bears),* les ours *(bears)* rentrent de leur promenade dans la forêt et trouvent leurs affaires en désordre. C'est la preuve *(evidence)* que quelqu'un est entré dans la maison. Mettez leurs observations dans le bon ordre.

Ils observent: _____ un lit où quelqu'un dort encore

_____ un lit où quelqu'un s'est couché

_____ une porte que quelqu'un a ouverte

_____ une chaise que quelqu'un a cassée *(broke)*

_____ un bol de céréales que quelqu'un a mangées

Dans le poème que vous allez lire, les objets sont aussi les témoins *(witnesses)* de l'histoire.

🔊 ## Le Message

CD3-9

Jacques Prévert

1 La porte que quelqu'un a ouverte
La porte que quelqu'un a refermée
La chaise où quelqu'un s'est assis
Le chat que quelqu'un a caressé

took a bite of   5 Le fruit que quelqu'un a mordu°
La lettre que quelqu'un a lue

knocked over   La chaise que quelqu'un a renversée°
La porte que quelqu'un a ouverte
La route où quelqu'un court encore

woods   10 Le bois° que quelqu'un traverse
La rivière où quelqu'un se jette
L'hôpital où quelqu'un est mort.

Jacques Prévert, "Le message" in *Paroles* © Editions GALLIMARD © Fatras / succession Jacques Prévert pour les droits électroniques

Ara Guler/Magnum Photos

▮▮ Compréhension et intégration

1. Imaginez ce mystérieux «quelqu'un». Est-ce un homme ou une femme?

2. Comment est-ce que vous l'imaginez?

3. Est-ce que cette personne était agitée *(upset)* quand elle est entrée dans la maison? Expliquez.

4. Quel est le message dans la lettre, d'après vous?

5. Comment cette personne y réagit-elle?

▮▮ Maintenant à vous!

Développez l'histoire suggérée par le poème.

Voix en direct (suite)

Go to **iLrn** to view video clips of French speakers talking about their impressions of the United States.

Expression écrite

🌐 À vos marques, prêts, bloguez!

Pour vous, quels sont les symboles américains les plus importants? Pourquoi? Y a-t-il une chanson qui symbolise votre nation que vous aimez particulièrement? Pourquoi? Écrivez vos réponses en français sur le blog et répondez à deux billets d'autres étudiants.

Composez votre propre poème!

Dans cette rédaction, vous allez développer un poème en suivant la structure du poème *Le Message* de Prévert. L'intrigue *(The plot)* doit se passer dans le passé.

■ **Première étape:** L'intrigue

Utilisez votre imagination pour inventer une intrigue.

a. Qui sont les personnages principaux?

b. Qu'est-ce qui se passe?

c. Où se passe la scène?

d. Quels sont les objets qui joueront un rôle dans le poème?

■ **Deuxième étape:** Commencez le poème

a. Faites une liste d'objets qui vont raconter l'histoire du poème.

b. Écrivez la première strophe *(verse)* en suivant le modèle de Prévert: objet—agent—action. Par exemple: La femme **(objet)** que quelqu'un **(agent)** a admirée **(verbe).**

c. Quand vous serez satisfait(e) de votre idée, composez un brouillon *(rough draft)* de votre poème.

■ **Troisième étape:** Travail en groupe

Distribuez des copies de votre brouillon aux membres de votre groupe, puis lisez le poème à haute voix. Demandez aux autres de deviner *(guess)* le sujet du poème. Ils vous donneront leurs suggestions pour améliorer *(to improve)* votre poème.

■ **Quatrième étape:** Écrivez la version finale!

Les régions de France

Avant de visionner

© Cengage Learning

Vous allez regarder une vidéo sur les différentes régions de France. Chaque région possède des caractéristiques, des paysages et des produits qui leur sont propres. Dans cette vidéo, vous allez en découvrir quelques-uns.

Les vignobles (*vineyards*) constituent un paysage typique dans plusieurs régions de France.

Quelques mots utiles

une cigogne	*stork*	outre-mer	*overseas*
un département	*department (territorial division)*	peuplé(e)	*populated*
se dérouler	*to take place*	PIB	*GDP (Gross Domestic Product)*
en métropole	*on the mainland*	privilégier	*to favor*
faire des emplettes	*to shop*	le reflet	*reflection*

Étudiez la liste de vocabulaire. Ensuite, complétez chaque phrase avec un mot ou une expression de la liste.

1. La France a plus de régions _____ qu'outre-mer.

2. La Martinique est un département de/d' _____.

3. Beaucoup de Français aiment _____ au marché.

4. _____ est un type d'oiseau.

5. Les Français qui habitent en ville ont plutôt tendance à _____ leur espace privé.

Pendant le visionnement

Associations

Regardez la vidéo. Sélectionnez le nom de la région correspondant à la description donnée.

1. le soleil
2. les départements et régions d'outre-mer
3. la région la plus peuplée
4. les cigognes
5. les monuments préhistoriques

a. La Réunion
b. La Bretagne
c. L'Alsace
d. La Provence
e. L'Île-de-France

▦ Quelques faits

Donnez la bonne réponse!

1. Nom souvent utilisé pour désigner la France métropolitaine: _____
2. Nombre de régions en France: _____
3. Nombre de départements d'outre-mer: _____
4. La vie se déroule dans les cafés et sur les marchés: _____
5. La vie se passe plutôt à l'intérieur, dans les espaces privés: _____

Après le visionnement

▦ Avez-vous compris?

Complétez chaque phrase d'après la vidéo que vous venez de voir.

1. La caractéristique qui définit le mieux la France est sa…
2. Les régions sont le reflet de divisions…
3. Les régions peuvent différer en termes de…
4. L'économie urbaine la plus importante en France est celle de (d')…
5. La Picardie et la Dordogne sont connues pour leurs…

♟♟ ▦ Discutons!

Discutez des questions suivantes avec un(e) partenaire.

1. Pourquoi croyez-vous que la France métropolitaine s'appelle «L'Hexagone»? Est-ce que votre pays, région ou province / état a un surnom (nickname)?
2. Pourquoi pensez-vous que la France a des régions et des territoires d'outre-mer? À votre avis, quelles sont les influences de ces régions sur la France métropolitaine et vice-versa?
3. Imaginez que vous allez voyager en France l'année prochaine. Quelles régions visiterez-vous? Quels plats traditionnels goûterez-vous? Quel temps fera-t-il dans ces régions?
4. Pour quels produits et caractéristiques géographiques votre région est-elle connue? Y a-t-il une région en France qui lui ressemble?

▦ Les images de la France

Share It! Dressez une liste des cinq régions françaises qui vous ont le plus marqué. Ensuite, cherchez sur Internet des images qui représentent bien chaque région et écrivez un titre publicitaire pour accompagner chaque groupe d'images. Postez vos publicités à **Share It!** (Ex: **Venez découvrir les plages de la Corse!**) Commentez une ou deux publicités d'un(e) camarade de classe.

Réfléchissez et considérez

The south of France is known for its open-air markets. Look at the photo below. What types of fruits and vegetables are for sale? How are they displayed? What time of year do you think it is based on the produce? How is this market different from those where you live?

© Thierry Maffeis

ⓘLrn

Vidéo Voyages! Watch a video about the region of **Alsace**.

ⓘLrn

Vidéo Voyages! Watch a video about the region of **Bretagne**.

Use the **iLrn** platform for more grammar and vocabulary practice.

Talking about the future *Le futur*

You have already learned to use the **futur proche** (**aller** + *infinitif*) for talking about the future. In this chapter you will learn another future tense, **le futur**. As its English equivalent, it is used more frequently in written than in casual speech and involves the notion of intent.

Ce week-end, je **vais voyager** à Marseille.	*This weekend I'm going to travel to Marseille.*
Je **voyagerai** en France cet été.	*I will travel to France this summer.*

The future stem of regular **-er** and **-ir** verbs is the infinitive. For **-re** verbs, drop the final **e** from the infinitive. The future endings are always regular. They are similar to the present tense forms of the verb **avoir**.

parler *(to speak)*	
je parler**ai**	nous parler**ons**
tu parler**as**	vous parler**ez**
il/elle/on parler**a**	ils/elles parler**ont**

partir *(to leave)*	
je partir**ai**	nous partir**ons**
tu partir**as**	vous partir**ez**
il/elle/on partir**a**	ils/elles partir**ont**

rendre *(to return, to give back)*	
je rendr**ai**	nous rendr**ons**
tu rendr**as**	vous rendr**ez**
il/elle/on rendr**a**	ils/elles rendr**ont**

Tu **partiras** pour Calais à 9h.	*You will leave for Calais at 9 o'clock.*
À l'hôtel, **parlera**-t-on anglais?	*Will they speak English at the hotel?*
Nous **rendrons** la voiture à la gare.	*We will return the car at the train station.*

The following verbs have irregular future stems:

infinitive	stem	future	infinitive	stem	future
être	ser-	je serai	venir	viendr-	je viendrai
avoir	aur-	j'aurai	voir	verr-	je verrai
aller	ir-	j'irai	vouloir	voudr-	je voudrai
faire	fer-	je ferai	savoir	saur-	je saurai
pouvoir	pourr-	je pourrai			

Vous **serez** président un jour!	*You will be president one day!*
Il y **aura** un concert dans la cathédrale ce soir.	*There will be a concert in the cathedral this evening.*

Stem-changing -er verbs such as **acheter, appeler,** and **essayer** use the third person form (**il/elle/on**) plus an **r,** rather than the infinitive as the future stem.

infinitive	stem	future
acheter	il/elle/on achète	j'achèterai
appeler	il/elle/on appelle	j'appellerai
essayer	il/elle/on essaie	j'essaierai

However, verbs like **préférer** (with **é** in the next-to-last syllable) are regular in the future (based on the infinitive).

Je crois qu'il **préférera** une visite guidée.   *I think he'll prefer a guided visit.*

Using the future in hypothetical clauses

Sentences with an *if* clause and a *results* clause use the present in the *if* clause and the future in the *results* clause.

S'il neige ce week-end, nous
   irons faire du ski.
If it snows this weekend,
   we'll go skiing.

The order of the two clauses can be reversed.

Nous **nous promènerons** s'il fait beau.   *We'll go for a walk if the weather's nice.*

Using the future in clauses following *when*

Unlike English, French uses the future after **quand, lorsque** *(when),* and **aussitôt que** *(as soon as)* when the main verb is in the future.

	quand	
future clause	aussitôt que	future clause
	lorsque	

Je **ferai** de longues promenades
   quand je **serai** à Paris.
Lorsqu'il **arrivera,** nous **mangerons.**
Je vous **téléphonerai** aussitôt que
   j'**aurai** des nouvelles.

I'll take long walks when I'm in Paris.

When he arrives, we'll eat.
I'll call you as soon as I get some news.

- -

Exercice 1   Comment sera l'an 2025? Complétez les phrases avec les verbes indiqués au futur.

1. J(e) _____ (avoir) quarante-cinq ans.

2. Le président des États-Unis _____ (être) une femme.

3. Nous _____ (trouver) des solutions à nos problèmes écologiques.

4. Tout le monde _____ (parler) deux langues.

5. Nous _____ (faire) des voyages interplanétaires.

6. Les États-Unis _____ (fabriquer) des voitures qui volent *(fly).*

7. On _____ (pouvoir) communiquer par télépathie.

8. Washington D.C. _____ (être) un état.

Exercice 2 De nombreuses villes françaises sont connues pour une caractéristique unique à chacune d'elles. Complétez les phrases suivantes pour expliquer ce que les touristes feront pendant leur voyage en France. Utilisez **être** dans la première partie de chaque phrase.

> **Modèle:** Quand mes parents _____ à Paris, ils _____ (voir) la tour Eiffel.
> *Quand mes parents seront à Paris, ils verront la tour Eiffel.*

1. Quand le président des États-Unis et sa femme _____ à Paris, ils _____ (visiter) l'Élysée, la résidence du président de la République française.
2. Lorsque Matt Damon _____ à Cannes, il _____ (aller) au célèbre festival.
3. Quand nous _____ à Strasbourg, nous _____ (prendre) un bon vin blanc.
4. Quand tu _____ à Versailles, tu _____ (faire) le tour du palais et de ses jardins.
5. Quand je _____ à Évian, je _____ (se baigner) dans le lac.

Exercice 3 Il y a toujours des conditions à considérer. Finissez les phrases suivantes en utilisant un élément approprié de la liste de droite. Utilisez le présent ou le futur selon le cas.

1. Tu auras de bonnes notes si…   tomber malade
2. Si vous ne mangez pas mieux…   vouloir, pouvoir
3. Ma mère viendra au campus quand…   étudier, faire ses devoirs
4. Je resterai chez moi ce soir si…   ne pas se dépêcher
5. Nous serons en retard si…   se reposer
6. Mes parents ne seront pas contents si…   avoir besoin d'étudier
7. Quand vous serez fatigué(e), vous…   rater *(to fail)* mes examens

Structure 11.2

Finding out what you need and asking for information *Avoir besoin de et les mots interrogatifs (suite)*

The structure **avoir besoin de** is useful for talking about what one needs. It can be followed by an infinitive, a count noun preceded by an article or a non-count noun.

avoir besoin de	+ article + noun	J'ai besoin d'un passeport.
	+ plural noun	Nous avons besoin de réservations.
	+ abstract or non-count noun	Elle a besoin de courage.
	+ infinitive	As-tu besoin d'étudier?

To ask a general question with **avoir besoin de,** move **de** to the front of the question followed by **qui** for people and **quoi** for things.

— **De qui** as-tu besoin?   — *Whom do you need?*
— J'ai besoin de mes amis.   — *I need my friends.*

— **De quoi** avez-vous besoin?   — *What do you need?*
— J'ai besoin de l'addition, s'il vous plaît. — *I need the check, please.*

To make a question with any verb that is followed by a preposition in its declarative form, begin your question with the preposition, followed by the question word. Remember that questions may be formed using **est-ce que** or by inverting the subject and the verb.

— **À qui** est-ce qu'ils parlent?   — *Whom are they speaking to?*
— Ils parlent **au** guide.   — *They're speaking to the guide.*

— **Avec qui** voyages-tu?   — *Whom are you traveling with?*
— Je voyage **avec** Sara.   — *I'm traveling with Sara.*

— **À quoi** réfléchissez-vous?   — *What are you thinking about?*
— Je réfléchis **à** mes vacances.   — *I'm thinking about my vacation.*

— **À quoi** est-ce qu'ils jouent?   — *What are they playing?*
— Ils jouent **au** football.   — *They're playing soccer.*

— **De qui** est-ce que tu parles?   — *Whom are you talking about?*
— Je parle **de** mon mari.   — *I'm talking about my husband.*

In informal, spoken French the preposition and the question word can go at the end.

— Tu parles **de qui**?   — *You're speaking about whom?*
— Tu as besoin **de quoi**?   — *What do you need?*
— Elle partira **avec qui**?   — *She'll leave with whom?*

- -

Exercice 4   Quand on voyage, certaines nécessités se présentent. Complétez les commentaires de ces touristes avec **de, d', d'un** ou **d'une**.

1. Ma mère n'aime pas voyager en groupe; elle a besoin _____ solitude.

2. Quel beau paysage! J'ai besoin _____ appareil photo.

3. J'ai faim; nous avons besoin _____ trouver un bon restaurant.

4. On a besoin _____ courage pour voyager seul.

5. Si tu as besoin _____ cartes postales, tu peux aller à la librairie.

6. Je suis perdu. J'ai besoin _____ carte.

Exercice 5   Un touriste un peu sourd *(deaf)* n'entend pas bien ce qu'on lui dit. Formulez ses questions basées sur les éléments en italique.

     Modèles: Nous avons besoin *d'une banque.*
                  De quoi avez-vous besoin?

                   Elle paie *avec sa carte de crédit.*
                  Avec quoi est-ce qu'elle paie?

1. Je voyage *avec mon meilleur ami.*

2. Vous pouvez demander des renseignements *à la réceptionniste.*

3. Le guide parle *à un groupe de touristes italiens.*

4. Nous avons besoin *de trouver un camping.*

5. Elle a besoin *de ses parents.*

6. Elle pense *à un jeune homme qu'elle a rencontré en Grèce.*

7. Demain, nous assistons *à un spectacle son et lumière (sound and light show).*

8. Tu apportes des fleurs *à tes hôtes.*

Making past participles agree with the helping verb
*avoir L'accord du participe passé avec l'auxiliaire **avoir***

You have learned that the past participles of verbs conjugated with **être** in the **passé composé** agree with the subject.

Fatima est retournée en Algérie après ses études en France.	*Fatima returned to Algeria after her studies in France.*
Ma mère et moi, nous sommes parties hier.	*My mother and I left yesterday.*

The past participle of verbs conjugated with **avoir** in the **passé composé** agrees with the direct object when it *precedes* the verb. This occurs in three instances.

1. When a direct object pronoun precedes the verb:

Les CD? Je **les** ai déjà écout**és**.
Il y a deux nouvelles filles dans ma classe. Je **les** ai vu**es** ce matin.

2. In sentences with the relative pronoun **que**: the past participle agrees with the noun that **que** has replaced, its antecedent.

Les **touristes que** nous avons rencontr**és** étaient sympathiques.
Je n'aime pas **les robes qu'**elle a achet**ées**.

3. In sentences with the interrogative adjective **quel**:

Quelles régions ont-ils visit**ées**?
Quelle route as-tu suivi**e**?

Note de prononciation

Past participle agreement with **avoir** is primarily a written phenomenon. It changes pronunciation only with past participles ending in a consonant.

— Où sont mes chaussures?	*— Where are my shoes?*
— Je les ai mis**es** dans ta chambre.	*— I put them in your room.*
— As-tu déjà écrit ta composition?	*— Have you already written your composition?*
— Oui, je l'ai écrit**e** pendant le week-end.	*— Yes, I wrote it over the weekend.*

- - - - - - -

Exercice 6 Avez-vous fait les choses suivantes le week-end dernier?

Modèle: regarder la télé
— *Oui, je l'ai regardée.* ou
— *Non, je ne l'ai pas regardée.*

1. regarder les informations à la télé

2. faire vos devoirs

3. écouter la radio

4. voir vos amis

5. prendre le petit déjeuner

6. arroser *(to water)* vos plantes

7. faire votre lit

8. lire les bandes dessinées *(cartoons)*

Exercice 7 Un groupe de touristes parlent de leurs expériences. Complétez leurs observations en utilisant la forme correcte du participe passé des verbes entre parenthèses. Attention à l'accord!

1. J'ai bien aimé les escargots que nous avons _____ (manger) au restaurant de l'hôtel.

2. Quelles œuvres *(f pl)* de Renoir as-tu _____ (voir) au musée d'Orsay?

3. Nous voulons revoir les touristes allemands que nous avons _____ (rencontrer).

4. As-tu trouvé les clés *(f pl)* de la chambre que j'ai _____ (laisser) sur la table?

5. Où se trouvent les billets de train que vous avez _____ (acheter)?

6. Acceptera-t-on ces réservations qu'on a _____ (faire) de Rome?

7. As-tu vu les souvenirs que j'ai _____ (acheter) pour mes parents?

Structure 11.4

Talking about what you see and what you believe *Les verbes*
voir et croire

Here you'll learn to conjugate the verb **voir** that you have already learned in its infinitive form. The verb **croire** *(to believe)* follows the same pattern.

voir *(to see)*	
je vois	nous voyons
tu vois	vous voyez
il/elle/on voit	ils/elles voient

passé composé: j'ai **vu**   futur: je **verrai**

Tu **vois** la tour Eiffel?	*Do you see the Eiffel Tower?*
Nous **avons vu** un beau tableau de Monet.	*We saw a beautiful painting by Monet.*
Ils **verront** la Joconde cet été.	*They will see the Mona Lisa this summer.*

Voir can also be used figuratively as a synonym for **comprendre**.

Il ne **voit** pas pourquoi il doit arriver si tôt.	*He doesn't see why he has to arrive so early.*
— Tu comprends?	*— Do you understand?*
— Oui, je **vois.**	*— Yes, I see.*
Voyons…	*Let's see . . .* (This can be used as a hesitation device.)

Revoir *(to see again)* is conjugated like **voir**.

J'adore ce ballet. Je le **revois** chaque année.	*I adore this ballet. I see it again every year.*
Nous **avons revu** les Dubois pendant les vacances.	*We saw the Dubois again during our vacation.*

The verb **recevoir** has a different pattern from that of **voir**.

recevoir *(to receive)*	
je reçois	nous recevons
tu reçois	vous recevez
il/elle/on reçoit	ils/elles reçoivent

passé composé: j'ai **reçu**   futur: je **recevrai**

croire *(to believe)*	
je crois	nous croyons
tu crois	vous croyez
il/elle/on croit	ils/elles croient

passé composé: j'ai **cru**   futur: je **croirai**

Je ne **crois** pas cette histoire.	*I don't believe this story.*
Il **a cru** entendre un bruit étrange.	*He thought he heard a strange noise.*

The expression **croire à** means *to believe in*.

Je **crois au** Père Noël.	*I believe in Santa Claus.*
— Tu **crois aux** extra-terrestres?	*— Do you believe in extraterrestrials?*
— Oui, j'y crois.	*— Yes, I believe in them.*

However, **croire en** is used to express one's belief in God.

Je **crois en** Dieu.	*I believe in God.*

Common expressions with **croire** include the following:

— Est-ce qu'il va pleuvoir aujourd'hui?	*— Is it going to rain today?*
— Je **crois** que oui.	*— I think so.*
— Il y a un examen demain?	*— Is there a test tomorrow?*
— Non, je ne **crois** pas.	*— No, I don't think so.*
— Il va se marier.	*— He's going to get married.*
— Tu **crois**?	*— Really? (You think so?)*

- -

Exercice 8   Takeisha veut travailler pour le Corps de la Paix. Complétez sa conversation avec John en utilisant les verbes **croire** et **voir**.

JOHN: Où est-ce que tu penses travailler pour le Corps de la Paix?

TAKEISHA: Je _____ (1) que j'aimerais aller au Togo.

JOHN: Mais où est le Togo? Je ne le _____ (2) pas sur la carte.

TAKEISHA: Regarde, en Afrique de l'Ouest. Est-ce que tu _____ (3) le petit pays entre le Ghana et le Bénin? C'est le Togo.

JOHN: Ah oui, je le _____ (4) maintenant. Moi, j'aimerais aussi aller en Afrique, mais mes parents _____ (5) que ce n'est pas une bonne idée. Ils ne _____ (6) pas pourquoi je veux partir si loin.

TAKEISHA: Je _____ (7) que tes parents sont trop protecteurs. Moi, je suis jeune et je veux _____ (8) le monde.

Complétez cette lettre en utilisant les formes appropriées des verbes entre parenthèses ou d'autres mots qui conviennent. Utilisez le temps approprié et faites l'accord du participe passé.

Chers Maman et Papa,

Je (croire) _____ (1) que quand vous (recevoir) _____ (2) cette lettre, je (être) _____ (3) déjà de retour. Jean-Michel et moi, nous nous retrouvons en Bretagne. Les gens que nous (rencontrer) _____ (4) à l'auberge de jeunesse de Dinan sont super sympas! Ils nous ont parlé d'une plage exquise qu'ils (trouver) _____ (5) près de Toulon dans le sud. Nous (aller) _____ (6) demain. La Bretagne est pittoresque, c'est vrai, mais j'ai besoin _____ (7) un peu de soleil!

Jean-Michel (ne pas voir) _____ (8) ce que je (faire) _____ (9) avec tous les souvenirs que j(e) (acheter) _____ (10) le long de notre route. Je suis trop chargée *(loaded down)*—impossible de faire du stop! Nous (prendre) _____ (11) le TGV pour aller à Marseille. Lorsque nous (arriver) _____ (12), je (pouvoir) _____ (13) aller à la poste et expédier tous ces cadeaux chez vous à Dijon.

Et vous, comment ça va? Est-ce que Tante Maude se porte mieux? _____ (14) qui allez-vous passer le 14 juillet? Dites bonjour de notre part à tout le monde.

Nous vous (revoir) _____ (15) très bientôt.

Grosses bises,

Sandrine

Complete the diagnostic tests in (i**Lrn**) to test your knowledge of the grammar and vocabulary in this chapter.

Vocabulaire fondamental

Noms

La ville — *The city*

une place — *a (town) square*
un plan — *a map*
un quartier — *a neighborhood*
un renseignement — *information (a piece of)*
une rue — *a street*

Mots apparentés: une avenue, un boulevard, un monument

Les voyages — *Travels*

un ascenseur — *an elevator*
une auberge — *an inn*
une auberge de jeunesse — *a youth hostel*
la Côte d'Azur — *the Riviera*
une gare — *a train station*
un itinéraire — *an itinerary*
un palais — *a palace*
un parc d'attractions — *an amusement park*
un passeport — *a passport*
un supplément — *an extra charge*
un terrain de camping — *a campground*
un(e) voyageur(-euse) — *a traveler*

Mots apparentés: l'atmosphère *(f)*, une attraction, un avantage, le câble, le camping, le confort, une excursion, la nature, un(e) réceptionniste, une tente, la tradition

Verbes

apporter — *to carry; to bring*
assister à — *to attend*
avoir besoin de — *to need*
compter — *to intend to*
croire — *to believe*
découvrir — *to discover*
donner sur (la cour) — *to overlook (the courtyard)*
fabriquer — *to produce, make*
faire du camping — *to go camping*
loger — *to lodge, stay (at a hotel, pension, etc.)*
recevoir — *to receive*
tourner — *to turn*
traverser — *to cross*
voir — *to see*

Mots apparentés: admirer, apprécier, influencer

Adjectifs

animé(e) — *animated, lively*
contemporain(e) — *contemporary*
réduit(e) — *reduced*

Mots apparentés: essentiel(le), impressionniste, touristique

Mots divers

à droite — *to the right*
à gauche — *to the left*
au bout de — *at the end of*
aussitôt que — *as soon as*
l'avenir *(m)* — *the future*
le drapeau — *the flag*
l'hymne national *(m)* — *the national anthem*
jusqu'à — *until*
lorsque — *when*
sauf — *except*
si — *if*
le symbole — *the symbol*
tout droit — *straight ahead*

Expressions utiles

Comment se repérer en ville — *How to find one's way in town*

(See page 328 for additional expressions.)

Allez jusqu'au bout de la rue. — *Go to the end of the street.*
Allez tout droit et puis tournez à gauche. — *Go straight ahead, and then turn left.*
De quoi avez-vous besoin? — *What do you need?*
Est-ce que je peux vous déranger? — *I'm sorry to bother you.*
L'opéra Bastille, s'il vous plaît? — *The Bastille Opera, please?*
Pourriez-vous me dire où se trouve la gare? — *Could you tell me where the train station is?*

Comment réserver une chambre d'hôtel — *How to reserve a hotel room*

(See page 334 for additional expressions.)

Désolé(e), madame, l'hôtel est complet. — *Sorry, ma'am, the hotel is full.*
Il y a un supplément pour le petit déjeuner. — *There's an extra charge for breakfast.*
Je voudrais une chambre pour deux personnes avec douche. — *I would like a room for two with a shower.*
Le petit déjeuner est compris. — *Breakfast is included.*
Prenez l'ascenseur jusqu'au quatrième étage. — *Take the elevator to the fifth floor.*
Vous pouvez avoir un prix / tarif réduit. — *You can get a reduced price.*

Noms

une allumette	*a match*
une balade	*a stroll*
le bonheur	*happiness*
une boussole	*a compass*
le droit	*right, permission*
l'équilibre *(m)*	*balance*
l'essence *(f)*	*gasoline*
une formule (de vacances)	*a (vacation) package*
une foule	*a crowd*
les jumelles *(f pl)*	*binoculars*
une lampe électrique	*a flashlight*
le mal du pays	*homesickness*
une œuvre	*a work of art*
un peintre	*a painter*
une réduction	*a reduction (in price)*
un sac de couchage	*a sleeping bag*
un tarif	*a rate*

Adjectifs

aménagé(e)	*with all the amenities*
choqué(e)	*shocked*
entier (entière)	*entire, whole*
fauché(e) *(fam)*	*broke, out of money*
gastronomique	*gourmet*
mythique	*mythical, legendary*
plein(e)	*full*

Verbes

accueillir	*to greet*
(se) balader	*to stroll*
se détendre	*to relax*
dominer	*to dominate*
faire une balade	*to take a stroll*
flâner	*to stroll*
profiter (de)	*to take advantage (of)*
se repérer	*to find one's way*
revoir	*to see again*

Des étudiants passent devant une statue d'Erasmus.

Les jeunes face à l'avenir

This chapter focuses on youth in contemporary French society. We will discuss education and both personal and social concerns. You will learn what to say when you are shopping for clothing, how to give and accept compliments, and useful expressions used in casual conversation.

Ressources
◀)) Audio ▶ Video (iLrn) ilrn.heinle.com
🌐 www.cengagebrain.com

Le système éducatif français

Structure 12.1

Using pronouns for emphasis *Les pronoms relatifs ce qui et ce que*

Ce qui and **ce que** are indefinite relative pronouns that mean "what" as in "***What's** great about my university is . . .*". In spoken French, **ce qui** and **ce que** are commonly used with **c'est** for adding emphasis and for focusing attention. In casual French, speakers often use **c'est** before both singular and plural nouns. See page 376 for further explanation.

Grâce à *(Thanks to)* Erasmus, les étudiants de la Communauté européenne ont la possibilité d'aller dans un autre pays européen pour faire leurs études. Avec Erasmus, le transfert des unités de valeur *(credits)* est assez facile et les étudiants sont donc plus mobiles. Voici quelques remarques d'étudiants étrangers en France.

Michael Nicholson/Historical/Corbis

Erasmus, un programme d'échanges entre universités européennes, porte le nom latin du philosophe et humaniste Érasme (1465–1536).

Notez et analysez

Read over the comments made by university exchange students for comprehension. Then look at the words in boldface. What follows **ce qui**? What follows **ce que**? Which of these forms do you think replaces the subject of the sentence? Which replaces the object?

Dag Sundberg/Riser/Getty Images

Steven, 22 ans, Cameroun: Ce que j'aime dans ce pays, **c'est** le savoir-vivre. Ici, on peut passer des heures autour de la table à discuter de tout et de rien. C'est très convivial. Mais, **ce qui m'énerve** *(annoys me)*, en France, **c'est** la paperasserie *(paperwork)*, tous les documents à remplir!

Photolibrary.com Pty. Ltd./Index Open

Katie, 21 ans, Autriche: Ce que j'aime, c'est la langue. J'adore les mots «sublime» et «magnifique»! Avec le français, je peux mieux exprimer mes sentiments. **Ce qui m'intéresse, c'est** apprendre les mots d'argot *(slang)*. J'aimerais parler comme les autres jeunes.

Kevin Dodge/Masterfile

Bjorn, 17 ans, Norvège: Moi, je suis venu ici pour le lycée. **Ce qui m'énerve** en France, **c'est** que les profs sont parfois cruels. Un de mes profs a dit qu'un élève était bête. Ça n'arriverait jamais en Norvège! **Ce que j'apprécie, c'est** le bon niveau *(high academic level)*. Mais il y a beaucoup de travail.

Activité 1 Ce que j'aime et ce qui m'ennuie

Donnez vos impressions de votre université et de la vie universitaire en trouvant une proposition appropriée dans la liste.

1. Ce que j'aime faire, c'est…
2. Ce qui m'intéresse, c'est…
3. Ce que j'apprécie, c'est…
4. Ce qui m'impressionne, c'est…
5. Ce qui m'ennuie *(bothers me)*, c'est…

a. sortir avec des amis
b. la qualité des cours
c. la salle de sport
d. tout le travail
e. apprendre et réussir dans mes cours
f. la beauté du campus
g. les frais d'inscription *(tuition)* qui augmentent

Activité 2 Que disent les étudiants en programme d'échange?

Relisez les remarques des étudiants en programme d'échange et répondez aux questions suivantes en utilisant la structure **ce qui** ou **ce que.**

> Modèle: Qu'est-ce que Steven aime en France?
> *Ce qu'il aime, c'est le savoir-vivre.*

1. Qu'est-ce qui énerve Steven? Ce qui l'énerve, c'est…
2. Katie, qu'est-ce qu'elle aime?
3. Qu'est-ce qui l'intéresse?
4. Bjorn, qu'est-ce qui l'énerve?
5. Qu'est-ce qu'il apprécie?

Activité 3 À vous!

Depuis votre arrivée sur ce campus, quelles en sont vos impressions? Avec un(e) partenaire, terminez les phrases suivantes.

1. Ce que j'ai remarqué tout de suite quand je suis arrivé(e) sur ce campus, c'était…
2. Ce que j'aime le plus ici, c'est…
3. Ce qui m'ennuie ici, c'est…
4. Ce que je trouve amusant, c'est…
5. … voilà ce que je trouve insupportable *(what I really can't stand).*

Activité 4 Comparons nos deux systèmes

Le système éducatif français (voir page 360) est assez différent du système américain. Donnez l'équivalent approximatif de chaque mot anglais en français. Puis, expliquez quelques différences entre les deux termes.

1. *middle school*
2. *university*
3. *Scholastic Aptitude Test*
4. *senior year (high school)*
5. *Ivy League schools*
6. *kindergarten*
7. *college prep high school*
8. *bachelor's degree*

a. l'école maternelle
b. le baccalauréat
c. les grandes écoles
d. l'université
e. le lycée
f. la terminale
g. le collège
h. la licence

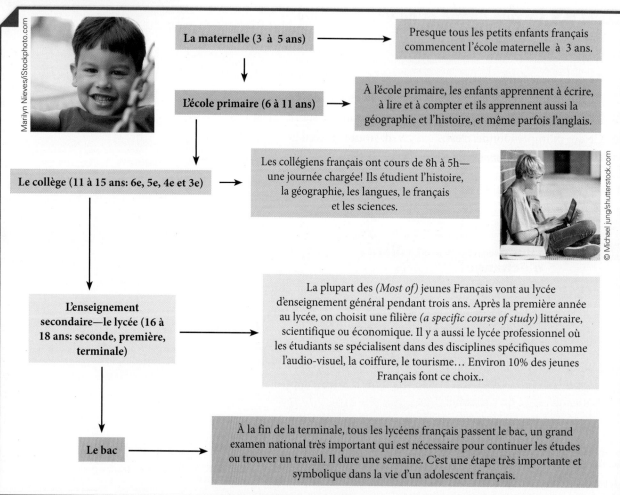

La maternelle (3 à 5 ans) → Presque tous les petits enfants français commencent l'école maternelle à 3 ans.

L'école primaire (6 à 11 ans) → À l'école primaire, les enfants apprennent à écrire, à lire et à compter et ils apprennent aussi la géographie et l'histoire, et même parfois l'anglais.

Le collège (11 à 15 ans: 6e, 5e, 4e et 3e) → Les collégiens français ont cours de 8h à 5h— une journée chargée! Ils étudient l'histoire, la géographie, les langues, le français et les sciences.

L'enseignement secondaire—le lycée (16 à 18 ans: seconde, première, terminale) → La plupart des *(Most of)* jeunes Français vont au lycée d'enseignement général pendant trois ans. Après la première année au lycée, on choisit une filière *(a specific course of study)* littéraire, scientifique ou économique. Il y a aussi le lycée professionnel où les étudiants se spécialisent dans des disciplines spécifiques comme l'audio-visuel, la coiffure, le tourisme… Environ 10% des jeunes Français font ce choix..

Le bac → À la fin de la terminale, tous les lycéens français passent le bac, un grand examen national très important qui est nécessaire pour continuer les études ou trouver un travail. Il dure une semaine. C'est une étape très importante et symbolique dans la vie d'un adolescent français.

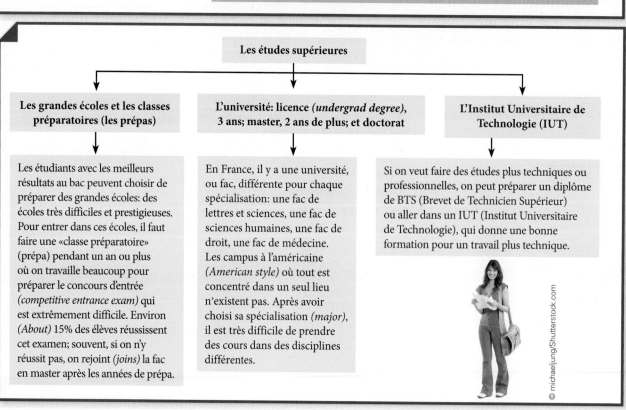

Les études supérieures

Les grandes écoles et les classes préparatoires (les prépas)

Les étudiants avec les meilleurs résultats au bac peuvent choisir de préparer des grandes écoles: des écoles très difficiles et prestigieuses. Pour entrer dans ces écoles, il faut faire une «classe préparatoire» (prépa) pendant un an ou plus où on travaille beaucoup pour préparer le concours d'entrée *(competitive entrance exam)* qui est extrêmement difficile. Environ *(About)* 15% des élèves réussissent cet examen; souvent, si on n'y réussit pas, on rejoint *(joins)* la fac en master après les années de prépa.

L'université: licence *(undergrad degree)*, 3 ans; master, 2 ans de plus; et doctorat

En France, il y a une université, ou fac, différente pour chaque spécialisation: une fac de lettres et sciences, une fac de sciences humaines, une fac de droit, une fac de médecine. Les campus à l'américaine *(American style)* où tout est concentré dans un seul lieu n'existent pas. Après avoir choisi sa spécialisation *(major)*, il est très difficile de prendre des cours dans des disciplines différentes.

L'Institut Universitaire de Technologie (IUT)

Si on veut faire des études plus techniques ou professionnelles, on peut préparer un diplôme de BTS (Brevet de Technicien Supérieur) ou aller dans un IUT (Institut Universitaire de Technologie), qui donne une bonne formation pour un travail plus technique.

Témoignages° d'étudiants

First-hand accounts

Charlotte, 22 ans, étudiante en médecine

La fac de médecine n'est pas une fac comme les autres en France. La première année est connue pour être très exigeante, et plus de la moitié des étudiants ne réussissent pas à passer ce cap°. Les cours sont bondés°, il y a une ambiance de compétition. Quand j'étais en première année, j'étudiais tous les jours de 8h du matin à minuit.

get past this point / crowded

© Dmitriy shironasov / Shtterstock.com

Manon, 22 ans, étudiante à l'ENS (École Normale Supérieure)

La «prépa» est souvent vue comme une voie° élitiste, très difficile, réservée aux meilleurs élèves. Il faut beaucoup travailler et c'est un peu stressant. C'est vrai, mais moi, je m'y suis fait de très bons amis et j'ai apprécié les cours plus intéressants qu'au lycée.

path

© Manon Worms

Samuel, 22 ans, étudiant en école d'ingénieurs, venant d'un IUT

L'IUT est à mi-chemin° entre le système du lycée et le système de l'université. C'est une formation qui allie la technique et la théorie, et qui permet de continuer ses études ensuite. Le rapport avec les profs est très personnel.

half-way

© Kim Jansma

Avez-vous compris?

Lisez les phrases suivantes et dites si elles sont vraies ou fausses.

1. En France, on commence les études de médecine après la licence.
2. La fac de médecine est très difficile. Moins de la moitié des étudiants continuent après la première année.
3. Si on a de bons résultats au bac, on peut aller directement dans une grande école.
4. L'IUT offre une formation théorique et technique.

Et vous?

1. Quand est-ce qu'on va à la fac de médecine aux États-Unis?
2. Qu'est-ce qu'on peut faire pour avoir les meilleures chances d'être reçu *(accepted)* dans une bonne université aux États-Unis?
3. Est-ce que vous connaissez une université américaine qui est un peu comme l'IUT?
4. À quel moment dans leurs études est-ce que les étudiants devraient *(should)* choisir leur spécialisation selon vous?
5. Comment est-ce que Samuel a trouvé ses profs à l'IUT?

How do French students prepare for the **bac**? Go to http://www. toutpourlebac.com/ for a website dedicated to the exam. What **matières** are offered? Note in French two pieces of advice that are offered **(nos conseils).** Watch one of the videos and write down something you understand. Look at the link for **Tests/Quiz,** for example, **anglais,** and write down a question. In English, describe one other item that you find of interest on the site.

Voix en direct CD3-10
La vie sociale au lycée

Dans beaucoup de lycées aux États-Unis, les étudiants se regroupent en cliques. Est-ce que c'était vrai dans votre lycée?

En fait, à mon sens[1], il y a vraiment une sociologie, quoi, de l'appartenance[2] dans les lycées selon[3] le style musical. Moi, j'étais au lycée il y a dix ans[4], presque, maintenant, donc, euh, c'était il y a longtemps[5]. Mais à mon époque, à la fin des années 90, il y avait les «grunges», qui écoutaient du rock, du grunge—les Smashing Pumpkins. Ils étaient—on était habillé avec les cheveux colorés ou des «locks», ou on avait des fringues[6] de toutes les couleurs, on était mal habillé, on n'était pas maquillé[7]. Il y avait les «rappers». Ils écoutent du rap et ils sont habillés en jogging[8] avec des grosses baskets, alors que nous on avait des Doc Martens. Et il y a les gens qui n'ont pas de look. C'est des gens normaux. Ils sont habillés normalement. Ils n'écoutent rien en particulier. Ces gens, ils sont gentils, et tout le monde peut leur parler.

Célia Keren
Étudiante, 23 ans
Paris, France

© Cengage Learning

[1]*I think* [2]*belonging* [3]*according to* [4]*ten years ago* [5]*a long time ago* [6]*clothing* [7]*not made up* [8]*jogging pants*

Aux États-Unis, il y a aussi un groupe qu'on appelle les «nerds». Est-ce que cela existe en France?

Non… Ils existent, eux, comme individus[9], mais c'est pas un phénomène culturel. Le mec[10], il aime jouer aux ordinateurs et à *«Dungeons and Dragons»*. Et il est mal habillé et il parle pas aux filles et il sort pas le soir. Non, ça c'est—peut-être que ça existe mais c'est pas un cliché[11] qu'on a… Mais on connaît parce qu'on regarde les séries de télé américaines.

[9]*individuals* [10]*the guy* [11]*stereotype*

Est-ce que c'est important d'être «in» en France?

J'ai quand même l'impression que…, c'est moins cruel en France. La popularité, ça compte, à l'école aussi, c'est quelque chose qui existe, mais c'est pas une institution sociale comme aux États-Unis. … On vote pour la «Queen of the prom». Ça existe mais c'est pas aussi rigide, quand même, j'ai l'impression donc. Oui, il y a des gens qui sont moins populaires que d'autres. Mais quand même ils vont toujours avoir au moins[12] un ami.

[12]*at least*

1. Selon Célia, comment les étudiants de son lycée étaient-ils divisés?

2. Selon Célia, en France il n'y a pas d'équivalent du «nerd». Mais elle a découvert ce stéréotype en regardant des séries télévisées américaines. Quelle est sa conception du «nerd»?

3. Elle pense que la vie sociale au lycée est moins cruelle que dans un «high school». Pourquoi?

4. Est-ce que des groupes se formaient dans votre lycée selon le genre de musique qu'on écoutait? Selon autre chose? Expliquez.

Activité 5 La vie scolaire

Remplissez les blancs avec le vocabulaire suivant: **bac, lycée, filière, 3ᵉ, lycée professionnel, cinq, maternelle, prépa, terminale, scientifique, université, 16 ans, école primaire.**

1. En France, les enfants commencent la _____ à l'âge de 3 ans. Là, ils apprennent à jouer ensemble.

2. Les élèves restent au collège jusqu'à *(until)* _____ heures de l'après-midi.

3. Après l'_____, à 11 ans, l'enfant commence le collège en 6ᵉ et le termine en _____.

4. Après le collège, l'élève qui préfère faire des études plus pratiques peut aller dans un _____. Il y suit des cours techniques et il y fait un apprentissage de mécanicien, de charpentier *(carpenter)* ou de boulanger, par exemple.

5. Les élèves qui continuent leurs études scolaires générales vont au _____ après le collège. Ils commencent cette école vers l'âge de _____.

6. Au lycée, les élèves doivent choisir une _____: littéraire, _____ ou économique.

7. La dernière année de lycée s'appelle la _____. C'est une année consacrée à la préparation du _____, un examen long et difficile.

8. Tout élève possédant le bac peut s'inscrire *(enroll)* dans une _____.

9. Si on veut étudier dans une grande école, il faut faire une _____.

Activité 6 Le système éducatif français comparé au système américain

Mettez-vous en groupes de trois ou quatre. Trouvez deux choses en commun et deux différences entre les deux systèmes.

Expressions possibles

Pour expliquer les différences et les similarités

Les deux systèmes ont des éléments semblables et différents.

Pour comparer

En France / Aux États-Unis, les lycées ont moins de / plus de / n'ont pas autant de…

En France on est généralement plus jeune quand on commence l'école.

Pour annoncer le point de comparaison

En ce qui concerne la vie sociale… *(In terms of social life . . .)*

Comment «parler jeune»

Réfléchissez et considérez

In groups of three or four, make a list of common expressions you use with friends when you think something is great, or when you think it's pretty awful. What words do you use to refer to a male or female your age? Do you abbreviate words when you're speaking casually? Give an example. Now compare your lists with the expressions below. These expressions are quite common and appropriate in casual conversation with people your age.

CD3-11

Expressions utiles

Pour porter un jugement sur les choses

Évaluation positive

really great
    C'est hyper (super / vachement / trop) bien°.
    C'est cool. C'est stylé.
    C'est top. C'est génial. C'est d'enfer.

not bad
    C'est pas mal°.

funny
    C'est marrant° / rigolo° / amusant° / sympa.

Évaluation négative

really bad
    C'est super (hyper / vachement) mauvais°.

useless / idiotic
    C'est nul° / débile°.

so-so
    C'est bof°.

mediocre
    C'est pas terrible°. C'est pas très intéressant.

Pour parler des gens

guy / buddy
    un mec° / type (un homme)   un pote° (un copain)
    une nana (une jeune fille)   un(e) gosse (un[e] enfant)

Pour raccourcir *(shorten)*

le frigo   l'appart
le/la coloc   le resto
le dico (le dictionnaire)   le prof

un ordi (un ordinateur)
le petit déj   le clip (le vidéo-clip)
le bac   la fac
la pub (la publicité)   un imper (un imperméable)
d'ac (d'accord)   à plus (à plus tard)
comme d'hab (comme d'habitude)

> **French familiar speech / slang:** Les Français ont tendance à utiliser des abréviations pour simplifier le langage. Voici une petite liste de mots utiles considérés comme familiers.

> En français familier, le négatif se forme uniquement avec **pas. Ne** est omis.

→ J'veux pas venir.
T'es là? T'as faim?
T'es sûr?
→ Moi, j'sais pas.

> On utilise les pronoms toniques (**moi, toi, lui,** etc.) pour accentuer.

> Pour les questions, on utilise l'intonation.

> **Tu es** et **tu as** sont remplacés par les contractions **t'as** et **t'es.**

Pour parler des objets de tous les jours

les fringues *(f pl)* (les vêtements)   le fric (l'argent)
la bagnole (la voiture)   le bouquin (le livre)
la bouffe (la nourriture)   un imper°   *thingy*
un truc (une chose)   un machin°

CD3-12

Écoutons ensemble! Les jeunes parlent entre eux.

Répondez aux questions ou déclarations que vous entendez en choisissant le mot familier de la liste qui convient. Puis, vérifiez vos réponses.

bouffe mec apart la fac clip bouquins frigo bagnole resto dico

1. Dans un _____ à Paris.
2. Non, je n'ai pas besoin d'une _____.
3. Je vais à _____ en métro.
4. Oui, j'ai pas mal de _____ à apporter.
5. Tu peux regarder dans le _____.
6. Oui, on fait de la bonne _____ ici!
7. Non, je suis fatigué. Mangeons au _____.

Activité 7   De quoi est-ce qu'on parle?

Vos copains français vous parlent. Que veulent dire les mots qu'ils utilisent?

1. Ce **bouquin,** c'est passionnant. Tu l'as lu?	**a.** un vidéo-clip
2. J'adore la bonne **bouffe!**	**b.** argent
3. Dis donc, ce **clip** est marrant. J'adore YouTube.	**c.** un livre
4. Toi et tes **potes,** vous allez au concert?	**d.** une chose
5. Zut! Il pleut. Où est mon **imper?**	**e.** la cuisine
6. Il faut chercher ce mot dans le **dico.**	**f.** un imperméable
7. Je ne peux pas aller au ciné. J'ai pas de **fric.**	**g.** les copains
8. Donne-moi ce **truc-**là, le **machin** bleu et vert.	**h.** le dictionnaire

---

Activité 8   Qu'est-ce que tu en penses?

Demandez à votre partenaire ce qu'il/elle pense des éléments suivants.

> **Modèle:** San Francisco
> — *Dis, qu'est-ce que tu penses de San Francisco?*
> — *San Francisco? C'est super!*

1. Hugh Jackman	5. Las Vegas
2. *Dancing with the Stars*	6. Kim Kardashian
3. les grosses voitures	7. les nouvelles tablettes
4. Twitter	(électroniques)

CD3-13

Prononcez!   Moi, j'sais pas.—La focalisation

In French, tonic pronouns are used for emphasis because subject pronouns can't be accented. You might translate *He's nice* by saying **Il est bien,** *lui* or *Lui,* **il est bien.** The stressed pronoun can go at the beginning or at the end of the sentence.

Lui, il est marrant!

Parfois en français, on souligne une réponse avec un pronom accentué. Trouvez la meilleure réponse pour chaque question. Puis écoutez l'enregistrement audio pour vérifier vos réponses. Faites attention à l'intonation.

1. Ta mère, elle est bien?	**a.** Lui, il est marrant!
2. Ton voisin Frédo, qu'est-ce qu'il a?	**b.** Ah, oui. Eux, ils sont super sympas!
3. Tes potes ici sont cool?	**c.** Ah oui! Ma mère, elle est trop bien.
4. Tu connais Claire?	**d.** Mais non. Il est débile!
5. Qu'est-ce que tu penses de Chris Rock?	**e.** J'sais pas, moi. Pourquoi?
6. T'aimes ce mec-là?	**f.** Oui, oui. Elle est super bien!

Comme dans la plupart des pays, les jeunes Français utilisent un langage familier pour parler entre eux.

La mode – tendances *(trends)*

Les adolescents représentent un marché gigantesque pour les fringues et les gadgets électroniques, comme le portable et la musique. Ils sont tout simplement devenus accros *(addicted [fam])* à la consommation.

Structure 12.2

Pointing things *out* *Lequel et les adjectifs démonstratifs **ce, cet, cette** et **ces***

Lequel *(Which one)* and demonstrative adjectives (**ce, cet, cette** and **ces**) are used for asking about choices and referring to specific people and things. They are introduced here in the context of shopping. See page 377 for a full explanation of these forms.

SOLDES

Robe d'été
75€

Baskets
41€

Écharpe
52€

Ballerines
28€

Debardeur
en coton
16€

Pullover
manches longues
38€

Jean slim
84€

Tongs
16€

Escarpins
85€

Tennis
69€

Tunique
32€

© Cengage Learning

Notez et analysez

Imagine where these conversations about clothing might take place. In the first exchange, what words does **lesquelles** replace? In the second, **lequel** replaces what words?

— Tu aimes **ces** chaussures-**là**?
— **Lesquelles?**
— **Ces** baskets-**ci** en solde à 41 euros.
— Oui, elles sont pas mal. Et c'est un petit prix.

— Qu'est-ce que tu penses de ce pull?
— **Lequel?**
— **Ce** pull-**là** à manches longues à 38 €.
— Bof. Je le trouve moche.

 Activité 9 **Un magasin de mode**

Vous regardez les vêtements en solde a la page 366 avec un copain (une copine).
Demandez ce qu'il/elle pense des éléments suivants.

Modèle: les baskets
— *Qu'est-ce que tu penses de ces baskets?*
— *Lesquelles?*
— *Ces baskets-là en solde à 41 euros.*

1. le haut *(top)* (le pullover/la tunique)
2. les chaussures (tongs/baskets/ballerines/tennis)
3. le débardeur
4. la robe
5. le jean
6. l'écharpe

© cristovao/Shutterstock.com

 Activité 10 **Une tenue idéale pour aller...**

Faites une liste de 4 articles à mettre pour aller dans les lieux suivants.

1. dans une boîte de nuit
2. au centre sportif
3. au bureau
4. à la plage
5. à la fac

La mode de années 60. On porte des pantalons taille basse *(low waisted)* à pattes d'eph *(flared)*. Les couleurs sont vives et gaies.

Dennis Hallinan/Hulton Archive/Getty Images

Activité 11 **À chaque génération son style**

1. Quelles sont les tendances-mode qui caractérisent votre génération?
2. Imaginez que vous et vos amis organisez une fête sur le thème «les années 80» (ou une autre époque). Avec vos partenaires, choisissez l'époque et puis faites une liste de vêtements pour les garçons et les filles.

Structure 12.3

Talking about offering and borrowing *L'ordre des pronoms*

When talking about offering gifts, borrowing, or lending, two object pronouns are sometimes used in succession. One represents the object being offered, the other represents the recipient. See pages 378–379 for an explanation of pronoun order.

— Dis, j'ai besoin d'une veste pour ce soir.
Je peux emprunter ta veste, Stéphane?
— D'accord. Je **te la** prête. Mais tu dois **me
la** rendre demain.

— Ah, ta fille aime ces fleurs?
— Ah oui! Elle les adore!
— Tiens, je **les lui** offre! Voilà, ma petite!

Notez et analysez

Look at the two conversations under the illustrations above. Each one involves an object being borrowed or offered and the person who is receiving the object. Mark the relevant pronouns as receiver and object. Is the order the same in both dialogues? What might explain the difference in order?

 Activité 12 Alors, je te le prête!

À jouer avec toute la classe.

■ **Première étape:**

Prenez un objet et demandez à votre voisin(e) s'il/elle veut le/la/les emprunter. Suivez le modèle. *(This is a chain sequence activity).*

> Modèle: — *Kerry, tu veux emprunter* (borrow) *mon portable?*
> — *Oui, je veux l'emprunter.*
> — *Alors, je te le prête. (Passez l'objet à votre partenaire.)*

■ **Deuxième étape:**

À la fin de l'activité, suivez les directives du professeur. (Aidez votre professeur à se rappeler à qui sont ces objets.)

> Modèle: — *Kerry, rendez le portable à Jane.*
> — *D'accord. Je le lui rends.*

 Activité 13 Tes habitudes

À tour de rôle, posez les questions et répondez-y en remplaçant le mot souligné par un pronom d'objet direct ou indirect.

1. Est-ce que tu achètes <u>tes vêtements</u> en ligne parfois?
2. Est-ce que tu prêtes parfois tes vêtements <u>à tes amis</u>?
3. Tu essaies de rendre <u>tes devoirs</u> à temps?
4. Tu demandes des conseils <u>à ton meilleur ami</u>?
5. Tu donnes parfois ton avis *(opinion)* <u>à tes copains</u>?
6. Combien de fois par jour est-ce que tu vas sur <u>Facebook</u>?
7. Tu vas <u>sur Facebook</u> pendant le cours?

Comment faire des achats

Structure 12.4

Talking about paying for things *Les verbes comme payer*

In French, to ask how much someone paid for an item, you say: **Vous l'avez payé combien?** For the forms of **payer** and a list of verbs that follow this pattern, see pages 380–381.

© Kim Jansma

 CD3-14

Expressions utiles

Pour faire le premier contact

Vendeur (Vendeuse)	Client(e)	
Je peux vous renseigner°?	Oui, je cherche un pantalon.	*help you*
Vous désirez, madame / monsieur?	Je cherche ce modèle en bleu.	
	Euh, je regarde (tout simplement).	
	Rien, merci.	

Pour donner et demander des renseignements

Vendeur (Vendeuse)	Client(e)	
Quelle taille° faites-vous?	Je fais du 40.	*size*
Quelle est votre pointure°?	Je chausse (Je fais) du 39.	*shoe size*

Pour demander le prix

Client(e)	Vendeur (Vendeuse)
C'est combien, cette chemise?	Elle est en solde à 48 euros.
Combien coûtent ces bottes?	C'est une très bonne affaire. Elles coûtent 89 euros.
C'est très cher!	Mais regardez un peu, la qualité est superbe!

 Expressions utiles (suite)
CD3-15

Pour demander un avis et prendre une décision

Client(e)

Je peux l'essayer?
Est-ce que ça me va?

Vendeur (Vendeuse)

Bien sûr. Voilà la cabine.
Ça vous va très bien / comme un gant.
C'est peut-être un peu serré / large.
Essayez une taille plus grande / petite.

Vendeur (Vendeuse)

Qu'est-ce que vous en pensez?

Client(e)

Je ne sais pas. C'est un peu trop cher /
grand / juste. Je dois réfléchir.
Je le prends.

Vendeur (Vendeuse)

Vous payez par carte de crédit ou en
liquide°?

Client(e)

Vous acceptez les cartes de débit?
Je vais utiliser ma carte Visa.

cash

 ■■■ **Écoutons ensemble! Dans une boutique de**
CD3-16 **prêt-à-porter**

Écoutez le dialogue et écrivez les mots qui manquent.

VENDEUR: Bonjour, mademoiselle. Je peux _____?
CLIENTE: Oui, j'ai vu ce _____ dans la vitrine. Est-ce que vous avez ce
_____ en _____?
VENDEUR: Je vais voir. Quelle _____ _____-vous?
CLIENTE: Je fais _____.
VENDEUR: Le voilà. Vous voulez _____? La cabine est là-bas. *(plus tard,
devant le miroir)*
VENDEUR: Il vous va très bien. Et il est en _____. Qu'est-ce que vous en
pensez?
CLIENTE: Je _____. Vous acceptez les cartes de crédit?

Activité 14 **À la boutique de prêt-à-porter**

Vous entrez dans une boutique pour chercher un vêtement. Suivez les directives
pour inventer un jeu de rôle. Puis, jouez la scène pour la classe. Pour le
vocabulaire, voir les pages 369–370.

VENDEUR/VENDEUSE:	Greets customer and asks if he/she needs help.
CLIENT(E):	Says what he/she is looking for (a top, a shirt, a pair of pants, a skirt, a sports coat, etc. with specific characteristics).
VENDEUR/VENDEUSE:	Asks the client for his/her size.
CLIENT(E):	Gives the salesperson his/her size.
VENDEUR/VENDEUSE:	Points out an item and describes it.
CLIENT(E):	Gives a reason why he/she doesn't like it, or why it won't work.
VENDEUR/VENDEUSE:	Suggests another item.
CLIENT(E):	Says he/she thinks it might work. Asks if he/she can try it on and where the dressing room is.
VENDEUR/VENDEUSE:	Says how nice it looks on the customer. Asks if he/she wants to buy it.
CLIENT(E):	Says yes with some hesitation.
VENDEUR/VENDEUSE:	Finds out how he/she is going to pay for it and completes the transaction.

Comment faire et accepter des compliments

Réfléchissez et considérez

Ways of offering and receiving compliments vary from culture to culture. In small groups, write down several typical compliments Americans might give and predictable responses. Then look over the French compliments and responses below and answer the following questions.

1. What do you notice about the French responses to compliments shown here that is different from a typical American response?

2. Look at the following suggestions and select the most plausible explanation for the French responses.

   a. On ne veut pas paraître *(One is afraid to seem)* vaniteux (vaniteuse).

   b. On pense que le compliment est offert pour vous influencer ou parce qu'on veut quelque chose.

   c. On veut paraître humble.

   d. Toutes les réponses données sont possibles.

CD3-17

Expressions utiles

Pour faire un compliment

Cette veste te va très bien.
Cette bagnole est chouette!
C'était une excellente présentation.
J'aime bien cette coupe de cheveux°. Ça te va super bien. *haircut*
Ton écharpe / chapeau / haut° est très chouette! *top*
J'adore cette couleur. Ça met vos yeux en valeur.° *It brings out your eyes.*
Ça te va comme un gant°. *fits you like a glove*

Pour accepter un compliment

Arrête donc, c'est pas vrai!
Vous croyez? Mais elle est vieille / il est vieux.
Ah, je ne sais pas. Cette coupe est très ordinaire.
C'est / C'était rien.
C'est une vieille chose que j'ai trouvée
   au fond de mon placard.
Tu trouves ça vraiment beau? Moi, je ne l'aime pas
   beaucoup. Je le trouve trop large / trop serré…
Merci. (C'est gentil.) Je l'ai trouvé en solde.

© Cengage Learning

Dans *Le corbeau et le renard*, un renard complimente un corbeau qui tient un morceau de fromage dans son bec *(beak):* **Et bonjour, Monsieur du Corbeau. Que vous êtes joli! Que vous me semblez beau!** Quand le corbeau ouvre son bec pour exhiber *(show off)* sa belle voix, le fromage tombe et le renard le saisit.

CD3-18

Écoutons ensemble! Répondons aux compliments

Pour chaque compliment, donnez une réponse. Puis écoutez la réponse. (Parfois, il y a plus d'une réponse possible.)

1. Ta jupe est très élégante.
2. Tu es exquise dans cette robe!
3. Ce pantalon te va très bien.
4. C'est une très jolie montre!
5. J'aime bien ton chapeau.
6. Cette coupe te va si bien!

    a. Tu trouves? Moi, je crois que c'est très ordinaire.
    b. Merci. C'est gentil. Je l'ai trouvé(e) en solde.
    c. Ah! Jean-Phi, arrête, tu es trop flatteur!
    d. Oh, c'est un vieux truc que j'ai trouvé au fond de mon placard.
    e. Oh, c'est rien de spécial.
    f. Ah, je crois que ça me grossit.

Activité 15 À une soirée avec des flatteurs!

Faites des compliments et répondez-y de façon appropriée en choisissant la réponse qui convient.

1. Salut, Anne. Ta robe est très jolie! Elle est neuve?
2. Marc, félicitations pour votre promotion!
3. Jeanine, j'ai vu ton match de tennis aujourd'hui. Bien joué!
4. J'aime ce pull! Il te va si bien!
5. J'aime bien cette coupe de cheveux.
6. Ta nouvelle moto est chouette!

    a. Arrête donc! J'ai eu de la chance, c'est tout!
    b. Merci, c'est gentil.
    c. Ah, c'est rien. Juste un nouveau titre (job title).
    d. Tu trouves? Moi, je trouve qu'elle est un peu courte.
    e. Non, je l'ai trouvée au fond du placard.
    f. Tu sais, elle n'a pas beaucoup de puissance (power).

Activité 16 Les compliments à la française: Testez-vous!

Faites un compliment à votre partenaire et il/elle répondra à la française. Parlez d'un des sujets suivants:

les vêtements (la couleur, le style, etc.)
les chaussures (le style, la couleur, etc.)
les cheveux (la coupe, la couleur, la longueur, etc.)
comment vous parlez français

Les jeunes et le travail

Les jeunes Français ont un rapport au travail un peu différent de celui des jeunes Américains. Dans les classes moyennes° françaises, c'est beaucoup moins courant de trouver un «job» pour gagner de l'argent. Jusqu'à° la fin du lycée, vers 18 ans, les parents donnent de l'argent de poche° à leurs enfants.

middle classes

Until

spending money/allowance

Après le lycée, les études sont chères, bien sûr, mais beaucoup moins chères qu'aux États-Unis. Les droits d'inscription° dans une fac française sont de l'ordre de 300 € pour l'année, en comptant la sécurité sociale°. C'est pourquoi les jeunes ont beaucoup moins besoin de «financer leurs études». Ils restent aussi de plus en plus longtemps chez leurs parents pour ne pas avoir à payer de loyer.

tuition

health insurance

Bien sûr, beaucoup de jeunes trouvent un petit job pendant l'été ou pendant l'année mais c'est une pratique culturelle un peu moins courante.

Avez-vous compris?

1. Est-ce que les parents français encouragent leurs enfants à trouver un job quand ils sont au lycée?

2. Comment les jeunes trouvent l'argent pour sortir avec leurs copains sans travailler?

3. Pourquoi, en France, est-il moins nécessaire pour les étudiants à l'université de travailler?

© Lydie LECARPENTIER/REA/Redux

À vous!

1. Est-ce que vous avez travaillé pendant que vous étiez au lycée?

2. Est-ce que vous travaillez maintenant? Expliquez.

3. Pourquoi les jeunes Américains doivent-ils travailler? Est-ce que c'est une activité bénéfique *(positive)*?

4. Comment est-ce que le travail change l'expérience à la fac?

Situations à jouer!

1 Vous venez d'acheter de nouveaux vêtements pour aller à une fête avec un(e) ami(e). Montrez les vêtements à votre ami(e). (Vous pouvez utiliser une photo de mode.) Demandez-lui ce qu'il/elle en pense. N'oubliez pas d'employer les mots familiers que vous venez d'apprendre.

2 Vous allez à la boutique où travaille votre ami(e). Demandez-lui de vous aider à trouver la tenue, les chaussures, etc., que vous voulez acheter. Parlez du prix, de la couleur, etc.

3 Vous interviewez un(e) étudiant(e) français(e) qui étudie sur votre campus pour obtenir ses observations sur votre université et parler des différences entre le système éducatif français et américain. Préparez cinq questions à lui poser. Ensuite, posez d'autres questions basées sur ses réponses. Utilisez la focalisation dans les réponses: **ce qui** et **ce que.**

Lecture

Kiffe Kiffe Demain

Féza Guène

Anticipation

Vous allez lire un extrait de *Kiffe Kiffe Demain.* Dans ce livre la narratrice, une jeune lycéenne parle de sa vie. Elle utilise un français parlé typique des jeunes filles de son âge et de son milieu.

Est-ce que vous pouvez donner le titre d'un livre écrit en anglais où le narrateur/la narratrice exprime *(expresses)* le point de vue d'un adolescent?

Contexte: La narratrice a 15 ans. Elle vit seule avec sa mère parce que son père a abandonné la famille. Au lycée, elle est isolée et elle ne fait pas un grand effort pour réussir. Nabil est un garçon de son âge qui habite le même bâtiment.

Du côté du lycée, le trimestre s'est achevé° aussi mal qu'il avait commencé. Heureusement que ma mère ne sait pas lire. Enfin, je dis ça surtout par rapport au bulletin°... S'il y a bien un truc qui m'énerve, ce sont les profs qui font concours d'originalité° pour les appréciations°. Résultat: elles sont toutes aussi connes° les unes que les autres... La pire que j'aie jamais eue, c'est Nadine Benbarchiche, la prof de physique-chimie, qui l'a écrite: «Affligeant, désespérant, élève qui incite à la démission ou au suicide...» Elle pensait certainement faire de l'humour. ... C'est vrai que je suis nulle° mais bon, faut pas exagérer°.

Depuis quelques semaines, Nabil vient donc chez moi de temps en temps pour m'aider dans mes devoirs. Ce type, il se la raconte trop! Il croit qu'il connaît tout sur tout. La dernière fois il s'est foutu de ma gueule° parce que je croyais que Zadig°, c'était une marque de pneus°. Il a rigolé° pendant trois quarts d'heure rien que pour ça... Un moment, en voyant que ça ne me faisait pas rire du tout, il a dit: «Nan, mais t'inquiète pas, je plaisante°, tu sais c'est pas grave, dans la vie, y a les intellectuels et y a les autres...»

ended

report card
an originality contest
teacher comments / stupid (fam., vulgar)

awful / take it too far

made fun of me (fam., vulgar) / novel written by Voltaire and a brand of clothing (Zadig et Voltaire) / tires / laughed (fam.)

I am joking

> **"Nan, mais t'inquiète pas, je plaisante, tu sais c'est pas grave, dans la vie, y a les intellectuels et y a les autres...»**

«KIFFE KIFFE DEMAIN» de F. GUENE © Hachette Littératures 2004 © LIBRAIRIE ARTHEME FAYARD 2010.

Compréhension et intégration

1. La protagoniste est contente que sa mère ne sache (savoir) pas lire. Pourquoi?
2. Est-ce que ses professeurs sont contents de son travail?
3. Pourquoi est-ce que Nabil vient chez elle?
4. Que dit Nabil pour montrer qu'il est fier de son intelligence?
5. Comment est-ce que le style de ce texte montre que c'est une jeune fille qui parle?

Maintenant à vous!

Trouvez TROIS exemples de phrases qui semblent *(seem)* avoir été écrites par une jeune personne.

Voix en direct (suite)

Go to **iLrn** to view video clips of young people discussing their observations of American universities and of other topics related to this module.

Expression écrite

iLrn À vos marques, prêts, bloguez!

Aimez-vous faire des achats? Qu'est-ce que vous avez acheté récemment? Où avez-vous fait cet achat et combien avez-vous payé l'article acheté? C'était en solde? Où allez-vous pour trouver les meilleurs prix? Est-ce que vous faites des achats en ligne parfois? Où? Écrivez 4 à 5 phrases en français sur notre blog et ensuite répondez aux billets de deux autres camarades de classe.

L'objet qui représente ma génération

Quel est l'objet qui représente votre génération? Qu'est-ce que vous allez choisir? Préfère-t-on souligner *(underline, stress)* l'explosion de la communication? On parlera du portable ou d'Internet. La musique? Peut-être que vous choisirez un iPod. La mode? Peut-être que vous préférerez une robe J. Crew. L'écologie? Alors, une voiture hybride ou électrique?

■ **Première étape:** En groupes, faites une liste des caractéristiques qui représentent les jeunes de votre génération: Comment sont-ils? Qu'est-ce qu'ils aiment faire? De quoi ont-ils envie? Qu'est-ce qu'ils cherchent dans la vie? Quelles sortes d'objets est-ce qu'ils aiment? Pourquoi?

■ **Deuxième étape:** Maintenant, choisissez un objet et expliquez en quoi il représente votre génération. Combien est-ce qu'il coûte? Est-il souvent en solde? Est-ce que son design est important? Est-ce que la marque est importante? Qu'est-ce qu'on fait avec cet objet? Est-il vraiment nécessaire? Pourquoi? Est-ce que c'est quelque chose qu'on partage avec les autres? Est-ce qu'on l'utilise en public ou de façon privée? Est-ce qu'il est solide ou jetable *(disposable)*? En quelle matière est-il fabriqué? Il est de quelle taille? Votre composition doit avoir une introduction et une conclusion. On vous aide avec l'introduction.

■ **Introduction:** *À mon avis, l'objet qui marque / représente ma génération, c'est le/la* _____ .

La mode

Avant de visionner

Vous allez regarder une vidéo sur l'histoire de la mode française. Dans cette vidéo, vous allez découvrir les différentes tendances, les *looks* populaires et les créateurs qui ont laissé leur marque à travers l'histoire. Vous allez aussi mieux comprendre le rôle que la mode joue dans la vie des jeunes d'aujourd'hui.

© Cengage Learning

Paris a toujours été la capitale de la mode.

Quelques mots utiles

à la fois	*at the same time*	le prêt-à-porter	*ready-to-wear fashion*
la Belle Époque	*historical period from 1890 to 1914*	refléter	*to reflect*
être à l'aise	*to be at ease*	la Seconde Guerre mondiale	*World War II*
les habits (*m.pl.*)	*clothes*	le siège	*headquarters*
la haute couture	*high fashion*		
s'intégrer	*to integrate, fit in*		

Étudiez la liste de vocabulaire. Ensuite, écrivez le mot ou l'expression qui correspond à chaque définition.

1. en même temps: _____
2. se sentir bien: _____
3. devenir membre d'un groupe: _____
4. les vêtements de luxe: _____
5. le centre administratif: _____

Pendant le visionnement

Les couturiers et couturières

Regardez la vidéo. Quels grands couturiers sont mentionnés?

- ☐ Hugo Boss
- ☐ Christian Dior
- ☐ Yves Saint-Laurent
- ☐ Christian Lacroix
- ☐ Coco Chanel
- ☐ Hermès
- ☐ Louis Vuitton
- ☐ Sonia Rykiel
- ☐ René Lacoste

Identifications

Sélectionnez la date ou l'époque qui correspond à chaque événement.

1. La haute couture est née.
2. Le prêt-à-porter est né.
3. Le «New Look» est lancé.
4. Les boutiques sont fermées.
5. Les premières maisons de mode sont fondées.

a. la Seconde Guerre mondiale
b. 1947
c. 1860
d. la Belle Époque
e. 1966

Après le visionnement

Avez-vous compris?

Après avoir visionné la vidéo, dites si chaque phrase est vraie (**vrai**) ou fausse (**faux**). Corrigez les phrases fausses.

1. Pour la majorité des étudiants interviewés, la mode n'est pas prioritaire dans leur vie.
2. Les premiers défilés de mode sont organisés juste après la Seconde Guerre mondiale.
3. Les années 50 ont été des années révolutionnaires pour la mode.
4. Le prêt-à-porter rend la mode accessible à tous.
5. Les créations de Coco Chanel reflétaient les aspirations de la femme moderne.

Discutons!

Discutez des questions suivantes avec un(e) partenaire.

1. Un des étudiants a dit «C'est pas la veste qui fait l'homme, c'est l'homme qui fait la veste». Qu'est-ce que ça veut dire? Êtes-vous d'accord? Pourquoi ou pourquoi pas?

2. Quels looks sont à la mode aujourd'hui? Lesquels préférez-vous? Qu'est-ce que vous cherchez le plus quand vous achetez des vêtements — la beauté, le symbolique ou le «statement», le confort, la qualité?

© Cengage Learning

Les créateurs français

Share It! Qui est votre créateur français préféré? Cherchez son site Internet et explorez-le. Quels produits figurent sur le site? Lesquels vous plaisent le plus? Pourquoi vous plaisent-ils? Écrivez un paragraphe sur votre créateur préféré en répondant à ces questions. Ensuite, postez votre paragraphe ainsi que l'adresse Internet du créateur sur **Share It!** Commentez le paragraphe d'un(e) camarade de classe et dites pourquoi vous aimez ou vous n'aimez pas les produits de son créateur préféré.

Réfléchissez et considérez

Le look rive gauche (*left bank look*) is still often associated with Paris. Look at the photo below. What is the fashion model wearing? How does this contrast with the clothing in the background, popular at the same time this look was introduced? Why do you think **le look rive gauche** has endured?

Vidéo Voyages! Watch a video about Paris as seen along the banks of the Seine.

Using pronouns for emphasis *Les pronoms relatifs* **ce qui** *et* **ce que**

Ce qui and **ce que** are indefinite relative pronouns that mean *what* in English. **Ce que** replaces an object and is followed by a subject + verb. **Ce qui** replaces a subject and is followed by a verb (the verb may be preceded by a pronoun but not a subject pronoun).

Je ne ne sais pas **ce que** je vais faire.   *I don't know what I'm going to do.*

ce que + sujet + verbe

Ce qui m'ennuie, c'est le cours de maths.   *What bores me is math class.*

ce qui + (objet) verbe

A small number of French verbs are used with **ce qui**, including: **arriver, se passer** *(to happen)*, **intéresser, impressionner,** and **ennuyer.**

Ma mère veut savoir **ce qui** se passe ici.   *My mother wants to know what's going on here.*
Dis-moi **ce qui** est arrivé à ta sœur.   *Tell me what happened to your sister.*
Ce qui m'intéresse, c'est l'histoire.   *What interests me is history.*

Using *ce qui* and *ce que:* Focalization

In spoken French, speakers frequently begin a sentence with **ce qui** and **ce que** to highlight or emphasize the topic they are discussing. Compare the sentences with standard word order in the left-hand column with the focalized sentences.

Subject-verb-object	Focalized sentences
Ce cours ennuie les étudiants.	**Ce qui** ennuie les étudiants, **c'est** ce cours.
J'aime le chocolat.	**Ce que** j'aime, **c'est** le chocolat.
Il étudie les sciences.	**Ce qu'**il étudie, **c'est** les sciences.
La musique m'intéresse.	**Ce qui** m'intéresse, **c'est** la musique.

Exercice 1   Des amis parlent de ce qu'ils aiment et de ce qu'ils n'aiment pas. Mettez en valeur *(emphasize)* les éléments en italique en utilisant **ce qui** ou **ce que.**

> **Modèle:**   Je n'aime pas *travailler sans arrêt*.
> *Ce que je n'aime pas, c'est travailler sans arrêt.*

1. *Le conformisme* m'ennuie.
2. J'apprécie *mes copains et ma famille*.
3. Je n'aime pas *être malade*.
4. Je désire trouver *quelqu'un de bien qui me comprend*.
5. *Les gens qui parlent toujours d'eux-mêmes* m'ennuient.
6. *La cuisine marocaine* m'impressionne.
7. *L'hypocrisie* m'énerve.

Exercice 2   Complétez avec **ce qui** ou **ce que** ces bribes de conversations entendues à une manifestation *(demonstration)*.

1. Nos copains ne sont pas encore arrivés. Je ne comprends pas _____ arrive. Est-ce que tu sais _____ se passe?
2. As-tu décidé _____ tu vas faire si la police nous arrête?
3. Regarde ces skins *(skinheads)*. Il est difficile d'imaginer _____ ils vont faire!
4. _____ est important, c'est lutter *(fight)* pour la justice!
5. Je ne sais pas _____ tu veux dire par justice.
6. _____ m'ennuie, c'est le manque *(lack)* d'attention des médias.

Using pronouns for pointing things out *Lequel et les adjectifs démonstratifs **ce, cet, cette** et **ces***

Lequel

Lequel *(Which one)* is frequently used to ask about a choice between people or objects. It replaces the adjective **quel** *(which, what)* and the noun it modifies. Here are its forms:

	singulier	**pluriel**
masculin	lequel	lesquels
féminin	laquelle	lesquelles

— Serge, regarde ces chemises.   — *Serge, look at these shirts.*
   Laquelle préfères-tu?   *Which one do you prefer?*
— Je vois plusieurs téléviseurs ici.   —*I see several TVs here.*
   Lesquels sont en solde?   *Which ones are on sale?*

Demonstrative adjectives

The demonstrative adjectives (**ce, cet, cette,** and **ces**) are equivalent to *this (that)* and *these (those)* and are used to refer to specific objects or people.

Ce magasin est ouvert.   *This store is open.*
Ces CD coûtent cher.   *These CDs are expensive.*

Like all other adjectives, they agree with the noun they modify.

ce magasin   *this store* or *that store*
ces hommes   *these men* or *those men*
cette robe   *this dress* or *that dress*
ces femmes   *these women* or *those women*

Cet is used before masculine singular nouns beginning with a vowel or a mute **h.**

Je ne comprendrai jamais **cet** homme!   *I'll never understand that man!*

To emphasize the distinction between *this* and *that,* attach the suffixes **-ci** *(here)* and **-là** *(there)* to the noun.

— Regarde ce portable.   — *Look at that cell phone.*
— Lequel?   — *Which one?*
— **Ce** portable-**là,** en solde.   — *That cell phone, on sale.*

- -

Exercice 3   Votre copain (copine) n'arrive pas à se décider! Il/Elle vous demande votre avis. Complétez ses questions avec la forme correcte de l'adjectif démonstratif **ce, cet, cette** ou **ces.**

1. J'achète _____ bottes ou _____ sandales?

2. Tu préfères _____ chemisier en coton ou _____ chemisier en soie *(silk)*?

3. Est-ce que tu préfères _____ veste ou _____ blouson en cuir *(leather)*?

4. J'aime beaucoup _____ pull-là, mais je trouve _____ chemise trop chère.

5. Est-ce que tu aimes mieux _____ cravate ou _____ nœud papillon *(m, bow tie)*?

Exercice 4 Le vendeur vous encourage à acheter tout ce que vous regardez. Complétez les phrases en utilisant l'adjectif démonstratif qui convient.

1. _____ jupe courte vous va à la perfection.

2. _____ sandales vous vont à merveille.

3. _____ débardeur est en solde.

4. _____ pulls sont en promotion.

5. _____ pantalon à pinces vous va comme un gant.

6. _____ anorak *(m, parka)* est fabriqué ici en France.

Exercice 5 Marc part en voyage. Sa coloc l'aide à décider ce qu'il devrait mettre dans sa valise. Écrivez les questions de Marc en suivant le modèle.

> **Modèle:** — Apporte des chaussettes en coton.
> — *Lesquelles? Ces chaussettes-ci ou ces chaussettes-là?*

1. Prends un jean.

2. Il te faut une chemise.

3. Prends un pull-over.

4. N'oublie pas d'emporter un bon livre.

5. Il te faut des baskets.

Structure 12.3

Talking about offering and borrowing *L'ordre des pronoms*

You have already learned how to use direct and indirect object pronouns individually. Occasionally, two object pronouns are used in the same sentence. For example, you offer a gift (direct object) to a friend (indirect object) or you borrow money (object) from your parents (indirect object). The chart that follows summarizes the required order when more than one pronoun is used.

Order of object pronouns				
me (m')	le/l'			
te (t')	la/l'	lui	y	en + verbe
nous	les	leur		
vous				

- As the chart shows, the third person indirect object pronouns (**lui** and **leur**) always follow the direct object pronouns (**le, la,** and **les**).

  — Est-ce que tu offres <u>ce cadeau</u> <u>à Jean</u>?
                                    direct object   indirect object

  — Oui, je **le lui** offre.
               d.o. i.o.

  — Il a reçu le message?
  — Oui, le réceptionniste **le lui** a donné.
                                 d.o. i.o.

- In every other case, the indirect object pronoun (**me, te, nous, vous**) precedes the direct object pronoun (**le, la, les**).

— Peux-tu me prêter ta voiture?	— *Can you lend me your car?*
— Non, je ne peux pas **te la** prêter.	— *No, I can't lend it to you.*
J'en ai besoin cet après-midi.	*I need it this afternoon. (I have need of it.)*

— J'adore ce pull!
— Tiens, je **te le** donne.
— Tu **me le** donnes?

— *I love that top!*
— *Here, I'm giving it to you.*
— *You're giving it to me?*

- The pronouns **y** and **en** always come last.

Je vais lui **en** offrir.
Il **y en** a deux.

I'm going to offer him some.
There are two (of them).

Pronoun order in imperative sentences

Pronoun order for affirmative commands					
verbe +	-le -la -les -nous	*before*	-moi (m') -toi (t') -lui -leur	*before*	-y / -en

- In *affirmative commands,* the direct object pronoun always precedes the indirect, as shown in the chart. **Y** and **en** always come last.

Achète-**le-moi.**
Donnez-**les-lui.**
Achète-**m'en.**

Buy it for me.
Give them to him.
Buy me some.

- In *negative commands,* the pronouns follow the same order as in declarative sentences.

Ne **le lui** achète pas.
Ne **m'en** parlez pas.

Don't buy it for him.
Don't talk to me about it.

Exercice 6 Les copains de Dylan veulent fêter son anniversaire en lui organisant une surprise-partie. Sa copine Marianne demande nerveusement si tout est préparé. Trouvez la réponse appropriée à ses questions.

1. Tu vas me donner la liste des invités?
2. Est-ce que Feza t'a parlé du disc-jockey qu'on a embauché *(hired)*?
3. Nous avons assez de temps pour mettre quelques décorations?
4. Tu as vu les autres invités à la fac?
5. Tu vas aller chercher le gâteau?
6. Personne n'a rien dit à Dylan, c'est sûr?
7. Donc, il ne s'attend pas à la fête.

a. Je suis déjà allé le chercher.
b. Oui, je les y ai vus.
c. Mais, je te l'ai déjà donnée! La voici!
d. Écoute, Marianne. Personne ne lui en a parlé!
e. Non, elle ne m'en a rien dit. Mais c'est une excellente idée.
f. Oui, nous en avons assez.
g. Je te le promets; il n'en sait rien.

Exercice 7 C'est la veille de Noël *(Christmas Eve)* et la famille Poitier essaie de finir les préparatifs pour la fête. Complétez les réponses en choisissant le pronom approprié pour remplacer chaque élément souligné.

> **Modèle:** — *Donne-moi la bûche de Noël.*
> — *D'accord, chérie. Je (me / te) (le / la / les) donne.*

1. — Est-ce que tu as envoyé la carte de Noël à nos amis les Poulain?

   — Je (le / la / les) (lui / leur) ai déjà envoyée.

2. — Chérie, nous offrons ces cadeaux *(gifts)* aux Martin?

   — Oui, offrons-(le / la / les)-(lui / leur).

3. — Est-ce que je peux offrir <u>cette écharpe rose à Tante Émilie</u>?

   — Oui, tu peux (le / la / l') (lui / leur) offrir.

4. — Est-ce qu'il y a <u>encore du papier-cadeau</u>?

   — Non, il n(e)(y en / l'en / leur y) a plus.

5. — Est-ce que je peux raconter <u>l'histoire du Père Noël aux enfants</u>?

   — Oui, vas-y, raconte-(le / la / l') (les / lui / leur)!

Exercice 8 Lorenzo, Cyprien, Walid et Saïd sont colocataires. Lisez les questions qu'ils se posent et mettez les mots des réponses dans le bon ordre.

1. Saïd: Demain j'ai un entretien pour un nouveau job et je n'ai pas de cravate. Walid, t'as une belle cravate à rayures *(striped)*, non?

   Walid: Ouais. Ah, tu la veux? te / la / prête / je

2. Saïd: T'as vu Farah et Amine en classe?

   Walid: Non… pas / ne / je / y / les / ai / vues

3. Cyprien: Hé, Lorenzo, n'oublie pas ton sac à dos… Il est sur le canapé.

   Lorenzo: Ah, c'est vrai. moi / donne- / le / -

4. Walid: Il n'y a plus de lait.

   Saïd: Bon alors. en / achètes / -

5. Lorenzo: Walid, pour le dîner, ce soir, tu vas nous préparer du couscous?

   Walid: en / aimerais bien / vous / préparer / je / moi

   Cyprien: Je ne vais pas dîner à la maison. en / me / ne / pas / préparer

Structure 12.4

Talking about paying for things *Les verbes comme* **payer**

Verbs with the infinitive ending in -**yer** change **y** to **i** in all but the **nous** and **vous** forms.

payer *(to pay, to pay for)*	
je paie	nous payons
tu paies	vous payez
il/elle/on paie	ils/elles paient

passé composé: **j'ai payé**   imparfait: **je payais**

Elle paie son loyer. — *She pays her rent.*
Combien as-tu payé cette voiture? — *How much did you pay for that car?*

Some common -**yer** verbs are **nettoyer** *(to clean)*, **employer** *(to use)*, **essayer** *(to try)*, **envoyer** *(to send)*, **ennuyer** *(to bore; to annoy)*, and **s'ennuyer** *(to be bored)*.

Il **essaie** le pantalon avant de l'acheter. — *He's trying on the pants before buying them.*
Silence. J'**essaie** de me concentrer! — *Quiet. I'm trying to concentrate!*
Ils **envoient** la carte postale. — *They're sending the postcard.*
Ce film m'**a ennuyé.** — *That film bored me.*

The verb **dépenser** *(to spend)* is frequently used as a synonym for **payer**. The opposite, *to save money,* is **épargner** (the cognate **sauver** generally refers to saving a person).

Combien as-tu **payé** ce jeu? — *How much did you pay for this game?*
Combien as-tu **dépensé** pour ce jeu? — *How much did you spend for this game?*
Ali **a épargné** assez pour s'acheter un nouvel iPod. — *Ali saved enough to buy himself a new iPod.*

Exercice 9 Complétez ces bribes de conversation que vous entendez en faisant vos courses.

1. Je _____ (s'ennuyer)! Je n'aime pas faire des achats!

2. Paul, tu _____ (payer) toujours trop. Il faut attendre les soldes!

3. J' _____ (essayer) de trouver un cadeau pour la fête des mères.

4. Ma grand-mère m' _____ (envoyer) de l'argent pour mon anniversaire.

5. Où est Claire? Elle _____ (essayer) une robe?

6. Nous _____ (payer) un peu plus, mais nous préférons acheter chez les petits commerçants du coin.

7. Charles, tu _____ (dépenser) tout ton argent!

Exercice 10 Un jeune homme parle des difficultés qu'il a à faire des économies *(to save)*. Complétez le paragraphe en utilisant **essayer, payer, dépenser, envoyer, ennuyer, épargner, gagner.**

Mes copains et moi, nous avons du mal à faire des économies. Nous _____ (1) un peu d'argent en faisant des petits boulots, mais nous _____ (2) trop de fric en bêtises. Moi, j(e) _____ (3) d'être prudent, mais j(e) _____ (4) trop pour mon portable et mes fringues. J(e) _____ (5) aussi l'essence et l'assurance *(insurance)* de ma voiture. Mes parents sont très économes. Ils _____ (6) une partie de leur salaire tous les mois. En plus ils _____ (7) de l'argent à des organisations humanitaires comme la Croix-Rouge. Ils n'aiment pas trop _____ (8) pour les produits de consommation. Nos parents nous demandent toujours: «Et votre bas de laine *(nest egg)*?» Cela nous _____ (9)! Nous sommes incapables de faire des économies!

Tout ensemble!

Complétez le paragraphe avec les mots de la liste et conjuguez les verbes.

ce que	le lui	leur	portable	consommation
ce qui	leur en	dépenser	fringues	ciné
ce sont	y	payer		

_____ (1) est intéressant chez les jeunes en France et aux États-Unis, _____ (2) les attitudes et les activités qu'ils ont en commun. Commençons d'abord avec la _____ (3) qui joue un grand rôle dans leur vie. Ils aiment acheter et ils _____ (4) beaucoup pour le plaisir. Sorties entre copains, _____ (5) à la mode et _____ (6) arrivent en tête. Et leurs parents sont complices *(complicit)*.

Prenons, par exemple, Ayméric. Hier, il a vu un téléphone _____ (7) qu'il a voulu et sa mère _____ (8) a acheté pour rester en contact. Quant à son look, ses parents ne _____ (9) plus son coiffeur *(hairstylist)*, car il se fait des coupes excentriques. Ayméric aime aussi faire plaisir à ses amis et à sa famille en _____ (10) offrant des cadeaux. Il va donc dans les magasins et il _____ (11) dépense une grande partie de son argent de poche. Et pourquoi les parents donnent-ils tant d'argent à leurs enfants? Ils _____ (12) donnent pour leur apprendre à gérer *(to manage)* leurs affaires. «C'est une question d'autonomie», explique le père d'Ayméric. «Voilà _____ (13) je pense.»

Complete the diagnostic tests in **iLrn** to test your knowledge of the grammar and vocabulary in this chapter.

Vocabulaire fondamental

Noms

Les vêtements et la consommation
Clothing and consumerism

des baskets (f pl)	high-tops, tennis shoes
une cabine (d'essayage)	dressing room
un cadeau	a gift
un complet	a suit
une cravate	a tie
un débardeur	a tank top
une écharpe	a scarf
un ensemble	an outfit
un gilet	a sweater
un look	a look, a style
la mode	fashion
un prix	a price
un produit	a product
une solde	a sale
la taille	size
un tailleur	a woman's suit
des tongs (f pl)	flip-flops
une veste	a sports jacket

Le système éducatif
The educational system

le baccalauréat (le bac [fam])	exam required for university admissions; diploma
le collège	middle school
un concours	a competitive exam
un diplôme	a diploma
l'école maternelle / primaire	kindergarten / primary school
une école préparatoire (une prépa)	intensive post-bac instruction to prepare for the competitive exam for entry into a **grande école**
une grande école	an elite university requiring a rigorous entrance exam
un programme d'études	a program of study
la terminale	senior year of high school

Verbes

apprécier	to appreciate
dépenser	to spend
emprunter	to borrow
énerver	to annoy, to get on one's nerves
ennuyer	to annoy, to bore
s'ennuyer	to be bored
envoyer	to send
épargner	to save
essayer	to try (on)

impressionner	to impress
intéresser	to interest
montrer	to show
nettoyer	to clean
offrir	to offer; to give (as with a gift)
payer en liquide / par carte de crédit (de débit)	to pay in cash / by credit (debit) card
prêter	to lend

Adjectifs

en solde	on sale
insupportable	unbearable

Mots apparentés: classique, naturel(le)

Mots divers

ce / cet, cette / ces	this / that, these / those
ce qui, ce que	what
lequel, laquelle, lesquels, lesquelles	which (ones)
plusieurs	some, several

Expressions utiles

Comment faire des achats
How to make purchases

(For additional expressions, see pages 369–370.)

Ça vous va très bien.	That looks very good on you.
Il est en solde.	It's on sale.
Il est trop serré / large / juste.	It's too tight / big / close a fit.
Je chausse du 38.	I wear a size 38 shoe.
Je fais du 40.	I'm size 40.
Je peux l'essayer?	Can I try it on?
Quelle est votre pointure?	What is your (shoe) size?
Tu aimes ce modèle-ci ou ce modèle-là?	Do you like this style or that style?

Comment «parler jeune»
How to speak like young people

(For additional expressions, see page 364.)
(Your instructor will let you know which of these "slang" words are part of your Vocabulaire fondamental.)

une bagnole	a car
la bouffe	food
un bouquin	a book
c'est bof	it's so-so
c'est cool / stylé	it's great
c'est extra (hyper / super / vachement) bien	it's really great
c'est marrant / rigolo	it's funny
c'est pas terrible	it's not great

le fric	*money*	un pote	*buddy*
les fringues *(f pl)*	*clothing*	tendance	*trendy*
un(e) gosse	*a kid*	un truc	*a thing*
un mec	*a guy*	un type	*a guy*

Vocabulaire supplémentaire

Noms

des chaussures *(f pl)* à talons	*high-heeled shoes*
une coiffure	*hairstyle*
des collants *(m pl)*	*tights, pantyhose*
une coupe (de cheveux)	*(hair)cut*
un défilé de mode	*fashion show*
une garde-robe	*a wardrobe*
une marque	*a brand*
un pantalon baggy / slim	*baggy / slim pants*
un pantalon pattes d'éléphant (d'eph)	*bell-bottoms*

taille basse	*low-waisted*
un pull-over à col roulé / à col en V	*a turtleneck / a V-neck sweater*

Mots divers

en cuir	*made of leather*
étroit(e)	*tight; straight*
habillé(e)	*dressy*
moulant(e)	*close-fitting*
propre	*clean*
sage	*demure*

Le jogging en plein air réduit le stress.
Qu'est-ce que vous faites pour rester en forme?

La santé et le bonheur

In this chapter we discuss health, fitness, and well-being. You will learn how to ask for and give advice on these topics. **Perspectives culturelles** includes a discussion of the French healthcare system as well as individual perspectives on well-being.

Ressources
◄)) Audio ▶ Video **iLrn** ilrn.heinle.com
🌐 www.cengagebrain.com

Les parties du corps

la tête

la gorge

la poitrine

le dos

l'estomac (m) /
le ventre

le genou

la jambe

la cheville

le cou

l'épaule (f)

le bras

le coude

la hanche
le poignet
la main
le doigt

l'ongle (m)

le pied

© Dmitriy Shironosov/Shutterstock.com

Activité 1 Les activités du corps

Trouvez l'intrus. Quelle action n'est pas associée aux parties du corps suivantes?

1. la main
   a. gesticuler
   b. écrire
   c. se saluer
   d. caresser
   e. respircr

2. les yeux
   a. voir
   b. lire
   c. fermer
   d. toucher
   e. regarder

3. la gorge
   a. avaler
   b. parler
   c. écrire
   d. respirer
   e. manger

4. les genoux

    a. plier   **d.** s'agenouiller

    b. courir   **e.** écouter

    c. marcher

5. la bouche

    a. parler   **d.** courir

    b. manger   **e.** chanter

    c. avaler

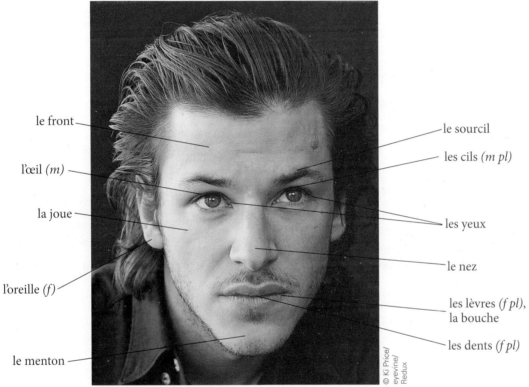

le front — le sourcil — les cils *(m pl)*

l'œil *(m)* — les yeux

la joue

l'oreille *(f)* — le nez

les lèvres *(f pl)*, la bouche

le menton — les dents *(f pl)*

La figure: Gaspard Ulliel, acteur et mannequin, est le nouveau visage de Chanel.

Activité 2   Associations

Trouvez les autres parties du corps associées à la partie du corps donnée.

    Modèle: la bouche

            les lèvres, les dents, la langue

1. la tête

2. les jambes

3. le bras

4. la main

5. les yeux

Les maladies et les remèdes

Structure 13.1

Talking about health and feelings *Expressions idiomatiques avec **avoir** (récapitulation)*

You have already learned a number of idiomatic expressions with the verb **avoir,** for example, **avoir faim, avoir soif, avoir dix ans.** Here you will learn other **avoir** expressions used for talking about health and feelings. Turn to page 406 for a complete discussion of **avoir** expressions.

Qu'est-ce qu'ils ont?

Le côté physique

Ils se sentent malades.

Marc a mal à la tête.   M. Fabius a mal à l'estomac.   Armand a mal à la gorge.

Qu'est-ce qui s'est passé?

Stéphane et Amélie ont eu un accident de voiture. Ils se sont blessés.

Il s'est cassé un os / le bras.   Elle s'est coupé le doigt.   Elle s'est foulé la cheville.

Le côté psychologique et affectif

Jean-Guillaume **a peur** des chiens.   Charlotte **a sommeil** ce matin. Elle **a envie de** dormir en classe. Elle **a hâte de** (*She can't wait to*) rentrer chez elle.

Nicolas **a honte** d'avoir triché *(cheated)* pendant l'examen. Il sait qu'il **a eu tort.**

Léa **a l'air** triste et déprimée. Elle est isolée à l'école et ne sort jamais avec des amis. Elle **a du mal à** sourire ou **à** s'amuser.

Activité 3 C'est vrai?

Voici des commentaires qui vous concernent. Qui a raison et qui a tort?

> **Modèle:** Votre sœur dit que vous passez trop de temps sur Facebook.
> *Elle a tort. Je passe seulement une heure par jour sur Facebook.*

1. Votre meilleur(e) ami(e) dit que vous avez toujours sommeil en cours.
2. Votre professeur de français dit que vous avez l'air fatigué aujourd'hui.
3. Votre mère pense que vous avez peur des chiens.
4. Vos parents disent que vous passez trop de temps devant la télé.
5. Votre colocataire dit que vous ne faites rien pour aider à la maison.
6. Votre copain (copine) pense que vous avez du mal à parler en public.
7. Vos amis disent que vous avez de la patience.

Activité 4 Interaction

Posez les questions suivantes à un(e) camarade. Après chaque réponse, demandez «Et toi?». Votre camarade répondra à la question à son tour.

1. Qu'est-ce que tu fais quand tu veux dormir mais tu n'as pas sommeil?
2. Qu'est-ce que tu as envie de faire ce week-end?
3. Qui, dans la classe, a l'air content (sportif, fatigué) aujourd'hui?
4. Tu as peur des animaux?
5. Est-ce que tu as du mal à étudier quand la télévision est allumée *(is turned on)*? quand il y a de la musique?
6. Quand tu as tort, est-ce que tu l'admets facilement?
7. Est-ce que tu connais quelqu'un qui doit toujours avoir raison? Qui?
8. Est-ce que tu as besoin d'étudier ce soir? Quelles matières?

Activité 5 Vos sentiments

Mettez-vous par deux ou en petits groupes pour compléter les phrases suivantes. Puis partagez vos phrases avec la classe.

1. Nous avons envie de...
2. Nous avons tous besoin de...
3. Nous avons honte de...
4. Nous avons peur de...
5. Nous avons du mal à...
6. Nous avons hâte de...

Pourquoi ne sont-ils pas au travail?

Jean-Claude

Ce matin, Jean-Claude reste au lit avec la grippe. Il a de la température. Un moment, il a froid, et un autre moment il a chaud. Quand il a froid, il a souvent des frissons. Il a aussi mal à la gorge. Il n'a pas envie de manger. Il a mal partout; il souffre de courbatures *(achiness)*. Ce matin, sa femme va téléphoner au médecin pour lui demander conseil.

une boîte de mouchoirs

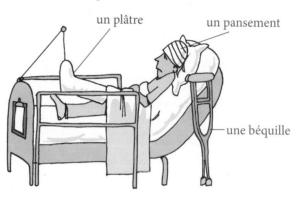

un plâtre
un pansement
une béquille

Nathalie

Nathalie n'est pas au travail non plus. Mais elle n'a pas de fièvre; elle n'a qu'un petit rhume. Elle tousse, elle éternue de temps en temps et elle a le nez qui coule. Elle se mouche constamment et sa boîte de mouchoirs (en papier) n'est jamais très loin d'elle. Elle n'aime pas aller au travail enrhumée.

Christophe

Ce matin, le pauvre Christophe a eu un accident de vélo et on l'a amené au service des urgences de l'hôpital parce qu'il ne pouvait plus marcher et parce qu'il avait une blessure à la tête. D'abord, une infirmière lui a mis un pansement *(bandage)*, puis elle lui a fait une piqûre *(shot)*. Enfin, le médecin a fait une radio *(x-ray)* de sa jambe. Christophe a une fracture compliquée. Le médecin a mis sa jambe dans le plâtre. Christophe doit rester à l'hôpital quelques jours et marcher avec des béquilles pendant quelques semaines.

Défense de fumer

Laurent

Laurent reste chez lui. Il est un peu déprimé, de mauvaise humeur. Hier il s'est fâché contre son patron et aujourd'hui il n'a pas envie d'aller au travail.

Isabelle

Isabelle, enceinte de sept mois, est chez son gynécologue pour des tests. Son accouchement est dans deux mois, et elle est déjà un peu nerveuse parce que sa meilleure amie a eu un accouchement difficile. Ce matin, son médecin réserve la salle d'accouchement *(birthing room)* pour elle.

Activité 6 Qu'est-ce qu'ils ont?

A. Faites le diagnostic de chaque personne en choisissant dans la liste.

1. Isabelle a rendez-vous chez son gynécologue.

2. Christophe doit marcher avec des béquilles.

3. Laurent est resté chez lui. Il est de mauvaise humeur.

4. Jean-Claude a souvent des frissons et il souffre de courbatures.

5. Nathalie a le nez qui coule et elle éternue.

a. Il/Elle a un rhume.

b. Il/Elle s'est cassé la jambe.

c. Elle est enceinte.

d. Il/Elle est déprimé(e).

e. Il/Elle a la grippe.

B. Maintenant avec un(e) partenaire, faites une liste des symptômes que vous associez à chaque condition médicale.

1. un rhume

2. un os cassé

3. être enceinte

4. être déprimé(e)

5. la grippe

Activité 7 Les symptômes

Trouvez l'intrus, c'est-à-dire la réponse qui n'est pas logique.

1. Quand on est enrhumé...
   a. on se mouche.
   b. on éternue.
   c. on tousse.
   d. on a des blessures.
   e. on a le nez qui coule.

2. Quand on a la grippe...
   a. on frissonne.
   b. on se foule la cheville.
   c. on a la tête qui brûle.
   d. on a des courbatures.
   e. on a mal à la tête.

3. Quand on est déprimé...
   a. on utilise des béquilles.
   b. on est de mauvaise humeur.
   c. on pleure facilement.
   d. on est mélancolique.
   e. on n'est pas content.

4. Quand on a une blessure grave...
   a. on perd du sang *(blood)*.
   b. on est amené aux urgences.
   c. on a le nez bouché.
   d. on a mal.
   e. on perd conscience.

5. Quand on est enceinte...
   a. on accouche.
   b. on a des contractions.
   c. on grossit.
   d. on a souvent des nausées.
   e. on éternue.

Activité 8 **Les symptômes et les remèdes**

Qu'est-ce qu'il faut faire dans les situations suivantes? En groupes de deux,
posez la question et répondez en utilisant les options données.

> **Modèle:** se couper le doigt
> — *Qu'est-ce qu'il faut faire si on se coupe le doigt?*
> — *Il faut mettre un pansement.*

1. tousser
2. avoir mal à la gorge
3. avoir un rhume
4. avoir mal à la tête
5. avoir mal au dos
6. être de mauvaise humeur
7. vouloir maigrir
8. être gravement malade
9. avoir une carie *(cavity)*

a. appeler le médecin
b. sortir avec des amis
c. se faire masser *(to get a massage)*
d. manger moins de matières grasses *(fatty foods)* et faire plus d'exercice
e. prendre du sirop contre la toux *(cough)*
f. faire des gargarismes *(to gargle)*
g. aller chez le dentiste
h. prendre de la vitamine C
i. prendre de l'aspirine

Activité 9 **Où Paul a-t-il mal?**

Devinez où Paul a mal.

> **Modèle:** Il a trop mangé.
> *Il a mal au ventre.*

1. Il passe des heures devant l'écran *(screen)* de son ordinateur.
2. Il est tombé en faisant du ski.
3. Il a une migraine.
4. Il passe des heures à jouer au tennis.
5. C'est un lanceur *(pitcher)* de base-ball.
6. Il a mangé trop de bonbons et d'autres cochonneries *(junk food, fam.)*.
7. Il a travaillé toute la journée dans le jardin.

Activité 10 **L'Association Action Migraine**

Lisez cette annonce et répondez aux questions.

1. Qu'est-ce que c'est qu'une migraine?
2. Qu'est-ce qu'on peut faire quand on a une migraine?
3. Expliquez pourquoi on dit que «La migraine est une maladie, pas une fatalité.»

Près de 7 millions de Français sont touchés
par la migraine. Ils souffrent de douleurs
insupportables qui affectent leur vie, ainsi
que celle de leur entourage. La migraine est
une maladie, pas une fatalité. Aujourd'hui
des solutions existent.

Comment parler au médecin

Structure 13.2

Saying when and how long *L'emploi de depuis*

A doctor will commonly ask patients how long they have had a particular complaint: **Depuis quand êtes-vous malade?** French uses **depuis** with the present tense to express conditions that began in the past and are still in effect. For additional information on the use of **depuis,** see page 408.

Réfléchissez et considérez

Look over the **Expressions utiles** and find (1) two ways to say something hurts; (2) two ways to say you're feeling fine; (3) two ways the doctor might ask you what is wrong; (4) a way to ask how long you've been sick.

CD3-19

Expressions utiles

Quelqu'un qui est malade

Je ne me sens pas bien du tout.
J'ai mal à la tête.
J'ai du mal à avaler.
Je fais une dépression.

Le médecin

Qu'est-ce qui ne va pas? ⎫
Qu'est-ce que vous avez? ⎭   *What is the matter?*
Vous avez bonne / mauvaise mine.   *You look good / You don't look so good.*
Où avez-vous mal?
Quels sont vos symptômes?
Depuis quand êtes-vous malade?
C'est grave. / Ce n'est pas grave.
Je vous fais une ordonnance° pour des   *prescription*
médicaments contre la migraine.

Quelqu'un qui est en bonne santé

Je me sens très bien.
Je me porte très bien.
Je suis en (pleine) forme.
Je suis ici pour faire un check-up.

© Dmitriy Shironosov/Shutterstock.com

CD3-20

Écoutons ensemble! Qu'est-ce qui ne va pas?

Identifiez l'image qui correspond à chaque mini-dialogue.

1. _____   2. _____   3. _____   4. _____

a.   b.   c.   d.

© Cengage Learning

Posez des questions avec **depuis quand** à vos camarades de classe.

> **Modèle:** savoir lire
> — *Depuis quand sais-tu lire?*
> — *Je sais lire depuis l'âge de cinq ans.*

1. être en cours aujourd'hui
2. habiter dans cette ville
3. être étudiant(e) à l'université
4. étudier le français
5. connaître ton (ta) meilleur(e) ami(e)
6. savoir conduire

CD3-21

Activité **12** Dialogue chez le médecin

Monsieur Lefèvre est chez le médecin parce qu'il ne se sent pas bien et il pense avoir la grippe. Écoutez et complétez le dialogue suivant.

DOCTEUR: Bonjour, Monsieur Lefèvre. Comment allez-vous?

PATIENT: (1) _____ du tout.

DOCTEUR: Qu'est-ce qui ne va pas?

PATIENT: Je crois que j'ai (2) _____. Mais je ne sais pas.

DOCTEUR: Quels sont vos (3) _____?

PATIENT: J'ai mal à (4) _____, j'ai mal à (5) _____ et j'ai mal (6) _____.

DOCTEUR: Depuis quand êtes-vous (7) _____?

PATIENT: Depuis (8) _____.

DOCTEUR: Ouvrez la (9) _____ et dites «ah». Je voudrais examiner la gorge. Oui, vous avez les glandes enflées et votre gorge est rouge. Avez-vous (10) _____?

PATIENT: Non, mais (11) _____ à avaler.

DOCTEUR: Je veux prendre votre (12) _____. Ouvrez encore la bouche... Vous avez (13) _____. Retroussez *(Pull back)* votre manche *(sleeve)* un peu, s'il vous plaît. Je vais prendre votre tension... Normale. Ce n'est pas (14) _____. Vous avez (15) _____. Je vais vous donner (16) _____ pour des antibiotiques. Prenez ces pilules (17) _____ fois par jour, s'il vous plaît.

Le rôle du gouvernement dans la santé

En France, l'assurance maladie° a été créée en 1945 selon trois principes fondamentaux: l'égalité d'accès aux soins°, la qualité des soins et la solidarité. Et depuis l'année 2000, 100% des résidents français ont droit à une couverture sociale grâce à la création de la couverture maladie universelle (CMU).

La sécurité sociale ou «sécu» rembourse environ 75% des frais° médicaux. De plus, 85% des Français disposent d'une assurance maladie complémentaire°. La sécurité sociale couvre également les congés° pour les maladies ou la maternité. Cette implication de l'État dans la santé a ses bénéfices°: l'espérance de vie° d'un Français est de 81,1 ans. La France est au quatorzième rang° dans le monde alors que les États-Unis sont au cinquantième rang.

Mais depuis les années 1990, la sécurité sociale est en déficit. Les Français sont les plus gros consommateurs de médicaments du monde. En moyenne°, chaque Français voit un médecin neuf fois° par an, passe deux nuits à l'hôpital et consomme une boîte de médicaments par semaine. Le gouvernement cherche des solutions pour retrouver un équilibre. Il lance° des campagnes de prévention contre l'alcoolisme, le tabagisme° et l'obésité. Par exemple, pour combattre le «binge drinking», la consommation massive et rapide d'alcool, le gouvernement a augmenté l'âge où on peut acheter de l'alcool de 16 à 18 ans. Il encourage aussi la consommation de médicaments génériques et cherche à rendre les médecins et les patients plus responsables de leur consommation médicale. Les Français sont très attachés à un système de soins publics mais accepteront-ils de moins consommer pour le préserver? Un vrai défi° en période de crise économique.

medical insurance

equal access to medical care

costs
additional insurance
paid leave
benefits life / expectancy
fourteenth place

On average
nine times

launches
tobacco addiction

challenge

Avez-vous compris?

Indiquez si les phrases suivantes sont vraies ou fausses. Corrigez les phrases fausses.

1. Beaucoup de Français n'ont pas d'assurance maladie.
2. L'espérance de vie est plus longue en France qu'aux États-Unis.
3. Le gouvernement français s'occupe de la santé de ses citoyens.
4. L'obésité n'est pas un problème en France.
5. Le gouvernement essaie de changer les attitudes des Français envers les médicaments.

Et vous?

1. Est-ce que vous pensez que tous les Américains devraient avoir une assurance maladie?
2. Est-ce qu'on doit limiter le nombre de visites chez le médecin ou le nombre d'ordonnances?
3. Est-ce que c'est le rôle du gouvernement d'encourager des comportements sains (*healthy*)? Donnez deux exemples de campagnes publicitaires américaines pour promouvoir la santé.
4. Est-ce que le «binge-drinking» est un problème sur votre campus?

En 2012, le gouvernement français a lancé le Plan vélo pour augmenter la pratique du vélo en France. C'est l'idéal pour lutter contre le cholestérol, le diabète et l'ostéoporose, et c'est bon pour le cœur et le moral.

🌐 Explorez en ligne

The website doctissimo.fr is filled with information and advice related to physical and mental health and well-being. Explore several of the categories listed that interest you such as **santé, médicaments, psychologie, nutrition, beauté,** and **forme.** Write down three things that you learn and two new French expressions. Be prepared to discuss your findings with the class.

Pour se sentir bien dans sa peau

Structure 13.3

Making descriptions more vivid *Les adverbes*

To talk about what makes you happy, you can use adverbs to make your descriptions more vivid. Many adverbs that end in *-ly* in English end in **-ment** in French (*rapidly* = **rapidement**). Guidelines for forming and using adverbs are found on page 409.

On dit **souvent** que pour être heureux il faut se sentir bien dans sa peau, c'est-à-dire bien dans son corps et dans sa tête. Des étudiants nous parlent de leur conception du bonheur.

Note de prononciation

Quand les verbes se terminent en **-ent**, on ne prononce pas la terminaison. Par contre, dans le cas des adverbes, on prononce la terminaison **-ent**. Exemple: Ils parl[ent] rapide**ent**.

STÉPHANE: Pour moi, le bonheur c'est tout **simplement** sortir avec mes amis, parler avec eux **librement**. J'aime ces moments de plaisir et de détente entre amis.

VIRGINIE: Moi, je pense que l'activité physique est liée à la santé et au bien-être. Je fais **régulièrement** du sport depuis que je suis toute petite. C'est bon pour le corps mais aussi pour l'esprit.

CHRISTOPHE: Ce que je cherche, c'est une vie sans stress. Même si la vie est difficile parfois, il est important de rester positif. **Heureusement,** je prends le temps de vivre et d'apprécier tout ce qu'il y a autour de moi.

KARINE: Être bien dans sa peau, c'est aussi s'accepter tel qu'on est. Je n'essaie pas de plaire aux autres. Je cherche **essentiellement** à avoir une attitude positive sur moi-même.

© Cengage Learning

Notez et analysez

Look at the boldfaced adverbs formed with **-ment**. What adjectives are they based on? Is the masculine or feminine form of the adjective used before adding **-ment**?

Activité 13 Conseils

Complétez les conseils en choisissant l'adverbe approprié.

1. Pour être heureux et rester en bonne forme il faut faire de l'exercice _____

   a. régulièrement   b. rapidement   c. constamment

2. On peut devenir malade si on ne mange pas _____.
   a. vite   b. toujours   c. sainement

3. Parfois quand on est stressé, c'est une bonne idée de se promener
_____ .
   a. traditionnellement b. lentement c. certainement

4. En classe, il vaut mieux participer _____ .
   a. absolument b. mal c. activement

5. Il est difficile de supporter les gens qui parlent _____ .
   a. constamment b. couramment c. bien

6. Si un de vos amis a des problèmes, il faut l'écouter _____ .
   a. essentiellement b. joliment c. patiemment

7. Dans les espaces publics, comme dans un bus par exemple, parlez
_____ avez vos amis.
   a. doucement b. activement c. essentiellement

Activité 14 Conseils d'un prof

Voulez-vous passer un semestre en France et en profiter au maximum? Voici ce qu'un professeur de français vous conseille. Ajoutez des adverbes à ce qu'il dit pour le rendre plus convaincant *(convincing)*.

Mots utiles: bien, clair, constant, courant, facile, malheureux, rapide, simple, unique

On peut s'adapter _____ (1) à la vie française si on fait l'effort de parler français et de rencontrer le plus de gens possible. Alors là, vous verrez _____ (2) une différence. Si vous restez _____ (3) avec des étudiants américains, vous n'apprendrez pas aussi _____ (4) la langue du pays et, _____ (5), vous gaspillerez *(will waste)* beaucoup de temps. On me demande _____ (6) la même chose: Est-ce que je vais parler _____ (7) après un semestre? J'explique _____ (8) que pour parler une langue, il faut s'immerger dans la culture du pays que vous visitez.

CD3-22

Prononcez! Faisons le contraste entre les verbes et les adverbes.

For adverbs ending in **-ment**, you pronounce the **-ent** /ã/. For third person verb ending **-ent** is silent.

Écoutez et répétez les exemples suivants.

1. Verbes: ils passent, ils lisent, ils exigent, ils se sentent, elles toussent, elles souffrent, elles se détendent

2. Adverbes: doucement, heureusement, gravement, vraiment, absolument, facilement

Maintenant, avec un(e) partenaire, lisez les phrases en faisant attention de ne pas prononcer **-ent** dans le cas des verbes.

1. Ils courent rapidement.

2. Elles chantent constamment.

3. Ils parlent lentement.

4. Elles lisent silencieusement.

5. Ils répondent vivement.

6. Elles s'habillent différemment.

Activité 15 Leurs recettes de bonheur

Deux Français célèbres discutent de leur concept du bonheur. Lisez ce qu'ils disent puis complétez les phrases qui suivent.

Actrice   **Juliette Binoche**

J. B.: Ce que j'ai appris, c'est que plus on travaille dans le bonheur, plus on arrive facilement à faire de beaux films et à être créatif. Je me souviens d'avoir fait appel à *(having called upon)* cette sorte de courage pendant le tournage *(making)* d'un film. À chaque interruption du film, j'ai fait le maximum pour continuer à créer, à être positive.
FIGARO MAGAZINE: Pour vous, c'est quoi le bonheur?
J.B.: C'est d'assumer ce qui m'arrive avec le sourire. C'est d'accomplir sa journée comme la première ou la dernière.

AP Photo/Laurent Emmanuel

© Associated Press

Yannick Noah   *Chanteur, ancien champion de tennis*

«Moi, mon bonheur c'est de rassembler les gens, quelles que soient leur classe sociale, leur appartenance politique, religieuse, leur couleur de peau *(skin)*… Je le vis au quotidien lors de mes concerts. C'est cette France que j'apprécie, que je connais, qui est réelle. Ce sont ces gens-là qui me donnent de l'énergie. C'est pour eux que je joue et que je fais ce métier.»   From www.NiceMatin.com

---

1. Pour Juliette Binoche, le bonheur, c'est rester positif, assumer ce qui lui arrive avec un _____. À son avis, le bonheur aide la créativité.

2. Pour Yannick Noah, ce qui est important, c'est _____. Il trouve ce bonheur tous les jours dans ses _____.

Activité 16 Le bien-être de vos camarades de classe

Demandez à un(e) partenaire si les éléments de la liste suivante sont importants pour son bien-être mental et demandez-lui d'expliquer ses réponses. Incorporez des adverbes dans vos réponses. Puis, interviewez votre professeur.

> **Modèle:** la télévision
>> ÉTUDIANT(E) 1: *Est-ce que la télévision est importante pour ton bonheur?*
>> ÉTUDIANT(E) 2: *Non, je peux me passer facilement de* (do without) *télévision.*
>> ÉTUDIANT(E) 1: *Pourquoi?*
>> ÉTUDIANT(E) 2: *Je trouve que la télé est une perte de temps. Je la regarde rarement.*

1. Facebook ou Twitter
2. l'activité physique
3. le silence ou la méditation
4. les jeux électroniques

5. le chocolat
6. une tasse de café le matin
7. la musique
8. un bon livre

Être heureux dans la vie

Le bonheur est-il devenu tendance en France? Une simple visite à la librairie illustre le fait qu'il existe une quantité de livres qui traitent de thèmes comme les secrets du bonheur, le Feng shui, la philosophie New Age. Il semble que l'on cherche à trouver un équilibre, un sens de l'harmonie dans la vie.

Est-ce qu'on réussit à atteindre cet état d'esprit si recherché? Selon un sondage récent, 94% des Français disent que oui; ils sont heureux. Les facteurs qui contribuent le plus à leur bonheur sont la famille, les enfants et la bonne santé. Voici quelques francophones qui parlent de leur recette du bonheur.

Voix en direct CD 3–23

Pour vous, c'est quoi le bonheur?

Sujet très difficile… Mais, je pense que la première des choses pour être heureux, c'est d'être bien dans sa peau, bien dans son corps, et puis… et essayer d'aimer la vie, apprécier toutes les petites choses qui font que la vie est belle et profiter de[1] chaque petit rayon de soleil, de chaque sourire[2], de chaque personne que l'on apprécie et que l'on voit régulièrement. Je sais pas s'il y a vraiment un secret. Être heureux, c'est dans la tête, il faut être bien dans sa tête et puis essayer de diffuser autour de soi ce bien-être.

Gwenaëlle Maciel
29 ans, enseignante au collège, région de Paris

Et pour vous, Delphin?

C'est beaucoup de choses, mais peut-être que le bonheur pour moi, c'est de faire ce qui me plaît dans la vie.

Delphin Ruché
27 ans, ornithologue français en séjour à Los Angeles

Il est clair que la santé fait partie du bonheur. Parlons un peu de la forme. Comment les Français restent-ils en forme?

Je pense que, d'abord, les Français mangent des quantités moins importantes. On n'a pas besoin de «doggy-bag» quand on va au restaurant. Euh… Les Français aiment encore cuisiner. Donc on achète moins de plats surgelés[3]. Et puis les Français marchent[4] beaucoup. On utilise beaucoup les transports en commun. On marche beaucoup dans la ville. On utilise moins la voiture qu'aux États-Unis. Et les Français, dans les grandes villes, ils commencent à devenir très américains. Ils mangent en marchant[5], ils mangent rapidement. Mais dans le reste de la France, on mange plus lentement. On prend le temps de vivre. Donc je pense que c'est pour ça.

Laurence Denié-Higney
34 ans, professeur de français en Californie

[1]take advantage of [2]smile [3]frozen food [4]walk [5]while walking

▮▮ Réfléchissez aux réponses

1. Selon Gwenaëlle, où est-ce qu'on trouve le bonheur? Est-ce que vous pensez que le bonheur est un état d'esprit?

2. Pour Delphin, qu'est-ce qui fait le bonheur?

3. Quelles raisons est-ce que Laurence cite pour expliquer comment les Français restent en forme? À son avis, dans quel sens est-ce que certains Français dans les grandes villes commencent à devenir «américains»?

4. Que faites-vous pour rester en forme?

Comment donner des conseils

Structure 13.4

Giving advice *Le subjonctif (introduction)*

In the following activities, you will learn several ways to give advice. French requires a special verb form called the subjunctive after expressions of obligation, desire, and necessity commonly used for influencing others. For information on how to form and use the subjunctive, see pages 410–411.

Réfléchissez et considérez

Do you ever read advice columns? Which ones draw your attention— advice on love, family life, health, fashion, travel, manners? If a friend asked you to share your secrets for having a healthy lifestyle, what would you say? After you list your advice, look over the expressions below to see how your recommendations would be phrased in French.

 Expressions utiles

CD3-24

Si vous voulez mener une vie saine,...

Notez et analysez

Which expressions require the subjunctive? Which ones use the infinitive instead?

il faut
il vaut mieux
il est nécessaire de
je vous conseille de

} faire de l'exercice chaque jour et dormir suffisamment.
courir à votre rythme.

il ne faut pas

} fumer.
boire d'alcool.

il faut que
il est essentiel que
je voudrais que

} vous buviez assez d'eau pour rester en bonne forme.
vous fassiez un régime.

Respirez profondément!
Prenez le temps de vous détendre.

Shutterstock image

Le tabagisme est la première cause de mortalité évitable. Que fait le gouvernement de votre pays pour combattre le tabagisme? Pensez-vous que les campagnes anti-tabac soient efficaces?

Écoutons ensemble! C'est logique?

Indiquez si les conseils que vous entendez sont logiques ou pas.

	Logique	Pas logique
1.	☐	☐
2.	☐	☐
3.	☐	☐
4.	☐	☐
5.	☐	☐
6.	☐	☐

Activité 17 Des conseils

Donnez des conseils en choisissant parmi les options données.

1. Je prends des bains de soleil régulièrement.
2. Je me mets en colère facilement.
3. Je m'endors souvent pendant mon premier cours le matin.
4. Je suis obsédé(e) par le travail. J'ai besoin de réussir à tout prix.
5. J'ai besoin de perdre 10 kilos.
6. Je bois trop de bière le week-end.
7. J'ai une mauvaise toux, mais je ne peux pas m'empêcher de fumer.

a. Il faut que vous buviez avec modération.
b. Il faut que vous vous arrêtiez de fumer tout de suite.
c. Il est nécessaire que vous vous détendiez plus souvent avec vos amis.
d. Il vaudrait mieux que vous vous couchiez à une heure raisonnable!
e. Il est nécessaire que vous mettiez de la crème solaire.
f. Il est essentiel que vous suiviez votre régime.
g. Il vaut mieux que vous comptiez jusqu'à dix avant de répondre.

Activité 18 C'est embêtant!

On est très exigeant *(demanding)* envers vous. Formez des phrases en utilisant un élément de chaque colonne. Suivez les modèles.

Modèles: *Ma mère veut que j'aie de bons résultats à mes cours.*
Mes copains souhaitent que je sorte plus souvent.

mes copains	vouloir	dépenser moins d'argent pour...
ma mère	désirer	lui écrire plus souvent des e-mails
mon père	souhaiter	être plus ponctuel(le)
mon patron	exiger	sortir plus souvent
mon/ma meilleur(e) ami(e)	préférer	leur confier mes secrets
mes parents		partir en vacances
		me détendre davantage
		devenir expert(e) à l'ordinateur

Activité 19 Vos parents étaient exigeants?

Est-ce que vos parents vous ennuyaient beaucoup avec leurs ordres quand vous étiez plus jeune? Dites s'ils vous disaient les phrases suivantes... jamais, rarement, souvent ou toujours.

> Modèle: — Brosse-toi les dents!
> — *Ma mère (Mon père) me disait toujours de me brosser les dents.*

1. Couvre-toi la tête!
2. Va prendre l'air.
3. Couche-toi de bonne heure!
4. Finis ton repas!
5. Tiens-toi droit(e)! *(Stand up straight!)*
6. Prends soin de toi.
7. Ne rentre pas trop tard.
8. Tire des leçons de tes erreurs. *(Learn from your mistakes.)*

Activité 20 Consommer avec modération!

Votre ami(e) boit trop d'alcool. Donnez-lui trois conseils pour l'encourager à consommer avec modération. Utilisez **il faut que, je te conseille de** et **il vaut mieux.**

C'EST LA LOI

L'âge légal pour boire de l'alcool varie; au Québec, c'est 18 ans. Le «binge-drinking», ou ivresses régulières, chez les jeunes est moins grave au Canada et en France que dans les pays anglo-saxons et scandinaves.

Activité 21 Au secours!

Lisez la lettre qui suit, puis répondez aux questions suivantes.

1. Quel est le problème d'Évelyne?
2. Qu'est-ce qu'elle a essayé de faire pour surmonter *(overcome)* son problème?
3. Qu'est-ce que vous lui conseillez de faire?

Vous pouvez les aider

Ces lectrices ont un problème et ont besoin de réconfort. Si vous pensez pouvoir les aider, écrivez-leur par notre intermédiaire. Nous leur ferons parvenir vos lettres.

«Une très grande timidité m'empêche d'être heureuse»

Bientôt, j'aurai 26 ans et je suis d'une timidité telle que cela m'empêche° d'être heureuse et d'évoluer normalement dans la vie. Ce handicap me rend parfois agressive et je peux être très méchante. Parce que j'ai l'impression que tout le monde se moque de moi, et je me sens rabaissée°. Pourtant, je fais beaucoup d'efforts. J'essaie de sortir, de rencontrer des gens. Je fais du rock acrobatique, de la gym, je vais à la piscine, mes semaines sont bien remplies. Il est rare que je n'aie rien de prévu le samedi.

Mais je manque de conversation, je ne parviens pas à parler devant plusieurs personnes. Mes yeux regardent partout, sauf les gens devant moi, et il m'arrive de bégayer°, de rougir. Je suis allée voir des psychologues, ils ne m'ont rien apporté. J'habite avec ma sœur, qui a quatre ans de plus que moi. Cette année, j'avais décidé de prendre un appartement, mais mon père n'a pas voulu. Je ne gagne que le Smic°.

J'ai eu un copain avec qui je m'entendais bien. J'avais tout pour être heureuse, mais au fond ça n'allait pas, comme si je n'avais pas droit au bonheur. Il me disait: «Parle, je t'écoute», mais rien à faire... Parfois, je me demande si je n'ai pas peur d'aimer et d'être aimée. Dites-moi si l'on peut guérir de la timidité. Je voudrais pouvoir me dire un jour que la vie est belle et qu'elle ne sera plus un calvaire... Merci à vous. Ça m'a fait du bien de communiquer.

Évelyne
Réf. 509. 02

prevents

minimum wage

put down

to stutter

■ Situations à jouer!

1 Beaucoup de Français pensent qu'il est important de prendre le temps d'apprécier *(to enjoy)* les petits moments intimes de la vie: un long repas partagé en famille, une conversation entre amis, une promenade dans la nature, un après-midi passé tranquillement à la terrasse d'un café. Est-ce que vous aimez le rythme rapide de la vie américaine? Aimeriez-vous ralentir *(to slow down)* et goûter aux petits plaisirs de la vie? Qu'est-ce que vous faites pour vous détendre ou pour mener une vie moins stressante?

2 Depuis quelques jours, vous avez un problème qui vous inquiète. Vous êtes silencieux (silencieuse) et vous avez l'air déprimé(e). Votre ami(e) veut savoir ce que vous avez et pourquoi vous faites une dépression. D'abord, vous lui dites qu'il n'y a rien, mais finalement, votre ami(e) réussit à vous convaincre de lui faire confiance. Il/Elle essaiera de vous conseiller.

Mots utiles: fainéanter *(to be lazy)*, se détendre, le manque de temps, le rythme de la vie, prendre le temps de..., vivre à son rythme

Lecture

© Cengage Learning

Anticipation

Quels conseils est-ce que vos parents vous donnent pour rester en bonne forme? Est-ce que les médecins ont d'autres conseils? Lesquels de ces conseils suivez-vous?

Les 10 commandements de la bonne santé

Il n'est pas question de bien-être quand on souffre ou quand on est malade. Pour limiter ces risques, il y a des règles° bien connues des médecins à observer. *(rules)*

- **Tu ne fumeras point°:** Fumer provoque des cancers: des poumons°, du larynx, de la bouche. Il provoque aussi la mauvaise haleine°, le jaunissement des dents. Il est donc important de respecter ce commandement! *(not at all / lungs / bad breath)*

- **Ton poids° de forme tu retrouveras:** À toute personne selon sa forme correspond un poids pour le maintien de sa bonne santé. *(weight)*

- **Une alimentation équilibrée° tu observeras:** Elle permet de garder la forme et la bonne santé car les excès sont néfastes° de même que les manques°. Il faut donc une alimentation variée et riche en éléments nutritionnels. *(balanced / very bad / deprivation)*

- **Une activité physique tu pratiqueras:** Il ne fait aucun doute° que le sport joue un rôle essentiel pour améliorer° la santé et prévenir° les maladies. *(no doubt / to improve / to prevent)*

- **Ta tension artérielle tu surveilleras:** Il faut surveiller sa tension au moins une fois par an, et cela ne concerne pas seulement les personnes âgées.

- **L'alcool tu modèreras:** L'alcool n'est pas comme la nourriture, il n'est donc pas un besoin pour nous, nous pouvons nous en passer°. Il faut contrôler sa consommation. *(do without)*

- **Les drogues tu fuiras°:** La consommation de drogues entraîne° chez le sujet de fausses perceptions, des troubles de mémoire et peut entraîner la mort. *(will stay away from / brings about)*

- **Ton activité sexuelle tu sécuriseras:** Il faut prendre des précautions contre les maladies transmises sexuellement (MTS).

- **Ta ceinture de voiture tu boucleras°:** Pour te protéger des accidents. *(will buckle)*

- **Ton médecin régulièrement tu consulteras:** Pour connaître ton état de santé.

En observant ces dix commandements, vous réduirez les principaux risques quasiment à zéro et vous résisterez nettement mieux aux maladies.

Activité de lecture

Quels conseils des listes que vous avez faites pour l'**Anticipation** sont aussi sur cette liste? Mettez un X pour les indiquer. Est-ce qu'il y a un conseil de votre liste qui n'est pas sur cette liste?

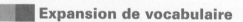

Expansion de vocabulaire

1. Notez les verbes utilisés dans les **commandements.** Ils sont à quel temps? Faites une liste des infinitifs.

2. Utilisez le contexte pour trouver l'équivalent en français des expressions suivantes:
   a. it causes cancer
   b. to stay in shape
   c. there is no doubt
   d. once a year
   e. seatbelt

Compréhension et intégration

Répondez aux questions suivantes.

1. Qu'est-ce qu'il ne faut pas faire?

2. Qu'est-ce qu'il faut faire?

3. Qu'est-ce qu'on doit faire avec modération?

 ## Maintenant à vous!

Travaillez avec un(e) camarade de classe. Discutez pour décider s'il y a un commandement de la liste que vous changeriez. Lequel? Qu'est-ce que vous mettriez à sa place?

Voix en direct (suite)

Go to to view video clips of several French speakers talking about how they handle stress in their lives and other related topics.

Expression écrite

Une campagne d'éducation: La santé pour tous! (Présentation multimédia)

■ **Introduction:** En groupes de 4 ou 5, vous allez faire une campagne d'éducation pour la santé et le bien-être des autres. Votre production finale sera une présentation PowerPoint ou PhotoStory.

■ **Première étape:** Avec votre groupe, choisissez le sujet qui vous intéresse le plus: **le tabagisme, le «binge drinking», l'obésité, le SIDA** (*AIDS*), **le stress,** etc. Décidez aussi quel sera votre public; par exemple, les enfants à l'école, les professionnels de la santé, les adolescents, les étudiants, les parents.

■ **Deuxième étape:** Mettez-vous d'accord sur un slogan et écrivez un texte qui va persuader votre public. Il faut utiliser des expressions pour donner des conseils ainsi que l'impératif (voir **Module 10**). Trouvez des images en ligne pour illustrer votre texte.

■ **Troisième étape:** Sélectionnez une ou deux personne(s) pour éditer (*edit*) votre texte. Puis rendez la version finale de votre texte au professeur pour une dernière correction.

■ **Quatrième étape:** Transférez votre travail sur PowerPoint ou PhotoStory et présentez votre campagne à la classe.

🌐 À vos marques, prêts, bloguez!

Sur notre blog, donnez trois conseils pour la santé ou le bonheur, en français, à vos camarades de classe. Utilisez **il faut que, il vaut mieux, je vous conseille de.** Répondez à deux conseils de vos camarades de classe. Dites si vous êtes d'accord ou non. Est-ce que vous pensez la même chose?

La santé

Avant de visionner

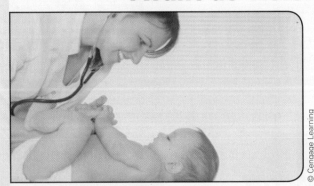

© Cengage Learning

Vous allez regarder une vidéo sur le système de santé français. Dans cette vidéo, vous allez découvrir comment le système de santé français fonctionne, les services qu'il offre et comment les frais de santé sont remboursés.

Le système de santé français est l'un des meilleurs au monde selon l'Organisation mondiale de la Santé (*World Health Organization*).

Quelques mots utiles

atteint(e)	*stricken, suffering*	un médicament sur ordonnance	*prescription medication*
la chirurgie	*surgery*		
complémentaire	*supplementary*	nourrisson	*infant*
le coût	*cost*	rajouter	*to add*
la couverture	*coverage*	les soins (*m.pl.*)	*care*
la démarche	*step*		

Étudiez la liste de vocabulaire. Ensuite, complétez chaque phrase avec un mot ou une expression de la liste.

1. _____ est un tout petit bébé.

2. Beaucoup d'assurances médicales n'offrent que/qu' _____ de base.

3. Parfois il faut acheter une assurance _____ pour les soins dentaires.

4. _____ d'une assurance médicale peut être assez élevé.

5. Une personne _____ d'une maladie chronique a besoin de soins réguliers.

Pendant le visionnement

Les avantages et les inconvénients du système français

Regardez la vidéo. Sélectionnez les mots qui complètent bien les phrases sur le système de santé français.

1. accès (difficile / facile) aux soins

2. couverture (universelle / partielle)

3. (on choisit / on ne choisit pas) son médecin

4. coûts personnels (élevés / modestes)

5. médicaments (couverts / pas couverts)

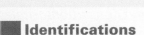 **Identifications**

Sélectionnez l'option qui correspond à chaque description.

1. couvre 70% des frais de santé
2. peut couvrir les 30% des frais de santé restant à charge
3. donne des conseils pour des problèmes de santé qui ne sont pas graves
4. traite tous les problèmes généraux de santé
5. aide avec des soins postnataux à domicile

a. un médecin généraliste
b. un pharmacien
c. l'assurance maladie publique
d. une infirmière praticienne
e. l'assurance maladie privée

Après le visionnement

Avez-vous compris?

Répondez aux questions.

1. Qui est couvert par l'assurance médicale en France?
2. Qui paie la plus grande partie de l'assurance médicale des actifs (travailleurs)?
3. Quel est le taux *(rate)* de remboursement des frais médicaux pour les personnes atteintes de maladies chroniques comme le diabète et le cancer?
4. Quels sont les deux groupes prioritaires pour les soins qui sont mentionnés dans la vidéo?
5. Pour la plupart des personnes, quel est le taux de remboursement pour les médicaments sur ordonnance couverts par l'assurance maladie?

Discutons!

Discutez les questions suivantes avec un(e) partenaire.

1. Comment le système d'assurance médicale en France est-il différent du système dans votre pays? Quel système préférez-vous? Pourquoi?
2. Quels services soins les nouveaux parents peuvent-ils recevoir? Est-ce que ces soins existent dans votre région? Pensez-vous que c'est une bonne idée d'offrir ces soins? Pourquoi ou pourquoi pas?

© Cengage Learning

La santé dans le monde francophone

Share It! Comment sont les systèmes de santé dans les autres pays francophones? Choisissez un pays et faites des recherches en ligne sur son système de santé. Écrivez un paragraphe qui résume un aspect de ce système et trouvez une image (photo, dessin animé, graphique) pour l'accompagner, et postez-les sur **Share It!** Ensuite, commentez le paragraphe d'un(e) camarade de classe.

Use the **iLrn** platform for more grammar and vocabulary practice.

Structure 13.1

Talking about health and feelings *Expressions idiomatiques avec **avoir** (récapitulation)*

The verb **avoir** is used in many idiomatic expressions describing physical states and emotions. You are already familiar with several of them.

avoir cinq ans	*to be five years old*
avoir besoin de	*to need*
avoir faim	*to be hungry*
avoir soif	*to be thirsty*

Here are some additional expressions with **avoir.**

avoir sommeil	*to be sleepy*	Elle va se coucher. Elle a sommeil.
avoir peur (de)	*to be afraid (of)*	Il a peur de voyager seul.
avoir honte (de)	*to be ashamed (of)*	Il a honte de ses actions.
avoir raison (de)	*to be right (to)*	Ma mère dit qu'elle a toujours raison.
avoir tort (de)	*to be wrong (to)*	Tu as tort de ne pas dire la vérité.
avoir mal à	*to have an ache in*	J'ai mal à la tête.
avoir du mal à	*to have difficulty (in)*	Nous avons du mal à parler français.
avoir envie de	*to want to, feel like*	J'ai envie d'aller en Europe.
avoir l'occasion de	*to have the opportunity to*	Il a l'occasion d'aller à Paris.
avoir de la patience	*to be patient*	L'institutrice doit avoir de la patience.
avoir de la chance	*to be lucky*	Marie a gagné à la loterie; elle a de la chance!
avoir lieu	*to take place*	Le concert a lieu à l'église Saint-Paul.
avoir froid	*to be cold*	J'ai toujours froid en hiver.
avoir chaud	*to be hot*	Tu n'as pas chaud avec ce manteau?
avoir hâte de	*to look forward to, can't wait to*	J'ai hâte de te voir.

Avoir l'air is used to describe how people and things appear. The adjective can agree either with the subject or with **l'air** (masculine). **Avoir l'air + de** is used with an infinitive.

Elle a l'air heureuse. ⎱
Elle a l'air heureux. ⎰   *She looks happy.*

Il a l'air d'être fâché.   *He looks like he's angry.*

Exercice 1 Où les gens suivants ont-ils mal?

1. Rachid vient d'avoir une piqûre contre la grippe.

2. Nous venons de faire un marathon.

3. Vous êtes à la plage mais vous avez oublié vos lunettes de soleil.

4. Les petits Sacha et Karina n'aiment pas le bruit des feux d'artifice (*fireworks*).

5. Vanessa est tombée en faisant du patin à glace (*ice skating*).

6. Il y a beaucoup de gros livres dans son sac à dos.

Exercice 2 Décrivez les sentiments des personnes suivantes. Complétez les phrases en utilisant une expression avec **avoir.**

    Modèle: Kavimbi pense que New York est la capitale des États-Unis, mais il *a tort.*

1. L'enfant _____ , mais il refuse de dormir.

2. Elle prend de l'aspirine quand elle _____ .

3. Qu'est-ce que tu as? Tu _____ malade!

4. Je n'aimerais pas être avocate; j(e) _____ être agressive.

5. J'adore les musiques du monde. J(e) _____ aller au concert de Tiken Jah Fakoly.

6. Julie _____ d'aller en France avec sa meilleure amie.

7. Moustafa, qui ne boit pas d'alcool, n'a pas _____ d'aller au bar.

8. Lucille _____ des gros animaux.

9. Il faut _____ pour gagner à la loterie.

10. Camille _____ de montrer ses mauvaises notes à ses parents.

11. Vous travaillez bien avec les enfants parce que vous _____ .

12. Je pensais que tu étais sincère, mais j'avais _____ .

Exercice 3 Vous observez les gens dans le parc avec un copain (une copine). Suivez le modèle.

    Modèle: cet homme / nerveux
            Cet homme a l'air nerveux.

1. ces femmes / très jeune

2. ces garçons / bien s'amuser

3. cet homme / attendre quelqu'un

4. la mère sur le banc / très ennuyé

5. la petite blonde / malheureux

6. l'homme au chapeau / chercher quelque chose

Saying when and how long *L'emploi de* **depuis**

French does not have a special verb tense to describe actions that began in the past and are still in effect; it relies on the preposition **depuis**, followed by an expression that specifies a moment in the past or a duration, combined with the present tense to express this concept. Compare the following French and English sentences.

Merrick **est** au lit **depuis** deux jours. | Merrick **has** been in bed **for** two days.

Jean **est** au travail **depuis** ce matin. | Jean **has been** at work **since** this morning.

This contrast is a frequent source of errors for both French and English speakers as illustrated by a typical French speaker's error: "I am studying English for two years."

Depuis quand (*Since when*) is used to find out when a condition or activity began.

— **Depuis quand** est-il malade? | — Since when has he been sick?
— Il est malade **depuis** hier. | — He's been sick since yesterday.
— **Depuis quand** sont-ils ensemble? | — How long have they been together?
— Ils sont ensemble **depuis** deux mois. | — They have been together for two months.

Depuis que is followed by a clause containing a subject and a verb.

Georges est **absent depuis qu'il est tombé malade.** | George has been absent since he got sick.

Il te regarde **depuis que tu es arrivé.** | He has been watching you since you arrived.

In negative sentences, use the **passé composé** with **depuis**.

Je **n'ai pas vu** Jules **depuis** longtemps. | I haven't seen Jules for a long time.
Il **n'a pas plu depuis** cinq mois. | It hasn't rained for five months.

Exercice 4 Un psychiatre décrit les problèmes de ses patients. Utilisez **depuis** ou **depuis que** et le temps du verbe approprié en suivant les modèles.

Modèles: Monsieur Hamed (se parler à lui-même / cinq mois)
Monsieur Hamed se parle à lui même depuis cinq mois.

Raoul (refuser de manger / il a perdu sa sœur)
Raoul refuse de manger depuis qu'il a perdu sa sœur.

Serge (**ne pas** manger / hier)
Serge n'a pas mangé depuis hier.

1. Anne (avoir de terribles migraines / l'âge de dix ans)
2. Simone (répéter la même phrase / dix ans)
3. Agnès (avoir peur de l'eau / elle a eu un accident de bateau)
4. Sophie (avoir horreur des hôpitaux / son enfance)
5. Monsieur Monneau (avoir peur de monter dans un avion / son parachute ne s'est pas ouvert)
6. Jeanne (faire une dépression / son chien est mort)
7. Madame Leclerc (ne pas conduire / son accident il y a cinq ans)
8. Guy (ne pas sortir / sa rupture avec Alice)

Structure 13.3

Making descriptions more vivid *Les adverbes*

Some common adverbs you have already learned are:

| bien | mal | souvent | rarement | assez | beaucoup | vachement *(fam.)* |

Many adverbs end in -**ment,** the equivalent of *-ly* in English.

Elle est gravement malade. *She is seriously ill.*

Most of these adverbs are formed by adding -**ment** to the feminine form of the adjective.

lent → lente → lentement	*slow → slowly*
actif → active → activement	*active → actively*
sérieux → sérieuse → sérieusement	*serious → seriously*

If the masculine form of the adjective ends in a vowel, add -**ment** to the masculine adjective.

| probable → probablement | *probable → probably* |
| vrai → vraiment | *true, real → truly, really* |

Except for the case of **lent → lentement,** if the masculine adjective ends in -**ent** or -**ant,** drop the -**nt** and add -**mment.**

| constant → constamment | *constant → constantly* |
| évident → évidemment | *evident → evidently* |

Adverbs in -**ment** usually follow the verb. Note that the adverb **couramment** (formed from the adjective **courant**) means *fluently.*

Il parle couramment le chinois. *He speaks Chinese fluently.*

The adverb **doucement** has several meanings. Depending on its context, it can mean *slowly, sweetly,* or *softly.*

Il faut parler plus doucement. *You should speak more softly / slowly.*

When the adverb modifies the entire sentence, it may be placed at the beginning or the end.

Heureusement, l'avion est arrivé à l'heure. *Fortunately, the plane arrived on time.*
Il n'en était pas content, apparemment. *He wasn't happy about it, apparently.*

Note de prononciation

The -**ent** ending on nouns, adjectives, and adverbs is pronounced /ã/ as in **dent.** The ending -**amment** or -**emment** is pronounced /a-mã/. However, as you recall, the verb ending -**ent** is not pronounced. You will get more practice with these sounds in class and in the student activity manual's **Exercices de prononciation.**

Malheureusement ils prennent constamment des médicaments.

Exercice 5 Écrivez l'adjectif qui correspond aux adverbes suivants. Utilisez la forme masculine.

1. franchement
2. absolument
3. différemment
4. évidemment
5. naturellement
6. vaguement
7. activement
8. suffisamment

Exercice 6 Écrivez l'adverbe qui correspond aux adjectifs suivants.

1. silencieux
2. naturel
3. constant
4. heureux
5. apparent
6. régulier
7. vrai
8. récent
9. courant
10. doux

Exercice 7 Patricia décrit sa chatte. Complétez la description avec la forme adverbiale de chaque adjectif entre parenthèses.

Ma chatte Milou me fascine. Dans la maison, elle se promène (lent) _____ (1). Elle s'assoit sur mes genoux et s'endort (tranquille) _____ (2). Quand elle se réveille, elle regarde (fixe) _____ (3) par la fenêtre et décide de sortir. Une fois à l'extérieur, elle se cache (*hides*) (silencieux) _____ (4) derrière un arbre puis soudain, elle chasse (énergique) _____ (5) un oiseau (*bird*) ou un écureuil (*squirrel*). Toute cette activité l'ennuie au bout de quelques minutes et elle reprend sa place sur l'escalier. Là, elle attend (patient) _____ (6) que je lui ouvre la porte.

Structure 13.4

Giving advice *Le subjonctif (introduction)*

French uses several structures for giving advice and expressing obligation. You have already seen the impersonal expression **il faut** combined with an infinitive used for this purpose.

Monique, **il faut faire** tes devoirs avant de sortir.

Monica, you have to do your homework before going out.

French commonly uses a special set of verb forms called the subjunctive for expressing obligation and giving strong advice. The subjunctive is required in clauses following **il faut que.**

Monique, **il faut que** tu **fasses** tes devoirs avant de sortir.
Il faut que Jean **finisse** l'examen.

The subjunctive is also used following other expressions of obligation and necessity shown here.

il est essentiel que	*it's essential that*	je préfère que	*I prefer that*
il est nécessaire que	*it's necessary that*	je veux que	*I want*
il est important que	*it's important that*	je souhaite que	*I wish that*
il vaut mieux que	*it's preferable / better that*	elle exige que	*she demands that*

Notre professeur veut que nous **parlions** français en classe.
Il est important que vous **répondiez** à la question.
Il est essentiel que vous **fassiez** attention.
Il vaut mieux que tu **prennes** tes médicaments régulièrement.

Our professor wants us to speak French in class.
It's important that you answer the question.
It's essential that you pay attention.
It's better that you take your medicine regularly.

Regular subjunctive forms

To form the subjunctive of most verbs, start with the third-person plural verb stem (**ils/elles**) of the present tense and add the endings **-e, -es, -e, -ions, -iez, -ent,** as shown in the chart.

third-person plural	subjunctive stem	subjunctive
vendent	vend-	que je vende
disent	dis-	que tu dises
finissent	finiss-	que vous finissiez
sortent	sort-	que nous sortions
étudient	étudi-	que nous étudiions

Irregular subjunctive forms

The verbs **être** and **avoir** have irregular stems and endings.

être		avoir	
que je sois	que nous soyons	que j'aie	que nous ayons
que tu sois	que vous soyez	que tu aies	que vous ayez
qu'il soit	qu'ils soient	qu'il ait	qu'ils aient

Several verbs have a second subjunctive stem for the **nous** and **vous** forms derived from the **nous** and **vous** form of the present tense. This is also true for verbs with spelling changes.

boire		prendre		venir		payer	
boive	buvions	prenne	prenions	vienne	venions	paie	payions
boives	buviez	prennes	preniez	viennes	veniez	paies	payiez
boive	boivent	prenne	prennent	vienne	viennent	paie	paient

Other verbs that follow this pattern are **croire, devoir,** and **voir.**

The following five verbs have an irregular subjunctive stem. Note that **aller** and **vouloir** have a different stem in the **nous** and **vous** forms.

pouvoir	savoir	faire
puisse	sache	fasse
puisses	saches	fasses
puisse	sache	fasse
puissions	sachions	fassions
puissiez	sachiez	fassiez
puissent	sachent	fassent

aller	vouloir
aille	veuille
ailles	veuilles
aille	veuille
allions	voulions
alliez	vouliez
aillent	veuillent

Note de prononciation

Regular **-er** verbs in the subjunctive sound the same as in the present indicative except for the **nous** and **vous** forms.

que je chante	que nous chantions
que tu chantes	que vous chantiez
qu'il chante	qu'ils chantent

Avoiding the subjunctive

It is possible to avoid the subjunctive by using the infinitive after certain expressions:

- **il faut / il vaut mieux** (see 9.4, page 287)
- **devoir**
- expressions with **de**

Il faut faire de l'exercice.	*It is necessary to exercise.*
Vous devez sortir avec vos amis.	*You should go out with your friends.*
Il est important de manger des légumes.	*It is important to eat vegetables.*
Ma mère me conseille de me lever plus tôt.	*My mother tells me to wake up earlier.*
Son professeur lui a dit de parler plus en classe.	*His professor told him to speak more in class.*

For negative sentences, use the negative infinitive after **de: ne pas** + infinitive.

Mon entraîneur **me recommande de ne pas fumer.**	*My coach tells me not to smoke.*

- -

Exercice 8 Complétez les phrases suivantes en utilisant le subjonctif des verbes donnés entre parenthèses.

Il faut...

1. que vous ne _____ (manger) pas beaucoup de matières grasses.
2. que je me _____ (mettre) au régime.
3. que nous _____ (être) prudents au soleil.
4. que vous _____ (prendre) de la vitamine C tous les jours.
5. que la patiente _____ (faire) de l'aérobic.
6. que tu _____ (avoir) de la patience.

Exercice 9 Complétez les conseils suivants avec la forme appropriée du verbe entre parenthèses. Choisissez entre le subjonctif et l'infinitif.

1. Il faut que Jean _____ (sortir) plus souvent avec ses amis.
2. Je vous conseille d(e) _____ (aller) régulièrement à la gym.
3. Il est essentiel que tu _____ (être) à l'heure pour votre rendez-vous.
4. Je vous recommande de _____ (boire) plus d'eau.
5. Il est essentiel qu'ils _____ (prendre) leurs médicaments.
6. Il est important de _____ (dormir) huit heures par jour.
7. Il est nécessaire que nous _____ (pouvoir) arriver avant les autres.
8. Il vaut mieux que nous _____ (faire) un régime.

Exercice 10 On exige beaucoup de vous. Choisissez parmi les verbes de la liste suivante pour compléter les phrases en utilisant le subjonctif ou l'infinitif.

répondre   étudier   faire   aller   écrire   inviter   être   finir

1. Ma mère veut que je lui _____ un email par semaine pendant mon voyage de deux mois en Turquie cet été.
2. Le patron *(boss)* veut que vous _____ le projet avant la fin du mois.
3. Mon copain souhaite que nous _____ dans le même cours d'anglais.
4. Tes parents te disent d(e) _____ sérieusement pour tes examens.
5. Notre professeur exige que les étudiants _____ aux questions en classe.
6. Ma mère veut que j(e) _____ avec elle chez mes grands-parents.
7. Mon camarade de chambre me suggère d(e) _____ des amis chez nous ce week-end.
8. Le médecin conseille que nous _____ de l'exercice régulièrement.

Exercice 11 Vos amis vous demandent conseil. Répondez avec les éléments donnés entre parenthèses et les expressions utiles. Pour parler à une personne, utilisez la forme **tu**.

Expressions utiles: faire du yoga; faire de la musculation; mettre de la crème solaire pour protéger sa peau; faire un régime et brûler des calories en faisant de l'exercice chaque jour; se laver le visage régulièrement avec du savon; étudier plus souvent; se brosser les dents après chaque repas; dormir davantage

1. Je ne veux pas attraper de coup de soleil *(sunburn)*. (Il faut que...)
2. Nous voulons maigrir. (Il est nécessaire que...)
3. Je manque d'énergie. (Il vaut mieux que...)
4. Je veux me développer les muscles. (Je vous recommande de...)
5. Nous sommes très stressés. (Je vous conseille de...)
6. J'ai des caries *(cavities)*. (Il est essentiel que...)
7. Je veux avoir une belle peau. (Tu dois...)
8. Nous voulons avoir de meilleures notes en français. (Il faut...)

Tout ensemble!

Françoise, qui travaille maintenant à Londres, n'est pas contente depuis plusieurs semaines. Elle écrit finalement à sa mère et sa mère lui répond. Complétez les deux lettres en utilisant des expressions avec **avoir, depuis,** l'adverbe qui correspond à l'adjectif entre parenthèses ou la forme correcte du verbe entre parenthèses.

Chère Maman,

J'ai _____ (1) de te parler _____ (2) (franc) de ma situation depuis mon arrivée à Londres, mais je ne veux pas te décevoir *(to disappoint)*. D'abord, à la banque, ça ne va pas. J'ai _____ (3) de plaire *(to please)* à mon patron, mais il est très exigeant *(demanding),* voire impossible. Il ne sourit jamais et il a souvent l'_____ (4) d'être fâché contre moi. Dans mon angoisse, j'ai du _____ (5) à dormir et donc j'ai toujours _____ (6). _____ (7) (évident) je ne comprends pas ce qu'il veut de moi. Je _____ (8) (travailler) _____ (9) (vache) dur depuis un mois sur le même projet et je ne sais pas quand ça va _____ (10) (final) se terminer.

Tu sais que je suis venue ici pour pratiquer mon anglais et me faire de nouveaux amis. _____ (11) (malheureux), dans notre bureau, on ne parle que français et je n'ai pas le temps de sortir. Chère maman, est-ce que j'ai pris une mauvaise décision? Qu'est-ce que je dois faire? J'ai _____ (12) de tomber malade.

Grosses bises,
Françoise

Ma chère Françoise,

Pourquoi as-tu mis si longtemps à me dire la vérité? Tu ne dois _____ (13) (absolu) pas avoir _____ (14) d'être mécontente. D'abord, tu es _____ (15) (vrai) trop perfectionniste. Tu penses trop à ton patron. Je te suggère de _____ (16) (faire) de ton mieux et puis de l'oublier. Je t'assure que ces problèmes sont dans ta tête. Il faut que tu _____ (17) (sortir) un peu pour profiter de ton séjour à Londres. Je te suggère de _____ (18) (téléphoner) à tes cousins qui habitent tout près. Il faut aussi que tu _____ (19) (faire) _____ (20) (régulier) de l'exercice—ta vie n'est pas assez équilibrée. Une promenade dans Hyde Park te ferait du bien.

Tu dois tout d'abord penser à ton propre bonheur. Je te téléphonerai ce week-end.

Grosses bises,
Maman

Complete the diagnostic tests in **iLrn** to test your knowledge of the grammar and vocabulary in this chapter.

Vocabulaire fondamental

Noms

Les parties du corps — *Parts of the body*

la bouche	*mouth*
le bras	*arm*
le cœur	*heart*
le cou	*neck*
le doigt	*finger*
le dos	*back*
l'épaule (f)	*shoulder*
l'estomac (m)	*stomach*
le genou	*knee*
la gorge	*throat*
la jambe	*leg*
la langue	*tongue*
les lèvres (f pl)	*lips*
le nez	*nose*
le pied	*foot*
la tête	*head*
le ventre	*stomach*
le visage	*face*
les yeux (m pl), un œil	*eyes, an eye*

Les blessures, les maladies et les remèdes — *Injuries, illnesses, and cures*

une blessure	*an injury*
le bonheur	*happiness*
un conseil	*piece of advice*
la grippe	*flu*
un médicament	*a medicine*
une ordonnance	*a prescription*
un remède	*a cure*
un rhume	*a cold*
le sang	*blood*
la santé	*health*

Mots apparentés: une aspirine, un check-up, une opération, un symptôme, une vitamine

Verbes

arrêter	*to stop*
blesser	*to hurt, injure*
se casser (la jambe)	*to break (one's leg)*
conseiller	*to give advice*
se détendre	*to relax*
exiger	*to demand*
marcher	*to walk*
se sentir	*to feel*
souffrir (je souffre)	*to suffer*
souhaiter	*to wish*
tousser	*to cough*

Adjectifs

déprimé(e)	*depressed*
élevé(e)	*high*
enceinte	*pregnant*
enrhumé(e)	*congested*
malade	*sick*
sain(e)	*healthful (food, habits)*

Adverbes

couramment	*fluently*
doucement	*slowly; softly; sweetly*
facilement	*easily*
franchement	*frankly*
gravement	*seriously*
heureusement	*happily, fortunately*
malheureusement	*unhappily, unfortunately*
régulièrement	*regularly*
suffisamment	*sufficiently*
vachement (fam)	*very, a lot*
vraiment	*really*

Mots apparentés: absolument, activement, essentiellement, finalement, naturellement, rapidement, simplement

Expressions avec *avoir*

avoir chaud	*to be hot*
avoir de la chance	*to be lucky*
avoir de la patience	*to be patient*
avoir du mal à	*to have difficulty*
avoir envie de	*to desire, feel like*
avoir froid	*to be cold*
avoir hâte de	*to look forward to, can't wait to*
avoir honte	*to be ashamed*
avoir l'air	*to seem, look*
avoir lieu	*to take place*
avoir l'occasion	*to have the opportunity*
avoir mal à (la tête)	*to have a (head)ache*
avoir peur de	*to be afraid of*
avoir raison	*to be right*
avoir sommeil	*to be sleepy*
avoir tort	*to be wrong*

Mots divers

davantage	*more*
depuis	*for; since*

Expressions utiles

Comment parler au médecin — *How to speak to the doctor*

(See other expressions on page 393.)

Elle s'est cassé la jambe.	*She broke her leg.*
Il est de très mauvaise / bonne humeur.	*He's in a very bad / good mood.*
Il est en pleine forme.	*He's in top shape.*
Je me sens très bien.	*I feel very well.*
Je ne me sens pas bien (du tout).	*I (really) don't feel well.*
Je suis bien dans ma peau.	*I feel comfortable with myself.*

Quels sont vos symptômes?	*What are your symptoms?*	Il ne faut pas fumer.	*You mustn't smoke.*
		Il est essentiel que vous fassiez un régime.	*It is necessary for you to go on a diet.*
Qu'est-ce qui ne va pas?	*What's wrong?*	Je voudrais que vous buviez assez d'eau.	*I would like you to drink enough water.*
Comment donner des conseils	***How to give advice***	Respirez profondément!	*Breathe deeply!*
(See other expressions on page 400.)			
Il faut faire de l'exercice.	*You must exercise.*		

Vocabulaire supplémentaire

Noms

un accouchement	*a delivery (of a baby)*
une allergie	*an allergy*
l'assurance médicale *(f)*	*medical insurance*
les béquilles *(f pl)*	*crutches*
le bien-être	*well-being*
le binge-drinking	*binge drinking*
un bleu	*a bruise*
une boîte de mouchoirs	*a box of tissues*
un cancer	*a cancer*
une carie	*a cavity*
la cheville	*ankle*
une cicatrice	*a scar*
le cil	*eyelash*
le coude	*elbow*
la crème solaire	*sunscreen*
un frisson	*a shiver, chill*
le front	*forehead*
la hanche	*hip*
le menton	*chin*
un mouchoir	*a handkerchief, tissue*
le muscle	*muscle*
l'ongle *(m)*	*fingernail*
l'orteil *(m)*	*toe*
l'os *(m)*	*bone*
un pansement	*a bandage*
le physique	*physical appearance*
une pilule	*a pill*
une piqûre	*a shot*
un plâtre	*a cast*
le poignet	*wrist*
une radio(graphie)	*an X-ray*
le service des urgences	*emergency room*
le sourcil	*eyebrow*
un sourire	*a smile*
une toux	*a cough*

Verbes

s'agenouiller	*to kneel*
apprécier	*to appreciate*
avaler	*to swallow*
avoir bonne / mauvaise mine	*to look good / to not look good*
avoir le nez qui coule	*to have a runny nose*
bouger	*to move (one's body)*
brûler	*to burn*
caresser	*to caress*
confier	*to confide*
se couper	*to cut oneself*
éternuer	*to sneeze*
faire de la musculation	*to lift weights*
faire des gargarismes	*to gargle*
se faire mal	*to hurt oneself*
se faire masser	*to get a massage*
se fouler la cheville	*to twist one's ankle*
gesticuler	*to gesture*
guérir	*to heal*
se moucher	*to blow one's nose*
paraître	*to seem*
se passer de	*to do without*
perdre conscience	*to lose consciousness, faint*
plaire	*to please*
prendre la tension	*to take (someone's) blood pressure*
respirer	*to breathe*

Adjectifs

bouché(e)	*stopped up*
exigeant(e)	*demanding*
franc (franche)	*frank*

Rendez-vous romantique devant l'Arc de Triomphe, à Paris.
Connaissez-vous d'autres lieux romantiques célèbres?

La vie sentimentale

In this chapter you will learn how to talk about friendship and the many facets of relationships: first encounters, dating, falling in love, and marriage. Some of these issues will be explored against the backdrop of changing social conventions. You will also learn how to talk about personal and social values. In the **Voix en direct** section, several French speakers will explain their views on friendship.

Ressources
🔊 Audio ▶ Video **iLrn** ilrn.heinle.com
🌐 www.cengagebrain.com

L'amour

Structure 14.1

Talking about relationships *Les verbes pronominaux (suite)*

To talk about how people relate to each other, you will need to use pronominal verbs. In **Modules 4** and **10,** you were introduced to the reflexive use of pronominal verbs. The verbs presented in this theme are used reciprocally (i.e., "each other") and idiomatically. For further discussion of these verbs, see pages 439–440.

La gare du Nord, Paris, 1955, de Henri Cartier-Bresson

Un feuilleton d'amour en quatre épisodes
Une rencontre amoureuse

Camille est graphiste à Toulouse, dans le sud de la France. Elle participe à une fête chez des amis lorsqu'elle aperçoit *(notices)* un jeune homme brun qui est venu **s'asseoir** *(to sit down)* près d'elle. Ils **se regardent** et il l'invite à danser. Elle **se méfie** de lui *(is wary of him)*, pourtant elle ne peut pas **s'empêcher** *(prevent herself)* de regarder ses beaux yeux verts fixés sur elle. Il s'appelle Romain, il est producteur de cinéma. C'est le coup de foudre! Le lendemain, ils vont voir ensemble un vieux film de John Ford dans un cinéma. Puis ils vont dîner ensemble et ils **se parlent** jusqu'au petit matin *(till dawn)*. Trois jours plus tard, il lui offre une bague et ils **se fiancent.** Trois mois plus tard, ils achètent des alliances et ils **se marient.**

La vie conjugale

Après un mariage traditionnel suivi d'une lune de miel en Italie, les nouveaux époux **s'installent** dans un duplex à Toulouse. Au début, tout va bien pour le jeune couple; ils **s'aiment** et sont heureux de **se revoir** quand Romain rentre de ses déplacements *(travels)* sur le tournage des films *(film sets)* qu'il produit. Ils aiment aller au cinéma et marcher ensemble dans les petites rues de Toulouse ou au bord de la Garonne.

Les problèmes du couple

Mais au bout de quelques mois, ils **se voient** de moins en moins. Romain est très souvent en déplacement pour son travail. Camille **s'ennuie** à la maison le soir. Donc elle sort le soir pour rencontrer ses vieux amis. Quand ils se retrouvent, ils **se disputent** beaucoup. Ils ne **s'entendent** plus. Romain **se demande** si sa femme le trompe avec un autre homme.

La rupture

Une nuit, Camille ne rentre pas. Romain **se rend compte** que sa femme l'a quitté. Elle lui dit une semaine plus tard qu'elle veut **se séparer** de lui et divorcer. C'est à ce moment-là que Romain comprend qu'il l'aime toujours et qu'elle est la femme de sa vie. Il veut la convaincre de rester avec lui. Comment va-t-il prouver son amour?

Credits: © Cengage Learning

Notez et analysez

All of the pronominal verbs in the story are boldfaced. Find three examples of these verbs used reflexively and three examples that are reciprocal. **Se rendre compte** is the equivalent of *to realize.* How would you say *he realized*? *I realized*? Caution: the **faux ami** *réaliser* in French means *to make real,* as in **Il a réalisé son rêve de faire le tour du monde.**

Activité **1** **Avez-vous compris?**

Regardez le feuilleton aux pages 418–419 et répondez aux questions suivantes.

Une rencontre amoureuse

1. Où Camille et Romain se rencontrent-ils?
2. Que fait Romain pour faire la connaissance de Camille?
3. Pourquoi Camille se méfie-t-elle de Romain, à votre avis? A-t-elle raison?
4. Où sortent-ils ensemble?
5. Quand se fiancent-ils et quand se marient-ils?

La vie conjugale

1. Où passent-ils leur lune de miel?
2. Est-ce qu'ils s'entendent bien pendant les premiers mois de leur mariage? Expliquez.

Les problèmes du couple

1. Pourquoi Camille n'est-elle pas heureuse?
2. Qu'est-ce qui se passe quand ils sont ensemble?

La rupture

1. Pourquoi Camille quitte-t-elle son mari? A-t-elle raison?
2. Romain est-il content de la rupture?

Activité **2** **Trouvez l'intrus!**

Encerclez le mot qui ne correspond pas au mot clé.

1. divorcer
   a. s'entendre
   b. se disputer
   c. se séparer
   d. rompre

2. se rencontrer
   a. se connaître
   b. se demander
   c. faire la cour
   d. faire connaissance

3. bien s'entendre
   a. se disputer
   b. s'aimer
   c. se voir
   d. se comprendre

4. se marier
   a. participer à une cérémonie religieuse
   b. s'installer ensemble
   c. se méfier de
   d. acheter une alliance
   e. partir en lune de miel

5. se rendre compte
   a. s'apercevoir
   b. comprendre
   c. remarquer
   d. ignorer

Activité **3** **Terminez le feuilleton!**

Travaillez en groupes pour terminer cette histoire. Écrivez un paragraphe au présent.

Activité 4 **Où aller pour rencontrer quelqu'un: les quatre meilleurs lieux**

En groupes de trois, mettez les quatre meilleurs lieux de rencontres dans votre ordre de préférence. Ensuite, indiquez le lieu où les chances de rencontres sont les moins bonnes et dites pourquoi.

Modèle: ÉTUDIANT(E) 1: *Moi, je crois qu'une fête est numéro un. Et vous autres?*

ÉTUDIANT(E) 2: *Oui, c'est possible parce qu'on va souvent à une fête pour rencontrer des gens.*

ÉTUDIANT(E) 1: *Alors, qu'est-ce qu'on met en numéro deux?*

les concerts de rock
les vacances
l'église
les transports en commun
le lieu de travail
un lavomatic *(laundromat)*
un match de sport
un club ou une association

un centre commercial
un café
un dîner entre amis
une fête
un site de rencontres en ligne
un travail bénévole
la cafétéria de l'université

Activité 5 **Les grands classiques**

Résumez ces films et cette pièce classiques en mettant les phrases dans le bon ordre.

Dans le film *Casablanca*

1. Ils se séparent finalement sur une piste d'atterrissage *(on an airstrip)*.

2. Ils se retrouvent à Casablanca.

3. La première fois, ils se quittent sur le quai d'une gare.

4. Bogart et Bergman se rencontrent à Paris.

Dans le film *Autant en emporte le vent (Gone with the Wind)*

1. Ils s'installent dans une grande maison somptueuse.

2. Rhett Butler et Scarlett O'Hara se rencontrent pendant un bal juste avant la guerre de Sécession.

3. Ils se séparent à la fin, mais est-ce pour toujours?

4. Ils se retrouvent à Atlanta pendant la guerre.

5. Ils se marient.

Dans la pièce *Roméo et Juliette*

1. Juliette se tue *(kills herself)* en voyant Roméo mort.

2. Ils tombent tout de suite amoureux.

3. Les deux amoureux se marient en secret.

4. Leurs familles s'opposent au mariage.

5. Juliette prend du poison pour faire semblant *(to pretend)* de mourir.

6. Roméo et Juliette se rencontrent à un bal.

7. En voyant Juliette qu'il croit morte, Roméo se suicide.

Le couple en transition

La révolution culturelle des années 70 a beaucoup changé la vie de couple en France. Avec la libération sexuelle et le développement des pratiques de contraception, il y a aujourd'hui deux fois moins° de mariages en France. Les pressions sociales° en faveur du mariage ont peu à peu disparu°, et aujourd'hui, environ neuf couples sur dix commencent leur vie commune sans se marier. Et l'arrivée d'un enfant n'est pas automatiquement vue comme une raison de légaliser le couple. Plus de la moitié° des couples ont leur premier enfant hors° mariage.

two times fewer
social pressures
disappeared

half / outside
legally recognized

Un mariage traditionnel; Bénédicte a 29 ans.

Pour les couples qui veulent être reconnus par la loi° mais qui ne peuvent pas ou ne veulent pas se marier, il y a le pacte civil de solidarité (PACS). Depuis 1999, le PACS propose une nouvelle forme d'union civile pour protéger les personnes vivant en union libre. Les partenaires s'engagent° à vivre ensemble et à s'apporter une aide matérielle. Progressivement, le PACS est devenu aussi important que le mariage.

agree to

> **"Depuis 1999, le PACS propose une nouvelle forme d'union civile"**

Envisagé° principalement pour les couples gay, le PACS ne leur permet pourtant° ni d'adopter ensemble des enfants, ni d'accéder à la procréation artificielle, thème de discussion en France actuellement°.

Designed
however
now

Le couple français typique a deux enfants en moyenne par contraste au couple américain qui en a moins de deux. Pour le divorce, les Français et les Américains sont semblables, avec environ 50% des mariages qui finissent par un divorce.

▮ Avez-vous compris?

Indiquez si les phrases suivantes sont vraies ou fausses. Corrigez les phrases fausses.

1. Il y a plus de mariages aujourd'hui en France que dans les années 70.
2. En France, peu d'enfants naissent *(are born)* hors mariage.
3. L'union libre, ou mariage à l'essai *(trial)*, est rarement pratiquée en France.
4. Le PACS donne les mêmes droits *(rights)* aux couples hétérosexuels et homosexuels.
5. Les Français ont moins d'enfants que les Américains en moyenne.

▮ Et vous?

Discutez de l'idée du PACS en groupes. C'est comme quelle institution aux États-Unis? Quels en sont les avantages et les inconvénients? Communiquez vos idées à la classe.

Valeurs et espoirs

Structure 14.2

Making comparisons without repeating nouns *Les pronoms démonstratifs:* **celui,**
celle(s), ceux

Demonstrative pronouns are used to avoid repetition by replacing a
previously specified noun. They are often used in comparisons, as in the
examples that follow. For further explanation of **celui, celle(s),** and **ceux,**
see page 441.

Nom: Zidane
Prénom: Zinédine («Zizou»)
Date de naissance: 1972
Lieu de naissance: Marseille, France
Profession: directeur sportif du Real de Madrid depuis 2011,
ancien joueur de football retraité en 2006; meilleur
joueur de la Coupe du monde 2006
Acteur: *Astérix aux jeux Olympiques* (2008)

© Camera Press/Redux

Activités caritatives/humanitaires:

- Ambassadeur de bonne volonté pour le Programme des Nations Unies
  pour le Développement (PNUD)
- Capitaine, avec Ronaldo, d'une des deux équipes qui jouent dans le
  Match contre la Pauvreté *(Poverty)* 2002–2015, organisé par l'ONU
- Créateur de la Fondation Zidane pour aider les jeunes en Algérie, le pays
  natal de son père
- Parrain *(Supporter)* de ELA, l'association européenne contre les
  leucodystrophies, une maladie génétique

Zinédine Zidane est toujours en tête du Top 10 des personnalités préférées
des Français (le *Journal du Dimanche* 2012). Parmi ses qualités, **celles**
qui sont les plus souvent admirées sont son charisme, son humilité et
sa gentillesse. L'ancienne légende du football est toujours sur la pelouse
(soccer field), mais uniquement pour des causes humanitaires. Pour lui, son
rôle de parrain *(celebrity spokesperson)* d'associations caritatives est plus
important que **celui** de joueur de foot. Symbole depuis plusieurs années
de l'intégration de la France, Zidane pense que les enfants des familles
défavorisées doivent avoir autant d'espoir que **ceux** qui viennent des familles
aisées. Sa participation au Match contre la Pauvreté était aussi importante
que **celle** de Ronaldo, champion brésilien célèbre. Beaucoup de vedettes
font des actions bénévoles comme **celles** de Zidane.

Notez et analysez

The boldfaced words
are demonstrative
pronouns. Look at each
one and decide if it is
masculine or feminine,
singular or plural.

Et vous?

Donnez un exemple d'une vedette que vous connaissez qui s'engage dans des
causes humanitaires. Qui est-ce que vous admirez le plus en raison des causes qu'ils
(elles) ont adoptées? Et vous, que faites-vous autour de vous pour aider les autres?

Activité 6 Un footballeur pas comme les autres

Relisez la description de Zidane à la page précédente et identifiez l'antécédent de chaque pronom démonstratif.

1. celles
   a. ses qualités   **b.** son humilité   **c.** des personnalités
2. celui
   a. lui   **b.** son rôle   **c.** un joueur de foot
3. ceux
   a. les enfants   **b.** les cités   **c.** les milieux favorisés
4. celle
   a. Ronaldo   **b.** la participation   **c.** la pauvreté
5. celles
   a. les vedettes   **b.** les associations caritatives   **c.** les actions bénévoles

Activité 7 Les valeurs à travers *(throughout)* les générations

Avec un(e) partenaire, lisez les remarques suivantes sur les valeurs.

A. Dites si vous êtes d'accord ou pas d'accord et expliquez pourquoi.

1. Les jeunes d'aujourd'hui s'intéressent moins à la politique que ceux d'autrefois.
2. Les familles sont plus égalitaires et ouvertes que celles d'autrefois.
3. Chez les jeunes, le désir de réussir dans sa carrière est souvent plus important que celui de fonder une famille.
4. Dans la société américaine, le bien-être de l'individu devient plus important que celui du groupe.
5. Parmi les valeurs partagées par les Français, celles qui sont les plus respectées sont l'égalité, la politesse, la liberté et l'esprit de famille.

B. Maintenant relisez les phrases. Pour chaque pronom relatif en caractères gras, trouvez l'antécédent et donnez son nombre et son genre.

> **Modèle:** Les jeunes d'aujourd'hui s'intéressent moins à la politique que **ceux** d'autrefois.
> *L'antécédent de **ceux** est **les jeunes**. Ce mot est masculin pluriel.*

Activité 8 Les valeurs d'aujourd'hui

Comparez la vie d'aujourd'hui à celle d'autrefois. Utilisez **celui, celle(s)** ou **ceux**.

> **Modèle:** les femmes / indépendantes
> *Les femmes d'aujourd'hui sont plus indépendantes que celles d'autrefois.*

1. les jeunes / conservateurs
2. les mariages / durables
3. les problèmes / complexes
4. les rôles sexuels / distincts
5. les femmes / ambitieuses
6. le style de vie / actif
7. les rencontres / difficiles
8. la famille / stable

Activité 9 Médecins Sans Frontières

Regardez ce document sur Médecins Sans Frontières et répondez aux questions suivantes.

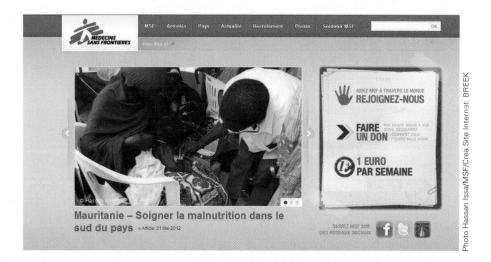

1. Est-ce que vous connaissez une organisation semblable aux États-Unis?
2. Nommez une personne célèbre qui est engagée dans ce même genre de travail.
3. Est-ce que vous avez déjà fait du travail bénévole? Expliquez.
4. Est-ce que vous pensez que les jeunes d'aujourd'hui sont plus engagés dans le travail bénévole que ceux d'il y a vingt ans? Expliquez.

Explorez en ligne

In addition to Zidane, the *JDD* top ten list for 2012 includes the following: Yannick Noah (1), Omar Sy (2), Jean Dujardin (3), Gad Elmaleh (4), Zinédine Zidane (5), Florence Foresti (6), Jamel Debbouze (7), Simone Weil (8), Laurent Gerra (9), Nicolas Hulot (10). Pick one of these celebrities and use google.fr or yahoo.fr to look him/her up. Write down at least 4 things you learn in French. Then share your findings with the class.

Humoriste et acteur, Omar Sy a commencé sa carrière comme animateur de radio. En 2012, il a reçu le César du Meilleur Acteur dans le film *Intouchables*.

C'est ça, l'amitié!

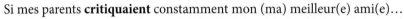

Structure 14.3

Expressing hypotheses *Le conditionnel*

When giving advice and imagining what one might do in a hypothetical situation ("if"), the conditional verb form is often used. You've already used this structure in a few polite forms such as **je voudrais un café.** For further discussion of the conditional and its forms, see page 442.

© Yuri Arcurs/Shutterstock.com

Si mes parents **critiquaient** constamment mon (ma) meilleur(e) ami(e)…

… je leur **dirais** qu'ils ne le/la connaissent pas.

… je **serais** fâché(e) contre eux.

… je le/la **défendrais.**

… je leur **expliquerais** qu'ils ont tort.

… je leur **montrerais** pourquoi nous sommes ami(e)s.

Notez et analysez

Which verb tense is used after the word **si**? What tense is used in the clause that follows?

 Prononcez! Contrastez l'imparfait et le conditionnel.

The endings for the conditional and the imperfect are the same, but you will hear **-r** before the endings in the conditional. This is because the conditional is formed by adding the endings to the infinitive.

A. Écoutez ces verbes au conditionnel. Notez le son /r/. Alors, prononcez! je demanderais, tu irais, il ferait, ils se marieraient, je dînerais, tu saurais, elle aurait, elles verraient

B. Écoutez les verbes suivants à l'imparfait et au conditionnel. Après, avec un(e) partenaire, prononcez à tour de rôle.

CD3-26

IMPARFAIT	CONDITIONNEL	IMPARFAIT	CONDITIONNEL
1. je parlais	je parlerais	**4.** nous disions	nous dirions
2. tu te lavais	tu te laverais	**5.** vous vouliez	vous voudriez
3. elle tombait	elle tomberait	**6.** ils aimaient	ils aimeraient

Activité 10 Testez-vous!

A. Que feriez-vous dans les situations suivantes?

1. Si j'**avais** un gros problème personnel,…

    a. je le **confierais** à mes parents; après tout, ils m'aiment de façon inconditionnelle.

    b. j'en **parlerais** avec mon (ma) meilleur(e) ami(e); il/elle m'accepte tel(le) que je suis.

    c. je **préférerais** en discuter avec quelqu'un d'objectif, un conseiller religieux, un psychologue.

    d. je le **garderais** pour moi car j'ai l'habitude de faire tout tout(e) seul(e).

2. Si mon (ma) meilleur(e) ami(e) **déménageait** dans une autre ville pour son nouveau job,…

   a. notre amitié ne **serait** plus la même; la proximité est essentielle à l'amitié.
   b. je **serais** triste mais heureux (heureuse) pour lui (elle) en même temps.
   c. nous **resterions** en contact grâce à Internet et à nos portables.

3. Si mon (ma) meilleur(e) ami(e) et moi **voulions** sortir avec la même personne,…

   a. nous nous **disputerions.**
   b. nous en **parlerions** pour trouver une solution.
   c. ça **serait** la fin de notre amitié.

4. Si jc **voyais** le copain (la copine) de mon (ma) meilleur(e) ami(e) sortir avec quelqu'un(e) d'autre,…

   a. je lui en **parlerais.**
   b. je ne lui **dirais** rien.
   c. je **dirais** quelque chose à son copain (sa copine) infidèle.

5. Si je n'**aimais** pas le nouveau copain (la nouvelle copine) de mon ami(e),…

   a. j'**attendrais** patiemment leur rupture.
   b. je lui **demanderais** ce qu'il/elle aime chez elle/lui.
   c. je **ferais** de mon mieux pour l'accepter.

6. Si je **tombais** amoureux (amoureuse) de mon (ma) meilleur(e) ami(e),…

   a. je lui **dirais** la vérité même s'il/si elle ne ressentait pas les mêmes sentiments.
   b. je **ferais** de mon mieux pour cacher mes sentiments; il ne faut jamais mélanger l'amitié et l'amour.
   c. j'**arrêterais** de le/la voir pendant un moment pour voir si j'ai réellement des sentiments pour lui/elle.

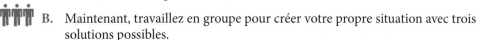

B. Maintenant, travaillez en groupe pour créer votre propre situation avec trois solutions possibles.

Activité 11 **Si j'étais une couleur, je serais le rouge**

A. **Le portrait chinois.** D'abord, travaillez individuellement en utilisant votre imagination pour compléter les phrases suivantes. Choisissez trois des phrases que vous avez complétées et récrivez-les *(rewrite them)* sur trois bouts *(scraps)* de papier que vous allez mettre dans un chapeau.

1. Si j'étais une couleur, je serais…

2. Si j'étais une saison, je serais…

3. Si j'étais une chanson, je serais…

4. Si j'étais une marque de voiture, je serais une…

5. Si j'étais un animal, je serais…

6. Si j'étais un(e) acteur (actrice), je serais…

7. Si j'étais une ville, je serais…

8. Si j'étais un film, je serais…

9. Si j'étais un(e) ???, je serais…

Si j'étais une marque de voiture, je serais une Prius.

© Cengage Learning

B. **Qui est-ce?** Mettez-vous en groupes de cinq et placez tous vos trois phrases dans un chapeau. À tour de rôle, tirez *(pull out)* un bout de papier du chapeau, lisez la phrase et devinez qui elle décrit *(whom it describes).*

Activité 12 Imaginez votre réaction!

Que feriez-vous dans les situations suivantes?

1. Si je gagnais un million à la loterie, je…
2. Si je pouvais aller n'importe où, je…
3. Si je pouvais manger n'importe quoi sans grossir, je…
4. Si je pouvais exercer le métier de mes rêves, je…
5. Si je pouvais parler trois langues couramment, je choisirais…

Activité 13 Interaction

Posez les questions suivantes sur l'amitié à votre partenaire.

1. Pour toi, est-ce que l'amitié est une valeur importante? Quelles sont les qualités de ton (ta) meilleur(e) ami(e): un bon sens de l'humour, la fidélité, l'honnêteté, un esprit ouvert, la gentillesse, l'intelligence, etc.?
2. Est-ce que tes parents connaissent ton (ta) meilleur(e) ami(e)? Est-il/elle comme un membre de ta famille? Est-ce que tes parents critiquent tes ami(e)s?
3. Dans quelles situations est-ce que tu critiques tes amis?
4. Est-ce qu'entre amis, vous vous prêtez facilement de l'argent?
5. Est-ce que vous vous confiez vos secrets? Pourquoi ou pourquoi pas?
6. Qu'est-ce qui détruit une amitié: la jalousie des autres, l'opinion des parents, le manque de temps, les déménagements?

Perspectives sur l'amitié

Pour les Français comme pour les Américains, l'amitié est essentielle au bonheur. Cependant°, les Français et les Américains n'expriment pas toujours ce sentiment de la même manière et ceci cause parfois des malentendus°. Les Américains en France ont souvent l'impression que les Français sont fermés, qu'ils ne répondent pas à leurs efforts pour les connaître. Les Français, pour leur part, trouvent que les Américains donnent l'impression de ne pas prendre l'amitié au sérieux: ils sourient° beaucoup et font des remarques comme «*We'll have to get together*», qui sont tout simplement des formules de politesse. Cette différence vient en partie du fait que les Français sont traditionnellement moins nomades; ils restent souvent dans la même région pendant toute leur vie. Ainsi, il est commun d'avoir le même meilleur ami depuis l'enfance. Les Américains, par contre, ont tendance à se déplacer° et ont donc besoin de former plus spontanément des amitiés.

Pour illustrer ce thème, quelques francophones vous expliquent leurs propres perspectives sur l'amitié.

However

misunderstandings

smile

to move around

> **"Les Français et les Américains n'expriment pas toujours ce sentiment de la même manière"**

© Cengage Learning

Avez-vous compris?

Indiquez si les phrases suivantes sont vraies ou fausses et trouvez, dans le texte, les phrases qui justifient vos réponses.

1. Le concept de l'amitié est le même dans les cultures française et américaine.
2. Les Français ont l'impression que l'amitié à l'américaine est plutôt superficielle.
3. Les Américains en France trouvent parfois difficile de se faire des amis.
4. Un Français a tendance à garder les mêmes amis pendant toute sa vie.

Voix en direct 🔊
CD3-27

C'est quoi pour vous l'amitié?

C'est quoi pour vous l'amitié?

L'amitié, euh…, c'est quelqu'un sur qui on peut toujours compter[1], quelqu'un avec qui on peut discuter de tout… sans, sans être jugé… Euh, si on a besoin d'un service, c'est quelqu'un à qui on peut demander quelque chose. Oui,… pour moi, l'amitié c'est aussi ne pas se donner de nouvelles[2] pendant quelques temps et puis… et puis reprendre[3]… c'est ça aussi.

Et vous avez combien d'amis?

De très bons amis, je dirais deux. D'amis, après, euh, de manière générale, peut-être quinze, dix, quinze? Mais de bonnes amies, deux. On se connaît depuis qu'on a quatorze ans. Donc, ça fait dix ans, un peu plus.

Olivia Rodes
26 ans, professeur d'anglais dans un institut privé, Cholet, France

[1]count on [2]not to keep in touch [3]pick up again

C'est quoi pour vous l'amitié?

Euh, l'amitié c'est, disons, vivre avec des gens, être en contact avec des gens avec lesquels vous avez quelque chose en commun. Euh, je crois que ça, c'est fondamental. Il y a un proverbe français qui dit que «Tout ce qui se ressemble s'assemble» et souvent, on est toujours plus à l'aise en parlant, en faisant des choses en commun avec quelqu'un qui a quelque chose de similaire avec vous.

Bienvenu Akpakla
30 ans, professeur de francais à Washington, DC; origine: Bénin

Parlez-nous de votre conception de l'amitié.

L'amitié, c'est une chose très importante dans la vie de la personne. Je pense que sans amis, la vie ne vaut rien[4]. Et ben, on a appris dans notre culture qu'il faut être toujours reconnaissant à[5] ses amis, qu'il faut toujours penser à eux, qu'il ne faut jamais perdre contact avec surtout les amis d'enfance.

Bon, ma propre expérience, j'ai passé un an en Amérique mais j'ai jamais perdu contact avec mes amis en Tunisie. On est toujours, euh, on se donne toujours des nouvelles sur Facebook, par email, il y a toujours grâce au Skype aussi on peut se voir comme si on est à côté l'un de l'autre. Ben, voilà.

Rim Benromdhane
22 ans, étudiante à Tunis

[4]is worth nothing [5]be appreciative of

▮▮ Réfléchissez aux réponses

1. Pour vous, est-ce que l'amitié c'est pour la vie ou est-ce que vous changez d'amis avec les changements de la vie?

2. Olivia dit qu'elle n'a que deux bonnes amies. Est-ce le cas pour vous? Quelle est la différence entre l'amitié que vous partagez avec vos bons amis et la relation que vous avez avec vos autres amis?

3. Est-ce que vos amis vous ressemblent? Qu'est-ce que vous avez en commun?

4. Est-ce que vous avez des amis partout dans le monde comme Rim? Comment est-ce que vous restez en contact?

Comment dire qu'on est d'accord ou qu'on n'est pas d'accord

> **Réfléchissez et considérez**
>
> When getting to know people or having conversations with friends, many subjects come up. How do you let others know when you agree with them? What do you say if you're not sure or if you disagree? Identify some equivalent expressions in French from the list below. Which do you express more often, agreement, neutrality, or disagreement? Lively discussion of controversial topics is an accepted part of daily life in France.

 Expressions utiles

CD3-28

© Cengage Learning

oui	**non**	**l'incertitude**
Ah, ça oui!	Ah, non alors!	C'est bien possible.
C'est vrai, ça!	Absolument pas.	Ça se peut.
Absolument!	Pas du tout!	Peut-être.
Tout à fait.	Je suis pas d'accord. *(fam)*	Tu crois? / Vous croyez?
Je suis tout à fait d'accord!	C'est pas vrai! *(fam)*	Bof! J'sais pas. *(fam)*

ÉTUDIANT(E) 1: *Pour toi, est-ce que les amis sont essentiels?*
ÉTUDIANT(E) 2: *Absolument!*
ÉTUDIANT(E) 1: *Tu confies tout à ton (ta) meilleur(e) ami(e)?*
ÉTUDIANT(E) 2: *Pas du tout! À mon avis, les amis, c'est pas fait pour ça.*
ÉTUDIANT(E) 1: *Tu crois que tu es un(e) bon(ne) ami(e)?*
ÉTUDIANT(E) 2: *Bof! J'sais pas.*

 Écoutons ensemble!   Entretenir l'amitié

CD3-29

Écoutez les mini-échanges sur l'amitié. Dites si (a) on est d'accord, (b) pas d'accord ou (c) indécis. Notez, en anglais, le sujet général de chaque mini-conversation.

1. **a.** oui   **b.** non   **c.** incertitude
   Sujet: _____

2. **a.** oui   **b.** non   **c.** incertitude
   Sujet: _____

3. **a.** oui   **b.** non   **c.** incertitude
   Sujet: _____

4. **a.** oui   **b.** non   **c.** incertitude
   Sujet: _____

5. **a.** oui   **b.** non   **c.** incertitude
   Sujet: _____

Activité 14 Êtes-vous d'accord?

Réagissez à ces propos sur l'amitié en utilisant les expressions utiles à la page 431.

1. Respecter votre ami(e), c'est accepter vos différences.
2. Les amis d'enfance, c'est pour la vie. Même si on n'a plus rien en commun, il est bien de garder contact avec ses vieux amis.
3. On ne doit jamais mélanger le travail et la vie privée.
4. Si on était de vrais amis, on se dirait tout.

Activité 15 Quelques proverbes sur l'amour

Que pensez-vous de ces proverbes sur l'amour? Dites si vous êtes d'accord ou pas en utilisant une des expressions utiles à la page 431. Expliquez votre réponse.

1. Qui se ressemble s'assemble.
   Il faut se marier avec quelqu'un de sa classe sociale.
2. L'amour est éternellement jeune.
   La différence d'âge n'est pas importante.
3. L'amour n'a pas de frontières.
   Les mariages mixtes ne posent pas de problèmes.
4. L'amour n'a pas de prix.
   L'amour a plus de valeur que toute autre chose.

Activité 16 Brad et Angelina

Imaginez une conversation entre Brad Pitt et Angelina Jolie. Brad ou Angelina propose une idée et l'autre répond qu'il/elle est d'accord ou pas d'accord. Utilisez une expression de la liste à la page 431.

1. Angelina: Moi, je crois que nous devrions adopter un autre enfant.
2. Angelina: Nos enfants devraient être multilingues.
3. Brad: Je crois qu'il serait mieux de nous installer à New York.
4. Brad: J'aimerais aller en Inde et étudier la méditation.

Dave Hogan/Getty Images

Comment exprimer ses sentiments

CD3-30

Expressions utiles

Je suis triste
    content(e)
    ravi(e)
    furieux (furieuse)   que vous vous **sépariez.**
    désolé(e)
    surpris(e)

J'ai peur   qu'elle ne **soit** pas honnête.

Je ne crois pas
Je ne pense pas   que vous **fassiez** un gros effort.
Je doute

Il est incroyable
    étonnant
    triste   que vous lui **donniez** de l'argent.
    excellent
    bon / mauvais

MAIS

Je crois
Il est clair   que vous **avez** raison.

Notez et analysez

Which expressions state emotions? Which ones communicate doubt?
Are these expressions followed by the subjunctive or the indicative?
Which expressions do not use the subjunctive? Why?

CD3-31

Écoutons ensemble! Comment exprimer ses sentiments

Écoutez les remarques suivantes et identifiez ce qu'elles expriment: le doute, la certitude ou un sentiment négatif / positif.

1. a. __ doute   **b.** __ certitude   **c.** __ sentiment négatif / positif
2. a. __ doute   **b.** __ certitude   **c.** __ sentiment négatif / positif
3. a. __ doute   **b.** __ certitude   **c.** __ sentiment négatif / positif
4. a. __ doute   **b.** __ certitude   **c.** __ sentiment négatif / positif
5. a. __ doute   **b.** __ certitude   **c.** __ sentiment négatif / positif
6. a. __ doute   **b.** __ certitude   **c.** __ sentiment négatif / positif

Activité 17 Réagissez!

Que pensez-vous des opinions et faits suivants? Réagissez en utilisant une expression qui indique un sentiment.

> **Modèle:** Les femmes d'aujourd'hui sont plus indépendantes.
> *Je suis content(e) que les femmes d'aujourd'hui soient plus indépendantes.*

1. Les pères d'aujourd'hui s'occupent davantage *(more)* de leurs enfants.
2. Beaucoup de mariages se terminent par un divorce.
3. Les hommes se marient souvent avec des femmes beaucoup plus jeunes.
4. Beaucoup d'enfants habitent avec un seul parent.
5. Avant 1910, les amoureux, en France, ne pouvaient pas s'embrasser dans la rue.
6. Une famille française reçoit une allocation familiale (de l'argent du gouvernement) pour chaque enfant.

Activité 18 Vos sentiments, vos certitudes, vos doutes

D'abord, décidez avec un(e) partenaire si les phrases doivent être terminées par le subjonctif ou l'indicatif. Puis complétez les phrases ensemble.

> **Modèle:** Mes parents sont contents que je…
> Mes parents sont contents que je *sois à l'université.*

1. Ma mère a peur que je…
2. Mon (Ma) copain (copine) croit que…
3. Je pense que…
4. Je suis sûr(e) que…
5. Mes amis doutent que…
6. Je suis étonné(e) que…
7. Je suis content(e) que…

Lisez cette lettre. Ensuite, utilisez les notes ci-dessous pour y répondre.

Prince charmant recherche Cendrillon désespérément

Ma vie ne rime à rien *(seems meaningless)*. Je me suis marié trop jeune avec un amour de vacances. Après cinq années d'incompréhension totale est venu le divorce: dépression, séparation avec les enfants, tentative de suicide. Depuis un an, je suis tout seul. Pourtant, j'essaie de remonter la pente *(to get back on my feet)*. J'ai un physique plutôt plaisant, genre Brad Pitt, et je ne suis pas un reclus. Je fais du sport, j'ai des loisirs. Je suis sensible, pas trop timide. Seulement je suis trop sérieux, trop romantique,

peut-être. Je crois encore au coup de foudre, mais il faut croire que c'est démodé *(old-fashioned)*. Je pense que la fidélité est essentielle pour un couple, alors qu'autour de moi, je ne vois que l'adultère.

N'existe-t-il plus de jeunes filles sérieuses? Le romantisme est-il mort? Je suis la preuve qu'il reste encore des hommes fidèles, sérieux et voulant vivre une grande passion. Que pensez-vous de ma conception de la vie? Suis-je démodé et ridicule? Merci de tout cœur pour vos lettres.

Patrick

ImageDJ/Index Open/Photolibrary

Adapté *de Femme Actuelle*

Répondez à Patrick en vous servant des éléments suivants.

- Il est dommage / vous / être / si seul
- Je suis choqué(e) / vous / vouloir / vous suicider
- Ce n'est pas juste / vous / ne pas pouvoir / vivre avec vos enfants
- Je suis étonné(e) / vous / ne pas trouver / de femme sérieuse comme vous
- Je suis content(e) / il y avoir encore / des hommes romantiques
- Il est bon / vous / faire du sport
- Il est possible / vous / être / un peu rigide
- Je suis sûr(e) que / le grand amour / exister toujours

Situations à jouer!

1 Vous avez des valeurs très traditionnelles, tandis que votre camarade est beaucoup moins conservateur (conservatrice). Vous aimeriez mieux vous connaître, mais quand vous essayez d'avoir une conversation sérieuse sur vos conceptions de la vie, de l'amitié, du rôle du couple, du partage des tâches ménagères, de la condition féminine, etc., vous vous disputez. Pour vous aider, consultez **Comment dire qu'on est d'accord ou qu'on n'est pas d'accord,** page 431.

2 Un copain (Une copine) vous confie qu'il/elle va se marier avec une femme (un homme) riche qu'il/elle n'est pas sûr(e) d'aimer. Donnez-lui des conseils.

3 Avec toute la classe, en vous inspirant de la liste du *JDD* sur les personnalités admirées des Français (voir la page 425), créez votre liste du Top Ten. Ensuite, en groupes de 4 ou 5, mettez vous d'accord sur les trois personnalités les plus admirées. Finalement, donnez vos résultats à la classe et expliquez vos choix.

Lecture

Anticipation

Vous allez lire une histoire à propos d'une des femmes du prophète Mohammed.

1. Marquez d'un cercle la religion dont Mohammed est le prophète.

le christianisme   le judaïsme   l'islam   le bouddhisme

2. Parmi les adjectifs qui suivent, quels sont ceux que vous associez à une femme islamique du septième siècle?

timide	fière	obéissante	chaste	forte
faible	courageuse	religieuse	indépendante	

Expansion de vocabulaire

Utilisez votre connaissance des familles de mots pour trouver la définition des mots de la première colonne dans la deuxième colonne.

1. affectionner	**a.** fait de dire merci
2. la perte	**b.** prouver l'innocence
3. la froideur	**c.** les membres intimes de la famille
4. un remerciement	**d.** une légende célèbre
5. innocenter	**e.** avoir de l'affection pour, aimer
6. reprendre	**f.** qualité froide
7. une légende dorée	**g.** reconduire
8. patiemment	**h.** recommencer
9. les proches parents	**i.** avec patience
10. ramener	**j.** fait de perdre

«L'affaire du collier»

Extrait des *Femmes du Prophète,* Magali Morsy

necklace

C'est en 627 qu'il faut situer l'affaire du collier°. Aïcha, qui était la deuxième femme du prophète Mohammed, accompagnait son mari dans une de ses expéditions, lorsque, au campement, elle

loss   5 s'est aperçue de la perte° de son collier précieux qu'elle affectionnait. Elle est partie le chercher et pendant ce temps-là, la caravane a repris la route sans s'apercevoir que la frêle° Aïcha n'était plus

frail

enclosed chair carried dans la litière° qui la transportait. Retrouvant le

on the back of an   10 campement désert quand elle y est retournée,

animal or by men Aïcha s'est assise et a attendu patiemment.

Un beau jeune homme est passé et ici l'histoire prend l'aspect d'une légende dorée°. C'était

golden Safwan ibn al-Muattal qui, apercevant° l'épouse

recognizing

camel   15 du prophète, est descendu de son chameau° sur lequel il a placé Aïcha, et, conduisant le chameau par la bride°, a ramené la jeune femme auprès de

bridle sa famille.

caused rumors L'affaire a fait du bruit°. Aïcha a tout de suite remarqué la froideur de son mari.

20 La rumeur est vite devenue scandale. Le prophète a interrogé Aïcha et ses proches

parents° qui, pour la plupart, n'ont pas pris la défense de la jeune épouse. Il *relatives*
y avait même la menace du divorce.

  N'oublions pas qu'Aïcha n'avait que 13 ans à cette époque mais la bien-
aimée° avait un esprit extrêmement fort. Elle a refusé de se justifier devant *beloved*
25 son mari ou devant sa famille, disant qu'elle ne devait demander qu'à
Dieu de l'innocenter. Et, en effet, peu après, elle a vu son mari revenir à
elle avec le sourire: «Dieu», a-t-il dit, «l'avait lavée de tout soupçon°.» Une *suspicion*
fois de plus, Aïcha a montré son caractère fier. À sa mère qui lui disait de
remercier le prophète de son indulgence, Aïcha a répondu qu'elle n'avait de
30 remerciements à rendre qu'à Dieu.

  Et Aïcha est redevenue la bien-aimée de Mohammed.

Magali Morsy, *Les femmes du Prophète* © Mercure de France, 1989

Compréhension et intégration

1. Pourquoi Aïcha n'est-elle pas rentrée chez elle avec la caravane?

2. Quel était le scandale?

3. À votre avis, pourquoi est-ce que la famille d'Aïcha n'a pas pris sa défense?

4. Aïcha a-t-elle demandé pardon à son mari? Pourquoi ou pourquoi pas?

5. Qu'est-ce que vous avez appris sur cette culture en lisant cette histoire?

6. Quelle serait l'importance de cette légende pour le peuple qui vivait à cette époque-là?

Maintenant à vous!

1. Imaginez la conversation entre Aïcha et sa mère ou son père à son retour au campement. Utilisez les expressions suivantes:

   il faut que   ce n'est pas vrai que

   je ne crois pas que   tu devrais

   je ne veux pas que   c'est un scandale que

2. La chanson «Aïcha» par Jean-Jacques Goldman est à propos d'une belle femme admirable et fière. Écoutez cette chanson sur YouTube. (Khaled chante la version la plus célèbre). Écrivez le refrain.

Voix en direct (suite)

What words are used in French to differentiate between friends and boyfriends (girlfriends)? Go to **iLrn** to view video clips of several people commenting on this topic.

Expression écrite

 À vos marques, prêts, bloguez!

Quelle est votre recette de l'amitié? Quels sont vos conseils pour se faire des amis et pour garder ses amis? Est-ce que votre recette est différente pour l'amitié virtuelle? Écrivez 5 à 6 phrases, en français, dans notre blog, et ensuite répondez aux billets de deux autres camarades de classe.

 Des conseils

Vous avez sûrement lu *Miss Manners* ou *Dear Amy* dans la presse pour vous amuser ou peut-être que vous écoutez des conseils psychologiques diffusés à la radio ou à la télévision. Dans cette activité, vous allez écrire votre propre lettre de 2 à 3 paragraphes et recevoir une réponse d'un ou deux paragraphe(s). Utilisez **tu.**

■ **Première étape:** Prenez quelques notes.

1. Pensez à la personne qui écrit cette lettre (vous-même ou un personnage fictif). En fonction des caractéristiques personnelles de cette personne, choisissez le ton que vous allez adopter. Par exemple, il peut être dramatique, hautain *(haughty)*, furieux, timide ou obsédé.

2. Choisissez le problème que cette personne veut résoudre.

3. Écrivez les premières phrases qui décrivent le problème et qui montrent la gravité de la situation tout en révélant *(revealing)* le caractère de l'auteur. Si vous voulez un exemple, relisez la lettre du «prince charmant» à la page 435.

4. Donnez votre lettre à un(e) camarade de classe pour lui demander s'il (si elle) peut deviner les caractéristiques de la personne qui l'a écrite. (C'est une sorte de *peer-editing.*) Si ce n'est pas clair, révisez la lettre pour qu'elle soit plus claire.

■ **Deuxième étape:** Écrivez la version finale de votre lettre en utilisant le subjonctif, le conditionnel et des pronoms démonstratifs.

■ **Troisième étape:** Échangez votre lettre avec celle d'un(e) camarade de classe. Écrivez une réponse à sa lettre dans laquelle vous donnez des conseils. Variez entre des expressions qui utilisent le subjonctif et d'autres qui utilisent l'indicatif.

> Modèle: *Il faut que tu sortes davantage.*
> *Il est important de s'amuser de temps en temps.*
> *Il est clair que tu passes trop de temps chez toi.*

Le cinéma

Avant de visionner

© Cengage Learning

Vous allez regarder une vidéo sur l'histoire du cinéma français. En fait, c'est en France qu'ont été tournés les premiers films. Dans cette vidéo, vous allez découvrir les pionniers (*pioneers*) du cinéma français ainsi que les différents genres de films qu'on apprécie et qu'on continue à faire en France aujourd'hui.

L'Arrivée d'un train en gare de La Ciotat est un des premiers films dans l'histoire du cinéma.

Quelques mots utiles

le cinématographe	*first movie camera*	faire la queue	*to wait in line*
un documentaire	*documentary*	foncer sur	*to charge / plow into*
l'écran (*m.*)	*screen*		
les effets spéciaux (*m. pl.*)	*special effects*	hurler	*to scream*
		muet(-te)	*mute, silent*
l'esprit (*m.*)	*mind*	sans lendemain	*without a future*

Étudiez la liste de vocabulaire. Ensuite, écrivez le mot ou l'expression qui correspond à chaque définition.

1. pas de futur: _____
2. sans bruit: _____
3. film basé sur la réalité: _____
4. objet qu'on regarde pour voir un film: _____
5. faculté intellectuelle: _____

Pendant le visionnement

Les personnages du cinéma français

Regardez la vidéo. Complétez les phrases pour identifier ces personnes: les frères Lumière, Georges Méliès, Vincent Cassel ou Marion Cotillard.

1. _____ est célèbre pour son rôle dans *La Haine*.
2. Les premiers documentaires ont été faits par _____.
3. L'invention des effets spéciaux est associée à _____.
4. _____ est célèbre pour son rôle dans le film *La vie en rose*.

▇▇ Quelques films français

Sélectionnez le film qui correspond à chaque description.

1. une comédie qui est devenue un grand succès
2. une comédie dramatique basée sur une histoire vraie
3. considéré comme le premier film de science-fiction
4. un film sur l'ère du cinéma muet à Hollywood
5. un film biographique sur Édith Piaf

a. *The Artist*
b. *La vie en rose*
c. *Le Voyage dans la Lune*
d. *Bienvenue chez les Ch'tis*
e. *Intouchables*

Après le visionnement

▇▇ Avez-vous compris?

Dites si chaque phrase est vraie (**vrai**) ou fausse (**faux**).

1. Les gens ont eu peur quand ils ont vu *l'Arrivée d'un train en gare de La Ciotat* parce qu'ils pensaient qu'ils voyaient un vrai train. _____
2. Les frères Lumière ont contribué au cinéma français pendant toute leur vie. _____
3. Paris a plus de cinémas par habitant que toute autre ville au monde. _____
4. Environ 20 millions de billets de cinéma sont vendus en France chaque année. _____
5. En général, les étudiants aiment les films américains. _____

▇▇ Discutons!

Discutez des questions suivantes avec un(e) partenaire.

1. Étiez-vous surpris(e) que Paris soit «une capitale» du cinéma? Pourquoi ou pourquoi pas? Dans quelles autres villes le cinéma est-il très apprécié?
2. Cherchez sur Internet *Le Voyage dans la Lune* et *L'Arrivée d'un train en gare de La Ciotat* et regardez-les. Qu'est-ce que vous trouvez de surprenant ou d'intéressant dans ces films? Si on faisait un *remake* de ces films aujourd'hui, comment seraient-ils différents?

Réfléchissez et considérez

Movie theaters in France show foreign films in **VO** (**version originale** or **sous-titrée**), **VF** (**version française** or **doublée**), or both. Which film genres do you think are most likely to receive each treatment? Which demographic groups do these theaters cater to?

©HUANG Zheng

Vidéo Voyages! Watch a video about **La Côte d'Azur,** where the famous Cannes film festival takes place.

Structure 14.1

Use the **iLrn** platform for more grammar and vocabulary practice.

Talking about relationships *Les verbes pronominaux (suite)*

Reflexive verbs

In **Modules 4** and **10,** you learned a number of pronominal verbs used reflexively, such as **se laver, s'habiller,** and **se coucher.** The verbs **se fiancer** and **se marier** are additional examples of reflexive verbs.

Je **me suis fiancée** avec Alex pendant l'été; nous **nous marierons** dans un an.
I got engaged to Alex during the summer; we will get married in a year.

Est-ce qu'Angelina Jolie **s'est mariée** avec Brad Pitt?
Did Angelina Jolie marry Brad Pitt?

Reciprocal verbs

Many common French verbs can be used pronominally to express reciprocal actions between two or more people.

Jules et moi, nous **nous disputons** rarement. *Jules and I rarely argue (with each other).*
Nous **nous comprenons** très bien. *We understand each other very well.*

In some cases, only the context indicates whether a verb is used reciprocally or reflexively

Elles **se parlent.**
{ *They're talking to each other.*
They're talking among themselves.

These verbs are commonly used with a reciprocal meaning:

s'admirer	s'aimer	se détester	s'écouter	se téléphoner
s'adorer	se comprendre	se disputer	se parler	se voir

Pronominal verbs with idiomatic meanings

A large number of pronominal verbs are neither reflexive nor reciprocal. The following verbs have special idiomatic meanings in the pronominal form, and therefore do not translate word for word.

s'amuser	*to enjoy oneself; to have fun*
se demander	*to wonder*
se dépêcher (de)	*to hurry*
s'ennuyer	*to be bored*
s'entendre bien (mal)	*to get along well (badly)*
se fâcher contre	*to get angry with*
s'intéresser à	*to be interested in*
se méfier de	*to be suspicious of*
se mettre à	*to begin*
s'occuper de	*to look after, take care of*
se rendre compte de / que	*to realize*
se servir de	*to use*
se souvenir de	*to remember*

Louis et Anne **se demandent** s'ils se reverront un jour. *Louis and Anne wonder if they'll see each other again one day.*
Je **me suis rendu compte** qu'elle m'aimait. *I realized she loved me.*

Agreement of pronominal verbs in the *passé composé*

In general, pronominal verbs in the **passé composé** agree with their subjects since they are conjugated with the auxiliary **être**.

Nous nous sommes vus au cinéma.　　*We saw each other at the movies.*

However, when the reflexive pronoun represents an indirect object there is no past participle agreement. Most communication verbs, such as **se dire, se téléphoner, se parler, se répondre, se demander,** and **s'écrire** take indirect objects and thus no agreement.

Nous ne nous sommes pas **dit** la vérité.　　*We didn't tell each other the truth.*
Elles se sont **écrit** tous les mois.　　*They wrote each other every month.*

Exercice 1 Complétez les phrases suivantes au présent. Choisissez entre la forme pronominale ou non-pronominale du verbe entre parenthèses.

1. Jeanne et sa sœur n(e) _____ (s'écrire / écrire) pas souvent, mais elles _____ (se téléphoner / téléphoner) chaque samedi.

2. Ils travaillent dans le même bureau, mais ils ne _____ (se voir / voir) pas souvent.

3. Je suis végétarienne, mais mon frère _____ (se détester / détester) les légumes.

4. Au début, le jeune couple _____ (s'entendre / entendre) très bien mais au bout de cinq années de mariage, ils ont commencé à _____ (se disputer / disputer).

5. Le roi veut _____ (se marier / marier) sa fille à un homme riche.

6. Nous _____ (se revoir / revoir) tous les ans à une grande réunion de famille.

7. Les étudiants _____ (se demander / demander) des renseignements sur la France à leur professeur.

Exercice 2 Choisissez un des verbes pour chaque phrase. Utilisez la forme correcte du présent.

se fâcher	s'occuper	se rendre compte
se demander	se dépêcher	

1. Mme Bernaud _____ de ses petits-enfants pendant que sa fille est au travail.

2. Est-ce que vous _____ que l'examen est dans deux jours?

3. Marchez vite! Il faut _____ pour arriver à l'heure.

4. Qu'est-ce que j'ai fait? Pourquoi est-ce que vous _____ contre moi?

5. Je _____ pourquoi elle s'est mariée avec lui.

Exercice 3 Ajoutez les terminaisons appropriées pour accorder les participes passés si c'est nécessaire.

1. Jacqueline, Aïcha, Nathalie et moi, nous nous sommes bien amusé _____ ensemble.

2. Valérie s'est brossé _____ les cheveux avant de partir.

3. Jacques, Paul et moi, nous nous sommes parlé _____ au café pendant des heures.

4. Mon mari et moi, nous nous sommes rencontré _____ dans une soirée à Londres; je suis partie pour la France, mais nous nous sommes écrit _____. L'année suivante, nous nous sommes retrouvé _____ à Paris.

5. Elle s'est dépêché _____ d'aller à l'aéroport.

6. Elles se sont vu _____ mais elles ne se sont pas parlé _____.

Making comparisons without repeating nouns *Les pronoms démonstratifs:* **celui, celle(s), ceux**

Demonstrative pronouns are used to refer to a previously mentioned person or object without repeating the noun.

	masculin	féminin
singulier	celui	celle
pluriel	ceux	celles

Ce dernier crime est plus violent que **celui** qui a été commis à Seattle.

Préférez-vous les tableaux de Van Gogh à **ceux** de Renoir?

Les plages de Californie sont moins encombrées que **celles** de la Côte d'Azur.

This last crime is more violent than the one that was committed in Seattle.

Do you prefer the paintings of Van Gogh to those of Renoir?

California beaches are less crowded than those on the Riviera.

You have already learned to use demonstrative adjectives to point things out; demonstrative pronouns serve the same purpose.

— Préférez-vous ces chaussures-ci ou ces chaussures-là?

— Je préfère **celles-ci.**

— *Do you prefer these shoes or those shoes?*

— *I prefer these.*

Exercice 4 Complétez les phrases suivantes avec un pronom démonstratif (**celui, celle[s], ceux**).

1. Je m'entends assez bien avec mes professeurs, surtout avec _____ qui sont patients, vifs et compréhensifs.

2. Je préfère mon emploi du temps ce semestre à _____ du semestre dernier.

3. Je n'apprécie pas les égoïstes, _____ qui pensent toujours à eux-mêmes.

4. Il aimerait revoir la jeune femme qu'il a rencontrée au concert, _____ qui portait un drôle de *(weird)* chapeau.

5. Dînerons-nous dans ce restaurant-ci ou dans _____-là?

6. De tous les livres de Victor Hugo, *Les Misérables* est _____ que je préfère.

7. Vos idées sont si différentes de _____ de vos parents!

8. Mes notes dans ce cours sont meilleures que _____ que j'ai eues le trimestre dernier.

Structure 14.3

Expressing hypotheses *Le conditionnel*

You have already used **le conditionnel de politesse**, or polite conditional, for softening demands or requests. The polite conditional is most often used with the verbs **aimer, vouloir**, and **pouvoir**.

Je **voudrais** un café.	*I would like a coffee.*
Pourriez-vous m'aider?	*Could you help me?*

The conditional of **devoir** is often used to give advice.

Tu **devrais** sortir plus souvent.	*You should go out more often.*
Vous **devriez** écouter vos parents.	*You should listen to your parents.*

The conditional is also used to express the consequences of a hypothetical situation using the structure:

> **si** + imparfait + conditionnel

Si vous **étiez** moins égoïste, vous **auriez** plus d'amis.	*If you weren't so selfish, you'd have more friends.*

Note that the imperfect is always used in the **si** clause when the conditional is used in the sequence clause. The order of these clauses, however, can be switched without changing the meaning of the sentence.

Si j'**étais** moins timide, je lui **demanderais** de sortir avec moi.	*If I were less shy, I would ask him/her to go out with me.*
Nous **serions** contents si vous **veniez** nous voir.	*We'd be happy if you came to see us.*
S'il **faisait** plus chaud, elle **irait** à la plage.	*If it were hotter, she'd go to the beach.*

The conditional is formed by adding the **imparfait** endings to the future stem.

parler	
je parler**ais**	nous parler**ions**
tu parler**ais**	vous parler**iez**
il/elle/on parler**ait**	ils/elles parler**aient**

Je **prendrais** l'avion s'il ne coûtait pas plus cher que le train.	*I would take a plane if it weren't more expensive than the train.*

Verbs that have an irregular stem in the future tense have the same irregular stem in the conditional.

infinitif	conditionnel	infinitif	conditionnel
avoir	j'aurais	faire	nous ferions
être	tu serais	pouvoir	vous pourriez
aller	il irait	venir	ils viendraient
devoir	elles devraient	voir	elles verraient
savoir	on saurait	vouloir	ils voudraient

Exercice 5 Utilisez le conditionnel pour rendre les phrases plus polies.

1. Tu dois m'aider à faire les courses.
2. Nous préférons regarder la télé.
3. Nous voulons aller au cinéma.
4. Pouvez-vous m'amener au match de football?
5. Est-il possible de partir tout de suite?
6. Vous devez faire vos devoirs.

Exercice 6 Vous rêvez… Complétez ces hypothèses en mettant les verbes entre parenthèses au conditionnel.

1. Si je pouvais aller au cinéma ce soir, je _____ (voir) le nouveau James Bond.
2. S'il y avait moins de voitures à Los Angeles, il y _____ (avoir) moins de pollution.
3. Si je pouvais recommencer mes études, j(e) _____ (étudier) la microbiologie.
4. Nous _____ (avoir) un meilleur travail si nous avions notre diplôme.
5. Si j'étais riche, j(e) _____ (offrir) une maison à mes parents.
6. Elle _____ (passer) les vacances chez nous si elle avait le temps.
7. Si les universités américaines étaient gratuites, les étudiants ne _____ (devoir) pas travailler autant.
8. Tu _____ (répondre) si tu savais la réponse.

Structure 14.4

Expressing emotions *Le subjonctif (suite)*

You have already learned to use the subjunctive after expressions of obligation and necessity.

Il faut que vous **restiez** ici ce soir.   *You have to stay here tonight.*

The subjunctive is also used following expressions of feeling and emotion.

Je suis contente qu'il **vienne** ce soir.   *I'm happy he's coming this evening.*

Here are some common expressions of sentiment that are followed by the subjunctive.

Je suis	content(e) heureux (heureuse) ravi(e) *(delighted)* étonné(e) *(astonished)* surpris(e) désolé(e) triste malheureux (malheureuse)	que vous partiez aujourd'hui.
J'ai peur Je regrette Il est surprenant		que vous n'ayez pas d'argent.

The subjunctive is also used after expressions of doubt and uncertainty. Some of these expressions are shown here.

Je **doute** qu'il pleuve aujourd'hui.	*I doubt it will rain today.*
Elle **n'est pas certaine** que sa mère comprenne la situation.	*She isn't sure that her mother understands the situation.*
Il est **possible** qu'elle ne vienne pas.	*It's possible she won't come.*
Il **se peut** que le train soit en retard.	*It might be that the train is late.*
Il est **douteux** qu'elle ait assez d'argent.	*It's doubtful she has enough money.*

The verbs **penser** and **croire** are used with the indicative in affirmative sentences, but with the subjunctive in negative sentences.

Je **crois** que tu **comprends** ce chapitre.	*I think you understand this chapter.*
Vous **pensez** qu'il **est** gentil.	*You think he is nice.*
Je **ne pense pas** qu'il **soit** à l'heure.	*I don't think he'll be on time.*

Positive assertions (**il est certain que, il est clair que, il est sûr que, il est évident que, je suis sûr[e] que**) are also followed by the indicative mood.

Il est **évident** qu'il **peut** bien jouer.	*It's obvious he can play well.*

If the subject of the main clause and the subordinate clause is the same, an infinitive is used rather than the subjunctive.

Marc est content que Marie revienne.	*Marc is happy that Marie is coming back.*
BUT	
Marc est content de revenir.	*Marc is happy to come back.*

- -

Exercice 7 Emma et Océane ont un examen d'histoire demain, donc elles vont réviser ensemble. Pour chaque phrase, (1) indiquez si on exprime le doute (d), un sentiment (s) ou une certitude (c) et (2) indiquez si le verbe en caractère gras est à l'indicatif (I) ou au subjonctif (S).

1. Je suis contente que tu **viennes** étudier chez moi ce soir. _____ _____
2. Il est certain que nous **avons** besoin de réviser pour l'examen. _____ _____
3. Le prof a peur que nous ne **soyons** pas prêts! _____ _____
4. Je pense que nous **pouvons** nous organiser sans problème. _____ _____
5. Il est étonnant que nous **ayons** tant de pages à lire! _____ _____
6. Je doute que nous **finissions** avant minuit. _____ _____

Exercice 8 Écrivez des phrases complètes au subjonctif avec les éléments donnés.

1. Je / regretter / tu / ne pas faire / de sport.
2. Nous / être / contents / vous / arriver / demain.
3. François / être / triste / Jeanne / ne pas vouloir / le revoir.
4. Nous / avoir / peur / elle / perdre / son argent.
5. Ma mère / être / furieuse / je / sortir / avec Pierre.
6. Je suis heureux / tu / pouvoir / venir / tout de suite.
7. Anne-Marie / être / désolée / son ami / être malade.
8. Nous sommes surpris / vous / aimer / ce film.

Exercice 9 Complétez les phrases suivantes en utilisant la forme correcte du verbe entre parenthèses.

1. Il est évident qu'elle ne (sache / sait) pas la réponse.
2. Je crois que les autres (soient / sont) perdus.
3. Elle ne pense pas que son frère (vienne / vient).
4. Il est clair que votre mère (a / ait) raison.
5. Il n'est pas sûr qu'elle (dise / dit) la vérité.
6. Nous ne pensons pas que vous (fassiez / faites) de votre mieux.

Tout ensemble!

Complétez le passage en utilisant les pronoms démonstratifs de la liste ou la forme correcte des verbes entre parenthèses.

celui   celle   ceux

Dans le couple, on ne _____ (1) (devoir) pas laisser la plus grosse personnalité dominer. Si on va, par exemple, toujours chez la famille du mari et on ignore _____ (2) de la femme, il est important d'_____ (3) (équilibrer) la situation. Il est essentiel que le couple _____ (4) (prendre) le temps de discuter des problèmes sans _____ (5) (se disputer).

Il faut aussi faire des concessions. Si Estelle, par exemple, prenait toutes les décisions de son couple, ils _____ (6) (aller) souvent au théâtre et à l'opéra. Elle aimerait aussi que son mari, Luc, _____ (7) (faire) de la natation avec elle. Mais elle comprend qu'il _____ (8) (avoir) peur de l'eau. Luc, pour sa part, n'insiste plus pour qu'Estelle _____ (9) (aller) avec lui aux matchs de foot. Elle lui laisse aussi le contrôle de la télécommande *(remote control)*. Il n'est pas clair, pourtant *(however)*, qu'il _____ (10) (comprendre) l'importance de ce sacrifice. Mais il est certain que leur mariage _____ (11) (être) plus stable que _____ (12) où le mari et la femme _____ (13) (se méfier) de la perte de tout contrôle.

Complete the diagnostic tests in **iLrn** to test your knowledge of the grammar and vocabulary in this chapter.

VOCABULAIRE

Noms

L'amour et l'amitié	*Love and friendship*
le coup de foudre	*love at first sight*
un époux (une épouse)	*a spouse*
un(e) fiancé(e)	*a fiancé(e)*
une lune de miel	*a honeymoon*
un sentiment	*a feeling*
une valeur	*a value*
la vie sentimentale	*love life*

Mots apparentés: un couple, un divorce, un mariage, la passion, une rupture, un scandale, une séparation

Verbes

s'amuser (à + *verb*)	*to have fun (doing something)*
compter	*to count (on)*
confier	*to confide*
critiquer	*to criticize*
se décider (à + *verb*)	*to come to a decision (to do something)*
se demander	*to wonder*
divorcer	*to divorce*
douter	*to doubt*
embrasser	*to kiss*
s'embrasser	*to kiss each other*
s'entendre (bien)	*to get along (well)*
se fâcher (contre)	*to get angry (with)*
se fiancer (avec)	*to get engaged (to)*
s'installer	*to set up residence, move in*
s'intéresser (à)	*to be interested in*
se marier (avec)	*to marry*
s'occuper (de)	*to take care of, watch out for*
penser (à + *verb*)	*to think about*
regretter	*to regret*
se rendre compte	*to realize*
se séparer	*to separate*
tomber amoureux (amoureuse) (de)	*to fall in love (with)*

Adjectifs

bénévole	*volunteer*
clair(e)	*clear*
douteux (douteuse)	*doubtful*
engagé(e)	*active*
étonnant(e)	*astonishing*
étonné(e)	*astonished*
évident(e)	*obvious*
incroyable	*incredible*
ravi(e)	*delighted*
romantique	*romantic*
sûr(e)	*sure, confident*
surprenant(e)	*surprising*
surpris(e)	*surprised*

Mots divers

une cause humanitaire	*a humanitarian cause*
celui, celle	*this (one), that (one)*
ceux, celles	*these, those*

Expressions utiles

Comment dire qu'on est d'accord ou qu'on n'est pas d'accord	***How to say that you agree or you don't agree***

(See page 431 for additional expressions.)

Absolument pas.	*Absolutely not.*
Ça se peut.	*Maybe.*
C'est vrai ça.	*That's true.*
Je suis tout à fait d'accord.	*I agree completely.*

Comment exprimer ses sentiments	***How to express your feelings***

(See page 433 for additional expressions.)

Il est clair que vous avez raison.	*It is clear that you're right.*
J'ai peur qu'elle ne soit pas honnête.	*I'm afraid she isn't honest.*
Je doute que vous fassiez un gros effort.	*I doubt you're making a big effort.*
Je suis triste que vous vous sépariez.	*I'm sad you are separating.*

Noms

l'adultère *(m)*	*adultery*
une alliance	*a wedding ring*
une bague de fiançailles	*an engagement ring*
un déplacement	*an out of town trip*
un espoir	*a hope*
la fidélité	*fidelity*
un(e) graphiste	*graphic artist*
l'incompréhension *(f)*	*misunderstanding*
la jalousie	*jealousy*
le lendemain	*the following day*
un(e) reclus(e)	*a recluse*
le tournage d'un film	*the filming of a movie*
la vérité	*truth*
la vie conjugale	*married life*

Verbes

apercevoir	*to see*
s'apercevoir	*to notice*
s'asseoir	*to sit down*
convaincre	*to convince*
s'empêcher	*to stop oneself*
s'en aller	*to leave; to go away*
s'ennuyer	*to get bored*
faire semblant (de)	*to pretend (to)*
fonder une famille	*to start a family*
se méfier de	*to be wary of*
prouver	*to prove*
rompre (avec)	*to break up (with)*
se suicider	*to commit suicide*
tromper	*to be unfaithful to*

Mots divers

ambitieux (ambitieuse)	*ambitious*
une association caritative	*a charity, non-profit organization*
autrefois	*in the past*
démodé(e)	*old-fashioned*
égalitaire	*egalitarian*
honnête	*honest*

Des clients à la FNAC de Nice. Aimez-vous passer du temps à la librairie? Qu'est-ce que vous aimez regarder ou acheter?

Fictions

This chapter recycles a number of important grammatical structures within the context of French fiction. Fairy tales and film critiques serve as vehicles to help you review and synthesize material. In addition, the final short story includes grammar review activities.

Ressources
🔊 Audio ▶ Video **iLrn** ilrn.heinle.com
🌐 www.cengagebrain.com

Comment raconter une histoire (suite)

Révision du passé

The **passé composé** and the **imparfait** are used to narrate events. In telling a story, the **passé composé** is primarily used to move the plot forward, to recount the unfolding of a series of events, referred to in French as le **déroulement**. The **imparfait** is used primarily for descriptive background information, or **le décor**. It describes what was going on, how people felt and what things were like. To review the **passé composé**, see **Structures 6.1, 6.2,** and **10.2.** For the formation of the **imparfait**, see **Structure 8.1.** For the combined use of the **passé composé** and the **imparfait**, see **Structure 8.5.**

IL ÉTAIT UNE FOIS...

ONCE UPON A TIME . . .

La Belle au bois dormant   *Blanche Neige et les sept nains*   *La Belle et la Bête*   *Le Petit Chaperon rouge*   *Cendrillon*

Les Chevaliers de la table ronde   *Barbe-bleue*   *Le Magicien d'Oz*   *Alice au pays des merveilles*   *Jacques et le haricot magique*   *Peter Pan*

Activité 1 Quel conte?

Quel conte dans les illustrations ci-dessus *(above)* associez-vous aux éléments suivants?

1. une méchante sorcière qui vole sur un balai *(broom)*
2. un beau prince qui réveille une belle princesse quand il l'embrasse
3. un géant qui compte ses pièces d'or *(gold coins)*
4. une fée qui transforme une citrouille *(pumpkin)* en carrosse avec sa baguette *(wand)* magique
5. un chevalier courageux avec une épée *(sword)*
6. un panier *(basket)* plein de bonnes choses à manger
7. un pirate qui a un crochet *(hook)* à la place de la main

🔊 Expressions utiles

CD3-32

Pour commencer une histoire traditionnelle (le commencement)

Il était une fois...
Once upon a time . . .

Pour marquer la succession des événements importants (le déroulement ou le développement)

D'abord... Ensuite... Puis... Alors...

Pour conclure (la conclusion ou le dénouement)

Enfin (Finalement, En somme, Par conséquent)...
Ils **vécurent** heureux et **eurent** beaucoup d'enfants.
They lived happily ever after . . .

Activité 2 Quelle partie de quel conte?

Voici des extraits de contes. D'abord, identifiez le conte. Ensuite, indiquez si c'est le commencement, le déroulement ou le dénouement de l'histoire.

1. Il était une fois un gentilhomme qui avait épousé, en secondes noces *(marriage),* une femme hautaine *(haughty).* Elle avait deux filles qui lui ressemblaient en toutes choses.

2. — Ma grand-mère, que vous avez de grands yeux!

   — C'est pour mieux te voir, mon enfant!

3. Il était une fois un homme qui avait de belles maisons, de la vaisselle d'or et des carrosses dorés *(golden carriages).* Mais, par malheur, cet homme avait la barbe *(beard)* bleue.

4. Enfin, quand son méchant mari est mort, elle a invité ses deux sœurs au palais et les a mariées à deux grands seigneurs de la cour où elles ont vécu heureuses.

5. Et, en disant ces mots, le méchant loup s'est jeté sur la jeune fille et l'a mangée.

6. Ensuite, la fée lui a dit: «Va dans le jardin, tu y trouveras six lézards; apporte-les-moi.»

Vous rappelez-vous des événements dans des contes enfantins? Complétez les phrases suivantes en mettant les verbes au temps du passé qui convient.

Modèle: Dorothée est fatiguée.
*Dorothée **était** fatiguée.*

Elle se décide à se reposer avec Toto près d'un champ de maïs *(cornfield)*.
*Elle **s'est décidée** à se reposer avec Toto près d'un champ de maïs.*

Elle y voit un épouvantail *(scarecrow)*.
*Elle y **a vu** un épouvantail.*

1. Boucle d'Or **entre** dans la maison. Dans la cuisine, elle **voit** trois assiettes de soupe. La jeune fille **a** faim. Elle **prend** une grande assiette de soupe. Trop chaude!

2. La belle-mère de Blanche Neige **est** jalouse de la beauté de la jeune fille. Elle **demande** au bûcheron *(woodcutter)* d'emmener Blanche Neige dans la forêt et de la tuer. Le bûcheron **tue** un cerf *(deer)* à sa place.

3. Pendant que le Petit Chaperon rouge **se promène** dans la forêt pour aller chez sa grand-mère, elle **rencontre** un loup qui lui **parle.** La petite fille **est** très naïve. Elle ne **sait** pas que le loup **est** méchant.

4. Pendant que Cendrillon **danse** avec le prince, l'horloge **sonne** minuit. Elle **part** en courant *(running)* chez elle. Dans sa hâte *(haste)*, la jeune fille **perd** une pantoufle de verre *(glass slipper)* au bal.

Activité **4** **Boucle d'Or et les trois ours**

A. D'abord, avec un(e) partenaire, récrivez le passage au passé, en mettant les verbes en italique au passé composé ou à l'imparfait selon le contexte.

Un beau matin une petite fille (1) *se promène* dans une forêt. Elle (2) *arrive* devant une petite maison charmante. Elle y (3) *entre*. La fille (4) *voit* une table où il y (5) *a* trois assiettes de soupe. Elle en (6) *mange*. Comme elle (7) *a* sommeil, elle (8) *a* envie de se reposer. Elle (9) *monte* au premier étage où il y (10) *a* trois lits; le premier (11) *est* trop dur, le deuxième (12) *est* trop mou *(soft)*, mais le troisième (13) *est* très confortable. Elle s'y (14) *couche* et (15) *s'endort* tout de suite.

    Plus tard, les trois ours qui (16) *habitent* cette maison (17) *rentrent* chez eux. D'abord ils (18) *remarquent* que leurs assiettes de soupe (19) *sont* vides *(empty)*. Ils (20) *sont* étonnés! Quand ils (21) *entrent* dans la chambre, ils (22) *voient* la petite fille qui (23) *dort*. Surpris, le petit ours (24) *crie*. Ce bruit (25) *réveille* la petite fille, qui (26) *saute* du lit terrifiée et (27) *quitte* la maison à toute vitesse pour rentrer chez elle.

B. Maintenant, lisez ce passage au passé à haute voix en alternant les phrases. Puis lisez-le avec la classe.

Révision du conditionnel

The conditional is used in hypothetical sentences in which one imagines how things might be under different conditions. For example, in imagining what details one might change to modernize a classic tale, the conditional would be a useful tool. The formula for the conditional is **si + imparfait + conditionnel**. For a complete review of the conditional, see **Structure 14.3**.

Activité 5 *Le Petit Chaperon rouge* **transformé**

Parfois un conte traditionnel est transformé en histoire contemporaine. Il faut souvent changer l'époque, le lieu et certains aspects des personnages. Avec un(e) partenaire, choisissez parmi les possibilités données. Il n'y a pas de réponses «correctes» ou «incorrectes», mais il faut créer une histoire cohérente.

Si je voulais situer *Le Petit Chaperon rouge* dans un contexte contemporain...

1. Le «Petit Chaperon rouge» serait...
   a. une petite fille de huit ans.
   b. une jeune fille innocente de dix-sept ans.
   c. une femme de trente ans.
   d. ???

2. Le «loup» serait...
   a. un loup ou un autre animal sauvage *(wild)*.
   b. un chien.
   c. un homme qui suit furtivement *(stalks)* les jeunes filles innocentes.
   d. ???

3. Le «Petit Chaperon rouge» irait...
   a. chez sa grand-mère.
   b. chez sa meilleure amie.
   c. au bureau pour travailler.
   d. ???

4. La rencontre entre «le loup» et le «Petit Chaperon rouge» aurait lieu...
   a. dans une forêt.
   b. dans un centre-ville dangereux.
   c. à la plage.
   d. ???

5. La «grand-mère» habiterait...
   a. un chalet dans la forêt.
   b. une petite maison à la mer.
   c. un grand immeuble au centre-ville.
   d. ???

6. À la fin de l'histoire,...
   a. un héros tuerait «le loup» et sauverait le «Petit Chaperon rouge» et sa «grand-mère».
   b. un héros arriverait trop tard pour sauver la vie de la «grand-mère», mais il sauverait la vie du «Petit Chaperon rouge» et ils tomberaient amoureux.
   c. le «loup» tuerait tout le monde et serait victorieux.
   d. ???

Charles Perrault, père de *La mère l'Oie (Mother Goose)*

Le Petit Chaperon rouge

La Belle au bois dormant

Once upon a time . . . carries us away

«Il était une fois...°». Cette formule magique introduite par Charles Perrault, nous emporte° tout de suite dans un monde merveilleux habité par des jeunes filles innocentes, des princes vaillants, des animaux capables de communiquer avec les êtres humains et des belles-mères cruelles. Qui ne connaît pas *Cendrillon, La Belle au bois dormant* ou *Le Petit Chaperon rouge*?

C'est Perrault, ministre culturel du roi Louis XIV au 17ᵉ siècle, qui a immortalisé ces histoires anciennes. Son rôle dans leur création originale n'est pas clair, car ces contes font partie de la tradition orale. Cependant, Perrault prend sa plume et les préserve pour la postérité. Son style simple et naïf fait penser au langage des enfants.

Tales of Mother Goose

En 1729, ces contes sont traduits en anglais. *Les contes de ma mère l'Oie°* deviennent un grand classique de la littérature pour enfants dans les pays anglophones.

rewritten

Ces histoires, écrites pour divertir les dames de Versailles, amusent toujours la société contemporaine, mais en version «aseptisée» pour les jeunes. Le dénouement, surtout, est souvent récrit°. Qui aimerait dire aux enfants que le Petit Chaperon rouge a été mangé par le loup ou que le Prince, une fois marié avec la Belle au bois dormant, hésite à aller chez sa mère, une ogresse, de peur qu'elle ne mange ses enfants?

Whether talking about

Qu'il s'agisse° du château de la Belle au bois dormant à Disneyland ou du film *Pretty Woman* avec Julia Roberts dans le rôle d'une Cendrillon moderne, les contes de Perrault continuent à influencer l'imaginaire du monde entier.

Avez-vous compris?

1. Par quelle formule est-ce que les contes de fées commencent le plus souvent?
2. Charles Perrault a travaillé à la cour *(court)* de quel roi?
3. Pourquoi est-ce qu'on ne peut pas dire que Perrault est le créateur de ces contes?
4. Perrault a écrit ses contes pour quels lecteurs?
5. Pourquoi est-ce qu'on a dû modifier ces contes pour les enfants?

Et vous?

1. Quel conte traditionnel est-ce que vous préférez?
2. Est-ce que vous connaissez plus d'une version de ce conte?
3. Est-ce qu'il y a un film ou un opéra basé sur ce conte?

La bande dessinée

THÈME

Révision du comparatif et du superlatif

Claire Bretécher's **bande dessinée** sketches a scene between two bragging children. Bragging is a typical context for comparative structures. Remember that when comparing qualities (adjectives) one uses slightly different forms from those used to compare things (nouns). To review the comparative / superlative, see **Structures 8.4** and **9.3**.

Activité 6 **Un enfant se vante** *(brags)*

Voici une bande dessinée (BD) de Claire Bretécher. Dans cette BD, dans laquelle un enfant se vante en parlant de son père à un autre enfant, Brétécher raconte une blague *(joke)* à travers des images. Complétez les phrases suivantes avec des comparatifs et des superlatifs. Utilisez la forme correcte de l'adjectif.

Les Gnan Gnan, Claire Bretécher (auteur) © Glénat, 1999. www.glenat.com.

Imaginez que le garçon qui parle le premier s'appelle Charles; l'autre s'appelle Henri.

Charles parle...

1. Notre voiture est (cher) _____ que la voiture de ta famille.

2. Mon père est plus important. Il a _____ responsabilités.

3. Ton père n'a pas _____ secrétaires que mon père.

4. Mon père a _____ maisons que ton père.

Henri parle...

5. Mon père, il a une Renault. Une Renault est (bon) _____ qu'une Ferrari. Et c'est une voiture française!

6. Toi, tu es un idiot. Tu es (stupide) _____ de tous mes copains. Et en plus, nous sommes tous (fort) _____ sur le terrain de foot que toi. Vraiment, Charles tu joues très _____!

Le septième art: l'art de raconter à travers le film

Révision du présent

As you have learned, the present tense in French serves a variety of purposes. It can state a fact: **Paris est la capitale de la France;** describe what is going on: **Les enfants font leurs devoirs maintenant;** or state what one does in general: **D'habitude, je regarde la télévision après le dîner.** Frequently, when telling a story or writing a film review, the present is used to make it more lively and immediate to the reader or listener.

© Galina Gutarin/Shutterstock.com

Le film *The Artist* a gagné l'Oscar du meilleur film. En France, il est considéré comme un film français car son réalisateur et deux des acteurs principaux sont français. On a réagi *(reacted)* à l'Oscar avec un «cocorico»! Ce cri de coq exprime avec humour une victoire pour le cinéma français à l'étranger!

🔊 CD3-33

Film français: romance, drame

Durée: 1h40

Date de sortie: 12 octobre 2012

Réalisé par: Michel Hazanavicius

Avec: Jean Dujardin, Bérénice Béjo et John Goodman

Presse* * * *Spectateurs* * * *

Écoutons ensemble! Vous allez écouter le synopsis du film *The Artist*. Complétez le texte avec les verbes que vous entendez. Ils sont tous au présent.

LA CLASSE AMERICAINE/FILM/FRANCE 3 /THE KOBAL COLLECTION AT ART RESOURCE, NY

SYNOPSIS

Hollywood, 1927. George Valentin est un acteur très célèbre du cinéma muet°. Son succès de star le _____ orgueilleux°. Peppy Miller (Bérénice Béjo) _____ à Hollywood pour tenter sa chance dans le cinéma. Des photographes _____ sa photo avec Valentin et la photo _____ la une° de *Variety*. Elle _____ Valentin de nouveau° dans un studio où il _____ ses talents de danseuse. Il l'_____ alors à jouer un rôle dans son nouveau film.
Le temps _____, Peppy obtient de plus grands rôles et l'arrivée des films parlants va la propulser au firmament des stars. Valentin, par orgueil, _____ de jouer dans des films parlants. Ce film _____ l'histoire de leurs destins croisés°.

silent / makes him arrogant

makes the front cover

again

crossed fates

Activité **7** Un synopsis de film

Répondez aux questions suivantes sur le film *The Artist*.

1. Quel est (sont) le(s) genre(s) de ce film?
2. Qui joue le rôle principal?
3. Qui est le réalisateur?
4. Où le film a-t-il lieu?
5. Sur quel événement est-ce que ce film est basé?
6. Est-ce qu'il a été bien reçu par les spectateurs? Et par la presse?
7. Est-ce que vous connaissez une histoire célèbre où il s'agit de destins croisés?

Activité **8** Interaction

Posez les questions suivantes à un(e) autre étudiant(e).

1. Quel(s) film(s) est-ce que tu as vu(s) récemment? As-tu vu ce(s) film(s) au cinéma, à la télé ou en DVD / vidéo?
2. Quand il faut choisir un film, qu'est-ce qui compte pour toi? Le scénario? Les acteurs? Le genre? Le réalisateur? Les critiques favorables ou les prix (Oscar, César, etc.)?
3. Tu aimes les films étrangers? Est-ce que tu préfères voir la version originale ou une version sous-titrée *(subtitled)* ou doublée *(dubbed)*? Pourquoi?
4. Quel est ton film préféré? Quand est-il sorti? Quels sont les acteurs principaux? Pourquoi est-ce que tu aimes ce film?
5. Est-ce que tu as déjà vu un film français? Lequel? Quelles différences as-tu remarquées entre les films français et les films américains?
6. Est-ce que tu crois que le cinéma est un art tout comme la littérature?

🌐 Explorez en ligne

What films are showing in theaters in France this week? Go to **allociné. com** or **premiere.fr** and look for **Sorties cinéma** or **À l'affiche** to get the latest films. Pick one that interests you and jot down the following: **genre, acteurs principaux, réalisateur, pays de production, réaction des spectateurs et de la presse.** Read the synopsis and do a rough translation of one of the sentences. Would you like to see this film, or if you have seen it, would you recommend it? Be prepared to share your findings with the class.

Comment parler de la littérature

Réfléchissez et considérez

What do you like to read—novels, comics, nonfiction? Make a list of the English words you need to talk about a book. Now look for the equivalents of these expressions in the mini-interview that follows. How do you say that a book or story is fascinating or exciting?

Notez et analysez

To tell what a story is about in French, you need to use the impersonal expression **il s'agit de**. You cannot precede the verb **s'agir** with a noun. For example, to translate the sentence "*Romeo and Juliet* is about tragic love," you would say: **Dans *Roméo et Juliette*, il s'agit d'un amour tragique.** Now, choose another book and tell what it is about.

• Que **lisez-vous, mademoiselle?**
— Euh, c'est un roman d'Anna Gavalda.

• **Quel est le titre?**
— *Ensemble, c'est tout.*

• Vous aimez?
— Ah oui, c'est **un best-seller** et il est très bien écrit.

• **De quoi s'agit-t-il?**
— **Il s'agit de** la vie d'une jeune femme, Camille. **La protagoniste** fait le ménage la nuit dans les bureaux et elle dessine pendant son temps libre. **Les personnages** du livre sont très originaux. C'est un livre **passionnant**.

• Et vous lisez aussi de **la non-fiction?**
— Eh bien, oui. Surtout **des biographies**.

Un été très livres -5% à -10%
Livraison gratuite!

© Dudarev Mikhail/Shutterstock.com

CD3-34

Écoutons ensemble! Goûts littéraires

Quelques Français parlent de leurs goûts littéraires. Ils veulent lire quelque chose en anglais pour pratiquer la langue. Conseillez quelque chose d'approprié pour chacun d'eux.

LES GENS
1. Soline, 16 ans
2. Féza, 18 ans
3. Enzo, 27 ans
4. Jean-Luc, 12 ans
5. Manuel, 23 ans

LES TEXTES
a. *The Great Gatsby*, F. Scott Fitzgerald
b. *Harry Potter and the Deathly Hallows*, J.K. Rowling
c. *Born to Run*, Christopher McDougall
d. *The Hunger Games*, Suzanne Collins
e. *Jane Eyre*, Emily Brontë

 Activité 9 Interaction

Posez les questions suivantes à un(e) autre étudiant(e).

1. Est-ce que tu lis un bon livre maintenant? De quoi s'agit-il dans ce livre?
2. Quel genre de lecture est-ce que tu préfères?
3. As-tu un auteur préféré? Lequel? Quelles sortes de livres écrit-il/elle?
4. Quel est le dernier livre que tu as lu? Tu as aimé ce livre? Pourquoi ou pourquoi pas?

Personnages célèbres de la littérature

Tristan et Iseut (Moyen Âge)

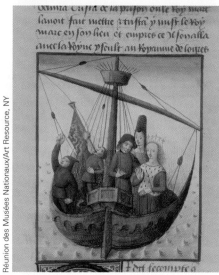

Réunion des Musées Nationaux/Art Resource, NY

Tristan, chevalier courageux, et Iseut la Blonde, belle princesse d'Irlande, sont unis par un amour fatal et éternel. Après avoir vaincu un géant et un dragon en Irlande, Tristan amène Iseut avec lui afin qu'elle épouse son oncle, le roi de Cornouailles. Pendant le voyage, ils boivent par erreur un philtre magique° qui **les** unit en amour. Iseut épouse le roi mais les deux amants ne peuvent pas s'empêcher de se revoir en secret. Le roi découvre leur amour illicite et **les** bannit. Tristan s'exile et lors d'une bataille, il est blessé à mort°. Iseut essaie de **le** retrouver mais trop tard. Tristan est déjà mort. Iseut meurt, elle aussi, et le roi **les** fait enterrer° dans deux tombes voisines.

magic potion

mortally wounded

bury

Tartuffe (XVIIᵉ siècle)

Tartuffe est un faux dévot° qui arrive à gagner° la confiance du bourgeois Orgon. Aveuglé° par la fausse dévotion de Tartuffe, Orgon **l'**invite à vivre avec sa famille, **lui** confie le contrôle de sa fortune et **lui** offre la main de sa fille qui avait pourtant l'intention d'épouser un autre homme. Mais on découvre la vérité sur Tartuffe quand il entre dans la chambre de la femme d'Orgon pour **la** séduire. Orgon, déçu° et en colère, chasse son faux ami de la maison. Tartuffe se croit pourtant° maître de la situation à cause des documents compromettants qu'il a en sa possession. Mais grâce à l'intervention du roi, il est mis en prison.

religious hypocrite / manages to gain
Blinded

disappointed
however

peasant / raised in a convent

lives / To escape

lies

Everett Collection

Madame Bovary (XIXᵉ siècle)

Emma, fille d'un riche paysan° et élevée dans un couvent°, accepte d'épouser Charles Bovary, un homme simple qui est médecin dans un petit village normand. Il **l**'adore mais ne **la** comprend pas. C'est une femme romantique qui rêve de bals luxueux, d'hommes aristocratiques et d'amour idéal. Elle vit° à travers sa lecture. Pour échapper° à son existence banale et à son ennui, elle tombe dans le mensonge°, l'adultère et les dettes. Elle finit par se suicider.

Maigret (XXᵉ siècle)

witness

Le commissaire Maigret, de la Police judiciaire, est souvent appelé sur la scène du crime. Il **y** arrive rapidement. Il **l**'examine de près, interroge le témoin° en fumant sa pipe et fait une analyse psychologique de l'assassin. Ce héros français a son côté humain: il aime prendre un bon dîner chez lui préparé par sa femme. Chez lui, il n'arrête pas de réfléchir aux crimes, bien qu'il ne **lui en** parle pas. Il trouve la solution avec patience, intuition et une très bonne mémoire pour les détails.

Everett Collection

Notez et analysez

What are the antecedents of the boldfaced pronouns in the summaries of the stories on page 459 and above?

Activité 10 Qui est-ce?

Identifiez les personnages suivants. Ensuite, nommez un personnage semblable d'une autre œuvre littéraire.

1. un héros de roman policier
2. une héroïne qui meurt aux côtés de son bien-aimé
3. le personnage principal d'une légende
4. une héroïne qui rêve d'une vie luxueuse
5. un personnage qui trompe son ami

Activité 11 Quiz de compréhension

Est-ce que vous avez compris ces histoires? Complétez les réponses avec le pronom approprié: **le, la, l', les, lui, leur, en, y.** N'oubliez pas d'ajouter **ne** ou **n'** dans les réponses négatives.

1. Est-ce que Tristan a tué *le géant et le dragon* qu'il a combattus en Irlande?
   a. Oui, il _____ a tués.
   b. Non, il ne _____ a pas tués.
2. Est-ce que Tristan et Iseut ont bu *du philtre magique* dans le bateau?
   a. Oui, ils _____ ont bu.
   b. Non, ils n(e) _____ ont pas bu.

3. Est-ce qu'Iseut épouse *Tristan*?
   a. Oui, elle _____ épouse.
   b. Non, elle n(e) _____ épouse pas; elle se marie avec le roi.

4. Est-ce que le roi découvre *leur amour illicite*?
   a. Oui, il _____ découvre.
   b. Non, il n(e) _____ découvre pas.

5. Est-ce qu'Orgon offre *à Tartuffe* la main de sa fille?
   a. Oui, il _____ offre sa main.
   b. Non, il n(e) _____ offre pas sa main.

6. Est-ce que Tartuffe entre *dans la chambre de la femme d'Orgon*?
   a. Oui, il _____ entre.
   b. Non, il n(e) _____ entre pas.

7. Est-ce que *Tartuffe* s'échappe *(escapes)* de chez Orgon?
   a. Oui, il s(e) _____ échappe.
   b. Non, on _____ met en prison.

8. Est-ce qu'Emma a habité *dans un couvent* quand elle était jeune?
   a. Oui, elle _____ a habité.
   b. Non, elle n(e) _____ a pas habité.

9. Est-ce que Charles comprend *sa femme*?
   a. Oui, il _____ comprend.
   b. Non, il n(e) _____ comprend pas.

10. Comment Maigret traite-t-il *les criminels*?
    a. Il _____ traite de façon professionnelle et il _____
       pose beaucoup de questions.
    b. Il ne _____ traite pas bien. Il _____ ignore.

Situations à jouer!

1 Think of a common tale that will most likely be familiar to your fellow students. Make notes for yourself on the main character(s), the setting, the introduction, and the main plot. Then begin to tell your story to the class and see who is the first to guess the title.

> **Modèle:** *Dans mon histoire, il s'agit d'un jeune garçon qui ne veut pas grandir. Il veut toujours rester jeune. Sa meilleure amie est une petite fée. Les deux amis arrivent chez une famille britannique et le jeune homme invite les enfants sur une île magique qui s'appelle «Neverland».*

2 In small groups, using the present tense, write the synopsis of a familiar film. One member of the group reads the synopsis to the class. The group wins whose film title is guessed most quickly. (If the students can't guess based on the synopsis you can give the **acteurs principaux,** the **genre,** and the **metteur en scène.**)

3 Interview several students about their reading habits and a book they've read recently. You might videotape the interview to make your own **Voix en direct.**

Lecture

Anticipation

Vous allez lire une histoire écrite par un écrivain français célèbre, J.-M. G. Le Clézio. Dans les exercices qui suivent, vous allez analyser le texte et vous allez aussi faire une révision de plusieurs structures grammaticales.

Expansion de vocabulaire

Testez votre aptitude verbale. D'après le contexte, trouvez le sens des mots en italique tirés du texte.

1. «C'était un village de *pêcheurs*,... tout blanc au-dessus de la mer.» Un *pêcheur* gagne sa vie en attrapant des...
   a. criminels.
   b. poissons.
   c. prisonniers.
   d. arbres.

2. «Ce qui est terrible, c'est que ça s'est passé *d'un seul coup*, quand j'ai perdu mon travail.» Quelque chose qui se passe *d'un seul coup* se passe...
   a. lentement.
   b. soudainement.
   c. difficilement.
   d. jamais.

3. «J'ai perdu mon travail parce que l'entreprise *avait fait faillite*.» Une entreprise *qui fait faillite*...
   a. gagne beaucoup d'argent.
   b. ne peut plus payer ses dettes.
   c. a de gros revenus.
   d. embauche *(hires)* de nouveaux employés.

4. «Ma femme ne pouvait pas travailler, elle avait *des ennuis* de santé.» Quand on a *des ennuis*, on a des...
   a. problèmes.
   b. médicaments.
   c. traitements.
   d. qualités.

5. «Je fais ça pour eux, pour que ma femme et *mes gosses* aient de quoi manger.» En français familier, le mot *gosses* veut dire...
   a. amis.
   b. parents.
   c. collègues.
   d. enfants.

6. «Qu'est-ce que ça te fait, quand tu penses que tu es devenu un voleur?» [...] «ça me fait quelque chose, ça *me serre la gorge* et ça m'accable.» Quand quelque chose *vous serre la gorge*, vous vous sentez...
   a. tranquille.
   b. neutre.
   c. heureux (heureuse).
   d. plein(e) d'émotions.

Activités de lecture

1. Ce texte commence par une question indirecte: «Dis-moi comment tout a commencé», puis le protagoniste commence à parler. Est-ce qu'il parlera du futur, du présent ou du passé?

2. Regardez brièvement le texte ci-dessous et à la page 464. Quel est le format du texte? Est-ce qu'il est écrit dans la langue écrite formelle ou dans la langue parlée, la langue familière?

3. Regardez le titre. Ce texte est à propos de qui?

À noter: This text is longer than many you have read. The side notes provide questions to help you focus on its meaning.

«Ô voleur°, voleur, quelle vie est la tienne?»

adapté de J.-M. G. Le Clézio

1 *Dis-moi, comment tout a commencé?*

Je ne sais pas, je ne sais plus, il y a si longtemps, je n'ai plus souvenir du temps maintenant, c'est la vie que je mène. Je suis né au Portugal, à Ericeira, c'était en ce temps-là un petit village de pêcheurs pas loin de Lisbonne, tout
5 blanc au-dessus de la mer. Ensuite mon père a dû partir pour des raisons politiques, et avec ma mère et ma tante on s'est installé en France, et je n'ai jamais revu mon grand-père. C'était juste après la guerre°, je crois qu'il est mort à cette époque-là. Mais je me souviens bien de lui, c'était un pêcheur, il me racontait des histoires, mais maintenant je ne parle presque plus le
10 portugais. Après cela, j'ai travaillé comme apprenti maçon° avec mon père, et puis il est mort, et ma mère a dû travailler aussi, et moi je suis entré dans une entreprise, une affaire de rénovation de vieilles maisons, ça marchait bien°. En ce temps-là, j'étais content avec le monde, j'avais un travail, j'étais marié, j'avais des amis, je ne pensais pas au lendemain, je ne pensais pas à la
15 maladie, ni aux accidents, je travaillais beaucoup et l'argent était rare, mais je ne savais pas que j'avais de la chance.

Après ça je me suis spécialisé dans l'électricité, c'est moi qui refaisais les circuits électriques, j'installais les appareils ménagers, l'éclairage°, je faisais les branchements°. Ça me plaisait bien, c'était un bon travail. [...] Je ne
20 savais pas que j'avais de la chance.

Et maintenant?

Ah, maintenant, tout a changé. Ce qui est terrible, c'est que ça s'est passé d'un seul coup°, quand j'ai perdu mon travail, parce que l'entreprise avait fait faillite°. [...] Au début j'ai cru que tout allait s'arranger, j'ai cru que
25 j'allais retrouver du travail facilement, mais il n'y avait rien, parce que les entrepreneurs engagent° des gens qui n'ont pas de famille, des étrangers, c'est plus facile quand ils veulent s'en débarrasser°. Et pour l'électricité, je n'avais pas de C.A.P.°, personne ne m'aurait confié un travail comme ça. Alors les mois sont passés et je n'avais toujours rien, et c'était difficile
30 de manger, de payer l'éducation de mes fils, ma femme ne pouvait pas travailler, elle avait des ennuis de santé, on n'avait même pas d'argent pour acheter les médicaments. [...] On allait mourir de faim, ma femme, mes enfants. C'est comme ça que je me suis décidé. Au début, je me suis dit que

thief

Pourquoi a-t-on l'impression que le texte commence au milieu de *(in the middle of)* l'histoire? Est-ce qu'on connaît l'identité de celui qui pose les questions et celle ou celui qui répond?

war

mason's apprentice

that worked well

Pourquoi le protagoniste était-il content de sa vie? Est-ce que vous avez le pressentiment que les choses vont mal tourner? Pourquoi?

lighting
connections

all at once
had gone bankrupt

hire
get rid of them
certificate

Est-ce que vous pouvez deviner *(to guess)* ce qu'il s'est décidé à faire?

temporary

c'était provisoire°, le temps de trouver un peu d'argent, le temps d'attendre.
35 Maintenant ça fait trois ans que ça dure, je sais que ça ne changera plus. [...]

Est-ce qu'ils savent?

Mes enfants? Non, non, eux ne savent rien, on ne peut pas leur dire, ils sont trop jeunes, ils ne comprendraient pas que leur père est devenu un voleur.

Pourquoi est-ce qu'il utilise le conditionnel ici?

[...] Non, je ne voudrais pas que mes enfants apprennent cela, ils sont trop
40 jeunes. Ils croient que je travaille comme avant.

Maintenant je leur dis que je travaille la nuit, et que c'est pour ça que je dois partir la nuit, et que je dors une partie de la journée.

Tu aimes cette vie?

Non, au début je n'aimais pas ça du tout, mais maintenant, qu'est-ce que je
45 peux faire?

Tu sors toutes les nuits?

Que fait-il quand il sort? Pourquoi sort-il la nuit?

Ça dépend. Ça dépend des endroits. [...]

En général, je ne veux pas faire ça le jour, j'attends la nuit, même le petit matin, tu sais, vers trois-quatre heures, c'est le meilleur moment, parce qu'il

cops

50 n'y a plus personne dans les rues, même les flics° dorment à cette heure-là. Mais je n'entre jamais dans une maison quand il y a quelqu'un.

[...] moi, je fais ça pour vivre, pour que ma femme et mes gosses aient de quoi manger, des vêtements, pour que mes gosses aient une éducation, un vrai métier. Si je retrouvais demain du travail, je m'arrêterais tout de suite
55 de voler, je pourrais de nouveau rentrer chez moi tranquillement, le soir, je

would stretch out

m'allongerais° sur le lit avant de dîner [...]

Qu'est-ce que ça te fait, quand tu penses que tu es devenu un voleur?

overwhelms me

Si, ça me fait quelque chose, ça me serre la gorge et ça m'accable°, tu sais, quelquefois, le soir, je rentre à la maison à l'heure du dîner, et ce n'est plus
60 du tout comme autrefois, il y a juste des sandwichs froids, et je mange en regardant la télévision, avec les gosses qui ne disent rien. Alors je vois que ma femme me regarde, elle ne dit rien elle non plus, mais elle a l'air si fatigué, elle a les yeux gris et tristes, et je me souviens de ce qu'elle m'a dit, la première fois, quand elle m'a demandé s'il n'y avait pas de danger. Moi, je lui ai dit non,
65 mais ça n'était pas vrai, parce que je sais bien qu'un jour, c'est fatal, il y aura un problème. [...] Peut-être que les flics m'attraperont, et je ferai des années en prison, ou bien peut-être que je ne pourrai pas courir assez vite quand on me

shoot me

tirera dessus°, et je serai mort, mort. C'est à elle que je pense, à ma femme, pas à moi, moi je ne vaux rien, je n'ai pas d'importance. C'est à elle que je pense, et
70 à mes enfants aussi, que deviendront-ils, qui pensera à eux, sur cette terre?

J.M.-G. Le Clézio, *La Ronde et autres faits divers* © Éditions Gallimard; www.gallimard.fr

Compréhension et intégration

A. Compréhension

Répondez aux questions suivantes.

1. Où le voleur est-il né? Pourquoi est-il venu en France?

2. Comment est-ce qu'il a gagné sa vie?

3. Pourquoi a-t-il perdu son travail?

4. Quelle est la nouvelle occupation de cet homme?

5. Pourquoi ne dit-il rien à ses enfants?

6. Quand est-ce qu'il entre dans les maisons? Pourquoi?

7. Avec qui parle-t-il dans ce texte?

B. Analyse de l'emploi du passé

Structure à réviser: Le passé

Donnez une explication pour l'emploi du passé composé et de l'imparfait dans les lignes indiquées. Choisissez parmi les explications suivantes.

Regardez les pages 183–184, 249–250, 255–256

■ **Passé composé:** un verbe qui fait avancer le récit

■ **Imparfait:** a. une action habituelle ou répétée, b. un verbe qui décrit un état mental ou **être** et **avoir,** c. la description au passé

1. ligne 6: ... on s'est installé en France...

2. ligne 8–9: ... c'était un pêcheur, il me racontait des histoires...

3. lignes 10–12: Après cela, j'ai travaillé comme apprenti maçon avec mon père, et puis il est mort,... et moi je suis entré dans une entreprise...

4. lignes 12–16: ... ça marchait bien. En ce temps-là, j'étais content avec le monde, j'avais un travail, j'étais marié, j'avais des amis... je ne savais pas que j'avais de la chance.

5. ligne 22: Ah, maintenant, tout a changé.

6. lignes 29–32: ... c'était difficile de manger... ma femme ne pouvait pas travailler, elle avait des ennuis de santé... On allait mourir de faim...

7. ligne 33: C'est comme ça que je me suis décidé.

C. Un interrogatoire *(Interrogation)*

Structure à réviser: L'interrogation

Regardez les pages 27, 152–153, 348–349

■ **Première étape:** Dans cette histoire, les questions sont posées de façon indirecte ou énigmatique. Rendez-les plus directes et complètes.

1. Dis-moi, comment tout a commencé?

2. Et maintenant?

3. Est-ce qu'ils savent?

4. Tu aimes cette vie?

■ **Deuxième étape:** Vous êtes journaliste à *Paris-Match* et vous interrogez le voleur (qui est devenu une célébrité). Posez-lui quatre questions avec les mots interrogatifs suivants: **pourquoi, comment, quand / à quelle heure, où.** Un(e) autre camarade de classe jouera le rôle du voleur.

D. Si seulement!

Structures à réviser: Les propositions avec *si* + imparfait + conditionnel

Regardez les pages 249–250, 442

Jouez le rôle du voleur pour terminer les phrases suivantes.

1. Si j(e) (avoir) mon CAP, je (pouvoir) trouver du travail plus facilement.

2. Je n(e) (entrer) jamais dans une maison s'il y (avoir) quelqu'un.

3. Si je (dire) la vérité à mes enfants, ils (ne pas comprendre).

4. Si je (ne pas voler), ma femme et mes enfants (ne rien avoir) à manger.

5. Si je (retrouver) du travail, je (s'arrêter) tout de suite de voler.

Regardez les pages
249–250, 442

E. Que feriez-vous à sa place?

Structures à réviser: Les propositions avec *si* + imparfait + conditionnel

Avec un(e) partenaire, dites ce que vous feriez si vous étiez à la place du voleur. Donnez au moins quatre idées.

F. Une attitude négative ou une victime du destin *(fate)*?

Structure à réviser: Les expressions négatives

Regardez les pages
318–319

Jouez le rôle du voleur en répondant à ces questions avec une expression négative.

1. Je sais que tu as travaillé dans l'électricité. Est-ce que tu travailles toujours dans ce domaine?

2. Qu'est-ce que tu fais pour t'amuser?

3. Est-ce qu'il y a quelqu'un à qui tu peux te confier *(to confide in)*?

4. Mais tu as déjà parlé de ta situation à ta femme, je suppose.

5. Alors, quand est-ce que tu penses que ta situation va changer?

G. Réactions différentes

Structure à réviser: Le subjonctif

Regardez les pages
410–412, 443–444

On réagit différemment à ce voleur et à sa situation. Complétez les réflexions suivantes en utilisant le subjonctif ou l'indicatif, selon le cas.

1. Moi, je pense que le voleur (avoir) bon cœur, mais qu'il (se trouver) dans une situation impossible.

2. Moi aussi! Je trouve impardonnable qu'il (ne pas y avoir) de programme social pour l'aider.

3. À mon avis, il est essentiel qu'il (dire) la vérité à sa femme.

4. Est-il possible qu'elle (ne pas savoir) la vérité?

5. Tu sais, c'est triste que les immigrés clandestins *(illegal aliens)* (ne pas pouvoir) demander d'aide sociale.

6. Il faut que nous (faire) un effort pour créer un monde plus juste.

7. Moi, je crois que les gens (être) responsables de leurs propres actes. Je n'ai pas de pitié pour lui.

Maintenant à vous!

Décrivez le protagoniste dans «Ô voleur, voleur, quelle vie est la tienne?».

1. Quels sont ses qualités et ses défauts?

2. Est-ce un criminel, une victime ou les deux?

3. Est-ce qu'il a raison de voler?

4. À votre avis, le voleur pourrait-il changer sa vie?

5. En considérant tout ce qu'il nous a dit, suggérez ce qu'il devrait faire maintenant.

La littérature francophone

Avant de visionner

"Je pense, donc je suis"
Discours de la Méthode

© Cengage Learning

Vous allez regarder une vidéo sur la littérature francophone. Dans cette vidéo, vous allez découvrir les écrivains les plus importants du monde francophone à travers l'histoire et les mouvements littéraires auxquels ils sont associés.

«Je pense, donc je suis». Cette citation énoncée par René Descartes est une des citations les plus célèbres de la littérature française.

Quelques mots utiles

affluer à	*to flood into*	la naissance	*birth*
définir	*to define*	sembler	*to seem*
un dramaturge	*playwright*	la séparation des pouvoirs	*separation of powers*
être en plein essor	*to be booming*		
façonner	*to shape*	le Siècle des Lumières	*Age of the Enlightenment*
faire partie de	*to be part of*		

Étudiez la liste de vocabulaire. Ensuite, complétez chaque phrase avec un mot ou une expression de la liste. Faites les changements nécessaires selon le contexte.

1. _____ Corneille a écrit des pièces de théâtre très célèbres.

2. _____ est associé aux idées qui ont influencé les Révolutions américaine et française.

3. Le 20ᵉ siècle a donné _____ à plusieurs mouvements littéraires.

4. L'existentialisme est un mouvement littéraire qui _____ son époque.

5. La séparation des pouvoirs est une idée qui _____ la Constitution américaine.

Pendant le visionnement

Les mouvements littéraires

Regardez la vidéo. Notez le siècle de chaque tendance ou mouvement littéraire (16ᵉ, 17ᵉ, etc.)

_____ les nouvelles idées politiques

_____ le théâtre classique

_____ le romantisme

_____ l'existentialisme

_____ la négritude

_____ les idées humanistes

Associations

Sélectionnez l'auteur associé à chaque œuvre ou mouvement littéraire.

1. le théâtre classique: Montaigne / Molière
2. la négritude: Aimé Césaire / Albert Camus
3. *La Comédie humaine*: Honoré de Balzac / Victor Hugo
4. *Du Contrat Social*: Montesquieu / Jean-Jacques Rousseau
5. l'existentialisme: Émile Zola / Jean-Paul Sartre

Après le visionnement

Avez-vous compris?

Répondez à chaque question selon la vidéo.

1. Quelle nouvelle forme d'expression écrite est née au 16e siècle et à qui/à quoi est-elle associée?
2. Quel mouvement littéraire est basé sur l'idée que nos choix nous définissent?
3. Qui a été le premier écrivain d'origine africaine à recevoir le prix Nobel de littérature?
4. Pouvez-vous nommer deux auteurs étrangers qui ont trouvé leur inspiration à Paris?
5. Quel mouvement littéraire était une forme de résistance à la domination de la culture française? Quelles cultures est-ce qu'il célébrait?

Discutons!

Discutez des questions suivantes avec un(e) partenaire.

1. Quels écrivains mentionnés dans la vidéo connaissiez-vous déjà? Avez-vous lu quelques-unes de leurs œuvres? Lesquelles? Qu'est-ce que vous en avez pensé?
2. Pourquoi croyez-vous que beaucoup d'écrivains (et artistes) ont trouvé leur inspiration à Paris? Quelles villes attirent les écrivains dans votre pays? Pourquoi ces villes sont attirantes?

Les écrivains francophones

Share It! Combien d'écrivains francophones connaissez-vous? Dressez une liste de tous les écrivains français que vous connaissez. Ensuite, cherchez des sites Internet qui présentent leurs biographies et/ou des extraits de leurs œuvres. Postez votre liste et les liens vers les sites sur **Share It!** Comparez votre liste à celle d'un(e) camarade de classe. Votre camarade a-t-il/elle un écrivain sur sa liste que vous devriez ajouter à la vôtre?

Réfléchissez et considérez

En attendant Godot, a play by Samuel Beckett, helped define the **théâtre de l'absurde** of the 1950s. What are the characteristics or themes of this literary movement? Do these themes remind you of work by other Francophone authors?

iLrn

Vidéo Voyages! Watch a video about **la Guyane française**, home to one of Francophone literature's most prominent authors, Léon-Gontran Damas.

Vocabulaire fondamental

Noms

Les contes — *Stories, tales*

une barbe	*a beard*
un conte de fées	*a fairy tale*
un événement	*an event*
un loup	*a wolf*
un prince (une princesse)	*a prince (princess)*
un roi (une reine)	*a king (a queen)*

La littérature — *Literature*

un auteur	*an author*
un écrivain	*a writer*
la fiction	*fiction*
un genre	*a literary / film genre*
une héroïne	*a heroine, main female character*
le héros	*the hero, main male character*
la non-fiction	*nonfiction*
un personnage (principal)	*a (main) character*
un roman	*a novel*

Verbes

épouser	*to marry*
sauver	*to save*
tuer	*to kill*
voler	*to steal*

Adjectifs

courageux (courageuse)	*courageous*
jaloux (jalouse)	*jealous*
magique	*magic*
méchant(e)	*mean*
passionnant(e)	*fascinating, exciting*

Le cinéma — *Film*

le box-office	*box office*
une comédie	*a comedy*
un drame	*a drama*

Expressions utiles

Comment raconter une histoire — *How to tell a story*

Il était une fois...	*Once upon a time . . .*
Par conséquent...	*As a result . . .*

Comment parler de la littérature — *How to talk about literature*

Il s'agit d'(une princesse).	*It's about (a princess).*
J'aime (les romans, la non-fiction, les biographies, les bandes dessinées, etc.).	*I like (novels, nonfiction, biographies, cartoons, etc.).*
Quel est le titre?	*What is the title?*

Vocabulaire supplémentaire

Noms

Les contes — *Stories, tales*

un bal	*a dance*
un carrosse	*a carriage*
un chevalier	*a knight*
une fée	*a fairy*
un géant	*a giant*
un nain	*a dwarf*
un palais	*a palace*
un pirate	*a pirate*
un sorcier (une sorcière)	*a witch*

Le cinéma — *Film*

un dessin animé	*an animated film*
la durée	*the length*
un film fantastique	*a fantasy film*
un prix	*an award*
un réalisateur (une réalisatrice)	*a director*
un scénario	*a script*
un spectateur (une spectatrice)	*a spectator, member of the audience*
un synopsis	*a synopsis*
une version doublée	*a dubbed version*
la version originale	*the original version*
une version sous-titrée	*a subtitled version*

La littérature — *Literature*

un(e) amant(e)	*a lover*
un avis	*an opinion*
une bataille	*a battle*
un couvent	*a convent*
un critique	*a critic (art)*
une critique	*a critique*
un dénouement	*an ending*
un déroulement	*a plot, development*
une intrigue	*a plot, story line*
un(e) protagoniste	*a protagonist, main character*

Mots apparentés: une dette, un dragon, une fortune, une prison, une tombe

Verbes

attirer	*to attract*
banir	*to banish*
échapper	*to escape*
transformer	*to transform*
tromper	*to trick*
vaincre	*to vanquish, beat*

Vocabulaire tiré de «Ô voleur, voleur, quelle vie est la tienne?»

faire faillite	*to go bankrupt*
la vérité	*the truth*
un voleur	*a thief*

Reference Section

VERBES AUXILIAIRES: AVOIR et ÊTRE

Infinitif Participe passé	Présent	Passé composé	Imparfait	Passé simple
avoir	ai	ai eu	avais	
	as	as eu	avais	
eu	a	a eu	avait	eut
	avons	avons eu	avions	
	avez	avez eu	aviez	
	ont	ont eu	avaient	eurent
être	suis	ai été	étais	
	es	as été	étais	
été	est	a été	était	fut
	sommes	avons été	étions	
	êtes	avez été	étiez	
	sont	ont été	étaient	furent

Indicatif			Présent du conditionnel	Présent du subjonctif	Impératif
Plus-que-parfait	**Futur**	**Futur antérieur**			
avais eu	aurai	aurai eu	aurais	aie	
avais eu	auras	auras eu	aurais	aies	aie
avait eu	aura	aura eu	aurait	ait	
avions eu	aurons	aurons eu	aurions	ayons	ayons
aviez eu	aurez	aurez eu	auriez	ayez	ayez
avaient eu	auront	auront eu	auraient	aient	
avais été	serai	aurai été	serais	sois	
avais été	seras	auras été	serais	sois	sois
avait été	sera	aura été	serait	soit	
avions été	serons	aurons été	serions	soyons	soyons
aviez été	serez	aurez été	seriez	soyez	soyez
avaient été	seront	auront été	seraient	soient	

Verbes conjugués avec **être** au passé composé			
aller	entrer	partir	revenir
arriver	monter	rentrer	sortir
descendre	mourir	rester	tomber
devenir	naître	retourner	venir

VERBES RÉGULIERS

Infinitif Participe passé	Présent	Passé composé	Imparfait	Passé simple
parler	parle	ai parlé	parlais	
	parles	as parlé	parlais	
parlé	parle	a parlé	parlait	parla
	parlons	avons parlé	parlions	
	parlez	avez parlé	parliez	
	parlent	ont parlé	parlaient	parlèrent
finir (choisir, grossir,	finis	ai fini	finissais	
réfléchir, réussir)	finis	as fini	finissais	
	finit	a fini	finissait	finit
	finissons	avons fini	finissions	
	finissez	avez fini	finissiez	
fini	finissent	ont fini	finissaient	finirent
vendre (attendre,	vends	ai vendu	vendais	
rendre, répondre)	vends	as vendu	vendais	
	vend	a vendu	vendait	vendit
	vendons	avons vendu	vendions	
vendu	vendez	avez vendu	vendiez	
	vendent	ont vendu	vendaient	vendirent

VERBES PRONOMINAUX

Infinitif Participe passé	Présent	Passé composé	Imparfait	Passé simple
se laver	me lave	me suis lavé(e)	me lavais	
	te laves	t'es lavé(e)	te lavais	
lavé	se lave	s'est lavé(e)	se lavait	se lava
	nous lavons	nous sommes lavé(e)s	nous lavions	
	vous lavez	vous êtes lavé(e)(s)	vous laviez	
	se lavent	se sont lavé(e)s	se lavaient	se lavèrent

Indicatif			Présent du conditionnel	Présent du subjonctif	Impératif
Plus-que-parfait	Futur	Futur antérieur			
avais parlé	parlerai	aurai parlé	parlerais	parle	
avais parlé	parleras	auras parlé	parlerais	parles	parle
avait parlé	parlera	aura parlé	parlerait	parle	
avions parlé	parlerons	aurons parlé	parlerions	parlions	parlons
aviez parlé	parlerez	aurez parlé	parleriez	parliez	parlez
avaient parlé	parleront	auront parlé	parleraient	parlent	
avais dormi	dormirai	aurai dormi	dormirais	dorme	
avais dormi	dormiras	auras dormi	dormirais	dormes	dors
avait dormi	dormira	aura dormi	dormirait	dorme	
avions dormi	dormirons	aurons dormi	dormirions	dormions	dormons
aviez dormi	dormirez	aurez dormi	dormiriez	dormiez	dormez
avaient dormi	dormiront	auront dormi	dormiraient	dorment	
avais fini	finirai	aurai fini	finirais	finisse	
avais fini	finiras	auras fini	finirais	finisses	finis
avait fini	finira	aura fini	finirait	finisse	
avions fini	finirons	aurons fini	finirions	finissions	finissons
aviez fini	finirez	aurez fini	finiriez	finissiez	finissez
avaient fini	finiront	auront fini	finiraient	finissent	
avais vendu	vendrai	aurai vendu	vendrais	vende	
avais vendu	vendras	auras vendu	vendrais	vendes	vends
avait vendu	vendra	aura vendu	vendrait	vende	
avions vendu	vendrons	aurons vendu	vendrions	vendions	vendons
aviez vendu	vendrez	aurez vendu	vendriez	vendiez	vendez
avaient vendu	vendront	auront vendu	vendraient	vendent	

Indicatif			Présent du conditionnel	Présent du subjonctif	Impératif
Plus-que-parfait	Futur	Futur antérieur			
m'étais lavé(e)	me laverai	me serai lavé(e)	me laverais	me lave	
t'étais lavé(e)	te laveras	te seras lavé(e)	te laverais	te laves	lave-toi
s'était lavé(e)	se lavera	se sera lavé(e)	se laverait	se lave	
nous étions lavé(e)s	nous laverons	nous serons lavé(e)s	nous laverions	nous lavions	lavons-nous
vous étiez lavé(e)(s)	vous laverez	vous serez lavé(e)(s)	vous laveriez	vous laviez	lavez-vous
s'étaient lavé(e)s	se laveront	se seront lavé(e)s	se laveraient	se lavent	

VERBES AVEC CHANGEMENTS ORTHOGRAPHIQUES

Infinitif Participe passé	Présent	Passé composé	Imparfait	Passé simple
acheter (se lever, **se promener)** acheté	achète achètes achète achetons achetez achètent	ai acheté as acheté a acheté avons acheté avez acheté ont acheté	achetais achetais achetait achetions achetiez achetaient	 acheta achetèrent
appeler (jeter) appelé	appelle appelles appelle appelons appelez appellent	ai appelé as appelé a appelé avons appelé avez appelé ont appelé	appelais appelais appelait appelions appeliez appelaient	 appela appelèrent
commencer **(prononcer)** commencé	commence commences commence commençons commencez commencent	ai commencé as commencé a commencé avons commencé avez commencé ont commencé	commençais commençais commençait commencions commenciez commençaient	 commença commencèrent
manger (changer, **nager, voyager)** mangé	mange manges mange mangeons mangez mangent	ai mangé as mangé a mangé avons mangé avez mangé ont mangé	mangeais mangeais mangeait mangions mangiez mangeaient	 mangea mangèrent
payer (essayer, **employer)** payé	paie paies paie payons payez paient	ai payé as payé a payé avons payé avez payé ont payé	payais payais payait payions payiez payaient	 paya payèrent
préférer (espérer, **répéter)** préféré	préfère préfères préfère préférons préférez préfèrent	ai préféré as préféré a préféré avons préféré avez préféré ont préféré	préférais préférais préférait préférions préfériez préféraient	 préféra préférèrent

Indicatif			Présent du conditionnel	Présent du subjonctif	Impératif
Plus-que-parfait	**Futur**	**Futur antérieur**			
avais acheté	achèterai	aurai acheté	achèterais	achète	
avais acheté	achèteras	auras acheté	achèterais	achètes	achète
avait acheté	achètera	aura acheté	achèterait	achète	
avions acheté	achèterons	aurons acheté	achèterions	achetions	achetons
aviez acheté	achèterez	aurez acheté	achèteriez	achetiez	achetez
avaient acheté	achèteront	auront acheté	achèteraient	achètent	
avais appelé	appellerai	aurai appelé	appellerais	appelle	
avais appelé	appelleras	auras appelé	appellerais	appelles	appelle
avait appelé	appellera	aura appelé	appellerait	appelle	
avions appelé	appellerons	aurons appelé	appellerions	appelions	appelons
aviez appelé	appellerez	aurez appelé	appelleriez	appeliez	appelez
avaient appelé	appelleront	auront appelé	appelleraient	appellent	
avais commencé	commencerai	aurai commencé	commencerais	commence	
avais commencé	commenceras	auras commencé	commencerais	commences	commence
avait commencé	commencera	aura commencé	commencerait	commence	
avions commencé	commencerons	aurons commencé	commencerions	commencions	commençons
aviez commencé	commencerez	aurez commencé	commenceriez	commenciez	commencez
avaient commencé	commenceront	auront commencé	commenceraient	commencent	
avais mangé	mangerai	aurai mangé	mangerais	mange	
avais mangé	mangeras	auras mangé	mangerais	manges	mange
avait mangé	mangera	aura mangé	mangerait	mange	
avions mangé	mangerons	aurons mangé	mangerions	mangions	mangeons
aviez mangé	mangerez	aurez mangé	mangeriez	mangiez	mangez
avaient mangé	mangeront	auront mangé	mangeraient	mangent	
avais payé	paierai	aurai payé	paierais	paie	
avais payé	paieras	auras payé	paierais	paies	paie
avait payé	paiera	aura payé	paierait	paie	
avions payé	paierons	aurons payé	paierions	payions	payons
aviez payé	paierez	aurez payé	paieriez	payiez	payez
avaient payé	paieront	auront payé	paieraient	paient	
avais préféré	préférerai	aurai préféré	préférerais	préfère	
avais préféré	préféreras	auras préféré	préférerais	préfères	préfère
avait préféré	préférera	aura préféré	préférerait	préfère	
avions préféré	préférerons	aurons préféré	préférerions	préférions	préférons
aviez préféré	préférerez	aurez préféré	préféreriez	préfériez	préférez
avaient préféré	préféreront	auront préféré	préféreraient	préfèrent	

VERBES IRRÉGULIERS

Infinitif Participe passé	Présent	Passé composé	Imparfait	Passé simple
aller allé	vais vas va allons allez vont	suis allé(e) es allé(e) est allé(e) sommes allé(e)s êtes allé(e)(s) sont allé(e)s	allais allais allait allions alliez allaient	alla allèrent
boire bu	bois bois boit buvons buvez boivent	ai bu as bu a bu avons bu avez bu ont bu	buvais buvais buvait buvions buviez buvaient	but burent
conduire conduit	conduis conduis conduit conduisons conduisez conduisent	ai conduit as conduit a conduit avons conduit avez conduit ont conduit	conduisais conduisais conduisait conduisions conduisiez conduisaient	conduisit conduisirent
connaître **(paraître)** connu	connais connais connaît connaissons connaissez connaissent	ai connu as connu a connu avons connu avez connu ont connu	connaissais connaissais connaissait connaissions connaissiez connaissaient	connut connurent
courir couru	cours cours court courons courez courent	ai couru as couru a couru avons couru avez couru ont couru	courais courais courait courions couriez couraient	courut coururent
croire cru	crois crois croit croyons croyez croient	ai cru as cru a cru avons cru avez cru ont cru	croyais croyais croyait croyions croyiez croyaient	crut crurent
devoir dû	dois dois doit devons devez doivent	ai dû as dû a dû avons dû avez dû ont dû	devais devais devait devions deviez devaient	dut durent

Indicatif			Présent du conditionnel	Présent du subjonctif	Impératif
Plus-que-parfait	Futur	Futur antérieur			
étais allé(e)	irai	serai allé(e)	irais	aille	
étais allé(e)	iras	seras allé(e)	irais	ailles	va
était allé(e)	ira	sera allé(e)	irait	aille	
étions allé(e)s	irons	serons allé(e)s	irions	allions	allons
étiez allé(e)(s)	irez	serez allé(e)(s)	iriez	alliez	allez
étaient allé(e)s	iront	seront allé(e)s	iraient	aillent	
avais bu	boirai	aurai bu	boirais	boive	
avais bu	boiras	auras bu	boirais	boives	bois
avait bu	boira	aura bu	boirait	boive	
avions bu	boirons	aurons bu	boirions	buvions	buvons
aviez bu	boirez	aurez bu	boiriez	buviez	buvez
avaient bu	boiront	auront bu	boiraient	boivent	
avais conduit	conduirai	aurai conduit	conduirais	conduise	
avais conduit	conduiras	auras conduit	conduirais	conduises	conduis
avait conduit	conduira	aura conduit	conduirait	conduise	
avions conduit	conduirons	aurons conduit	conduirions	conduisions	conduisons
aviez conduit	conduirez	aurez conduit	conduiriez	conduisiez	conduisez
avaient conduit	conduiront	auront conduit	conduiraient	conduisent	
avais connu	connaîtrai	aurai connu	connaîtrais	connaisse	
avais connu	connaîtras	auras connu	connaîtrais	connaisses	connais
avait connu	connaîtra	aura connu	connaîtrait	connaisse	
avions connu	connaîtrons	aurons connu	connaîtrions	connaissions	connaissons
aviez connu	connaîtrez	aurez connu	connaîtriez	connaissiez	connaissez
avaient connu	connaîtront	auront connu	connaîtraient	connaissent	
avais couru	courrai	aurai couru	courrais	coure	
avais couru	courras	auras couru	courrais	coures	cours
avait couru	courra	aura couru	courrait	coure	
avions couru	courrons	aurons couru	courrions	courions	courons
aviez couru	courrez	aurez couru	courriez	couriez	courez
avaient couru	courront	auront couru	courraient	courent	
avais cru	croirai	aurai cru	croirais	croie	
avais cru	croiras	auras cru	croirais	croies	crois
avait cru	croira	aura cru	croirait	croie	
avions cru	croirons	aurons cru	croirions	croyions	croyons
aviez cru	croirez	aurez cru	croiriez	croyiez	croyez
avaient cru	croiront	auront cru	croiraient	croient	
avais dû	devrai	aurai dû	devrais	doive	
avais dû	devras	auras dû	devrais	doives	dois
avait dû	devra	aura dû	devrait	doive	
avions dû	devrons	aurons dû	devrions	devions	devons
aviez dû	devrez	aurez dû	devriez	deviez	devez
avaient dû	devront	auront dû	devraient	doivent	

Infinitif Participe passé	Présent	Passé composé	Imparfait	Passé simple
dire	dis	ai dit	disais	
	dis	as dit	disais	
dit	dit	a dit	disait	dit
	disons	avons dit	disions	
	dites	avez dit	disiez	
	disent	ont dit	disaient	dirent
dormir	dors	ai dormi	dormais	
(partir, sortir)	dors	as dormi	dormais	
	dort	a dormi	dormait	dormit
dormi	dormons	avons dormi	dormions	
	dormez	avez dormi	dormiez	
	dorment	ont dormi	dormaient	dormirent
écrire (décrire)	écris	ai écrit	écrivais	
	écris	as écrit	écrivais	
écrit	écrit	a écrit	écrivait	écrivit
	écrivons	avons écrit	écrivions	
	écrivez	avez écrit	écriviez	
	écrivent	ont écrit	écrivaient	écrivirent
envoyer	envoie	ai envoyé	envoyais	
	envoies	as envoyé	envoyais	
envoyé	envoie	a envoyé	envoyait	envoya
	envoyons	avons envoyé	envoyions	
	envoyez	avez envoyé	envoyiez	
	envoient	ont envoyé	envoyaient	envoyèrent
faire	fais	ai fait	faisais	
	fais	as fait	faisais	
fait	fait	a fait	faisait	fit
	faisons	avons fait	faisions	
	faites	avez fait	faisiez	
	font	ont fait	faisaient	firent
falloir				
fallu	faut	a fallu	fallait	fallut
lire	lis	ai lu	lisais	
	lis	as lu	lisais	
lu	lit	a lu	lisait	lut
	lisons	avons lu	lisions	
	lisez	avez lu	lisiez	
	lisent	ont lu	lisaient	lurent
mettre (permettre,	mets	ai mis	mettais	
promettre,	mets	as mis	mettais	
remettre)	met	a mis	mettait	mit
	mettons	avons mis	mettions	
	mettez	avez mis	mettiez	
mis	mettent	ont mis	mettaient	mirent
mourir	meurs	suis mort(e)	mourais	
	meurs	es mort(e)	mourais	
mort	meurt	est mort(e)	mourait	mourut
	mourons	sommes mort(e)s	mourions	
	mourez	êtes mort(e)(s)	mouriez	
	meurent	sont mort(e)s	mouraient	moururent

Indicatif			Présent du conditionnel	Présent du subjonctif	Impératif
Plus-que-parfait	**Futur**	**Futur antérieur**			
avais dit	dirai	aurai dit	dirais	dise	
avais dit	diras	auras dit	dirais	dises	dis
avait dit	dira	aura dit	dirait	dise	
avions dit	dirons	aurons dit	dirions	disions	disons
aviez dit	direz	aurez dit	diriez	disiez	dites
avaient dit	diront	auront dit	diraient	disent	
avais écrit	écrirai	aurai écrit	écrirais	écrive	
avais écrit	écriras	auras écrit	écrirais	écrives	écris
avait écrit	écrira	aura écrit	écrirait	écrive	
avions écrit	écrirons	aurons écrit	écririons	écrivions	écrivons
aviez écrit	écrirez	aurez écrit	écririez	écriviez	écrivez
avaient écrit	écriront	auront écrit	écriraient	écrivent	
avais envoyé	enverrai	aurai envoyé	enverrais	envoie	
avais envoyé	enverras	auras envoyé	enverrais	envoies	envoie
avait envoyé	enverra	aura envoyé	enverrait	envoie	
avions envoyé	enverrons	aurons envoyé	enverrions	envoyions	envoyons
aviez envoyé	enverrez	aurez envoyé	enverriez	envoyiez	envoyez
avaient envoyé	enverront	auront envoyé	enverraient	envoient	
avais fait	ferai	aurai fait	ferais	fasse	
avais fait	feras	auras fait	ferais	fasses	fais
avait fait	fera	aura fait	ferait	fasse	
avions fait	ferons	aurons fait	ferions	fassions	faisons
aviez fait	ferez	aurez fait	feriez	fassiez	faites
avaient fait	feront	auront fait	feraient	fassent	
avait fallu	faudra	aura fallu	faudrait	faille	
avais lu	lirai	aurai lu	lirais	lise	
avais lu	liras	auras lu	lirais	lises	lis
avait lu	lira	aura lu	lirait	lise	
avions lu	lirons	aurons lu	lirions	lisions	lisons
aviez lu	lirez	aurez lu	liriez	lisiez	lisez
avaient lu	liront	auront lu	liraient	lisent	
avais mis	mettrai	aurai mis	mettrais	mette	
avais mis	mettras	auras mis	mettrais	mettes	mets
avait mis	mettra	aura mis	mettrait	mette	
avions mis	mettrons	aurons mis	mettrions	mettions	mettons
aviez mis	mettrez	aurez mis	mettriez	mettiez	mettez
avaient mis	mettront	auront mis	mettraient	mettent	
étais mort(e)	mourrai	serai mort(e)	mourrais	meure	
étais mort(e)	mourras	seras mort(e)	mourrais	meures	meurs
était mort(e)	mourra	sera mort(e)	mourrait	meure	
étions mort(e)s	mourrons	serons mort(e)s	mourrions	mourions	mourons
étiez mort(e)(s)	mourrez	serez mort(e)(s)	mourriez	mouriez	mourez
étaient mort(e)s	mourront	seront mort(e)s	mourraient	meurent	

Infinitif Participe passé	Présent	Passé composé	Imparfait	Passé simple
naître né	nais nais naît naissons naissez naissent	suis né(e) es né(e) est né(e) sommes né(e)s êtes né(e)(s) sont né(e)s	naissais naissais naissait naissions naissiez naissaient	naquit naquirent
offrir (souffrir) offert	offre offres offre offrons offrez offrent	ai offert as offert a offert avons offert avez offert ont offert	offrais offrais offrait offrions offriez offraient	offrit offrirent
ouvrir (couvrir, découvrir) ouvert	ouvre ouvres ouvre ouvrons ouvrez ouvrent	ai ouvert as ouvert a ouvert avons ouvert avez ouvert ont ouvert	ouvrais ouvrais ouvrait ouvrions ouvriez ouvraient	ouvrit ouvrirent
pleuvoir plu	pleut	a plu	pleuvait	plut
pouvoir pu	peux peux peut pouvons pouvez peuvent	ai pu as pu a pu avons pu avez pu ont pu	pouvais pouvais pouvait pouvions pouviez pouvaient	put purent
prendre (apprendre, comprendre) pris	prends prends prend prenons prenez prennent	ai pris as pris a pris avons pris avez pris ont pris	prenais prenais prenait prenions preniez prenaient	prit prirent
recevoir reçu	reçois reçois reçoit recevons recevez reçoivent	ai reçu as reçu a reçu avons reçu avez reçu ont reçu	recevais recevais recevait recevions receviez recevaient	reçut reçurent
savoir su	sais sais sait savons savez savent	ai su as su a su avons su avez su ont su	savais savais savait savions saviez savaient	sut surent

Indicatif			Présent du conditionnel	Présent du subjonctif	Impératif
Plus-que-parfait	Futur	Futur antérieur			
étais né(e)	naîtrai	serai né(e)	naîtrais	naisse	
étais né(e)	naîtras	seras né(e)	naîtrais	naisses	nais
était né(e)	naîtra	sera né(e)	naîtrait	naisse	
étions né(e)s	naîtrons	serons né(e)s	naîtrions	naissions	naissons
étiez né(e)(s)	naîtrez	serez né(e)(s)	naîtriez	naissiez	naissez
étaient né(e)s	naîtront	seront né(e)s	naîtraient	naissent	
avais offert	offrirai	aurai offert	offrirais	offre	
avais offert	offriras	auras offert	offrirais	offres	offre
avait offert	offrira	aura offert	offrirait	offre	
avions offert	offrirons	aurons offert	offririons	offrions	offrons
aviez offert	offrirez	aurez offert	offririez	offriez	offrez
avaient offert	offriront	auront offert	offriraient	offrent	
avais ouvert	ouvrirai	aurai ouvert	ouvrirais	ouvre	
avais ouvert	ouvriras	auras ouvert	ouvrirais	ouvres	ouvre
avait ouvert	ouvrira	aura ouvert	ouvrirait	ouvre	
avions ouvert	ouvrirons	aurons ouvert	ouvririons	ouvrions	ouvrons
aviez ouvert	ouvrirez	aurez ouvert	ouvririez	ouvriez	ouvrez
avaient ouvert	ouvriront	auront ouvert	ouvriraient	ouvrent	
avait plu	pleuvra	aura plu	pleuvrait	pleuve	
avais pu	pourrai	aurai pu	pourrais	puisse	
avais pu	pourras	auras pu	pourrais	puisses	
avait pu	pourra	aura pu	pourrait	puisse	
avions pu	pourrons	aurons pu	pourrions	puissions	
aviez pu	pourrez	aurez pu	pourriez	puissiez	
avaient pu	pourront	auront pu	pourraient	puissent	
avais pris	prendrai	aurai pris	prendrais	prenne	
avais pris	prendras	auras pris	prendrais	prennes	prends
avait pris	prendra	aura pris	prendrait	prenne	
avions pris	prendrons	aurons pris	prendrions	prenions	prenons
aviez pris	prendrez	aurez pris	prendriez	preniez	prenez
avaient pris	prendront	auront pris	prendraient	prennent	
avais reçu	recevrai	aurai reçu	recevrais	reçoive	
avais reçu	recevras	auras reçu	recevrais	reçoives	reçois
avait reçu	recevra	aura reçu	recevrait	reçoive	
avions reçu	recevrons	aurons reçu	recevrions	recevions	recevons
aviez reçu	recevrez	aurez reçu	recevriez	receviez	recevez
avaient reçu	recevront	auront reçu	recevraient	reçoivent	
avais su	saurai	aurai su	saurais	sache	
avais su	sauras	auras su	saurais	saches	sache
avait su	saura	aura su	saurait	sache	
avions su	saurons	aurons su	saurions	sachions	sachons
aviez su	saurez	aurez su	sauriez	sachiez	sachez
avaient su	sauront	auront su	sauraient	sachent	

Infinitif Participe passé	Présent	Passé composé	Imparfait	Passé simple
suivre	suis	ai suivi	suivais	
	suis	as suivi	suivais	
suivi	suit	a suivi	suivait	suivit
	suivons	avons suivi	suivions	
	suivez	avez suivi	suiviez	
	suivent	ont suivi	suivaient	suivirent
venir (devenir, revenir, tenir)	viens	suis venu(e)	venais	
	viens	es venu(e)	venais	
	vient	est venu(e)	venait	vint
venu	venons	sommes venu(e)s	venions	
	venez	êtes venu(e)(s)	veniez	
	viennent	sont venu(e)s	venaient	vinrent
vivre	vis	ai vécu	vivais	
	vis	as vécu	vivais	
vécu	vit	a vécu	vivait	vécut
	vivons	avons vécu	vivions	
	vivez	avez vécu	viviez	
	vivent	ont vécu	vivaient	vécurent
voir	vois	ai vu	voyais	
	vois	as vu	voyais	
vu	voit	a vu	voyait	vit
	voyons	avons vu	voyions	
	voyez	avez vu	voyiez	
	voient	ont vu	voyaient	virent
vouloir	veux	ai voulu	voulais	
	veux	as voulu	voulais	
voulu	veut	a voulu	voulait	voulut
	voulons	avons voulu	voulions	
	voulez	avez voulu	vouliez	
	veulent	ont voulu	voulaient	voulurent

Indicatif			Présent du conditionnel	Présent du subjonctif	Impératif
Plus-que-parfait	Futur	Futur antérieur			
avais suivi	suivrai	aurai suivi	suivrais	suive	
avais suivi	suivras	auras suivi	suivrais	suives	suis
avait suivi	suivra	aura suivi	suivrait	suive	
avions suivi	suivrons	aurons suivi	suivrions	suivions	suivons
aviez suivi	suivrez	aurez suivi	suivriez	suiviez	suivez
avaient suivi	suivront	auront suivi	suivraient	suivent	
étais venu(e)	viendrai	serai venu(e)	viendrais	vienne	
étais venu(e)	viendras	seras venu(e)	viendrais	viennes	viens
était venu(e)	viendra	sera venu(e)	viendrait	vienne	
étions venu(e)s	viendrons	serons venu(e)s	viendrions	venions	venons
étiez venu(e)(s)	viendrez	serez venu(e)(s)	viendriez	veniez	venez
étaient venu(e)s	viendront	seront venu(e)s	viendraient	viennent	
avais vécu	vivrai	aurai vécu	vivrais	vive	
avais vécu	vivras	auras vécu	vivrais	vives	vis
avait vécu	vivra	aura vécu	vivrait	vive	
avions vécu	vivrons	aurons vécu	vivrions	vivions	vivons
aviez vécu	vivrez	aurez vécu	vivriez	viviez	vivez
avaient vécu	vivront	auront vécu	vivraient	vivent	
avais vu	verrai	aurai vu	verrais	voie	
avais vu	verras	auras vu	verrais	voies	vois
avait vu	verra	aura vu	verrait	voie	
avions vu	verrons	aurons vu	verrions	voyions	voyons
aviez vu	verrez	aurez vu	verriez	voyiez	voyez
avaient vu	verront	auront vu	verraient	voient	
avais voulu	voudrai	aurai voulu	voudrais	veuille	
avais voulu	voudras	auras voulu	voudrais	veuilles	veuille
avait voulu	voudra	aura voulu	voudrait	veuille	
avions voulu	voudrons	aurons voulu	voudrions	voulions	veuillons
aviez voulu	voudrez	aurez voulu	voudriez	vouliez	veuillez
avaient voulu	voudront	auront voulu	voudraient	veuillent	

Réponses aux exercices

Module 1

Exercice 1
1. vous 2. tu 3. vous 4. tu 5. tu
6. vous 7. vous

Exercice 2
1. e 2. d 3. a 4. c 5. b

Exercice 3
1. f 2. g 3. c 4. a 5. d 6. b 7. e

Exercice 4
1. Est-ce que c'est une table?
2. Est-ce qu'il s'appelle Patrick?
3. Qu'est-ce que c'est?
4. Qui est-ce?
5. Est-ce que c'est une chaise?

Exercice 5
1. des professeurs 2. des étudiants
3. des pupitres
4. des portes 5. des cahiers
6. des bureaux

Exercice 6
1. un 2. des 3. un 4. une 5. des
6. une 7. un 8. des

Exercice 7
1. tu 2. elle 3. ils 4. nous 5. elles
6. vous

Exercice 8
1. êtes 2. suis 3. est 4. sommes
5. est 6. est 7. sont 8. sont 9. es

Exercice 9
1. blonde 2. intelligente
3. vieille, verte 4. beau 5. gentille

Exercice 10
1. belle 2. intelligente 3. blonds
4. courts 5. bruns 6. fort
7. contents

Tout ensemble!
1. allez-vous 2. Ça va 3. Et toi
4. merci 5. une question
6. grande 7. Qui est-ce 8. une
9. bleue 10. un 11. s'appelle
12. de 13. est 14. sommes

Module 2

Exercice 1
1. aimes 2. préfères 3. chante
4. cherchent, préfèrent
5. regardez 6. habitons

Exercice 2
1. écoutez, e 2. joue, d 3. parle, f 4. manges, c 5. portons, a
6. voyagent, b

Exercice 3
1. Il aime bien danser.
2. J'aime beaucoup les films...
3. Elle n'aime pas du tout la musique classique.

4. J'aime assez la musique brésilienne...
5. Marc aime bien le cinéma...

Exercice 4
1. danser 2. jouons 3. écoutez
4. adorer

Exercice 5
1. Vous ne regardez pas la télévision.
2. Joëlle et Martine aiment le cinéma.
3. Tu n'habites pas à Boston.
4. Nous fermons la porte.
5. Marc et moi, nous n'écoutons pas la radio.
6. Tu n'étudies pas l'anglais.
7. J'écoute le professeur.

Exercice 6
1. la 2. les 3. la 4. l' 5. le
6. l' 7. la 8. le 9. les 10. le
11. le 12. le

Exercice 7
1. le 2. la 3. la 4. les 5. le
6. le 7. le 8. la 9. le 10. le
11. Les 12. le

Exercice 8
1. un 2. de 3. un 4. de 5. une
6. de 7. des 8. de

Exercice 9
1. le 2. le 3. le 4. le 5. le 6. de
7. des 8. un 9. les 10. les 11. l'
12. un 13. des 14. un (le)

Exercice 10
1. ai 2. a 3. avez 4. avons 5. as
6. ai 7. ont 8. a 9. ont

Exercice 11
1. Gérard a des livres.
2. Le directeur n'a pas de lampe.
3. Le professeur d'anglais a un dictionnaire.
4. Le professeur de maths n'a pas d'ordinateur.
5. Les étudiants n'ont pas de lecteurs MP3.
6. Les enfants ont des crayons.
7. Vous n'avez pas de télévision.
8. Les profs n'ont pas de vidéos.

Tout ensemble!
1. a 2. cours 3. maths 4. préfère 5. est 6. résidence 7. est 8. de
9. piscine 10. stade 11. sont
12. aiment 13. travaillent
14. s'amuser (parler) 15. rester 16. parlent (s'amusent)
17. dansent 18. une
19. dimanche 20. jouent

Module 3

Exercice 1
1. mes 2. sa 3. Mon 4. Ta 5. Ma, mon, leur 6. nos

Exercice 2
1. ta 2. mes 3. ma 4. mon 5. mon
6. tes 7. Mes 8. Leur 9. tes
10. mes

Exercice 3
1. venons 2. viens 3. viennent
4. viens 5. venez 6. vient

Exercice 4
1. de la 2. des 3. du 4. de la
5. de l' 6. du

Exercice 5
1. pessimiste 2. ennuyeuse
3. compréhensive
4. enthousiastes
5. paresseuses 6. gâtées
7. méchantes 8. désagréable
9. mignonnes

Exercice 6
1. optimiste 2. active
3. compréhensif 4. optimiste
5. travailleuse 6. intelligente
7. bien élevée 8. gentille
9. indépendantes
10. indifférentes

Exercice 7
1. C'est une petite chambre lumineuse.
2. Je préfère la jolie robe blanche.
3. Voilà un jeune étudiant individualiste.
4. J'aime les vieux films américains.
5. Le sénateur est un vieil homme ennuyeux.
6. Marc est un bel homme riche et charmant.
7. Le Havre est un vieux port important.
8. Paris est une grande ville magnifique.
9. J'écoute de la belle musique douce.

Exercice 8
1. vieille photo 2. petite plante
3. tennis sales 4. vieilles cassettes
5. jolie fille blonde
6. chemise bleue 7. gros sandwich
8. mauvaise odeur
9. chambre agréable

Exercice 9
1. sur 2. à côté de 3. devant
4. entre 5. au-dessus du

Exercice 10
1. à côté de la 2. Devant
3. derrière la 4. en face de la
5. loin du 6. entre

Exercice 11
1. La télé est en face du lit.
2. Il y a un couvre-lit sur le lit.
3. La table de nuit est près du lit.
4. Il y a des livres sur l'étagère.
5. Le tapis est devant le lit.
6. Il y a un miroir au-dessus du lavabo.

Tout ensemble!
1. vient 2. de 3. loue 4. de la
5. petit 6. meublé 7. son
8. belle 9. grand 10. française
11. nouveau 12. bons
13. récents 14. ses 15. viennent
16. leurs 17. sa 18. jeune
19. travailleuse

Module 4
Exercice 1
1. musicienne 2. employée
3. cuisinière 4. vendeuse
5. canadienne 6. serveuse
7. femme d'affaires 8. artiste italienne

Exercice 2
1. C'est 2. Elle est 3. Ils sont
4. C'est 5. Elle est 6. Ce sont
7. Il est

Exercice 3
1. à l' 2. à l' 3. à la 4. à la 5. au
6. aux 7. au 8. à l'

Exercice 4
1. Vous allez à la montagne.
2. Ils vont aux courts de tennis.
3. Nous allons à la bibliothèque.
4. Il va à l'église.
5. Elle va à la pharmacie.
6. Tu vas à la librairie.
7. Je vais au café.

Exercice 5
1. me 2. se 3. nous 4. s' 5. se
6. nous 7. se 8. te 9. te

Exericre 6
1. me lève 2. m'habille 3. me dépêche 4. se lève 5. se couche
6. nous relaxons

Exercice 7
1. nous levons 2. m'habille 3. nous dépêchons 4. nous retrouvons
5. nous relaxons
6. me couche

Exercice 8
1. fait 2. font 3. faites 4. faisons
5. fais

Exercice 9
1. du 2. la 3. au 4. du 5. du

Exercice 10
1. Vous faites la grasse matinée ce matin.
2. Évelyne fait le ménage quand sa camarade de chambre est au bureau.

3. Les frères Thibaut jouent au football.
4. Tu joues au basket-ball.
5. Je fais de la guitare après mes cours.
6. Anne et toi jouez du piano ensemble.

Exercice 11
Answers will vary. Sample answers:
1. Martine, qu'est-ce qu'elle fait? Elle fait du vélo.
2. Jean-Claude et moi, qu'est-ce que nous faisons? Nous faisons le ménage.
3. Philippe, qu'est-ce qu'il fait? Il joue du piano.
4. Tante Hélène, qu'est-ce qu'elle fait? Elle fait du ski.
5. Les gosses, qu'est-ce qu'ils font? Ils font leurs devoirs.
6. Papa, qu'est-ce qu'il fait? Il fait une randonnée à la campagne.

Exercice 12
1. vont aller 2. allons faire
3. ne va pas sortir 4. ne vas pas aller 5. allez danser 6. ne vais pas être

Exercice 13
1. ne vais pas aller 2. vais rester
3. vais retrouver 4. allons faire
5. va préparer 6. allons faire
7. allons écouter 8. allons jouer
9. allez faire 10. allez travailler

Tout ensemble!
1. C'est 2. ans 3. va 4. chercher
5. médecin 6. à l' 7. cadre
8. métier 9. banque 10. est
11. du 12. de la 13. sportif
14. faire 15. au tennis
16. se lève 17. bénévole
18. se relaxer 19. informatique
20. langues 21. voyager
22. institutrice
23. fait un stage

Module 5
Exercice 1
1. veux 2. veux 3. peux 4. dois
5. voulez 6. pouvons 7. fait
8. peut 9. doit 10. veux

Exercice 2
1. aimerais 2. voudrais
3. aimerait 4. voudrais
5. aimerait 6. voudrais

Exercice 3
1. partez 2. sort 3. servons
4. dorment 5. pars 6. sors

Exercice 4
1. dormons 2. sortez 3. part
4. partent / sortent 5. sers
6. sortons

Exercice 5
1. Marie-Josée 2. Luc et Jean
3. Hélène et Monique 4. Max
5. Mohammed et moi

Exercice 6
1. lui 2. Nous 3. toi 4. moi
5. vous 6. Moi 7. toi 8. eux
9. elles 10. elles 11. lui 12. lui
13. lui 14 moi

Exercice 7
1. prenez 2. prends 3. prends
4. prenons 5. prend

Exercice 8
1. attends 2. perd 3. buvons
4. réponds 5. rendent 6. attendons
7. vend 8. apprenez

Exercice 9
1. attends 2. attends 3. entends
4. prenez 5. prends 6. est
7. comprenons

Exercice 10
1. Tu aimes danser, n'est-ce pas?
2. Est-ce que tu es nerveux (nerveuse) quand tu es avec mes parents?
3. Tes parents sont compréhensifs?
4. Est-ce que tu aimes lire, passer du temps sur ton ordinateur ou regarder la télévision le soir?
5. Il joue bien, hein?
6. Il est important d'être romantique et affectueux (affectueuse), n'est-ce pas?

Exercice 11
1. D'où êtes-vous?
2. Enseignez-vous les sciences politiques?
3. Est-ce votre première visite aux États-Unis?
4. Votre famille est-elle ici avec vous?
5. Avez-vous des enfants?
6. Votre mari est-il professeur aussi?
7. Parle-t-il anglais?
8. Pensez-vous rester aux États-Unis?

Exercice 12
1. Comment 2. Où 3. Qui
4. Pourquoi est-ce que
5. Qu'est-ce que
6. comment 7. D'où
8. Combien de 9. Quels 10. Quel

Tout ensemble!
1. voulez / prenez 2. voudrais
3. pour 4. sortent 5. Où
6. est-ce que 7. moi 8. Pourquoi
9. prenez / voulez 10. À quelle
11. dois 12. Qu'est-ce que
13. devons 14. toi 15. sors
16. Quelle

Module 6
Exercice 1
1. parlé 2. voyagé 3. fait 4. vu
5. joué 6. eu 7. pris 8. dormi
9. reçu 10. choisi 11. fini 12. été

Exercice 2
1. vu 2. perdu, trouvé 3. fait / fini
4. reçu, répondu 5. téléphoné, parlé

Exercice 3
1. ont salué 2. ont voyagé
3. a regardé, a écouté, a dormi
4. a appelé 5. a pris
6. ont bu, ont regardé

Exercice 4
il y a, L'été dernier, hier soir,
ce matin, Ce soir

Exercice 5
1. est allé 2. sommes arrivés
3. sommes entrés
4. sont venus 5. est monté
6. est restée 7. est tombé
8. est descendue 9. sont morts 10.
est remontée 11. sommes ressortis
12. sommes remontés
13. suis reparti

Exercice 6
1. sommes allés 2. a pris
3. a emprunté 4. avons quitté
5. sommes passés 6. est sorti
7. avons roulé 8. sommes arrivés
9. avons installé
10. a dormi 11. sommes partis

Exercice 7
1. M. et Mme Montaud viennent
de jouer aux cartes.
2. Serge vient de regarder une
série à la télévision.
3. Mme Ladoucette vient de faire
une promenade dans le parc avec
son chien.
4. Véronique vient de prendre des
photos du coucher de soleil.
5. Stéphane vient d'attendre le bus
sous la pluie.

Exercice 8
1. vient 2. a obtenu 3. est revenue
4. tient 5. devient

Exercice 9
1. maigrissez, grossissez
2. réfléchis 3. choisissez
4. finissons 5. grandissent
6. rougissons 7. obéis 8. réussit

Exercice 10
1. a choisi 2. réussit 3. agit
4. obéissent 5. finissent
6. réussissent 7. rougit

Exercice 11
1. Oui, je les aime. (Non, je ne les
aime pas.)
2. Oui, je la regarde avec mes
amis. (Non, je ne la regarde pas
avec mes amis.)
3. Je l'écoute à la radio. (Je l'écoute
avec mon iPod.)
4. Oui, je vais la voir. (Non, je ne
vais pas la voir.)
5. Oui, je les ai achetés en ligne.
(Non, je ne les ai pas achetés en
ligne.)
6. Oui, je la cherche. (Non, je ne
la cherche pas.)

Tout ensemble!
1. viens d' 2. il y a 3. dernière
4. suis partie 5. suis tombée
6. a été 7. ai eu 8. suis arrivée

9. n'ai pas pu 10. suis entrée
11. est devenu 12. a commencé
13. ai appris 14. suis rentrée

Module 7

Exercice 1
1. préférez, préfère, préfère,
préfèrent
2. achetez, achètent, achetons,
achète
3. mangez, mangeons, manger,
mange, mange
4. commencer, commençons,
espère

Exercice 2
1. préfère 2. ai commencé
3. ai appelé 4. espère 5. ai acheté
6. avons mangé 7. ont acheté
(achètent) 8. a acheté (achète)

Exercice 3
1. du, du, de la, du (un), du (un), de
2. de la (une), du, des, de l' (une) 3.
de, de la (une), de la (une), des, des,
des, du, du, de, de la

Exercice 4
1. de l' / l' 2. du (un) 3. le
4. du (un) 5. de 6. du 7. des
8. les 9. du 10. de la
11. de la (une) 12. de

Exercice 5
1. assez de 2. d' 3. des 4. de la
5. du 6. de la 7. 100 g de 8. une
douzaine d' 9. du 10. de

Exercice 6
1. M. Laurent achète un paquet
de beurre, une douzaine d'œufs et
200 g de fromage (une omelette
au fromage).
2. Paulette achète un litre d'huile
d'olive, une bouteille de vinaigre,
500 g de tomates et une salade
(une salade de tomates).
3. Jacques achète trois tranches
de pâté, un morceau de fromage,
une baguette et une bouteille de
vin (des sandwichs au fromage et
au pâté).
4. Mme Pelletier achète un
peu d'ail, 250 g de beurre et
une douzaine d'escargots (des
escargots à l'ail).
5. Nathalie achète un melon,
un ananas, trois bananes et une
barquette de fraises (une salade
de fruits).

Exercice 7
1. Tu veux un coca? (d)
2. Vous avez combien de riz? (c)
3. Tu as acheté du vin? (c)
4. Tu as du lait? (d)
5. Marthe a un mari? (c)

Exercice 8
1. Oui, j'en veux.
2. Non, je ne vais pas en prendre.
3. Oui, ils en prennent.
4. Non, je n'en prends pas.

5. Oui, j'en prends.
6. Oui, j'en mange souvent.

Exercice 9
1. mettez 2. mets, met
3. mettons 4. permettons

Exercice 10
1. a, d 2. b, c 3. a, c, d 4. b
5. b, d 6. b, c 7. a, b, d 8. c, d

Exercice 11
1. les 2. la 3. l' 4. les 5. l'
6. nous (m') 7. t'

Exercice 12
1. Ils te trouvent très gentille aussi.
2. Oui, tu peux les voir.
3. Oui, j'en voudrais une.
4. Oui, nous allons les inviter à
dîner bientôt.
5. Oui, je les aime beaucoup.
6. Oui, ma famille en mange
toujours aussi.

Exercice 13
1. Attendez 2. Passe
3. ne mange pas 4. prends
5. Va 6. Sois 7. aidez 8. Bois

Exercice 14
1. Oui, invitons Jérôme.
2. Non, ne faisons pas de
pique-nique.
3. Oui, allons dîner dans un
restaurant.
4. Oui, rentrons chez nous après.
5. Oui, achetons un gros gâteau
au chocolat.
6. Non, n'achetons pas de glace.
7. Oui, prenons du champagne.

Tout ensemble!
1. La 2. Commençons 3. belles
4. en 5. de 6. des 7. choisis
8. côtelettes 9. du 10. préfères
11. d' 12. de l' 13. Prenons
14. mangeons 15. Achetons
16. mets 17. de la 18. pain
19. Va 20. boucherie
21. N'achète pas 22. espère 23. te

Module 8

Exercice 1
1. habitait 2. était 3. avait
4. travaillait 5. portait
6. restais 7. enlevais
8. arrivaient 9. aidaient
10. jouions 11. mangeait
12. devions

Exercice 2
1. où 2. qui 3. qui 4. qu' 5. où
6. où 7. où 8. que

Exercice 3
1. dit 2. écrivons 3. lire 4. lit
5. écris 6. lisons 7. écrivent
8. Écrivez

Exercice 4
1. D 2. I 3. I 4. D 5. I 6. D 7. I
8. I

Exercice 5
1. d 2. c 3. e 4. b 5. a

Exercice 6

1. Oui, elle lui offre un cadeau d'anniversaire.
2. Oui, elle leur prête ses vêtements.
3. Oui, elle lui téléphone régulièrement.
4. Non, elle ne lui dit pas de nettoyer sa chambre.
5. Non, elle ne lui a pas emprunté d'argent.
6. Oui, elle va leur envoyer une carte de Noël.
7. Oui, elle va lui demander des conseils.
8. Oui, elle leur a expliqué pourquoi elle a eu une mauvaise note en chimie.

Exercice 7

1. Mon frère aîné est plus fort que mon frère cadet.
2. Brad Pitt est aussi populaire en France qu'aux États-Unis.
3. Le rap français est moins violent que le rap américain.
4. Les robes des couturiers comme Christian Lacroix sont plus chères que les robes de prêt-à-porter.
5. Le casino de Monte Carlo est plus classique que les casinos de Las Vegas.
6. Une Porsche est aussi rapide qu'une Ferrari.

Exercice 8

1. Le pain au supermarché est moins bon que le pain à la boulangerie.
2. La bière allemande est meilleure que la bière américaine.
3. L'hiver à Paris est moins bon que l'hiver à Nice.
4. Les pâtisseries françaises sont meilleures que les beignets au supermarché.
5. Le vin anglais est moins bon que le vin français.
6. La circulation à Paris est moins bonne que la circulation hors de la ville.
7. Le chocolat belge est aussi bon que le chocolat suisse.

Exercice 9

1. It was a winter night in Grenoble; it was very cold and snow was falling with huge snowflakes. (imparfait)
2. In the house, the narrator was listening to Beethoven and was writing a letter to Maurice, her friend who was studying at Cambridge. (imparfait)
3. Suddenly, she heard some noise. It was as if something was thumping against the wall of the house. (passé composé, imparfait)
4. She opened the door but there wasn't anything. (passé composé, imparfait)
5. She started writing her letter again. (passé composé)
6. A few minutes later, a snowball exploded against the window. She looked through the curtains and there, in the yard, she saw a man. (passé composé)
7. She was going to call the police. (imparfait)
8. But, when he turned himself towards her, she recognized Maurice's face. He was back. (passé composé, imparfait)

Exercice 10

Partie A

1. I 2. I 3. I 4. I 5. PC 6. PC / I 7. I 8. PC 9. PC / I 10. PC / I

Partie B

2. Le temps était doux et ensoleillé.
5. Soudain, j'ai entendu quelqu'un.
7. C'était mon ami Michel.
8. Michel m'a invité à aller manger de la pizza avec lui.

Tout ensemble!

1. que 2. où 3. allions 4. étais 5. pouvais 6. voulais 7. plus 8. étais 9. était 10. qui 11. mangeait 12. que 13. envoyait 14. moins 15. ai trouvé 16. espionnions 17. me 18. moins 19. aussi 20. t' 21. écrit

Module 9

Exercice 1

1. Ottawa 2. Les États-Unis 3. le Québec 4. St-Pierre-et-Miquelon 5. Le Manitoba 6. au nord-ouest du 7. Le Maine

Exercice 2

1. de, en 2. d', à 3. du, au 4. du, aux 5. d', à 6. d', au

Exercice 3

1. à, au, d', les 2. du, en, à, au, au 3. de, du, de la, la, la, Au

Exercice 4

1. a, b, d 2. a, b, d 3. c, e 4. d

Exercice 5

1. Oui, il y en a. 2. Oui, il y en a. 3. Oui, il y en a. 4. Oui, il y en a quatre. 5. Non, il y en a deux. 6. Non, il n'y en a pas.

Exercice 6

1. Tu veux y aller avec moi?
2. Euh, je ne peux pas y aller parce que je dois aller à l'université.
3. À l'université? Pourquoi est-ce que tu y vas aujourd'hui?
4. Eh bien, normalement, je n'y vais pas le samedi après-midi, mais j'ai un examen important lundi.
5. À quelle heure est-ce que tu y vas?
6. Non, je n'y pense pas trop.
7. Il faut que j'y pense si je veux devenir médecin.

Exercice 7

1. moins de 2. plus de 3. plus de 4. d'aussi 5. mieux 6. mieux

Exercice 8

Partie A

1. f 2. d 3. e 4. c 5. a 6. b

Partie B

1. les meilleurs joueurs de hockey
2. la chanteuse francophone la plus connue
3. le sirop d'érable le plus délicieux

Exercice 9

1. plus de, plus 2. moins bien 3. la plus, plus de 4. la plus 5. mieux 6. plus de 7. aussi bien / autant

Exercice 10

1. il vaut mieux prendre
2. il vaut mieux faire
3. il ne faut pas aller
4. il vaut mieux parler
5. il faut apporter
6. Il faut porter

Exercice 11

1. Tu connais Paul, n'est-ce pas? / Tu sais que Paul est en Égypte, n'est-ce pas? / Tu sais quand il pense revenir?
2. Elle sait que nous préférons un billet moins cher. / Elle sait trouver les meilleurs prix. / Elle connaît bien la Suisse.
3. Vous savez que moi, je suis très impatiente. / Vous savez la date de mon départ? / Vous connaissez les meilleurs centres de vacances?
4. Nous savons le numéro de téléphone de l'Hôtel d'Or. / Nous savons où se trouve l'Hôtel Roc. / Nous connaissons tous les hôtels de la région.
5. Sais-tu parler italien? / Connais-tu les catacombes? / Connais-tu une bonne pizzeria?

Exercice 12

1. connais, ne sait pas
2. Connaissez, Savez, sais
3. Connais, sais, connaissent
4. connais, ai connu, savait, connaît

Tout ensemble!

1. à 2. projets 3. tour 4. agence de voyages 5. vol 6. classe touriste 7. De 8. au 9. connaît 10. sait 11. francophone 12. plus 13. désert 14. climat 15. aussi 16. en 17. Il faut 18. frontières 19. sèche 20. océan

Module 10

Exercice 1
1. ne me lève pas 2. se lève
3. se douche 4. me rase
5. me brosse 6. nous habillons
7. nous amusons 8. me coucher

Exercice 2
1. se 2. se regarde 3. les
4. regarde 5. se lève 6. lave
7. s' 8. vous

Exercice 3
1. Je me suis levée à neuf heures.
2. Je me suis douchée.
3. Je ne me suis pas lavé les cheveux.
4. Ensuite, j'ai bu du café et je me suis dépêchée d'aller chez ma copine Anaïs.
5. Nous nous sommes promenées au parc jusqu'à midi.
6. Et toi, est-ce que tu t'es amusé(e) samedi matin?

Exercice 4
1. ne s'est pas réveillée 2. ne s'est pas lavé
3. ne s'est pas rasée 4. ne s'est pas brossé les dents 5. ne s'est pas promenée

Exercice 5
1. s'est levé 2. a pris 3. avons eu
4. nous sommes dépêchés 5. a déjeuné 6. nous sommes reposés
7. nous sommes promenés
8. avons écouté 9. ai joué 10. nous sommes couchés

Exercice 6
1. Dépêche-toi! On t'attend.
2. Ferme (Fermez) la porte à clé.
3. Prenons le bus.
4. Achetons les provisions à l'épicerie Dupont.
5. Va chercher le jus d'orange. Moi, je m'occupe du pain.
6. N'achète pas d'eau dans de petites bouteilles en plastique.
7. Ne vous disputez pas. Cette marque est aussi bonne que l'autre.
8. Paie avec ton argent. J'ai payé la dernière fois.
9. N'utilisons pas de sacs en plastique!

Exercice 7
Partie A
1. Levez-vous plus tôt.
2. Ne te rase pas alors.
3. Lave-toi les mains.
4. Couche-toi moins tard.
5. Séchez-vous.
6. Brossez-vous les dents.
Partie B
1. Il faut se lever plus tôt.
2. Il ne faut pas se raser alors.
3. Il faut se laver les mains. / Tu veux bien te laver les mains?
4. Il faut se coucher moins tard.
5. Il faut se sécher.
6. Il faut se brosser les dents.

Exercice 8
1. La chambre d'Émilie par contre n'est jamais bien rangée.
2. Mais, personne ne téléphone à Emmanuelle.
3. ... mais Emmanuelle n'habite plus chez ses parents.
4. Émilie ne travaille pas et elle ne gagne rien.
5. Sa sœur, elle, n'a pas encore de rendez-vous.
6. Moi non plus.
7. Mais si, elles s'entendent bien!

Exercice 9
1. Je n'ai qu'une sœur.
2. Vous n'êtes arrivé qu'hier?
3. Tu ne veux te reposer qu'en regardant la télé?
4. Je n'aime que toi.
5. Ils ne vont qu'au supermarché.

Tout ensemble!
1. se réveille 2. se lève
3. salle de bains 4. se douche
5. se sèche 6. se maquille
7. s'habille 8. chambre
9. réveille 10. cuisine 11. frigo 12. four à micro-ondes
13. qu' 14. jamais 15. leur
16. se dépêcher

Module 11

Exercice 1
1. aurai 2. sera 3. trouverons
4. parlera 5. ferons 6. fabriqueront
7. pourra 8. sera

Exercice 2
1. seront, visiteront 2. sera, ira
3. serons, prendrons 4. seras, feras
5. serai, me baignerai

Exercice 3
Answers may vary. Possible answers:
1. Tu auras de bonnes notes si tu étudies.
2. Si vous ne mangez pas mieux, vous tomberez malade.
3. Ma mère viendra au campus quand elle pourra.
4. Je resterai chez moi ce soir si j'ai besoin d'étudier.
5. Nous serons en retard si nous ne nous dépêchons pas.
6. Mes parents ne seront pas contents si je rate mes examens.
7. Quand vous serez fatigué(e), vous vous reposerez.

Exercice 4
1. de 2. d'un 3. de 4. de
5. de 6. d'une

Exercice 5
1. Avec qui est-ce que tu voyages?
2. À qui est-ce que nous pouvons demander des renseignements?
3. À qui est-ce que le guide parle?
4. De quoi est-ce que vous avez besoin?
5. De qui est-ce qu'elle a besoin?
6. À qui est-ce qu'elle pense?
7. À quoi est-ce que vous assistez?
8. À qui est-ce que tu apportes des fleurs?

Exercice 6
Answers may vary. Possible answers:
1. Non, je ne les ai pas regardées.
2. Oui, je les ai faits.
3. Oui, je l'ai écoutée.
4. Non, je ne les ai pas vus.
5. Oui, je l'ai pris.
6. Non, je ne les ai pas arrosées.
7. Oui, je l'ai fait.
8. Non, je ne les ai pas lues.

Exercice 7
1. mangés 2. vues 3. rencontrés 4. laissées 5. achetés 6. faites
7. achetés

Exercice 8
1. crois 2. vois 3. vois 4. vois
5. croient 6. voient 7. crois 8. voir

Tout ensemble!
1. crois 2. recevrez 3. serai
4. avons rencontrés 5. ont trouvée
6. irons 7. d' 8. ne voit pas 9. ferai (vais faire)
10. ai achetés 11. prendrons
12. arriverons 13. pourrai
14. Avec 15. reverrons

Module 12

Exercice 1
1. Ce qui m'ennuie, c'est le conformisme.
2. Ce que j'apprécie, c'est (ce sont) mes copains et ma famille.
3. Ce que je n'aime pas, c'est être malade.
4. Ce que je désire, c'est trouver quelqu'un de bien qui me comprend.
5. Ce qui m'ennuie, c'est (ce sont) les gens qui parlent toujours d'eux-mêmes.
6. Ce qui m'impressionne, c'est la cuisine marocaine.
7. Ce qui m'énerve, c'est l'hypocrisie.

Exercice 2
1. ce qui, ce qui 2. ce que 3. ce qu'
4. Ce qui 5. ce que 6. Ce qui

Exercice 3
1. ces, ces 2. ce, ce 3. cette, ce
4. ce, cette 5. cette, ce

Exercice 4
1. Cette 2. Ces 3. Ce 4. Ces
5. Ce 6. Cet

Exercice 5
1. Lequel? Ce jean-ci ou ce jean-là?
2. Laquelle? Cette chemise-ci ou cette chemise-là?

3. Lequel? Ce pull-over-ci ou ce pull-over-là?
4. Lequel? Ce livre-ci ou ce livre-là?
5. Lesquelles? Ces baskets-ci ou ces basket-là?

Exercice 6
1. c 2. e 3. f 4. b 5. a 6. g 7. d

Exercice 7
1. la leur 2. les leur 3. la lui
4. y en 5. la leur

Exercice 8
1. Je te la prête. 2. Non, je ne les y ai pas vues. 3. Donne-le-moi.
4. Achètes-en. 5. Moi, j'aimerais bien vous en préparer. / Ne m'en prépare pas.

Exercice 9
1. m'ennuie 2. paies 3. essaie
4. envoie 5. essaie 6. payons
7. dépenses

Exercice 10
1. gagnons 2. dépensons
3. essaie 4. dépense 5. paie
6. épargnent 7. envoient
8. payer (dépenser) 9. ennuie

Tout ensemble!
1. Ce qui 2. ce sont
3. consommation 4. dépensent
5. fringues 6. ciné 7. portable
8. le lui 9. paient 10. leur 11. y 12. leur en 13. ce que

Module 13

Exercice 1
1. Rachid a mal à la tête.
2. Nous avons mal aux jambes.
3. Vous avez mal aux yeux.
4. Sacha et Karina ont mal aux oreilles.
5. Vanessa a mal à l'épaule.
6. Il a mal au dos.

Exercice 2
1. a sommeil 2. a mal à la tête
3. as l'air 4. ai du mal à 5. ai hâte d' 6. a l'occasion 7. envie 8. a peur
9. avoir de la chance
10. a honte 11. avez de la patience
12. tort

Exercice 3
1. Ces femmes ont l'air très jeunes.
2. Ces garçons ont l'air de bien s'amuser.
3. Cet homme a l'air d'attendre quelqu'un.
4. La mère sur le banc a l'air très ennuyée.
5. La petite blonde a l'air malheureuse.
6. L'homme au chapeau a l'air de chercher quelque chose.

Exercice 4
1. Anne a de terribles migraines depuis l'âge de dix ans.
2. Simone répète la même phrase depuis dix ans.

3. Agnès a peur de l'eau depuis qu'elle a eu un accident de bateau.
4. Sophie a horreur des hôpitaux depuis son enfance.
5. Monsieur Monneau a peur de monter dans un avion depuis que son parachute ne s'est pas ouvert.
6. Jeanne fait une dépression depuis que son chien est mort.
7. Madame Leclerc n'a pas conduit depuis son accident il y a cinq ans.
8. Guy n'est pas sorti depuis sa rupture avec Alice.

Exercice 5
1. franc 2. absolu 3. différent
4. évident 5. naturel 6. vague
7. actif 8. suffisant

Exercice 6
1. silencieusement
2. naturellement 3. constamment
4. heureusement
5. apparemment 6. régulièrement
7. vraiment
8. récemment 9. couramment
10. doucement

Exercice 7
1. lentement 2. tranquillement
3. fixement 4. silencieusement
5. énergiquement
6. patiemment

Exercice 8
1. mangiez 2. mette 3. soyons
4. preniez 5. fasse 6. aies

Exercice 9
1. sorte 2. aller 3. sois 4. boire
5. prennent 6. dormir
7. puissions 8. fassions

Exercice 10
1. écrive 2. finissiez 3. soyons
4. étudier 5. répondent 6. aille
7. inviter 8. fassions

Exercice 11
1. Il faut que tu mettes de la crème solaire pour protéger ta peau.
2. Il est nécessaire que vous fassiez un régime et brûliez des calories en faisant de l'exercice chaque jour.
3. Il vaut mieux que tu dormes davantage.
4. Je vous recommande de faire de la musculation.
5. Je vous conseille de faire du yoga.
6. Il est essentiel que tu te brosses les dents après chaque repas.
7. Tu dois te laver le visage régulièrement avec du savon.
8. Il faut étudier plus souvent.

Tout ensemble!
1. besoin 2. franchement
3. envie 4. air 5. mal 6. sommeil
7. Évidemment 8. travaille

9. vachement 10. finalement
11. Malheureusement
12. peur 13. absolument
14. honte 15. vraiment
16. faire 17. sortes
18. téléphoner 19. fasses
20. régulièrement

Module 14

Exercice 1
1. s'écrivent, se téléphonent
2. se voient 3. déteste
4. s'entendait, se disputer
5. marier 6. nous revoyons
7. demandent

Exercice 2
1. s'occupe 2. vous rendez compte
3. se dépêcher 4. vous fâchez 5. me demande

Exercice 3
1. amusé(e)s 2. brossé 3. parlé
4. rencontrés, écrit, retrouvés
5. dépêchée 6. vues, parlé

Exercice 4
1. ceux 2. celui 3. ceux 4. celle
5. celui 6. celui 7. celles
8. celles

Exercice 5
1. Tu devrais... 2. Nous préférerions... 3. Nous voudrions... 4. Pourriez-vous...
5. Serait-il... 6. Vous devriez...

Exercice 6
1. verrais 2. aurait 3. étudierais
4. aurions 5. offrirais
6. passerait 7. devraient
8. répondrais

Exercice 7
1. s, S 2. c, I 3. s, S 4. c, I 5. s, S 6. d, S

Exercice 8
1. Je regrette que tu ne fasses pas de sport.
2. Nous sommes contents que vous arriviez demain.
3. François est triste que Jeanne ne veuille pas le revoir.
4. Nous avons peur qu'elle perde son argent.
5. Ma mère est furieuse que je sorte avec Pierre.
6. Je suis heureux que tu puisses venir tout de suite.
7. Anne-Marie est désolée que son ami soit malade.
8. Nous sommes surpris que vous aimiez ce film.

Exercice 9
1. sait 2. sont 3. vienne 4. a
5. dise 6. fassiez

Tout ensemble!
1. doit 2. celle 3. équilibrer
4. prenne 5. se disputer
6. iraient 7. fasse 8. a 9. aille
10. comprenne 11. est 12. celui
13. se méfient

This list contains the words and expressions actively taught in *Motifs,* including the **Vocabulaire fondamental** and other frequently used supplemental words. The number references indicate the chapter where the words are introduced; **s** following the number indicates that the word appears within the **Vocabulaire supplémentaire.** To facilitate study at home, words used in exercise directions are also listed. In subentries, the symbol — indicates the repetition of the key word.

Nouns are presented with their gender, irregular plural forms, and familiar forms. Adjectives are listed in the masculine form with regular feminine endings and irregular feminine forms following in parentheses. Verb irregularities such as spelling changes and irregular past participles are also included. Words marked with * begin with an **h aspiré.**

The following abbreviations are used.

adv. adverb	*m.* masculine
conj. conjunction	*pl.* plural
f. feminine	*p.p.* past participle

A

à to, at, in; **— côté (de)** next to, by 3; **— droite (de)** to the right (of) 11; **— gauche (de)** to the left (of) 11; **— pied** on foot 4; **au bout de** at the end of 11 s; **au-dessous (de)** underneath 3; **au-dessus (de)** above 3; **au printemps** in spring 7 **au revoir** good-bye 1

absolument absolutely 13

accident *m.* accident 4 s

accompagner to accompany

accord *m.* agreement; **d'—** OK, all right 5

accorder to grant

accouchement *m.* delivery (of a baby) 13 s

accrocher to hook, hitch on 6 s

accueillir to welcome, greet 11 s

achat *m.* purchase 12

acheter (j'achète) to buy 7

acteur(-trice) *m., f.* actor 1 s, 4

actif(-ive) active 3

activement actively 13

activité *f.* activity 1

actualité *f.* current affairs 6; **les —s (les actus,** *fam)* *f. pl.* news 6

addition *f.* check, tab (at a restaurant) 5

admirer to admire 11

adorer to love, adore 2

adresse *f.* address 2; **— courriel** *f* e-mail address 1

adulte *m., f.* adult 6

adultère *m.* adultery 14 s

aérobic *f.* aerobics; **faire de l'—** to do aerobics 9 s

aéroport *m.* airport 4

affaire *f.* affair, business; **une bonne —** a bargain 12 s; **homme (femme) d'affaires** *m., f.* businessman (businesswoman) 4

affiche *f.* poster 3

africain(e) African

Afrique *f.* Africa

âge *m.* age 2; **quel — avez-vous?** how old are you? 2; **d'un certain —** middle aged 1

âgé(e) old, elderly (person) 1

agence *f.* agency; **— de voyages** travel agency 9

agenda *m.* personal datebook 4

s'agenouiller to kneel 13 s

agent *m.* agent 4; **— de police** *m., f.* policeman/ woman 4; **— de voyages** *m., f.* travel agent 9; **— immobilier** real estate agent

agir to act 6; **il s'agit de …** it's about … Récap

agneau *m.* lamb 7 s, 15 s

agréable likeable 3

agriculteur(-trice) *m., f.* agriculturalist, farmer 4 s

aider to help 4

ail *m.* garlic 7 s

ailleurs elsewhere

aimer to like, love 2; **— bien** to like 2; **— mieux** to prefer 2

aîné(e) older (brother/sister) 3 s

ainsi thus

air *m.* air; **avoir l'— de** to seem, look 13; **en plein —** outdoors 7

ajouter to add 7 s

album de photos *m.* photo album 8

alcoolisé(e) containing alcohol

alimentation *f.* food, diet 7 s

allégé(e) reduced fat/calories 7 s

allemand(e) German 4; *m.* German language 2

aller to go 4; **— voir** to go see 5; **comment allez-vous?** how are you? 1; **s'en — to** go away 14 s

allergie *f.* allergy 13 s

allergique allergic 7 s

alliance *f.* wedding ring 14 s

allô hello (on the telephone) 5

allumette *f.* match 11 s

alors then, therefore; **et —?** and then? 6

alphabétisme *m.* literacy rate 9

amant(e) *m., f.* lover 15 s

ambitieux(-ieuse) ambitious 14 s

aménagé(e) with all the amenities 11 s

aménagement *m.* amenities, layout of a room 3 s

amener (j'amène) to bring, take along (a person) 6

américain(e) American

Amérique *f.* America, the Americas; **— du Nord** North America; **— du Sud** South America

ami(e) *m., f.* friend 1; **petit(e) —** boyfriend/ girlfriend

amitié *f.* friendship 14

amour *m.* love 14

amoureux(-euse) in love; **tomber — de** to fall in love with 14

amphithéâtre *m.* amphitheater, lecture hall 2 s

amusant(e) funny 1

amuser to amuse; **s'—** to have fun, enjoy oneself 2, 10

an *m.* year 2; **avoir (dix-huit) ans** to be 18 years old 2

ananas *m.* pineapple 7 s

ancêtre *m., f.* ancestor 6 s

anchois *m.* anchovies 7 s

ancien(ne) former, old 9

anglais(e) English 4; *m.* English language 2

animal *m.(pl.* **animaux)** animal 3; **— familier, — domestique** house pet 8

animé(e) lively 9 s, 11; animated 8; **film animé** *m.* animated film 8

année *f.* year 2 s

anniversaire *m.* birthday 2

annoncer to announce

anthropologie *f.* anthropology 2

antilope *f.* antelope 9 s

août August 2

apercevoir to see 14 s; **s'—** to notice 14 s

appareil *m.* device; **— ménager** appliance 10; **— photo** camera 12

appartement *m. (fam.* **appart**) apartment 3

appartenir à to belong to 6 s

appeler (**j'appelle**) to call 5 s, 7; **Comment vous appelez-vous?** What is your name?; **je m'appelle** my name is 1; **s'—** to be named 7

appétit: bon — enjoy your meal 10

apporter to bring, carry 11

apprécier to appreciate 12

apprendre (*p.p.* **appris**) to learn 5

apprentissage *m.* apprenticeship 16

approprié(e) appropriate

après after 4; then 6

après-midi *m.* afternoon 4

aquarium *m.* aquarium 3 s

association caritative *f.* charity, non-profit organization 14 s

arabe *m.* Arabic 2

arbre *m.* tree 2 s

architecte *m., f.* architect 4 s

ardoise *f.* writing slate 8 s

argent *m.* money 4

armoire *f.* armoire, closet 10

s'arranger to resolve itself, work out 10 s

arrête! stop it! 8

arrêter to stop; to arrest; **— (de)** to stop (doing something) 10 s, 13

arriver to arrive 4; to happen 10 s

art dramatique *m* drama 2

article *m.* article 6

artiste *m., f.* artist 4 s

ascenseur *m.* elevator 11

Asie *f.* Asia

asperges *f. pl.* asparagus 7 s

aspirateur *m.* vacuum cleaner 10; **passer l'—** to vacuum 10

aspirine *f.* aspirin 13

asseoir (*p.p.* **assis**) to seat; **asseyez-vous** sit down 1; **s'—** to sit down

assez somewhat, sort of 1; **— bien** fairly well 2; **— de** enough of 7

assiette *f.* plate 7

assister (à) to attend 11

assurance *f.* insurance 13 s

athlète *m., f.* athlete 4 s

atmosphère *f.* atmosphere 11

attaquer to attack Récap

attendre to wait (for) 5; **s'— à** to expect to 14

attention *f.* attention

attirer to attract Récap

attraction *f.* attraction 11

attraper to catch

auberge *f.* inn 11; **— de jeunesse** youth hostel 11

augmenter to increase 16

aujourd'hui today 2

auparavant previously

aussi also 1; **— ... que** as ... as 8; **moi —** me too 1

aussitôt que as soon as 11

austère austere, simple 11 s

Australie *f.* Australia

autant as much, as many 9; **— de (travail) que...** as much (work) as ... 9

auteur *m.* author Récap

autobus *m.* bus 9

autocar *m.* bus 9

automne *m.* autumn 2; **en —** in autumn 9

autoroute *f.* highway 6 s

autre other, another 9

autrefois formerly, in the past 14 s

avaler to swallow 13 s

avance: en — early 4

avancé(e) advanced 4 s, 16

avant before 4

avantage *m.* advantage 11

avec with 5

avenir *m.* future 11

aventure *f.* adventure 8 s

avenue *f.* avenue 11

averse *f.* rain shower 5 s, 9

avion *m.* airplane 6, 9

avis *m.* opinion Récap; **à mon —** in my opinion

avocat(e) *m., f.* lawyer 4

avoir (*p.p.* **eu**) to have 2; **— besoin de** to need 11; **— chaud** to be hot 13; **— de la chance** to be lucky 13; **— de la patience** to be patient 13; **— du mal à** to have difficulty 13; **— envie de** to desire, feel like 13; **— faim** to be hungry 7; **— froid** to be cold 13; **— hâte de** to look forward to 13; **— honte** to be ashamed 13; **— l'air** to seem, look 13; **— l'occasion de** to have the opportunity 13; **— lieu** to take place 13; **— mal à la tête** to have a headache 13; **— bonne/mauvaise mine** to look good/to not look good 13 s; **— peur (de)** to be afraid 8 s, 13; **— raison** to be right 13; **— soif** to be thirsty 7; **— sommeil** to be sleepy 13; **— tort** to be wrong 13

avril April 2

B

baby-sitter *m., f.* babysitter 4 s

baccalauréat *m. (fam.* **bac**) French secondary school program of study; examination required for university admission; diploma 12

bagage *m.* suitcase 9; **faire ses —s** to pack one's suitcases 9

bagnole *f. fam.* car 12

bague (de fiançailles) *f.* (engagement) ring 14 s

baguette *f.* loaf of French bread 7

bain *m.* bath; **salle de bains** *f.* bathroom 10

bal *m.* dance, ball Récap s

(se) balader to stroll 11 s

baladeur *m.* Walkman, personal stereo 3 s

balai *m.* broom 10; **passer le —** to sweep 10

balcon *m.* balcony 10

balle *f.* small ball 2 s, 3

ballon *m.* (inflatable) ball 3, 8

banane *f.* banana 7

banc *m.* bench 2 s

bande dessinée *f. (fam.* **BD**) cartoon strip 8

banlieue *f.* suburb 10

bannir to banish 15 s

banque *f.* bank 4

bar *m.* bar; **— à soupes bio** organic food café specializing in soup 4 s

barbe *f.* beard Récap

bas(se) low; **table basse** coffee table 10

basket-ball *m. (fam.* **basket**) basketball 4; **jouer au basket** to play basketball 4

baskets *f pl* basketball shoes, sneakers

basketteur *m* basketball player 1 s

bateau *m.* boat 9

bâtiment *m.* building 2 s, 8

battre to beat, hit

bavard(e) talkative 3 s

bavarder to chat 4 s

beau (bel, belle) (*pl.* **beaux, belles**) handsome, beautiful 1; **il fait —** it's nice weather 5; **le — temps** nice weather 2 s

beaucoup a lot 2; **— de** a lot of 7

bébé *m.* baby 3

beige beige 1

belge Belgian 4

bénéficier to benefit

bénévole voluntary, unpaid; **faire du travail —** to do volunteer work 4

béquilles *f. pl.* crutches 13 s

besoin *m.* need; **avoir — de** to need 11

bête (*fam.*) stupid 3

beurre *m.* butter 7

bibliothèque *f.* library 2

bicyclette *f.* bicycle 3

bidet *m.* bidet 10 s

bien well 2; **— des** a good many 12; **— élevé(e)** well-mannered 3 s; **— être** well-being 13 s; **— que** although; **— sûr** of course

bientôt soon; **à —** see you soon 1

bienvenue *f.* welcome

bière *f.* beer 5

bilingue bilingual 9

billet *m.* ticket 5 s, 9; — **aller simple** oneway ticket 9; — **aller-retour** roundtrip ticket 9

binge-drinking *m.* binge drinking 13 s

biologie *f.* biology 2

biologique (bio, *fam***)** organic 7

bise *f. (fam.)* kiss; **grosses bises** hugs and kisses (in a letter)

blague *f.* joke 10; **sans —** no kidding 10

blanc(he) white 1

blesser to hurt, injure 13

blessure *f.* injury 13

bleu(e) blue 1; *m.* bruise 13 s

blog *m.* blog 6

blond(e) blond 1

blouson *m.* jacket 1

blue-jean *m. (fam.* **jean)** jeans 1

bœuf *m.* beef 7

bof so-so 12

boire *(p.p.* **bu)** to drink 5; — **l'eau du robinet** to drink tap water 10

bois *m.* wood 10 s

boisson *f.* drink 5

boîte *f.* box, can 7; — **de mouchoirs** box of tissues 13 s; — **de nuit** *f.* nightclub 5; **aller en —** to go to a club 5

bol *m.* bowl 7 s

bon(ne) good, correct 2

bonbon *m.* candy 7

bonheur *m.* happiness 11 s, 13

bonjour hello 1

bon marché inexpensive 3

bonsoir good evening 1

botte *f.* boot 12

bouche *f.* mouth 13

bouché(e) stopped up 13 s

boucherie *f.* butcher shop 7

bouffe *f. (fam.)* food 12

bouger to move (one's body) 13 s

boulangerie *f.* bakery (for bread) 7; —**-pâtisserie** *f.* bread and pastry shop 7

boulevard *m.* boulevard 11

boulot *m. (fam.)* job 10

bouquin *m. (fam.)* book 12

bourgeois(e) middle class 6

boussole *f.* compass 11 s

bout: au — de at the end of 11

bouteille *f.* bottle 7

boutique *f.* boutique, small shop 4

box-office *m.* the top movies 15

bras *m.* arm 13

bref (brève) brief

briller to shine 9 s

brochure *f.* brochure 9 s

brocoli *m.* broccoli 7 s

brosse *f.* brush 10 s; chalkboard eraser 1 s; — **à dents** toothbrush 10 s

brosser to brush; **se — les cheveux (les dents)** to brush one's hair (teeth) 10

brouillard *m.* fog 5 s; **il y a du —** it's foggy 5 s

bruit *m.* sound, noise 6

brûler to burn 13 s

brun(e) brown, brunette 1

brunir to tan, get brown 6

buffet *m.* buffet 10

bulletin *m.* bulletin; — **météorologique** *(fam. f.* **météo)** weather report 9; — **scolaire** report card 8 s

bureau *m.* desk 1; office 4; — **de poste** post office 4; — **de tourisme** tourist office 11

but *m.* goal

C

ça that; — **va?** how's it going? 1

cabine *f.* booth; — **d'essayage** dressing room 12 s

câble *m.* cable 11

cadeau *m.* gift 12

cadet(te) younger brother/sister 3 s

cadre *m.* executive 4

café *m.* coffee, coffee shop 5; — **au lait** coffee with milk 5; — **crème** *(fam.* **un crème)** coffee with cream 5

cafétéria *f.* cafeteria 2

cahier *m.* notebook 1

calculatrice *f.* calculator 3

calendrier *m.* calendar 2

calme calm 3

camarade *m., f.* friend; — **de chambre** roommate 2; — **de classe** classmate 1

camping *m.* camping 11; **faire du —** to go camping 11

campus *m.* campus 2

canadien(ne) Canadian 4

canapé *m.* couch, sofa 10

cancer *m.* cancer 13 s

canoë *m.* canoe, canoeing 9 s

capitale *f.* capital 9

car because

caravane *f.* trailer, caravan 6 s

carie *f.* cavity 10 s; 13 s

caresser to caress 13 s

carosse *f.* carriage Récap s

carrière *f.* career

carotte *f.* carrot 7

carte *f.* card 4; map 8; menu 5; — **postale** postcard 9; **jouer aux cartes** to play cards 4; **payer par — bancaire (de débit)/de crédit** to pay by debit/credit card 12

casquette *f.* baseball cap 1

casser to break; **se — (la jambe)** to break (one's leg) 13

cause humanitaire *f.* humanitarian cause 14

caution *f.* deposit 3 s

CD *m. s./pl.* compact disc(s)

ce(t) (cette) *(pl.* **ces)** this/that; these/those 12

ceinture *f.* belt 12

célèbre *fam*ous 1

célibataire unmarried 3

celui (celle) *(pl.* **ceux, celles)** this one; that one; (these) 14

cent one hundred 3; **deux cents** two hundred 3

centre *m.* center 9; — **commercial** *m.* shopping mall 12

cependant however

céréales *f. pl.* cereal, grain 7

cerise *f.* cherry 7 s

certain(e)s certain ones, some 12

chaîne hi-fi *f.* stereo syste*m* 3; **mini-—** bookshelf stereo 3

chaise *f.* chair 1

chambre *f.* bedroom 3

champ *m.* field 4 s

champagne *m.* champagne 11

champignon *m.* mushroom 7 s

champion(ne) *m., f.* champion 4 s

chance *f.* luck; **avoir de la —** to be lucky 13; **bonne —** good luck 10

changement *m.* change

chanson *f.* song 8

chanter to sing 2

chanteur(-euse) *m., f.* singer 1 s, 4

chapeau *m.* hat 1

chaque each 10

charcuterie *f.* delicatessen, cold cuts 7

chargé(e) busy 4 s, 10 s

charges *f. pl.* utility bills 3 s

chasser to hunt, chase 8

chat(te) *m./f.* cat 3

château *m.* chateau, castle, palace 6

châtiment corporel *m.* corporal punishment 8 s

chaud(e) hot 5; **il fait —** it's hot 5

chaussettes *f. pl.* socks 12

chaussures *f. pl.* shoes 1; — **à talons** high heels 12

check-up *m.* checkup (medical) 13

chef *m.* leader, head person 4

chef d'entreprise *m.* company president 4 s

cheminée *f.* fireplace 10 s

chemise *f.* shirt 1

chemisier *m.* blouse 1

chèque *m.* check; **payer par** — pay by check 12

cher (chère) expensive 3

chercher to look for 3; — **à** to try to 14

chevalier *m.* knight Récap s

cheveux *m. pl.* hair 1; — **blonds (bruns, gris, roux)** blond (brown, gray, red) hair 1; — **courts (longs)** short (long) hair 1; **coupe de** — *f.* haircut 12 s

cheville *f.* ankle 13 s

chez at the house or place of 3; — **moi** at my place 5

chic stylish 10

chimie *f.* chemistry 2

chinois(e) Chinese 4

chocolat chaud *m.* hot chocolate 5

choisir to choose 6

chômage *m* unemployment 4; **au** — unemployed 4

choqué(e) shocked 11 s

chose *f.* thing 1 s, 3; **quelque** — something 5

chute (d'eau) *f.* (water)fall 9 s

ciao bye *(fam)* 1

cicatrice *f.* scar 13 s

ciel *m.* sky 9

cil *m.* eyelash 13 s

cinéma *m.* movies, movie theater 2

cinq five 1

cinquante fifty 1

citron pressé *m.* lemonade 5 s

clair(e) sunny, light 3 s; clear 14

classe *f.* class 1; **en** — in class; **en première** — in first class 9; **en** — **touriste** in tourist class 9

classer to classify, categorize

classeur *m.* binder 1 s

client(e) *m., f.* client 4

climat *m.* climate 9

climatisation *f.* air conditioning 3

clip *m.* video clip 12

coca (light) *m.* (diet) Coca-Cola 5

cœur *m.* heart 13

coffre *m.* car trunk 6 s

coiffure *f.* hairstyle 12 s

coin *m.* corner 11

col *m.* collar; **à** — **roulé** turtleneck 12 s; **à** — **en V** V-neck 12 s

colère *f.* anger; **se mettre en** — to get angry 10

collants *m. pl.* hosiery; tights 12

collecte *f.* collection 4 s

collège *m.* middle school (in France) 8 s, 12

collègue *m., f.* colleague 12

colocataire *m., f.* apartment, house mate

colonie *f.* colony 9 s

combien how much 5; **c'est** — how much is it? 3; — **de** how many 5

comédie *f.* comedy 2, 15

comédien(ne) *m., f.* actor Récap s

comique funny 1

commander to order (in a café, restaurant) 5

comme like, as 8

commencer (nous commençons) to begin 4, 7

comment how (what) 5; — **allez-vous?** how are you? 1

commerce *m.* business 2

commissariat *m.* police station 4 s

commode *f.* chest of drawers 10

communiquer to communicate

comparer to compare 8

complet (complète) filled, booked 11

complet *m.* man's suit 12

compléter (je complète) to complete

complex sportif *m.* sports center

se comporter to behave 8 s

compositeur(-trice) *m., f.* composer 4

compréhensif(-ive) understanding 3 s

comprendre *(p.p. compris)* to understand 5

compris(e) included 11; **service** — tip included 7

compromettant(e) compromising 15

comptabilité *f.* accounting 2

compter to count 1 s; to intend to 11; — **sur** to count on 14

concert *m.* concert 2, 5

concombre *m.* cucumber 7 s

concours *m.* competitive exam 12

conduire *(p.p. conduit)* to drive 8 s

confier to confide 13, 14

confiture *f.* jam 7

conformiste conformist 3 s

confort *m.* comfort 11; **tout** — luxury 10 s

congés payés *m. pl.* paid vacation 6

congolais(e) Congolese 4

congrès *m.* convention 11 s

connaissance *f.* knowledge; **faire la** — **de** to make the acquaintance of 5

connaître *(p.p. connu)* to know, be acquainted or familiar with 2, 9

consacrer to devote to

constater to note, notice

conseil *m.* advice 13

conseiller to recommend, advise 7 s, 13

conservateur(-trice) conservative 4 s

considérer (je considère) to consider 9

consommation *f.* consumption 12

constamment constantly 13

construire to construct

consulter to consult

conte *m.* story Récap; — **de fées** fairy tale Récap

contemporain(e) contemporary 11

content(e) happy 3

continent *m.* continent 9

continuer to continue 5 s, 9

contraire *m.* opposite

contre against

contribuer to contribute 6

convaincre to convince 14 s

convenable appropriate, proper

coordonnées *f pl* contact information 1

copain (copine) *m., f.* friend 2

copier to copy 8

corbeille à papier *f.* wastebasket 3 s

corps *m.* body 13

corriger to correct

côte *f.* coast 9; — **d'Azur** Riviera 11

côté: à — **de** next to 3

côtelette *f.* meat cutlet 7 s

coton *m.* cotton; **en** — made of cotton 12

cou *m.* neck 13

coucher to put to bed; **se** — to go to bed 4; — **de soleil** *m.* sunset 6 s

coude *m.* elbow 13 s

couleur *f.* color 1; **de quelle** —? what color?

couloir *m.* hallway 10

coup *m.* blow, hit; — **de foudre** love at first sight 14; — **de téléphone** telephone call 6

coupe (de cheveux) *f.* haircut 12 s

couper to cut 7 s; **se** — **le doigt** to cut one's finger 13 s

couple *m.* couple 14

cour *f.* courtyard 8 s

courage: bon — hang in there 10

courageux(-euse) brave 3 s, Récap

couramment fluently 8, 13

courir *(p.p. couru)* to run 11

courriel *m.* e-mail 1; **addresse** — *f.* e-mail address 1

courrier électronique *m.* e-mail 8

cours *m.* course 2

course *f.* errand; **faire les courses** to go shopping 4

court(e) short 1

court de tennis *m.* tennis court 2 s

cousin(e) *m., f.* cousin 3

couteau *m.* knife 7

coûter to cost 3

couturier(-ière) *m., f.* fashion designer 1 s

couvert(e) covered; **le ciel est** — it's cloudy 9 s

couverture *f.* cover 6

couvre-lit *m.* bedspread 3

craie *f.* chalk 1

cravate *f.* tie 1 s, 12

crayon *m.* pencil 1

créer to create 6 s

crème solaire *f.* sunscreen

crémerie *f.* shop selling dairy products 7 s

crêpe *f.* crepe (thin pancake) 7 s

crevette *f.* shrimp 7

crier to shout

crise *f.* crisis 6 s

critique *m.* critique Récap

critiquer to criticize 8

croire (*p.p.* **cru**) to believe 11

croisière *f.* cruise 9 s

croissance *f.* growth

croissant *m.* croissant (roll) 5

cuillère *f.* spoon 7; — **à café** teaspoon 7 s;
— **à soupe** soup spoon, tablespoon 7 s

cuir *m.* leather; **en** — made of leather 12 s

cuisine *f.* food, cooking 7; kitchen 10;
faire la — to cook 4

cuisinier(-ère) *m., f.* cook 4 s

cuisinière *f.* stove 10 s

cuit(e) cooked; **bien** — well done 7

culinaire culinary 7 s

cultiver to cultivate 4 s

D

d'abord first 6

d'accord OK, all right 5, 14

dans in 3

danse *f.* dance 2

danser to dance 2

danseur(-euse) *m., f.* dancer 1 s, 4 s

date *f.* date 2

davantage more 13

de of, from, about 3

débardeur *m.* tank top 12

débarquer to disembark, get off (plane, boat)

débarrasser to clear, remove 11 s

débordé(e) overwhelmed; — **de travail**
overworked 10 s

se débrouiller to get along, manage 7 s

début *m.* beginning; **au** — in/at the beginning

décembre December 2

déchets *m. pl.* trash; **trier les** — to separate the
trash 10

décider to decide; **se** — **à** to decide to 14

décontracté(e) relaxed 3 s,

découvrir (*p.p.* **découvert**) to discover 6 s, 11

décrire (*p.p.* **décrit**) to describe 8

déçu(e) disappointed 11, 14

défendre to defend 4 s

défilé *m.* parade; — **de mode** fashion show 12 s

déjà already 4

déjeuner *m.* lunch 7; to eat lunch 4 s

délicieux(-ieuse) delicious 7

demain tomorrow 4

demander to ask (for) 4; **se** — to wonder 14

démarrer to start 6 s

déménager (**nous déménageons**) to move
(house) 10

demi(e) half; **il est une heure et demie** it's
one-thirty 4; **un** — *m.* glass of draft beer 5

démissionner to resign 8 s

démodé(e) old-fashioned 14 s

dénouement *m.* ending Récap

dent *f.* tooth 10

dépaysé(e) homesick 11

se dépêcher to hurry 4

dépense *f.* expense 12

dépenser to spend (money) 12

déplacement *m.* out of town trip 14 s

déposer to leave, drop off 4 s

déprimé(e) depressed 13

depuis for, since 13; — **combien de temps?** how
long (for how much time)? 13;
— **longtemps** for a long time 13;
— **quand?** how long (since when)? 13

déraisonnable unreasonable 3 s

dernier(-ière) last, past 6; **la semaine dernière**
last week 6; **la dernière fois** last time 6

déroulement *m.* plot Récap

derrière behind 3

désagréable unpleasant 3

descendre (*p.p.* **descendu**) to go down, downstairs; get off (a bus, a plane)

description *f.* description 1

désert *m.* desert 9

désirer to want, desire 5

désolé(e) sorry 5

désordonné(e) messy 3

désordre: en — messy, untidy,
disorderly 10 s

dessert *m.* dessert 7

dessin *m.* drawing

dessiner to draw, design 4 s

destination *f.* destination 9 s

détail *m.* detail

se détendre to relax 11 s, 13

détenir le record to hold the record

deux two 1

deuxième second 2 s

devant in front of 3

développer to develop

devenir (*p.p.* **devenu**) to become 6

deviner to guess

devoir (*p.p.* **dû**) must, to have to, to owe 5

devoirs *m. pl.* homework assignment 1; **faire les**
— to do homework 4

d'habitude usually 5

diable *m.* devil 11 s

dictionnaire *m.* (*fam.* **dico**) dictionary 1

dieu *m.* god; **Dieu** God 11 s

différence *f.* difference 8

différent(e) different 8

difficile difficult 3

dimanche Sunday 2

diminuer to diminish 5 s

dîner *m.* dinner 6; to eat dinner 4

diplôme *m.* diploma 12

dire (*p.p.* **dit**) to say, tell 8

directeur(-trice) *m., f.* director 4 s; school
principal 8

dirigeant(e) leader 6 s

discipline *f.* discipline 8

discuter (**de**) to discuss 5

disponible available

se disputer (**avec**) to argue, quarrel (with) 10

disque compact *m.* (*fam.* **CD**) compact disc 2

distraction *f.* entertainment 2

diversité *f.* diversity 9 s

divorce *m.* divorce 14

divorcé(e) divorced 3

divorcer to divorce 14

dix ten 1

dock MP3 *m.* MP3 docking station 3

doctorat *m.* doctorate 12

doigt *m.* finger 13

dominer to dominate 11 s

dommage *m.* damage, pity; **quel** — what a
shame; **il est** — it's too bad

donc then, therefore

donner to give 8; — **sur** to open onto,
overlook 11

dormir to sleep 5

dos *m.* back 13

dossier *m.* file 4 s

doucement slowly, softly, sweetly 13

se doucher to shower 10

douter to doubt 14

douteux(-euse) doubtful 14

doux (douce) sweet, gentle 3 s; **il fait** — it's mild
weather 5

douze twelve 1

douzaine *f.* dozen 7

drame *m.* drama 2, 15

drapeau *m.* flag 11

draps *m. pl.* bedsheets 11 s

droit *m.* law 2; right, permission 6

droit(e) right, straight 11; **à droite** to the right 11; **tout droit** straight ahead 11

dur(e) tough 2 s; **dur** *adv.* hard

durable durable Récap

durée *f.* length (of time) Récap

E

eau *f.* water 5; **— minérale** mineral water 5; **— du robinet** tap water 10

échanger to exchange

échapper (à) to escape (from) Récap s

écharpe *f.* scarf 12

éclaircie *f.* sunny spell; **il y a des éclaircies** it's partly cloudy 9 s

école *f.* school 4; **grande —** elite university 12; **— maternelle** nursery school, kindergarten 8, 12; **— primaire** elementary school 8, 16

économie *f.* economics 2

écouter to listen (to) 2

écrire (*p.p.* **écrit**) to write 8

écriture *f.* writing, penmanship 8

écrivain(e) *m., f.* writer 4 s

éditorial *m.* editorial 6

égalitaire egalitarian 14 s

église *f.* church 4

élaborer to elaborate, develop

élégant(e) elegant 8

élément *m.* element

éléphant *m.* elephant 9 s

élève *m., f.* pupil (pre-university) 8

élevé(e) high, raised 9 s, 13; **bien/mal —** well/bad mannered 3 s

elle she, it 1; **elles** they 1

embrasser to kiss 14; **s'—** to kiss each other 14

émission *f.* program 6 s

emménager to move in 10 s

emmener (j'emmène) to take (someone) along 4 s, 8 s

s'empêcher to stop oneself 14 s

emploi *m.* job; **recherche d'un —** job hunting 4 s

emploi du temps *m.* schedule 4 s, 5

employé(e) *m., f.* employee 4

employer (j'emploie) to employ, use 4 s, 12

emporter to take along

emprunter to borrow 8, 12

en at, in, on, to; **— face (de)** facing 3; **— avance** early 4; **— retard** late 4; **— solde** on sale 12 s

enceinte pregnant 13

encore still, yet, even more 10; **pas —** not yet 6

endormir to put to sleep 13; **s'—** to fall asleep 10

endroit *m.* place 9

énerver to annoy, get on one's nerves 12

enfance *f.* childhood 8

enfant *m., f.* child 1; **petits-enfants** grandchildren 3 s

enfer *m.* hell 11 s

enfin finally 6

enflé(e) swollen 13 s

élection *f.* election 6 s

engagé(e) active 14

ennuyer (j'ennuie) to annoy, bother 8 s; **s'—** to get bored, be bored 12

ennuyeux(-euse) boring 2

enrhumé(e) congested 13

enrichir to enrich

enseigner to teach 4 s

ensemble together 5; *m.* outfit 12

ensoleillé(e) sunny 9 s

ensuite then 6

entendre to hear 5; **s'— bien** to get along well 14

enthousiaste enthusiastic 3 s

entier(-ière) entire, whole 11 s

entre between 3

entrée *f.* entryway 10; first course (meal) 7

entreprise *f.* company, business 4

entrer (dans) to enter, go in 6

envers towards 8

environ about, around

envoyer (j'envoie) to send 6

épargner to save 12

épaule *f.* shoulder 13

épeler to spell 1 s

épice *f.* spice 7 s

épicerie *f.* grocery store 7

époque *f.* era 8; **à l'—** at that time 8

épouser to marry Récap

époux (épouse) *m., f.* spouse 14

équateur *m.* equator 9 s

équilibre *m.* balance 11 s

équipe *f.* team

équitation *f.* horseback riding 9 s

erreur *f.* error 7

escalier *m.* staircase 10

esclave *m., f.* slave 6 s

espace *m.* space 2 s

espagnol(e) Spanish 4; *m.* Spanish language 2

espérer (j'espère) to hope for 7

espoir *m.* hope 14 s

esprit *m.* mind

essayer (j'essaie) to try (on) 12

essence *f.* gasoline 11 s

essentiel(le) essential 3 s, 11

essentiellement essentially 13

est east 9; **à l' — (de)** to/in the east (of) 9

estomac *m.* stomach 13

et and 1

établir to establish

étage *m.* floor (of a building); **premier —** first floor (American second floor) 10

étagère *f.* bookshelf 3

étape *f.* stage, step

état *m.* state 9

États-Unis *m. pl.* United States; **aux —** in, to the United States

été *m.* summer 2; **en —** in summer 9

éteindre to turn off 10; **— la lumière** to turn off the light 10

éternuer to sneeze 13 s

étonnant(e) astonishing 14

étonné(e) astonished 14

étranger(-ère) foreign; **à l'étranger** abroad

être (*p.p.* **été**) to be 1; **— à la mode** to be in fashion 8 s; **— au régime** to be on a diet 7; **— bien dans sa peau** to be comfortable with oneself 13; **— de mauvaise humeur** to be in a bad mood 13; **— en terminale** to be a senior (in high school) 12

études *f. pl.* studies 12

étudiant(e) *m., f.* student 1

étroit(e) tight, narrow 12 s

étudier to study 2

euh um

Europe *f.* Europe

européen(ne) European

eux them 5

événement *m.* event, happening 6

évidemment evidently 13

évident(e) obvious 14

évier *m.* kitchen sink 10 s

éviter to avoid 7 s

examen *m.* exam 2

excellent(e) excellent 2

exceptionnel(le) exceptional 9

excursion *f.* excursion 11

s'excuser to excuse oneself; **excusez-moi** excuse me, pardon me 4

exemple *m.* example; **par —** for example

exigeant(e) demanding 13 s

exiger to demand, insist on 13

expliquer to explain 6

explorateur *m.* explorer 6 s

exploser to explode 6 s

exposition *f.* exhibit 2 s

expresso *m.* espresso 5

exprimer to express

extérieur *m.* exterior; **à l'—** outside 8

extrait(e) excerpted; *m.* excerpt

extraordinaire extraordinary 9

F

fabriquer to produce, make 11

face: en — de facing 3

facile easy 2

facilement easily 13

façon *f.* way 15

faculté *f.* (*fam.* **la fac**) school of a university 2

faim: avoir — to be hungry 7

faire (*p.p.* **fait**) to do, make 4; **— attention** to pay attention 4 s; **de l'aérobic** to do aerobics 9 s; **— de la musculation** to lift weights 13 s; **— de la natation** to swim 4, **des économies** to save money 12; **— des gargarismes** to gargle 13 s; **— des projets** to make plans 9; **— du camping** to go camping 11; **— du français** to study French 4; **— du jogging** to jog 4; **— du piano** to play the piano 4; **— du ski** to go skiing 4; **— du sport** to play a sport 4; **— du vélo** to go bikeriding 4; **— du travail bénévole** to do volunteer work 4; **— faillite** to go bankrupt Récap s; **— fortune** to get rich 12 s; **— la connaissance (de)** to meet 5; **— la cuisine** to cook 4; **— la grasse matinée** to sleep late 4 s; **— la lessive** to do the laundry 10; **— la vaisselle** to do the dishes 10; **— le lit** to make the bed 10; **— le ménage** to do housework 4; **— les courses** to go shopping, to do errands 4; **— les devoirs** to do homework 4; **— le tour du monde** to travel around the world 9; **— mal** to hurt 13; **— sa toilette** to get washed 10 s; **— semblant de** to pretend 14 s; **— ses bagages** to pack one's suitcases 9; **— une promenade en voiture** to go for a drive 4; **— une promenade** to take a walk 4; **— une randonnée** to take a hike 4; **— un pique-nique** to go on a picnic 4; **— un stage** to do an internship 4; **— un voyage** to take a trip 4; **se — mal** to hurt oneself 13 s

fameux(-euse) famous

famille *f.* family 3; **— recomposée** blended family 3 s

fana *m./f.* fan 9 s

fatigué(e) tired 1

fauché(e) (*fam.*) broke, out of money 11 s

fauteuil *m.* armchair 10

faux (fausse) false

fée *f.* fairy Récap

félicitations *f. pl.* congratulations 10

féminin(e) feminine

femme *f.* woman 1; wife 3; **— au foyer** homemaker 4; **— d'affaires** business-woman 4

fenêtre *f.* window 1

ferme *f.* farm 4 s

fermer to close 4; **— le robinet** to turn off the water 10

fête *f.* holiday, party 2

feuille (de papier) *f.* leaf, sheet (of paper) 1 s

feutre *m.* marking pen 1 s

février February 2

fiancé(e) *m., f.* fiancé(e) 3 s; 14

se fiancer to get engaged 14

fiction *f.* fiction Récap

fidèle faithful 3 s

fidélité *f.* fidelity 14 s

fièvre *f.* fever 13

figure *f.* face 10

fille *f.* girl 1; daughter 3; **— unique** only child 3 s; **petite-—** granddaughter 3 s

film *m.* movie, film 2; **— animé** animated film 8; **— d'amour** romantic film 2 s; **— d'horreur** horror movie 2 s; **— de science-fiction** sci-fi movie 2 s; **— d'aventure** adventure movie 2 s; **tournage** *m.* **d'un —** filming of a movie 14 s

fils *m.* son 3; **— unique** only child 3 s; **petit-—** grandson 3 s

finalement finally 13

finance *f.* finance 2

finir to finish 6

flâner to stroll 11 s

fleur *f.* flower 2 s, 3

fleuve *m.* river (major) 9

fois *f.* time 10; **deux —** two times; **la dernière —** the last time 6

fonder to found 6 s, start 14 s

fondu(e) melted 7 s

football *m.* (*fam.* **foot**) soccer 2 s, 4; **— américain** football 4

footballeur *m.* soccer player 4 s

forêt *f.* forest 9

forme shape; **être en pleine —** to be in top shape 13

formule de vacances *f.* vacation package 11 s

fort(e) heavy, stocky 1

foule *f.* crowd 11 s

se fouler to twist 13 s

four *m.* oven 10; **— à micro-ondes** microwave oven 10

fourchette *f.* fork 7

foyer: homme (femme) au — homemaker 4

frais (fraîche) cool 5; fresh 7; **il fait frais** it's cool (weather) 5

fraise *f.* strawberry 7; **barquette de — s** *f.* basket of strawberries 7 s

français(e) French; *m.* French language 2

franc(he) frank 13 s

franchement frankly, honestly 13

francophone French-speaking 1 s, 7, 9 s

frapper to knock

fréquent(e) frequent 9 s

frère *m.* brother 3; **beau-—** brother-in-law, step brother 3 s; **demi-—** half brother 3 s

fric *m.* (*fam.*) money 12

frigo *m.* (*fam.*) fridge 3; **petit —** small refrigerator 3

fringues *f., pl.* (*fam.*) clothes 12

frisson *m.* shiver, chill 13 s

froid *m.* cold 2 s; **avoir —** to be cold 13; **il fait —** it's cold 5

froid(e) cold 5

fromage *m.* cheese 7

front *m.* forehead 13 s

frontière *f.* border 9

fruit *m.* fruit 7; **fruits de mer** *m. pl.* seafood 7 s

G

gagner to earn, to win 4

gant *m.* glove 12

garage *m.* garage 10

garçon *m.* boy 1

garde-robe *f.* wardrobe 12 s

gare *f.* train station 9, 11

garni(e) garnished with vegetables 7 s

gastronomique gourmet 11 s

gâté(e) spoiled 3 s

gâteau *m.* cake 7 s

gauche left; **à —** to the left 11

géant *m.* giant Récap s

geler to freeze; **il gèle** it's freezing 9 s

généreux(-euse) generous

génie civil *m.* civil engineering 2

genou (*pl.* **genoux**) *m.* knee 13

genre *m.* type; literary genre Récap

gens *m. pl.* people 3; **— sans abri** homeless people 14 s

gentil(le) nice 3

géographie *f.* geography 9

gesticuler to gesture 13 s

gilet *m.* sweater 12

girafe *f.* giraffe 9 s

glace *f.* ice cream 7; **faire du patin à —** to go ice skating 9 s

golf *m.* golf 2

gorge *f.* throat 13

gorille *m.* gorilla 9 s

gosse *m., f.* (*fam.*) kid 12

goût *m.* taste 9 s

goûter *m.* snack 7 s

goûter to taste 7 s

gouverneur *m.* governor 6 s

grâce: grâce à thanks to

graisse *f.* fat, grease 7 s

gramme *m.* gram 7; **cinq cents —s** 500 grams, ½ kilo, approx. 1 lb. 7

grand(e) big, tall 1; **grande surface** *f.* super store 7

grand-mère *f.* grandmother 3

grand-père *m.* grandfather 3

grandir to grow, grow up 6

grands-parents *m. pl.* grandparents 3

graphiste *m., f.* graphic artist 14 s

gratiné(e) with melted cheese 7 s

grave serious 5 s, 13

gravement seriously 13

grignoter to snack 7 s

grillé(e) grilled 7 s

grippe *f.* flu 13

gris(e) gray 1

gros(se) large 3

grossir to gain weight 6

grotte *f.* cave, grotto 11

groupe *m.* group

guérir to heal 13 s

guerre *f.* war 6

guitare *f.* guitar 3 s; 4

gymnase *m.* gym 4 s

H

habillé(e) dressed up 12 s

habiller to dress; **s'—** to get dressed 4

habitant *m.* inhabitant 9 s

haïtien(ne) Haitian 4

*****hanche** *f.* hip 13 s

*****haricots (verts, secs)** *m. pl.* (green, dry) beans 7

*****hâte: avoir — de** to look forward to 13

hebdomadaire *m.* weekly magazine 6 s

*****héros (héroïne)** *m., f.* hero, heroine Récap

hésiter (à) to hesitate (to) 14

heure *f.* hour, o'clock 4; **à tout à l'—** see you in a bit 1; **dans une —** in an hour 4; **à l'—** on time 4; **de bonne —** early 10

heureusement fortunately 13

heureux(-euse) happy 3

hier yesterday 6; **— matin** yesterday morning 6; **— soir** last night 6

histoire *f.* history 2; story 6

hiver *m.* winter 2; **en —** in winter 9

*****hockey** *m.* hockey

homme *m.* man 1; **— au foyer** homemaker 4; **— d'affaires** businessman 4

honnête honest 14 s

*****honte** *f.* shame 13; **avoir —** to be ashamed 13

hôpital *m.* hospital 4

horaire *m.* time schedule 4

horloge *f.* clock 1 s

*****hors-d'œuvre** *m.* appetizer 7

huile *f.* oil 7 s; **— d'olive** olive oil 7 s

huit eight 1

humeur *f.* mood; **être de mauvaise (bonne) —** to be in a bad (good) mood 13

hymne *m.* anthem 11; **— national** national anthem 11

I

ici here 3

idéal(e) ideal 9

idéaliste idealistic 1

idée *f.* idea 5

identifier to identify

il he, it 1; **— faut** it is necessary 9; **— vaut mieux** it is better 9; **— y a** there is, there are 2; **— y a** (+ time) ago 6

île *f.* island 9

ils they 1

image *f.* image, picture

immeuble *m.* apartment or office building 3 s

important(e) important 3, 4

impossible impossible 5

impressionner to impress 12

impressionniste impressionist 11

incertain(e) uncertain, variable (weather) 9 s

incompréhension *f.* misunderstanding 14 s

incroyable incredible 2 s; 14

indépendant(e) independent 3 s

indifférent(e) indifferent 3

indiquer to indicate

individualiste individualistic 3 s

infirmier(-ière) *m., f.* nurse 4

influencer to influence 11

informaticien(ne) *m., f.* computer specialist 4 s

informations *f. pl.* (*fam.* **les infos**) news 2 s; 6; **— en ligne** online news 6

informatique *f.* computer science 2; **salle — *f.*** computer room 2 s

informer to inform 6

infusion *f.* herbal tea 5 s

ingénieur *m.* engineer 4 s

ingrédient *m.* ingredient 7

inquiet(-iète) worried 8 s

s'inscrire to sign up

s'inquiéter (je m'inquiète) to worry 12

s'installer to settle in, move in, set up residence 10 s, 14

instant *m.* moment 5

instituteur(-trice) *m., f.* elementary school teacher 4

instrument de musique *m.* musical instrument 3

insupportable unbearable 12

intelligent(e) (*fam.* **intello**) intelligent 1

interdit(e) prohibited 3

intéressant(e) interesting 2

intéresser to interest 12; **s'— à** to be interested in 14

intérieur *m.* interior; **à l'—** inside 10 s

intrigue *f.* story line Récap

inviter to invite 5

irriter to irritate 8

italien(ne) Italian 4; *m.* Italian language 2

italique: en — in italics

itinéraire *m.* itinerary 11

J

jalousie *f.* jealousy 14 s

jaloux(-se) jealous 3 s

jamais never 10; **ne … —** never 10

jambe *f.* leg 13

jambon *m.* ham 7

janvier January 2

japonais(e) Japanese; *m.* Japanese language 2

jardin *m.* garden, yard 3 s; **— partagé / collectif** community garden 4 s

jaune yellow 1

jazz *m.* jazz 2

je I

jean *m.* blue jeans 1

jeu *m.* game; **—x Olympiques** *m. pl.* Olympic games 6 s; **— vidéo, électronique** video game 2, 12

jeudi Thursday 2

jeune young 1

jeunesse *f.* youth 8

jogging *m.* jogging 4; **faire du —** to go jogging 4

joli(e) pretty 1

joue *f.* cheek 13

jouer to play 2; **— à** to play a game or sport 4; **— au(x) football (tennis, volleyball, cartes)** to play soccer (tennis, volleyball, cards) 4; **— à la poupée** to play with dolls 8 s; **— aux boules** to play boules 8 s; **— de** to play a musical instrument 4; **— de la guitare** to play guitar; **— du piano** to play piano 4

joueur (joueuse) *m., f.* player 1 s

jour *m.* day 2, **par —** per day 7

journal *m.* (*pl.* **journaux**) newspaper 6; **— intime** diary 12 s

journalisme *m.* journalism, media studies 2

journaliste *m., f.* journalist 4

journée *f.* day 4 s; 10

juge *m.* judge 4

juillet July 2

juin June 2

jumeau (jumelle) twin 3 s; **jumelles** *f. pl.* binoculars 11 s

jupe *f.* skirt 1

jus *m.* juice 5; **— d'orange** orange juice 5; **— de pomme** apple juice 5 s

jusqu'à *prep.* until 6, 11

juste just, fair; (clothes) tight 12

K

kilo *m.* kilogram 7

kiosque à journaux *m.* newsstand 6 s

L

là there 2; **là-bas** there 6, over there 12

laboratoire *m. (fam.* **labo***)* laboratory 2

lac *m.* lake 9

laid(e) ugly 1

laisser to leave 5

lait *m.* milk 7; **café au —** coffee with milk 5

laitier: produit — *m.* milk product 7

lampe *f.* lamp, light 1; **— électrique** *f.* flashlight 11 s

lancer to launch 8

langue *f.* language 2; tongue 13

large wide, big 12

latin(e) Latin 2 s; *m.* Latin language 2

lavabo *m.* sink 3 s, 10

laver to wash; **se —** to wash, to wash up 10

leçon *f.* lesson

lecteur (laser de CD/DVD) *m.* CD/DVD player 3 s; **— MP3** *m.* MP3 player 3

lecture *f.* reading

légende *f.* legend 15

léger(-ère) light 7 s

légume *m.* vegetable 7

lendemain *m.* next day, day after 14 s

lequel (laquelle) (*pl.* **lesquels, lesquelles**) which one(s) 12

lessive *f.* laundry 10; **faire la —** to do the laundry 10

lettre *f.* letter 10; **—s** humanities 2 s

lever (je lève) to raise; **se —** to get up 4

lèvres *f. pl.* lips 13

lézard *m.* lizard 15

libérer to liberate 6 s

librairie *f.* bookstore 2

libre free, available 5

licence *f.* university diploma Récap

lieu *m.* place; **— de travail** workplace 4; **avoir —** to take place 13

limonade *f.* lemon-lime soda 5 s

linge *m.* laundry, linen 10; **laver le —** to do the wash 10

lion *m.* lion 9 s

liquide *m.* liquid; **en —** in cash 12

lire (*p.p.* **lu**) to read 8

liste *f.* list

lit *m.* bed 3; **faire son —** to make one's bed 10

litre *m.* liter 7; **demi-litre** half liter 7

littéraire literary Récap

littérature *f.* literature 2

livre *m.* book 1

locataire *m., f.* tenant 3 s

location *f.* rental 3 s

logement *m.* lodging 3

loger to lodge, stay (at a hotel, pension, etc.) 11

logiciel *m.* computer software

loin (de) far (from) 3

loisirs *m. pl.* leisure activities 4

long(ue) long 1, 3

longtemps a long time 6

look *m. fam.* style, appearance 12

lorsque when 11

louer to rent 3

loup *m.* wolf Récap

loyer *m.* rent 3

lui him 5

lumière *f.* light 1 s

lumineux(-euse) sunny, bright (room) 3 s

lundi Monday 2

lune de miel *f.* honeymoon 14

lunettes *f. pl.* eyeglasses 1; **— de soleil** sunglasses 1 s

luxe *m.* luxury 14 s

lycée *m.* high school 4, 8

M

machin *m. (fam.)* thingy 12

madame *f.* (Mme) (*pl.* **Mesdames***)* ma'am, Mrs. 1

mademoiselle *f.* (Mlle) (*pl.* **Mesdemoiselles***)* miss, Miss 1

magasin *m.* store 12

magazine *m.* magazine 6

magique magic Récap

magnétoscope *m.* VCR 3 s

magnifique magnificent 9

Maghrébin(e) *m., f.* North African or individual of North African heritage 9 s

mai May 2

maigre thin; lowfat 7 s

maigrir to lose weight 6

maillot *m.* jersey, t-shirt; **— de bain** swimsuit 1

main *f.* hand 10

maintenant now 4

maintenir to maintain 6 s

maire *m.* mayor 4 s

mairie *f.* town hall 4 s

mais but 2

maïs *m.* corn

maison *f.* house 3

maîtrise *f.* master's degree 12

majorité *f.* majority; **la — de** the majority of 12

mal bad, badly 6; **— élevé(e)** bad mannered, impolite 3 s; **avoir — à la tête** to have a headache 13; **avoir le — du pays** to be homesick 11 s

malade sick 13

maladie *f.* illness 13

malgré despite

malheureusement unfortunately 5, 13

management *m.* management 2

manche *f.* sleeve 12 s

manger (nous mangeons) to eat 2, 7

manière *f.* manner; **les bonnes manières** good manners 6 s

manque *m.* lack 10 s

manquer to miss 6

manteau *m.* coat, overcoat 1

se maquiller to put on makeup 10

marâtre *f.* stepmother Récap

marché *m.* market 7; **— en plein air** open air market 7; **bon —** inexpensive 3

marcher to walk 10; to function

mardi Tuesday 2

mari *m.* husband 3

mariage *m.* marriage 14

marié(e) married 3

se marier (avec) to marry 14

marketing *m.* marketing 2

marqueur *m.* felt-tip marker 1

marron brown 1

mars March 2

masculin(e) masculine

match *m.* game 2

maternelle *f.* kindergarten 12

mathématiques *f. pl. (fam.* **maths***)* mathematics 2

matin *m.* morning, **le —** in the morning 4

mauvais(e) bad 3; **il fait —** it's bad weather 5

mayonnaise *f.* mayonnaise 7

mec *m. (fam.)* guy 12

mécanicien(ne) *m., f.* mechanic 4

méchant(e) mean, evil 3 s, Récap

médaille (d'or, d'argent) *f.* (gold, silver) medal

médecin *m.* doctor 4

médecine *f.* field of medicine 2

médicament *m.* medicine 13

se méfier de to be wary of 12 s, 14 s

meilleur(e) better 8

mélanger to mix 7 s

même same, even 10

ménage *m.* housework; **faire le —** to do the housework 4

mener to lead

mentionner to mention

menton *m.* chin 13 s

menu *m.* fixed-price meal 7

mer *f.* sea 9; **fruits de —** *m. pl.* seafood 7; **département d'outre-mer (DOM)** overseas department 9

merci thank you 1

mercredi Wednesday 2

mère *f.* mother 3; **belle-—** stepmother, mother-in-law 3 s; **grand-—** grandmother 3

message *m.* message 5

métier *m.* occupation, profession 4

métro *m.* subway 9

metteur en scène *m., f.* movie director 1 s

mettre (*p.p.* **mis**) to put, set 7; **— la table** to set the table 7

meublé furnished 3 s

meubles *m. pl.* furniture 3

mexicain(e) Mexican 4

micro-ondes *m.* microwave; **four à —** *m.* microwave oven 10

midi noon 4

miel *m.* honey; **lune de —** *f.* honeymoon 14

mieux *adv.* better 2, 9; **aimer —** to prefer 2

mille one thousand 3; **deux —** two thousand 3

million million

mince thin 1

minéral(e) mineral; **eau minérale** *f.* mineral water 5

minorité *f.* minority 12

minuit midnight 4

minute *f.* minute 4

miroir *m.* mirror 3

moche *fam.* ugly 1

mode *f.* fashion 12

modèle *m.* model; style 12

modéré(e) moderate 9 s

moderne modern 10

mœurs *f. pl.* social customs 14

moi me 5; **— aussi** me too 1; **— non** not me 1; **— non plus** me neither 10

moins less 2 s; **— ... que** less ... than 9

mois *m.* month 2

moment *m.* moment 5

monde *m.* world 9; **tout le —** everyone

monnaie *f.* coins; change 12

monsieur *m.* (**M.**) (*pl.* **messieurs**) sir, Mr. 1

montagne *f.* mountain 2

montagneux(-euse) mountainous 9 s

monter to climb, go up 6

montre *f.* watch 3

montrer to show 12

monument *m.* monument 11

morceau *m.* piece 7

mort(e) dead 3 s

mot *m.* word; **— apparenté** related word, cognate

motocyclette *f.* (*fam.* **moto**) motorcycle 9

se moucher to blow one's nose 13 s

mouchoir: boîte de —s *f.* handkerchief box 13 s

moulant(e) close-fitting 12 s

mourir (*p.p.* **mort**) to die 6

moutarde *f.* mustard 7

moyen(ne) average, average size 3 s

moyen de transport *m.* means of transportation 9

mur *m.* wall 1

muscle *m.* muscle 13 s

musculation *f.* weight lifting 9 s; **salle de —** *f.* workout room 3 s

musée *m.* museum 4 s

musicien(ne) *m., f.* musician 4 s

musique *f.* music 2; **— classique** classical music 2; **— électronique** electronic music 2 s

mythe *m.* legend 8 s

mythique mythical 11 s

N

naître (*p.p.* **né**) to be born 6

naissance *f.* birth

naïveté *f.* naivete 15 s

nana *f.* (*fam.*) girl 12

nappe *f.* tablecloth 7 s

narrateur(-trice) *m., f.* narrator 15

natation *f.* swimming 4

nature *f.* nature 11

naturellement naturally 13

navigateur *m.* navigator 6 s

négliger (**de**) to neglect 14

neige *f.* snow 2 s, 5; **il —** it's snowing 5

nerveux(-euse) nervous 1

nettoyer to clean 12

neuf nine 1

neveu *m.* nephew 3

nez *m.* nose 13

ni... ni... neither ... nor 10; **ne... ni... ni** neither ... nor 10

nièce *f.* niece 3

noir(e) black 1

nom *m.* name 2; **— de famille** last name 2

nombre *m.* number 1, 3

nombreux(-euse) numerous; **une famille nombreuse** a big famille 3 s

nommer to name

non-fiction *f.* nonfiction Récap

nord north 9; **au — (de)** to/in the north (of) 9

nourriture *f.* food 7

nous we 1

nouveau (nouvelle) new 3; **de —** again

novembre November 2

nuage *m.* cloud 5

numéro *m.* number 2; **— de téléphone** telephone number 2

O

obéir to obey 6

objet *m.* object 3

obtenir (*p.p.* **obtenu**) to obtain 6 s

occidental(e) Western 11

occupé(e) busy 4 s

s'occuper de to take care of, watch out for 4 s, 14

océan *m.* ocean 9

octobre October 2

œil *m.* (*pl.* **yeux**) eye 13

œuf *m.* egg 7

œuvre *f.* work of art 11 s

officiel(le) official 9

offrir (*p.p.* **offert**) to give, to offer 12

oignon *m.* onion 7 s

oiseau (des oiseaux) *m.* bird 9

on one, you, we 1

oncle *m.* uncle 3

ongle *m.* fingernail 13 s

opération *f.* operation 13

opossum *m.* opossum

optimiste optimistic 1

or *m.* gold (Récap)

orage *m.* storm 5 s, 9

orange orange 1; *f.* orange (fruit) 7

ordinateur *m.* computer 1; **— portable** laptop 1

ordonnance *f.* prescription 13

ordonné(e) tidy 3

ordre *m.* order; **en —** orderly, tidy 10 s

organiser to organize 4 s

orteil *m.* toe 13 s

où where 3; **d'où** from where 5

oublier (**de**) to forget 7

ouest west 9; **à l'— (de)** to/in the west (of) 9

ouragan *m.* hurricane 9 s

ours *m.* bear (Récap)

ouvert(e) open 3 s, 4

ouvrier(-ière) *m., f.* worker 4

ouvrir (*p.p.* **ouvert**) to open 4, 6 s

P

pain *m.* bread 7; — **complet** whole wheat bread 7 s

palais *m.* palace; — **des congrès** convention center 11 s

pamplemousse *m.* grapefruit 7 s

panne: voiture en — broken-down car 4 s; **tomber en** — to have a (mechanical) breakdown 6 s

pansement *m.* bandage 13 s

pantalon *m.* pants 1; — **baggy** baggy pants 12 s; — **pattes d'éléphant** bell bottoms 12 s; — **slim** slim pants 12 s

papillon *m.* butterfly 8 s

paquet *m.* packet 7 s

par by, per; — **jour** per day 7

paragraphe *m.* paragraph

parapluie *m.* umbrella 1 s

paraître (*p.p.* **paru**) to seem 13 s

parc *m.* park 2; — **d'attractions** amusement park 11

parce que because 5

pardon pardon me 5

parenthèse: entre parenthèses in parentheses

paresseux(-euse) lazy 3

parfois sometimes 2 s, 4

parler to speak 2

parmi among

partager to share 8

partenaire *m., f.* partner

participer to participate

partir to leave 5

pas not 1; — **encore** not yet 6; — **mal** not bad 1

passeport *m.* passport 11

passer to spend (time) 3; — **l'aspirateur** to vacuum 10 s; — **la tondeuse** to mow 10 s; — **un examen** to take an exam 8; **se** — to happen 6; **se** — **de** to do without 13 s

passion *f.* passion 14

passionnant(e) exciting, wonderful 8

passionné(e) enthusiastic, fanatic 3 s

pasteur *m.* preacher 4 s

pâte *f.* pastry dough 7; **pâtes** *f. pl.* pasta 7

pâté *m.* meat spread; — **de campagne** country-style meat spread 7

patient(e) patient 1; **un(e)** — patient 4

patiemment patiently 13

patin à glace *m.* ice skating 9 s

pâtisserie *f.* pastry; pastry shop 7

patron(ne) *m., f.* boss 4 s

pause *f.* pause; — **une pause** to take a break 5 s

pauvre poor 10

pavillon *m.* small house 10

payer (**je paie**) to pay 3, 12; — **en liquide** pay in cash 12; — **par chèque** pay by check 12

pays *m.* country 7

paysan(ne) *m., f.* peasant Récap

peau *f.* skin 13

peintre *m., f.* painter 11 s

peinture *f.* painting

pelouse *f.* grass 8

pendant during 6; — **que** while

penser to think; — **à** to think about 9; — **de** to think about (opinion) 14

perdre to lose 5

père *m.* father 3; **beau-** — stepfather, father-in-law 3 s

perfectionniste perfectionist 8 s

personnage *m.* character Récap; — **principal** main character Récap

personne *f.* person 1; nobody 10; — **sans emploi** unemployed person 4; **ne … —** not anyone 10

perte *f.* loss

pessimiste pessimistic 3

petit(e) little, small 1; — **déjeuner** *m.* breakfast 7

petit-fils *m.* grandson 3 s; **petite-fille** *f.* granddaughter 3 s; **petits-enfants** *m. pl.* grandchildren 3 s

petits pois *m. pl.* peas 7

peu (de) little 6, 7; **un** — a little 2

peur *f.* fear; **avoir** — **de** to be afraid 13

peut-être maybe 5

pharmacie *f.* pharmacy 4

philosophie *f.* philosophy 2

photo *f.* photograph 3, 6

phrase *f.* sentence

physique *f.* physics 2; *m.* physical appearance 13 s

piano *m.* piano 4

pièce *f.* room 10; — **de théâtre** play 15

pied *m.* foot 13; **à** — on foot 4

pierre *f.* stone

pilote *m., f.* pilot 4

pilule *f.* pill 13 s

pincée *f.* pinch 7 s

pique-nique *m.* picnic; **faire un** — to go on a picnic 4

piqûre *f.* shot 13 s

pirate *m.* pirate Récap s

pire worse 8

piscine *f.* swimming pool 3 s

pittoresque picturesque 9 s

placard *m.* closet, cupboard 3

place *f.* seat, position 5; town square 11

plage *f.* beach 2

se plaindre (*p.p.* **plaint**) to complain 10

plaire to please

plan *m.* map 11

planche à voile *f.* windsurfing 9 s

plante *f.* plant 3

plat *m.* course, dish 7; — **principal** main course 7

plat(e) flat 9 s

plâtre *m.* plaster, cast 13 s

plein(e) full

pleurer to cry 13

pleuvoir (*p.p.* **plu**) to rain; **il pleut** it's raining 5

plissé(e) pleated 12

plongée libre *f.* snorkeling 9 s; **plongée sous marine** scuba diving 9 s

pluie *f.* rain 9

plupart *f.* **la** — **(de)** most (of) 12

plus more 2 s; **à** — see you later 1; — **…que** more … than 8; **ne… —** not any longer 10; **moi non** — me neither 10

plusieurs several 12

plutôt rather, somewhat 8

poêle *f.* frying pan 7 s

poème *m.* poem 11

poète *m., f.* poet 4 s, 6 s

poignet *m.* wrist 13 s

à point medium (meat) 7

pointure *f.* shoe size 12

poire *f.* pear 7 s

pois *m.* pea; **petits** — green peas 7

poisson *m.* fish 7

poivre *m.* pepper 7

poli(e) polite

politicien(ne) *m./f.* politician 4

pomme *f.* apple 7; — **de terre** potato 7; **pommes frites** *f. pl.* (*fam.* **frites**) French fries 7

pont *m.* bridge 6

population *f.* population 9 s

porc *m.* pork 7

port *m.* port 9

portable *m.* laptop computer 1; mobile phone 3

porte *f.* door 1

porter to wear 1

poser une question to ask a question 4

possible possible 3 s, 5

poste *f.* post office 4; *m.* job, position 4

pot *m.* ceramic or glass jar 7 s

pote *m. (fam.)* buddy

poubelle *f.* garbage can 10; **vider la —** to empty the garbage 10

poulet *m.* chicken 7

poupée *f.* doll 8 s; **jouer à la —** to play with dolls 8 s

pour for 5; **— moi** for me 5

pourboire *m.* tip 7

pourquoi why 5

poursuivre to pursue

pourtant however

pousser to push

pouvoir *(p.p.* **pu)** can, to be able to 5

prairie *f.* prairie 9 s

pratique practical, useful 2

pratiquer to practice 4

préférence *f.* preference 2 s

préférer (je préfère) to prefer 7

premier(-ière) first 2; **premier étage** *m.* first floor 10; **en première année,** first year (freshman)

prendre *(p.p.* **pris)** to take 3, 4, 5; **— la tension** to take blood pressure 13 s; **— soin** to take care; **— une pause** to take a break 5 s

prénom *m.* first name 2

préparer to prepare; **se —** to prepare oneself, get ready 4

près (de) near 3

présenter to present, introduce; **se —** to introduce oneself 1 s

presque almost

presse *f.* press, news media 6; **— écrite** print press 6; **— en ligne** online press (media) 6

pressé(e) in a hurry

prestigieux(-euse) prestigious

prêt(e) ready 10 s

prêter to lend 8

prince (princesse) *m., f.* prince, princess Récap

printemps *m.* spring 2; **au —** in the spring 9

prison *m.* prison 15

privé(e) private 8

prix *m.* price 3 s, 11, 12; award, prize 4 s, Récap s

probable probable 14

probablement probably

problème *m.* problem 10

prochain(e) next 4

proche near

producteur(-trice) *m., f.* (film) producer 4

produit *m.* product 12; **— laitier** milk product 7 s

professeur *m., f. (fam.* **prof)** professor, instructor 1

profiter to take advantage of 11 s

profond(e) deep

programme *m.* program; **— d'échanges** exchange program 12; **— d'études** program of study 12

projets *m. pl.* plans 4; **faire des —** to make plans 9

promenade *f.* walk; **faire une —** to take a walk 4

promener to walk 10; **se —** to go for a walk 10

promotion *f.* promotion, special offer 12

prononcer (nous prononçons) to pronounce

propre clean 12 s

propriétaire *m., f.* landlord/landlady 3

prospère prosperous 8

protagoniste *m., f.* main character Récap

prouver to prove 14 s

province *f.* province 7 s

psychologie *f.* psychology 2

publicité *f. (fam.* **la pub)** advertising 12

puis then 6

pull-over *m. (fam.* **pull)** pullover sweater 1; **— à col en V** V neck sweater 12 s; **— à col roulé** turtleneck sweater 12 s

punition *f.* punishment 8 s

Q

qualité *f.* quality, advantage 10 s

quand when 5; **— même** anyway 5 s

quantité *f.* quantity 7

quarante forty 1

quartier *m.* neighborhood 3, 8 s

quatorze fourteen 1

quatre four 1

quatre-vingts eighty 3

quatre-vingt-dix ninety 3

que what 5; **qu'est-ce —** what 1; **qu'est-ce que c'est?** what is it? 1; **ne … —** only 10

quel(s), quelle(s) which or what 2 s, 5

quelque chose something 5; **— à boire** something to drink 5

quelques some 12

quelqu'un someone 5

question *f.* question 1; **poser une —** to ask a question 4

qui who 1; **— est-ce?** Who is it? 1

quitter to leave 5

quoi what

quotidien(ne) daily 10 s; *m.* daily publication 6 s

R

raconter to tell (a story) 8

radio *f.* radio 2; **—-réveil** *m.* clock radio 3 s

radiocassette *f.* portable radio cassette player 3

radiographie *f.* X ray 13 s

rafting *m.* rafting 9 s

raï *m.* raï music (a popular musical genre from North Africa)

raisin *m.* grapes 7 s

raison *f.* reason; **avoir —** to be right 13

raisonnable sensible 3 s

randonnée *f.* hike, excursion 4

rangé(e) organized 10 s

rangement télévision/hi-fi *m.* entertainment center 10 s

ranger (nous rangeons) to arrange, straighten 6 s, 10

rap *m.* rap music 2

rapide fast 9

rapidement quickly 13

rappeler to call back 5 s

se rappeler (je me rappelle) to remember 8

raquette de tennis *f.* tennis racket 3 s

rarement rarely 2 s, 4

raser to shave; **se —** to shave (oneself) 10

rasoir *m.* razor; **— électrique** electric razor 10 s

rater to miss (the bus); to fail 10 s

ravi(e) delighted 14

réagir (à) to react 6

réalisateur(-trice) *m., f.* movie director Récap

réaliste realistic 3

récemment recently 13

récent(e) recent 4 s, 5 s

réceptionniste *m., f.* receptionist 11

recevoir *(p.p.* **reçu)** to receive 6 s; 11

récipient *m.* container 7 s

récit *m.* story, narrative Récap; **— historique** historical fiction Récap

reclus(e) *m./f.* recluse 14 s

recommander to recommend

récréation *f. (fam.* **la récré)** recess 8

recycler to recycle 10

réduction *f.* (price) reduction 11 s

réduit(e) reduced 11

réfléchir à to think, reflect 6

réfrigérateur *m. (fam.* **frigo 3 s)** refrigerator 10

refuser to refuse 14

regarder to look (at), watch 2

région *f.* region 9

régime *m.* diet 7

règle *f.* ruler 8 s; a rule

régler to pay or settle a bill 7 s

regretter to regret 14

régulièrement regularly 2 s, 13

religion *f.* religion 9 s

remarquer to notice

remède *m.* cure 13

remettre (*p.p.* **remis**) to put back; **se** — to get well 10 s

remplacer (**nous remplaçons**) to replace

remplir to fill (in)

rencontrer to meet up (with someone you know)

rendez-vous *m.* appointment, meeting, date 4 s

rendre to return (something) 5; — **visite (à)** to visit (someone) 5; **se** — **compte** to realize 14

renseignements *m. pl.* information 9; **un renseignement** a piece of information 11

rentrée *f.* back to school/work 2 s

rentrer to return home 6

réparer to repair 6

repas *m.* meal 7

se répérer to find one's way 11 s

répéter (**je répète**) to repeat 1, 7; to rehearse 4 s

répondeur *m.* telephone answering machine 3 s

répondre to respond, answer 5

se reposer to rest 10

réservation *f.* reservation 9

réservé(e) reserved 3

réserver to reserve 7

résidence universitaire *f.* college dormitory 2

respirer to breathe 13 s

responsabilité *f.* responsibility

ressembler to resemble 8

restaurant *m.* (*fam.* **resto**) restaurant 4; 12 — **universitaire** (*fam.* **resto-u**) university cafeteria 2

rester to stay 2

résultat *m.* result

résumé *m.* summary; résumé

retard: en — late 4

retour *m.* return; **aller-retour** round-trip 9

retourner to return 4 s

retrouver to meet up with 4; **se** — to meet each other (by arrangement) 4; to meet again 14

réussir à to succeed 6

rêve *m.* dream 9 s

réveil *m.* alarm clock 3 s

réveiller to awaken (someone); **se** — to wake (oneself) up 10

revenir (*p.p.* **revenu**) to return, come back 6

revoir (*p.p.* **revu**) to see again 11 s; **au** — good-bye 1

rez-de-chaussée *m.* ground floor (of a building) (American first floor) 10

rhume *m.* cold 13

riche rich 1

rideaux *m. pl.* curtains 3

rien nothing 10; **ne …** — not anything 10

riz *m.* rice 7

robe *f.* dress 1

robinet *m.* faucet; **eau du** — *f.* tap water 10; **fermer le** — to turn off the water 10

rock *m.* rock music, rock 'n roll 2

rocker *m.* rock musician

roi (reine) *m., f.* king, queen Récap

rôle *m.* role; **jouer un** — to play a role

rollerblades *m. pl.* rollerblades 3 s; **faire du roller** to rollerblade 4

roman *m.* novel Récap; — **graphique** graphic novel 8 s; — **policier** detective novel Récap

romantique romantic 14

rompre (avec) to break up with 14 s

rose pink 1

rouge red 1; — **à lèvres** *m.* lipstick 10 s; **un verre de** — *m.* a glass of red wine 5

rougir to blush, turn red 8

rouler to drive

routine *f.* routine 10; — **quotidienne** daily routine 10

roux (rousse) red haired 1

rubrique *f.* heading, news column 6 s

rue *f.* street 11

rupture *f.* split (of a couple) 14

russe Russian 4; *m.* Russian language

S

sac *m.* purse 1; sack, bag 7; — **à dos** backpack 1; — **de couchage** *m.* sleeping bag 11

sage well behaved, demure 3 s, 8

sain(e) healthy 13

saison *f.* season 2; — **sèche** dry season 5 s; — **des pluies** rainy season 5 s

salade *f.* salad, lettuce 7

saladier *m.* large (mixing) bowl 7 s

salaire *m.* salary 4

sale dirty 10

salle *f.* room; — **à manger** dining room 10; — **de bains** bathroom 10; — **de classe** classroom 1; — **de musculation** workout room 3 s; — **de séjour** living room 10

saluer to greet; **se** — to greet each other 1 s

salut hi, bye 1

samedi Saturday 2

sandales *f. pl.* sandals 1

sandwich *m.* sandwich 5; — **jambon beurre** ham sandwich with butter 5

sang *m.* blood 13

sans without; —-**abri** *m., f.* homeless people 14 s; — -**blague** *fam.* no kidding 10 s

santé *f.* health 13

satisfait(e) satisfied 8 s

sauce *f.* sauce, gravy 7 s

sauf except 11

saumon *m.* salmon 7

sauver to save Récap

savane *f.* savannah 9 s

savoir (*p.p.* **su**) to know (information, to know how 9

scandale *m.* scandal 14

scénario *m.* script Récap s

science *f.* science 2; **sciences politiques** *f. pl.* political science 2

scooter *m.* scooter 3 s

sec (sèche) dry 9 s

sèche-cheveux *m.* hair dryer 10 s

sécher (**je sèche**) to dry; **se** — to dry (oneself) off 10 s

secrétaire *m., f.* secretary 4

secteur *m.* field of work 4 s; — **agricole** agricultural field 4 s; — **commercial** sales 4 s; — **enseignement** education 4 s; — **des services publics** local services 4 s; — **juridique** legal field 4 s; — **construction** construction 4 s; — **marketing** marketing field 4 s; — **mécanique auto** automotive 4 s; — **médical** medical field 4 s

sédentaire sedentary 3 s

séjour *m.* trip

sel *m.* salt 7

sélectionner to select

selon according to

semaine *f.* week 2; **la** — **prochaine** next week 4

semblable similar 8

semestre *m.* semester 2

sens *m.* meaning, sense

sentiment *m.* feeling 14

sentir to sense; to smell; **se** — to feel 13

séparation *f.* separation 14

se séparer to separate, break up 14

sept seven 1

septembre September 2

série *f.* series; TV series 2 s

sérieux(-euse) serious 1

serré(e) tight 12

serveur(-euse) *m., f.* waiter, waitress 4

service *m.* service 7; — **compris** tip included 7; — **non-compris** tip not included 7; — **des urgences** emergency room 13 s

serviette *f.* napkin 7; — **de bain** bath towel 10 s

servir to serve; **se** — **de** to use 10

seul(e) alone 8 s

shampooing *m.* shampoo 10 s

shopping *m.* shopping 4

short *m.* shorts 1

si if 9

s'il vous plaît please 1

siècle *m.* century

signer to sign

silencieux(-euse) quiet, silent 2 s

simplement simply 13

singe *m.* monkey 9 s

site Internet *m.* Internet site 6

six six 1

ski *m.* ski, skiing 4; **faire du —** to go skiing 4

skier to ski 4

smartphone *m.* smartphone 3

snob snobby 3 s

sociable sociable 1

société *f.* society

sociologie *f.* sociology 2

sœur *f.* sister 3; **belle-—** sister-in-law, stepsister 3 s; **demi-—** half sister 3 s

soie *f.* silk

soif: avoir — to be thirsty 7

soigner to take care of, nurse 13

soir *m.* evening, **le —** in the evening 4; **bonsoir** good evening 1; **ce —** this evening 5

soirée *f.* evening 5 s

soixante sixty 1

soixante-dix seventy 3

solde *f.* sale 12; **en solde** on sale 12

sole *f.* sole (fish) 7 s

soleil *m.* sun 5; **il fait du —** it's sunny 5

solitaire solitary 1

sommeil: avoir — to be sleepy 13

sondage *m.* survey

sorcier(-ière) *m., f.* witch Récap s

sorte *f.* sort

sortir to go out 5

souffrir (je souffre; *p.p.* souffert) to suffer 13

souhaiter to wish 13

souligner to underline

soupçonner to suspect

soupe *f.* soup 7

sourcil *m.* eyebrow 13 s

sourire to smile 13 s

sous under, beneath 3

souvenir *m.* memory 8

se souvenir de (*p.p.* souvenu) to remember 8

souvent often 2 s

spécialisation *f.* academic major 2

sport *m.* sport 4

sportif(-ive) athletic, active in sports 3; **complexe sportif** *m.* sport center 2

stade *m.* stadium 2 s

station de métro *f.* metro stop 10 s

stressé(e) stressed 3 s, 4

stricte strict 3 s

studio *m.* studio apartment 2 s, 3

stupide stupid 3

stylé(e) great 12

stylo *m.* pen 1

sucré(e) sweetened 5 s, 7

sud south 9; **au — (de)** to/in the south v(of) 9

suffire (*p.p.* suffi): ça suffit that's enough 10

suffisamment sufficiently 13

suggérer (je suggère) to suggest

se suicider to commit suicide 14 s

suisse Swiss 4

suivant(e) next, following 8 s

suivre (*p.p.* suivi) to follow; **— un cours** to take a course

supermarché *m.* supermarket 7

supplément *m.* extra charge 11

supporter to hold up, bear

superficie *f.* surface area 9

sur on 3

sûr(e) sure, safe 14; **bien sûr** of course 2

surface *f.* surface; **grande —** super store 7

surprenant(e) surprising 14

surpris(e) surprised 14

surtout most of all, especially 2 s

surveillant(e) *m., f.* person in charge of discipline 8 s

surveiller to watch, keep an eye on, supervise

sweat *m.* sweat shirt 1

symbole *m.* symbol 11

sympathique (*fam.* sympa) nice, friendly 1

symptôme *m.* symptom 13

synopsis *m.* synopsis Récap

T

T-shirt *m.* T-shirt 1

table *f.* table 1; **— basse** coffee table 10; **— de nuit** nightstand 3; **mettre la —** set the table 7

tableau *m.* chalkboard 1; painting

tablette *f.* tablet 3

tâche ménagère *f.* household chore 10

taille *f.* size 12; **de — moyenne** average size 1

tailleur *m.* woman's suit 12

talon *m.* heel; **des chaussures à —s** high heels 12 s

tante *f.* aunt 3

taper à l'ordinateur to type on a computer 4 s

tapis *m.* rug 3

tard late 4

tarif *m.* fare, price 11 s

tarte *f.* tart, pie

tartelette *f.* mini-tart 7

tartine *f.* bread with butter and jam, a typical after-school snack 7 s

tasse *f.* cup 7

taxi *m.* taxi 9

techno *f. fam.* techno music 2 s

télépathie *f.* telepathy 11 s

téléphone *m.* telephone 3; **— mobile (portable)** cell phone 3

télé-réalité *f.* reality TV show 2

télévision *f.* (*fam.* **télé**) television 2

tellement so, so much

témoin *m.* witness

température *f.* temperature 9

temps *m.* weather 5; **à plein —** full time 4; **à — partiel** part-time 4; **quel — fait-il?** what is the weather? 5; **emploi du — *m.*** schedule 4; **le beau —** good weather 2 s; **— libre** free time 2 s

tendre tender

tenir (*p.p.* tenu) to hold 6 s; **— à** to be bent on doing something, to want to 6 s

tennis *m.* tennis 2; **des — *m. pl.*** tennis shoes 1; **jouer au —** to play tennis 4

tension *f.* blood pressure 13 s

tente *f.* tent 11

tenter to try

terminale *f.* senior year of high school 12

terrain *m.* land; **— de camping** campground 11; **— de sport** sports field 2 s, 8

terrasse *f.* terrace, patio 5 s, 10

tête *f.* head 13; **avoir mal à la —** to have a headache 13

thé *m.* tea 5; **— nature** plain tea 5 **— au citron** hot tea with lemon 5; **— au lait** hot tea with milk 5

théâtre *m.* theater

thème *m.* theme

thon *m.* tuna 7

timide timid 1

titre *m.* title Récap

toi you 5

toilettes *f. pl.* toilet 10

tomate *f.* tomato 7

tomber to fall 6; **— amoureux(-euse)** to fall in love 14; **— en panne** to have a (mechanical) breakdown 6

tondeuse *f.* lawnmower 10 s

tongs *f. pl.* flip flops 12

tort: avoir — to be wrong 13

tortue *f.* tortoise 9 s

tôt early 4

toujours all the time, always 5

tour *f.* tower 11; *m.* **le Tour de France** bicycle race 4

tourisme *m.* tourism 9

touriste *m., f.* tourist

touristique tourist, popular with tourists 11

tournage *m.* filming 14 s; **— d'un film** filming of a movie 14 s

tourner to turn 11

tousser to cough 13

tout(e) (*pl.* **tous, toutes**) all; — **confort** luxury 10 s; — **droit** straight ahead 11; — **de suite** immediately; — **le monde** everyone; **c'est** — that's all 5

tradition *f.* tradition 11

train *m.* train 9

tranche *f.* slice 7

tranquille calm 3 s

transformer to transform Récap

transport *m.* transportation 9; **transports en commun** *m. pl.* public transportation 9; **moyen de** — *m.* means of transportation 9

travail *m.* (*pl.* **travaux**) work 2; — **bénévole** volunteer work 4 s

travailler to work 2, — **à plein temps** to work full time 4 s, 12; — **à mi-temps** to work part time 12

travailleur(-euse) hardworking 3

traverser to cross 11

treize thirteen 1

trente thirty 1

très very 1

trier to separate 10; — **les déchets** to separate the trash 10

trimestre *m.* trimester 2

triste sad 3

trois three 1

troisième third 2; **être en** — **année** to be a college junior 3

tromper to be unfaithful 14 s; to trick Récap

trop (de) too much, too many (of) 7

tropical(e) tropical 9

trouver to find; **se** — to be located 9

truc *m.* (*fam.*) thing 12

tu you 1

tube *m.* hit 9 s

tuer to kill Récap

type *m.* (*fam.*) guy 12

typiquement typically 2 s

U

un(e) one 1; a

unir to unite Récap s

université *f.* university 2

usine *f.* factory 4

utiliser to utilize, use

V

vacances *f. pl.* vacation 2; **les grandes** — summer vacation 9

vaincre to vanquish, beat 6 s, Récap s

vaisselle *f.* dishes 10; **faire la** — to do the dishes 10

valeur *f.* value 14

valise *f.* suitcase 9; **faire sa** — to pack one's bag 9

vallée *f.* valley 9 s

vanille *f.* vanilla 7 s

vase *m.* vase 3

vaste vast, big 9 s

vedette *f.* star Récap s

végétarien(ne) *m., f.* vegetarian 7 s

vélo *m.* bicycle 3; **en/à** — by bike 9

vendeur(-euse) *m., f.* salesperson 4

vendre to sell 5

vendredi Friday 2

venir (*p.p.* **venu**) to come 3; — **de** to have just 6

vent *m.* wind 5; **il fait du** — it's windy 5

ventre *m.* stomach 13

vérifier to verify, check 4 s

verité *m.* truth 14 s, Récap s

verre *m.* glass 7

vers around (time); towards (direction)

version originale (doublée, sous-titrée) *f.* original (dubbed, subtitled) movie Récap s

vert(e) green 1

veste *f.* jacket, sport coat 12

vêtements *m. pl.* clothes, clothing 1

viande *f.* meat 7

vidéo *f.* video 2

vidéoclip *m.* videoclip 6

vider to empty; — **la poubelle** to empty the garbage 10

vie *f.* life; — **conjugale** *f.* married life 14 s; — **sentimentale** love life 14

vieux (vieil, vieille) old, elderly 1

village *m.* town 9

ville *f.* city 4

vin *m.* wine 5

vinaigrette *f.* salad dressing made with oil and vinegar 7 s

vingt twenty 1

violet(te) violet, purple 1

visage *m.* face 13

visiter to visit (a place) 9

vitamine *f.* vitamin 7 s, 13

vite fast, quickly 8

vivant(e) alive 3 s

vivre (*p.p.* **vécu**) to live 6

vocabulaire *m.* vocabulary

voici here is, here are 2

voilà there is, there are

voile *f.* sailing 9 s

voir (*p.p.* **vu**) to see 3, 11; **aller** — to go see, visit a person 4

voisin(e) *m., f.* neighbor 1 s

voiture *f.* car 3; **en** — by car 9

vol *m.* flight 9

volcan *m.* volcano 9 s

voler to steal, to fly Récap

volets *m. pl.* shutters 3 s, 6 s, 9

voleur *m.* thief Récap

vouloir (*p.p.* **voulu**) to want 5

vous you 1

voyage *m.* trip 4; **faire un** — to take a trip 4

voyager (nous voyageons) to travel 2

vrai(e) true

vraiment really 6, 13

W

W.C. *m. pl.* half bath (abbreviation of water closet) 10

week-end *m.* weekend 2

Y

yaourt *m.* yogurt 7

yeux *m. pl.* eyes (**œil** *m.* eye) 13

yoga *m.* yoga 4 s

Z

zèbre *m.* zebra 7 s

zéro *m.* zero 1

zouk *m.* zouk (popular musical genre from the French West Indies) 9 s

VOCABULAIRE anglais–français

A

a un(e)
able: to be — pouvoir
abortion avortement *m.*
about à propos de, au sujet de
above au-dessus (de)
abroad à l'étranger
absolute absolu(e)
absolutely absolument
about: (the book) is about: il s'agit de
accident accident *m.*
to accompany accompagner
to accomplish accomplir
according to selon
accounting comptabilité *f.*
to ache avoir mal (à)
across à travers
to act agir
active actif(-ive); engagé(e)
actively activement
activity activité *f.;* leisure activities
    loisirs *m. pl.*
actor acteur(-trice) *m., f.;* comédien(ne) *m., f.*
to adapt s'adapter
to add ajouter
address adresse *f.;* e-mail address adresse
    courriel
to admire admirer
to adore adorer
adult adulte *m., f.*
advanced avancé(e)
advantage avantage *m.;* qualité *f.* to take — of
    profiter
adventure aventure *f.;* — movie film
    d'aventure *m.*
advertisement réclame *f.;* publicité *f.*
    (*fam.* la pub)
advice conseil *m.*
to advise conseiller; — against déconseiller
aerobics aérobic *f.;* to do — faire de l'aérobic
affectionate affectueux(-euse)
afraid: to be — avoir peur (de)
Africa Afrique *f.*
African africain(e); North — Maghrébin(e) *m., f.*
after après
affairs: current — actualité *f.*
afternoon après-midi *m.*
again de nouveau
against contre
age âge *m.*
agency agence *f.;* travel — agence de voyages *f.*
agent agent *m., f.;* travel — agent de voyages *m.*
aggressive agressif(-ive)
ago il y a (+ time)
to agree être d'accord
agricultural agricole
air conditioning climatisation *f.*

airplane avion *m.*
airport aéroport *m.*
alarm clock réveil *m.*
alcoholic alcoolisé(e)
alive vivant(e)
all tout(e) (*pl.* tous, toutes)
allergic allergique
allergy allergie *f.*
to allow permettre
almost presque
alone seul(e)
already déjà
also aussi
although bien que
always toujours
ambitious ambitieux(-euse)
American américain(e)
among parmi
ancestor ancêtre *m., f.*
anchovies anchois *m.*
and et
angry: to get — se mettre en colère, se fâcher
    contre; to make someone — mettre en
    colère
animal animal *m.*
animated animé(e); — film film *m.* animé
ankle cheville *f.*
to announce annoncer
announcement annonce *f.*
to annoy ennuyer; embêter; énerver
to answer répondre (à)
anthem hymne *m.*
anthropology anthropologie *f.*
anxious angoissé(e)
apartment appartement *m.,* studio *m.;*
    — building immeuble *m.*
appetite appétit *m.*
appetizer hors-d'œuvre *m.*
apple pomme *f.*
appliance appareil ménager *m.*
to apply (for a job) poser sa candidature
appointment rendez-vous *m.*
to appreciate apprécier
April avril
aquarium aquarium *m.*
Arabic arabe *m.*
architect architecte *m., f.*
to argue (with) se disputer (avec)
arid aride
arm bras *m.*
armchair fauteuil *m.*
armoire armoire *f.*
around (time) vers; autour; environ
to arrange arranger; ranger
to arrive arriver
article article *m.*
artisan artisan *m., f.*

artist artiste *m., f.*
as comme; — … — aussi… que; — much,
    — many autant; — soon — aussitôt que
Asia Asie *f.*
to ask (for) demander; — a question poser une
    question
asparagus asperges *f. pl.*
aspirin aspirine *f.*
assured assuré(e)
astonished étonné(e)
astonishing étonnant(e)
at à, en
athlete athlète *m., f.*
athletic sportif(-ive)
ATM (automatic teller machine) distributeur
    automatique *m.*
atmosphere atmosphère *f.*
to attack attaquer
attempt tentative *f.*
to attend assister à
attention attention *f.;* to pay — faire attention
to attract attirer
attraction attraction *f.*
August août
aunt tante *f.*
austere austère
Australia Australie *f.*
authentic authentique
author auteur *m.*
autumn automne *m.*
available disponible
avenue avenue *f.*
average moyen(ne)
to avoid éviter
to awaken (someone) réveiller

B

baby bébé *m.*
babysitter baby-sitter *m., f.;* to babysit faire du
    baby-sitting
back dos *m.*
backpack sac à dos *m.*
bad mauvais(e); not — pas mal
badly mal
bag sac *m.*
bakery boulangerie *f.;* pâtisserie *f.*
balance équilibre *m.*
balcony balcon *m.*
ball balle *f.;* (inflatable) ballon *m.;* (dance)
    bal *m.*
banal banal(e)
banana banane *f.*
bandage pansement *m.*
to banish bannir
bank banque *f.*
banker banquier(-ière) *m., f.*
bankrupt: to go — faire faillite

to baptize baptiser

bargain bonne affaire *f.;* **to —** marchander

basketball basketball *m.;* **— player** basketteur *m.;* **— shoes** baskets *f. pl.;* **to play —** jouer au basket

to bathe baigner; **to take a bath** se baigner

bathing suit maillot de bain *m.*

bathroom salle de bains *f.;* **half —** les W.C. *m. pl.*

battle bataille *f.*

to be être

beach plage *f.*

bean haricot *m.*

bear ours *m.*

to bear, hold up supporter

beard barbe *f.*

to beat battre, vaincre

beautiful beau (bel, belle), (*pl.* beaux, belles)

because parce que, car

to become devenir

bed lit *m.;* **to make the —** faire le lit; **to put to —** coucher; **to go to —** se coucher

bedroom chambre *f.*

bedsheets draps *m. pl.*

bedspread couvre-lit *m.*

bee abeille *f.*

beef bœuf *m.*

beer bière *f.;* **glass of draft —** demi *m.*

before avant

to beg prier

to begin commencer

beginning début *m.;* **in the —** au début

to behave se comporter

behind derrière

beige beige

Belgian belge

to believe croire

bell pepper poivron *m.*

to belong to appartenir à

bench banc *m.*

to benefit bénéficier

better meilleur(e); *adv.* mieux; **it is —** il vaut mieux

between entre

bicycle bicyclette *f.,* vélo *m.*

big grand(e); vaste

bilingual bilingue

binder classeur *m.*

binoculars jumelles *f. pl.*

biology biologie *f.*

bird oiseau *m.*

birth naissance *f.*

birthday anniversaire *m.;* **happy —** bon anniversaire

black noir(e)

blackboard tableau *m.*

blazer blazer *m.*

blond blond(e)

blood sang *m.;* **— pressure** tension *f.*

blouse chemisier *m.*

blue bleu(e)

blue jeans jean *m.*

to blush rougir

boat bateau *m.*

body corps *m.*

to boil faire bouillir

book livre *m.*

bookshelf étagère *f.*

bookstore librairie *f.*

boot botte *f.*

border frontière *f.*

boring ennuyeux(-euse)

born: to be — naître

to borrow emprunter

boss patron(ne) *m., f.*

to bother déranger

bottle bouteille *f.*

boulevard boulevard *m.*

boutique boutique *f.*

bowl bol *m.;* **mixing —** saladier *m.*

box boîte *f.;* **— of tissues** boîte *f.* de mouchoirs; **—-office** box-office *m.*

boy garçon *m.;* **—friend** petit ami *m.*

brand marque *f.*

bread pain *m.;* **whole wheat —** pain complet *m.*

break pause *f.;* **to take a —** prendre une pause

to break casser; **— (one's leg)** se casser (la jambe); **— up with** rompre (avec)

breakfast petit déjeuner *m.*

to breathe respirer

bridge pont *m.*

brief bref (brève)

to bring (person) amener; **(thing)** apporter

broadcast émission *f.*

broccoli brocoli *m.*

brochure brochure *f.*

broke (out of money) fauché(e) *(fam)*

broken down en panne

broom balai *m.*

brother frère *m.;* **brother-in-law** beau-frère *m.;* **half-brother, stepbrother** demi-frère *m.*

brown marron; **to get —** brunir

bruise bleu *m.*

brunette brun(e)

brush brosse *f.;* **to —** brosser; **to — one's hair** se brosser les cheveux

buddy pote *m. fam.*

to build construire

building bâtiment *m.*

to burn brûler

bus autobus *m.,* autocar *m.*

business commerce *m.;* affaires *f. pl.;* **e-business** commerce électronique; **businessman/woman** homme (femme) d'affaires *m., f.*

busy occupé(e); chargé(e)

but mais

butcher shop boucherie *f.*

butter beurre *m.*

butterfly papillon *m.*

to buy acheter

by par

C

cafeteria cafétéria *f.*

café café *m.*

cake gâteau *m.*

calculator calculatrice *f.*

calendar calendrier *m.*

to call appeler; téléphoner (à); **— back** rappeler

calm calme, tranquille

camel chameau *m.*

camera appareil photo *m.*

campground terrain de camping *m.*

camping camping *m.;* **to go —** faire du camping

can boîte *f.*

can, to be able to pouvoir

cancer cancer *m.*

candy bonbon *m.*

canoe canoë *m.*

cap (baseball) casquette *f.*

capital capitale *f.*

car voiture *f.,* bagnole *f. fam.*

card carte *f.;* **debit —** carte bancaire, carte de débit; **credit —** carte de crédit; **postcard** carte postale; **to play cards** jouer aux cartes

care: to take — of s'occuper de; **to — for** se soucier de; **to take — of oneself** se soigner; **to take — of** prendre soin (de)

career carrière *f.*

careful: to be — faire attention

to carress caresser

carriage carosse *m.*

carrot carotte *f.*

cartoon bande dessinée *f.,* BD *f.*

cash en liquide; **— register** caisse *f.*

cassette cassette *f.*

cast plâtre *m.*

castle château *m.*

cat chat *m.*

to catch attraper

cause cause *f.;* **humanitarian —** cause humanitaire *f.*

cave grotte *f.*

cavity carie *f.*

CD disque compact *m.* CD *m. fam.;* **— player** lecteur (laser) de CD *m.*

cemetery cimetière *m.*

center centre *m.;* **cultural —** centre culturel *m.*

century siècle *m.*

cereal céréales *f. pl.*

certain certain(e)

chair chaise *f.*

chalk craie *f.*

challenge défi *m.*

champagne champagne *m.*

champion champion(ne) *m., f.*

change changement *m.;* **(money)** monnaie *f.*

to change changer

character personnage *m.;* **main —** personnage principal *m.;* protagoniste *m., f.*

charge: extra — supplément *m.*

charity association caritative *f.*

charming charmant(e)

to chase chasser

to chat bavarder

cheap bon marché, pas cher

check chèque *m.;* **restaurant —** addition *f.;*

checkered (fabric) à carreaux

cheek joue *f.*

cheese fromage *m.;* **with melted —** gratiné(e)

chemistry chimie *f.*

cherry cerise *f.*

chest of drawers commode *f.*

chicken poulet *m.*

child enfant *m., f.;* gosse *m., f., fam.;* **only —** fils (fille) unique

childhood enfance *f.*

chill frisson *m.*

chin menton *m.*

chocolate chocolat *m.*

to choose choisir

church église *f.*

city ville *f.*

class classe *f.;* **classmate** camarade de classe *m., f.;* **classroom** salle de classe *f.*

classified ads petites annonces *f. pl.*

clean propre; **to —** nettoyer

clear clair(e)

client client (cliente) *m., f.*

climate climat *m.*

to climb monter

clock horloge *f.,* **— radio** radio-réveil *m.*

to close fermer

close (to) près (de)

closet placard *m.,* armoire *f.*

clothes vêtements *m. pl.*

cloud nuage *m.;* **it's cloudy** le ciel est couvert; **it's partly cloudy** il y a des éclaircies

coast côte *f.*

coat manteau *m.*

Coca-Cola coca *m.;* **diet Coke** coca light *m.*

coffee café *m.;* **— with cream** café crème *(fam.* un crème*);* **— table** table basse *f.*

coin(s) monnaie *f.*

cold froid(e); (illness) rhume *m.,* **it's —** il fait froid; **to be —** avoir froid

collar col *m.*

colleague collègue *m., f.*

collection collecte *f.*

colony colonie *f.*

color couleur *f.*

comb peigne *m.*

to come venir; **to — back** revenir

comedy comédie *f.*

comfort confort *m.*

commercial commercial(e)

commercialized commercialisé(e)

to communicate communiquer

compact disc disque compact *m.,* CD *m.*

company entreprise *f.;* **— president** chef d'entreprise *m.*

to compare comparer

compass boussole *f.*

competition concours *m.*

to complain se plaindre, râler

completely complètement, tout à fait

composer compositeur(-trice) *m., f.*

computer ordinateur *m.;* **— science** informatique *f.;* **— room** salle informatique *f.;* **— software** logiciel *m.;* **— specialist** informaticien(ne) *m., f.*

concert concert *m.*

Congolese congolais(e)

to confide confier

confident confiant(e)

conflict conflit *m.*

conformist conformiste *m., f.*

conformity conformisme *m.*

congested enrhumé(e)

consequently par conséquent

conservative conservateur(-trice)

to consider considérer

constantly constamment

to consult consulter

consumer consommateur(-trice) *m., f.*

consumption consommation *f.*

contact information coordonnées *f. pl.*

container récipient *m.*

contemporary contemporain(e)

continent continent *m.*

to continue continuer

contrary: on the — au contraire

to contribute contribuer

convention congrès *m.*

to convince convaincre

cook cuisinier(-ière) *m., f.;* **to —** faire la cuisine; **to — (something)** faire cuire (quelque chose)

cookie biscuit *m.*

cool frais (fraîche); cool; **it's — (weather)** il fait frais

copy copier; copie *f.*

corduroy velours côtelé *m.*

corn maïs *m.*

corner coin *m.*

cosmopolitan cosmopolite

to cost coûter

cotton coton *m.*

couch canapé *m.*

to cough tousser

to count (on) compter (sur)

country campagne *f.;* pays *m.*

couple couple *m.*

courage courage *m.*

courageous courageux(-euse)

course cours *m.;* **of —** bien sûr

courtyard cour *f.,* terrasse *f.*

cousin cousin(e) *m., f.*

cover couverture *f.*

to cram (for an exam) bachoter

crazy fou (folle)

cream crème *f.*

to create créer

credit card carte de crédit *f.*

crisis (economic) crise *f.*

to criticize critiquer

to cross traverser

crow corbeau *m.*

crowd foule *f.*

cruise croisière *f.*

crutches béquilles *f. pl.*

to cry pleurer

cucumber concombre *m.*

culinary culinaire

to cultivate cultiver

cup tasse *f.*

cure remède *m.*

curtains rideaux *m. pl.*

customer client(e) *m., f.*

to cut couper; **— a class** sécher un cour *fam.;* **— one's finger** se couper le doigt

cute mignon(ne)

D

daily quotidien(ne); **— publication** quotidien *m.*

dairy: shop selling dairy products crémerie *f.*

dance danse *f.;* bal *m.;* **to —** danser

dancer danseur (danseuse) *m., f.*

date date *f.;* rendez-vous *m.*

datebook agenda *m.*

daughter fille *f.*

day jour *m.;* journée *f.;* **all — long** toute la journée; **— after** lendemain *m.*

dead mort(e)

dear cher (chère)

death penalty peine de mort *f.*

debit card carte bancaire *f.,* carte de débit *f.*

December décembre

to decide décider; se décider à

to decrease diminuer

deep profond(e)

to defend défendre

degree degré *m.;* **bachelor's —** licence *f.* (equivalent); **master's —** master *m.*

delicatessen charcuterie *f.*

delicious délicieux(-ieuse)

delighted ravi(e)

delivery (of a baby) accouchement *m.*

to demand exiger

demanding exigeant(e)

demure sage

dental floss fil dentaire *m.*

dentist dentiste *m., f.*

department store grand magasin *m.*

to depend (on) dépendre (de); **it depends** ça dépend

deposit caution *f.*

depressed déprimé(e); **to be —** avoir le cafard, faire une dépression

to describe décrire

description description *f.*

desert désert *m.*

to desire désirer; avoir envie de

desk bureau *m.;* **student —** pupitre *m.*

despite malgré

dessert dessert *m.*

destination destination *f.*

destiny destin *m.*
to destroy détruire
to develop développer
developed developpé(e)
devil diable *m.*
to devote consacrer
to devour dévorer
dialog(ue) dialogue *m.*
diary journal intime *m.*
dictionary dictionnaire *m.*, dico *m. fam.*
to die mourir (*p.p.* mort)
diet régime *m.*; alimentation *f.*; **to be on a —** être au régime
difference différence *f.*
different différent(e)
difficult difficile
to diminish diminuer
to dine dîner
dinner dîner *m.*
diploma diplôme *m.*
direction direction *f.*
director directeur(-trice); réalisateur (-trice) *m.*, *f.*; metteur en scène *m.*
dirty sale
disadvantage inconvénient *m.*
disappointed déçu(e)
discipline discipline *f.*
to discover découvrir
to discuss discuter (de)
disgusting dégoûtant(e)
dish assiette *f.*; (of food) plat *m.*; **to wash dishes** faire la vaisselle
diversity diversité *f.*
divorce divorce *m.*; **to —** divorcer
divorced divorcé(e)
to do faire
dock dock *m.*; **MP3 —** dock MP3
doctor médecin *m.*
doctorate doctorat *m.*
documentary documentaire *m.*
dog chien(ne) *m.*, *f.*
doll poupée *f.*; **to play dolls** jouer à la poupée
to dominate dominer
door porte *f.*
dormitory résidence universitaire *f.*; dortoir *m.*
to doubt douter
doubtful douteux (douteuse)
down: to go downstairs, get off descendre
downtown centre-ville *m.*
dozen douzaine *f.*
dragon dragon *m.*
drama drame *m.*; art dramatique *m.*
drawing dessin *m.*, image *f.*
dream rêve *m.*; **to —** rêver
dress robe *f.*; **to —** habiller; **to get dressed** s'habiller; **dressed up** habillé(e)
drink boisson *f.*; **binge-drinking** binge-drinking *m.*; **to —** boire; **something to —** quelque chose à boire
to drive conduire, rouler; **to go for a drive** faire une promenade en voiture
drug drogue *f.*

dry sec (sèche); **to — (oneself) off** se sécher; **— cleaners** pressing *m.*
during pendant
DVD DVD *m.*

E

each chaque
eagle aigle *m.*
ear oreille *f.*
early tôt, de bonne heure; **to be —** être en avance
to earn gagner
earthquake tremblement de terre *m.*, séisme *m.*
east est; **to/in the — (of)** à l'est (de)
easy facile
to eat manger; **— lunch** déjeuner; **— dinner** dîner
ecology écologie *f.*
economics sciences économiques *f. pl.*
education formation *f.*; enseignement *m.*
egalitarian égalitaire
egg œuf *m.*
eight huit
eighty quatre-vingts
elbow coude *m.*
elegant élégant(e)
element élément *m.*
elephant éléphant *m.*
elevator ascenseur *m.*
elsewhere ailleurs
e-mail courrier électronique *m.*, courriel *m.*, e-mail *m.*, mèl *m.*; **— address** adresse courriel *f.*
to emphasize mettre en valeur
to employ employer
employee employé(e) *m.*, *f.*
employer employeur(-euse) *m.*, *f.*
to empty the garbage vider la poubelle
end fin *f.*; **at the — of** au bout de
ending dénouement *m.*
energetic énergique
engaged: to get — se fiancer
engineer ingénieur *m.*
English anglais(e); **— language** anglais *m.*
enough assez (de)
to enrich enrichir
to enter entrer
entertainment distraction *f.*; **— center** rangement télévision/hi-fi, *m.*
enthusiastic enthousiaste, passionné(e)
entry (hall) entrée *f.*
environment environnement *m.*
equator équateur *m.*
errand course *f.*; **to do errands** faire les courses
error erreur *f.*
especially surtout
espresso expresso *m.*
to establish établir
eternal éternel(le)
Europe Europe *f.*
evening soir *m.*; soirée *f.*; **good —** bonsoir; **yesterday —** hier soir; **this —** ce soir
event événement *m.*; **current events** actualité *f.*

every: everyone tout le monde; **everywhere** partout
evidently évidemment
exactly exactement
exam examen *m.*; **competitive —** concours *m.*
example exemple *m.*; **for —** par exemple
excellent excellent
except sauf
exceptional exceptionnel(le)
to exchange échanger
excited animé(e)
exciting passionnant(e)
excursion excursion *f.*
excuse me excusez-moi
executive cadre *m.*
exercise exercice *m.*
exhibit exposition *f.*
exile: to go into exile s'exiler
to expect attendre; **— to** s'attendre à
to expel (from school) renvoyer
expense dépense *f.*
expensive cher (chère)
to explain expliquer
to explode exploser
explorer explorateur *m.*
to express exprimer
eyebrow sourcil *m.*
eyeglasses lunettes *f. pl.*; **sunglasses** lunettes de soleil
eyelash cil *m.*
eyes yeux *m. pl.* (œil *m. sing.*)

F

fable fable *f.*
face figure *f.*; visage *m.*
facing en face (de)
factory usine *f.*
to fail rater
to faint s'évanouir
fairy fée *f.*; **— tale** conte de fées *m.*
to fall tomber; **— asleep** s'endormir; **— in love (with)** tomber amoureux (-euse) (de)
false faux (fausse)
family famille *f.*; **blended family** famille recomposée *f.*
famous célèbre; fameux(-euse)
fan fana *m.*, *f. (fam)*
far (from) loin (de)
fare tarif *m.*
farm ferme *f.*
farmer agriculteur(-trice) *m.*, *f.*
fashion mode *f.*; **— designer** couturier(-ière) *m.*, *f.*; **— show** défilé de mode *m.*, **to be in —** être à la mode
fat gros(se); graisse *f.*, **low —** maigre
father père *m.*; **father-in-law, stepfather** beau-père *m.*
faucet robinet *m.*; **to turn off the —** fermer le robinet
favorite préféré(e)
fear peur *f.*; **to be afraid** avoir peur
February février

to feel se sentir; **— like** avoir envie de
fever fièvre *f.*
few peu (de); **a —** quelques
fiancé(e) fiancé(e) *m., f.*
field champ *m.*, secteur *m.*; **soccer —** terrain de football *m.*; **sports —** terrain de sport *m.*
fifty cinquante
to fight lutter
file dossier *m.*
to fill (in) remplir
filled complet (complète)
film film *m.*; (for camera) pellicule *f.*
filming tournage *m.*; **— of a movie** tournage d'un film
film maker cinéaste, *m., f.*; réalisateur(-trice) *m., f.*
finally enfin, finalement
to find one's way se repérer
finger doigt *m.*
fingernail ongle *m.*
to finish finir
fireplace cheminée *f.*
first premier(-ière); *adv.* d'abord
fish poisson *m.*
five cinq
flag drapeau *m.*
flashlight lampe électrique *f.*
flat plat(e)
to flatter flatter
flight vol *m.*
floor étage *m.*; **first — (American second floor)** premier étage
florist fleuriste *m., f.*
flower fleur *f.*; **— print** à fleurs
flu grippe *f.*
fluently couramment
to fly voler
fog brouillard *m.*; **it's foggy** il fait du brouillard
to follow suivre; **following** suivant(e)
to found fonder
food nourriture *f.*; cuisine *f.*; alimentation *f.*; bouffe *f. fam.*
foot pied *m.*; **on —** à pied
football football américain *m.*
for pour
forehead front *m.*
foreign étranger(-ère)
foresight prévoyance *f.*
forest forêt *f.*
to forget oublier
fork fourchette *f.*
form formulaire *m.*
former ancien(ne)
formerly autrefois
fortunately heureusement
fortune teller voyant(e) *m., f.*
four quatre
fox renard *m.*
free libre; **— (of charge)** gratuit(e)
to freeze geler; **it's freezing** il gèle
French français(e); **— language** français *m.*
French-speaking francophone

frequent fréquent(e)
to frequent fréquenter
fresh frais (fraîche)
freshman (in school) en première année
Friday vendredi
friend ami(e) *m., f.*; copain (copine) *m., f.*; camarade *m., f.*; **boyfriend/girlfriend** petit(e) ami(e)
friendship amitié *f.*
from de
front: in — of devant
fruit fruit *m.*
full plein(e); **— time** à plein temps
fun: to have — s'amuser
funny amusant(e), drôle, comique, marrant(e) *fam.*, rigolo(te) *fam.*
furnished meublé(e)
furniture meubles *m. pl*
future avenir *m.*

G

to gain weight grossir
game jeu *m.*; (sports) match *m.*
gang gang *m.*
garage garage *m.*
garbage can poubelle *f.*
garden jardin *m.*; **community —** jardin partagé / collectif
to gargle faire des gargarismes
garlic ail *m.*
gasoline essence *f.*
general général(e); **in —** en général
generous généreux(-euse)
geography géographie *f.*
German allemand(e); **— language** allemand *m.*
to gesture gesticuler
to get obtenir; **— a job** décrocher; **— rich** faire fortune
to get along s'entendre (bien)
to get down descendre
to get dressed s'habiller
to get up se lever
to get used to s'habituer
to get well se remettre
giant géant *m.*
gift cadeau *m.*
giraffe girafe *f.*
girl fille *f.*, nana *f. fam.*
girlfriend petite amie *f.*
to give donner
glass verre *m.*
glove gant *m.*
to go aller; **— away** s'en aller; **— to bed** se coucher, **— see** aller voir
goal but *m.*
goblet verre à pied *m.*
god, God dieu *m.*, Dieu *m.*
gold or *m.*; **made of —** en or
golf golf *m.*
good bon(ne); **— evening** bonsoir
good-bye au revoir, salut, ciao *fam.*
gorilla gorille *m.*

gourmet gastronomique
governor gouverneur *m.*
gram gramme *m.*
grandchildren petits-enfants *m. pl.*
granddaughter petite-fille *f.*
grandfather grand-père *m.*
grandmother grand-mère *f.*
grandparents grands-parents *m. pl.*
grandson petit-fils *m.*
grape raisin *m.*
grapefruit pamplemousse *m.*
graphic graphique; **— artist** graphiste *m., f.*; **— novel** roman *m.* graphique
grass pelouse *f.*
gray gris(e)
great super *fam.*; stylé(e)
green vert(e)
green beans haricots verts *m. pl.*
to greet saluer; **— each other** se saluer
grilled grillé(e)
grocery store épicerie *f.*
ground floor (of a building) (American first floor) rez-de-chaussée *m.*
group groupe *m.*
to grow (up) grandir
growth croissance *f.*
to guess deviner
guitar guitare *f.*
guy mec *m.*, type *m. fam.*
gym gymnase *m.*

H

hair cheveux *m. pl.*; **— dryer** sèche-cheveux *m.*; **short (long) —** cheveux courts (longs); **blond (brown, gray, red) —** cheveux blonds (bruns, gris, roux)
haircut coupe de cheveux *f.*
hairstyle coiffure *f.*
half demi(e)
hallway couloir *m.*
ham jambon *m.*
hand main *f.*
handkerchief mouchoir *m.*
handsome beau (bel, belle) (*pl.* beaux, belles)
to happen se passer, arriver
happiness bonheur *m.*
happy heureux(-euse); content(e)
hard *adv.* dur
hardware store quincaillerie *f.*
hard-working travailleur(-euse)
hat chapeau *m.*
to hate détester
to have avoir; **— a great time** s'éclater *fam.*; **— difficulty** avoir du mal à; **— fun, enjoy oneself** s'amuser; **— to** devoir
he il
head tête *f.*; **to have a headache** avoir mal à la tête
to heal guérir
health santé *f.*
healthy sain(e)
to hear entendre

heart cœur *m.*

heavy lourd(e); **(stocky)** fort(e)

heel talon *m.;* **high heels** chaussures à talons hauts *f.*

hell enfer *m.*

hello bonjour; (telephone) allô

to help aider

here ici; **— is/are** voici

hero héros *m.*

heroine héroïne *f.*

to hesitate hésiter (à)

hi salut *fam.*

to hide se cacher

hide-and-seek cache-cache *m.*

high élevé(e)

high school lycée *m.*

highway autoroute *f.*

hike randonnée *f.;* **to go for a —** faire une randonnée

hiker (biker) randonneur(-euse) *m., f.*

hip hanche *f.*

to hire embaucher

historical historique

history histoire *f.*

hit tube *m.* (music)

to hit taper

to hitch together accrocher

to hitchhike faire de l'auto-stop

hockey hockey *m.;* **to play —** jouer au hockey

to hold (out) tenir; **— the record** détenir le record

holiday fête *f.*

home foyer *m.*

homeless people gens sans-abri *m. pl.*

homemaker homme (femme) au foyer *m., f.*

homesick dépaysé(e)

homesickness mal du pays *m.*

homework devoirs *m. pl.;* **to do —** faire les devoirs

honest honnête

honestly franchement

honeymoon lune de miel *f.*

to hook (hitch on) accrocher

hope espoir *m.*

to hope espérer

horrible horrible

horror movie film d'horreur *m.*

horse cheval *m.*

horseback riding équitation *f.*

hosiery (tights) collants *m. pl.*

hospital hôpital *m.*

hot chaud(e); **— chocolate** chocolat chaud *m.;* **— plate** réchaud *m.;* **it's —** il fait chaud; **to be —** avoir chaud

hotel hôtel *m.*

hour heure *f.;* **in an —** dans une heure

house maison *f.;* **at someone's —** chez; **—mate** colocataire *m., f.*

household chore tâche ménagère *f.*

housework ménage *m.;* **to do —** faire le ménage

how comment; **— are you?** comment

allez-vous?; **— long** (for how much time) depuis combien de temps; **— long** (since when, since what point of time) depuis quand; **— many** combien de; **— much** combien; **— much is it?** c'est combien? **— 's it going?** ça va?

however cependant, pourtant

humanitarian humanitaire; **— cause** cause humanitaire *f.*

humiliating humiliant(e)

hundred cent; **two —** deux cents

hungry: to be — avoir faim

hurricane ouragan *m.*

to hurry se dépêcher

to hurt blesser

husband mari *m.*

I

I je

ice cream glace *f.*

ice skating patin à glace *m.*

ideal idéal(e)

identification identification *f.*

to identify identifier

if si

illness maladie *f.*

to imagine imaginer

immediately immédiatement, tout de suite

immigration immigration *f.*

important important(e)

in à, dans; **— class** en classe; **— first class** en première classe; **— front of** devant; **— tourist class** en classe touriste

included compris(e)

to increase augmenter

independence indépendance *f.*

independent indépendant(e)

indifferent indifférent(e)

individualistic individualiste

industrialized industrialisé(e)

inexpensive bon marché

to influence influencer

to inform informer

information renseignements *m. pl.*

ingredient ingrédient *m.*

inhabitant habitant *m.*

to injure blesser

injury blessure *f.*

inn auberge *f.*

inside à l'intérieur

insurance assurance *f.*

intellectual intellectuel(le)

intelligent intelligent(e)

interest: to be interested in s'intéresser à

interesting intéressant(e)

international international(e)

internship: to do an — faire un stage

interview interview *f.,* entretien *m.*

to introduce présenter; **— oneself** se présenter

to invite inviter

to iron clothes repasser le linge

to irritate irriter

island île *f.*

itinerary itinéraire *m.*

J

jacket blouson *m.*

jam confiture *f.*

January janvier

Japanese japonais(e); **— language** japonais *m.*

jar pot *m.*

jazz jazz *m.*

jealous jaloux(-se)

jealousy jalousie *f.*

jeans blue-jean *m.*

jewelry bijoux *m. pl*

job travail *m.,* job *m.;* boulot *m.* (*fam.*)

jogging jogging *m.;* **to jog** faire du jogging

joke blague *f.;* **to —** plaisanter; **no kidding** sans blague (*fam.*)

journalism journalisme *m.*

journalist journaliste *m., f.*

judge juge *m.*

juice jus *m.;* **orange —** jus d'orange; **apple —** jus de pomme

July juillet

June juin

junior (in school) en troisième année

just: to have — venir de

K

to keep garder

key clé *f.*

kid gosse *m., f. fam*

to kill tuer

kilogram kilo *m.*

kind (type) sorte *f.;* **(nice)** gentil(le)

kindergarten école maternelle *f.*

kindness gentillesse *f.*

king roi *m.*

kiss baiser *m.,* bise *f.* (*fam.*); **to —** embrasser; **to — each other** s'embrasser; **hugs and kisses** (letter closing) grosses bises

kitchen cuisine *f.;* **— utensil** ustensile de cuisine *m.*

knee genou *m.* (*pl.* genoux*)*

to kneel s'agenouiller

knife couteau *m.*

knight chevalier *m.*

to knock frapper

to know connaître, savoir

knowledge connaissance *f.*

L

laboratory laboratoire *m.*

lack manque *m.*

lake lac *m.*

lamb agneau *m.*

lamp lampe *f.*

landlord/landlady propriétaire *m., f.*

language langue *f.*

laptop portable *m.*

to last durer

last dernier/ière; **— week** la semaine dernière
late tard; **to be —** être en retard
later plus tard
Latin latin(e); **— language** latin *m.*
to laugh rire
to launch lancer
laundry lessive *f.*; **to do the —** faire la lessive
law droit *m.*
lawnmower tondeuse *f.*
lawyer avocat(e) *m., f.*
laziness paresse *f.*
lazy paresseux(-euse)
to lead (direct) diriger; mener
leader dirigeant(e)
leaf feuille *f.*
to learn apprendre
leather cuir *m.*
to leave quitter, partir, sortir; **to — behind** laisser
lecture hall amphithéâtre *m.*
left gauche, à gauche
leg jambe *f.*
legal juridique
legend légende *f.*
lemonade citron pressé *m.*
lemon-lime soda limonade *f.*
to lend prêter
length (of time) durée *f.*
less moins; **— than** moins… que
lesson leçon *f.*
letter lettre *f.*
lettuce salade *f.*, laitue *f.*
to liberate libérer
library bibliothèque *f.*
life vie *f.*; **married —** vie conjugale *f.*
to lift weights faire de la musculation
light léger/ère; **(color)** clair(e); **(lowfat)** allégé(e), maigre
light lumière *f.*; **to turn out the —** éteindre la lumière
light bulb ampoule *f.*
like comme
to like aimer, aimer bien
line ligne *f.*; **to stand in —** faire la queue
lion lion *m.*
lips lèvres *f. pl.*
lipstick rouge à lèvres *m.*
list liste *f.*
to listen to écouter
liter litre *m.*
literacy alphabétisme *m.*
literature littérature *f.*
little petit(e); peu; **a —** un peu (de)
to live habiter, vivre
lively animé(e)
liver foie *m.*
living room salle de séjour *f.*
lizard lézard *m.*
loafers mocassins *m. pl.*
located situé(e); **to be —** se trouver
lodging logement *m.*

long long(ue)
to look (at) regarder; **— for** chercher; **— ill** avoir mauvaise mine; **— like** avoir l'air (de), ressembler
to lose perdre; **— weight** maigrir
loss perte *f.*
lot: a — (of) beaucoup (de)
love amour *m.*; **— at first sight** coup de foudre *m.*; **to —** aimer, adorer; **to be in — (with)** être amoureux(-euse) (de)
lover amant(e) *m., f.*
low bas(se)
lowfat allégé(e)
luck chance *f.*; **to be lucky** avoir de la chance
lunch déjeuner *m.*; **to eat —** déjeuner
luxury tout confort, luxe *m.*

M

ma'am madame
magazine magazine *m.*; revue *f.*
mail courrier *m.*
main principal(e)
to maintain maintenir
major (academic) spécialisation *f.*
to major se spécialiser
majority majorité (de) *f.*
to make faire, fabriquer; **— fun of** se moquer de
makeup: to put on — se maquiller
man homme *m.*
management gestion *f.*
manager manager *m., f.*
manner manière *f.*; **good manners** bonnes manières; **well/bad mannered** bien/mal élevé(e)
many beaucoup (de)
map carte *f.*, plan *m.*
marble bille *f.*; **to play marbles** jouer aux billes
March mars
marker marqueur *m.*
market marché *m.*; **open air —** marché en plein air *m.*; **—ing** marketing *m.*
marriage mariage *m.*
married marié(e)
to marry épouser; **to get married** se marier (avec)
match allumette *f.*
mathematics mathématiques *f. pl.* *(fam. maths)*
May mai
maybe peut-être
mayonnaise mayonnaise *f.*
mayor maire *m.*
me moi; **— too** moi aussi; **— neither** moi non plus
meal repas *m.*; **enjoy your —** bon appétit
mean méchant(e)
meaning sens *m.*
meat viande *f.*; **— cutlet** côtelette *f.*; **— spread** pâté *m.*
mechanic mécanicien(ne) *m., f.*
medal (gold, silver) médaille (d'or, d'argent) *f.*

medicine médicament *m.*, **field of —** médecine *f.*
mediocre médiocre
to meet rencontrer; **— again** se retrouver, se rejoindre; **to make someone's acquaintance** faire la connaissance de
meeting rendez-vous *m.*
to melt faire fondre
melted fondu(e)
memory mémoire *f.*, souvenir *m.*
to mention mentionner
menu carte *f.*
message message *m.*
messy en désordre, désordonné(e)
microwave micro-ondes *f.*; **— oven** four à micro-ondes *m.*
midnight minuit *m.*
mild doux (douce); **it's — (weather)** il fait doux
milk lait *m.*; **coffee with —** café au lait *m.*
million million *m.*
mind esprit *m.*
mini-tart tartelette *f.*
minority minorité (de) *f.*
miracle miracle *m.*
mirror miroir *m.*
to miss manquer; rater (le bus)
miss, Miss mademoiselle (Mlle)
misunderstanding incompréhension *f.*
to mix mélanger
model mannequin *m.*
moderate modéré(e)
modern moderne
modest modeste
moment moment *m.*
Monday lundi
money argent *m*
monkey singe *m.*
month mois *m.*
monument monument *m.*
mood humeur *f.*; **to be in a bad (good) —** être de mauvaise (bonne) humeur
more plus, davantage; **— … than** plus… que
morning matin *m.*
most (of) la plupart (de), la majorité de
mother mère *f.*; **step-mother, mother-in-law** belle-mère *f.*
motorcycle motocyclette *(fam. moto) f.*
mountain montagne *f.*
mountainous montagneux(-euse)
mouth bouche *f.*
to move bouger; **(house)** déménager; **— in** s'installer, emménager
movie film *m.*; **— director** cinéaste, metteur en scène *m., f.*; **— star** vedette *f.*; **— theater** cinéma *m.*, salle de cinéma *f.*
to mow passer la tondeuse
MP3 player lecteur MP3 *m.*
Mr. Monsieur (M.)
Mrs. Madame (Mme)
murder meurtre *m.*
muscle muscle *m.*

museum musée *m.*

mushroom champignon *m.*

music musique *f.*; **classical** — musique classique; **rap** — rap *m.*

musician musicien(ne) *m., f.*

must, to have to devoir

mustard moutarde *f.*

my mon, ma, mes

mythical mythique

N

name nom *m.*; **first** — prénom *m.*; **last** — nom de famille *m.*; **to be named** s'appeler; **what is your** — ? comment vous appelez-vous?

napkin serviette *f.*

narrator narrateur(-trice) *m., f.*

nature nature *f.*

navigator navigateur *m.*

near près (de); proche

neat en ordre, ordonné(e)

necessary nécessaire; **it is** — il faut

neck cou *m.*

to need avoir besoin de

to neglect négliger

neighbor voisin(e) *m., f.*; **neighborhood** voisinage *m.*, quartier *m.*

neither non plus; … **nor** ni… ni…

nephew neveu *m.* (*pl. neveux*)

nervous nerveux(-euse)

nest nid *m.*

never ne… jamais

new nouveau (nouvelle)

news informations *f. pl.*, actualités *f.pl.*; — **column** rubrique *f.*

newspaper journal *m.*

newsstand bureau de tabac *m.*, kiosque à journaux *m.*

next prochain(e), suivant(e); — **to** à côté de; **the** — **day** le lendemain

nice gentil(le), sympathique; **it's** — **weather** il fait beau

niece nièce *f.*

nightclub boîte de nuit *f.*

nightstand table de nuit *f.*

nine neuf

ninety quatre-vingt-dix

no non

nobody ne… personne

noise bruit *m.*

nonsmoking section section non fumeurs *f.*

noon midi *m.*

north nord *m.*; — **America** Amérique du Nord *f.*

nose nez *m.*; **to have a runny** — avoir le nez qui coule

not: — **any longer** ne… plus

not pas; ne… pas; — **at all** pas du tout

to note constater

notebook cahier *m.*

notepad bloc-notes *m.*

nothing rien; ne… rien

to notice remarquer, s'apercevoir

novel roman *m.*; **graphic** — roman *m.* graphique

November novembre

now maintenant

nuclear energy énergie nucléaire *f.*

number nombre *m.*; numéro *m.*; **telephone** — numéro de téléphone *m.*

nurse infirmier(-ière) *m., f.*

O

obedient obéissant(e)

to obey obéir

object objet *m.*

to obtain obtenir

obvious évident(e)

occupation métier *m.*

ocean océan *m.*

o'clock heure *f.* **it's six** — il est six heures

October octobre

of de; — **course** bien sûr

to offer offrir

office bureau *m.* (*pl. bureaux*); **box-** — box-office *m.*

official officiel(le)

often souvent

oil huile *f.*; **olive** — huile d'olive *f.*

OK d'accord

old vieux (vieille), ancien(ne); **elderly** (person) âgé(e); **how** — **are you?** quel âge avez-vous?, quel âge as-tu?; — **fashioned** démodé(e)

older brother (sister) aîné(e) *m., f.*

on sur

one un(e); on

onion oignon *m.*

online en ligne

only seulement; ne… que

open ouvert(e); **to** — ouvrir

operation opération *f.*

opinion opinion *f.*, avis *m.*; — **poll** sondage *m.*

opportunity occasion *f.*; **to have the** — avoir l'occasion de

opposite contraire *m.*

optimistic optimiste

or ou

orange orange *f.*

to order (in a café, restaurant) commander

ordinary ordinaire

organic biologique, bio (*fam*); — **food café specializing in soup** bar *m.* à soupes bio

to organize organiser

other autre

outdoors en plein air

outfit ensemble *m.*

outside à l'extérieur

oven four *m.*

over sur, dessus; — **there** là-bas

to overlook donner sur

overpopulation surpopulation *f.*

overseas outre mer

overwhelmed débordé(e)

overworked débordé(e) de travail

to owe devoir

owner propriétaire *m., f.*

P

to pack faire sa valise

package paquet *m.*

painter peintre *m., f.*

painting tableau *m.*, peinture *f.*

palace palais *m.*

pale pâle

pan poêle *f.*

pants pantalon *m.*; **baggy** — pantalon baggy; **bell bottoms** pantalon pattes d'éléphant *m.*; **slim** — pantalon slim; **warm-up** — pantalon de jogging *m.*;

paper papier *m.*; **sheet of paper** feuille de papier *f.*

paradise paradis *m.*

pardon me pardon

parents parents *m.pl.*

park parc *m.*

to participate participer

partner partenaire *m., f.*

party soirée *f.*; fête *f.*; boum *f.*

to pass (by) passer; — **an exam** être reçu(e) à un examen

passion passion *f.*

passive passif(-ive)

passport passeport *m.*

past; in the — autrefois

pasta pâtes *f. pl.*

pastry dough pâte *f.*

pastry, pastry shop pâtisserie *f.*

patient patient(e); **to be** — avoir de la patience

patio terrasse *f.*

to pay payer; — **a bill** régler

pea pois *m.*; **green peas** petits pois *m.pl.*

pear poire *f.*

peasant paysan(ne) *m., f.*

pen stylo *m.*; **marking pen** feutre *m.*

pencil crayon *m.*

people gens *m. pl.*

pepper poivre *m.*; **bell pepper** poivron *m.*

per par; — **day** par jour

perfect parfait(e)

perfume parfum *m.*

to permit permettre

person personne *f.*

pessimistic pessimiste

pet animal familier, animal domestique *m.*

pharmacy pharmacie *f.*

philosophy philosophie *f.*

photograph photo *f.*; **photo album** album de photos *m.*

photographer photographe *m., f.*

physical appearance physique *m.*

physics physique *f.*

piano piano *m.*

to pick up, get back récupérer; — **(girls/guys)** draguer (*fam.*)

picnic pique-nique *m.*; **to go on a** — faire un pique-nique

picture image *f.*; photo *f.*

picturesque pittoresque

pie tarte *f.*

piece morceau *m.*, tranche *f.*

pig cochon *m.*

pill pilule *f.*

pilot pilote *m., f.*

pinch (of) pincée (de) *f.*

pineapple ananas *m.*

pink rose

pirate pirate *m.*

place lieu *m.*, endroit *m.*; **workplace** lieu de travail *m.*

plaid écossais(e)

to plan faire des projets

plans préparatifs *m.pl.*, projets *m.pl.*

plant plante *f.*

plastic plastique

plate assiette *f.*

to play jouer; — **a sport** jouer à; — **a musical instrument** jouer de; — **cards** jouer aux cartes; — **hide-and-seek** jouer à cache-cache; — **marbles** jouer aux billes; — **the piano** jouer du piano; — **tennis** faire du tennis; jouer au tennis; — **with dolls** jouer à la poupée; — **soccer** jouer au football

play pièce de théâtre *f.*

player joueur(-euse)

pleasant agréable

please s'il vous (te) plaît

to please plaire

pleated plissé(e)

plot déroulement *m.*

poem poème *m.*

poet poète *m., f.* (femme poète *f.*)

poisoned empoisonné(e)

policeman agent de police *m., f.*; **police station** commissariat *m.*

polite poli(e)

political science sciences politiques *f. pl.*

politician homme (femme) politique *m., f.*

polka dot à pois

pollution pollution *f.*

pool (swimming) piscine *f.*

poor pauvre

popular populaire

pork porc *m.*

port port *m.*

possession possession *f.*

possible possible

postage stamp timbre *m.*

postcard carte postale *f.*

poster affiche *f.*

post office bureau de poste *m.*; poste *f.*

potato pomme de terre *f.*

practical pratique

to practice pratiquer, — **a profession** exercer une profession

preacher pasteur *m.*

to prefer préférer, aimer mieux

preference préférence *f.*

pregnancy grossesse *f.*

pregnant enceinte

to prepare préparer; — **oneself, get ready** se préparer

prescription ordonnance *f.*

press, news media presse *f.*

prestige prestige *m.*

prestigious prestigieux(-euse)

pretty joli(e)

previously auparavant

price prix *m.*, tarif *m.*

priest prêtre *m.*

prince prince *m.*

princess princesse *f.*

principal directeur(-trice) *m., f.*

private privé(e)

prize prix *m.*

probable probable

probably probablement

problem problème *m.*

to produce produire, fabriquer

producer producteur(-trice) *m., f.*

product produit *m.*

professor, instructor professeur *m.* (*fam.* prof)

program programme *m.*; **(TV, radio)** émission *f.* — **of study** programme d'études *m.*; **exchange** — programme d'échanges *m.*

programmer programmeur(-euse) *m., f.*

prohibited interdit(e)

to promise promettre

prosperous prospère

to protect protéger

to prove prouver

provided that pourvu que

province province *f.*

provincial provincial(e)

psychology psychologie *f.*

to pull tirer

pullover sweater pull-over *m.* (*fam.* pull)

punctual ponctuel(le)

punishment punition *f.*; **corporal** — châtiment corporel *m.*

purchase achat *m.*

purse sac *m.*

to pursue poursuivre

to put (on) mettre; — **back** remettre

Q

quality qualité *f.*

quantity quantité *f.*

queen reine *f.*

question question *f.*; **to ask a** — poser une question

quickly vite, rapidement

quiet silencieux(-euse)

R

rabbit lapin *m.*

radio radio *f.*; **portable** — **cassette player** radiocassette *f.*; — **alarm clock** radio-réveil *m.*

rafting rafting *m.*

raï raï *m.* (popular musical genre from North Africa)

rain pluie *f.*; **to** — pleuvoir; **it's raining** il pleut

raincoat imperméable *m.*

raise augmentation de salaire *f.*

to raise lever

rare rare; **(meat)** saignant(e)

rarely rarement

rate tarif *m.*

rather plutôt, assez

razor rasoir *m.*; **electric** — rasoir électrique *m.*

to react réagir

to read lire; **to reread** relire

ready prêt(e)

realistic réaliste

reality TV show télé-réalité *f.*

to realize se rendre compte

really vraiment

reason raison *f.*

reasonable raisonnable

to receive recevoir

recent récent(e); **recently** récemment

receptionist réceptionniste *m., f.*

recess récréation *f.* (*fam.* la récré)

recipe recette *f.*

recluse reclus *m.*

to recommend recommander

record disque *m.*; — **store** magasin de disques *m.*

to recycle recycler

red rouge; **to turn** — rougir; **a glass of** — **wine** un verre de rouge; — **hair** cheveux roux *m.pl.*

to redo (a school lesson) repasser

to reduce réduire

reduced price tarif réduit *m.*

reduction réduction *f.*

refrigerator réfrigérateur *m.* (*fam.* frigo)

to refuse refuser (de)

region région *f.*

to regret regretter

regularly régulièrement

to rehearse répéter

to relax se détendre

relaxed décontracté(e); relaxe

to release lâcher

religion religion *f.*

to remain rester

to remember se rappeler; se souvenir de

to remodel rénover

rent loyer *m.*; **to** — louer

rental location *f.*

to repair réparer

to repeat répéter; — **(a class, a grade)** redoubler

report card bulletin scolaire *m.*

request demande *f.*

to resemble ressembler à

reservation réservation *f.*

to reserve réserver

reserved réservé(e)

to resign démissionner

responsibility responsabilité *f.*

to rest se reposer
restaurant restaurant *m.*
result résultat *m.*
retirement retraite *f.*
to return (home) rentrer; — (something) rendre; — (come back) revenir
rice riz *m.*
rich riche
right correct(e); to, on the — à droite (de); to be — avoir raison
ring; engagement — bague de fiançailles *f.*; wedding — alliance *f.*
risk risque *m.*; to — risquer de
river (major) fleuve *m.*
rock rocher *m.*; — music rock *m.*; — musician rocker *m.*
role rôle *m.*
rollerblades rollerblades *m.*; to go rollerblading faire du roller
romantic romantique; — film film d'amour *m.*
room pièce *f.*; salle *f.*; dining — salle à manger *f.*; emergency — service des urgences *m.*; fitting — cabine d'essayage *f.*; living — salle de séjour *f.*
roommate camarade de chambre *m., f.*, colocataire *m., f.*
routine routine *f.*
row rang *m.*; in a — en rang
rug tapis *m.*
ruler règle *f.*
to run courir
rural rural(e)
Russian russe; — language russe *m.*

S
sad triste
to sail faire de la voile
salad salade *f.*
salary salaire *m.*
sale solde *f.*; on — en solde; sales promotion promotion *f.*
salesperson vendeur(-euse) *m., f.*
salmon saumon *m.*
salt sel *m.*
same même
sandals sandales *f. pl.*
sandwich sandwich *m.*; ham — with butter sandwich jambon beurre *m.*
satisfied satisfait(e)
Saturday samedi
sauce sauce *f.*
sausage saucisse *f.*
to sauté faire revenir
savannah savane *f.*
to save sauver; (money) épargner, faire des économies
to savor déguster
to say dire
scandal scandale *m.*
scar cicatrice *f.*
scarf écharpe *f.*
schedule emploi du temps *m.*; horaire *m.*
scholarship bourse *f.*

school école *f.*; elementary — école primaire *f.*; middle — (in France) collège *m.*; of a university faculté *f. (fam.* la fac)
science science *f.*; — fiction science-fiction *f.*
scientist chercheur *m.*
to scold gronder
to scuba dive faire de la plongée sous-marine
sculpture sculpture *f.*
sea mer *f.*; seafood fruits de mer *m. pl.*
search engine moteur de recherche *m.*
season saison *f.*; dry — saison sèche *f.*; rainy — saison des pluies *f.*
seat place *f.*
seated assis(e)
second deuxième
secretary secrétaire *m., f.*
security sécurité *f.*
to seduce séduire
to see voir, apercevoir; — again revoir
to seem paraître; avoir l'air (de)
to select sélectionner
selfish égoïste
to sell vendre
semester semestre *m.*
to send envoyer
senior (in high school) en terminale
sensible raisonnable
sentence phrase *f.*
sentimental sentimental(e)
to separate se séparer
separation séparation *f.*
September septembre
serious sérieux(-euse), grave
to serve servir; — yourself se servir
service service *m.*; local services secteur *m.* des services publics
to set mettre; — the table mettre la table
to settle (in) s'installer; — a bill régler
seven sept
seventy soixante-dix
several plusieurs
shame honte *f.*; to be ashamed avoir honte
shampoo shampooing *m.*
to share partager
shark requin *m.*
to shave (oneself) se raser
she elle
sheep mouton *m.*
to shine briller
shirt chemise *f.*
shock choc *m.*; —ed choqué(e)
shoes chaussures *f. pl*; high heels chaussures à talons; shoe size pointure *f.*
to shop (go shopping) faire les courses
shopkeeper commerçant(e) *m., f.*
shopping mall centre commercial *m.*
short court(e); (people) petit(e)
shorts short *m.*
shot piqûre *f.*
shoulder épaule *f.*
to shout crier; pousser un cri

to show montrer, indiquer
shower douche *f.*; — (weather) averse *f.*; to — se doucher
shrimp crevette *f.*
shutters volets *m. pl.*
shy timide
sick malade
to sign signer; — up s'inscrire
silk soie *f.*
since depuis
to sing chanter
singer chanteur(-euse) *m., f.*
single (not married) célibataire
sink lavabo *m.*; kitchen — évier *m.*
sir monsieur
sister sœur *f.*; sister-in-law, belle-sœur *f.*, stepsister demi-sœur *f.*
to sit down s'asseoir; — back down se rasseoir; sit down asseyez-vous
size taille *f.*; shoe — pointure *f.*; average — de taille moyenne
sixty soixante
skater patineur (patineuse) *m., f.*; to (figure) skate faire du patinage (artistique)
to ski skier, faire du ski
skiing ski *m.*
skin peau *f.*
to skip class sécher un cours
skirt jupe *f.*
sky ciel *m.*
slate ardoise *f.*
slave esclave *m., f.*
to sleep dormir; — late faire la grasse matinée; to be sleepy avoir sommeil; to fall asleep s'endormir
sleeping bag sac de couchage *m.*
slice tranche *f.*
to slide glisser
slowly lentement
small petit(e)
smartphone smartphone *m.*
to smile sourire; smile sourire *m.*
to smoke fumer; smoking section section fumeurs *f.*
snack goûter *m.*; to — grignoter
snake serpent *m.*
to sneeze éternuer
snobby snob
to snorkel faire de la plongée libre
snow neige *f.*; it's snowing il neige
so alors, si; — (much) tellement
soap savon *m.*
soccer football *m.*; — field terrain de football *m.*; —player footballeur *m.*
sociable sociable
social customs mœurs *f. pl.*
society société *f.*
sociology sociologie *f.*
sock chaussette *f.*
soft doux (douce)
sole sole *f.*
solitary solitaire

some des, quelques, certain(e)(s)

someone quelqu'un

something quelque chose

sometimes parfois

somewhat assez

son fils *m.*

song chanson *f.*

soon bientôt; **see you —** à bientôt

sophomore (in school) en deuxième année

sorry désolé(e)

sort sorte *f.*

so-so bof

sound bruit *m.*

soup soupe *f.*

south sud *m.;* **— America** Amérique du Sud *f.*

space espace *m.*

Spanish espagnol(e); **— language** espagnol *m.*

to speak parler

to specialize in se spécialiser en

to spell épeler

to spend (money) dépenser; **— (time)** passer

spice épice *f.*

to spoil gâter

spoiled gâté(e)

spoon cuillère *f.;* **soup —** cuillère à soupe *f.*

sport sport *m.;* **sports field** terrain de sport *m.*

sportcoat veste *f.*

spouse époux (épouse) *m., f.*

spring printemps *m.*

stadium stade *m.*

stairs escalier *m.*

to start (up) démarrer; **— a family** fonder une famille

state état *m.*

to stay rester; **— at a hotel** loger

to steal voler

step (stage) étape *f.*

stereo chaîne hi-fi *f.*

stitch suture *f.*

stomach estomac *m.,* ventre *m.*

stone pierre *f.*

stop arrêt *m.;* **metro —** arrêt de métro *m.;* **to —** arrêter, s'arrêter; **to — oneself** s'empêcher de

stopped up bouché(e)

store magasin *m.;* **super store** hypermarché *m.,* grande surface *f.*

storm orage *m.*

story conte *m.;* histoire *f.;* **— line** intrigue *f.*

stove cuisinière *f.*

straight droit(e); **— ahead** tout droit

to straighten ranger

strawberry fraise *f.;* **basket of strawberries** barquette *f.* de fraises

street rue *f.*

stressed stressé(e)

strict sévère, strict(e)

strike grève *f.;* **to go on —** faire la grève

striped à rayures

to stroll se balader, flâner

strong fort(e)

stubborn têtu(e)

student étudiant(e) *m., f.;* (pre-college) élève *m., f.*

studies études *f. pl.*

to study étudier; **— French** faire du français

stupid bête, stupide

style style *m.;* modèle *m.*

stylish chic

subject sujet *m.;* **school —** matière *f.*

subway métro *m.;* **— stop** station de métro *f.*

to succeed réussir (à)

suddenly tout à coup, soudain

to suffer souffrir

sugar sucre *m.*

to suggest suggérer, conseiller

suicide suicide *m.;* **to commit —** se suicider

suit costume *m.;* **man's —** complet *m.;* **woman's —** tailleur *m.*

suitcase valise *f.,* bagage *m.;* **to pack one's — s** faire ses bagages *m.*

summer été *m.*

sun soleil *m.;* **it's sunny** il fait du soleil

Sunday dimanche

sunglasses lunettes de soleil *f. pl.*

sunny clair(e), lumineux(-euse), ensoleillé(e)

sunscreen crème solaire *f.*

sunset coucher de soleil *m.*

supermarket supermarché *m.*

super store hypermarché *m.,* grande surface *f.*

sure sûr(e)

surface area superficie *f.*

surprised surpris(e), étonné(e)

surprising surprenant(e)

survey enquête *f.,* sondage *m.*

to suspect soupçonner

to swallow avaler

sweater pull-over *m.* (pull *fam.*); gilet *m.*

to sweep passer le balai

sweetened sucré(e)

to swim nager, faire de la natation

swimming pool piscine *f.*

swimsuit maillot de bain *m.*

swollen enflé(e)

symptom symptôme *m.*

T

T-shirt T-shirt *m.,* maillot *m.*

table table *f.;* **coffee —** table basse *f.*

tablecloth nappe *f.*

tablespoon cuillère à soupe *f.;* **tablespoonful** cuillerée à soupe *f.*

tablet tablette *f.*

to take prendre; **— (someone) along** emmener; **— place** avoir lieu; **— a break** prendre une pause; **— a course** suivre un cours; **— an exam** passer un examen; **— a nap** faire la sieste; **— a trip** faire un voyage

talkative bavard(e)

tall grand(e)

to tan brunir; se bronzer

tank top débardeur *m.*

tart tarte *f.,* tartelette *f.*

taste goût *m.;* **to —** goûter

taxi taxi *m.;* **— driver** chauffeur de taxi *m.*

tea thé (nature) *m.;* **herbal —** infusion *f.*

to teach enseigner

teacher professeur *m.;* **elementary school —** instituteur(-trice) *m., f.*

team équipe *f.*

teaspoon cuillère à café *f.;* **teaspoonful** cuillerée à café *f.*

telecommuting télétravail *m.*

telephone téléphone *m.;* **— answering machine** répondeur *m.;* **— booth** cabine téléphonique *f.;* **— call** coup de téléphone *m.;* **— card** télécarte *f.;* **— number** numéro de téléphone *m.;* **cell phone** téléphone mobile, portable *m.*

television télévision (*fam.* télé) *f.;* **— series** feuilleton *m.;* **— show** émission de télévision *f.;* **TV game show** jeu télévisé *m.*

to tell dire; **— a story** raconter une histoire

temperature température *f.*

ten dix

tenant locataire *m., f.*

tender tendre

tennis tennis *m.;* **— court** court de tennis *m.;* **— racket** raquette de tennis *f.;* **— shoes** des tennis *m. pl.;* **high tops** des baskets *f. pl.*

test examen *m.*

thank you merci; **thanks to** grâce à

that ça, cela; **— one** celui, celle

the le, la, les

theater théâtre *m.*

theme thème *m.*

then ensuite, puis, alors; **and —** et alors

there là, y; **over —** là-bas; **there is/are** il y a; voilà

therefore donc, par conséquent

these (those) ces; **— ones** ceux, celles

they elles, ils

thief voleur *m.*

thin mince, maigre

thing chose *f.* (*fam.* truc *m.,* machin *m.*); **something** quelque chose

to think penser, croire; **— about** penser à, réfléchir à; **— about (opinion)** penser de

thirsty: to be — avoir soif

thirty trente

this (that) ce (cet), cette; **— one** celui, celle

thousand mille

three trois

throat gorge *f.;* **— lozenge** pastille pour la gorge *f.*

to throw jeter

Thursday jeudi

thus ainsi

ticket billet *m.;* **oneway —** billet aller simple *m.;* **roundtrip —** billet aller-retour

tidy ordonné(e), en ordre

tie cravate *f.*

tight serré(e); juste; moulant(e); étroit(e)

time fois *f.;* **a long —** longtemps; **the last —** la dernière fois; **to be on —** être à l'heure; **what — is it?** quelle heure est-il?

tip pourboire *m.;* **— (not) included** service (non-)compris

tired fatigué(e)

title titre *m.*

to à, en, jusqu'à
today aujourd'hui
toe orteil *m.*
together ensemble
toilet toilettes *f. pl.*; W.C. *m. pl.*
tomato tomate *f.*
tomorrow demain
tongue langue *f.*
too aussi; **me —** moi aussi; **— much** trop (de)
tooth dent *f.*; **—brush** brosse à dents *f.*
tortoise tortue *f.*
tough dur(e)
tourism tourisme *m.*
tourist touriste *m., f.*; touristique
toward vers
towel (bath) serviette de bain *f.*
tower tour *f.*
town village *m.*, ville *f.*; **— square** place *f.*
town hall mairie *f.*
tradition tradition *f.*
trailer caravane *f.*
train train *m.*, **— station** gare *f.*
training formation *f.*
tranquilizer tranquillisant *m.*
to transform transformer
transportation transport en commun *m.*; **means of —** moyen de transport *m.*
trash déchets *m. pl.*; **to separate the —** trier les déchets
to travel voyager; **— around the world** faire le tour du monde
traveler's check chèque de voyage *m.*
tree arbre *m.*
to trick tromper
trickiness ruse *f.*
trimester trimestre *m.*
trip voyage *m.*, séjour *m.*; **to take a —** faire un voyage; **out of town —** déplacement *m.*
tropical tropical(e)
trouble: to have — doing something avoir du mal à
true vrai(e)
trunk coffre *m.*
truth vérité *f.*
to try (on) essayer; **(attempt)** tenter; **— to** chercher à, essayer de
Tuesday mardi
tuna thon *m.*
to turn tourner; **— off** éteindre; **— on** allumer
turtle tortue *f.*
turtleneck à col roulé
twin jumeau (jumelle)
to twist one's ankle se fouler la cheville
two deux
to type taper
typically typiquement

U

ugly laid(e); moche *(fam.)*
umbrella parapluie *m.*
unbearable insupportable
unbelieveable incroyable

uncertain incertain(e)
uncle oncle *m.*
under sous; au-dessous (de)
to understand comprendre
understanding compréhensif(-ve)
unemployed: to be — être au chômage, **— person** personne sans emploi *f.*; chômeur(-euse) *m., f.*
unfaithful: to be — tromper
unfortunately malheureusement
unhappy malheureux(-euse)
to unite unir
university université *f.*; **— cafeteria** restaurant universitaire *m. (fam.* resto-U)
unpleasant désagréable
unreasonable déraisonnable
unthinkable impensable
until jusqu'à; jusqu'à ce que
to use utiliser; se servir de, employer
useful utile
useless inutile
usually d'habitude, normalement
utilities (bills) charges *f. pl.*

V

vacation vacances *f. pl.*; **paid —** congés payés *m.pl.*; **— package** formule de vacances *f.*; **summer —** grandes vacances *f. pl.*
to vacuum passer l'aspirateur
vacuum cleaner aspirateur *m.*
valid valable
valley vallée *f.*
value valeur *f.*
vanilla vanille *f.*
to vanquish vaincre
various varié(e)s, divers
vase vase *m.*
vegetable légume *m.*
vegetarian végétarien(ne)
velvet velours *m.*
very très; extra, hyper, vachement *fam.*
video vidéo *f.*; **VCR** magnétoscope *m.*; **— game** jeu vidéo/électronique *m.*
violet violet(te)
to visit (a person) rendre visite (à), aller voir; **— (a place)** visiter
vitamin vitamine *f.*
volcano volcan *m.*

W

to wait for attendre
waiter, waitress serveur(-euse) *m., f.*
to wake (oneself) up se réveiller
walk promenade *f.*; **to —** promener; marcher; **to go for a —** se promener; faire une promenade (à pied)
Walkman baladeur *m.*
wall mur *m.*
to want vouloir, désirer, avoir envie de; **— to** tenir à
war guerre *f.*
wardrobe garde-robe *f.*
wary; to be wary of se méfier de

to wash laver; **to do the wash** faire la lessive; **— (up)** se laver
wastebasket corbeille à papier *f.*
watch montre *f.*
to watch regarder; **to keep an eye on** surveiller
water eau *f.*; **to turn off the —** fermer le robinet; **mineral —** eau minérale *f.*; **tap —** eau du robinet *f.*
waterfall chute d'eau *f.*
way façon *f.*; manière *f.*
we nous
to wear porter
weather temps *m.*; **— report** bulletin météorologique *m. (fam. f.* météo); **it's bad (good) —** il fait mauvais (beau); **what is the —?** quel temps fait-il? **good —** beau temps *m.*
wedding mariage *m*; **— ring** alliance *f.*
Wednesday mercredi
week semaine *f.*; **last —** la semaine dernière *f.*; **— end** week-end *m.*
weekly (publication) hebdomadaire *m.*
weight lifting musculation *f.*
welcome bienvenue *f.*; **to —, greet** accueillir; **you're —** je (te) vous en prie
well bien; **rather —** assez bien; **as — as** aussi bien que; **— behaved** sage; **— mannered** bien élevé(e); **— done (meat)** bien cuit(e)
west ouest
what que, qu'est-ce que, quoi, comment, quel(le)
when quand, lorsque
where où; **— from** d'où
which quel(le) *(pl.* quels, quelles*)*; **— ones** lequel, laquelle *(pl.* lesquels, lesquelles*)*
while pendant que
white blanc(he)
who qui
whole entier(-ière)
why pourquoi
wide large
wife femme *f.*
to win gagner
wind vent *m.*; **it's windy** il fait du vent
window fenêtre *f.*
to windsurf faire de la planche à voile
wine vin *m.*
winter hiver *m.*
to wipe one's nose se moucher
wisdom sagesse *f.*
to wish souhaiter
witch sorcier(-ière) *m., f.*
with avec
without sans
witness témoin *m.*
wolf loup *m.*
woman femme *f.*
to wonder se demander
wonderful formidable, passionnant(e)
wood bois *m.*
wool laine *f.*

word mot *m.*

work travail *m.;* **to — full time (part time)** travailler à plein temps (à temps partiel, à mi-temps;) **to do volunteer —** faire du travail bénévole; **— of art** œuvre *f.*

to work (function) marcher

worker ouvrier(-ière) *m., f.*

workout room salle de musculation *f.*

world monde *m.*

worried inquiet(-iète)

worry souci *m.;* **to —** s'inquiéter, avoir des soucis

worse pire

wrist poignet *m.*

to write écrire

writer écrivain *m.*

writing (penmanship) écriture *f.*

wrong: to be — avoir tort

X

X ray radiographie *f.*

Y

yard jardin *m.*

year an *m.;* année *f.;* **to be (18) years old** avoir (dix-huit) ans

yellow jaune

yes oui

yesterday hier; **— morning** hier matin

yet déjà; **not —** pas encore

yoga yoga *m.*

yogurt yaourt *m.*

you tu, vous, on, toi

young jeune

younger (brother, sister) cadet(te)

your ton, ta, tes; votre, vos

youth jeunesse *f.;* **— hostel** auberge de jeunesse *f.*

Z

zebra zèbre *m.*

zero zéro *m.*

zouk zouk (popular musical genre from the French West Indies) *m.*